교과세특
탐구주제
바이블

저자 소개

한승배 · 양평 청운고등학교 진로전담교사

- 前) 청소년 사이버범죄예방 교과연구회, 정보통신윤리교육 교과연구회 회장
- 前) 전국선플교사협의회 회장
- 네이버 카페 '꿈샘 진로수업 나눔방' 운영자 ⌂ https://cafe.naver.com/jinro77
- 2022 개정 교육과정 중학교, 고등학교 〈진로와 직업〉 교과서 집필
- 2015 개정 교육과정 중학교, 고등학교 〈진로와 직업〉, 〈성공적인 직업생활〉, 〈기술·가정〉 교과서 집필
- 〈10대를 위한 직업 백과〉, 〈미리 알려주는 미래 유망 직업〉, 〈직업 바이블〉, 〈10대를 위한 홀랜드 유망 직업 사전〉, 〈유 노 직업 퀴즈 활동북〉, 〈학습만화 직업을 찾아라〉 집필
- 〈학과 바이블〉, 〈학생부 바이블〉, 〈고교학점제 바이블〉, 〈교과세특 탐구주제 바이블〉, 〈교과세특 추천 도서 300〉, 〈면접 바이블〉, 〈학과연계 독서탐구 바이블〉, 〈특성화고 학생을 위한 진학 바이블〉, 〈미디어 진로탐색 바이블〉 집필
- 〈청소년을 위한 학과 카드〉, 〈청소년을 위한 직업 카드〉 개발
- 〈드림온 스토리텔링 보드게임〉, 〈원하는 진로를 잡아라 보드게임〉 개발

김강석 · 숭신여자고등학교 진로전담교사

- 한국교원연수원 고교학점제 대표강사
- UN청소년환경총회 자문 및 심사위원
- 前) 경기진로전담교사협의회 부회장
- 前) 교육과정평가원, 환경부, 교육부, 한국과학창의재단 자문위원
- 〈학과 바이블〉, 〈나만의 진로 가이드북〉, 〈학생부 바이블〉, 〈교과세특 탐구주제 바이블〉, 〈면접 바이블〉 집필
- 2009 ~ 2022 교육과정 환경 및 진로 교과서 등 총 10종의 교과서 집필
- 고등학교 진로 부교재 〈하이라이트〉 등 다수의 진로 관련 도서 집필
- 청소년 진로·직업 온라인 교육 콘텐츠 '초현실 세계가 온다, 메타버스의 세계' 개발
- KB은행 진로 영상 제작(교육부, 전국진로진학협의회)

서수환 · 장곡고등학교 진로전담교사

- 주요 대학 교사자문위원 활동
- 2009 개정 교육과정 교과서 집필
- 〈성공적인 대입을 위한 면접 바이블〉, 〈학과연계 독서탐구 바이블〉 집필

유흥규 · 서신여자고등학교 진로전담교사

- 충남진학교육지원단, 충남진학지도협의회
- 2022 개정 교육과정 고등학교 〈진로와 직업〉 집필
- 〈성공적인 대입을 위한 면접 바이블〉, 〈학과연계 독서탐구 바이블〉 등 집필

안병선   광덕고등학교 진로전담교사

- 2022 개정 교육과정 고등학교 〈진로와 직업〉 교과서 집필
- 〈성공적인 대입을 위한 면접 바이블〉, 〈학과연계 독서탐구 바이블〉 집필

안준범   광주 중앙고등학교 진로전담교사

- 現) 건국대학교 진로진학상담전공 겸임교수
- 2022 개정 교육과정 고등학교 〈진로와 직업〉 교과서 집필

이남설   수원외국어고등학교 진로전담교사

- 주요 대학 교사자문위원, 한국교원연수원 고교학점제 대표강사
- 네이버 카페 '진로진학상담 무작정 따라하기', '1만시간의법칙으로 명문대학가기' 운영자
- 2022 개정 교육과정 고등학교 〈진로와 직업〉 교과서 집필
- 〈독서탐구 바이블〉, 〈직업 바이블〉, 〈면접 바이블〉, 〈학생부 바이블〉, 〈교과세특 탐구주제 바이블〉, 〈교과세특 기재 예시 바이블〉 등 다수 집필
- 진로 포트폴리오 〈하이라이트〉(고등학교) 개발
- 엑셀을 활용한 '교과세특 전문가', '진로 기반 학생부', '진로 진학 수시 상담', '1만 시간의 법칙 공부 시간 관리' 등 다수 프로그램 개발

김래홍   신평고등학교 진로전담교사

- 충청남도진학교육지원단
- 충청남도고교학점제전문지원단
- 주요 대학 교사자문위원

허정욱   의정부여자고등학교 영어교과교사

- 〈성공적인 대입을 위한 면접 바이블〉, 〈학과연계 독서탐구 바이블〉 집필

전소영 〉 청학고등학교 영어교과교사

- 경기도교육청 학교생활기록부 강사요원
- 구리남양주교육청 학교생활기록부 현장지원단
- 디지털 기반 교육혁신 선도학교 터치교사단 및 현장지원단
- 경기도 미래교실연구회
- 창의인성영어수업디자인연구회
- 네이버 블로그 '꿈꾸는 영어쌤' 운영자 (학교생활기록부 업무 및 영어 수업) ⌂ https://bit.ly/46UO9Jr
- 유튜브 '꿈꾸는 영어쌤' 운영자(학교생활기록부 및 에듀테크) ⌂ https://bit.ly/3Tmz0cT
- 〈학생부 바이블〉 집필

고재현 〉 성남여자고등학교 국어교과교사

- 유튜브 '고재쌤' 운영
- 대입, 고입, 공부법, 학생부종합전형, 면접 관련 컨설팅 다수
- 한국외국어대학교 대입교사자문위원회 자문위원
- 〈성공적인 대입을 위한 면접 바이블〉, 〈학과연계 독서탐구 바이블〉 집필

은동현 〉 대구 함지고등학교 국어교과교사

- 네이버 밴드 '고등학교 담임쌤들의 시너지' 운영자 ⌂ https://band.us/@sorry95
- 대구가톨릭대학교 사범대학 국어교육과 산학협력 교수
- '주제 탐구활동 기획 및 기재 전략', '학교생활기록부 차별화 전략', '고교학점제와 28대입 전략' 등 중고등학교 대상 특강 다수 진행
- 고등학교 학교생활기록부 컨설팅 자문위원 활동
- 前) 국어과 연구 교사(대구시교육청)
- 前) '중등교사 특색 있는 수업 발표대회' 국어계열 1등급 수상(대구시교육청)
- 〈교과세특 추천 도서 300(공학계열)〉, 〈출제자의 시선〉 집필

강서희 〉 안양문화고등학교 진로전담교사

- 2022 개정 교육과정 〈성공적인 직업생활〉 교과서 집필
- 〈10대를 위한 홀랜드 유형별 유망 직업 사전〉, 〈교과세특 탐구주제 바이블〉, 〈교과세특 추천 도서 300〉, 〈학생부 바이블〉 등 다수 집필
- 2022 개정 교육과정 〈직업계고 진로 워크북〉, 2022 개정 교육과정 〈중학교 창체 진로활동 워크북〉 집필
- 〈청소년을 위한 직업 카드〉, 〈미래 유망 신직업 카드〉, 〈MBTI 롤모델 카드〉, 〈드림온 스토리텔링 보드게임〉, 〈원하는 진로를 잡아라 보드게임〉 등 다수 개발

차례

1. 교과 세부능력 및 특기사항(교과세특)이란

1 교과학습 발달상황이란?

학교생활기록부 중 교과 학습 발달상황에서는 학생의 학업능력을 확인할 수 있는 핵심 자료로 학업에 대한 수월성과 충실성을 살펴볼 수 있다. 이곳에서는 수강자 수, 등급, 원점수, 평균, 표준편차 등을 종합적으로 고려한 과목별 학업성취도와 선택교과 이수 현황을 통해 학업역량을 확인할 수 있으며, 전공 및 진로와 관련된 교과 이수 현황과 성취도를 통해 학업 우수성 및 전공(계열) 적합성을 확인할 수 있다. 이와 함께 학년별 성적 추이와 전반적인 교과에서 균형 잡힌 고른 성취 등을 통해 학생의 성장 잠재력과 발전 가능성, 그리고 학업에 임하는 성실성을 엿볼 수 있다.

교과 담당 선생님의 기록인 세부능력 및 특기사항은 학생의 수업태도, 수업활동 및 학습내용(발표, 토론, 실험 등), 과제 수행 과정 및 내용, 교사와의 상호작용 등 정량적인 수치에서 드러나지 않는 학생의 학업 역량 및 인성적 측면을 살펴볼 수 있는 의미 있는 자료이다. 더불어 학업에서 어려움을 극복하고 자신의 방식으로 발전하려는 모습을 통해 자기주도적 학습태도를 확인할 수 있다. 따라서 평소 학교 수업을 충실히 준비하고 적극적으로 참여하려는 것이 중요하다.

대학에서는 이렇게 평가해요.

1. 학생부교과전형에서는 학업 성취도가 지원자의 학업 역량을 평가하는 주요 지표가 된다.

2. 학생부종합전형에서는 학업 역량, 진로 역량, 공동체 역량 등을 판단하는 여러 요소 가운데 하나로 활용되고 있다. 등급과 원점수뿐만 아니라 이수 과목, 이수자 수, 평균과 표준편차 등을 종합적으로 평가한다.

3. 종합적인 학업 성취도와 함께 학년의 변화에 따른 성적 변화를 함께 고려해 발전 가능성 등을 평가한다.

4. 다양한 과목 구분에 따라 학기별로 분석된 자료를 참고해 지원자의 학업 성취도를 평가하고 전 과목이나 주요 과목을 통해 전체적인 학업 능력을 평가하며, 지원자가 전공하고자 하는 분야와 관련된 교과목에 대한 개별적인 평가를 진행한다.

5. 세부능력 및 특기사항 기록 내용을 통해서 교과 수업에서 이루어진 학습 활동을 바탕으로 학생이 실제 습득한 학업 역량과 학업 태도를 종합적으로 평가한다.

6. 수업과 과제수행 과정에서 학생이 보여 준 주도적인 학업 노력, 열의와 관심, 성취 수준, 다양한 탐구 방법의 모색 등 의미 있는 지적 성취에 대한 교사의 관찰 결과에 주목한다.

7. 교과 관련 독서, 토론, 글쓰기, 탐구 활동, 실험 등 다양한 학습 경험에 대한 교사의 기록 내용을 참고로 학생의 학업 태도를 파악한다.

8. 교과 세부능력 및 특기사항을 통해 자기 주도적인 배움의 확장성, 토론이나 실험, 과제 수행, 집단 학습 같은 다양한

학습 경험과 창의성, 자기 주도성, 학업에 대한 열정 등을 평가한다.

9. 교과 수업 중 각종 탐구활동에 얼마나 자기 주도적으로 참여하였는지, 본인의 역량을 키우기 위해 어떤 프로그램에 관심을 갖고 참여하였는지를 평가한다.

❷ 교과 세부능력 및 특기사항

교과 세부능력 및 특기사항은 흔히 '교과 세특'이라고 줄여서 사용한다. 교과 세특은 과목 담당 교사가 한 학기 동안 수업 시간을 통해 관찰한 학생의 성장 과정과 탐구 모습을 기록하는 항목이다. 단순한 성취 결과보다 과목별 성취 기준에 따른 성취 수준의 특성 및 참여도, 태도 등 특기할 만한 사항을 구체적이고 객관적으로 입력한다.

또한 교과 세특에 기재된 내용을 통해 수업 환경을 확인하고, 과목별 수업 시간에 나타난 학생의 자세, 태도, 교과 관련 활동, 탐구 과정, 성취와 결과, 개인의 우수성 등을 전체적으로 확인해 종합적으로 평가한다.

대학은 세특 항목을 통해 학업 역량 및 진로 역량 외에도 공동체 역량, 학습 태도, 성실성, 적극성, 창의성, 문제해결 능력 등 다양한 역량을 평가할 수 있다. 과제수행 과정 및 결과, 수업 시간 내 토론, 모둠활동, 발표의 주도성 등을 통해 드러난 모습을 통해 학생이 가진 대부분의 역량을 파악할 수 있다 해도 과언이 아니다. 따라서 세특 기록에 자신의 역량이 구체적으로 잘 나타나도록 적극적으로 수업에 참여한다면 긍정적인 평가를 받을 수 있다.

❸ 교과 세부능력 및 특기사항의 중요성

교과 세부능력 및 특기사항이 중요한 이유는 과목의 수업 시수가 창의적 체험활동 전체 시수보다 많기 때문이다. 여러 과목의 평가가 모여 서술되기 때문에 물리적으로 시간이 더욱 많으며 내용도 창의적 체험활동보다 많아 지원자에 대한 정보가 풍성하다.

또한 학생에 대한 평가가 보다 객관적이다. 창의적 체험활동의 진로활동이나 행동특성 및 종합의견의 경우 담임교사가 기재하기 때문에 한 사람의 서술이지만, 교과 세특은 고교 3년 동안 여러 명의 교과 담당 교사가 한 학생을 평가하는 것이어서 상대적으로 더 높은 신뢰도를 가지게 된다.

2. 탐구활동 방법 및 결과물

❶ 탐구활동이란

탐구활동에 관하여 명확하게 정의된 내용은 없다. 하지만 고등학교에서 이루어지는 탐구활동은 '평소 의문을 가지고 있던 다양한 문제를 여러 가지 방법을 이용하여 해결해 가는 것으로, 학생 스스로 탐구주제를 정하고 주제에 맞게 탐구를 설계하며, 탐구를 통하여 문제를 해결해 가는 일련의 활동'이라고 할 수 있다.

즉 학생이 궁금하던 문제를 찾아 효과적인 방법을 스스로 모색하고, 그 방법으로 문제를 해결한 뒤 이를 다른 사람에게 알리는 과정을 의미한다.

❷ 탐구활동의 종류

이러한 탐구활동에는 관찰, 실험, 현장조사, 문헌조사 등이 있다.

❸ 탐구활동 결과물 예시

탐구활동 후에는 발표 및 전시 이외에도 다음과 같은 다양한 결과물을 만들 수 있다.

탐구활동 결과물	예시
지필 결과물	연구보고서, 담화, 편지, 포스터, 계획서, 시, 브로슈어, 팸플릿, 질문지, 자서전, 에세이, 서평, 보고서, 사설, 영화 스크립트.
프레젠테이션 결과물	연설, 토론, 연극, 노래, 뮤지컬, 구두 보고, 패널 토론, 드라마 연극, 뉴스 방송, 토론, 춤, 제안서, 데이터 표현(차트 등), 전시, 사진
테크놀로지 결과물	컴퓨터 토론, 컴퓨터 그래픽, 프로그램, 웹사이트, 커뮤니티 맵핑 자료
미디어 결과물	오디오테이프, 슬라이드 쇼, 비디오테이프, 작도, 회화, 조각, 콜라주, 지도, 스크랩북, 역사적 증언, 사진 앨범
연습 결과물	프로그램, 매뉴얼, 작업 모형, 아이디어 노트, 통화 일지 등
계획 결과물	계획서, 예측, 입찰, 로드맵, 순서도, 일정표
구성 결과물	물리적 모형, 소비자 제품, 시스템, 과학적 실험, 음악회

3. 탐구주제 선정 방법

이러한 탐구활동을 위해 가장 먼저 해야 할 일은 바로 탐구주제를 선정하는 것이다.

"좋은 교과 학생부(세특)의 시작은 좋은 탐구주제 선정부터"

좋은 탐구활동 그리고 좋은 교과 세부능력 및 특기사항의 시작은 좋은 주제 선정부터라는 말이 있듯이 탐구활동을 하는 데 있어 가장 중요한 것이 바로 탐구주제 선정이다. 하지만 대부분 학생이 탐구주제 선정에 어려움을 겪고 있다.

그 이유 중 하나가 너무 큰 욕심으로 실현 불가능한 탐구주제를 선정하거나 주제에 대한 기본적인 이해가 없기 때문이다. 또한 모둠활동의 경우 모둠원과의 합의 과정에서 많은 시간과 열정을 소비하게 되면서 탐구 시작부터 너무 많은 에너지를 쓰기 때문에 주제 선정에 어려움을 겪게 된다.

그러므로 탐구주제를 선정할 때는 평소 교과 수업을 들을 때나 자신이 희망하는 전공(계열) 분야에 관련해서 품었던 호기심을 해결하기 위한 탐구주제를 선정해야 한다. 우리 주변의 아주 작고 사소한 소재라 할지라도 평소 무심히 지나쳤던 것들에 조금만 더 관심을 갖고 의문을 품어 본다면 좋은 탐구주제가 될 수 있다.

그 외에도 TV나 도서 그리고 매체를 통해 접했던 것들을 떠올려 보거나, 일상 속에서 불편함을 느꼈던 것들을 찾는 과정 중 내가 더 알고 싶은 것을 탐구주제로 선정할 수 있다.

■1 탐구주제 선정 시 유의할 사항

1) 이 주제를 선정할 충분한 이유(동기)가 있는가?
2) 주제에 대한 충분한 흥미가 있고 나의 전공, 계열과 연계된 문제인가?
3) 고등학교 수준에 적합한 주제인가?
4) 새롭고 독창적인 문제인가?
5) 탐구 진행 시 충분한 시간과 기술을 가지고 있는가?
6) 고등학생으로서 필요한 자료의 수집이 가능한가?
7) 모둠원들의 능력과 지식으로 해결할 만한 주제인가?

선정 이유	흥미/관련성	난이도	독창성	시간	자료 수집	해결 가능성
주제 선정 시 충분한 이유(동기)가 있는가?	주제에 흥미, 희망 전공과의 관련성이 있는가?	고등학교 수준에 적합한 주제인가?	새롭고 독창적인 문제인가?	탐구활동 진행 시 충분한 시간이 있는가?	고등학생으로서 필요한 자료의 수집이 가능한가?	모둠원들의 능력과 지식으로 해결 가능한가?

> **tip 탐구활동의 독창성**
>
> 이를 위해 탐구주제를 선정할 때 독창성을 고려해야 한다. 독창성은 탐구의 생명이자 가장 중요한 요소이다. 탐구의 독창성은 새로운 사실이나 소재의 발견, 새로운 이론의 발견을 통해 달성할 수 있다. 하지만 이미 다루어진 사실이나 소재를 대상으로 하더라도 그것을 다루는 원리나 방법이 새롭고, 이미 밝혀진 이론을 적용하더라도 결과물이 새로운 것이라면 이 또한 충분히 독창성이 있다고 볼 수 있다.

② 학교에서 배운 내용에서 탐구주제 찾아보기[1]

대학의 평가자들은 학생을 평가할 때 고교의 교육과정에 충실했는지에 관심이 있다. 예를 들어 지원자가 〈생명과학〉 과목을 이수했다면 '효소의 작용'을 제대로 이해했는지 확인하고 싶어 한다. 그래서 학교생활기록부에는 효소의 작용을 잘 이해했는지를 알 수 있게 특기사항을 기록한다. 그런데 우수한 학생을 선발하려고 하는 대입 과정에서는 교과 내용의 이해에만 그치면 좋은 평가를 받지 못한다. 그다음이 있어야 한다.

효소의 작용을 배울 때 활성화 에너지와 기질 특이성에 대해서도 배운다. 여기서는 적어도 세 개의 과학적 개념을 이해해야 한다. '효소', '활성화 에너지', '기질 특이성'이다. 이를 알게 되었다면, 이 개념들로 생명체의 다양한 기관에서 벌어지는 현상을 분석할 수 있어야 한다. 즉 적용할 수 있어야 한다. 쉽게 말해 학교에서 배운 내용을 써먹을 줄 알아야 한다는 것이다.

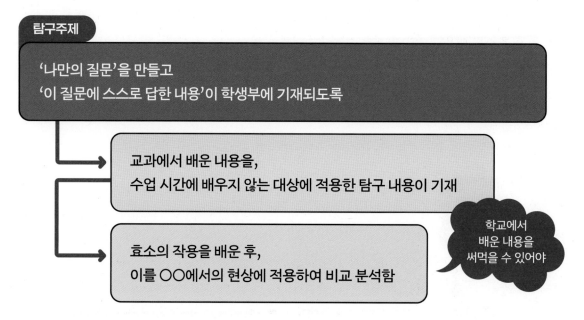

즉 **교과 내용을 이해한 후, 그 내용에 관심을 가지고 궁금해 하는 호기심이 필요하다.**

예를 들어 대기권의 층상 구조에는 대류권, 성층권, 중간권, 열권이 있다. 이 중 오존층이 있는 곳은 성층권으로 이는 수업 시간에 배우는 내용이다. 그런데 이 내용에 더 호기심을 가지게 된다면 다음과 같은 질문을 할 수 있으며, 이는 좋은 탐구주제가 된다.

"왜? 오존층은 성층권에만 있을까?"

또한 **좋은 탐구주제를 위해서는 개념을 이용하여 어떤 현상을 이해할 수 있도록 심화 질문을 만들고 책이나 논문을 통해 그 답을 찾는 과정이 필요하다.**

---

1. 의약 계열 특기사항은 이렇게 관리하세요(문성준, 〈조선에듀〉, 2023. 4. 28)

| 심화 질문을 만들고 책이나 논문을 통해 그 답을 찾아보기 |

- 효소의 작용에 문제가 있다면 어떤 질병을 앓게 될까?
- 그 질병은 어떻게 치료할 수 있을까?

책: 궁금한 내용을 큰 틀에서 여러 다른 개념과 현상을 연결 지어 이해할 수 있음 (탐구의 확장)
논문: 구체적인 데이터와 깊이 있는 설명과 분석을 얻을 수 있음 (새로운 지식 습득 가능)

그 외에도 학생 수준에 맞는 문제해결 과제를 설정하고 해결방안을 구상해 보는 것이 중요하다. 즉 효소의 내용을 배운 후 효소를 이용한 치료제 개발 가능성에 대해 학생 수준에 맞는 자료를 찾고 제시한다면 좋은 탐구주제와 세특이 될 수 있다.

다음은 〈생명과학〉 과목을 이수하고 '효소의 작용'을 주제로 진행한 탐구활동에 대한 교과 세부능력 및 특기사항의 예시이다.

학생부 예시 : 생명과학

> 효소의 작용을 배운 후, 인체에 소화기관에서 작용하는 립아제 효소의 활성 이상으로 발병하는 췌장암 질환의 치료 가능성을 책과 심화 자료를 참고하여 탐구함. 립아제 효소가 비활성 상태에서 ○○한 이유로 작용하지 못함을 알고, 비활성 상태에 대한 약물 실험에서 ○○한 과정으로 호전됨을 바탕으로 치료 가능성을 제시함.

> '○○'에는 매우 구체적인 내용이 기재되어야 탐구 과정도 드러나고 근거를 바탕으로 한 탐구 내용도 담을 수 있음.

마지막으로 대학은 지원자가 기본적으로 고교 교육과정에 충실했는지를 본다. 문학 과목에서 문학 비평 개념을 배웠다면 이를 교과서 외 문학 작품에 적용해서 분석하는 탐구활동을 해야 한다. 국어 교과에서 매체별 특징적인 언어 현상을 배웠다면 특정 매체의 언어 현상을 더 구체적으로 분석할 수 있어야 한다.

하지만 하나의 주제를 가지고 한 과목에서만 심화 탐구를 해서는 안 된다. 국어, 영어, 사회, 과학, 교양 등 다양한 과목과 연결 지어 탐구할 수 있다면 예시와 같이 관련 주제를 연결하여 탐구가 가능하다.

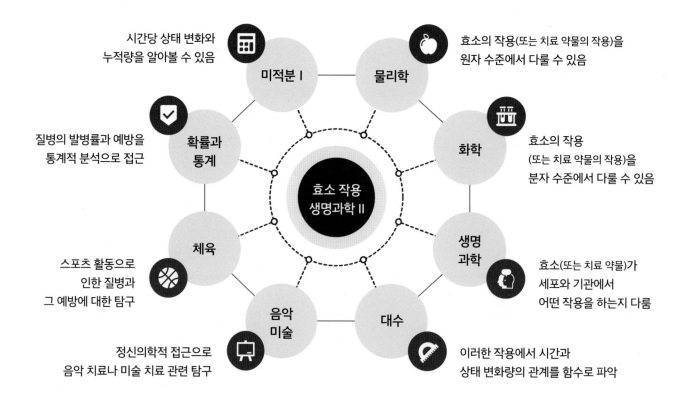

시간당 상태 변화와
누적량을 알아볼 수 있음

미적분 I

물리학

효소의 작용(또는 치료 약물의 작용)을
원자 수준에서 다룰 수 있음

질병의 발병률과 예방을
통계적 분석으로 접근

확률과
통계

화학

효소의 작용
(또는 치료 약물의 작용)을
분자 수준에서 다룰 수 있음

효소 작용
생명과학 II

생명
과학

스포츠 활동으로
인한 질병과
그 예방에 대한 탐구

체육

효소(또는 치료 약물)가
세포와 기관에서
어떤 작용을 하는지 다룸

음악
미술

대수

정신의학적 접근으로
음악 치료나 미술 치료 관련 탐구

이러한 작용에서 시간과
상태 변화량의 관계를 함수로 파악

❸ 선택 교육과정을 통한 탐구주제 선정하기

탐구주제를 선정하는 가장 좋은 방법은 학교 수업시간에 배운 내용에 호기심을 가지고 이를 심화·확장하는 것이다.

지금까지 배운 교과에서 자신이 진행한 교과활동의 목록을 확인하고 학교 교육과정을 살펴보아 올해 또는 다음 연도의 선택교과 중 심화 또는 확장할 수 있는 주제를 검토해 탐구 로드맵을 작성한다면 고등학교 과정 전체의 탐구주제를 명확히 할 수 있을 것이다.

이때 다음과 같이 질문을 통해 탐구주제를 구체화하면 좋은 탐구주제를 선정할 수 있다.

탐구주제 선정의 팁!

- 이전 연도 학생부 교과세특에서 나의 탐구 역량이 드러난 탐구주제 목록을 나열한 후, 그중에서 심화 또는 확장 가능한 주제를 추출하기
- 올해 교과 수업을 통해 호기심을 갖게 된 주제가 있는지 질문형으로 적어 보기
- 내년도 교육과정 편제표를 확인한 후, 자신의 전공 적합성이 드러날 과목을 선택하여, 이번 주제와 연계될 수 있는 탐구주제 로드맵을 구상하기(주제 심화, 확장, 융합)
- 사회적 또는 범세계적으로 최근 이슈가 되고 있는 내용이 무엇인지 키워드로 적어 보기
- DBpia, 국회전자도서관 등을 통해 기존 연구논문의 주제 및 제언에서 주제 참고하기
- 자신이 나열한 주제들 중에서 나의 진로, 적성 분야와 관련된 주제 선정하기

이를 위해 아래와 같이 자신이 배운 교과 중 기억에 남는 내용을 정리하고 2, 3학년 때 선택할 교과를 정리할 필요가 있다.

주요 수업 내용 기록장 ①

소속		학번		성명	

교과	교과 (군)	기억에 남는 수업		일반선택과목		진로·융합 선택과목	
		과목	수업내용	2학년	3학년	2학년	3학년
기초	국어						
	수학						
	영어						

주요 수업 내용 기록장 ②

소속		학번		성명	

교과	교과 (군)	기억에 남는 수업		일반선택과목		진로·융합 선택과목	
		과목	수업내용	2학년	3학년	2학년	3학년
기초	과학						
	사회						
체육 예술							
생활 교양							
창체활동							

4 키워드를 활용한 탐구주제 선정하기

고등학교 교과수업 및 자신이 희망하는 학과에 대해 호기심이 크지 않다면 교과 세특을 위한 탐구주제를 단박에 선정하기란 어려운 일이다. 그런 경우 호기심을 가지고 있는 키워드를 먼저 생각하고 이 키워드를 활용해 탐구주제를 선정하는 것도 방법이 될 수 있다.

예를 들어 지속가능경영이 궁금하다면, 국립중앙도서관, 국회전자도서관, 국가전자도서관, 구글 학술 검색, 네이버 학술정보, DBpia 등에서 검색을 통해 선행연구를 확인할 수 있다. 선행연구를 통해 다음 과정을 이해하고 새로운 아이디어를 만들 수 있다.

1) 탐구하려고 하는 주제와 관련하여 어떤 이론들이 있고 얼마만큼 연구가 진행되었는지 파악
2) 선행연구에서 연구 문제 도출, 연구 가설 설정, 그리고 연구 방법 등을 포함한 다양한 측면에서 장애 요인이나 한계점은 없는지 확인
3) 선행연구에서 다루지 않은 변인들이 무엇이며 학생 수준에서 다룰 수 있는 변인이 무엇인지 추론
4) 선행연구 분석을 통해 자신이 탐구할 주제에 대한 새로운 아이디어 생산

국회전자도서관의 경우 '인포그래픽 → 연관어 분석'을 통해 최근 키워드와 연관된 단어들을 검색할 수 있어 이를 통해 탐구주제의 내용을 심화·확장할 수 있다.

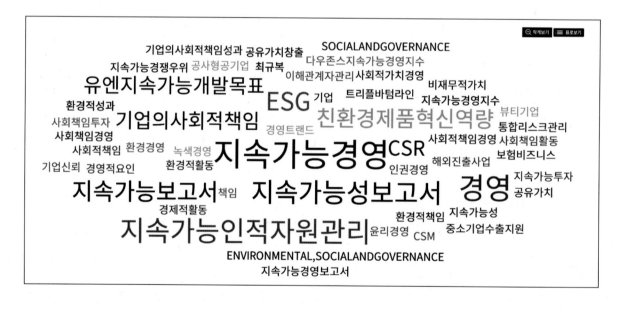

⑤ 탐구주제 아이디어 떠올리기[2]

탐구주제는 어떻게 선정해야 할까? 평소에 내가 관심을 가졌던 대상이나 하고 싶은 연구 분야가 있었다면 정리해 보자. 이 단계에서는 가능한 한 많은 아이디어를 떠올리는 것이 좋다. 브레인스토밍, 친구와의 논의, 자료 찾기 등 여러 방법을 통해 아이디어를 끌어내 보자. 아래 제시된 방법을 활용해도 좋다.

---

2. 〈자유 주제 탐구 학생 안내서〉, 김성원 외 5명, 한국과학창의재단(2020)

▶ 내가 관심 있는 주제(topic)를 선택한다. 평소에 더 알고 싶거나 궁금했던 주제가 있을 것이다. 주제를 선정하면 꽤 긴 시간 동안 그 주제에 관해 연구하게 된다. 그러니 신중하게 선택하자.

▶ 인터넷으로 검색해 보자. 이미 수행된 연구 프로젝트나 보고서를 포함하여 내가 수행하게 될 분야 전반에 대한 일반적인 정보를 수집해 보자.

▶ TV나 인터넷에서 내가 들어 본 적이 있는 주제를 떠올려 보자. 무엇이 있었는가?

▶ 내 가족과 관련된 이슈를 생각해 보자. 특정한 주제에 관심이 가는 개인적인 이유가 있을 수도 있다.

▶ 교과서나 잡지 또는 관련 도서 등을 펼쳐 보고 아이디어를 얻자.

▶ 최근 학교에서 배운 내용이 무엇이었나? 더 알아보고 싶은 것이 있었다면 무엇인가?

연구 주제를 결정했다면 이제 해야 할 일은 구체적인 형식의 질문을 만드는 것이다. 이때, '왜'보다는 '어떻게, 무엇이, 언제, 누가, 또는 어떤'을 이용해 질문을 만들어 보도록 하자. "왜 물고기의 수정체는 사람의 수정체와 다르게 생긴 걸까?" 같은 질문은 범위가 너무 넓어서 실험을 통해 알아보기가 어렵다. 이 질문을 좀 더 구체적으로 쪼개어 다음과 같이 과학 실험이 가능한 질문으로 만들 수 있다. "물속 환경에서 잘 적응하기 위한 어류 수정체의 구조는 무엇일까?"

이러한 과정을 통해 연구 주제를 결정했다면 실제 연구를 수행할 수 있는 주제로 구체화해야 한다. 이를 위해 다음 그림을 활용하면서 연구 주제를 선정해 보자.

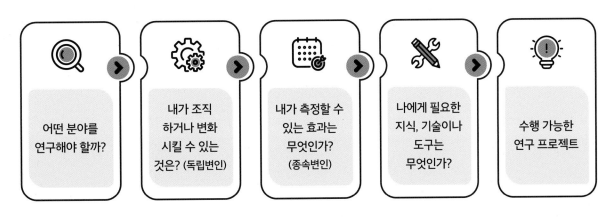

4. 교과 세특 탐구활동 수행 방법

탐구주제가 선정되었다면 본격적으로 다음과 같이 탐구활동을 수행해야 한다.

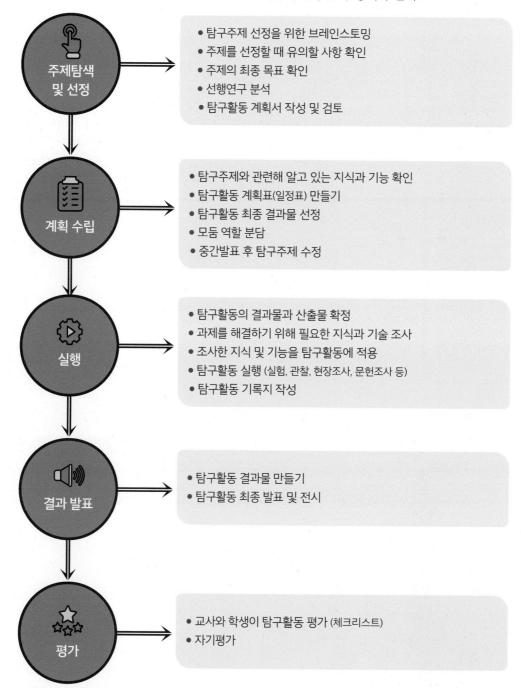

주제탐색 및 선정
- 탐구주제 선정을 위한 브레인스토밍
- 주제를 선정할 때 유의할 사항 확인
- 주제의 최종 목표 확인
- 선행연구 분석
- 탐구활동 계획서 작성 및 검토

계획 수립
- 탐구주제와 관련해 알고 있는 지식과 기능 확인
- 탐구활동 계획표(일정표) 만들기
- 탐구활동 최종 결과물 선정
- 모둠 역할 분담
- 중간발표 후 탐구주제 수정

실행
- 탐구활동의 결과물과 산출물 확정
- 과제를 해결하기 위해 필요한 지식과 기술 조사
- 조사한 지식 및 기능을 탐구활동에 적용
- 탐구활동 실행 (실험, 관찰, 현장조사, 문헌조사 등)
- 탐구활동 기록지 작성

결과 발표
- 탐구활동 결과물 만들기
- 탐구활동 최종 발표 및 전시

평가
- 교사와 학생이 탐구활동 평가 (체크리스트)
- 자기평가

무엇보다 탐구활동의 과정에서 예상했던 결과와 다르게 나올 경우 왜 예상과 다른 결과가 나오게 되었는지 분석하는 과정이 꼭 필요하다.

탐구활동은 탐구 과정을 통해 희망 전공 관련 또는 교과의 호기심을 채워나가는 것이다. 하지만 좋은 결과만 좋은 탐구활동이 되는 것은 아니다. 탐구활동을 수행하는 과정에서 다양한 문제 상황에 대처하는 과정, 탐구활동을 통해 모둠원과 의사소통하고 갈등을 해결하는 과정, 그리고 이 모든 과정을 통해 배우고 느낀 점을 통해 앞으로 탐구 과정에서 성장하는 모습이 탐구활동을 하는 더 큰 이유가 될 것이다.

국어 교과군

구분	교과(군)	공통 과목	선택 과목		
			일반 선택	진로 선택	융합 선택
보통 교과	국어	공통국어1 공통국어2	화법과 언어 독서와 작문 문학	주제 탐구 독서 문학과 영상 직무 의사소통	독서 토론과 글쓰기 매체 의사소통 언어생활 탐구

공통 과목	수능	공통국어1	절대평가	상대평가
	X		5단계	5등급

단원명 | 듣기·말하기

🔍 | 화자, 청자, 상황 맥락, 사회·문화적 맥락, 담화 공동체, 담화 관습, 대화, 토론, 쟁점, 논증

[10공국1-01-01] ● ● ●

대화의 원리를 고려하여 대화하고 자신의 듣기·말하기 과정과 공동체의 담화 관습을 성찰한다.

➡ 협력의 원리에는 질의 격률, 양의 격률, 관련성의 격률, 태도의 격률이 있다. 이는 모두 대화 참여자가 합리적이고 상호 협력적인 대화를 하기 위함인데, 이러한 격률을 의도적으로 어기는 경우가 있다. 국어에서의 격률에 해당하는 영어 개념은 'maxim'인데, 국어와 영어, 혹은 다른 언어의 담화 관습적 차원에서 이러한 격률을 의도적으로 어기는 경우를 조사하여 그 특성을 분석해 보자.

관련 학과 국어국문학과, 언어학과, 영어영문학과, 독어독문학과, 노어노문학과, 불어불문학과

《잘될 수밖에 없는 대화법》, 이상각, 비바체(2023)

[10공국1-01-02] ● ● ●

논제의 필수 쟁점별로 논증을 구성하고 논증이 타당한지 평가하며 토론한다.

➡ 역사는 그 역사를 탐구 및 연구하는 방법과 범위에 따라 거시사와 미시사로 나뉜다. 역사 연구 방법론적인 차원과 그 방법론에 내재된 철학적 가치가 서로 다르기 때문에 이 둘은 다양한 쟁점에서 이견을 보이는데, "역사의 연구 방향은 아래로부터 위로 가야 한다."라는 논제에 대해 '인간을 보는 관점', '역사의 흐름에 대한 관점'을 토대로 각각 쟁점을 1개씩 도출하여 논증을 구성하고 토론해 보자.

관련 학과 철학과, 사학과, 고고학과, 문화인류학과

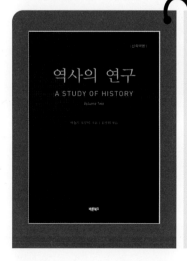

책 소개

세계적인 석학 아놀드 토인비의 역사 연구와 관련된 저술들을 모은 책이며, 총 14부에 해당하는 내용을 분권하여 여러 권으로 출판하고 있다. 1권은 특히 '문명의 발생'에 대한 내용을 다루고 있는데, 그 발생이 인간에 의한 '도전'과 '응전'에 의해 이루어진다고 보고 있다.

세특 예시

'쟁점을 도출하여 논증하는 토론 시간'에 '쟁점'이 '한 주제에 관해 서로 다투는 중심이 되는 점'이라는 사실을 학습하고, '문명은 자연 환경에 의

역사의 연구 (1, 2)

아놀드 토인비, 김진원 역,
바른북스(2023)

해 만들어진 것이다.'라는 논제에 대해 CEDA토론을 진행함. 특히 이 과정에서 '역사의 연구(아놀드 토인비)'를 읽고, 문명이라는 거대한 흐름의 변화에 주목하는 의견을 제시함. 개별적인 인간의 구체적 삶에 주목하는 의견을 토대로 문명의 변화를 보는 거시사·미시사적 안목이 두드러짐.

단원명 | 읽기

🔍 독자, 배경지식, 경험, 의미 능동적 구성, 상황 맥락, 사회·문화적 맥락, 목적, 점검·조정, 긍정적 정서, 문제 해결, 읽기전략, 사회적 독서 문화

[10공국1-02-01] •••

다양한 글이나 자료를 읽으며 논증의 타당성을 평가하고 자신의 관점을 바탕으로 논증을 재구성한다.

➡ 언어학에서 구조주의는, 언어는 하나의 체계로 존재하기 때문에 개별적인 문법 요소보다는 요소 간의 관계를 통해 설명해야 한다는 견해를 지닌다. 이러한 구조주의는 시대와 지역, 국가를 초월한 어떤 절대적인 문법 체계가 있을 수 있다고 보는데, 구조주의에 관한 글을 읽고 '개별자들의 존립 가능성'을 토대로 그 글의 타당성을 평가하는 글을 만들어 보자.

관련 학과 국어국문학과, 영어영문학과, 불어불문학과, 독어독문학과, 언어학과

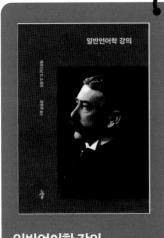

일반언어학 강의

페르디낭 드 소쉬르, 김현권 역,
그린비(2022)

책 소개

20세기 초 언어학을 구조주의라는 패러다임으로 설명하려고 했던 소쉬르의 행보는 언어학의 체계를 설정하는 데 큰 영향을 미쳤다. 한편 언어 체계가 특정 맥락이나 환경에 따라 다양한 용법, 의미로 구성될 수 있다는 논의도 결국 소쉬르의 논의가 존재했기 때문에 나타날 수 있다. 우리는 이 책을 통해 언어 구조주의에 대해 심층적인 이해를 도모할 수 있을 것이다.

세특 예시

주장과 근거 사이의 긴밀한 논리적 관계를 살펴보는 것이 타당성을 토대로 평가하는 방법 중 하나임을 학습하고, '일반언어학 강의(페르디낭 드 소쉬르)'를 읽은 뒤 "'desireux'라는 낱말의 '-eux'는 홀로 쓰일 수 없기 때문에 부분은 전체 속에서 가치가 주어진다."는 말에서 '홀로 쓰이는지의 여부'와 '가치' 사이에는 논리적 거리가 존재하기 때문에 타당하다고 보기 어렵다는 깊이 있는 분석을 함.

[10공국1-02-02] •••

자신의 진로 또는 관심 분야와 관련한 다양한 글이나 자료를 찾아 주제 통합적으로 읽고 읽은 결과를 공유한다.

➜ 신의 존재 및 신과 인간의 관계에 대한 논의들은 지역과 역사를 불문하고 늘 전개되어 왔다. 최근에는 신의 존재를 심리학적·과학적으로 증명하려는 시도도 존재한다. 신과 인간의 관계에 대해 다양한 의견을 표하는 책들을 두루 찾아 읽어 보고, 하나의 사실이 다른 학문적 시각에서 어떻게 해석되는지에 대해 정리해 보자.

관련 학과 사학과, 심리학과, 인류학과, 종교학과, 철학과

《**만들어진 신 VS 스스로 있는 신**》, 니키 검블, 주상지 역, 서로사랑(2012)

단원명 | 쓰기

| 🔍 | 필자, 기호, 매체 인간의 생각과 감정, 의미 구성, 상황 맥락, 사회·문화적 맥락, 쓰기 전략, 쓰기 경험, 의사소통 목적, 문제 해결, 쓰기 윤리, 의사소통 문화, 사회·문화적 맥락

[10공국1-03-01] ● ● ●

내용 전개의 일반적 원리를 고려하여 사회적 쟁점에 대한 자신의 견해를 정교하게 표현하는 글을 쓴다.

➜ 내용 전개의 일반적 원리에는 정태적 범주와 동태적 범주가 있다. 각 범주에는 분류·묘사·예시·서사·과정·인과 등 다양한 방법들이 있는데, 이 중 '자신을 소개하기'에 가장 어울리는 방법을 찾아서 실제로 자신을 소개하는 글을 써 보자. 나아가 그 글을 번역 사이트 등을 통해 다른 나라 언어로 번역한 후, 번역된 글에 자신이 선택한 내용 전개의 원리가 충실히 반영되었는지 점검해 보자.

관련 학과 국어국문학과, 노어노문학과, 독어독문학과, 불어불문학과, 아랍어과, 언어학과, 영어영문학과, 일어일문학과, 중어중문학과

《**번역의 말들**》, 김택규, 유유(2022)

[10공국1-03-02] ● ● ●

다양한 언어 공동체의 특성을 고려하며 필자의 개성이 드러나는 글을 쓴다.

➜ 다양한 언어 공동체의 특성 및 다양성에 대해 인식하는 것은, 나아가 다른 성·종교·지역·세대·문화적 특성 등을 고려하는 과정을 선행한다. 다양한 매체를 통해 최근 사회에서 이슈가 되는 소재를 찾아 자신의 생각을 논술하되, 이 과정에서 다른 독자가 읽는다는 점을 가정하여 자신의 성·종교·지역·세대·문화가 이 예상 독자를 위해 어떤 작문 전략을 세워야 할지에 대해 미리 정리해 보자.

관련 학과 문예창작학과, 사학과, 언어학과, 인류학과, 종교학과, 철학과

《**민족**》, 아자 가트 외 1명, 유나영 역, 교유서가(2020)

단원명 | 문법

| 🔍 | 규칙과 원리, 문법 탐구, 체계와 구조, 의미 생성 자원, 관습적 규약, 의사소통의 결과물, 언어 주체로서의 정체성, 국어 의식, 문화적 산물

국어 교과군

영어 교과군

수학 교과군

도덕 교과군

사회 교과군

과학 교과군

[10공국1-04-01]

언어 공동체가 다변화함에 따라 다양해진 언어 실천 양상을 분석하고 언어 주체로서 책임감을 가지며 국어생활을 한다.

◑ 언어는 그 언어가 가지고 있는 사회적·문화적 맥락이 있기 마련이다. 언어를 완벽하게 이해하려면 그 맥락을 알아야 한다. 만약 우리말을 다른 말로 번역하거나 대치한다고 할 때, 그 나라의 문화적 환경에서 특히 고려해야 할 맥락은 무엇이 있는지 생각해 보자. 나아가 그럼에도 불구하고 더 이상 번역이 안 되는 우리말이 있다면 그 이유는 무엇인지 토의해 보자.

관련 학과 국어국문학과, 노어노문학과, 독어독문학과, 불어불문학과, 아랍어과, 언어학과, 영어영문학과, 중어중문학과

남북한 어린이 말모이

정도상 외 1명, 창비교육(2020)

책 소개

다문화 공존 및 새터민 공존 시대에 힘입어 그들의 문화·역사·사회·정치·경제뿐만이 아니라 언어에 대해 이해하고 분석, 종합하는 과정을 거쳐야 한다는 논의는 전부터 줄기차게 이어져 왔다. 이 책은 남북한 어린이들의 말의 차이를 구체적인 사례를 통해 보여 주면서 언어를 통해 겨레의 통합을 도모하려 한다.

세특 예시

언어 공동체가 지니는 언어 사회적 특성이 구체적으로 어떻게 다른지에 대해 학습한 후, '우리나라의 언어는 북한의 언어와 어떤 차이점이 있을까?'라는 물음을 생성하고 이를 해결하기 위해 '남북한 어린이 말모이(정도상 외 1명)'을 읽고 '일 없습니다' 등에 대해 서로 다른 생각을 가지게 된 점을 확인하여 이를 분석, 정리하고 인식을 개선하기 위한 캠페인 활동을 함.

[10공국1-04-02]

음운 변동을 탐구하여 발음과 표기에 올바르게 적용한다.

◑ 움라우트 현상은 '이' 모음 역행동화의 하나로서, 선행음절의 모음이 후행음절의 전설모음의 영향으로 동화되는 음운현상이다. 우리나라 말에서는 수의적으로 이루어지지만, 독일어에서는 이 현상이 활용형이나 비교급을 만들어 내는 원리로 쓰인다. 이러한 움라우트 현상이 각국의 언어에서 어떤 양상으로 이루어지는지 비교하고, 이를 정리하여 발표해 보자.

관련 학과 국어국문학과, 노어노문학과, 독어독문학과, 불어불문학과, 언어학과, 영어영문학과, 일어일문학과

《**한국어 음운론**》, 김경아, 한국문화사(2022)

[10공국1-04-03]

다양한 분야의 글과 담화에 나타난 문법 요소 및 어휘의 표현 효과를 평가하고 적절한 표현을 생성한다.

◑ 우리말의 높임 표현은 '장유유서(長幼有序)' 등의 인륜 개념 등으로 보아, 연령·지위·신분 등에 따른 상하 관계를 중시하는 유교 문화와 관련이 있다. 높임 표현은 주체 높임, 상대 높임, 객체 높임으로 나눌 수 있는데, 이러한 높임 표현의 구체적인 등급과 양상이 변하게 된 역사적 이유를 '상대 높임 등급 변화', '객체 높임 선어말 어

미의 소멸 및 공대어로의 변화' 등을 기준으로 하여 설명해 보자.

관련 학과 국어국문학과, 문화재학과, 사학과, 인류학과

《**한국어 높임법의 역사적 변화**》, 강미화, 박이정(2014)

단원명 | 문학

|🔎| 인간의 삶, 형상화, 타자와의 소통, 갈래, 작가와 독자, 사회와 문화, 문학사, 수용·생산, 해석, 감상, 공동체, 감상, 비평, 창작, 향유, 자아 성찰

[10공국1-05-01] ●●●

문학 소통의 특성을 고려하며 문학 소통에 참여한다.

➡ 김성한의 〈바비도〉는 이단을 숙청하는 특정 종교의 독단적 이론에 맞서서 주체적인 자유 의지와 행동의 가능성을 표현한 작품이다. 문학의 소통적 관점을 토대로, 이 작품이 가진 의의와 한계에 대해 다양한 철학·심리학·종교학과 관련된 저서를 찾아 상호 텍스트적으로 분석해 보자. 나아가 '주체성, 자유, 양심' 등의 철학적·사회학적 가치가 이 문학 작품에서 어떻게 형상화되었는지 설명해 보자.

관련 학과 국어국문학과, 심리학과, 언어학과, 인류학과, 종교학과, 철학과

《**김성한 단편집**》, 김성한, 김학균 편, 지식을만드는지식(2017)

[10공국1-05-02] ●●●

갈래에 따른 형상화 방법의 특성을 고려하며 작품을 수용한다.

➡ 조선 시대의 시가 문학 중 시조는 흔히 '3장 6구 45자'의 형식으로 알려져 있다. 한편 현대시는 대개 율격이 정해져 있지 않은 자유시 형태가 일반적인데, 그렇지만 일본 '하이쿠'의 형식을 빌려 매우 짧은 시를 쓰는 경향도 있다. 대개 1~2행으로 전개되는 이러한 시의 특성 및 형상화 방법에 대해 탐구한 후, 자신의 생각을 이렇게 짧은 행으로 전개하기 위해 필요한 역량이 무엇인지 토의해 보자.

관련 학과 고고학과, 국어국문학과, 문예창작학과, 문헌정보학과, 문화재학과, 사학과, 언어학과, 영어영문학과, 인류학과, 일어일문학과, 중어중문학과

《**서울 시 10주년 기념 세트**》, 하상욱, 중앙북스(2023)

[10공국1-05-03] ●●●

작품 구성 요소의 유기적 관계와 맥락에 유의하여 작품을 수용하고 생산한다.

➡ 이상의 시 〈오감도〉는 하나의 연작시로서, 띄어쓰기를 하지 않은 시이며 매우 난해하고 심오한 형식·내용·주제의식을 다루고 있는 작품으로도 유명하다. 특히 시제 4호 등은 형식적인 측면에서도 매우 독특한 면을 보이고 있다. 현대미학·철학·심리학·문학적 차원에서 이러한 형식이 가지고 있는 특성을 분석해 보고, 자신의 생각을 이야기해 보자.

관련 학과 국어국문학과, 문예창작학과, 심리학과, 언어학과, 철학과

**이상 전 시집:
건축무한 육면각체**

이상, 스타북스(2023)

책 소개

이상의 시는 형식 등이 개인 심리 및 사회적 차원과 불가분의 관계를 맺고 있다고 분석된다. 흔히 '낯설게 하기' 기법을 통해 현대인의 불안 의식 등을 표현하고 있다고 해석되는 것으로 보아, 작품 구성 요소 중 '제목', '시구', '배경' 등에 주목할 때 이 시집의 전체적인 주제의식을 잘 살필 수 있을 것이다.

세특 예시

작품 구성 요소 중 주제·소재·표현 등이 내적인 맥락 외에도 외적인 시대 상황, 작가의 신념 및 가치 체계 등과 관련이 있다는 점을 학습한 후, '파격적 형식 미학이 어떠한 특정 주제의식을 내포할 수 있지 않을까?'라는 생각을 하게 되어 '이상 전 시집: 건축무한 육면각체(이상)'를 읽고 이미지즘적 특성에 내포된 주제의식을 '불안 의식, 파편화된 문화' 등으로 정리함.

단원명 | **매체**

|🔍| 소통을 매개하는 도구·기술·환경, 주체적인 수용과 생산, 정체성 형성, 사회적 의미 구성, 자신과 타인의 권리, 건강한 소통 공동체, 소통 방식, 소통 문화

[10공국1-06-01]   ●●●

사회적 의제를 다룬 매체 자료를 비판적으로 분석한다.

➡ 르네상스(Renaissance)는 문예 부흥, 학예 부흥으로 일컫기도 하지만, 결국 그 중심에는 '인간'이라는 존재가 강렬하게 부각되어 있다. 따라서 사회적 의제에 대한 '르네상스적 접근'이라고 하는 것은 '휴머니즘'에 대한 탐색적 차원을 내포한다. 최근 일어나는 폭력, 혐오 등과 관련된 사건들을 다룬 매체 자료를 분석하되, 인간성의 생성과 소멸의 관점에서 사건의 양상을 진단한 결과를 토의해 보자.

관련 학과 고고학과, 사학과, 심리학과, 언어학과, 인문학과, 철학과

《**2차 르네상스**》, 김재영, 커뮤니케이션북스(2017)

[10공국1-06-02]   ●●●

소통 맥락과 매체 특성을 고려하여 다양한 목적의 매체 자료를 제작한다.

➡ 홍보를 목적으로 하는 영상을 만들 때에는 예상 시청자의 사회·문화적 맥락을 고려하여 내용을 생성하거나 표현 효과를 주어야 할 것이다. '우리나라, 우리 마을'을 외국인에게 홍보하는 유튜브 영상을 만들되, 똑같은 우리 마을에 대한 내용을 일본인, 러시아인, 미국인, 중동인 등 다양한 나라와 인종에게 소개하는 영상을 각각 만들고 그 과정에서 내용, 표현이 어떻게 차이가 날지 비교해 보자.

관련 학과 국어국문학과, 노어노문학과, 독어독문학과, 불어불문학과, 아랍어과, 언어학과, 영어영문학과, 일어일문학과, 중어중문학과

《**대중문화와 문화산업**》, 이기웅 외 14명, 한울아카데미(2023)

단원명 | 듣기·말하기

🔍 청중 분석, 상호작용, 언어적 표현, 준언어적 표현, 비언어적 표현, 매체, 발표, 상황 맥락, 사회·문화적 맥락, 쟁점, 이해관계, 협상, 사회적 소통 윤리

[10공국2-01-01]   • • •

청중의 관심과 요구에 맞게 내용을 구성하여 발표하고 청중의 질문에 효과적으로 답변한다.

➡️ 성공적인 발표를 위해서는 발표 상황에 맞는 다양한 표현 전략을 사용할 필요가 있다. 특히 준언어적 표현이나 비언어적 표현을 적절히 사용하면, 발표자와 청중 간의 교감을 극대화하여 발표 과정에서 청중들의 관심과 집중을 유도하고 발표 내용을 효과적으로 전달할 수 있다. 그러나 한국인의 경우 발표 내용이나 보조 자료에 비해 준언어적 표현이나 비언어적 표현을 통한 감정 전달에 어색한 경우가 많은데, 이러한 문제 현상의 원인을 우리나라의 사회·문화적 요소와 관련지어 탐구해 보자. 또한 이를 극복하기 위한 방법을 국어학, 심리학 등 여러 학문적 차원에서 탐구하여 보고서를 작성해 보자.

관련 학과 국어국문학과, 문예창작학과, 사학과, 상담심리학과, 심리학과, 언어학과, 철학과

감성스피치
김규현, 이모션북스(2018)

책 소개

이 책은 발표 상황에서 감정 전달이 왜 어려운지, 그리고 감정 전달을 바탕으로 한 제대로 된 설득을 하기 위해서는 어떤 방법이 필요한지 설명해 준다. 또한 감정 표현의 기초부터 훈련 방법 그리고 다양한 감성스피치 방법까지 청중의 감성을 움직일 수 있는 여러 가지 방법을 알려 준다.

세특 예시

청중을 고려하여 발표하기 수업 후, 한국인이 발표 상황에서 감정 전달에 어려움을 겪는 이유에 대한 궁금증을 해결하기 위해 '감성스피치(김규현)'를 읽고 발표 상황에서 감정 전달이 어려운 이유와 감정 전달을 원활히 할 수 있는 방법에 대해 탐구함. 또한 위 책이 발표의 기술적인 측면에 너무 치중해 있다는 인식을 바탕으로 콘텐츠 스피치의 중요성에 대해 다루고 있는 '아트 스피치(김미경)'를 찾아 연계 독서하고, 효과적인 발표 전략에 대해 인포그래픽을 활용하여 자료를 제작 후 학급 게시판에 게시함.

[10공국2-01-02] • • •

쟁점과 이해관계를 고려해 문제를 해결할 수 있는 대안을 탐색하며 협상한다.

➡ 협상에서는 주어진 갈등 상황에서 각 개인이나 집단의 이익을 최대화할 수 있도록 서로 만족할 만한 결과를 얻는 것이 중요하다. 이를 위해서는 자신의 주장만 내세우기보다는, 양보와 타협을 바탕으로 대안을 이끌어 내기 위한 다양한 협상 전략을 활용할 필요가 있다. 문화재 반환 협상 사례, 경비노동자 집단해고 협상 사례 등 문헌 자료나 블로그에 남겨진 실제 협상 사례를 참고하여 협상 과정에서 사용된 협상 기술 및 전략을 찾아 분석해 보자. 또한 현재 사회적으로 논란이 되고 있는 협상 상황의 쟁점에 대해 분석해 문제 해결을 위한 협상 전략에 대해 탐구해 보자.

관련 학과 국어국문학과, 문헌정보학과, 북한학과, 상담심리학과, 심리학과, 인류학과, 철학과

《**허브 코헨의 협상의 기술 2**》, 허브 코헨, 박진서 역, 김영사(2021)

[10공국2-01-03] • • •

사회적 소통 과정에서 말의 영향력을 고려하여 책임감 있게 듣고 말한다.

➡ 고려 시대의 문신 서희는 거란과의 외교 담판을 통해 거란의 침략을 물리치고, 강동 6주 땅까지 얻어 낸 일화로 유명하다. 또한 미국의 링컨은 게티즈버그 연설에서 그 유명한 "국민의, 국민에 의한, 국민을 위한 정부"라는 표현을 통해 미국의 민주주의 정신을 표현하여 미국 역사상 가장 위대한 연설로 평가받고 있다. 이처럼 정치가의 말은 그 무엇과도 비교할 수 없는 강력한 위력을 발휘하기 때문에 정치가는 사회적 소통 과정에서 말의 영향력을 고려해 책임감 있게 듣고 말할 필요가 있다. 이와 관련하여 유명한 정치 연설의 사례와 그로 인한 사회 변화에 대해 조사하며 말의 영향력에 대해 탐구해 보자. 또한 각 연설에서 말의 힘이 극적으로 발휘되는 데 어떠한 요인이 작용했는지 탐구해 보자.

관련 학과 인문계열 전체

《**정치적 말의 힘**》, 박상훈, 후마니타스(2022)

단원명 ┃ **읽기**

🔍 내용의 타당성, 신뢰성, 공정성, 표현의 적절성, 주제 통합적 읽기, 글 재구성하기, 사회·문화적 맥락, 비판적 읽기, 읽기 목적 및 전략, 읽기 과정의 점검 및 조정

[10공국2-02-01] • • •

복합 양식으로 구성된 글이나 자료에 내재된 필자의 관점이나 의도, 표현 방법을 평가하며 읽는다.

➡ 언론이나 기업은 자신들의 이익을 위해 의도적으로 여론 왜곡을 시도하는 경우가 있다. 여론을 왜곡하는 방법 중 가장 흔히 사용되는 것 중 하나가 언어를 왜곡하는 것인데, 언어는 듣는 사람으로 하여금 생각의 틀을 특정한 방향으로 유도하는 기능이 있기 때문이다. 따라서 현상의 본질을 제대로 파악하기 위해서는 의도적인 언어 왜곡의 원리에 대해 이해할 필요가 있다. 인터뷰 자료나 발표문 등을 참고해 언어 왜곡의 사례를 찾아 그 원리를 분석하고, 이를 바탕으로 의도나 목적을 고려한 표현의 적절성을 평가하며 읽는 것의 중요성에 대해 발표해 보자.

국어국문학과, 노어노문학과, 독어독문학과, 문예창작학과, 불어불문학과, 심리학과, 언어학과, 영어영문학과, 일어일문학과, 종교학과, 중어중문학과, 철학과

《**언론의 언어 왜곡, 숨은 의도와 기법**》, 박창식, 커뮤니케이션북스(2017)

[10공국2-02-02] ●●●

동일한 화제의 글이나 자료라도 서로 다른 관점과 형식으로 표현됨을 이해하며 읽기 목적을 고려해 글이나 자료를 주제 통합적으로 읽는다.

➡️ 사후(死後) 세계는 인간을 포함한 생명체가 죽음 이후 가게 된다고 여겨지는 세계를 말하는 용어로, 현재까지 아무런 과학적 근거가 없는 개념이기 때문에 현실적으로 입증이 불가능하다. 이런 이유로 세계 4대 주요 종교에 해당하는 기독교, 이슬람교, 힌두교, 불교에서도 사후 세계에 대한 설명을 조금씩 달리하고 있는 상황이다. 각 종교의 입장에서 사후 세계에 대해 설명하는 자료를 읽으며 내용을 비교·분석해 보고, 자료 간에 상충되는 부분을 심화 탐구하여 사후 세계에 대한 자신의 견해를 보고서로 작성해 보자.

관련 학과 고고학과, 문헌정보학과, 문화재학과, 사학과, 인류학과, 종교학과, 철학과

《**죽기 전에 봐야 할 사후 세계 설명서**》, 하시즈메 다이사부로, 주성원 역, 불광출판사(2022)

[10공국2-02-03] ●●●

의미 있는 사회적 독서활동에 참여함으로써 타인과 교류하고 다양한 지식이나 정보, 삶에 대한 가치관 등을 이해하는 태도를 지닌다.

➡️ 최근 대중으로부터 많은 사랑을 받고 있는 웹예능 〈MZ 오피스〉는 회사 내 MZ세대끼리의 갈등, 다른 세대와의 갈등 등을 재미있게 드러내어 인기를 끌고 있다. MZ세대 용어를 사회 초년생에 한정해 사용한 점, MZ세대의 부정적인 측면을 주로 부각해 편견과 고정관념을 유발한 점 등에 대해 비판을 받기도 했지만, 모호한 회사 매너, 문해력이 낮은 면접자의 모습 등 MZ세대의 일부 특성을 잘 표현했다는 점에서 많은 이들의 공감을 얻었다. 이처럼 〈MZ 오피스〉가 대중으로부터 많은 관심을 받는 것은 이러한 갈등이 우리 사회에 만연했다는 것을 방증한다고 볼 수 있다. 사회 다방면에서 세대 간 갈등이 나타나는 모습을 찾아 최근 우리 사회의 변화와 관련지어 그 원인을 탐구해 보고, '사회 변동과 세대 차이 연구'를 주제로 세미나의 발제문을 작성해 보자.

관련 학과 국어국문학과, 문예창작학과, 문헌정보학과, 상담심리학과, 심리학과, 언어학과, 인류학과, 철학과

《**MZ세대와 꼰대 리더**》, 김영기, 좋은땅(2023)

단원명 | 쓰기

🔍 언어 공동체, 쓰기 윤리, 작문 관습, 쓰기 과정 및 전략의 점검, 사회적 책임, 논증 요소, 복합 양식 자료, 논증하는 글쓰기, 신뢰할 수 있는 자료, 공동 보고서 쓰기

[10공국2-03-01] ●●●

언어 공동체가 공유하는 작문 관습의 특성을 이해하고 쓰기 과정과 전략을 점검하며 책임감 있게 글을 쓴다.

➡️ 성균관대학교에서는 2019년부터 전국 대학생을 대상으로 AI × BOOKATHON 대회를 매년 개최하고 있다. 이 대회는 AI(인공지능)를 활용하여 글을 짓는 경진대회로, 융합형 AI 인재 육성과 대학생들의 AI 역량 함양을

목적으로 운영되고 있는데, 글쓰기 영역에서 AI의 활약을 인정했다는 점에서 인상적이다. 반면 과학 학술지 《네이처》와 《사이언스》에서는 AI를 논문 저자로 인정하지 않는다는 입장을 공식화했는데, AI 글쓰기에 대한 인식이 앞선 사례와 사뭇 다르다. 양립하는 두 사례를 바탕으로, AI 시대 언어 공동체의 작문 관습에는 어떤 변화가 필요한지에 대해 탐구하여 보고서를 작성해 보자.

관련 학과 국어국문학과, 노어노문학과, 독어독문학과, 문예창작학과, 불어불문학과, 아랍어과, 영어영문학과, 일어일문학과, 중어중문학과, 철학과

《**챗GPT와 글쓰기**》, 김철수, 위키북스(2023)

[10공국2-03-02] • • •

논증 요소에 따른 분석을 바탕으로 내용을 효과적으로 조직하여 논증하는 글을 쓴다.

➡ 간송 미술관은 《훈민정음 해례본》을 NFT로 발행한 데 이어, 신윤복의 그림을 NFT로 발행하며 '간송 메타버스 뮤지엄' 프로젝트를 선보였다. NFT는 대체 불가 토큰이라는 의미로 디지털 정보에 고유한 인식 값을 부여해 디지털 자산을 창조하는 블록체인 기술인데, 간송 미술관에 따르면 이 프로젝트는 블록체인 기술과 메타버스를 통해 전 세계 어디에서든 누구나 한국 문화재를 보고 즐길 수 있도록 하는 것을 목표로 기획되었다고 한다. 그간 닿기 어려운 영역이었던 문화재에 NFT 기술을 접목하여 국보의 가치를 누구나 자유롭게 향유하도록 하는 시도라는 점에서 호평을 받기도 하지만, 일각에서는 국가의 문화재를 특정 집단이 상업적으로 이용해도 되는지에 대해 우려한다. 문화재 NFT화의 순기능과 역기능에 대해 탐구해 보고, 이 문제에 대한 자신의 견해를 바탕으로 논증하는 글을 써 보자.

관련 학과 고고학과, 국어국문학과, 문헌정보학과, 문화재학과, 사학과, 인류학과

《**하루 만에 끝내는 NFT 공부**》, 유상희, 원앤원북스(2022)

[10공국2-03-03] • • •

신뢰할 수 있는 정보를 종합하여 복합 양식 자료가 포함된 공동 보고서를 쓴다.

➡ 한국언론진흥재단에서 실시한 챗GPT 이용 경험 및 인식에 대한 조사에서 번역가가 통역사와 함께 인공지능의 발달로 인해 사라질 직업군 1위로 뽑혔다. 인공지능의 번역이 세계 각국의 언어에 대한 방대한 양의 데이터베이스를 활용하기 때문에, 인간보다 더 빠르고 정확하게 작업을 수행할 수 있으리라고 보는 것이다. 그러나 문학 작품의 번역은 단순히 기계적으로 텍스트 자체를 번역하기보다는, 작가의 의도나 작품의 맥락, 다양한 수사법에 따라 달라지는 섬세한 수준의 번역이 여전히 필요하다고 보는 사람들도 있다. 인공지능으로 문학 작품을 번역하는 과정에서 오역이 발생하는 경우를 찾아 공통점을 분석해 보고, 인공지능 시대에 번역가가 살아남기 위해 갖추어야 할 능력에 대해 탐구하여 인공지능과 번역가의 공생 방안에 대한 보고서를 작성해 보자.

관련 학과 국어국문학과, 노어노문학과, 독어독문학과, 문예창작학과, 불어불문학과, 아랍어과, 언어학과, 영어영문학과, 일어일문학과, 중어중문학과, 철학과

《**AI 시대의 번역**》, 최성희, 세창출판사(2019)

단원명 │ 문법

|🔍| 국어의 변화, 국어의 역사성, 신조어, 언어의 사회 반영, 국어 문화 발전, 한글 맞춤법, 문제 해결적 사고, 국어 생활 성찰 및 개선, 국어 의식

[10공국2-04-01] • • •

과거 및 현재의 국어 생활에 나타나는 국어의 변화를 이해하고 국어 문화 발전에 참여한다.

➡ 사회 변화와 맞물려 새롭게 생성 및 사용되는 신조어를 바라보는 입장은 크게 두 가지로 나뉜다. 무분별한 신조어의 사용으로 한글이 파괴되고 세대 간 소통의 어려움이 발생하고 있다는 입장이 있는 반면, 신조어가 한글을 풍성하고 다채롭게 만들고 있으며 대다수의 언어 사용자들로부터 일정 기간 이상 인정받지 못한 신조어는 소멸하기 때문에 문제 될 것이 없다는 입장도 있다. 그런데 이러한 찬반 양론에서 벗어나 신조어를 통해 언어에 담긴 사람들의 심리를 읽어 보는 데 초점을 맞춰 보는 것은 어떨까? '영끌(영혼까지 끌어모으다)', '갓생(부지런하고 타의 모범이 되는 삶)', '텅장(잔고가 얼마 남지 않은 통장)' 등 신조어 중에는 언어 사용자의 심리와 우리 사회의 모습을 생생하게 보여 주는 단어들도 많다. 최근 우리 사회에서 자주 사용되는 신조어를 찾고, 이를 바탕으로 사회의 단면을 이해해 보는 탐구활동을 진행해 보자.

> **관련 학과** 국어국문학과, 문예창작학과, 문헌정보학과, 상담심리학과, 심리학과, 언어학과, 인류학과, 철학과
> 《**말의 트렌드**》, 정유라, 인플루엔셜(2022)

[10공국2-04-02] • • •

한글 맞춤법의 원리를 적용하여 국어 생활을 성찰하고 문제를 해결한다.

➡ 한글 맞춤법 '제1항 한글 맞춤법은 표준어를 소리대로 적되, 어법에 맞도록 함을 원칙으로 한다.'에서 '어법에 맞도록 한다'는 것은 한글로 표기된 글을 읽는 사람이 그 뜻을 파악하기 쉽도록 각 형태소의 본 모양을 밝혀 적는다는 것이다. '제2항 문장의 각 단어는 띄어 씀을 원칙으로 한다.'에서 띄어쓰기 또한 글을 읽는 사람이 문장에 사용된 띄어쓰기를 활용하여 그 뜻을 쉽게 파악할 수 있도록 하는 것이다. 이처럼 한글 맞춤법을 준수하는 것은 독자가 글을 쉽게 이해할 수 있도록 배려하는 필자의 노력이 담긴 의도적인 행위라고 볼 수 있다. 한글 맞춤법에 대한 인식과 인간의 심리를 연결 지어 해석해 보는 활동을 통해 이 둘의 상관관계에 대해 탐구하고, 한글 맞춤법을 준수하고자 노력하는 태도의 가치에 대해 발표해 보자.

> **관련 학과** 국어국문학과, 문예창작학과, 문헌정보학과, 상담심리학과, 심리학과, 언어학과, 인류학과, 철학과
> 《**마케터의 글쓰기**》, 이선미, 앤의서재(2022)

단원명 │ 문학

|🔍| 한국 문학사, 작가 맥락, 독자 맥락, 문학사적 맥락, 문학의 수용과 생산, 주체적 관점에서의 작품 해석, 사회·문화적 맥락, 작품의 가치 평가, 해석의 다양성

[10공국2-05-01]

한국 문학사의 흐름을 고려하여 작품을 수용한다.

한국 문학의 주요한 정서적 특징인 '한(恨)'은 고전 문학에서 현대 문학에 이르기까지 꾸준히 명맥을 이어 가고 있다. 작자 미상의 고려가요 〈가시리〉는 사랑하는 사람과의 이별을 안타까워하는 애절한 심정을 소박한 시어로 나타냈으며, 고려 시대의 한시 〈송인(送人)〉은 이별의 상황에 처한 자신의 처지를 자연물과 대조하여 슬픔의 정서를 극대화했다. 또한 현대 시 〈진달래꽃〉은 여성적 어조의 화자를 내세워 절제된 어조로 이별의 정한(情恨)을 노래하고 있다. 이처럼 '한'은 한국 문학의 보편적 정서라고 해도 과언이 아닌데, 최근 한 걸 그룹이 〈진달래꽃〉에서 영감을 받아 구슬픈 가야금 연주와 한 맺힌 목소리의 창(唱)을 배경으로 이별의 정서를 담은 노래 〈한(一)〉을 발표해 한국적 정서의 전통을 이어가고 있다. 한국 문학의 전통인 '한'의 정서를 잇는 작품을 갈래나 시대에 구애받지 않고 다양하게 찾아 전승 양상을 분석해 보고, 한국 문학에서 '이별의 정한'이 어떤 의미를 지니는지 설명해 보자.

관련 학과 고고학과, 국어국문학과, 문예창작학과, 문헌정보학과, 문화재학과, 사학과, 상담심리학과, 심리학과, 인류학과, 철학과

《한국 이별시가의 전통》, 박춘우, 역락(2004)

[10공국2-05-02]

주체적인 관점에서 작품을 해석하고 평가하며 문학을 생활화하는 태도를 지닌다.

문학 작품은 작가, 독자, 세계와 유기적인 관계를 맺기 때문에, 작품을 제대로 감상하기 위해서는 작품을 둘러싼 여러 요소를 고려해야 한다. 가령 이육사의 시 〈청포도〉의 경우, 작품 자체만을 감상할 때는 청포도가 익어 가는 평화롭고 풍요로운 고향에 대한 소망만이 드러나 있는 듯 보인다. 그러나 일제강점기의 현실을 고려하면 작품 속 염원의 대상이 '고향'에서 더 나아가 '조국', '광복'으로 이어져, 결국 독립된 조국에서 평화로운 삶을 누리고자 하는 화자의 마음이 드러난 것으로 해석할 수도 있다. 이처럼 작품을 해석할 때는 다양한 시각으로 작품을 바라보는 태도가 필요하다. 작품 외적 요소에 의해 감상 내용에 차이가 나타나는 작품들을 비교·분석하며, 구체적으로 의미 해석이 달라지는 시어나 시구를 찾아 보자. 그리고 해당 시어 및 시구의 어떤 특성으로 인해 의미 해석이 달라지는지를 탐구하여 '작품 외적 요소에 의해 의미 변화가 나타나는 시어 및 시구의 특성'을 주제로 보고서를 작성해 보자.

관련 학과 고고학과, 국어국문학과, 노어노문학과, 독어독문학과, 문예창작학과, 문헌정보학과, 문화재학과, 불어불문학과, 영어영문학과, 일어일문학과, 중어중문학과

《시인을 만나다》, 이운진, 북트리거(2018)

단원명 | 매체

| 🔍 | 매체 비평 자료, 비판적 수용, 주체적 수용과 생활화, 사회·문화적 맥락, 매체의 변화, 매체 기반 소통, 소통 문화, 성찰하기

[10공국2-06-01]

매체 비평 자료를 비판적으로 수용하고 자신의 관점을 담아 매체 비평 자료를 제작한다.

➔ 매체 비평 자료를 비판적으로 수용하는 경험을 통해 해당 유형의 글에 대해 학습하는 활동의 근본적인 목표는 학습자가 주체적으로 매체 비평 자료를 제작할 수 있는 능력을 기르는 것이다. 그렇다면 좋은 매체 비평 자료를 제작하려면 어떤 과정이 필요할까? 다수의 사람들로부터 좋은 비평이라고 인정받은 복수의 매체 비평 자료를 참조하여 어떠한 공통점이 있는지 확인하며 그 특성을 분석하면 된다. 좋은 매체 비평 자료의 특성에는 여러 가지가 있겠지만, 대상에 대한 깊고 넓은 이해, 비평 관점을 일관적으로 유지하는 것, 지나치게 부정적이거나 긍정적인 표현을 피하며 대상과 일정한 거리를 유지하는 객관적인 서술, 비평을 통해 더 나은 발전 방향을 제시하는 것 등을 들 수 있다. 이런 맥락에서 다수로부터 긍정적인 평가를 받은 복수의 매체 비평 자료들을 분석해 보며 그 특성을 직접 찾아보고, 이를 바탕으로 매체 비평 자료를 평가하는 체크리스트와 매체 비평 자료 작성 매뉴얼을 만들어 보자.

관련 학과 고고학과, 국어국문학과, 노어노문학과, 독어독문학과, 문예창작학과, 문헌정보학과, 불어불문학과, 영어영문학과, 일어일문학과, 중어중문학과

《**나비처럼 읽고 벌처럼 쓴다**》, 기타무라 사에, 구수영 역, 지노(2022)

[10공국2-06-02]   ● ● ●

매체의 변화가 소통 문화에 끼치는 영향을 탐구한다.

➔ 인류의 위대한 발명 중 하나인 인쇄술로 인해 도래한 활자 매체 시대에는 글로써 상호 소통이 가능했기에 완전한 문장의 형식을 갖추어 정보를 전달하는 것이 중요했다. 그러나 지금은 소리, 영상, 링크 등 모든 유형의 정보를 전달할 수 있는 디지털 매체 환경으로 전환되면서 소통 방식이 급격히 변화했다. 쌍방향으로 즉각적인 소통이 이루어지기에, 완전한 문장의 형식을 갖추는 것보다는 정보를 빠르게 전달하는 것이 중요해졌고, 이에 따라 줄임말, 이모티콘 사용 등 생각이나 감정을 간단하고 효율적으로 표현하는 새로운 소통 방식이 생겨났다. 다만 일각에서는 이러한 변화로 인해 10대와 20대들이 온전한 문장으로 의사를 표현하는 능력이 부족해진 것을 문제점으로 지적하기도 한다. 가령, 맛있는 음식을 앞에 두고도 맛을 상세히 묘사하는 대신 '대박'이라는 단어 하나로밖에 표현하지 못하는 어휘력과 표현력의 부족이 의사소통 능력에 영향을 미치게 된다는 것이다. 이와 같은 매체 변화에 따른 소통 방식의 변화 사례를 분석한 후, 매체의 발달이 언어와 언어 능력에 미치는 영향에 대해 탐구해 보자.

관련 학과 국어국문학과, 노어노문학과, 독어독문학과, 문예창작학과, 불어불문학과, 상담심리학과, 심리학과, 아랍어과, 언어학과, 영어영문학과, 인류학과, 일어일문학과, 중어중문학과, 철학과

《**급식체 사전**》, 광양백운고등학교 1학년 학생들, 황왕용 편, 학교도서관저널(2018)

국어 교과군

영어 교과군

수학 교과군

도덕 교과군

사회 교과군

부록 교과군

선택 과목	수능	화법과 언어	절대평가	상대평가
일반 선택	○		5단계	5등급

🔍	의사소통 목적과 맥락, 담화 참여자, 음성 언어, 의미 구성, 사고 행위, 언어적 실천, 소통 행위, 비판적 사고, 의미 기능, 맥락, 담화 수행, 능동적 참여, 언어생활 성찰, 문화 형성

[12화언01-01]   ●●●

언어를 인간의 삶과 관련지어 이해하고, 국어와 국어 생활이 시간의 흐름에 따라 변화하는 양상을 분석한다.

➡ 언어의 사회성은 소리의 의미의 관계가 사회적으로 약속된 성질을 의미한다. 그러나 여기서 '사회'라고 하는 범주는 지역, 시대, 연령 등에 따라 다르게 정의된다. 흔히 우리나라 안에서도 '부추'를 '정구지' 등으로 말하는 것이 그러한 예이다. 우리가 흔히 접하는 작물인 '옥수수'가 한반도 전역에서 어떻게 불리는지 다양한 자료를 찾아 조사해 보자. 나아가 이를 통해 '표준어' 설정을 어떤 기준으로 해야 할지에 대해서도 의논해 보자.

【관련 학과】 국어국문학과, 노어노문학과, 독어독문학과, 문예창작학과, 북한학과, 불어불문학과, 아랍어과, 언어학과, 영어영문학과, 일어일문학과, 중어중문학과

언어의 교차로
북한어 바라보기
허철구 지
박문사

언어의 교차로
허철구, 박문사(2022)

【책 소개】
북한 언어에 대해 방대한 내용을 담고 있는 이 책은 표면적으로는 남한의 언어와 북한의 언어가 어떻게 다른지를 구체적으로 설명하고 있지만, 이면적으로는 북한어의 문화적 특성, 관용어, 어휘 규범 등을 구체적으로 제시하면서 북한어에 대한 생각을 잘 정립할 수 있도록 돕고 있다.

【세특 예시】
언어가 자의성·사회성·역사성·분절성 등의 특성을 지니고 있다는 점을 학습한 후, '사회성'에서 사회는 꼭 한국만 해당되지는 않는다는 사실을 토대로 "북한 사람들은 최근에 어떤 말을 하면서 살고 있을까?"라는 물음을 생성한 후, '언어의 교차로(허철구)'를 읽고 북한의 예절어와 우리말의 높임 표현이 형태소 혹은 단어 차원에서도 많은 차이가 있다는 사실을 알고 이 이유를 사회언어론적 측면에서 탐색해 봄.

[12화언01-02]   ●●●

표준 발음을 이해하고 정확하게 발음하는 국어 생활을 한다.

➡ '음운론(音韻論)'은 언어 음성을 연구하는 학문으로, 특정 음운의 발음이 어떻게 이루어지는지에 대한 구체적인 탐색을 한다. 이러한 음운론적 정보에 의해 표준 발음이 결정되는데, 한국어의 음운 변동 현상(교체·첨가·

축약·탈락)과 유사한 현상이 다른 나라에서도 일어나는지에 대해 다양한 음성 자료를 모아 분석해 보자. 그리고 그러한 이유에 대해 토의해 보자.

관련 학과 국어국문학과, 독어독문학과, 불어불문학과, 언어학과, 영어영문학과, 일어일문학과, 중어중문학과

《음운 연구를 위하여》, 이병근, 태학사(2020)

[12화언01-03]   ● ● ●

품사와 문장 구조에 대한 지식을 활용하여 언어 자료를 분석하고 설명한다.

➡ 동아시아 계열의 여러 어족(語族)을 묶어 칭하는 개념어 중 '알타이 제어'라는 것이 있다. 한국어는 이 계열의 '한국어족'에 속하고, 알타이 제어에는 퉁구스어족, 일본어족, 몽골어족 등이 있다. 이러한 알타이 제어의 형성과 발전 과정이 역사적 흐름에서 구체적으로 어떻게 전개되었는지 분석해 보고, 이를 토대로 알타이 제어의 문장 구조적 공통점과 차이점을 비교하여 미니 세미나를 통해 발표해 보자.

관련 학과 고고학과, 국어국문학과, 문화재학과, 사학과, 인류학과, 일어일문학과

**알타이어 속의 한국어,
한국어 속의 알타이어**

도수희 외 7명, 역락(2013)

책 소개

한국어가 '알타이 제어'에 속한다는 것은 우리가 익히 잘 알고 있는 사실이다. 또한 한국어와 일본어가 형태, 문장 차원에서 유사한 특성을 가지고 있는 것도 귀납적으로 발견할 수 있다. 이 책은 이러한 여러 동아시아 언어를 '알타이어'의 특성과 역사적 맥락을 통해 소개함으로써, 동아시아 언어와 역사를 폭넓게 이해하는 데 도움을 줄 것이다.

세특 예시

'우리말의 문장 성분'에 대해 학습한 후, '나는 당신을 사랑합니다.'라는 문장이 '체언+조사', '어간+어미' 등의 결합에 의해 나름의 문법적 지위와 자격을 얻는다는 사실을 스스로 분석함. 나아가 '알타이어 속의 한국어, 한국어 속의 알타이어(도수희 외 7명)'을 읽고, 이러한 문법적 특성의 기원에 대해 탐색하고, 일본어나 몽골어 등에서도 이런 특성이 구체적으로 어떻게 나타나는지에 대해 추가적으로 사례를 조사하여 발표함.

[12화언01-04]   ● ● ●

단어의 짜임과 의미, 단어 간의 의미 관계를 중심으로 어휘를 이해하고 담화에 적절히 활용한다.

➡ 감정과 관련된 단어는 그 단어가 지니는 의미의 영역에 대해 사람마다 견해차가 존재한다. 따라서 그 단어의 발화자 시점의 의미를 면밀하게 파악하기 위해서는 질문의 자세가 중요하다. '경쟁·도전·소박·저항·청빈·정의' 등 '가치 단어'의 의미가 각각 어떤 차이가 있는지 자신의 사례를 들어 자유롭게 토론하는 '원탁 토의'를 진행하고, 이를 정리하여 '타인을 이해하기 위한 자세'에 대한 자신의 생각을 한 편의 글로 쓴 후 발표해 보자.

관련 학과 국어국문학과, 노어노문학과, 독어독문학과, 북한학과, 불어불문학과, 상담심리학과, 심리학과, 아랍어과, 언어학과, 영어영문학과, 일어일문학과, 중어중문학과, 철학과

《나를 위로하는 정의》, 진명일, 박영스토리(2023)

국어 교과군

영어 교과군

수학 교과군

도덕 교과군

사회 교과군

과학 교과군

[12화언01-05] ● ● ●

담화의 맥락에 적절한 어휘와 문법 요소를 선택하여 화자의 태도를 드러낸다.

➡ '경찰이 도둑을 잡았다.'의 피동 표현인 '도둑이 경찰에게 잡혔다.'는 일어난 사건으로 보았을 때 결국 동일한 의미를 지니지만, 맥락적인 부분으로 보았을 때 미묘한 차이가 있다. '치유하는 글쓰기'를 하여 자신의 삶을 성찰하고 돌이켜 보는 작문 활동을 하되, 능동문을 피동문으로, 피동문을 능동문으로 바꿔 보고 그 의미 차이가 자신의 발화 의도에 어떤 영향을 주는지 점검하는 내용을 반영해 보자.

관련 학과 국어국문학과, 노어노문학과, 독어독문학과, 북한학과, 불어불문학과, 상담심리학과, 심리학과, 아랍어과, 언어학과, 영어영문학과, 일어일문학과, 중어중문학과

《**한국어 피동문의 유형론적 연구**》, 백정화, 한국문화사(2019)

[12화언01-06] ● ● ●

담화의 구조를 고려하여 적절한 어휘와 문장으로 응집성 있는 담화를 구성한다.

➡ '대화 함축'은 의도적으로 담화 상황에서의 격률을 어김으로써 자신의 발화 의도를 강조하는 방법 중 하나이다. 예컨대 "몸무게가 어떻게 되어요?"에 대한 답으로 "깃털 같아요."라고 말하면서 질의 격률을 어기는 경우가 그러하다. 이러한 대화 함축의 담화 구조가 다른 언어권에서도 적용 가능한지에 대해 실제 외국인들에게 SNS를 통해 질문하고 답변하는 과정을 거쳐 설문조사 해 보고, 그 결과를 발표해 보자. 나아가 '대화 함축'의 담화 구조의 적절성에 대해서도 토의해 보자.

관련 학과 국어국문학과, 노어노문학과, 독어독문학과, 불어불문학과, 아랍어과, 언어학과, 영어영문학과, 일어일문학과, 중어중문학과

《**담화와 한국어 문법교육**》, 강현화 외 4명, 보고사(2022)

[12화언01-07] ● ● ●

다양한 유형의 담화와 매체를 대상으로 언어의 공공성을 이해하고 평가한다.

➡ '공론장(公論場)'은 사전적 의미로는 여러 사람이 함께 의논할 수 있는 장소나 환경을 의미한다. 이러한 공론장의 원활한 의사소통을 위해서는 존중과 배려의 언어가 수반되어야 한다. '함께 성찰하는 글쓰기'의 과정으로 우리의 언어생활 가운데 '공론장 안에서 존중하고 배려하는 의사소통'이 있었는지 살펴 보고, 이를 돌이켜 보는 내용을 담아 글쓰기 활동을 해 보자.

관련 학과 언어학과, 인류학과, 상담심리학과, 심리학과, 언어학과, 종교학과, 철학과

《**하버마스의 공론장의 구조변동 읽기**》, 하상복, 세창출판사(2016)

[12화언01-08] ● ● ●

자아 개념이 의사소통 방식에 미치는 영향을 인식하고 협력적인 관계 형성에 적절한 방식으로 대화한다.

➡ 자아는 '개인적 자아'와 '사회적 자아'로 나뉘는데, 의사소통을 할 때에는 개인적 자아를 먼저 무리하게 노출하기보다는 사회적 자아에서 개인적 자아로 이양되게끔 자아 노출을 하는 것이 중요하다. 평소 친구들과의 대화에서 자신이 자아 노출을 어떤 양상으로 하고 있었는지 돌이켜 보고, 이를 성찰하는 글쓰기를 해 본 뒤 친구들 앞에서 발표해 보자.

관련 학과 국어국문학과, 문예창작학과, 상담심리학과, 심리학과, 인류학과, 철학과

**정신과 의사에게
배우는 자존감 대화법**

문지현, 사람과나무사이(2017)

대화는 가장 일상적이기 때문에 가장 중요하지만, 역설적으로 가장 일상적이기 때문에 가장 가벼운 것으로 취급되곤 한다. 하지만 대화에서 우리는 비로소 진정한 자존감을 얻을 수 있는데, 이 책은 대화의 상황을 '나 자신, 가족, 연인, 사회' 등의 '화자-청자' 관계로 나누어 자존감을 높일 수 있는 대화법을 다양하게 제시해 대화 속에서 상처를 주거나 받은 이들의 마음을 울리고 있다.

세특 예시

자아 개념과 자아 노출을 고려한 의사소통을 학습한 후, 자신의 외모, 학업성취도 등을 먼저 자세히 말해 대화 분위기를 불편하게 했던 자신의 모습을 돌이켜 본 후, '정신과 의사에게 배우는 자존감 대화법(문지현)'을 읽고 결국 그것은 '자랑을 토대로 남에게 인정받고 싶어 하는 모습'이었음을 깨닫고 이를 개선하기 위한 과정을 담은 글을 작성하고 발표하여 친구들에게 감동을 줌.

[12화언01-09] • • •

정제된 언어적 표현 전략 및 적절한 준언어적·비언어적 표현 전략을 활용하여 발표한다.

➡ '준언어적' 표현에 해당하는 '톤·어조·강세·고저·장단' 등이 우리나라에서는 의미를 변별하는 경우가 많지 않지만, 중국어에서는 '성조'가 발달함에 따라 '고저' 등에 의해 의미가 변별되는 경우가 많다. 따라서 준언어적 표현이 각 나라의 언어에 따라서는 언어적 표현이 되기도 하는데, 이러한 양상을 언어별로 구별해 보고, 각 언어에 따른 준언어적 표현에는 무엇이 있는지 조사하여 발표해 보자.

관련 학과 국어국문학과, 노어노문학과, 독어독문학과, 불어불문학과, 아랍어과, 언어학과, 영어영문학과, 일어일문학과, 중어중문학과

《**말의 내공**》, 신도현 외 1명, 행성B(2018)

[12화언01-10] • • •

화자의 공신력을 이해하고 효과적인 설득 전략을 활용하여 연설한다.

➡ 한국의 독립운동가이자 군인인 홍범도 장군의 흉상 이전과 관련해, 많은 이들이 다양한 목소리를 내고 있다. 이들의 설득 전략을 '공신력'의 차원에서 판단하고, 다양한 견해 및 학술 자료에서 내용을 학습하여 자신의 의견을 마련한 뒤, '미니 포럼' 시간을 통해 '적극성, 자신감 있는 태도'로 공신력을 확보할 수 있는 연설을 해 보자.

관련 학과 고고학과, 문화재학과, 북한학과, 사학과, 상담심리학과, 인류학과, 일어일문학과, 종교학과, 철학과

《**민족의 장군 홍범도**》, 이동순, 한길사(2023)

[12화언01-11] • • •

토의에서 주제와 관련된 다양한 자료를 통해 공동체의 문제를 분석하고 합리적으로 해결한다.

➡ 우리는 인터넷, 유튜브, 위키피디아 등을 통해 정보를 얻기도 하지만, 토의 참여자의 신뢰성과 타당성을 높이

기 위해서는 서적을 통해 정보를 얻는 것도 도움이 된다. '한 학기 한 권 책 읽기' 시간에, 토의 학습에서 자신의 논의를 구체화하고자 다양한 책을 찾아 보고, 나아가 한 주제와 관련하여 서로 다른 내용을 다룬 책 또한 찾아서 핵심 내용을 정리하되, 출처와 참고문헌을 정리하는 방법을 익혀 적용해 보자.

관련 학과 국어국문학과, 문예창작학과, 문헌정보학과, 언어학과, 영어영문학과, 인류학과, 철학과

《**학교 도서관 활용 수업 2: 중고등 편**》, 전보라 외 7명, 학교도서관저널(2019)

[12화언01-12] ●●●

주장, 이유, 근거를 비판적으로 검토하여 논증의 타당성, 신뢰성, 공정성에 대해 반대 신문하며 토론한다.

➡ '변형생성문법' 이론은 인간의 언어습득 기제가 선천적이면서 보편적이라는 것을 반영한 이론이다. 이 이론은 많은 이들에게 유의미하게 인식되었지만, 이에 대해 비판적 견해를 지니는 이들도 많다. '언어습득 기제는 선천적이다.'라는 사실 논제를 토대로 반대 신문식 토론을 진행하되, 특정 학자가 하는 말들과 자신의 견해를 확실하게 나누고, 출처와 인용 대상을 밝혀 설명했는지에 대한 '신뢰성 검증'을 중시하여 토론해 보자.

관련 학과 국어국문학과, 노어노문학과, 독어독문학과, 불어불문학과, 심리학과, 아랍어과, 언어학과, 영어영문학과, 인류학과, 일어일문학과, 중어중문학과, 철학과

《**왜 우리만이 언어를 사용하는가**》, 로버트 C. 버윅 외 1명, 김형엽 역, 한울아카데미(2018)

[12화언01-13] ●●●

상황에 맞는 협상 전략을 사용하여 서로 만족할 수 있는 대안을 찾아 의사결정을 한다.

➡ 협상 과정의 궁극적 목표 중 하나는 '타인에 대한 설득'이다. 협상 과정에서 타인을 설득하기 위해서는 협상 상대방이 지니고 있는 의도와 요구 사항을 명확하게 파악하고, 이를 최대한 수용하면서도 자신의 의견을 제시하기 위한 절충적 설득 전략이 필요하다. 교과 독서 프로젝트를 통해 《설득의 심리학》을 읽고, 이를 협상 전략으로 도출하기 위한 텍스트 제작을 모둠별로 하고 이를 공유해 보자.

관련 학과 국어국문학과, 상담심리학과, 심리학과, 언어학과, 영어영문학과, 인류학과, 철학과

《**설득의 심리학 1**》, 로버트 차알디니, 황혜숙 외 1명 역, 21세기북스(2023

[12화언01-14] ●●●

기호를 활용한 사회적 행위로서의 국어 생활을 성찰하고 문제점을 개선하는 태도를 지닌다.

➡ '언어의 기호성'이란 언어의 의미가 문자나 음성을 통해 드러난다는 것이다. 특히 이러한 문자와 의미, 음성과 의미의 관계는 향유층의 사회적 약속을 반영하기 마련이다. 기호로서의 언어가 사회적 약속에 의해 의미를 형성해 가는 사례나, 언어가 사회나 문화적 맥락을 반영하는 경우를 찾아서 친구들 앞에서 소개해 보자. 나아가 언어 속에 내재된 문화의 의미에 대해서도 토의해 보자.

관련 학과 인문계열 전체

기호와 언어로 읽는 12가지 세상 이야기

김은일 외 1명,
한국학술정보(2023)

닮음, 가까움, 어울림, 묶음과 언저리, 짝 맞춤 등은 기호와 언어의 관계성을 표현할 수 있는 낱말들의 나열일 것이다. 이러한 주제를 토대로 문화·경제·법·심리·예술 등에 대해 말하고 있는 이 책은, 우리에게 언어의 기호성에 대한 이해를 도모할 뿐만 아니라 세밀한 언어적 감각을 키우는 데도 큰 도움을 줄 것이다.

세특 예시

'언어의 자의성, 사회성, 기호성, 분절성' 등에 대해 학습한 후, 언어 독서 발표 시간에 기호성이 지니는 의미에 대해 더욱 깊게 이해하고 구체적인 상황에 적용하고자 '기호와 언어로 읽는 12가지 세상 이야기(김은일 외 1명)'를 읽고, '디지털과 아날로그'가 지니는 '짝'의 의미에 대해 상호 보완성을 토대로 학생들에게 설명함. 특히 AI 시대에도 아날로그가 디지털 문화의 대안이 될 수 있음을 '노 스마트폰 여행', '손편지로 이야기 나누기' 등의 사례를 통해 설명하여 큰 호응을 얻음.

[12화언01-15]

● ● ●

언어 공동체의 담화 관습을 이해하고, 다양성을 존중하는 의사소통 문화 형성에 기여하는 태도를 지닌다.

북한 사회를 이해하는 데 있어서 그들의 언어 관습을 선입견 없이 바라보는 태도는 필수적일 것이다. 북한의 언어 정책과 언어 문법, 생소한 단어 사용 등에 대한 사례를 '사회·경제·문화'적 측면에서 조사해 보고, 이러한 의사소통 방식과 담화 관습에 대해 한민족으로서 어떤 태도를 가져야 할지에 대해 토의해 보고, '남북한 소통 언어 선언문'을 작성하여 게시해 보자.

관련 학과 북한학과, 사학과, 상담심리학과, 심리학과, 언어학과, 인류학과, 종교학과, 철학과

《**북한의 언어**》, 전영선, 경진(2015)

선택 과목	수능		절대평가	상대평가
일반 선택	○	**독서와 작문**	5단계	5등급

🔍	문어 의사소통, 사회·문화적 맥락, 독서 전략 및 관습, 사실적 읽기, 비판적 읽기, 추론적 읽기, 성찰하는 글쓰기, 주제 통합적 읽기, 작문 전략 및 관습, 정보 전달 글쓰기, 논증하는 글쓰기

[12독작01-01]　●●●

독서와 작문의 의사소통 방법과 특성을 이해하고 문어 의사소통 생활을 주도적으로 실천하고 성찰한다.

➡ 인류의 원초적 소통 형태인 구어 의사소통은 소통 당사자인 화자와 청자가 함께 있는 상황에서 이루어지기 때문에 시간과 공간의 제약이 있었다. 이후 문자의 발생으로 문어 의사소통이 가능해지고 소통 당사자들이 그 자리에 없더라도 전달하고자 하는 내용을 글로 적어 기록을 남길 수 있게 되면서, 비로소 시공간의 제약을 넘어설 수 있었다. 이처럼 문어 의사소통의 발달로 그 시대의 경험과 지식을 다음 세대로 전달할 수 있게 되었는데, 이때 전수 역할을 하는 것이 바로 '고전'이다. 고전은 오랫동안 많은 사람에게 널리 읽히고 모범이 된 문학이나 예술 작품을 뜻하는 것으로, 가령《난중일기》는 기록된 지 400년 이상 지났으나 오늘날 우리는 그 기록을 통해 임진왜란 당시 이순신 장군이 경험한 사실들에 대해 자세히 알 수 있다. 이러한 고전의 역할을 바탕으로 현대에 고전으로 평가받는 작품을 찾아 읽으며, 문어 의사소통의 방법과 특성을 분석해 보자. 그리고 우리 시대의 지식과 경험 중에서 문학 작품을 통해 다음 세대에 전달하고 싶은 내용은 무엇인지 탐구해 보자.

관련 학과　고고학과, 국어국문학과, 노어노문학과, 독어독문학과, 문예창작학과, 문화재학과, 북한학과, 사학과, 영어영문학과, 인류학과, 일어일문학과, 종교학과, 중어중문학과, 철학과

《**고전의 쓸모**》, 홍성준, 시여비(2022)

[12독작01-02]　●●●

독서의 목적과 작문의 맥락을 고려하여 가치 있는 글이나 자료를 탐색하고 선별한다.

➡ 대한민국은 경제협력개발기구(OECD) 국가 중 부동의 자살률 1위라는 불명예에서 20년 동안 벗어나지 못하고 있으며, 우울증 환자도 꾸준히 증가하여 2021년에는 93만 명에 이를 정도로 심각한 문제를 겪고 있다. 이런 상황에서 마음의 건강을 회복하는 방안으로 계속해서 연구되어 온 것이 바로 글쓰기 치료이다. 글 쓰는 과정 자체에서 스스로 위안을 얻기도 하고, 처리하지 못한 생각과 감정들을 정리하는 과정을 통해 마음이 평온해지기도 한다. 또한 글을 쓰며 삶에서 후회했던 순간들과 마주함으로써, 성찰을 통해 더 나은 삶으로 걸어가고자 하는 의지를 다질 수도 있다. 이렇게 자기 감정을 드러내고 덜어내야 가벼워질 수 있다는 점에서 글쓰기는 심리학적 측면에서도 가치를 충분히 입증하고 있다. 글쓰기의 심리적 효과를 입증하는 연구 사례, 글쓰기 치료의 세부 기법 등에 대해 탐구해 보고, '글쓰기 치료'와 관련하여 작문의 효과와 가치에 대해 설명하는 글을 작성해 보자.

관련 학과　국어국문학과, 노어노문학과, 독어독문학과, 문예창작학과, 불어불문학과, 상담심리학과, 심리학과, 영어영문학과, 인류학과, 일어일문학과, 중어중문학과, 철학과

《**상처 입은 당신에게 글쓰기를 권합니다**》, 박미라, 그래도봄(2021)

글에 드러난 정보를 바탕으로 글의 내용을 파악하고 글에 드러나지 않은 정보를 추론하며 읽는다.

➡️ 최근 OTT 플랫폼에서 높은 시청률을 기록하고, 사회적으로도 큰 파장을 일으켰던 다큐멘터리 〈나는 신이다〉에는 대중의 심리를 이용하여 자신의 사익을 추구하는 선동가에 의해 선동되는 대중의 모습이 드러난다. 이 작품에서처럼 분명 자신에게 해가 되는 결정임에도 인간이 다수의 선택을 따라 비이성적으로 행동하는 이유를 사회적 동물로서의 인간의 특성에 의한 것으로 설명하기도 한다. 타인의 시선에 민감하게 반응하고 소속감을 위해 거짓을 말하거나 침묵으로 방관하는 인간의 본능, 그리고 스마트폰과 SNS의 발달로 인해 더욱 강화된 '동료 압박(Peer Pressure)' 때문에 인간은 '집단 착각(Collective Illusion)'에 빠지기 쉬운 여건 속에서 살아가고 있다. 이런 이유로 글을 읽을 때 글에 드러나지 않는 내용을 추론하고 더 나아가 이를 평가할 수 있는 능력은 갈수록 더 중요해지고 있다. 우리 사회의 '집단 착각' 사례를 찾아 해당 현상이 발생한 과정을 분석하고, 추론적·비판적 읽기의 중요성에 대해 발표해 보자.

관련 학과 국어국문학과, 노어노문학과, 독어독문학과, 문예창작학과, 문헌정보학과, 불어불문학과, 상담심리학과, 심리학과, 영어영문학과, 인류학과, 일어일문학과, 종교학과, 중어중문학과, 철학과

《**집단 착각**》, 토드 로즈, 노정태 역, 21세기북스(2023)

글의 내용이나 관점, 표현 방법, 필자의 의도나 사회·문화적 이념을 평가하며 읽는다.

➡️ 챗GPT는 Open AI에서 개발한 대화형 인공지능 언어 모델로서, 실제 인간과 대화하듯 자연스럽고 유창하게 대화를 이어 나갈 수 있다. 챗GPT는 방대한 양의 데이터 학습을 바탕으로 사용자의 질문에 따라 적절한 대답을 생성하여 제공하기 때문에, 사용자는 챗GPT와 대화하면서 자신이 원하는 정보를 얻을 수 있다. 이에 사용자들은 단순히 정보를 검색하는 수준의 질문부터 철학적인 질문까지 다양하게 시도하고 있다. 특히 사랑·행복·정의·죽음·신 등의 형이상학적 주제나 인류의 미래에 대한 답까지도 챗GPT를 상대로 구체적인 질문을 던진다면 답을 얻을 수 있다. 그러나 이런 추상적인 질문에 대한 챗GPT의 답을 곧이곧대로 받아들이기보다는, 비판적 시각으로 사실을 확인하고 그것을 충분히 검증하는 단계가 필요하다. 인류의 미래에 대해 챗GPT와 대화를 시도해 보고, 해당 주제에 대한 탐구를 바탕으로 대화 내용을 비판적으로 분석해 보자.

관련 학과 문헌정보학과, 사학과, 인류학과, 종교학과, 철학과

《**챗GPT에게 묻는 인류의 미래**》, 김대식·챗GPT, 추서연 외 4명 역, 동아시아(2023)

글을 읽으며 다양한 내용 조직 방법과 표현 전략을 찾고 이를 글쓰기에 활용한다.

➡️ 최근 데이트 폭력이나 스토킹 등을 다룬 기사들이 연일 보도되는 것을 통해 알 수 있듯이, 우리 사회는 관계 중독으로 인한 문제가 심각하다. '관계 중독(Relationship Addiction)'이란 관계를 맺고 있는 상대방과 반드시 함께해야만 한다는 강박감으로 인해 자신의 감정이나 행동을 통제하지 못하는 상태를 말하는 것으로, 주로 타자와의 대인 관계에서 결핍으로 인한 심리적 불안을 경험함으로써 유발된다. 관계 중독의 원인, 관계 중독자들의 특성, 관계 중독의 극복 및 예방 방안 등에 대해 탐구해 보고, 탐구 내용을 조직하고 적절한 표현 전략을 사용해 관계 중독 예방 캠페인을 위한 자료를 제작해 보자.

관련 학과 상담심리학과, 심리학과, 인류학과, 종교학과, 중독재활상담학과, 철학과

《**관계중독**》, 박수경, 가연(2022)

[12독작01-06]

자신의 글을 분석적·비판적 관점으로 읽고, 내용과 형식을 효과적으로 고쳐 쓴다.

● '역사는 승자의 기록'이라는 명제가 있다. 이것은 패자가 자신을 옹호하며 역사의 기록을 남기는 것을 승자가 허용하지 않았고, 승자가 정치상의 목적을 위해 사실을 일부 왜곡하거나 단편적인 진실만을 기록으로 남기기도 했기 때문이다. 그리고 예전에는 지금처럼 정보의 공유가 활발하지 않았다는 이유도 있다. 따라서 우리가 알고 있는 역사는 승자 또는 지배층의 입장에서 서술된 기록이 많을 수밖에 없다. 그렇다면 패자 또는 피지배층의 입장에서 동일한 역사적 사건을 바라보면 어떤 기록이 나올 수 있을까?《조선왕조실록》과 같은 역사에 대한 기록을 참고해 특정한 역사적 사건을 패자 또는 피지배층의 입장에서 기록한다면 어떤 내용으로 기록될 것인지에 대해 탐구하여, 새로운 역사 기록을 만들어 보자. 그리고 객관적 사실에서 지나치게 벗어나지는 않았는지 점검해 보자.

관련 학과 고고학과, 국어국문학과, 문예창작학과, 문헌정보학과, 문화재학과, 사학과

《백성편에서 쓴 조선왕조실록》, 백지원, 진명출판사(2009)

[12독작01-07]

인간과 예술을 다룬 인문·예술 분야의 글을 읽고 삶과 예술에 대한 자신의 생각을 담은 글을 쓴다.

● 인간의 본성에 대한 탐구는 동서양을 막론하고 오랜 옛날부터 끊임없이 이어져 왔다. 대표적으로 동양의 철학자인 맹자는 인간을 태어날 때부터 선한 본성을 지닌 존재로 보는 성선설을 주장했으며, 서양의 루소가 이와 유사한 이론을 제시한 바 있다. 반면 맹자의 성선설에 비판을 가했던 순자와 영국의 정치철학자인 토머스 홉스는 인간은 본디 이기심을 가지고 있다는 성악설을 펼쳤다. 조건 없는 이타심을 보여 주는 의인(義人)의 사례에서, 또는 도저히 인간의 짓이라고는 볼 수 없는 흉악 범죄가 발생했을 때, 사람들은 성선설과 성악설을 두고 논쟁하곤 한다. 인간의 본성과 관련하여 필자의 생각이 담긴 글을 비판적인 관점에서 분석해 보고, 이를 바탕으로 인간의 본성에 대한 자신의 의견을 구체적 사례와 함께 서술해 보자.

관련 학과 국어국문학과, 문헌정보학과, 사학과, 상담심리학과, 심리학과, 인류학과, 종교학과, 철학과

《제자백가, 인간을 말하다》, 임건순, 서해문집(2019)

[12독작01-08]

사회적·역사적 현상이나 쟁점 등을 다룬 사회·문화 분야의 글을 읽고 사회·문화적 사건이나 역사적 인물에 대한 관점을 담은 글을 쓴다.

● 영국의 아동 문학 작가 로알드 달의 작품에 사용된 수백 개의 표현을 출판사가 수정하여 개정판을 출간하면서 논란이 되고 있다. 수정의 기준은 주로 인종 및 성차별적 표현, 인신공격적 표현 등 '정치적 올바름'에서 벗어난 표현들이다. 과체중 소년을 묘사하기 위해 사용했던 '뚱뚱한'은 '거대한'으로, 막연히 '남자들(men)'로 지칭했던 표현은 '사람들(people)'으로 바뀌었으며, 인신공격으로 보일 수 있는 '이중턱', '미친', '못생긴' 등과 같은 단어들은 삭제되었다. 출판사 측에서는 세계의 어린이들에게 사랑받고 영향을 주는 작품이기에 시대에 맞게 수정이 필요하다는 입장이었으나, 유명 작가들을 비롯한 많은 사람들은 이를 표현의 자유를 침해하는 조치이자 상상력을 제약하는 검열이라고 비판했다. 정치적 올바름을 기준으로 과거의 문학 작품을 수정하는 것이 바람직한 일인지 자신의 관점을 담은 논설문을 작성해 보자.

관련 학과 국어국문학과, 노어노문학과, 독어독문학과, 문예창작학과, 불어불문학과, 영어영문학과, 일어일문학과, 중어중문학과, 철학과

《릿터 33호》, 릿터 편집부, 민음사(2021. 12~2022. 1)

[12독작01-09] ●●●

과학·기술의 원리나 지식을 다룬 과학·기술 분야의 글을 읽고 과학·기술의 개념이나 현상을 설명하는 글을 쓴다.

➔ 여러 인문·사회 분야와의 융합을 통해 그 영역을 넓혀 가고 있는 뇌과학은 '신경가소성'이라는 개념으로 심리 치료의 효과를 입증하여 심리학에도 큰 영향을 미치고 있다. 신경가소성이란 뇌의 신경계가 환경 변화와 경험, 주변 자극의 영향에 의해 일생에 걸쳐 성장하고 발달하는 현상을 말한다. 뇌가 적응을 위한 최적의 상태를 끊임없이 추구하며 변화한다는 것인데, 이는 심리적 환경이 뇌를 바꿀 수 있다는 점을 시사하기도 한다. 즉 심리 치료가 단지 마음을 편하게 해 주는 것뿐만 아니라 실제로 뇌에 새로운 신경망을 만들고 뇌를 변화시킬 수 있음을 증명한 것이다. 뇌과학과 심리학의 관계에 대한 글을 읽고, 뇌과학적 지식이 심리 치료에 적용되는 원리 및 심리학에서의 뇌과학의 가치를 설명하는 글을 써 보자.

관련 학과 상담심리학과, 심리학과, 인류학과, 종교학과, 중독재활상담학과, 철학과
《감정 조절》, 권혜경, 을유문화사(2016)

[12독작01-10] ●●●

글이나 자료에서 가치 있는 정보를 수집하고 효과적으로 조직하면서 정보를 전달하는 글을 쓴다.

➔ 세계와 인간에 대한 보편적이고 본질적인 질문과 탐구를 하는 '철학'은 탐구의 대상인 세계와 인간에 대한 관점에 따라 시대별, 나라별로 이론의 대립을 거듭하며 발전해 왔다. 사물의 본질에 대해 탐구했던 고대 그리스 철학자들의 대립에서도 마찬가지로 플라톤은 시공간을 초월한 이데아에, 아리스토텔레스는 현실 세계에 있는 각각의 개체에 본질이 내재되어 있다고 보는 등 상반된 의견을 내세웠다. 동양에서도 퇴계 이황과 고봉 기대승이 이(理)와 기(氣)의 관계와 사단칠정(四端七情)의 발현을 두고 무려 8년간 행한 '사단칠정 논쟁'이 유명하다. 동서양의 철학사에서 대립 구도를 이루었던 쟁점에 대해 탐구한 후, 각 쟁점에 대한 철학자들의 견해를 주제로 보고서를 작성해 보자.

관련 학과 국어국문학과, 문헌정보학과, 문화인류학과, 사학과, 상담심리학과, 심리학과, 인류학과, 종교학과, 철학과
《철학 vs 철학》, 강신주, 오월의 봄(2016)

[12독작01-11] ●●●

글이나 자료에서 타당한 근거를 수집하고 효과적인 설득 전략을 활용하여 논증하는 글을 쓴다.

➔ 챗GPT의 등장 이후 다양한 분야에 적용되고 있는 생성형 AI가 심리 치료 및 상담 분야에서도 활약할 수 있을지 의견이 분분하다. 심리상담에 대한 접근성을 높이고 더 많은 사람에게 양질의 서비스를 제공할 수 있다는 점에서 AI 상담에 대한 수요와 필요성이 커지고 있으나, AI를 이용한 심리상담이 과연 도덕적으로 타당한지는 여전히 의문점으로 남아 있다. 특히 독일의 한 연구에서 도덕적 딜레마에 관한 질문을 받은 80%의 참가자가 챗GPT의 조언에 따라 그대로 응답하는 등 사람들이 도덕적 판단을 내릴 때 AI가 내놓은 답에 상당한 영향을 받는 것으로 나타나, 인간을 상대하는 AI 상담의 윤리적 문제에 대해서는 신중한 입장을 지닐 필요가 있음이 드러났다. 인간의 특성과 심리학 이론을 바탕으로 AI를 이용한 상담 및 심리 치료의 윤리적 타당성에 대한 자신의 관점을 논증하여 신문 사설을 작성해 보자.

관련 학과 상담심리학과, 심리학과, 인류학과, 종교학과, 철학과
《인공지능과 상담》, David D. Luxton, 신희천 외 1명 역, 박영스토리(2020)

[12독작01-12]

정서 표현과 자기 성찰이 담긴 글을 읽고 자신의 정서를 진솔하게 표현하거나 자신의 삶을 성찰하는 글을 쓴다.

➡️ 조선 시대 정조의 곁에서 사회적 약자인 백성을 위한 개혁에 힘쓰고, 서학의 기술을 도입하여 화성의 축조 기간을 획기적으로 단축해 백성의 부담을 덜어준 다산(茶山) 정약용, 그는 '조선의 레오나르도 다 빈치'라 불릴 정도로 다방면으로 박학다식한 천재 실학자였다. '공정하고 청렴한 나라'를 꿈꾸며 유배지에서도《목민심서(牧民心書)》집필을 통해 수령이 지켜야 할 지침을 밝히면서 관리들의 폭정을 비판하고 백성의 삶을 걱정했던 삶의 흔적으로 인해, 그의 삶과 사상을 배우고자 하는 사람들이 많다. 다산 정약용의 가치관 및 삶의 철학, 고민 등이 담긴 저서를 찾아 읽고, 이를 바탕으로 자신의 경험이나 생각을 되돌아보고 자신의 삶을 성찰하는 글을 써 보자.

관련 학과 인문계열 전체

《유배지에서 보낸 편지》, 정약용, 박석무 편, 창비(2019)

[12독작01-13]

다양한 글을 주제 통합적으로 읽고 학습의 목적과 교과의 특성을 고려하여 학습을 위한 글을 쓴다.

➡️ "작가는 민족 문학을 만들지만, 번역가는 세계 문학을 만든다."라는 말이 있을 정도로 문학의 발전에는 번역가의 역할이 중요하다. 이러한 번역가들의 영원한 숙제는 바로 번역가가 어디까지 개입하는 것이 타당한가일 것이다. 번역어의 개성을 살리는 독창적인 번역이 필요하다고 주장하는 입장에서는 어색한 번역 투의 문장보다는 독자가 읽고 이해하기 편하도록 번역을 하는 것이 중요하며, 그것을 통해 원작의 의미와 감정을 더 잘 전달할 수 있다고 본다. 반면 가독성보다 번역의 정확성을 우선으로 생각하는 입장에서는 읽기 쉽게 번역할수록 원문과는 멀어지게 되므로, 낯설면 낯선 대로 원작의 언어와 문학을 최대한 그대로 재현하는 것이 번역가의 책무라고 설명한다. 번역가의 역할에 대한 상반된 관점의 글을 분석해 보고, 각각의 입장을 대변하는 번역 사례를 찾아 비교하며 자신의 관점을 담은 칼럼을 써 보자.

관련 학과 국어국문학과, 노어노문학과, 독어독문학과, 문예창작학과, 불어불문학과, 아랍어과, 언어학과, 영어영문학과, 일어일문학과, 중어중문학과

《번역의 모험》, 이희재, 교양인(2021)

[12독작01-14]

매체의 유형과 특성을 고려하며 글이나 자료를 읽고 쓴다.

➡️ 언어가 시대의 변화에 따라 생성과 소멸을 겪는 것은 당연하지만, '우리말의 화석'이라고도 불리는 사투리의 소멸을 안타까워하는 이들이 다양한 문화 콘텐츠를 통해 사투리를 되살리고자 노력하고 있다. 생텍쥐페리 원작의 《어린 왕자》는 경상도와 전라도 사투리로 각색되어 각각 《애린 왕자》와 《에린 왕자》로 재탄생하였으며, 2003년 개봉된 영화〈황산벌〉은 신라와 백제 간의 전쟁을 사투리를 활용하여 코믹하게 그려낸 바 있다. 또한 세계적인 아이돌 그룹 BTS의〈팔도강산〉은 노래 속에 각 지역 사투리의 말맛을 잘 살림으로써 사투리를 매력적으로 나타내어 호평을 받았다. 사투리가 활용된 다양한 매체의 사례를 탐구해 보고, 매체의 유형과 특성을 고려하여 사투리를 보전할 수 있는 콘텐츠를 제작해 보자.

관련 학과 국어국문학과, 문예창작학과, 문헌정보학과, 문화재학과, 북한학과, 언어학과

《사투리의 눈물》, 이상규, 한국문화사(2022)

독서와 작문의 관습과 소통 문화를 이해하고 공동체의 소통 문화 및 담론 형성에 책임감 있게 참여한다.

➥ 요즘 방송 프로그램이나 인터넷 기사 등을 보면 '가스라이팅'이라는 용어가 자주 등장하는데, 이는 그만큼 우리 사회에 가스라이팅이 만연했다는 뜻이다. 가스라이팅이란 타인의 심리나 상황을 교묘하게 조작해 그 사람이 스스로를 의심하게 만듦으로써 타인에 대한 지배력을 강화하는 행위로, 피해자의 정신 건강에 심각한 해를 가져올 수 있으며 우리가 인식하지 못하는 사이 일상 곳곳에서 행해지고 있다. 따라서 우리 사회는 이것에 대해 반드시 알아야 하고 경계해야만 한다. 가스라이팅의 개념 및 사례, 위험성, 그리고 최근 우리 사회에서 가스라이팅이라는 용어가 부각되고 있는 원인에 대한 탐구를 바탕으로, 사람들이 가스라이팅에 대해 알고 경계할 수 있도록 안내하는 팸플릿을 제작해 보자.

관련 학과 상담심리학과, 심리학과, 인류학과, 종교학과, 중독재활상담학과, 철학과

《이토록 치밀하고 친밀한 적에 대하여》, 신고은, 샘터사(2022)

선택 과목	수능	문학	절대평가	상대평가
일반 선택	○		5단계	5등급

| 🔍 | 문학의 인식적·윤리적·미적 기능, 내용과 형식의 관계, 문학 감상의 맥락, 문학의 공감적·비판적·창의적 수용, 한국 문학의 역사와 성격, 문학의 수용과 창작, 문학의 가치, 문학의 생활화 |

[12문학01-01]

문학이 인간과 세계에 대한 이해를 돕고, 삶의 의미를 깨닫게 하며, 정서적·미적으로 삶을 고양함을 이해한다.

➡️ 현대인들의 사회적 관계는 그 어느 세대보다 시공간을 초월하며 범위를 넓혀 가고 있다. 특히 소셜 미디어(SNS)를 통해 누구하고나 언제든 어디서든 관계를 맺을 수 있어서 소통의 양적 측면은 지나치게 풍부하지만, 깊은 인간관계를 맺는 질적 소통은 현저히 부족하다. 가벼운 메시지와 이모티콘을 주고받거나 앱을 통해 누군지도 모르는 사람과 만남을 갖는 등 SNS를 통한 피상적 소통은 새로운 형태의 '군중 속의 고독'을 자아내고 있다. 현대인들의 가벼운 인간관계에 대한 비판이 담긴 장정일의 시 〈라디오와 같이 사랑을 끄고 켤 수 있다면〉을 감상한 후 작품이 창작된 1980년대와 최근 우리 사회의 소통 방식을 비교하고, 바람직한 인간관계의 의미와 가치에 대해 탐구하여 독서 노트를 작성해 보자.

관련 학과 국어국문학과, 문예창작학과, 사회심리학과, 상담심리학과, 심리학과, 인류학과, 철학과

《인생을 바꾸는 관계의 힘》, 마리사 킹, 정미나 역, 비즈니스북스(2022)

[12문학01-02]

문학의 여러 갈래들의 특성과 문학의 맥락에 대해 이해한다.

➡️ 한국인이 가장 사랑하는 시인 중 한 명인 윤동주, 〈자화상〉, 〈참회록〉 등의 작품으로 참회, 부끄러움을 노래한 그를 기리는 연구가 꾸준히 진행되고 있다. 특히 윤동주의 삶과 작품을 연계해 해석하면서, 그의 문학을 종교 철학자 키르케고르의 실존 사상과 연관 지어 이해하려는 시도가 있다. 키르케고르는 인간이 단독자로서 종교적 실존을 이루어 내려면 자신의 위치와 한계를 철저히 절감하고 절대자에게 헌신해야 한다고 했는데, 〈간〉, 〈십자가〉 등 윤동주의 여러 작품에 이러한 성격이 드러난다고 보는 것이다. 윤동주의 문학을 그의 생애와 키르케고르의 실존 사상과 연계하여 감상해 보고, 윤동주의 작품 세계에 대해 분석한 비평문을 작성해 보자.

관련 학과 국어국문학과, 노어노문학과, 독어독문학과, 문예창작학과, 문헌정보학과, 불어불문학과, 심리학과, 영어영문학과, 일어일문학과, 종교학과, 중어중문학과, 철학과

《윤동주 전 시집: 하늘과 바람과 별과 시》, 윤동주, 스타북스(2022)

[12문학01-03]

주요 작품을 중심으로 한국 문학의 범위와 갈래, 변화 양상을 탐구한다.

➡️ 조선 시대의 대표적인 문학 갈래인 시조는 우리 고유의 정형시로서 독특한 형식적 특성을 지닌다. 초장·중장·

종장의 세 부분으로 구성되어 있다는 점, 종장의 첫 음보가 세 글자로 구성된다는 점은 시조의 가장 특징적인 조건 중 하나인데, 이런 특성 때문에 시조의 기원을 신라 시대에 향유되었던 향가(鄕歌)에서 비롯되었다고 보기도 한다. 특히 10구체 향가는 시조처럼 내용과 시상의 전개를 기준으로 세 부분으로 나눌 수 있으며, 마지막 부분의 시작인 낙구의 첫머리에 주로 포함되는 '아아', '아으' 등의 감탄사가 시조 종장의 첫 음보에 흔히 삽입되는 '어즈버' 등의 감탄사와 유사하다고 볼 수 있다. 시조의 갈래적·형식적 특징을 고려하여 시조의 기원에 대한 다양한 견해를 탐구해 보고, 이를 바탕으로 보고서를 작성해 보자.

관련 학과 국어국문학과, 노어노문학과, 독어독문학과, 문예창작학과, 문헌정보학과, 불어불문학과, 사학과, 영어영문학과, 일어일문학과, 중어중문학과

《**시조문학의 이해**》, 성호경, 북메이트(2023)

[12문학01-04] ● ● ●

한국 문학에 반영된 시대 상황을 이해하고 문학과 역사의 상호 영향 관계를 탐구한다.

➡ 전쟁의 혹독한 경험이나 고통스러운 상처를 배경으로 탄생한 많은 전쟁 문학들 가운데, 특히 홍세태의 〈김영철전〉은 전쟁으로 인한 고통을 현실적이고 사실적으로 표현했다는 평가를 받는다. 17세기 초 조선과 명, 후금의 군사적 충돌을 배경으로 하는 〈김영철전〉은 평범한 한 인물이 전쟁으로 인해 평생 겪은 고초와 수난을 고스란히 보여 주면서도, 17세기 명-청 교체기의 동아시아 삼국의 관계와 전쟁의 상황이 잘 드러나 있어 당대의 역사적 현실을 파악할 수 있는 중요한 자료이기도 하다. 〈김영철전〉의 배경이 되는 역사적 사실에 대해 조사한 후, 이러한 역사적 사실이 작품 속에 어떻게 반영되었는지 탐구해 보자. 또한 전쟁을 소재로 한 문학 작품들을 비교·분석하며, 당시 전쟁 상황에서 고통받았던 백성들의 고달픈 삶이 문학적으로 어떻게 형상화되었는지 탐구해 보자.

관련 학과 고고학과, 국어국문학과, 노어노문학과, 독어독문학과, 문예창작학과, 문헌정보학과, 문화재학과, 불어불문학과, 사학과, 영어영문학과, 인류학과, 일어일문학과, 중어중문학과, 철학과

《**김영철전**》, 홍세태, 이정원 역, 동아출판(2016)

[12문학01-05] ● ● ●

한국 문학 작품과 외국 문학 작품을 비교하며 읽고 한국 문학의 보편성과 특수성을 파악한다.

➡ 〈만복사저포기〉, 〈이생규장전〉을 비롯한 다섯 편의 작품이 실린 김시습의 《금오신화》는 우리나라 최초의 한문 소설로 인정되는 문학사적으로 중요한 작품 중 하나이다. 《금오신화》는 주인공 남성이 우연히 기이한 존재를 접하거나 천상계 또는 저승 같은 다른 세상으로 가는 등 초현실적 요소를 지니고 있는데, 명나라의 구우가 쓴 《전등신화》를 참고해 집필했다는 것이 통설이다. 다만 《전등신화》를 그대로 모방한 것이 아니라, 우리나라를 배경으로 하여 한국적인 사상과 감정을 표현했다는 점에서 작가의 독창성이 발휘되었다고 보기도 한다. 김시습의 《금오신화》와 구우의 《전등신화》를 비교, 분석해 감상하고, 《금오신화》가 지닌 한국 문학의 보편성과 특수성에 대해 독서 칼럼을 작성해 보자.

관련 학과 국어국문학과, 노어노문학과, 독어독문학과, 문예창작학과, 불어불문학과, 영어영문학과, 일어일문학과, 중어중문학과

《**금오신화 전등신화**》, 김시습 외 1명, 김수연 외 2명 편역, 미다스북스(2010)

[12문학01-06] ● ● ●

문학 작품에서는 내용과 형식이 긴밀하게 연관됨을 이해하며 작품을 수용한다.

➲ 사람의 정신 속에 생각과 의식이 끊이지 않고 강물처럼 이어짐을 뜻하는 '의식의 흐름'은 미국의 심리학자 윌리엄 제임스가 처음 사용한 심리학 용어이다. 현대 소설에서는 이러한 의식의 흐름을 서술 기법으로 많이 활용했는데, 박태원의 〈소설가 구보 씨의 일일〉에서는 주인공이 외출해서 이곳저곳 다니면서 시야에 포착된 것들, 논리적 인과 관계가 없는 생각들을 그대로 서술하는 의식의 흐름 기법을 사용해 주인공의 복합적인 내면 의식을 표현했다. 이상의 〈날개〉에서도 사건의 논리적 순서나 연계성을 고려하지 않고, 서술자인 '나'의 의식의 흐름에 따라 사건을 전개하여 '나'가 지닌 자의식의 혼란을 표현했다. 의식의 흐름 기법을 활용한 소설 작품을 찾아서 감상하고, 소설의 내용과 관련하여 이러한 서술 기법이 가지는 의의를 탐구해 보자.

관련 학과 국어국문학과, 노어노문학과, 독어독문학과, 문예창작학과, 불어불문학과, 상담심리학과, 심리학과, 영어영문학과, 일어일문학과, 중어중문학과, 철학과

《**소설가 구보 씨의 일일**》, 박태원, 사피엔스21(2012)

[12문학01-07]   • • •

작품을 공감적·비판적·창의적으로 감상하며, 다양한 방식으로 작품에 대해 비평한다.

➲ 최근 각종 기관에서 개최되는 인문학 행사의 주제로 자주 등장하는 것 중 하나가 '삶의 의미 찾기'일 정도로, 현대사회에는 바쁜 일상 속에서 삶의 길을 잃고 방황하는 사람들이 많다. 그런데 1960년대에 발표된 이근삼의 희곡 〈원고지〉에서도 반복되는 일상 속에서 삶의 의미를 잊은 채 살아가는 인물들의 모습을 통해 인간 소외 문제를 다루고 있고, 이런 이유로 오늘날의 독자들에게도 여전히 깨달음과 감동을 준다. 60년 전에 비해 사회의 모습이 많이 바뀌었음에도 불구하고 그때나 지금이나 일상 속에서 삶의 의미를 잊고 방황하는 사람들이 존재하는 이유에 대해 탐구해 보고, 작품의 내용과 관련지어 위의 탐구주제에 대한 토론 활동을 해 보자.

관련 학과 국어국문학과, 문예창작학과, 상담심리학과, 심리학과, 종교학과, 철학과

《**이근삼 전집 1**》, 이근삼, 연극과인간(2008)

[12문학01-08]   • • •

작품을 읽고 새로운 시각으로 재구성하거나 주체적인 관점에서 작품을 창작한다.

➲ 김승희의 〈배꼽을 위한 연가 5〉는 고전 소설 〈심청전〉을 재구성하여 창작한 시로, 맹인인 아버지를 위해 자신의 목숨을 희생하는 원작의 심청과는 달리, 주체적인 삶에 대한 의지를 가진 인물 심청이 화자로 등장한다. 시적 화자인 '심청'은 부모를 위해 인당수에 몸을 던진 원작의 '심청'을 비판하며, 시적 대상인 '어머니'에게 주체적인 삶의 태도가 중요함을 강조한다. 작품에 나타나는 원작과의 차이는 여성 인권과 여성의 주체적인 삶을 추구하는 현대사회의 가치관이 반영된 점이라고 볼 수 있다. 작품에 내재된 가치관이나 인식의 변화를 중심으로 두 작품을 비교, 분석해 보고, 예전에는 당연했던 가치관이나 인식이 다긴 작품들을 현재의 시각이나 독자의 시각에서 비판적으로 살펴보고 주제나 내용을 새롭게 재구성해 보자.

관련 학과 국어국문학과, 노어노문학과, 독어독문학과, 문예창작학과, 불어불문학과, 상담심리학과, 심리학과, 영어영문학과, 인류학과, 일어일문학과, 중어중문학과, 철학과

《**왼손을 위한 협주곡**》, 김승희, 민음사(2002)

[12문학01-09]   • • •

다양한 매체로 구현된 작품의 창의적 표현 방법과 심미적 가치를 문학적 관점에서 수용하고 소통한다.

➲ 한국 문학을 애니메이션으로 담아내는 프로젝트를 수년간 진행해 온 안재훈 감독, 그 프로젝트의 마지막을 장

식할 것으로 알려진 영화 〈무녀도〉는 1936년에 발표된 김동리의 소설 〈무녀도〉를 원작으로 한다. 원작 소설 〈무녀도〉는 무녀인 '모화'와 그녀의 아들이자 기독교 신자인 '욱이' 사이에서 발생하는 갈등을 통해 토속 신앙인 샤머니즘과 새롭게 유입된 기독교의 대립을 그려낸 작품이다. 영화 〈무녀도〉는 애니메이션 매체를 활용하면서도 뮤지컬의 방식을 택하였기에, 원작의 내용에 충실하려 해도 작품의 미적 특성에서 원작과의 차이가 발생할 수밖에 없다. 전달 매체의 특성이 작품의 창의적 표현 방법과 심미적 가치에 어떻게 반영되었는지 탐구하여, 소설 〈무녀도〉와 영화 〈무녀도〉를 비교, 분석한 영화 리뷰를 작성해 보자.

관련 학과 국어국문학과, 노어노문학과, 독어독문학과, 문예창작학과, 불어불문학과, 영어영문학과, 인류학과, 일어일문학과, 종교학과, 중어중문학과, 철학과

《무녀도》, 김동리, 사피엔스21(2012)

[12문학01-10] ● ● ●

문학을 통하여 자아를 성찰하고, 타자를 이해하며 상호 소통한다.

→ 정약용의 문집 《여유당전서》에 실린 한문 수필인 〈수오재기〉는 정약용의 맏형이 자신의 집에 붙인 '수오재'라는 이름에 의문을 가졌다가 문득 깨달음을 얻게 되는 이야기이다. 글 속에는 작가가 지난날 '나'를 잃어버렸던 자신의 일화를 소개하면서, 현상적 자아와 본질적 자아를 구분하는 철학적 사고를 통해 어떤 환경 속에서도 흔들리지 않는 본질적 자아를 지키는 것, 즉 '수오(守吾)'의 중요성을 깨닫는 과정이 나타나 있다. 정약용의 〈수오재기〉를 읽고, 작품 속에서 작가가 현상적 자아와 본질적 자아를 어떻게 인식하고 있는지 파악해 보자. 그리고 자신의 삶에서 '나'를 잃어버린 경험을 떠올려 본 후 이를 바탕으로 자신만의 〈수오재기〉를 창작해 보자.

관련 학과 고고학과, 국어국문학과, 문예창작학과, 문헌정보학과, 상담심리학과, 심리학과, 철학과

《청소년을 위한 다산 정약용 산문집》, 정약용, 허경진 역, 서해문집(2010)

[12문학01-11] ● ● ●

문학을 통해 공동체가 처한 여러 문제들을 이해하고 문제 해결에 참여하는 태도를 지닌다.

→ 현재 지구는 심각한 생태 위기에 직면해 있다. 이러한 위기에 대응하기 위해서는 제도적·기술적 측면의 방안도 중요하지만, 무엇보다 중요한 것은 생태 위기에 대한 사람들의 인식을 개선하는 일이다. 여기서 공동체의 문제 해결을 위한 문학의 역할이 발생한다. 신경림의 시 〈이제 이 땅은 썩어만 가고 있는 것이 아니다〉는 환경오염의 구체적 사례를 바탕으로 생태 위기의 심각성을 제시하고 있고, 이문재의 시 〈산성 눈 내리네〉 역시, 산성 눈을 통해 자연을 파괴하는 문명 중심적 사고를 비판하고 있다. 이처럼 생태 위기를 다루고 있는 문학 작품을 찾아 감상한 후 작품에서 다루고 있는 문제 상황을 탐구해 보고, 문학 작품이 공동체의 문제 해결에 기여하는 방식에 대해 파악해 보자. 또한 구체적인 작품들을 활용하여 지구 생태를 위협하는 여러 위기 상황에 대해 안내하는 문학 신문을 제작해 보자.

관련 학과 국어국문학과, 노어노문학과, 독어독문학과, 문예창작학과, 불어불문학과, 영어영문학과, 일어일문학과, 인류학과, 중어중문학과

《어머니와 할머니의 실루엣》, 신경림, 창비(1998)

[12문학01-12] ● ● ●

주체적인 문학 활동을 생활화하여 지속적으로 문학을 즐기는 태도를 지닌다.

→ 동양과 서양의 가치관 차이는 문화, 건축, 의학, 경영 등 여러 분야에 걸쳐 다양하게 나타난다. 따라서 각 분야

국어 교과군

영어 교과군

수학 교과군

도덕 교과군

사회 교과군

부록 교과군

에서 나타나는 동서양의 차이를 이해하기 위해서는 근본적인 가치관의 차이에 대해 이해할 필요가 있다. 이어령의 수필 〈폭포와 분수〉는 폭포와 분수의 특성에 대한 분석을 통해 동서양의 가치관 차이에 대해 설명한 작품이다. 동양인은 자연의 원리에 순응하는 폭포를, 서양인은 자연의 원리에 역행하는 분수를 좋아한다고 단정 짓고, 이러한 차이가 여러 분야에 걸쳐 영향을 주었음을 밝히고 있다. 작가는 수필 〈빵과 밥〉에서도 식문화를 통해 동양과 서양의 차이점을 부각하고 있는데, 두 작품을 읽으며 동서양의 가치관 차이에 대해 이해해 보고, 이를 바탕으로 여러 분야에서 나타나는 동서양의 차이점을 분석하여 탐구 보고서를 작성해 보자.

관련 학과 인문계열 전체

《**바람이 불어오는 곳**》, 이어령, 21세기북스(2023)

선택 과목	수능	주제 탐구 독서	절대평가	상대평가
진로 선택	X		5단계	5등급

| 🔍 | 관심 분야, 책과 자료, 통합적 읽기, 주체적 탐구, 비판적·창의적 독서, 자신의 관점과 견해 형성, 주도적 독서, 삶의 성찰 및 계발 |

[12주탐01-01]   ●●●

주제 탐구 독서의 의미를 이해하고 관심 있는 분야에서 탐구할 주제를 탐색한다.

➡ '인간의 운명은 결정되어 있는가? 아니면 개척하는 것인가?'라는 질문에 독일, 프랑스, 미국 철학이나 각 종교 등이 서로 다른 답을 제시할 수 있다. 인간 존재와 운명, 실존 등에 대해 칸트, 하이데거, 사르트르, 윌리엄 제임스 같은 사상가의 책이나 기독교, 불교 등의 종교 관련 서적을 읽고 위의 질문에 대한 구체적인 탐구주제를 모둠별로 탐색, 선정해 보자.

관련 학과) 고고학과, 독어독문학과, 문헌정보학과, 문화재학과, 불어불문학과, 사학과, 영어영문학과, 인류학과, 종교학과, 철학과
《**인간과 실존**》, 이유택, 계명대학교출판부 (2021)

[12주탐01-02]   ●●●

학업과 진로 탐색을 위해 주제 탐구 독서의 목적을 수립하고 주제를 선정한다.

➡ 한국 문학과 중국 문학이 서로 어떤 관계를 주고받으면서 문학적 발전을 이루었는지 문학적·역사적으로 탐구하고자 하는 진로 심화를 위한 활동으로 각국의 문학과 관련된 책을 선정해 비교하며 읽는 독서 계획을 구체적으로 세워 보자. 이를 토대로 앞으로 문학과 관련해서 어떤 공부를 더 하고 싶은지에 대한 미래의 학업 계획도 세워서 발표해 보자.

관련 학과) 국어국문학과, 노어노문학과, 독어독문학과, 북한학과, 불어불문학과, 아랍어과, 언어학과, 영어영문학과, 일어일문학과, 중어중문학과

(책 소개)

도연명, 왕사진, 두보 등 우리가 한번쯤은 들어 본 시인들의 한시를 감상할 수 있을 뿐만 아니라, 이러한 한시가 나오게 된 맥락을 작가 표현론, 현실 반영론적 관점에서 구체적으로 설명하고 있다. 그러나 누구나 읽을 수 있도록 어렵지 않고 재미있게 설명해 한시에 대한 진입 장벽을 낮추고 있다.

(세특 예시)

주제 탐구 독서 과정을 통해 '한시의 성좌(심경호)'를 읽고 평소 국어 고전문학 시간에 배운 한시를 전면적으로 다시금 공부할 수 있게 되어 고무적이고, 앞으로 중국의 역사 등에 대해 깊이 공부하고 싶다는 의지를 표명

국어 교과군

영어 교과군

수학 교과군

도덕 교과군

사회 교과군

과학 교과군

한시의 성좌

심경호, 돌베개(2014)

함. 특히 '취음선생전(백거이)'의 시적 화자가 '자신의 삶을 인식하고 받아들이는 태도'가 한국 고전 문학의 '안분지족' 등의 주제의식과 어떤 연관성이 있는지를 이해하려는 자세, 중국의 주제의식이 한국 고전 문학에 미친 영향에 대해 공부하고자 하는 학업 계획이 돋보임.

[12주탐01-03] ● ● ●

관심 분야의 책과 자료가 지닌 특성을 파악하며 주제 탐구 독서를 한다.

➡ 《캔터베리 이야기》는 설화들을 모아 놓은 문집이기 때문에, 중국 설화, 한국 설화 등과 마찬가지로 하나의 플롯 구조로 되어 있기보다는 '~의 이야기' 형식으로 되어 있는 경우가 대부분이다. 따라서 책의 목록을 잘 보고 자신이 관심 있는 분야나 흥미로운 부분을 찾아 발췌독을 하되, 이 부분이 지니는 의의가 무엇이고 자신에게 어떤 영향을 주었는지를 자세히 정리하여 토의해 보자.

관련 학과 국어국문학과, 노어노문학과, 독어독문학과, 문예창작학과, 문헌정보학과, 불어불문학과, 영어영문학과, 일어일문학과, 중어중문학과

《캔터베리 이야기》(상, 하), 제프리 초서, 최예정 역, 을유문화사(2022)

[12주탐01-04] ● ● ●

주제와 관련된 책이나 자료를 탐색하면서 신뢰할 수 있고 가치 있는 정보를 선정하여 분석하며 읽는다.

➡ 《호모 데우스》의 저자 유발 하라리는 '데이터교'를 하나의 종교로 표현하고 있다. 종교에 '숭배'의 개념이 있기 때문에 우리는 이런 관점으로 데이터교를 이해할 수 있지만, 이 책은 그러한 점만 말하는 것은 아니다. 데이터교의 생성·존립·유지에 대해 다룬 이 책의 내용을 모둠별로 분석해서 읽고, 이 정보가 신뢰할 만한지에 대해 상호 토의를 통해 판단해 보자.

관련 학과 고고학과, 문화재학과, 북한학과, 사학과, 인류학과, 종교학과, 철학과

《호모 데우스》, 유발 하라리, 김명주 역, 김영사(2023)

[12주탐01-05] ● ● ●

주제에 관련된 책과 자료를 종합하여 읽으며 자신의 관점과 견해를 형성한다.

➡ 세계 4대 종교로 불리는 '기독교, 이슬람교, 힌두교, 불교'에 대한 이해는, 이것들이 서로 다른 종교라 할지라도 결국 그 종교를 믿는 사람들에 대한 이해의 지평을 확장할 수 있다. '종교와 철학의 관계에 대한 자신의 생각 정립'이라는 주제와 관련된 언어학·역사학·심리학·종교학·철학 책들을 찾아본 후, 이를 토대로 종교에 대한 자신의 생각을 정립하여 발표해 보자.

관련 학과 고고학과, 독어독문학과, 문화재학과, 사학과, 심리학과, 아랍어과, 언어학과, 영어영문학과, 인류학과, 종교학과, 중어중문학과, 철학과

《종교와 철학》, 프란츠 비트만, 박찬영 역, 씨아이알(2018)

[12주탐01-06] ● ● ●

매체를 포함한 다양한 방법으로 주제 탐구 독서의 과정이나 결과를 사회적으로 공유하고 소통한다.

➲ '지역 문화의 이해'와 관련된 주제 탐구 독서를 진행한 결과로 알게 된 '우리 지역의 특산물, 관광 명소, 유적지, 먹거리, 볼거리 등'에 대해 SNS를 통해 러시아어, 독어, 불어, 영어, 일어, 중국어 등으로 번역하여 세계 각국의 지구촌 이웃들에게 홍보해 보자. 나아가 외국인들이 우리 지역에 올 때 궁금한 점이 무엇인지 미리 묻고, 이를 토대로 추가 독서활동을 통해 내용을 수정, 보완해 보자.

관련 학과 국어국문학과, 노어노문학과, 독어독문학과, 불어불문학과, 언어학과, 영어영문학과, 일어일문학과, 중어중문학과

《**번역의 공격과 수비**》, 안정효, 세경북스(2016)

[12주탐01-07] ● ● ●

주제 탐구 독서를 생활화하여 주도적으로 삶을 성찰하고 계발한다.

➲ '내 마음과 만나기'를 위해 심리학·철학·인류학과 관련된 많은 책을 평소에 읽어 보고, 책들 속에서 "나 자신은 누구인가? 나는 어떻게 살아야 하는가?"라는 질문에 대한 답을 찾아보자. 이러한 과정을 통해 우울하거나 힘든 상황을 어떻게 이겨 내야 할지에 대해 정리하는 성찰 노트를 작성하고, 이를 공유해 보자.

관련 학과 상담심리학과, 심리학과, 언어학과, 인류학과, 종교학과, 철학과

《**내면소통**》, 김주환, 인플루엔셜(2023)

선택 과목	수능	문학과 영상	절대평가	상대평가
진로 선택	X		5단계	5등급

| 🔎 | 형상화, 언어 예술, 영감, 상상력, 시각적 요소와 청각적 요소의 결합, 현실 세계, 상상의 세계, 변용과 창조 |

[12문영01-01] ● ● ●

문학과 영상의 형상화 방법과 그 특성을 이해한다.

➡ 아쿠타가와 류노스케의 〈라쇼몬〉은 원작 소설과 달리 영화에서는 살인 사건에 대한 재판 과정을 다루고 있다. 특히 나무꾼, 도적을 잡은 사람, 도적, 부인, 죽은 사무라이의 증언을 통해 사건을 전개하는 것이 이 작품의 주요 형상화 방법론인데, 이러한 형상화가 어떤 의미를 지니는지를 원작의 주제 구현 방식과 비교하여 설명해 보자.

관련 학과 국어국문학과, 노어노문학과, 독어독문학과, 문예창작학과, 불어불문학과, 아랍어과, 언어학과, 영어영문학과, 일어일문학과, 중어중문학과

《**라쇼몬**》, 아쿠타가와 류노스케, 민음사(2014)

[12문영01-02] ● ● ●

양식과 매체에 따른 특성과 효과를 고려하여 문학 작품과 영상물을 해석하고 비평한다.

➡ 조지 오웰의 《1984》 후반부에 나오는 '신어(Newspeak)'에 대한 안내는 이 작품이 소설 갈래임에도 사전 혹은 설명서에 가까운 표현 방식으로 전개된다. 이런 표현 방식이 소설 갈래를 접하는 독자에게 어떻게 인식되는지 주제의식과 관련지어서 비평해 보고, 이를 유튜브 매체로 요약할 때는 어떤 기법을 사용할 수 있을지 의논하여 창의적으로 매체를 변환해 보자.

관련 학과 국어국문학과, 노어노문학과, 독어독문학과, 문예창작학과, 불어불문학과, 아랍어과, 언어학과, 영어영문학과, 일어일문학과, 중어중문학과

《**1984**》, 조지 오웰, 한기찬 역, 소담출판사(2021)

[12문영01-03] ● ● ●

문학 작품과 영상물 간의 영향 관계와 상호작용의 효과를 파악한다.

➡ 영화 〈남한산성〉은 김훈 작가의 동명의 작품을 영화화한 것으로, 특히 최명길과 김상헌의 언쟁이 하이라이트로 빛나는 작품이다. 이러한 점이 소설을 잘 구현했다고 보기도 하지만, 영화화하는 과정에서 다소간의 오락적 요소를 줄였다고 볼 수도 있다. 이러한 논의에 대해 모둠별로 토의해 보고, 역사 소설의 영화화 과정에서 필요한 것이 무엇인지에 대해서도 생각하여 발표해 보자.

관련 학과 고고학과, 문화재학과, 북한학과, 사학과, 인류학과, 종교학과, 철학과

《**남한산성**》, 김훈, 학고재(2017)

문학 창작과 영상 창작의 요소와 기법을 바탕으로 문학 작품과 영상물을 수용·생산한다.

➡️ 문학 창작물을 생산하는 차원에 있어서 '나'와 '세상'의 관계를 견주어 보는 것만큼 중요한 일은 없을 것이다. 문학 창작의 기법 중 하나가 '기술(description)'이라면, 나 자신을 오롯이 표현하기 위한 기술 기법이 무엇인지 파악해 보고, 이를 토대로 자신의 진정한 내면을 표현하는 차원에서 '나'에 대한 시, 수필, 소설 문학을 짧게 만들어 보자.

관련 학과 국어국문학과, 문예창작학과, 문헌정보학과, 언어학과, 영어영문학과, 인류학과, 일어일문학과, 종교학과, 철학과

읽고 쓰고 내가 됩니다
지혜, 책폴(2023)

책 소개

취미·후회·노력·자아 등의 개인적 정서와 존엄성·특별·공부 등에 대한 사회적 관심의 확장이 이루어지고, 이윽고 소녀·동물·감정이입·환대 등에까지 이르는 인식과 감정의 확장을 '글쓰기'라는 슬기로운 행위로 정리하는 이 책은, 우리가 살면서 무엇을 마주하든 그것은 인식과 범주, 정리와 감상의 대상이 될 수 있다는 사실로부터 문학적 통찰의 일부분을 도출하게 해 줄 것이다.

세특 예시

문학 창작의 기법 중 하나와 관련된 철학으로 'realism의 구현'을 학습하고 나서, 진정한 '생활 세계'의 기술은 무엇인지에 대한 호기심을 표현한 후, '읽고 쓰고 내가 됩니다(지혜)'를 읽고 이러한 생활 세계의 서술을 토대로 '진정한 내가 누구인지를 문학 작품으로 표현할 수 있을까?'라는 생각을 하여 자신의 감정과 신념, 가치관을 표현하는 수필 문학인 〈아회록(我悔錄)〉이라는 작품을 만듦.

[12문영01-05]

소재가 유사한 문학 작품과 영상물을 비교하면서 통합적으로 수용한다.

➡️ 나쓰메 소세키의 《나는 고양이로소이다》는 고양이의 시각에서 인간들의 삶을 바라본 문학 작품이고, 모리타 히로유키 감독의 〈고양이의 보은〉은 인간이 고양이 사회에 들어가서 경험하는 것들을 풀어낸 애니메이션이다. 두 작품을 비교하면서 '고양이'라는 소재의 설정, 고양이와 인간의 관계, 일본 사람들이 생각하는 고양이에 대한 인식 등을 모둠원들끼리 토의해 보고, 두 작품에서 공통적으로 말하고자 하는 메시지가 무엇인지 말해 보자.

관련 학과 국어국문학과, 노어노문학과, 독어독문학과, 불어불문학과, 아랍어과, 언어학과, 영어영문학과, 인류학과, 일어일문학과, 종교학과, 중어중문학과, 철학과

《나는 고양이로소이다》, 나쓰메 소세키, 김영식 역, 문예출판사(2019)

[12문영01-06]

문학 작품과 영상물을 효과적으로 전달할 수 있는 경로와 매체를 선택하여 공유한다.

➡️ 단테의 《신곡》은 〈지옥편〉, 〈연옥편〉, 〈천국편〉으로 나뉘어 있지만, 자극적인 요소가 많고 극적인 장면도 많은

국어 교과군

영어 교과군

수학 교과군

도덕 교과군

사회 교과군

과학 교과군

〈지옥편〉이 독자들에게는 가장 강렬한 인상으로 남아 있다. 〈연옥편〉과 〈천국편〉을 읽어 보고, 이 두 편에서 말하고자 하는 바를 재미있으면서도 의미 있게 전달할 수 있도록 '요약, 서사' 방식을 활용하여 내용을 압축한 후, 이를 보고서로 작성해 보자.

관련 학과 국어국문학과, 노어노문학과, 독어독문학과, 문예창작학과, 문헌정보학과, 불어불문학과, 언어학과, 영어영문학과, 인류학과, 일어일문학과, 중어중문학과, 철학과

《신곡》, 단테 알리기에리, 김운찬 역, 열린책들(2022)

[12문영01-07]   ● ● ●

문학과 영상에 관련된 진로와 분야에서 요구하는 문화적 소양에 대해 탐구한다.

➡ 박태원의 《소설가 구보 씨의 일일》은 흔히 '고현학(考現學)'이라는 방법론을 적용한 경우로 볼 수 있다. 특히 중심 인물인 '구보'에게 초점을 맞추어 서술되는 소설을 창작하기 위해서는 그 인물의 시각에서 현재의 풍속이나 세태를 바라보는 힘이 있어야 하는데, 이러한 고현학의 방법론을 갖추기 위한 태도나 역량에 대해 '박태원의 삶, 문학 세계'와 관련된 학술 자료를 찾아 조사해 보고, 이를 토대로 학급 친구들과 이 인물에 대해 토의해 보자.

관련 학과 국어국문학과, 노어노문학과, 독어독문학과, 문예창작학과, 문헌정보학과, 불어불문학과, 언어학과, 영어영문학과, 인류학과, 일어일문학과, 중어중문학과, 철학과

《소설가 구보 씨의 일일》, 박태원, 소전서가(2023)

[12문영01-08]   ● ● ●

문학 작품과 영상물을 비판적으로 수용하며 자신의 삶을 성찰한다.

➡ 미당 서정주 시인은 전통적이고 신화적인 소재를 토대로 인간 존재와 사회에 대한 다양한 작품을 남겼지만, 친일·친독재 행위를 미화한 적도 있는 인물이다. 그의 시문학 중 〈화사〉, 〈신부〉, 〈귀촉도〉, 〈추천사〉 등의 작품 및 〈우남 이승만전〉 등의 글을 읽어 보고 서정주 시인에 대한 자신의 생각을 정리한 뒤, 이를 토대로 자신의 삶을 들여다보는 '성찰 보고서'를 작성해 보자.

관련 학과 고고학과, 문화재학과, 북한학과, 사학과, 심리학과, 인류학과, 종교학과, 철학과

《서정주 시집》, 서정주, 범우사(2017)

[12문영01-09]   ● ● ●

문학 작품과 영상물을 통해 창의적 사고를 표현하고 세계와 적극적으로 소통하는 태도를 가진다.

➡ 고려, 조선 시대의 '가사 문학'은 4·4조의 음보율을 지닌 문학 갈래로서, 화자의 정서를 구체적으로 표현하거나 사건의 흐름, 시간의 경과, 인물의 이동 혹은 화자의 눈에 보이는 경치의 변화 등을 잘 드러내는 문학 갈래이다. '수학여행을 가야 하는 이유'라는 주제로 가사 문학의 형식으로 자신의 정서를 드러내 보고, 이 결과를 토대로 실제 수학여행을 준비하는 교사들과 소통해 보자.

관련 학과 국어국문학과, 문예창작학과, 문헌정보학과, 언어학과, 영어영문학과, 일어일문학과, 중어중문학과, 철학과

《49가지 시 쓰기 상상 테마》, 하린, 더푸른(2021)

문학 작품과 영상물의 수용과 생산 활동에 따르는 윤리적 책임을 인식하면서 주체적이고 능동적으로 참여한다.

➲ 출판이나 배포, 공유를 전제로 하는 소설 문학의 창작 과정에서는 '사실과 허구'에 대한 매우 감각적이면서 신중한 접근이 필요하다. 특정 인물을 비방하거나 추켜세우려고 한 의도가 아니었음에도 경우에 따라 그렇게 비칠 수 있기 때문이다. 소설 문학을 창작할 때 이러한 '사실과 허구'의 정도를 나누어 인물과 사건을 배치해 보고, 이 과정에서 특히 고려해야 할 사실적 사건이 무엇인지를 찾아 서술의 구체적인 지침이나 방법을 마련해 보자.

관련 학과 국어국문학과, 노어노문학과, 독어독문학과, 문예창작학과, 문헌정보학과, 불어불문학과, 아랍어과, 언어학과, 영어영문학과, 일어일문학과, 중어중문학과

《단편소설 창작 수업》, 윤수란 외 2명, 휴머니스트(2023)

선택 과목	수능	직무 의사소통	절대평가	상대평가
진로 선택	X		5단계	5등급

🔍	직무 의사소통의 목적, 맥락, 매체, 표현 전략, 의사소통 역량, 공동체·대인 관계 역량, 직무 정보의 관리 및 활용과 조직 및 표현, 갈등 조정하기, 문제에 대한 대안 탐색 및 해결

[12직의01-01]

직무 의사소통의 목적과 맥락, 매체, 참여자 특성을 이해하고 적절한 표현을 사용하여 능동적으로 소통한다.

➡️ 국립정신건강연구소에 따르면 요즘 성인 4명 중 1명은 정신 질환을 겪고 있을 정도로, 심리 치료 및 심리상담에 대한 수요가 늘고 있다. 특히 최근에는 심각한 심리적 문제가 아니더라도 자신의 감정을 돌아보고 마음의 안정을 취하기 위해 상담을 요청하거나, 일상의 문제를 해결하기 위해 심리적 원인을 찾으려고 상담을 요청하는 등 상담의 사례가 다양해지고 있으며, 이에 따라 상담의 대상도 확대되는 추세이다. 다양한 매체를 통해 실제 상담 사례를 수집하여, 상담의 목적과 맥락, 내담자의 특성 등을 고려해 적절한 표현을 사용하였는지 분석해 보자. 또한 미세 기술, 태도와 관계, 상담 접근별 기법 등 심리상담 기법의 세 가지 차원에 대한 탐구를 바탕으로, '심리상담의 소통 매뉴얼'을 주제로 보고서를 작성해 보자.

관련 학과 사회심리학과, 상담심리학과, 심리학과, 인류학과, 종교학과, 중독재활상담학과, 철학과

《벼랑 끝, 상담》, 최고야 외 1명, 푸른향기(2021)

[12직의01-02]

직무 공동체의 다양한 소통 문화와 직무 환경 변화에 적합하게 자기를 소개하고 면접에 참여한다.

➡️ 누구나 콘텐츠를 생산할 수 있는 1인 미디어 시대의 흐름이 출판업계에도 큰 영향을 미치고 있다. 정식 등단이나 기존 출간 경험을 토대로 작가가 되던 예전과는 달리, 이제는 뉴스레터, 팟캐스트, 인스타그램, 인터넷 카페 등 다양한 온라인 콘텐츠 플랫폼을 통해 글을 쓰고 독자들과 자유롭게 공유하며 작가로서 인정받을 수 있게 된 것이다. 또한 전통적 방식의 출판은 작가 또는 작품이 출판사의 '선택'을 받아 인쇄와 출판을 거쳐야 했으나, 요즘에는 출판사를 거치지 않고도 바로 독자와 관계를 맺을 수 있기에 작가와 콘텐츠 자체가 브랜드 역할을 하게 되었다. 작가가 독자와 소통하는 방식 등 과거와 현재의 출판 환경 변화를 탐구해 보고, 온라인 플랫폼의 특성에 대한 분석을 바탕으로 작가로서 자신을 브랜드화할 수 있는 방안에 대해 고민한 뒤 자기소개 글을 구성해 보자.

관련 학과 국어국문학과, 노어노문학과, 독어독문학과, 문예창작학과, 불어불문학과, 영어영문학과, 일어일문학과, 중어중문학과

《일상생활자의 작가 되는 법》, 구선아, 천년의상상(2022)

[12직의01-03]

효과적인 진로 탐색 및 직무 수행을 위해 다양한 방법으로 정보를 수집하고 분석하여 내용을 이해하고 평가한다.

➡️ 최근 한 대학교에서 영호남 지역 최초로 대학원 과정에 수화언어학과를 신설하여 관심을 모으고 있다. 이로써

우리나라는 대학 및 대학원 과정에 총 7개의 수화언어 관련 학과를 보유하게 되었지만, 수어 전문가에 대한 수요를 충족하기에는 여전히 부족한 상황이다. 손의 움직임을 비롯한 신체적 신호로 의사를 전달하는 '수어(手語)'는 2016년 한국수화언어법의 제정으로 법정 공용어가 된 바 있으나, 일반인들에게 수어는 아직도 낯선 언어이며 미지의 영역으로 남아 있다. 예를 들면, 수어도 엄연한 언어로서 독자적인 문법을 가지고 있으며 국가와 지역에 따라 구사 방식이 다르다는 사실을 대부분의 사람들은 알지 못하고 있는 것이다. 수어가 언어로서 가지는 특징, 국가별 언어 체계와 수어 체계 간의 관련성 등에 대해 탐구하여, 수어를 주제로 탐구 보고서를 작성해 보자.

관련 학과 국어국문학과, 노어노문학과, 독어독문학과, 문예창작학과, 불어불문학과, 아랍어과, 언어학과, 영어영문학과, 일어일문학과, 중어중문학과

《**농인의 삶과 수화언어**》, 이준우, 나남(2020)

[12직의01-04] •••

적절한 매체를 사용하여 직무에 필요한 정보를 체계적으로 관리하고 활용한다.

➡ 최근 우리 사회는 여가 활동을 통해 행복을 추구하려는 사람이 증가하면서, 놀이 문화에 대한 관심을 바탕으로 다양한 놀이가 생겨나고 있다. 놀이를 학문적으로 분석한 학자인 로제 카이와는 규칙과 의지의 유무를 기준으로 놀이를 '아곤', '알레아', '미미크리', '일링크스'의 네 가지 범주로 분류하고, 더 나아가 놀이의 범주 간의 결합을 통해 놀이의 확장 가능성도 보여 주었다. 이러한 카이와의 놀이에 대한 견해는 현대사회의 놀이에도 적용이 가능한데, 카이와의 놀이 이론에 대한 이해를 바탕으로 현대사회의 놀이들을 분류하여 현대 놀이 분류표를 제작하고 각 유형의 특성을 탐구해 보자. 또한 현대사회의 사람들이 왜 온라인 게임에 열광하는지에 대해서도 탐구하여 보고서를 작성해 보자.

관련 학과 상담심리학과, 심리학과, 인류학과, 중독재활상담학과, 철학과

《**놀이와 인간**》, 로제 카이와, 이상률 역, 문예출판사(2018)

[12직의01-05] •••

정보를 효과적으로 조직하여 직무의 목적, 대상, 상황에 적합하게 표현한다.

➡ 최근 유행하는 '조용히 그만두기(Quiet Quitting)'는 주어진 일 이상을 해내야 한다는 사고방식에 갇히지 않는다는 의미로, 이러한 현상 뒤에는 '번아웃(burnout)'이 숨어 있다. 번아웃은 정서적 탈진 또는 소진 상태를 말하는 것으로, 세계보건기구(WHO)에서는 '제대로 관리되지 않은 만성적 직장 스트레스로 인한 증후군'으로 정의한 바 있다. 과거에는 번아웃을 개인의 나약함과 끈기 부족 탓으로 돌리거나 업무를 기피하고자 하는 변명으로 치부하기도 하였으나, 사실 번아웃은 심한 경우 우울증, 공황장애 등으로 이어질 수 있어 최근에는 관심 있게 살펴보아야 할 질병으로 인정되는 추세이다. 번아웃 현상에 대한 정보를 수집하여 번아웃 증후군 체크리스트 및 번아웃 극복을 위한 FAQ 자료집을 제작해 보자. 또한 '조용히 그만두기' 현상에 숨겨진 현대인의 심리를 분석하여 보고서로 작성해 보자.

관련 학과 사회심리학과, 상담심리학과, 심리학과, 인류학과, 종교학과, 중독재활상담학과, 철학과

《**내가 뭘 했다고 번아웃일까요**》, 안주연, 창비(2020)

[12직의01-06] •••

직무 수행 과정에서 발생하는 의사소통 문제와 대인 관계 갈등에 대해 대화와 협의로 대처하고 조정한다.

➡ 서울시 송파구 풍납동 개발 문제를 놓고 문화재청과 송파구 간의 갈등이 심화하고 있다. 송파구 풍납동 복합청사 신축공사 과정에서 백제 시대 유적이 발견되면서, 매장문화재 보호 및 조사에 관한 법률에 의거한 문화재청의 요구로 공사가 사실상 중단되었다. 문화재청은 문화재 보존이 우선이라는 입장을, 송파구는 건물 노후화로 인한 생명권, 행복추구권, 재산권 등 주민 권리 침해라는 입장을 각각 내세우고 있으며, 문화재의 가치를 두고도 의견이 엇갈리는 상황이다. 문화재 및 문화재의 보존과 관련한 법 조항에 대해 탐구해 보고, 양측의 주장과 근거, 갈등의 핵심 원인에 대한 분석을 바탕으로 양측을 모두 만족시킬 수 있는 대안을 제시해 보자.

관련 학과 고고학과, 문헌정보학과, 문화재학과, 문화인류고고학과, 사학과, 인류학과

《**발굴된 매장문화재 보존조치 법령 개선방안 연구**》, 양태건, 한국법제연구원(2017)

[12직의01-07] ●●●

직무 공동체의 의사결정 과정에 적극적으로 참여하여 대안을 탐색하고 합리적으로 문제를 해결한다.

➡ 최근 특정 단체가 청소년들에게 잘못된 성관념을 심어 줄 수 있다는 이유로 공공도서관에 비치된 성교육 및 성평등 관련 도서들을 폐기할 것을 요구해 논란이 일고 있다. 주로 동성애, 성전환, 페미니즘 등 성소수자 및 젠더 관련 이슈를 다루었거나 성별 고정관념에서 벗어난 도서들이 폐기 및 열람 제한 대상이 되었는데, 일각에서는 이를 두고 '현대판 분서갱유'라며 비판의 목소리를 높이고 있다. 누구나 독서의 자유를 누릴 권리가 있기에 일부의 주장만으로 기본적인 권리를 제한해서는 안 되며, 이러한 '금서' 지정이 표현 및 언론 출판의 자유를 침해할 수도 있다는 것이다. 금서 지정이 요구되는 도서를 읽고 목록을 분석하며, 우리 사회에 내재한 갈등에 대해 탐구해 보자. 그리고 이를 바탕으로 도서관에 비치된 도서의 폐기 및 열람 제한 요구와 관련된 문제의 근본적 원인을 분석하여 대안을 마련해 보자.

관련 학과 국어국문학과, 노어노문학과, 독어독문학과, 문예창작학과, 문헌정보학과, 불어불문학과, 상담심리학과, 심리학과, 영어영문학과, 일어일문학과, 중어중문학과, 철학과

《**나의 첫 젠더 수업**》, 김고연주, 창비(2017)

[12직의01-08] ●●●

직무 상황에서 구성원들과 다양한 매체를 활용하여 적극적으로 협업하고 언어 예절을 갖추어 소통한다.

➡ 신림동 묻지마 칼부림 사건의 피의자가 범행 이유로 '내가 불행하게 사는데 남들도 불행하게 만들고 싶었고, 분노에 가득 차 범행을 했다'고 진술하면서 사회적으로 공분을 사고 있다. 이에 흉악 범죄의 재발 방지 대책 마련을 위해 각 분야에서 범죄자들의 심리에 대한 연구가 진행되고 있다. 최근 빈번히 발생하고 있는 묻지마 범죄 사건과 관련하여 범죄자의 심리에 대해 분석해 보고, 이를 바탕으로 사회 전반의 정신 건강 지원 시스템을 강화하기 위한 세부 방안에 대해 탐구하여 대책 마련을 위한 토의 활동에 참여해 보자. 또한 흉악 범죄 뒤에 이어지는 모방 범죄의 심리적·사회적 원인에 대해 분석하고, 예방 및 대처법에 대해 탐구하여 보고서를 작성해 보자.

관련 학과 사회심리학과, 심리상담학과, 심리학과, 인류학과, 범죄심리학과, 철학과

《**이수정·이은진의 범죄심리 해부노트**》, 이수정 외 1명, 김영사(2021)

[12직의01-09] ●●●

개인의 권리와 정보 보안에 대한 책무를 인식하면서 직무 의사소통에 참여한다.

➡ 2021년 문학상 다섯 개를 휩쓴 신인 작가가 알고 보니 2018년 백마문화상을 수상한 단편소설 〈뿌리〉를 통째로 표절한 사실이 발각되어 문학계에 충격을 준 사건이 있었다. 이에 정부는 2022년 5월 국무회의에서 '행정

기관의 공모전 운영에 관한 규정·시행규칙 제정안'을 의결하여 공모전에서 부정행위 관리를 강화하기로 했지만, 소설 〈뿌리〉를 도용한 사실이 발각되어 지탄을 받은 작가가 이후에도 또다시 표절 작품으로 수상한 사실이 발각되어 논란이 되었다. 사회적으로 논란이 되었던 표절 사건에 대해 분석하면서, 표절 문제가 쉽게 근절되지 못하는 이유에 대해 탐구해 보자. 그리고 표절 논란과 관련하여 인공지능(AI) 기술이 문제를 해결하는 데 역할을 할 수 있을지, 아니면 또 다른 논란을 만들어 낼 것인지에 대해 탐구하여 인공지능과 표절 논란을 주제로 카드 뉴스를 제작해 보자.

관련 학과 국어국문학과, 노어노문학과, 독어독문학과, 문예창작학과, 불어불문학과, 영어영문학과, 일어일문학과, 중어중문학과
《표절, 남의 글을 훔치다》, 토머스 맬런, 박동천 역, 모티브북(2017)

[12직의01-10] ● ● ●

직무 환경의 변화에 대응하여 지속적으로 자기를 계발하고, 직무 의사소통에 능동적이고 협력적으로 참여하는 태도를 지닌다.

➡ 2024년이면 65세 이상 인구가 천만 명을 넘어설 것으로 예상되면서, 출판업계에서도 고령화 흐름에 발맞춘 많은 변화가 일어나고 있다. 최근 발간된 소설들에서 치매나 간병, 돌봄 등 노인과 관련된 주제를 다수 발견할 수 있으며, 추리 소설이나 과학 소설의 형태로 노인 문제를 다루는 작품들도 출간되었다. 이뿐만 아니라, 일반 단행본보다 글자 크기를 더 키워 인쇄한 '큰 글자 책'의 판매량이 매년 증가하면서, 출판사마다 큰 글자 책을 적극적으로 출간하는 등 고령층을 위한 독서 시장이 확대되는 추세이다. 고령화로 인한 출판 시장의 변화 양상을 작가와 출판업계, 소비자 등을 고려하여 분석해 보고, 고령층의 독서 생활 및 시장 확대를 위해 모색하는 방안에 대해 탐구해 보자.

관련 학과 국어국문학과, 노어노문학과, 독어독문학과, 문예창작학과, 불어불문학과, 영어영문학과, 일어일문학과, 중어중문학과
《가장 질긴 족쇄, 가장 지긋지긋한 족속, 가족》, 류현재, 자음과모음(2022)

선택 과목	수능	독서 토론과 글쓰기	절대평가	상대평가
융합 선택	X		5단계	5등급

국어 교과군

영어 교과군

수학 교과군

독서 교과군

사회 교과군

과학 교과군

| 🔍 | 주체적이고 협력적인 의미 발견 및 구성, 사회적 소통 행위, 개인과 공동체의 문제 해결, 능동적·협력적 참여, 존중, 유연한 자세 |

[12독토01-01] •••

개인이나 공동체의 관심사를 고려하여 읽을 책을 선정한 후 질문을 생성하고 주체적으로 해석하며 책을 읽는다.

➡️ '한 학기 한 권 책 읽기'에서, 한국 문학뿐만 아니라 학생들의 자유로운 삶을 보여 주는 다양한 세계 문학이나 고전을 모둠별로 능동적으로 토의하여 선정하도록 하자. 그런 다음 그 책을 선정한 이유와 읽기 방향, 읽은 후의 활동 등에 대해 계획을 세워서 제시하고, 이를 '학급 독서 컨퍼런스'를 통해 공유해 보자.

관련 학과 국어국문학과, 문예창작학과, 문헌정보학과, 언어학과, 영어영문학과, 일어일문학과, 중어중문학과, 철학과

《허클베리 핀의 모험》, 마크 트웨인, 정회성 역, 비룡소(2022)

[12독토01-02] •••

대화, 토의, 토론 등 적절한 방법을 활용하여, 서로 다른 생각과 관점을 존중하며 독서 토론을 한다.

➡️ 정혜신 교수의 《당신이 옳다》는 다른 사람의 이야기를 들어 주고 마음을 돌보며 공감하는 것과 관련해 '적정심리학'이라는 말을 만들어 자신의 의견을 말하고 있다. 이 책의 내용에 대해 '대화' 형식으로 이야기 나누어 보고, 서로 짝을 이루어 '충고·조언·평가·판단'이 배제된 대화를 진행하는 방식으로 이 책의 방법론을 적용해 보자.

관련 학과 문헌정보학과, 상담심리학과, 심리학과, 언어학과, 종교학과, 철학과

당신이 옳다
정혜신, 해냄(2018)

책 소개

작가가 말하는 '적정심리학'이란, 심정지가 온 사람에게 긴박하게 심폐소생술을 해야 하는 것처럼 마음이 너무 힘든 사람에게는 온 힘을 쏟아 그 사람에게 공감해야 한다는 것이다. 그러기 위한 방법으로 '충고·조언·평가·판단(충조평판)'을 금지하고 '질문'의 방식으로 그 사람의 마음에 공감하는 것의 중요성을 말하고 있다.

세특 예시

자유로운 대화의 방식으로 상대방의 관점, 심리 등을 존중하는 방법에 대해 학습한 후, '당신이 옳다(정혜신)'를 읽고 '질문'의 방식으로 타인의 마음에 다가가는 경험을 함. 특히 이 과정에서 "그런 일이 있었을 때 기분은 어땠어? 지금의 마음은 어때?" 등 '마음'을 물어보는 질문을 통해 상대방이 참 행복했다는 말을 하는 등, 따뜻한 의사소통의 역량이 크게 두드러짐.

독서 토론의 내용을 바탕으로 쓰기 목적, 독자, 매체를 고려하여 글을 쓰고 공유한다.

➤ 중국 소설가 루쉰의 《광인일기》에서 '식인'을 한다는 것과 '광인'의 의미가 무엇인지에 대해 토의한 결과를 바탕으로, '고정관념이 만들어지는 과정과 우리의 인식 태도'에 대한 자신의 생각을 토대로 상대방을 설득하기 위한 글을 SNS에 써서 공유해 보자. 특히 예상 독자인 학교 친구들을 고려하여 지나치게 현학적이지 않은 문구로 작성해 보자.

관련 학과 국어국문학과, 노어노문학과, 독어독문학과, 문헌정보학과, 불어불문학과, 아랍어과, 언어학과, 영어영문학과, 일어일문학과, 중어중문학과

《루쉰의 광인일기, 식인과 광기》, 이주노, 21세기북스(2019)

인간의 삶에 대한 다양한 시각과 해석이 담긴 책을 읽고 독서 토론을 하고 글을 쓰며 자아를 탐색하고 타자와 세계를 이해한다.

➤ 헤르만 헤세의 작품 《데미안》은 '투쟁을 통해 알을 깨고 나오는 새'의 이야기로 매우 유명한 작품이다. 이 구절이 어떤 의미를 지니는지, 또 새가 날아가는 대상인 '아브락사스'는 무엇을 의미하는지에 대해 자신이 느낀 바를 이야기해 보자. 이후 '알을 깨는 새, 그리고 나'라는 성찰 일지를 일기 형식으로 작성해 보자.

관련 학과 국어국문학과, 노어노문학과, 독어독문학과, 문예창작학과, 문헌정보학과, 불어불문학과, 아랍어과, 언어학과, 영어영문학과, 일어일문학과, 중어중문학과

《데미안》(리커버 한정판), 헤르만 헤세, 이순학 역, 더스토리(2023)

다양한 분야의 정보가 담긴 책을 읽고 독서 토론을 하고 글을 쓰며 학습이나 삶에 필요한 지식을 확장하고 교양을 함양한다.

➤ 《철학은 어떻게 삶의 무기가 되는가》는 다양한 철학자들의 사상을 다양한 예시를 통해 보여 주면서 우리 삶의 지침이 되는 좋은 이론들을 소개하고 있다. 아리스토텔레스·니체·사르트르 등의 철학자나 스키너 등의 심리학자, 보부아르 등의 작가 같은 인물들의 다양한 생각이 담긴 부분을 읽고, 자신의 삶에 큰 도움이 된 사상가의 이론을 하나 골라 서로 이야기해 보자.

관련 학과 문헌정보학과, 심리학과, 언어학과, 인류학과, 종교학과, 철학과

《철학은 어떻게 삶의 무기가 되는가》, 야마구치 슈, 김윤경 역, 다산초당(2019)

사회적 현안이나 쟁점이 담긴 책을 읽고 독서 토론을 하고 글을 쓰며 공동체 문제를 해결하고 사회적 담론에 참여한다.

➤ 한일 과거사 문제는 현대사의 모든 순간에서 떼려야 뗄 수 없는 문제로 인식된다. 한국과 일본의 국교 정상화, 관계 회복과 더불어 위안부 문제, 오염수 방류 문제 등 여러 복잡한 문제들과 궤를 같이하기 때문이다. '한일 관계'에 대한 견해를 뒷받침하기 위해 《쟁점 한국사》를 읽고 타당하면서도 신뢰할 만한 견해를 수립해 학교 토의 프로그램에 참여해 보자.

관련 학과 고고학과, 국어국문학과, 문헌정보학과, 문화재학과, 북한학과, 사학과, 심리학과, 언어학과, 인류학과, 종교학과, 철학과

《**쟁점 한국사: 현대편**》, 박태균 외 7명, 창비(2017)

[12독토01-07]　　　　　　　　　　　　　　　　　　　　　　　　　　　　　● ● ●

독서 토론과 글쓰기의 특성을 이해하고 독서, 독서 토론, 글쓰기에 능동적으로 참여한다.

➡ 나관중의 소설 《삼국지연의》는 "삼국지를 세 번 읽은 자와는 말을 섞지 마라."라고 하는 말이 있을 정도로 삶의 지혜가 녹아 있다고 이구동성으로 일컫는 작품이다. 독서 토론의 특성 중 하나가 '교섭성'에 있다는 차원에 기반하여, 토론의 현장이 여러 교훈과 삶의 지혜, 역경에 대한 극복 양상이 서로의 논의 속에 잘 스며들 수 있도록 '상호 존중'의 콘셉트를 유지한 채 토론에 참여해 보자.

관련 학과 국어국문학과, 노어노문학과, 독어독문학과, 북한학과, 불어불문학과, 언어학과, 영어영문학과, 일어일문학과, 중어중문학과

《**삼국지연의**》(전 10권), 나관중, 김구용 역, 솔(2017)

선택 과목	수능	매체 의사소통	절대평가	상대평가
융합 선택	X		5단계	5등급

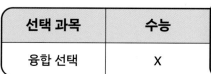

| 🔍 | 현실에 대한 재현물, 사회·문화적 맥락, 생산자의 의도 및 관점, 디지털 기술의 발전, 매체 자료의 표현 방식, 의미 구성, 의사소통 맥락, 소통 방식, 비판적 이해, 적극적인 참여와 공유, 매체 환경 조성, 디지털 시대의 시민 |

[12매의01-01]

매체의 기능과 역할에 대한 이해를 바탕으로 시대별 매체 환경과 소통 문화의 변화 과정을 탐색한다.

➡️ 효녀 지은 설화나 개안 설화, 관음사 연기설화 등의 구두언어 문학 갈래가 판소리 및 판소리계 소설이 되고, 이후 이경손 감독의 영화 〈심청전〉으로 매체를 바꿔 가며 소통하는 방식의 의의 및 각 매체의 장단점에 대해 조사해 보고, 현대 매체 환경에서《심청전》을 소통하기 위한 방법적 측면에 대해서도 토의를 통해 아이디어를 모색해 보자.

관련 학과 국어국문학과, 문예창작학과, 문헌정보학과, 문화재학과, 사학과, 언어학과, 영어영문학과

낭송 토끼전/심청전

고미숙 기획, 구윤숙 외 1명 역,
북드라망(2015)

책 소개

흔히 판소리계 소설은 판소리 사설을 소설로 변환하는 과정에서 한자어를 많이 넣거나 충효의 교훈적 이데올로기를 끼워 넣는 등의 변개(變改)가 이루어졌다. 그러나 이 낭송본은《토끼전》과《심청전》에 담긴 '민중에게 다가가는 해학의 정신'을 드러내기 위해 충과 효의 이데올로기를 줄이는 방법론을 택하여 만들어졌다. 우리가 교과서에서 익숙하게 배워 온 두 작품과는 다른 분위기를 느낄 수 있을 것이다.

세특 예시

동일한 텍스트를 다루었다 하더라도 기능과 역할이 매체마다 다를 수 있다는 사실을 학습한 후, '낭송 토끼전/심청전(고미숙 기획)'을 읽고 이러한 판소리가 판소리계 소설에서 어떤 변환을 보여 주었고 나아가 영화, 유튜브, 애니메이션 등 다양한 매체에서는 어떤 변환이 이루어질지 예측하고, 실제로《심청전》의 내용을 요약하여 SNS 매체에 수록함.

[12매의01-02]

소셜 미디어나 온라인 동영상 플랫폼 등 디지털 매체 환경에서 청소년 문화가 지닌 문제와 가능성을 탐구한다.

➡️ 청소년들은 소셜 미디어나 온라인 동영상 플랫폼을 특히 많이 접하기 때문에 '확증편향'에 빠지기 쉽다. 자신

이 접하고 있는 유튜브 매체의 알고리즘을 카테고리로 분석하고, 이러한 알고리즘에서 나타날 수 있는 확증편향적 사고 그리고 그 사고를 하게끔 하는 심리적 환경 등에 대해 분석하고 이 결과를 토대로 학급 친구들과 토의해 보자.

관련 학과 사학과, 상담심리학과, 심리학과, 언어학과, 인류학과, 종교학과, 철학과

《**확증편향**》, 안천식, 옹두리(2021)

[12매의01-03] ● ● ●

영화, 게임, 웹툰 등의 매체 자료가 현실을 재현하는 방식을 분석하며 생산자의 의도나 관점을 파악한다.

➡ 《베르사유의 장미》는 일본의 만화지만 프랑스를 배경으로 하고 있으며, 오스트리아 출생의 츠바이크의 작품을 원작으로 하고 있다. 이 만화 매체가 18세기 중반의 프랑스 사회를 어떤 방식으로 재현했는지 조사해 보고, 모둠별로 토의해 여러 장면을 실제 예시로 든 후, 이를 토대로 작가의 의도를 설명해 보자.

관련 학과 국어국문학과, 노어노문학과, 독어독문학과, 불어불문학과, 영어영문학과, 일어일문학과, 종교학과, 중어중문학과

《**마리 앙투아네트 베르사유의 장미**》, 슈테판 츠바이크, 박광자 외 1명 역, 청미래(2005)

[12매의01-04] ● ● ●

디지털 매체 환경에서 매체 생산자의 관점을 파악하고 매체 자료의 신뢰성을 판단한다.

➡ 평소 자신이 즐겨 보는 유튜브 매체의 '심리', '상담 심리'와 관련된 여러 영상을 살펴본 후, 이런 영상들이 서로 다른 의견을 가지고 있는 지점을 찾아 분류해 보자. 이후 각 영상 자료의 출처가 적절한지, 권위 있는 사람의 말을 인용한 것인지, 구체적인 통계 수치가 제시되었는지 등의 신뢰성을 판단한 결과를 보고서로 정리해 보자.

관련 학과 국어국문학과, 상담심리학과, 심리학과, 언어학과, 영어영문학과, 인류학과, 종교학과, 철학과

《**나의 첫 심리상담**》, 로버트 드 보드, 김은영 역, 위즈덤하우스(2022)

[12매의01-05] ● ● ●

사회적 규범과 규제가 매체 자료의 생산과 소통에 미치는 영향을 조사하고 그 의미를 탐구한다.

➡ 기형도의 〈홀린 사람〉은 대중 매체가 독재 정권의 의도에 맞게 조작되어 일률적이고 무비판적으로 소통되는 양상에 대한 비판의 시각을 가지고 있는 시이다. 이 시에서 알 수 있는 '사회적 규범'의 형태는 무엇이며, 이러한 규범이 매체 자료를 토대로 한 소통 구조에 어떤 영향을 미치는지에 대해 사고하고 조사한 바를 정리하여 공유해 보자.

관련 학과 국어국문학과, 노어노문학과, 독어독문학과, 불어불문학과, 언어학과, 영어영문학과, 일어일문학과, 중어중문학과

《**길 위에서 중얼거리다**》(기형도 30주기 기념), 기형도, 문학과지성사(2019)

[12매의01-06] ● ● ●

개인적·사회적 관심사에 대한 자신의 관점이 드러나는 주제를 선정해 설득력 있는 매체 자료를 제작하고 공유한다.

➡ 괴테의 《파우스트》는 인간 존재와 신, 기독교 교리, 시민 사회, 자본주의, 봉건 질서의 전개와 양상이 모두 담겨 있는 작품이다. '나라는 인간 자체에 대한 나의 생각과 판단'이라는 주제로 이 책을 읽고, 자신의 꿈, 존재, 과거와 미래, 사회로 나아가고자 하는 열정과 포부 등을 설명하는 '영상 자기소개서'를 만들어 학급 학급 클래스룸

에 올리고 공유해 보자.

관련 학과 국어국문학과, 노어노문학과, 독어독문학과, 문예창작학과, 불어불문학과, 언어학과, 영어영문학과, 일어일문학과, 중어중문학과, 철학과

《파우스트》, 요한 볼프강 폰 괴테, 장희창 역, 을유문화사(2015)

[12매의01-07]　　●●●

매체 자료의 생산자이자 수용자로서 권리와 책임을 인식하고 사회적 가치와 문제에 대해 소통한다.

➡ 참여문학은 현실의 부조리를 고발하고 새로운 해결책을 모색하려는 목적성을 가지고 있다. 이러한 문학을 수용하는 입장에서 우리가 가져야 할 자세에 대해 논의해 보고, 이를 통해 현실의 문제를 문학이라는 갈래로 형상화하여 소통하는 일의 의의에 대해서도 파악한 뒤, 여러 참여문학이 드러내고자 하는 주제의식 및 작가의 목적을 헤아려서 현실의 문제와 연관 짓는 '능동적인 수용' 활동을 해 보자. 나아가 이 일련의 활동 과정을 포트폴리오 형태로 작성, 공유해 보자.

관련 학과 국어국문학과, 노어노문학과, 독어독문학과, 문예창작학과, 불어불문학과, 언어학과, 영어영문학과, 일어일문학과, 중어중문학과, 철학과

《파수꾼/보석과 여인》, 이강백, 지만지드라마(2019)

국어 교과군

영어 교과군

수학 교과군

도덕 교과군

사회 교과군

부록 교과군

선택 과목	수능	언어생활 탐구	절대평가	상대평가
융합 선택	X		5단계	5등급

| 🔍 | 언어 자료의 수집 및 분석, 주체적·능동적 언어문화, 언어생활에 대한 민감성 및 책임감, 공공 언어 사용, 언어를 통한 정체성 실현과 관계 형성 양상, 사회적 담론 형성의 맥락과 과정 |

[12언탐01-01]　●●●

자신의 언어생활에서 의미 있는 탐구주제를 발견해 탐구 절차에 따라 언어 자료를 수집하고 비판적으로 분석한다.

➡ 생명공학 기술 및 정보통신 기술이 고도로 발달하면서, 과학기술을 활용한 기계 장치를 신체 일부에 삽입하여 신체의 기능을 개선하려는 일련의 움직임을 지칭하는 '트랜스휴머니즘'이 화제가 되고 있다. '트랜스휴먼'과 관련해 실용화 단계에 있는 대표적인 기술로는 전자칩 이식 기술이 있다. 스마트 기기에 내장된 근거리 통신칩(NFC)을 인체에 심어 신용카드 결제 및 신원 확인에 사용하는 사례가 등장하고 있다. 이 외에도 국내외에서 인간의 장애와 질병 극복에 이바지하기 위해 트랜스휴먼 기술에 대한 연구가 활발히 진행되고 있지만, 인간성 상실, 평균 수명 연장으로 인해 초래될 문제 현상 등을 근거로 트랜스휴머니즘을 비판하는 사람들도 있다. 트랜스휴먼 관련 기술의 현황과 트랜스휴머니즘에 대한 논란의 쟁점 등을 탐구하며, 이 시대의 인류에게 필요한 철학은 무엇인지 고민해 보자.

　`관련 학과` 문예창작학과, 문헌정보학과, 문화인류학과, 심리학과, 역사문화학과, 인류학과, 종교학과, 철학과, 철학생명의료윤리학과

《**아무도 죽지 않는 세상**》, 이브 헤롤드, 강병철 역, 꿈꿀자유(2020)

[12언탐01-02]　●●●

언어 자료를 평가·해석하고 그 결과를 공유하며 자신과 공동체의 언어생활에 대한 민감성과 책임감을 지닌다.

➡ 소위 핫플레이스로 불리는 카페에서 한글이 전혀 없는 영어 메뉴판을 사용해 논란이 되고 있다. 불과 몇 년 전만 해도 영어로 표기된 간판이 증가하는 현실에 대한 문제의식이 있었는데, 지금은 소비자에게 구체적인 정보를 전달해야 하는 메뉴판까지 전부 영어를 사용하고 있는 것이다. 카페 콘셉트를 위한 영어 사용은 큰 문제가 되지 않는다는 입장도 있지만, 아직까지는 메뉴에 대한 이해 및 주문 과정에서 혼란을 유발한다는 지적이 더 많다. 옥외광고물법에 따르면 광고물에 외국어로 표기할 시 한글을 병기해야 한다는 규정이 있지만, 메뉴판의 경우 옥외광고물에 해당하지 않아 규제할 방법이 없는 상황이다. 관련 통계 및 규정을 분석하며 외국어 메뉴판 및 간판 사용 실태에 대해 분석하고, 한글에 대한 대중의 인식 변화를 위해 어떤 방안이 필요한지에 대해 탐구하여 발표해 보자.

　`관련 학과` 국어국문학과, 국제문화정보학과, 문헌정보학과, 문화인류학과, 심리학과, 언어학과, 철학과, 한국어학과

《**외래어 대신 쉬운 우리말로!**》, 서현정, 마리북스(2023)

글과 담화의 소통 맥락을 고려하여 다양한 분야 및 교과의 언어 자료에 나타난 표현 특성과 효과를 탐구한다.

➡ 책의 제목은 독자가 책을 고르는 데 있어서 중요한 기준인 만큼, 작가와 출판사로서는 가장 오랫동안 고심하게 되는 요소이다. 책 제목에도 일정한 흐름이 있어서, 한동안은 '죽고 싶지만 떡볶이는 먹고 싶어'와 같이 문장형 또는 대화형 제목이 유행하기도 하고, 최근 출간된 책들에서는 띄어쓰기를 무시하거나 무려 57자에 달하는 제목 등 실험적인 시도를 통해 작품과 작가의 개성을 여실히 표현하기도 했다. 이처럼 제목에는 독자의 관심을 끌기 위한 작가의 의도와 함께, 책의 주제 등 전달하려는 메시지가 함축적으로 드러나 있어 마냥 가볍게 지나칠 수만은 없다. 최근 각 분야의 인기 도서를 중심으로 제목에 사용된 표현 전략과 그 효과를 파악해 보고, 작가 및 출판의 의도와 연결 지어 제목의 적절성을 판단해 보자.

관련 학과 국어국문학과, 노어노문학과, 독어독문학과, 문예창작학과, 문헌정보학과, 불어불문학과, 심리학과, 영어영문학과, 일어일문학과, 중어중문학과

《**제목 하나 바꿨을 뿐인데》,** 김용철, 봄의정원(2018)

가정, 학교, 사회의 언어 사용에 나타난 정체성의 실현 양상과 관계 형성의 양상을 탐구한다.

➡ 최근 예능 프로그램을 중심으로 열풍을 일으키고 있는 '본캐(본캐릭터)'와 '부캐(부캐릭터)'라는 개념이 일상에서도 폭넓게 사용되면서 하나의 사회적 현상을 만들어 내고 있다. 가령 직장 안에서와 직장 밖에서의 모습, 오프라인과 온라인에서의 모습이 다르게 표출되는 것을 본캐와 부캐의 구별로 설명할 수 있는데, 이러한 부캐를 일명 '멀티 페르소나'로 칭하며 개인의 자아를 실현하는 한 방법으로 보기도 한다. 반면 부캐는 자아를 감추는 가면이며, 오히려 진정한 자신을 발견하는 일을 어렵게 하는 도피처에 불과할 수도 있다는 우려의 목소리도 있다. 매체에서 본캐와 부캐의 개념이 사용되는 사례를 수집하여, 사람들이 멀티 페르소나를 만들어 내는 이유를 인간의 욕구와 관련지어 탐구해 보자. 또한 멀티 페르소나와 개인의 자아실현의 관계에 대한 자신의 의견이 담긴 칼럼을 작성해 보자.

관련 학과 문헌정보학과, 문화인류학과, 상담심리학과, 심리학과, 언어과학과, 윤리학과, 철학과

알터 에고 이펙트

토드 허먼, 전리오 역,
퍼블리온(2021)

책 소개

이 책은 현대인들이 내면의 다양한 자아를 발견하고 그것에 의미를 부여해 필요한 순간마다 소환해서 활용하는 것을 '대체 자아'라는 개념을 통해 소개하고 있다. 작가는 현대인들이 부정적인 상황을 극복하고 삶의 다양한 가능성을 모색하기 위해 대체 자아가 필요하다고 주장하며, 대체 자아를 활용할 수 있는 방법에 대해 안내한다.

세특 예시

언어 사용에 나타난 정체성 양상 파악하기 수업에서 각종 매체에서 등장하는 '부캐' 표현에 흥미를 갖고, 우리 사회에 '부캐' 트렌드가 생겨난 원인에 대해 탐구를 진행함. 이를 위해 '본캐'와 '부캐'의 개념이 사용된 사례를 수집 및 분석하여, 사람들이 멀티 페르소나를 만들어 내는 이유를 4차 산업혁명으로 인한 사회의 다원화와 인간의 자아 확장 욕구의 결합으

로 인한 것이라고 발표함. 또한 정체성의 극단화를 방지하고 건전한 자아 정체성을 확립하기 위해서는 올바른 부캐 활동에 대한 이해가 필요함을 주장하고, '알터 에고 이펙트(토드 허먼)'를 읽으며 관찰자 기법, 몰입 기법, 착용자 인식 등 부캐 활용 방법에 대해 탐구함. 한편 이러한 부캐의 개념이 완전 새로운 것이 아니라 지금껏 사람들은 어려움을 마주했을 때 내면의 또 다른 자아를 통해 극복해 왔다는 사실을 깨닫고, '부캐 트렌드의 사회적 순기능'을 주제로 탐구 보고서를 작성함.

[12언탐01-05] • • •

다양한 매체 환경에서 사회적 담론이 형성되는 맥락과 과정을 탐구한다.

➔ 젊은 세대를 중심으로 몸에 타투를 새기는 것이 유행하면서, 이들 사이에서 타투가 하나의 문화로 인식되고 있다. 그런데 아직까지는 타투에 대한 사람들의 인식 차이가 크기 때문에 각종 논란이 발생하고 있다. 가령 노키즈존, 노시니어존에 이어 호텔 수영장이나 헬스장에서 '노타투존'이 확산되고 있는데, 이러한 조치가 개인의 표현의 자유를 침해한다는 입장이 있는 반면, 지나친 타투는 타인의 불쾌감을 유발하기 때문에 자신의 수익을 위한 자영업자의 정당한 결정이라는 입장도 있어 갑론을박이 한창이다. 각종 매체 자료를 활용하여 노타투존에 대해 서로 다른 관점에서 서술한 글을 비교, 분석하며 읽고, 사회적 담론이 형성되는 맥락을 탐구해 보자. 또한 타투 문화에 대해 학과별로 어떤 부분에 초점을 맞춰 바라보는지를 탐구하여, 타투 문화 및 노타투존 논란에 대한 보고서를 작성해 보자.

관련 학과 문헌정보학과, 문화인류학과, 심리학과, 인류학과, 종교학과, 철학과

《**가장 밝은 검정으로**》, 류한경, 한겨레출판(2023)

[12언탐01-06] • • •

품격 있는 언어생활의 특성을 이해하고 공공 언어 사용의 실제를 탐구한다.

➔ 쉽고 바른 공공 언어의 사용을 독려하기 위해 공공 기관을 대상으로 평가를 시작한 문화체육관광부가 정작 부처 홈페이지에 평가 기준에 못 미치는 표현을 남발하여 지적을 받고 있다. 공공 언어에 외래어나 이해하기 어려운 표현이 무분별하게 사용되면 국민이 필수 정보를 놓칠 가능성이 커져 국민의 알 권리를 침해하게 되고 국민이 정책에서 소외될 가능성이 높아지기에, 2014년부터 국립국어원에서 〈한눈에 알아보는 공공 언어 바로쓰기〉 책자를 제작하여 여러 부처에 제공했음에도 우리 사회에는 큰 변화가 없다. 정부 및 공공 기관에서 발표한 자료를 대상으로 공공 언어의 사용 실태에 대해 분석하고, 관행적으로 잘못 사용되는 공공 언어의 사례를 찾아 이해하기 쉬운 용어로 순화해 보자. 또한 공공 언어의 요건에 대해 탐구하여, '공공 언어의 책임'을 주제로 카드 뉴스를 제작해 보자.

관련 학과 국어국문학과, 노어노문학과, 독어독문학과, 불어불문학과, 문헌정보학과, 언어학과, 영어영문학과, 일어일문학과, 중어중문학과, 한국어학과

《**공공언어의 이해와 소통**》, 정희창 외 1명, 박문사(2023)

언어가 우리 삶에서 담당하는 역할을 이해하고, 주체적·능동적으로 바람직한 언어문화를 실천한다.

➡ 심리학에는 '피그말리온 효과', '플라시보 효과'처럼 긍정적인 기대나 믿음이 좋은 변화를 가져오는 현상을 나타내는 표현들이 있는데, 이런 기대나 믿음에 큰 영향을 미치는 요소 중 하나가 언어이다. 한때 '외상 후 스트레스 장애(PTSD)'가 사회적으로 이슈가 된 시기가 있었는데, 이 단어가 매체를 통해 대중에게 자주 노출되다 보니, 특정 사건을 겪고 나면 사람들이 상황을 부정적으로 받아들이는 경향이 있었다. 하지만 반대 현상을 뜻하는 '외상 후 성장(PTG)'이라는 용어도 있는데, 만약 이 단어가 대중에게 보다 친숙한 용어가 된다면 우리 사회에는 어떤 변화가 나타날까? 외상 후 성장의 사례를 분석하며, 외상 후 성장의 단계, 조건, 연구 성과 등에 대해 탐구해 보자. 또한 언어가 인간의 심리 및 행동에 미치는 영향에 대한 사례를 탐구하여, 바람직한 언어문화를 주제로 카드 뉴스를 제작해 보자.

관련 학과 국어국문학과, 문화인류학과, 상담심리학과, 심리학과, 언어과학과, 인류학과, 철학과

《외상 후 성장》, Lawrence G. Calhoun 외 1명, 강영신 역, 학지사(2015)

영어 교과군

※관련 기사 목록 확인하기

구분	교과(군)	공통 과목	선택 과목		
			일반 선택	진로 선택	융합 선택
보통 교과	영어	공통영어1 공통영어2 기본영어1 기본영어2	영어I 영어II 영어 독해와 작문	직무 영어 영어 발표와 토론 심화 영어 영미 문학 읽기 심화 영어 독해와 작문	실생활 영어 회화 미디어 영어 세계 문화와 영어

공통 과목	수능	**공통영어1**	절대평가	상대평가
	X		5단계	5등급

단원명 | 이해

> 🔍 철학적 탐구, 인간의 본질적 목표, 인공지능, 미래의 직업 변화, 탄소 거래, 재생 에너지, 생물 다양성, 반려동물, 사회적 책임, 생물 다양성, 중국 경제, 가치관 변화, 전기차, 청정 에너지, 후쿠시마 오염수, 인권 문제

[10공영1-01-01]   • • •

말이나 글에 포함된 세부 정보를 파악한다.

➡ 인간의 존재와 삶의 의미에 대한 철학적 탐구는 인간이 살아가는 세상에서 자신의 위치와 역할을 이해하는 데 중요한 역할을 해 왔다. pursuit-of-happiness.org 사이트에 방문해 철학자 아리스토텔레스의 행복에 관한 글을 읽어 보자. 행복을 추구하는 것이 인간의 본질적 목표이며 행복은 단순한 쾌락이 아니라 인간이 자신의 잠재력을 최대한 발휘하여 덕을 실천하는 것이라는 아리스토텔레스의 주장을 정리하고, 여러 관점에서 행복의 정의를 영어로 정리해 보자.

　　`관련 학과` 국어국문학과, 문예창작학과, 문헌정보학과, 상담심리학과, 심리학과, 인류학과, 영어영문학과, 철학과

　　　　《인간 존재의 의미》, 에드워드 윌슨, 이한음 역, 사이언스 북스(2016)

[10공영1-01-02]   • • •

말이나 글의 주제나 요지를 파악한다.

➡ 기술 발전으로 인간 생활이 변화하는 패턴은 역사적으로 반복되어 왔다. 인공지능은 일상적이고 반복적인 작업을 자동화하여 인간 근로자가 더 복잡하고 창의적인 직업에 집중하도록 할 수 있다. 이는 일부 직업이 쓸모없어져 직업 이동과 새로운 역할을 위한 근로자의 재교육이 필요하다는 것을 의미하기도 한다. 'How AI Will Impact the Future of Work and Life', 'Why the future of AI is the future of work' 등 관련 기사를 읽고, 인공지능 기술이 근로자들에게 어떻게 영향을 미칠지에 대해 알아보고 핵심 내용을 정리해 보자.

　　`관련 학과` 인문계열 전체

　　　　《인공지능, 플랫폼, 노동의 미래》, 조정환 외 10명, 빨간소금(2023)

[10공영1-01-03]   • • •

말이나 글의 분위기나 화자나 인물의 심정 및 의도 등을 추론한다.

➡ 탄소 거래 시스템은 일부 경제학자들에 의해 지구 온난화에 대처하기 위한 가장 공정하고 효율적인 조치로 홍보되어 왔다. 기업들이 온실가스를 배출하기 위해 비용을 들여 '탄소 배출권'을 구매해야 하기 때문에 탄소 배출을 줄이게 된다는 것이다. 하지만 이러한 탄소 거래 시스템과 그것이 지구 온난화 문제 해결에 미치는 부정

적인 영향에 대한 비판적인 시각도 있다. 관련 기사 'Can Carbon Trading Stop Global Heating?'을 찾아 읽고 글쓴이가 탄소 거래의 문제점을 지적하는 부분을 정리한 뒤 '탄소 거래 시스템'과 '재생 에너지 생성'에 대한 글쓴이의 의견을 파악해 보자.

관련 학과 인문계열 전체

《**지구는 괜찮아, 우리가 문제지**》, 곽재식, 어크로스(2022)

[10공영1-01-04] • • •

말이나 글에 나타난 일이나 사건의 논리적 관계를 파악한다.

➡ 185개국 대표들이 2030년까지 전 세계 자연을 복원하기 위한 새로운 글로벌 생물 다양성 기금(GBFF)을 출범하기로 합의했다. 기금의 목표는 생물 다양성을 보호하고 보존하기 위한 원주민 및 지역 활동에 약 20%를 지원하고, 가장 취약한 사람들, 소규모 섬, 개발 도상국 및 최빈국에 최소 36%를 지원하는 것이다. 관련 기사 'New global biodiversity fund to restore nature worldwide by 2030 officially launches'를 찾아 읽고 기금이 만들어지게 된 배경과 기금도입이 우리 생활과 환경에 어떠한 영향을 미칠 것인지에 대하여 분석해 정리해 보자.

관련 학과 인문계열 전체

《**생물다양성 경영**》, 최남수, 새빛(2023)

[10공영1-01-05] • • •

말이나 글에 포함된 표현의 함축적 의미를 추론한다.

➡ 최근 반려동물에 대한 방송 프로그램 및 콘텐츠가 활발하게 대중에게 전파되는 상황에서 반려동물의 급증하는 수요에 따른 책임감이 뒤따르지 못하면서 많은 사회적 문제를 야기하고 있다. 특히 유기견 보호소에서 이루어지는 안락사와 같은 모순적 상황에서 반려동물의 보호와 책임에 대한 의견을 정리하고, 유기견 문제 해결 방안에 대해 발표해 보자.

관련 학과 인문계열 전체

《**유비쿼터스 반려동물과의 행복한 동행**》, 이정완, 좋은땅(2023)

[10공영1-01-06] • • •

말이나 글의 전개 방식이나 구조를 파악한다.

➡ 지난 40년 동안 중국 경제는 중국을 글로벌 초강대국으로 성장시키는 원동력이자 막을 수 없는 힘처럼 보였다. 그러나 지금 중국의 경제는 잇따른 위기에 직면해 있다. 'A Crisis of Confidence Is Gripping China's Economy'라는 기사를 찾아 읽고 중국의 사회적 변화가 일반 시민들의 삶에 어떤 영향을 미치는지 알아보고, 특히 사람들이 경제적 불확실성에 대응하는 방식과 그로 인해 변화하는 가치관을 분석해 보자.

관련 학과 인문계열 전체

《**중국발 세계 경제 위기가 시작됐다**》, 미야자키 마사히로 외 1명, 박재영 역, 센시오(2020)

[10공영1-01-07] • • •

말이나 글의 이해를 위한 적절한 전략을 적용한다.

➲ 배터리 전기차는 내연기관 차량과 비교했을 때 생애 주기 동안 배출하는 온실가스는 적지만, 제조 과정과 전기 생산 단계에서 여전히 많은 양의 온실가스를 발생시킨다. 관련 기사 'Life Cycle Emissions: EVs vs. Combustion Engine Vehicles'를 활용하여 전기차 생산 지속 가능성을 향상시키고 청정 에너지원 채택을 촉진하는 방법을 소개해 보자.

관련 학과 인문계열 전체

《**환경은 걱정되지만 뭘 해야 할지 모르는 사람들을 위한 과학과 기술**》, 한치환, 플루토(2022)

[10공영1-01-08] ● ● ●

말이나 글에 나타난 다양한 관점이나 의견을 포용적인 태도로 분석한다.

➲ 일본 정부는 후쿠시마 원자력 발전소에서 처리된 방사능 오염수를 태평양으로 방류하기 시작했다. 이 결정은 국제원자력기구로부터 지지를 받았지만, 일본 내에서는 지역사회가 오염에 대한 우려를 표현하며 논란이 되었으며, 국제 기구 인권 전문가들도 일본에 결정에 깊은 유감을 표명하였다. 후쿠시마 오염수 방류가 인간의 기본적인 권리에 어떤 영향을 미치는지 조사하고, 특히 주민들의 건강과 안전에 대한 우려가 인권 문제로서 어떻게 해석되고 있는지 분석해 보자.

관련 학과 고고학과, 사학과, 상담심리학과, 심리학과, 인류학과, 종교학과, 철학과

《**방사능 팩트 체크**》, 조건우 외 1명, 북스힐(2021)

단원명 | 표현

|🔍| 인포그래픽 분석, 낙관론, 해저 케이블, 글로벌 커뮤니케이션 변화, 수면 부족, 수면 개선 방안, 생성형 인공지능, 비판적 분석, 디지털 헬스케어, 인간 역할 변화, 프레이밍 이펙트, 도덕적 해이, 인공지능의 윤리적 문제, 비교 분석

[10공영1-02-01] ● ● ●

실물, 그림, 사진, 도표 등을 활용하여 내용을 설명한다.

➲ 인공지능에 대한 사회적 인식은 시간이 지나면서 크게 변화하고 있다. 특히 인공지능에 대한 낙관론과 우려가 어떻게 변화했는지, 그리고 이러한 변화가 어떤 요인에 의해 영향을 받았는지 인포그래픽 기사 'Charted: Changing Sentiments Towards AI in the Workplace'를 참고하여 분석해 보자.

관련 학과 인문계열 전체

《**AI 2041**》, 리카이푸 외 1명, 이현 역, 한빛비즈(2023)

[10공영1-02-02] ● ● ●

사실적 정보나 지식을 말이나 글로 전달한다.

➲ 오늘날 인터넷 데이터 트래픽의 97% 이상을 담당하고 있는 해저 케이블의 발전은 글로벌 커뮤니케이션의 변화에 중요한 역할을 하고 있다. 'Charting the Depths: The World of Subsea Cables'를 읽고 해저 케이블 개발과 관련된 국가 및 기업의 역할을 조사하여 발표해 보자.

관련 학과 국어국문학과, 노어노문학과, 독어독문학과, 문예창작학과, 문헌정보학과, 불어불문학과, 사학과, 아랍어과, 언어학과, 영어영문학과, 인류학과, 일어일문학과, 중어중문학과

《해양·해저플랜트 공학》, 신동훈 외 1명, 에이퍼브프레스(2022)

[10공영1-02-03] ● ● ●

경험이나 계획 등을 말하거나 기술한다.

➜ 현대사회에서 수면 부족이 인간의 일상과 감정에 미치는 영향에 관한 영문 기사 'The Link Between Sleep and Job Performance'를 읽고 수면 부족이 개인의 삶의 질과 행복에 어떤 영향을 미치는지 알아보자. 관련 경험을 떠올려 보고 이것을 조사한 내용과 연관 지어 설명해 보자.

관련 학과 인문계열 전체

《잠이 부족한 당신에게 뇌과학을 처방합니다》, 박솔, 궁리(2022)

[10공영1-02-04] ● ● ●

자신의 생각이나 의견, 감정, 감상 등을 표현한다.

➜ 다양한 매체와 플랫폼을 통해 끊임없이 정보가 생산되고 유통되는 현대사회에서, 잘못된 정보와 가짜 뉴스가 더 빠르고 쉽게 퍼질 수 있게 되었다. 특히 요즘은 생성형 인공지능을 통해 기존보다 더 손쉽게 정보의 내용을 구성할 수 있지만, 한편으로는 이러한 생성형 인공지능은 잘못된 정보를 사실처럼 말하는 '할루시네이션 오류'와 같은 단점도 가지고 있어서 주의가 필요하다. 이러한 생성형 인공지능 시대에 신뢰성 있는 데이터와 통계를 활용하고 비판적으로 분석하여 최종 의사결정을 내릴 수 있도록 하기 위해 필요한 인간의 핵심 자질과 인공지능 시대의 인재상에 대해 생각을 공유해 보자.

관련 학과 사학과, 상담심리학과, 심리학과, 언어학과, 인류학과, 철학과

팩트풀니스
(50만 부 뉴에디션)

한스 로슬링 외 2명, 이창신 역,
김영사(2024)

책 소개

이 책은 사람들이 '극적인 세계관'을 선호하기에 '느낌'과 '환상'에서 벗어나 '사실'에 집중해 막연한 두려움과 편견을 이겨 내야 한다고 말한다. 빈곤, 교육, 환경, 에너지, 인구 등 다양한 영역에서 우리가 생각하는 세계와 실제 세계의 간극을 좁히고 선입견을 깨는 통찰을 제시한다. 또한 이런 선입견을 깨고 '체계적 오답'에서 벗어나야 현실을 타개할 방안을 마련할 수 있다고 전한다.

세특 예시

'팩트풀니스(한스 로슬링 외 2명)'에서 발췌한 '비난본능'에 관한 글을 읽음. 특히 '말라리아나 수면병처럼 가난한 이들이 걸리는 병을 거대 제약회사가 연구하지 않는다는 데 대해 누굴 비난해야 할까'라는 질문에 결국 할머니로부터 용돈을 받은 학생에게까지 책임이 내려오는 것을 보고, '비난본능'에 좌우되지 말고 개인이 아닌 시스템에 책임을 물어야 한다는 대답이 문제의 이면에 숨겨진 내용까지 확장할 수 있다는 점에서는 좋았지만, 한편으로는 모든 문제를 크고 세계적인 관점에서만 바라보다가는 개별 문제를 대수롭지 않게 여기게 될 수 있다는 점에서 비판적으로 수용할 필요가 있다고 주장함.

듣거나 읽은 내용을 요약해서 말하거나 기술한다.

➡️ 디지털화가 진행되면서 의료 분야에서의 인간의 역할과 기술의 역할이 어떻게 변화하고 있는지, 이러한 변화가 환자와 의료진 간의 관계에 어떤 영향을 미치는지에 관한 관심이 높아지고 있다. 관련 기사 'This is what healthcare leaders see as the future for digital health'를 읽고 핵심 내용을 요약해서 발표해 보자.

관련 학과 고고학과, 문화재학과, 사학과, 인류학과

《디지털 헬스케어》, 최윤섭, 클라우드나인(2020)

어휘나 표현을 점검하여 내용을 명확하게 전달한다.

➡️ 프레이밍 이펙트가 언어와 문화에 어떻게 영향을 미치는지를 알아보자. 관련 자료 'Cultural Variability in the Attribute Framing Effect'를 참고하여 다양한 언어와 문화에서 발견되는 프레이밍 이펙트의 예를 분석해 보고, 특히 서로 다른 문화에서 같은 사건을 어떻게 해석하고 설명하는지 비교하여 프레이밍의 역할을 조사해 보자.

관련 학과 국어국문학과, 노어노문학과, 독어독문학과, 문예창작학과, 불어불문학과, 아랍어과, 언어학과, 영어영문학과, 일어일문학과, 중어중문학과, 철학과

《인지편향사전》, 이남석, 옥당(2021)

적절한 전략과 다양한 매체를 활용하여 상황과 목적에 맞게 말하거나 쓴다.

➡️ 코로나19 위기 상황에 대한 공동체의 대처 방식에서 자본주의의 근간으로 중시되었던 개인의 이익과 공동체의 이익 사이에 긴장이 발생하고 있다. 공동체 보호를 위한 국민의 알 권리와 개인의 사생활 보호의 충돌 문제, 도덕적 해이 논란을 통한 빈자에 대한 혐오와 차별 문제를 동반하는 재난기본소득 문제, 코로나19 백신의 공유 문제(백신이 공유재인지 사유재인지) 등이 있다. 위기 상황에서 국가의 개인 기본권 침해가 어디까지 허용될 수 있는가에 관한 생각을 온라인 공유 게시판에 공유해 보자.

관련 학과 인문계열 전체

《코로나 3년의 진실》, 조지프 머콜라 외 1명, 이원기 역, 에디터(2022)

상대방의 생각이나 관점을 존중하고 언어 예절을 갖추어 표현한다.

➡️ AI의 발전은 우리 사회에 많은 변화를 가져왔으며, 이러한 변화는 동시에 여러 윤리적 문제를 야기하였다. 특히 AI의 편향성과 조작 가능성은 큰 논란이 되고 있다. 관련 기사 'The Ethics Of AI: Navigating Bias, Manipulation and Beyond'를 읽고 AI가 야기할 수 있는 윤리적 문제를 철저히 이해하고, 이를 바탕으로 AI의 발전 방향을 결정해야 한다는 주장에 대해 자신의 의견을 발표해 보자.

관련 학과 인문계열 전체

《박태웅의 AI 강의》, 박태웅, 한빛비즈(2023)

국어 교과군

영어 교과군

수학 교과군

도덕 교과군

사회 교과군

부활 교과군

공통 과목	수능	공통영어2	절대평가	상대평가
	X		5단계	5등급

단원명 | 이해

> | 🔍 | 세부 정보, 배경지식, 주제, 요지, 분위기, 심정, 의도, 논리적 관계, 전개 방식, 구조, 적절한 전략, 관점, 함축적 의미, 의견, 포용적 태도, 이해, 비언어적 자료, 요약, 어휘, 표현, 소통

[10공영2-01-01] ● ● ●

말이나 글에 포함된 세부 정보를 파악한다.

➡ 네카시즘은 인터넷에서 특정 개인이나 집단을 일방적으로 비난하고 공격하는 행위를 지칭하며 '인터넷 (Internet)'과 '매카시즘(McCarthyism)'의 합성어로, 1950년대 미국에서 공산주의자를 색출하고 탄압했던 매 카시즘과 유사하다는 점에서 이러한 이름이 붙여졌다. 네카시즘은 인터넷의 익명성과 확산 속도를 악용해 사 실 여부를 확인하지 않고 근거 없는 비난을 퍼붓는 경우가 많고 혐오, 허위사실 유포, 신상털기 등으로 피해자 가 발생하고 있다. 영국방송공사(https://www.bbc.com/), USA투데이(https://www.usatoday.com/) 등의 영 어 신문 기사를 읽고 네카시즘의 유래, 네카시즘의 사례 등을 관심 있는 학과와 관련 있는 사례를 조사하여 발 표해 보자.

관련 학과 심리학과, 상담심리학과, 언어학과, 영어영문학과, 철학과, 인류학과, 종교학과

《**파시즘 vs 안티파**》, 고드 힐, 김태권 역, 아모르문디(2023)

[10공영2-01-02] ● ● ●

말이나 글의 주제나 요지를 파악한다.

➡ 인공지능(AI)은 심리상담의 영역에도 서서히 영향을 미치고 있다. AI 기반 심리상담은 온라인이나 모바일을 통 해 제공될 수 있기 때문에, 시간과 장소에 구애받지 않고 받을 수 있고 AI 기반 심리상담은 비용이 저렴한 경우 가 많기 때문에, 경제적 부담을 줄일 수 있다. 또한 AI 기반 심리상담은 상담사의 과중한 업무를 경감해, 상담 사가 좀 더 전문적인 상담에 집중하도록 도와 줄 수도 있다. AI 기반 심리상담과 관련된 글을 읽고 핵심 내용을 영어로 작성해 보자.

관련 학과 심리학과, 상담심리학과, 언어학과, 영어영문학과, 철학과

《**현대 심리치료와 상담 이론**》, 권석만, 학지사(2012)

[10공영2-01-03] ● ● ●

말이나 글의 분위기나 등장인물의 심정 및 의도 등을 추론한다.

➡ 대표적인 영어시 'Ode to a Nightingale'(by John Keats, 1819)은 나이팅게일을 통해 자연의 아름다움과 인간의

영혼의 자유를 노래한다. 그리고 'Stopping by Woods on a Snowy Evening'(by Robert Frost, 1923)는 눈 덮인 숲에서 느끼는 고요함과 평온함을 통해 삶의 의미와 가치를 성찰하고 있다. 자신이 좋아하는 영시를 찾아 읽고 말이나 글의 분위기나 등장인물의 심정 및 의도 등을 추론하고 이를 발표하자.

관련 학과 영어영문학과, 철학과, 심리학과, 문예창작학과

해설이 있는 영시

윤정묵,
전남대학교출판문화원(2017)

책 소개

방대한 분량의 영시 가운데에서 가장 중요하면서도 아름답다고 여겨지는 작품들을 골라 거기에 적절한 해설을 붙임으로써 독자들이 그 작품들을 읽고 즐기는 데 도움을 주고자 쓰인 책이다. 각 시인에 대한 소개와 시 작품의 번역과 각주를 함께 제공함으로써 독자들의 이해를 돕고 있다. 르네상스 시대로부터 현대에 이르기까지 영시 전체를 다룸으로써 이 책 한 권만으로 개별 작품의 이해는 물론 영시 전체의 흐름까지도 쉽게 파악할 수 있다.

세특 예시

'해설이 있는 영시(윤정묵)'를 탐독하며 영시의 심오한 아름다움과 시인의 의도를 파악하는 능력을 함양함. 특히 윌리엄 블레이크의 '순수의 전조'와 '경험의 전조'를 비교, 분석하며 시어의 미묘한 차이와 시대적 배경, 작가의 의도를 깊이 있게 탐구함. 이를 바탕으로 영시 속에 숨겨진 상징과 은유를 해석하고 시인의 감정을 공감하며 자신만의 해석을 더하여 영미 문학에 대한 이해를 넓힘. 나아가, '영미시 특징 분석 및 번역' 주제 탐구활동을 통해 다양한 영미시를 접하며 시의 형식과 내용을 분석하고 번역하는 과정에서 영어 표현 능력과 문학적 감수성을 향상시킴. 이러한 탐구 결과를 바탕으로 영미시의 특징과 번역의 어려움을 발표하며 영어영문학 분야에 대한 깊이 있는 지식과 열정을 드러냄.

[10공영2-01-04] ● ● ●

말이나 글에 나타난 일이나 사건의 논리적 관계를 파악한다.

➡ 2003년 이라크 전쟁 중 이라크의 수도 바그다드에 위치한 바그다드 국립박물관과 바그다드 국립도서관이 약탈과 방화로 큰 피해를 입었다. 바그다드 국립박물관에는 고대 메소포타미아와 바빌론 등 다양한 문명의 유물이 소장되어 있어서 세계에서 가장 중요한 고고학 유물 수집지 중 하나였다. 그러나 2003년 4월 10일, 이라크 전쟁 중 미군이 바그다드를 점령한 후, 박물관은 약탈과 방화의 대상이 되었다. 이와 같은 역사적으로 의미 있는 사건을 영어로 조사하여 해당 사건을 정리하여 발표해 보자.

관련 학과 아랍어과, 고고학과, 문화재학과, 사학과
《예루살렘의 역사》, 뱅상 르미르, 장한라 역, 서해문집(2023)

[10공영2-01-05] ● ● ●

말이나 글에 포함된 표현의 함축적 의미를 추론한다.

➡ 말이나 글에 포함된 표현의 함축적 의미를 추론하기 위해서는 표현의 함축적 표현이 사용된 진후 문맥을 고려

하고 표현의 일반적 의미와 용례를 생각하며 표현의 사용 맥락도 고려해야 한다. 자신이 좋아하는 영어로 된 노래가사를 가지고 표현을 분석하고 이를 추론해서 발표해 보자. 이 표현은 어떤 일반적 의미를 가지고 있는지, 이 표현은 어떤 용례로 사용될 수 있는지, 이 표현은 어떤 맥락에서 사용되었는지 등에 대해 발표해 보자.

관련 학과 인문계열 전체

《**음악이 멈춘 순간 진짜 음악이 시작된다**》, 오희숙, 21세기북스(2021)

[10공영2-01-06] ● ● ●

말이나 글의 전개 방식이나 구조를 파악한다.

➡ 뉴스채널인 CNN은 'Opinion'란(https://edition.cnn.com/opinions)에 정치·경제·사회·문화 등 다양한 분야에 대한 의견을 싣고 있다. 예를 들어 레이철 피시(Rachel Fish)의 '학생과 학자에게는 말이 중요합니다. 그렇기 때문에 이번 사태가 매우 끔찍합니다(For students and scholars, words matter. That's why this is so appalling)'라는 글은 2023년 10월 가자 지구를 통치하는 팔레스타인 무장 단체 하마스가 가자지구 인근 지역에 침입해 주민 수백 명을 살해하고 수십 명을 인질로 납치하는 등 이스라엘을 대상으로 전례 없는 공격을 감행한 행위에 대해 학자들이 한 단어 선택에 따른 문제점에 관해 자신의 의견을 개진하고 있다. 이 글 또는 자신이 관심 있는 분야의 글을 읽고 필자가 사용한 서론, 본론, 결론 등의 구성 체계나 내용의 전개 방식을 파악하고 자신이 이해한 내용을 발표해 보자.

관련 학과 인문계열 전체

《**뉴스 영어의 결정적 표현들**》, 박종홍, 사람in(2021)

[10공영2-01-07] ● ● ●

다양한 매체의 말이나 글을 비판적으로 이해한다.

➡ 번역은 많은 시간이 소요되고 고도의 전문성을 요구하는 지적인 작업이었지만 인공지능의 발달로 누구나 쉽게 할 수 있게 되었다. 그러나 여전히 인간의 지식과 전문성이 필요한 영역이 존재한다. 고전 작품의 경우 원문에 대한 저작권이 없기 때문에 원문에 대한 접근이 쉽고 다양한 번역 시도가 가능하다. 좋아하는 고전 작품을 선택하고 원본 텍스트, 자신의 번역, 여러 번역 서비스 및 기타 번역을 비교해 보자. 또한 번역가의 가치와 기준이 번역에 어떤 영향을 미칠 수 있는지 조사해 보자.

관련 학과 국어국문학과, 노어노문학과, 독어독문학과, 불어불문학과, 문헌정보학과, 언어학과, 영어영문학과, 일어일문학과, 중어중문학과, 한국어학과

책 소개

조지 오웰의《동물농장》은 1917년 러시아 혁명과 소련 초기로 이어지는 사건들을 풍자한 정치적 알레고리이다. 소설은 권력 투쟁과 부패가 궁극적으로 혁명가들이 반란을 일으켰던 사회보다 더 억압적인 사회로 귀결된다는 메시지를 담고 있으며, 오늘날에도 여전히 교훈을 주고 있다. 또한 이 소설은 20개 이상의 한국어 번역본이 출판되어 영어 원문이 다른 번역가에 의해 어떻게 한국어로 번역되었는지 비교, 분석할 수 있는 다양한 사례를 제공한다.

동물농장

조지 오웰, 조혜정 역,
반석출판사(2007)

세특 예시

'한 학기 한 권 읽기' 프로젝트에서 '동물농장(조지 오웰)'을 원서로 읽으면서 등장인물 분석, 스토리와 역사적 사건의 연결, 감상 및 의견 작성하기 등의 활동에 적극적으로 참여함. 특히 작품의 마지막 문장을 온라인 번역 서비스를 사용하여 우리말로 옮긴 후, 이를 다양한 번역본과 비교, 분석하며 각 번역이 추구하는 가치를 추론함. 이후 번역이 대상 독자에게 효과적으로 전달되고 이해할 수 있도록 원문의 스타일, 어조 및 맥락을 유지하는 것이 중요하다는 결론을 도출함.

[10공영2-01-08] ●●●

말이나 글의 이해를 위한 적절한 전략을 적용한다.

➡ 혐오는 사회와 문화 전반에서 여러 가지 형태로 나타나며, 문학 또한 이를 반영하는 중요한 매체로 사용되어 왔다. 문학 작품에서 혐오의 주제는 인간의 내면에 숨겨진 편견, 증오, 두려움 등을 드러내며, 그 결과로 나타나는 사회적 갈등과 개인적 고통을 표현한다. 특히 소설과 시에서 특정 인물이나 집단에 대한 혐오가 어떻게 형성되고 그것이 인간관계와 사회구조에 어떤 영향을 미치는지 심층적으로 탐구할 수 있다. 자신이 관심 있는 영어권 문학 작품에서 혐오가 어떻게 다뤄지는지 사례를 찾아보고, 문학 읽기 전략을 통해 그 구조와 중심 주제를 파악한 후 발표해 보자.

관련 학과 인문계열 전체

《**혐오**》, 네이딘 스트로슨, 홍성수 외 1명 역, arte(아르테)(2023)

단원명 | 표현

| 🔍 | 목적, 맥락, 생각, 감정, 정보, 지식, 전달, 소통, 단어, 어구, 문장, 의사소통 기능, 어휘, 서사, 운문, 친교, 언어 형식, 이야기, 사회적 목적, 정보 전달, 의견 교환, 주장, 묘사, 설명, 요약

[10공영2-02-01] ●●●

실물, 그림, 사진, 도표 등을 활용하여 내용을 설명한다.

➡ 한국어는 이제 당당히 하나의 '국제 언어'로 분류되고 있다. 2021년 발간된 '듀오링고(DuoLingo)'의 현황 보고서에 따르면, 한국어 학습자는 '한류 열풍'과 더불어 크게 증가했고 세계에서 가장 많이 학습되는 언어 7위인 한국어는 브라질, 프랑스, 독일, 인도, 멕시코 등에서 가장 빠르게 학습 수요가 증가한 언어로 기록되었다. 한국어와 관련된 비언어적 자료로 제시된 정보나 시각 자료 등을 적절히 활용하여 청자나 독자의 이해도를 높일 수 있도록 영어로 발표자료를 만들고 이를 설명해 보자.

관련 학과 국어국문학과, 노어노문학과, 독어독문학과, 불어불문학과, 문헌정보학과, 언어학과, 영어영문학과, 일어일문학과, 중어중문학과, 한국어학과

《**말, 바퀴, 언어**》, 데이비드 W. 앤서니, 공원국 역, 에코리브르(2015)

> [10공영2-02-02] •••

사실적 정보나 지식을 말이나 글로 전달한다.

➡️ 모든 동물은 의사소통을 위해 언어를 사용한다. 동물들은 인간의 언어처럼 복잡하지는 않지만 서로의 욕구, 감정, 위치 등을 전달하기 위해 다양한 방법을 사용하고 있다. 동물의 언어는 크게 소리와 행동으로 나눌 수 있다. 소리는 동물의 가장 기본적인 의사소통 수단으로, 경고·구애·공격·방어 등의 메시지를 전달하고, 몸짓·자세·표정 등을 통해 자신의 감정과 의도를 표현한다. 동물들은 다양한 방법을 사용하여 서로에게 의사소통하며, 그들의 언어는 인간의 언어 못지않게 정교하다. 관심 있는 동물의 언어에 대해 조사하고 이에 대한 영어 자료를 조사한 뒤 이 예시를 잘 보여 줄 수 있는 동영상 자료로 설명해 보자.

관련 학과 국어국문학과, 노어노문학과, 독어독문학과, 문예창작학과, 불어불문학과, 아랍어과, 언어학과, 영어영문학과, 일어일문학과, 중어중문학과, 철학과

이토록 놀라운 동물의 언어

에바 메이어르, 김정은 역,
까치(2020)

책 소개 ┄┄┄┄┄┄┄┄┄┄┄┄┄┄┄┄┄┄┄┄┄┄

저자 에바 메이어르(Eva Meijer)는 동물들이 사용하는 다양한 커뮤니케이션 방식과 그 의미를 탐구한다. 이 책은 동물들 간의 의사소통뿐만 아니라 인간과 동물 간의 상호작용에도 초점을 맞추며, 동물들이 가진 풍부한 감정과 지능을 이해하는 데 도움을 준다. 메이어르는 동물들의 소통 방식을 통해 그들의 사회적 관계, 감정, 문화를 분석하며 인간 중심의 시각에서 벗어나 동물들의 세계를 이해하려는 노력을 보여 주고 있다.

세특 예시 ┄┄┄┄┄┄┄┄┄┄┄┄┄┄┄┄┄┄┄┄┄┄

주제연계 독서활동의 일환으로 '이토록 놀라운 동물의 언어(에바 메이어르)'를 탐독하고, 동물들의 커뮤니케이션 방식과 그 의미를 언어학적 관점에서 분석함. 책의 주요 내용을 바탕으로 'Interspecies Communication' 주제의 영어 에세이를 작성하여, 동물들 간의 의사소통뿐만 아니라 인간과 동물 간의 상호작용에 대해서도 심도 있게 탐구함. 특히 다양한 동물 종의 언어적 특성을 비교, 분석하고, 이를 인간의 언어 발달 과정과 연관지어 고찰함. 이 과정에서 동물들의 풍부한 감정과 지능을 언어적 표현을 통해 이해하고, 이를 영어로 명확하게 설명하는 능력을 함양함. 또한 언어의 본질과 기능에 대한 폭넓은 시각을 갖추게 되어, 향후 언어학 연구에 대한 깊은 관심과 통찰력을 갖게 됨.

> [10공영2-02-03] •••

경험이나 계획 등을 말하거나 기술한다.

➡️ 희망하는 전공을 공부하기 위한 계획을 구체적인 목표와 학업 계획 및 일정, 학습 방법 등을 포함하여 영어로 발표해 보자. 작성 시에는 최대한 구체적인 내용으로 준비하고 계획의 실행 가능성에 대한 질문을 대비하며 자신의 열정과 의지를 보여 줄 수 있도록 작성한다. 예를 들어 아랍어학과에 진학해서 아랍지역연구, 미디어아랍어, 아랍의료관광의 이해 등을 수강하여 기초학업능력을 다지고 지역학·문학·언어 등 다양한 주제의 튜터링 및 스터디 활동을 통해 전공을 미리 탐구하는 시간을 갖고 싶다는 내용 등이 있다.

관련 학과 인문계열 전체
《청소년이 꼭 알아야 할 다가온 미래 새로운 직업》, 한국고용정보원 미래직업연구팀, 드림리치(2022)

[10공영2-02-04] ● ● ●

자신의 생각이나 의견, 감정, 감상 등을 표현한다.

➡ 불평등은 철학에서 오랫동안 논의되어 온 주요 주제 중 하나로, 사회적 정의와 관련된 논쟁에서 중요한 위치를 차지하고 있다. 존 롤스는 그의 저서 《정의론》에서 불평등을 허용할 수 있는 조건을 제시했는데, 사회적 불평등이 존재하더라도 최소한 그 불평등이 가장 불리한 위치에 있는 사람들에게도 이익을 제공해야 한다는 것이다. 이는 롤스가 정의와 형평성 사이의 균형을 강조한 대표적인 철학적 접근이다. 철학적 관점에서 불평등이 어떻게 정당화될 수 있는지, 그리고 정의와 형평성 사이에서 균형을 찾기 위한 논의가 어떻게 전개되었는지 조사하여 발표해 보자.

관련 학과 인문계열 전체

《좋은 불평등》, 최병천, 메디치미디어(2022)

[10공영2-02-05] ● ● ●

듣거나 읽은 내용을 요약하여 말하거나 기술한다.

➡ 디지털 기술의 발달은 고고학의 연구 방법에도 혁신을 가져왔다. 3D 스캐닝, 가상현실(VR), 드론 촬영 등의 기술을 이용해 유적지를 복원하거나 유물을 디지털로 보존할 수 있다. 이 기술들은 고고학자들이 현장에 직접 가지 않아도 자료를 분석할 수 있게 해주며, 가상 복원을 통해 손상된 유적이나 유물을 원래 상태로 재현하는 것이 가능해졌다. 영어 자료를 통해 디지털 고고학의 최신 기술과 그 중요성을 조사하고, 이를 통해 유적 보존 및 연구에서 어떤 변화가 일어나고 있는지 알아보고 발표해 보자.

관련 학과 고고학과, 문화재학과, 사학과, 인류학과

《베블런의 과시적 소비》, 소스타인 베블런, 소슬기 역, 유엑스리뷰(2019)

[10공영2-02-06] ● ● ●

다양한 소통의 목적에 맞게 말하거나 글로 표현한다.

➡ 영어로 자신이 관심 있는 분야의 인물에게 가상의 편지를 영어로 작성해 보자. 이 과정을 통해 타인의 입장에서 생각하고 자신의 생각을 전달하는 방법을 익힐 수 있고, 편지를 통해 다른 사람과 교감하고 소통하는 능력을 향상할 수 있다. 역사적 인물에게 인물의 삶과 업적에 대해 궁금한 점을 질문하거나 해당 인물의 업적 또는 정신에 대해 자신의 생각과 감정을 표현해 보자. 또한 현재 자신의 고민이나 어려움을 이야기하고 조언을 구하는 것도 좋은 방법이다.

관련 학과 인문계열 전체

《스크루테이프의 편지》, C. S. 루이스, 김선형 옮김, 홍성사(2018)

[10공영2-02-07] ● ● ●

어휘나 표현을 점검하여 내용을 명확하게 전달한다.

➔ 학문 연구에서 연구 결과를 조작하는 행위는 역사적으로 꾸준히 발생해 왔으며 이는 과학적 발견과 발전을 저해하고 사회에 부정적인 영향을 미칠 수 있는 심각한 문제이다. 역사학에서 유명한 연구 결과 조작 사례로는 찰스 도슨이 오랑우탄의 두개골과 유인원의 턱뼈를 조합해서 만든 가짜 화석인 필드다운 조작 사건이 있다. 글을 작성할 때 어휘나 표현을 점검하여 내용을 명확하게 전달하기 위해서는 단순하고 명확한 어휘를 사용하고, 필요 없는 표현을 제거하며, 중복되는 표현을 수정하고, 적절한 어조를 사용하고, 대상 독자를 고려하고, 동의어 및 유사한 표현 사용 등을 고려해야 한다. 연구조작 사례와 관련된 사건을 설명하는 글을 영어로 작성해 보자.

관련 학과 인문계열 전체

《연구윤리에 관한 100가지 질문 및 답변》, Emily E. Anderson 외 1명, 유수정 역, 학지사메디컬(2022)

[10공영2-02-08] • • •

적절한 전략과 다양한 매체를 활용하여 상황과 목적에 맞게 말하거나 쓴다.

➔ 디지털 인류학은 온라인 공간에서의 인간 행동과 문화를 연구하는 학문이다. 소셜 미디어, 가상 현실, 온라인 게임 등의 디지털 플랫폼에서 사람들의 행동과 상호작용을 연구하는 것은 디지털 시대의 새로운 인류학적 과제이다. 이 새로운 연구 분야는 전통적 인류학에서 다루지 않았던 디지털 환경에서의 인간 관계와 사회적 규범을 탐구한다. 디지털 인류학의 연구 방법과 주요 이슈를 조사하고, 온라인 커뮤니티에서 형성되는 새로운 문화적 현상을 분석해 보자.

관련 학과 인문계열 전체

《소셜 미디어 프리즘》, 크리스 베일, 서미나 역, 상상스퀘어(2023)

[10공영2-02-09] • • •

다른 사람과 의견을 조율하며 문제 해결을 위해 협력한다.

➔ 집단을 위해 개인의 권리를 희생해야 하는지에 대한 질문은 오랫동안 논쟁의 대상이 되어 왔다. 개인의 권리와 집단의 이익은 종종 상충되는 경우가 많기 때문이다. 개인은 자신의 삶을 스스로 결정할 권리가 있으며, 집단의 이익을 위해 개인의 권리를 희생하는 것은 정당화될 수 없다는 주장과 그 반대 의견이 존재한다. '집단을 위해 개인의 권리를 희생해야 하는가?'라는 주제로 자신의 의견을 제시하는 글을 영어로 작성하자. 이후 타인의 의견을 경청하고 자신의 의견을 논리적으로 제시하며 합의 및 문제를 해결하는 과정을 통해 모둠원들과 합의하여 최종 결정문을 영어로 작성해 보자.

관련 학과 인문계열 전체

《수평적 권력》, 데버라 그룬펠드, 김효정 역, 센시오(2023)

선택 과목	수능	영어 I		절대평가	상대평가
일반 선택	○			5단계	5등급

단원명 | 이해

> | 🔍 | 인공지능, 도덕적 결정, 주제와 요지 파악, NFT, 디지털 아트, 인공지능, 논리적 관계 파악, 윤리적 문제 해결, 인포데믹, 해결 방안 탐구, 사회학적 의미 분석, 딥페이크

[12영I-01-01]   ● ● ●

말이나 글의 세부 정보를 파악한다.

➡ 인공지능(AI)은 우리 생활의 여러 분야에서 사용되고 있다. 그러나 AI가 인간처럼 행동하고 결정을 내릴 수 있게 되면서 윤리적 문제가 제기되고 있다. MIT Technology Review에서 'Asia's AI agenda: The ethics of AI'라는 기사를 찾아 읽어 보자. AI가 도덕적으로 올바른 결정을 내릴 수 있는지에 대한 여러 가설과 관점을 조사하고 정리하여 영어로 발표해 보자.

관련 학과 인문계열 전체

《**AI 이후의 세계**》, 헨리 키신저 외 2명, 김고명 역, 윌북(2023)

[12영I-01-02]   ● ● ●

말이나 글의 주제나 요지를 파악한다.

➡ 사회 관계망 서비스(SNS)는 인간관계 형성과 정보 공유에 있어 중요한 역할을 하고 있다. 그러나 SNS 사용은 개인의 정신건강에 부정적인 영향을 미칠 수도 있다. 'The Effects of Social Media on Mental Health'라는 기사를 찾아 읽어 보자. SNS 사용이 개인의 정신 건강에 어떤 영향을 미치는지 조사하고 이를 바탕으로 주제와 요지를 파악하여 영어로 발표해 보자.

관련 학과 문예창작학과, 문헌정보학과, 상담심리학과, 심리학과, 언어학과, 인류학과, 철학과

《**착한 소셜 미디어는 없다**》, 조현수, 리마인드(2023)

[12영I-01-03]   ● ● ●

화자나 필자의 심정이나 의도를 추론한다.

➡ 최근 NFT(Non-Fungible Token)가 예술계에서 큰 화제가 되었다. 디지털 아트워크를 유일한 소유권으로 보증하는 이 기술은 전통적인 예술품 시장에 큰 변화를 가져오고 있다. 'The Impact of NFTs on the Art World'라는 기사를 찾아 읽어 보고, 작성자가 어떤 관점에서 NFT와 예술 시장의 관계를 바라보고 있는지 분석한 뒤 그 의도를 파악해 발표해 보자.

관련 학과 인문계열 전체

《**예술을 소유하는 새로운 방법**》, 박제정, 리마인드(2023)

[12영I-01-04]

말이나 글에서 일이나 사건의 논리적 관계를 파악한다.

➡ 최근 인공지능 기술이 예술 분야에 큰 영향을 미치고 있다. 특히 AI가 작곡, 그림 그리기, 문학 창작 등 다양한 예술적 활동을 수행하면서 창작 과정과 작품의 가치에 대한 관점이 변화하고 있다. 관련 글 'The Impact of AI on the Art World: The Rise of AI Art and its Challenges'를 찾아 읽어 보고, 작성자가 인공지능 기술과 예술 간의 논리적 관계와 연결성을 어떻게 파악하고 있는지 분석하여 발표해 보자.

`관련 학과` 인문계열 전체

《**예술과 인공지능**》, 이재박, MiD(2021)

[12영I-01-05]

말이나 글의 맥락을 바탕으로 어구나 문장의 함축적 의미를 추론한다.

➡ 최근에는 디지털 정보의 홍수, 즉 '인포데믹(infodemic)' 현상이 사회적 문제로 대두하고 있다. 이는 거짓 정보와 유용한 정보가 혼재되어 있어 신뢰할 수 있는 정보를 찾는 것이 어렵다는 문제를 가리킨다. 관련 자료 'Infodemic: Challenges and solutions in topic discovery and data process'를 찾아 읽어 보고, 이러한 현상이 사회와 개인에게 미치는 영향과 해결 방안을 탐구해 보자.

`관련 학과` 인문계열 전체

《**정리하는 뇌**》, 대니얼 J. 레비틴, 김성훈 역, 와이즈베리(2015)

[12영I-01-06]

말이나 글의 전개 방식이나 구조를 파악한다.

➡ 공간은 단순히 물리적 장소를 의미하는 것이 아니라, 사회적 관계와 문화적 의미가 형성되는 중요한 매개체다. 관련 글 'Sociology of Space'를 찾아 읽어 보고, 공간의 사회학이란 무엇인지, 그리고 이를 통해 우리 사회에 대해 어떤 새로운 이해를 도출할 수 있는지 탐구해 보자.

`관련 학과` 인문계열 전체

《**공간, 장소, 경계**》, 마르쿠스 슈뢰르, 배정희 외 1명 역, 에코리브르(2010)

[12영I-01-07]

적절한 전략을 활용하여 다양한 매체로 된 말이나 글의 의미를 파악한다.

➡ 딥페이크 기술은 AI를 사용하여 사람들의 얼굴이나 목소리를 매우 정확하게 복제한다. 이는 엔터테인먼트와 예술에서 혁신적인 가능성을 제시하지만, 동시에 사기나 조작 등 부정적인 용도로 사용될 수 있다. 관련 글 'Deceptive Tech: The Ethics of Deepfakes'를 찾아 읽어 보고, 딥페이크 기술의 윤리적 문제점과 그 해결 방안에 대해 탐구해 보자.

`관련 학과` 인문계열 전체

《**딥페이크의 얼굴**》, 이소은 외 1명, 스리체어스(2023)

[12영I-01-08] ● ● ●

우리 문화 및 타 문화의 다양한 관점에 대해 포용하고 공감하는 태도를 가진다.

➡ 언어는 각 문화의 중요한 요소이며, 이는 우리가 세상을 이해하는 방식에 크게 영향을 미친다. 관련 글 'The Power of Language: How Words Shape People, Culture'를 참고하여 다양한 언어가 그들의 문화에서 어떤 역할을 하는지, 그리고 이것이 우리가 세상을 해석하고 이해하는 방식에 어떻게 영향을 미치는지에 대해 발표해 보자.

관련 학과 인문계열 전체

《언어를 통해 본 문화 이야기》, 김동섭, 신아사(2013)

단원명 | 표현

🔍 디지털 인간, 생태 문학, 지속 가능성, 문화 간 의사소통, 언어적 다양성, 디지털 커뮤니케이션, 현대적 재해석, 고전 문학, 창의적 전달, 디지털 아카이브

[12영I-02-01] ● ● ●

사실적 정보를 말이나 글로 설명한다.

➡ 디지털 인간은 기술의 발전과 함께 등장한 현상으로, 우리 사회와 문화에 큰 영향을 미치고 있다. 관련 글 'Digital Humans are Here—and They're Changing Everything'을 참고하여 디지털 인간이 어떻게 사람들의 삶과 의사소통, 관계 형성 방식을 바꾸고 있는지 발표해 보자.

관련 학과 인문계열 전체

《인공지능의 존재론》, 이중원 외 8명, 한울아카데미(2021)

[12영I-02-02] ● ● ●

경험이나 계획 또는 일이나 사건을 말이나 글로 설명한다.

➡ 환경 문학 또는 생태 비평으로도 알려져 있는 생태 문학은 환경 문제와 지속 가능성에 대한 사회의 관심 증가를 반영하면서 현대 문학의 중요한 장르로 부상했다. 관련 글 'The Rise of Eco-Literature: Nature and Environmental Themes in Writing'을 읽고 환경 문제가 현대 문학에 어떻게 반영되고 있는지 조사하고 분석해 보자.

관련 학과 인문계열 전체

《모빌리티 생태인문학》, 이명희 외 1명, 앨피(2020)

[12영I-02-03] ● ● ●

상대방을 배려하고 존중하는 태도로 자신의 의견이나 감정을 표현한다.

➡ 문화 간 의사소통 능력에는 언어 능력부터 사회적 관행 및 문화적 규범에 대한 지식에 이르기까지 여러 측면이 있다. 관련 글 'Language Learning: Why Is Intercultural Communication Important?'를 읽고 다양한 문

화적 배경을 가진 사람들 간의 의사소통에서 공감과 이해가 어떻게 중요한 역할을 하는지 탐구하여 의견을 공유해 보자.

관련 학과 인문계열 전체

《문화 간 의사소통과 언어》, 김은일, 한국학술정보(2018)

[12영Ⅰ-02-04] • • •

듣거나 읽은 내용을 말이나 글로 요약한다.

→ Lera Boroditsky의 TED 영상 'How language shapes the way we think'를 시청하고 언어적 다양성이 보여줄 수 있는 다양한 사고방식과 그 아름다움에 대해 화자가 생각하는 내용을 정리하여 공유해 보자.

관련 학과 인문계열 전체

《언어와 사고》, 이마이 무쓰미, 김옥영 역, 소명출판(2022)

[12영Ⅰ-02-05] • • •

서신, 신청서, 지원서 등의 서식을 목적에 맞게 작성한다.

→ 현재는 디지털 정보화 시대로 불리며, 이런 시대에 인문학은 우리가 테크놀로지를 이해하고 그것이 사회와 개인에 미치는 영향을 비판적으로 평가하는 데 중요한 역할을 한다. 외국 대학교의 인문학과에 지원하는 학생으로서, '디지털 시대의 인문학의 중요성'에 대해 주장하는 입학 에세이를 영어로 작성해 보자.

관련 학과 인문계열 전체

《디지털 시대 인문학의 미래》, 이중원 외 8명, 푸른역사(2017)

[12영Ⅰ-02-06] • • •

글의 구조나 내용 및 표현을 점검하고 쓰기 윤리를 준수하여 고쳐 쓴다.

→ 디지털 커뮤니케이션은 언어 사용 패턴에 큰 변화를 가져오며, 이는 개인 및 사회의 의사소통 방식에 광범위한 영향을 미친다. 관련 글 'How Digital Media Has Changed Communications'를 읽고 이러한 변화가 인간의 사고방식과 문화에 미치는 영향, 그리고 우리가 정보를 공유하고 소통하는 방식을 어떻게 책임감 있게 관리할 수 있는지 인문학적 관점에서 생각해 보고 이를 글로 작성해 보자.

관련 학과 인문계열 전체

《디지털 커뮤니케이션》, 김태희 외 7명, 북인사이트(2021)

[12영Ⅰ-02-07] • • •

다양한 매체와 적절한 전략을 활용하여 정보를 창의적으로 전달한다.

→ 고전 문학에 대한 접근성을 높이고 새로운 해석을 제공함으로써 관련 분야에 대한 흥미와 이해도를 증진하기 위해, 고전 문학 작품을 현대적인 방식으로 재해석하고 이를 다양한 매체(소셜 미디어, 웹사이트, 앱 등)를 통해 창의적으로 전달하는 방법에 대해 탐구해 보고, 그 방법을 실천하여 최종 결과도 발표해 보자.

관련 학과 인문계열 전체

《깊고 넓게 읽는 고전문학 교육론》, 고화정 외 12명, 이민희 외 4명 편, 창비교육(2017)

협력적이고 능동적으로 말하기나 쓰기 과업을 수행한다.

● 디지털 아카이브는 과거의 문서나 미디어 자료를 디지털화하여 보존하는 기술이다. 관련 기사 'From Fake News to Open Data: Studying the Histories of Digital Media Using the Wayback Machine'을 참고하여 '20세기의 중요한 문화혁명'을 주제로 디지털 아카이브를 분석해 보자. 또한 역사적 사건을 재조명하고 그 시대의 사회적 맥락을 이해하기 위해, 역사적 사건에 대한 디지털 아카이브를 어떻게 활용하고 분석할 수 있는지 함께 탐구하고 발표해 보자.

관련 학과 인문계열 전체

《책을 불태우다》, 리처드 오벤든, 이재황 역, 책과함께(2022)

선택 과목	수능		절대평가	상대평가
일반 선택	○	**영어 II**	5단계	5등급

단원명 | 이해

> | 🔍 | 글의 목적, 맥락, 의미 파악, 지식 습득, 정보 습득, 비판적 수용, 이해 전략, 지식 정보 활용, 포용적 태도, 문화의 다양성, 공감적 이해, 문화적 감수성

[12영 II-01-01] ● ● ●

다양한 주제에 대한 말이나 글의 세부 정보를 파악한다.

➡ 욕은 사회학적으로 볼 때 감정 표현, 권력 행사, 소속감 형성, 유머 등 다양한 기능으로 사용된다. 또한 특정 문화권에서 욕은 예의를 지키기 위해 사용되는 경우도 있다. 특정 사회의 문화적 규범에 따라 달라지는데, 예를 들어 미국에서는 욕이 일반적으로 허용되지 않지만, 영국에서는 욕이 더 일반적으로 허용되고 있다. 욕은 부정적인 영향이 크지만 감정을 표현하고, 권력을 행사하고, 소속감을 형성하고, 유머를 유발하고, 매너를 지키는 데 사용되는 경우처럼 긍정적인 기능도 있다. 욕의 기능에 대한 글을 읽고 글의 세부정보를 파악하여 정리하고 발표해 보자.

관련 학과 국어국문학과, 노어노문학과, 독어독문학과, 문예창작학과, 불어불문학과, 아랍어과, 언어학과, 영어영문학과, 일어일문학과, 중어중문학과, 철학과

《**소문**》, 미하엘 셸레 외 1명, 김수은 역, 열대림(2007)

[12영 II-01-02] ● ● ●

말이나 글의 주제나 요지를 파악한다.

➡ TED는 Technology, Entertainment, Design의 앞글자를 따서 만든, 전 세계 다양한 분야에서 활동하는 사람들이 모여 아이디어를 공유하는 글로벌 커뮤니티이다. 과학과 비즈니스, 글로벌 이슈, 예술 등 다양한 주제에 대한 18분 이내의 짧고 강력한 강연인 TED 토크로 가장 잘 알려져 있다. 대표적인 강연의 예로 하버드 대학교 심리학과 교수인 에이미 커디(Amy Cuddy)의 '바디랭귀지로 자신의 정체성을 형성할 수 있습니다(Your body language may shape who you are)'가 있다. 이 강연은 우리의 몸짓이 우리의 호르몬, 생각, 행동에 영향을 미칠 수 있다고 주장하고 있다. 해당 영상 또는 자신이 관심 있는 영상을 시청하고 요지를 정리하여 영어로 발표해 보자.

관련 학과 인문계열 전체

《**TED 프레젠테이션**》, 제레미 도노반, 김지향 역, 인사이트앤뷰(2020)

[12영 II-01-03] ● ● ●

말이나 글에 나타난 화자, 필자, 인물 등의 심정이나 의도를 추론한다.

➡ 인터뷰(interveiw)는 두 사람 또는 그 이상의 사람이 서로 질문과 답변을 주고받는 대화 형식으로 목적 지향적, 상호작용적, 구조적이라는 특징이 있다. 미국의 언어학자·철학자·인지과학자·역사가·사회비평가로, 현대 언어학과 인지과학 분야에서 가장 영향력 있는 인물 중 한 명인 노엄 촘스키(Noam Chomsky)는 언어, 역사적 사건 등과 관련해서 지속적으로 자신의 의견을 내는 인사이다. 노엄 촘스키의 인터뷰 또는 자신이 관심 있는 분야와 관련된 인터뷰를 선택해, 전반적인 상황과 맥락을 이해하면서 말이나 글에 명시적으로 드러나지 않은 화자의 심정이나 어조, 의도나 목적을 추론하여 발표해 보자.

관련 학과 인문계열 전체

지승호, 더 인터뷰

지승호, 비아북(2015)

책 소개

이 책은 전문 인터뷰어로 15년 이상 활동한 저자가 인터뷰의 본질과 방법에 대해 이야기한 책이다. 저자는 인터뷰를 "타인의 생각과 경험을 듣고, 그것을 공유하는 행위"라고 정의하며 인터뷰는 단순히 정보를 수집하는 것이 아니라, 사람과 사람 사이의 소통을 통해 새로운 지식과 통찰을 얻는 과정이라고 말한다. 이 책은 인터뷰의 개념과 목적, 인터뷰의 준비, 인터뷰의 진행, 인터뷰의 기록, 인터뷰의 분석과 평가 등 인터뷰의 기본 개념부터 실전 노하우까지 다양한 주제를 다루고 있다.

세특 예시

'지승호, 더 인터뷰(지승호)'를 통해 심층 인터뷰의 기법과 인물 분석 방법을 학습한 후, 이를 바탕으로 작가 알랭 드 보통의 인터뷰를 심도 있게 분석함. 영어로 진행된 인터뷰 전문을 꼼꼼히 독해하며 드 보통의 발언에 담긴 철학적 통찰과 현대사회에 대한 비평을 정확히 포착하는 뛰어난 분석력을 보여 줌. 특히 현대인의 정신 건강, 사랑과 관계의 본질, 그리고 일상에서의 철학의 역할에 대한 드 보통의 견해를 분석하며, 그의 실용적·철학적 접근법과 인문학의 대중화에 대한 열정을 예리하게 포착해 냄. 인터뷰에 사용된 철학적 개념과 심리학적 용어를 정확히 이해하고 해석하는 과정에서 뛰어난 영어 독해력과 인문학적 소양을 발휘함.

[12영 II-01-04] ● ● ●

말이나 글에서 일이나 사건의 논리적 관계를 추론한다.

➡ 코로나 팬데믹은 전 세계 사람들의 정신건강에 큰 충격을 주었다. 우울증, 불안 장애, 외상 후 스트레스 장애(PTSD) 등이 팬데믹 이후 급격히 증가하면서, 이에 대한 심리적 회복이 중요한 과제로 떠오르고 있다. 팬데믹 이후 심리적으로 회복하고 회복 탄력성(resilience)을 높이는 방법, 그리고 이를 지원하는 심리 치료나 상담 방법에 관해 탐구해 보자. 특히 팬데믹이 가져온 장기적인 정신건강 문제를 예방하고 극복하기 위한 방안을 심리학적 관점에서 생각하면서 팬데믹과 관련된 영어 지문 또는 동영상을 감상하고 내용을 발표해 보자.

관련 학과 인문계열 전체

《**아내를 모자로 착각한 남자**》, 올리버 색스, 조석현 역, 알마(2016)

[12영 II-01-05] ● ● ●

말이나 글의 맥락을 바탕으로 함축된 의미를 추론한다.

● 비유적 언어를 글의 제목에 활용하면 독자의 관심을 유도하면서 글의 핵심 내용을 간결하게 전달하고 강조할 수 있다. 'The pandemic has been a 'great reset' for the world'(The World Economic Forum, 2020. 06. 01) 등과 같이 기사에서 'great reset'이라는 단어가 사용되는데, 'great reset'은 세계의 경제·사회·문화를 근본적으로 재구성하는 것을 의미하며, 긍정적 의미와 부정적 의미 둘 다 함축하고 있어서 다양한 해석을 불러일으키는 표현이다. 자신이 흥미를 느끼는 분야의 영어 기사에서 함축적인 표현을 찾아 의미와 표현이 주는 효과에 대해 발표해 보자.

관련 학과 인문계열 전체

《**문예 비창작—디지털 환경에서 언어 다루기**》, 케네스 골드스미스, 길예경 외 1명 역, 워크룸프레스(2023)

[12영 II-01-06] ● ● ●

다양한 유형의 말이나 글의 전개 방식이나 구조를 파악한다.

● 미국 문학 작품 중 지방 소멸과 비슷한 현상, 즉 지역인구 감소 등과 관련된 작품으로 존 스타인벡(John Steinbeck)의 《분노의 포도(The Grapes of Wrath)》(1939)를 꼽을 수 있다. 《분노의 포도》는 대공황으로 인해 농촌이 황폐해지면서 농부들이 도시로 이주하는 과정을 그린 작품이다. 또한 코맥 매카시의 《로드(The Road)》(2006)는 핵전쟁으로 인해 인류가 거의 멸절된 세계에서 한 아버지와 아들이 생존을 위해 여행하는 과정을 그린 작품이다. 인구감소 등 포스트 아포칼립스와 관련된 작품을 읽고 글의 전개 방식이나 구조를 파악하여 발표해 보자.

관련 학과 인문계열 전체

분노의 포도
존 스타인벡, 맹후빈 역,
홍신문화사(2012)

책 소개

이 책은 소설가 존 스타인벡이 1939년에 발표한 소설로, 미국 대공황 시대의 참혹한 현실을 그린 작품이다. 《분노의 포도》는 가뭄과 모래 한파, 지주들의 횡포로 인해 삶의 터전을 잃은 농민들의 고통을 생생하게 보여 주며 미국 사회의 양극화와 계급 갈등을 비판하고 있다. 미국 문학의 고전으로 평가받고 있으며, 1940년 퓰리처상을 수상했고, 1940년과 1941년에 각각 영화와 연극으로 제작되었다.

세특 예시

'분노의 포도(존 스타인벡)'를 읽고 미국 대공황 시대의 사회상과 이로 인해 발생한 인간 소외 문제를 탐구함. 특히 소설의 서술 방식에 주목하여 객관적인 사실 묘사와 주관적인 감정 표현이 교차하는 스타인벡의 독특한 문체를 분석하고, 이를 통해 작가가 전달하고자 하는 메시지를 파악함. 또한 소설 속 주요 등장인물들의 대화와 행동을 분석하여 그들의 심리 변화와 사회적 관계를 탐구하고, 이를 바탕으로 소설의 주제의식을 심층적으로 이해함. 이러한 과정을 통해 문학 작품의 전개 방식과 구조를 파악하고, 작가의 의도와 작품의 주제를 비판적으로 분석하는 능력을 함양함.

[12영 II-01-07]   • • •

적절한 전략을 적용하여 다양한 매체 자료의 말이나 글을 이해한다.

➡️ 현대 아랍 문학에서는 여성의 역할과 권리에 대한 논의가 활발히 이루어지고 있다. 특히 젊은 여성 작가들은 전통적인 사회 구조와 성 역할에 도전하며 여성의 목소리를 문학적으로 표현하고 있다. 아랍 문학에서 여성 서사가 어떻게 발전해왔는지, 그리고 그것이 아랍 사회에서 어떤 변화를 이끌고 있는지 영어 자료를 조사하여 정리하고 보고서를 작성해 보자.

[관련 학과] 인문계열 전체

《**연을 쫓는 아이**》, 할레드 호세이니. 왕은철 역, 현대문학(2022)

[12영 II-01-08]   • • •

다양한 문화와 관점에 대해 포용하고 공감하는 태도를 가진다.

➡️ 언어 소멸은 전 세계적으로 심각한 문제이다. 특히 소수 언어가 점점 사라지고 있다. 세계화와 대중 매체의 발달로 인해 주요 언어들이 점점 더 지배적이 되고 소수 언어는 점차 사용되지 않게 되는 것이다. 이로 인해 언어 소멸이 문화적 다양성에 미치는 부정적인 영향을 분석하고, 소멸 위기에 처한 언어를 보존하기 위한 노력과 방안을 탐구해 보자. 특히 언어학적 차원에서 소수 언어의 문법적, 어휘적 특성을 기록하고 보존하는 방법을 찾아 발표해 보자.

[관련 학과] 인문계열 전체

《**언어본능**》, 스티븐 핑커, 김한영 외 2명 역, 동녘사이언스(2008)

단원명 | **표현**

🔍 의사소통, 목적, 맥락, 적절한 언어 사용, 표현, 효과적 정보 전달, 의견 교환, 표현 전략, 문제 해결 능력, 종합적 사고, 지식과 경험 융합, 상호 협력, 소통, 적극적 태도

[12영 II-02-01]   • • •

다양한 주제에 대한 사실적 정보를 말이나 글로 설명한다.

➡️ 학교 급식은 학생들의 건강한 성장과 발달에 중요한 역할을 하며 학생들이 다양한 음식을 맛보고 영양을 섭취할 수 있는 기회를 제공함으로써, 학생들의 건강한 성장과 발달에 기여하고 있다. 현재 고등학생까지는 세금을 재원으로 학생들에게 무상으로 급식을 제공하고 있다. OECD 31개 회원국 중 학교 무상급식 제도를 운영하는 나라는 네덜란드, 미국 등 20개국(전체의 65%)이며, 캐나다와 독일 등 11개국은 전혀 운영하지 않는다. 자신이 관심 있는 국가의 학교 급식 실태를 조사하여 글로 작성해 보자.

[관련 학과] 인문계열 전체

《**오늘도 급식은 단짠단짠**》, 김정옥, 문학수첩(2022)

[12영 II-02-02]

● ● ●

지식과 경험을 활용하여 자신의 감상이나 느낌을 표현한다.

➡ 미국 대학 입학에서 자기소개서는 'Personal Statement'나 'College Essay'등으로 불리며 입학 심사 과정에서 학생의 개성, 경험, 가치관, 그리고 목표를 알 수 있는 중요한 부분으로 사용된다. 자기소개서는 학생이 단순히 성적이나 활동 이외의 다른 요소들을 통해 자신을 어필할 수 있는 기회를 제공한다. 자신의 진짜 이야기와 경험을 자기소개서에 공유하며 솔직하게 자신의 경험과 생각을 표현하는 것이 가장 중요하다. 이 밖에도 개인적 통찰 및 반성, 문장 구조의 다양화, 명확한 시작과 마무리 및 문법과 맞춤법 확인 등이 중요한 요소로 활용된다. 고등학교 생활에서 소개하고 싶은 경험을 자기소개서 형식의 영어로 작성해 보자.

〔관련 학과〕 인문계열 전체

《100 Successful College Application Essays》, The Harvard Independent, New American Library(2013)

[12영 II-02-03]

● ● ●

상대방을 배려하고 존중하는 태도로 자신의 의견이나 주장을 제시한다.

➡ 펫로스 증후군(Pet loss syndrom)은 반려동물을 떠나 보낸 사람들이 겪는 정서적 상태를 묘사하는 용어이다. 반려동물과의 연결이 깊을수록 그들의 사망은 큰 슬픔과 감정적 충격을 가져올 수 있고, 이는 슬픔·무기력감·우울·눈물·수면장애·식욕부진 등의 증상으로 나타난다. 때로는 사망한 반려동물을 계속 상상하거나 지나치게 그리워해 일상생활이 어려워지기도 한다. 'Pet loss syndrom'의 어원을 조사하고 이를 발표해 보자. 또는 주인공이 두 마리의 개를 잃어버린 후 슬픔을 극복하는 과정을 그린 윌슨 롤스(Wilson Rawls)의 문학 작품《Where the Red Fern Grows》(1961) 등과 같은 사례를 찾아 발표해 보자.

〔관련 학과〕 인문계열 전체

어서 오세요, 펫로스 상담실입니다

조지훈, 라곰(2023)

〔책 소개〕

이 책은 반려동물과의 이별로 힘든 사람들을 위한 심리상담서로, 심리치료사인 저자는 국내 최초로 펫로스 전문 심리상담실을 운영하고 있으며, 이 책을 통해 펫로스 증후군의 개념과 증상, 극복 방법 등을 소개하고 있다. 펫로스 증후군의 개념과 증상, 극복 방법 등을 체계적으로 정리했고, 실제 상담 사례를 통해 펫로스 증후군을 극복하는 과정을 보여 주어 펫로스로 힘들어하는 사람들에게 실질적인 도움을 주고 있다.

〔세특 예시〕

'어서 오세요, 펫로스 상담실입니다(조지훈)'를 읽고 작품 속 등장인물들이 펫로스를 극복하는 과정에서 보여 주는 다양한 감정 표현을 분석함. 특히 슬픔, 분노, 죄책감 등 복합적인 감정을 표현하는 영어 어휘와 문장 구조를 탐구하고, 이를 활용해 등장인물의 심리를 분석하는 에세이를 작성함. 또한 펫로스 경험을 가진 사람들의 인터뷰 영상을 시청하고 영어 자막을 분석하며 슬픔 표현의 다양한 방식을 학습함. 이를 통해 자신의 감정을 효과적으로 표현하고 타인의 감정을 이해하는 능력을 향상하는 계기를 마련함. 주제탐구 독서활동을 통해 인문학적 소양을 함양하고, 상대방을 배려하고 존중하는 태도로 자신의 의견이나 주장을 제시하는 능력을 키움.

다양한 주제에 대해 듣거나 읽은 내용을 재구성하여 요약한다.

➡ 인구 소멸로 인해 소규모 지역 사회의 인구가 줄어들면서, 그 지역의 언어적 표준화 현상이 강화될 수 있다. 언어학적 관점에서 인구 소멸은 지방 방언의 사용이 줄어들고 대신 도시 중심의 언어가 확산되는 것을 의미하며, 이는 지역적 특성이 사라지고 언어적 동질성이 강화되는 결과를 낳을 수 있다. 이러한 표준화는 효율적인 의사소통을 촉진하는 장점도 있지만, 동시에 지역적 다양성을 약화하고 문화적 유산을 상실하게 하는 부정적 효과도 초래한다. 언어의 표준화와 획일화가 미치는 영향에 대한 영어 지문을 읽고 요약하여 발표해 보자.

관련 학과 인문계열 전체

《인구소멸과 로컬리즘》, 전영수, 라의눈(2023)

적절한 전략을 활용하여 논리적으로 대상을 설득한다.

➡ 문헌정보학과에서는 고전 문학 작품에 대한 다양한 연구와 비평을 메타분석하여 작품에 대한 종합적 이해를 시도할 수 있다. 예를 들어 셰익스피어의 작품에 대한 수많은 연구를 메타분석함으로써 공통된 주제나 비평적 경향을 도출하고, 작품의 문학적 가치와 역사적 맥락을 더 깊이 이해할 수 있다. 문헌정보학적 메타분석을 통해 고전 문학 작품에 대한 연구 결과를 비교 분석하고, 다양한 해석이 어떻게 상호작용하는지 영어로 발표해 보자.

관련 학과 문헌정보학과, 언어학과, 영어영문학과, 사학과

《쉽고 편하게 메타분석》, 김지형, 북앤에듀(2019)

자기소개서, 이력서, 보고서 등의 서식을 목적에 맞게 작성한다.

➡ 1990년대 이후 대한민국은 외국인 근로자, 결혼 이민자, 유학생 등의 증가로 인해 다문화 사회로 빠르게 변화하고 있다. 다문화 사회에서 영어는 단순히 외국어를 배우는 이상의 의미를 가지고 있으며, 영어는 글로벌 사회에서 경쟁력을 높이고 다문화 사회에서 이해와 소통을 증진하는 데 중요한 역할을 하게 될 전망이다. 다문화가 늘어나는 상황에서 과연 한국어의 지위와 영어의 지위, 그리고 다른 언어의 지위는 어떻게 될지 예측하여 영어로 보고서를 작성해 발표하자. 일반적인 영문 보고서 서식은 제목 페이지(Title Page), 요약(Abstract)과 목차(Table of Contents) 및 주요 내용을 설명하는 본문(Body)과 주요 내용을 요약하고 결론을 도출하는 결론(Conclusion) 그리고 참고문헌(References)으로 이루어진다.

관련 학과 인문계열 전체

《새로운 다문화 사회의 이해와 실천》, 임신웅, 교육과학사(2023)

글을 쓰는 과정에서 글의 내용과 형식을 점검하고 쓰기 윤리를 준수하여 고쳐 쓴다.

➡ 플랫폼 노동은 디지털 플랫폼을 매개로 이루어지는 노동으로 음식 배달, 택시 운전, 가사 도우미, 프리랜서 등 다양한 형태로 존재한다. 플랫폼 노동자는 플랫폼 기업에 고용되지 않은 경우가 많으며, 플랫폼 기업과 노동자 간의 계약 관계는 불분명하고 노동 시간과 장소가 유연하다. 이와 같은 형태의 노동은 장점도 많지만, 고용 관

계가 불분명하고 임금 및 복지 수준이 낮아 불안정한 경우가 많다는 단점도 지적된다. 플랫폼 노동과 관련된 글을 작성하고 이로 인해 생기고 있는 심리적인 문제들을 조사하여 출처를 밝히며 글을 작성해 보자.

> **관련 학과** 국어국문학과, 문헌정보학과, 북한학과, 상담심리학과, 심리학과, 인류학과, 철학과
>
> 《**플랫폼 노동은 상품이 아니다**》, 제레미아스 아담스 프라슬, 이영주 역, 숨쉬는책공장(2020)

[12영II-02-08]

다양한 매체를 활용하여 정보를 창의적이고 효과적으로 전달한다.

➡️ K-팝은 서구 팝 음악의 영향을 받아 발전한 혼종적 문화 현상이다. 영어는 K-팝 가사와 음악 스타일에 큰 영향을 미쳤으며, 이를 통해 K-팝은 더 넓은 글로벌 청중과 소통할 수 있게 되었다. 영어를 포함한 다양한 매체를 통해 K-팝은 음악뿐만 아니라 춤, 패션, 그리고 사회적 메시지까지 전 세계로 확산시켰으며, 이러한 글로벌 성공은 한국의 문화적 정체성과 서구 문화의 융합을 잘 보여 준다. 좋아하는 K-팝 가사를 소개하며 영어가 미치는 영향을 발표해 보자.

> **관련 학과** 인문계열 전체
>
> 《**K컬처 트렌드 2024**》, 정민아 외 13명, 미다스북스(2023)

[12영II-02-09]

원활한 의견 교환을 위해 협력적이고 능동적으로 의사소통 활동에 참여한다.

➡️ 사회 관계망 서비스(Social Network Services/Sites, SNS)는 많은 사람들의 삶의 중심에 자리 잡았다. SNS는 물리적 거리를 넘어서 관계를 맺을 수 있게 해주고, 다양한 사람들과 소통하며 정보를 나눌 기회를 제공한다. 그러나 피상적인 인간관계, 중독성, 사이버 폭력 등 여러 부작용도 무시할 수 없다. 'SNS 게시물을 활용한 현대사 아카이브 구축 방안 연구', '팩트체크 시스템을 활용한 SNS 역사 정보의 신뢰성 제고 방안' 등 자신이 관심 있는 인문 분야와 연관된 SNS 관련 주제를 영어 기사, 서적 등을 참조해 조사하여 발표해 보자.

> **관련 학과** 인문계열 전체

도둑맞은 집중력

요한 하리, 김하현 역,
어크로스(2024)

> **책 소개**
>
> 이 책은 Stolen Focus: Why You Can't Pay Attention—And How to Think Deeply Again을 한국어로 번역한 책이다. 저자는 현대사회에서 사람들의 집중력이 떨어지는 이유를 기술한다. 현대사회가 끊임없이 변화하고 다양한 정보가 넘쳐나는 환경으로 인해 사람들이 산만해지고 집중력이 떨어진다고 분석한다. 또한 스마트폰, 소셜 미디어, 알림 등 디지털 기술의 발달이 집중력 저하에 영향을 미친다고 지적하면서 집중력 회복을 위한 방법과 집중력을 지키는 삶의 중요성에 대해 역설하고 있다.

> **세특 예시**
>
> '도둑맞은 집중력(요한 하리)'을 읽고 현대사회의 집중력 저하 문제에 대해 심층적인 이해를 함. 특히 스마트폰, 소셜 미디어 등 디지털 기술이 집중력에 미치는 부정적인 영향에 주목하고, 이러한 요인들이 청소년의 학습 능력 및 정신 건강에 미치는 영향을 분석하는 영어 에세이를 작성함. 또한 집중력 저하 문제를 겪는 사람들의 심리적 특징과 행동 패턴을 조사하

고 이를 바탕으로 집중력 향상을 위한 심리상담 프로그램을 기획하고 영어로 발표함. 이러한 과정을 통해 집중력 문제의 심리적 원인과 해결 방안에 대한 탐구심을 드러내고, 상담심리학 분야에 대한 관심과 잠재력을 보여 줌.

선택 과목	수능	**영어 독해와 작문**	절대평가	상대평가
일반 선택	X		5단계	5등급

단원명 | **독해**

> 🔍 배경지식, 목적, 맥락, 글의 의미 파악, 다양한 지식 습득, 다양한 정보 습득, 내용 파악, 추론, 읽기 전략, 비판적 수용, 지식 정보 활용, 문화의 다양성, 포용적 태도, 공감적 이해, 문화적 감수성

[12영독01-01]   •••

글의 세부 정보를 파악한다.

➡️ 이그노벨상은 그 이름에서부터 언어적 유희가 돋보이는 상이다. '이그노블(Ignoble)'이라는 단어는 비천한, 하찮은이라는 의미를 가지지만, 이 상은 이를 반전시켜 과학적 연구의 가치를 유머로 풀어낸다. 언어학적 관점에서 보면 이그노벨상은 언어의 두 가지 기능, 즉 정보 전달과 오락성을 동시에 수행한다. 수상 연구의 제목과 내용은 의도적으로 재치와 풍자를 강조하며, 복잡한 과학적 개념을 유머를 통해 대중적으로 소통하려는 시도를 담고 있다. 이는 과학적 소통에서 언어적 창의성이 어떻게 중요한 역할을 하는지를 보여 준다. 이그노벨상의 언어적 특징과 소통 방식을 분석하고 발표해 보자.

관련 학과   인문계열 전체

《**이그노벨상 읽어드립니다**》, 김경일 외 3명, 한빛비즈(2022)

[12영독01-02]   •••

글의 주제나 요지를 파악한다.

➡️ 수화는 청각장애인들이 사용하는 언어이다. 청각장애인에게 의사소통의 수단이자 공동체에 소속감을 느끼게 하는 도구이며, 자아 정체성을 형성하는 데 중요한 역할을 하고 있다. 또한 수화는 청각장애인뿐만 아니라 비청각장애인에게도 수화를 통해 청각장애인의 삶을 이해하고 청각장애인과 더 나은 소통을 하게 만든다. 수화도 언어와 마찬가지로 국가마다 다르다. 예를 들어 영어 수화에서 '기쁘다'는 'Happy'라는 단어를 손짓으로 표현하지만, 한국어 수화에서는 손짓과 함께 얼굴 표정과 입 모양을 사용하여 표현한다. 영어 수화와 한국어 수화를 조사하고 그 차이를 알아보자.

관련 학과   국어국문학과, 노어노문학과, 독어독문학과, 불어불문학과, 문헌정보학과, 언어학과, 영어영문학과, 일어일문학과, 중어중문학과, 한국어학과

《**참 쉬운 수화**》, (사)한국농아인협회 대구광역시지회, 준커뮤니케이션즈(2010)

[12영독01-03]   •••

화자나 필자의 심정이나 의도를 추론한다.

➡ 시적인 노래가사로 화자의 심정이나 의도를 추론하는 경우, 시적인 노래가사에는 다양한 단어와 표현이 사용되므로 단어와 표현의 의미를 이해하고 문맥을 파악하며 화자의 과거 행동이나 발언을 살펴보는 것이 도움이 될 수 있다. 2016년 밥 딜런은 미국 가요 전통 안에서 참신하고 시적인 표현들을 창조해 낸 공로로 가수로서 최초로 노벨문학상을 수상했으며 그의 대표작으로는 〈Blowin' In The Wind〉(The Freewheelin' Bob Dylan, 1963)이 있다. 이 노래의 가사에서 화자의 심정을 추론해 보자.

관련 학과 인문계열 전체

밥 딜런: 시가 된 노래들 1961-2012

밥 딜런, 서대경 외 1명 역, 문학동네(2016)

책 소개

이 책은 2016년 노벨문학상 수상자인 가수 밥 딜런(Bob Dylan) 일생의 노래 가사를 집대성한 책이다. 사상 처음 노벨문학상이 음악가에게 수여됐으며, 그 자체로 시라고 할 수 있는 가사를 써 왔다는 평가를 받았다. 1962년에 데뷔해 여전히 활동하고 있는 밥 딜런은 전 세계 대중의 마음에 셀 수 없이 많은 명곡들을 남기면서 대중음악 역사상 가장 영향력 있는 가수로 손꼽히고 있다. 특히 직접 쓴 저항적이면서도 깊이 있는 가사들에는 밥 딜런 특유의 아름다움과 오묘함이 담겨 있어 쉼 없는 찬사를 받고 있다.

세특 예시

'밥 딜런: 시가 된 노래들 1961-2012(밥 딜런)'를 읽고 밥 딜런의 노랫말에 담긴 시적 특징과 사회적 메시지를 분석하며, 그의 음악이 대중문화와 사회에 미친 영향을 탐구함. 특히 밥 딜런의 노랫말을 시의 관점에서 분석하고, 그 안에 담긴 은유·상징·풍자 등 다양한 문학적 장치들을 파악함. 이를 바탕으로 밥 딜런의 대표곡 중 하나를 선택하여 가사를 심층 분석하는 영어 에세이를 작성하고, 밥 딜런의 음악이 시대를 초월하여 사랑받는 이유를 자신의 견해와 함께 제시함. 이러한 과정을 통해 문학과 음악의 융합적인 측면을 이해하고 예술 작품에 대한 비평적 시각을 함양함.

[12영독01-04] ● ● ●

글의 구조를 고려하여 내용의 논리적 관계를 파악한다.

➡ 연설문은 연설자가 청중 앞에서 자신의 생각이나 주장을 발표하기 위해 작성하는 글로, 청중을 설득하거나 감동시키기 위한 목적으로 작성된다. 연설문은 정교한 구조와 간결하고 명확한 문체를 갖추고 논리적이고 설득력이 있어야 하는 동시에 청중에게 감동과 공감을 주는 울림이 있어야 한다. 유명한 연설문으로는 윈스턴 처칠이 1940년 5월 13일 영국 의회에서 한 연설 'I have nothing to offer but blood, toil, tears, and sweat'이 있다. 연설문을 통해 글의 논리적 관계를 파악하고 그것에 어떤 효과가 있는지 분석하여 발표해 보자.

관련 학과 국어국문학과, 노어노문학과, 독어독문학과, 문예창작학과, 불어불문학과, 심리학과, 언어학과, 영어영문학과, 일어일문학과, 종교학과, 중어중문학과, 철학과

《영국 명연설문 베스트 30》, 강홍식, 탑메이드북(2013)

[12영독01-05] ● ● ●

글의 맥락과 배경지식을 활용하여 함축적 의미를 추론한다.

→ 명언은 짧은 문장에 깊은 의미를 담고 있는 말로, 비유적 표현을 통해 삶의 지혜를 제공하고 동기부여와 위로를 선사하기도 한다. "역사는 가혹한 주인입니다. 현재가 없으며 오직 과거가 미래로 흘러갑니다. 고수하려고 하면 휩쓸릴 뿐입니다(History is a relentless master. It has no present, only the past rushing into the future. To try to hold fast is to be swept aside)."라는 존 F. 케네디의 명언처럼, 역사는 과거의 사건과 인물에 대한 기록이지만 단순히 과거를 기록하는 이상의 의미를 가지고 있다. 역사는 현재와 미래를 이해하고 더 나은 세상을 만들기 위한 도구가 될 수 있다는 뜻이다. 이러한 명언을 찾아 맥락과 배경지식을 활용하여 설명해 보자.

관련 학과 인문계열 전체

《인생 영어 명언 100》, 필미필미TV, 넥서스(2022)

[12영독01-06]

• • •

글의 전개 방식이나 구조를 파악한다.

→ 신문 사설(editorial)은 신문의 공식적인 입장을 나타내는 글로, 해당 신문사의 편집 정책, 가치관, 그리고 관점을 반영한다. 신문 사설은 신문사의 관점을 독자들에게 분명히 전달하려는 목적으로 작성되기 때문에, 논리적 구조와 객관적 사실에 기반하여 설득력 있게 작성되어야 한다. 반면 독자의 입장에서는 항상 신문 사설이 해당 신문사의 입장을 대변함을 인식하고, 다양한 출처의 정보와 다른 관점을 참고하여 균형 잡힌 판단을 내려야 한다. 관심 분야의 신문 사설을 읽고 글의 전개 방식과 구조를 파악하여 이 글의 의도와 적절함을 밝혀 보자.

관련 학과 인문계열 전체

《어나더미닝》, 김지성, 생각비행(2019)

[12영독01-07]

• • •

다양한 매체로 표현된 정보를 파악한다.

→ 정보통신 기술의 발달로 온라인 매체가 급부상하면서 소셜 미디어를 활용한 광고나 디지털 광고가 확산되고 개인화 광고가 주류를 이루고 있다. 이것들이 광고의 주요 매체로 부상하고 있다. 특히 온라인 광고는 타기팅(Targeting)이 용이하고, 측정이 쉬우며, 효율성이 높다는 장점이 있다. 관심 있는 분야에서 온라인 광고가 어떻게 활용되는지 조사하고 영어로 제공되는 온라인 광고를 제시하며 그 효과와 타깃 등을 발표해 보자.

관련 학과 인문계열 전체

《핑크펭귄》, 빌 비숍, 안진환 역, 스노우폭스북스(2021)

[12영독01-08]

• • •

다양한 의견과 문화에 대한 공감적 이해와 포용적 태도를 가진다.

→ 팬픽션은 특정한 책, 영화, TV 쇼 또는 다른 서사적 매체의 팬들이 원작의 캐릭터, 설정, 줄거리 요소를 사용해 자신들만의 이야기를 창작하는 글쓰기 장르로, 팬들이 기존의 콘텐츠를 더 깊게 탐구하고, 해결되지 않은 질문에 답하거나 이야기를 다르게 상상하는 방법이다. 팬픽션에도 다양한 유형이 있는데, 원작의 사건, 세계, 캐릭터 설정을 따르는 방법, 원작의 캐릭터들을 완전히 다른 설정이나 시간대에 배치하는 대체 우주(Alternate Universe), 두 개 이상의 다른 시리즈들을 혼합하여 다른 서사의 캐릭터들이 만나거나 상호작용할 수 있게 하는 크로스오버(Crossover) 등이 있다. 좋아하는 작품의 팬픽션을 찾아보고 공감적 이해와 포용적 태도로 설명해 보자.

관련 학과 인문계열 전체

《작가는 어떻게 읽는가》, 조지 손더스, 정영목 역, 어크로스(2023)

[12영독01-09]

적절한 읽기 전략을 적용하여 자기 주도적으로 읽기 활동에 참여한다.

➡ 영문학사에서 가장 중요한 작품 중 하나로 평가받고 있는 윌리엄 셰익스피어의 《햄릿(Hamlet)》은 윌리엄 셰익스피어의 비극으로, 덴마크 왕국의 왕자 햄릿이 아버지의 죽음을 복수하기 위해 고군분투하는 이야기를 담고 있다. 햄릿의 갈등은 인간의 근원적인 문제인 선과 악, 정의와 복수, 사랑과 증오 등을 탐구하는 데 중요한 주제를 제공한다. 햄릿의 캐릭터는 복잡하고 입체적이며, 오늘날에도 여전히 공감할 수 있는 인간의 모습을 보여준다. 또한 저작권이 만료되어 손쉽게 원문을 접할 수있다. 한 학기 한권 읽기 프로젝트로 해당 서적 또는 자신이 관심 있는 영문학 관련 원서를 매일 조금씩 읽고 서평을 써 보자.

관련 학과 인문계열 전체

《햄릿》, 윌리엄 셰익스피어, 이경식 역, 문학동네(2016)

단원명 | 작문

|🔍| 다양한 정보, 효과적 표현, 글의 목적, 맥락, 글의 의미 구성, 효과적 정보 전달, 의견 교환, 포용적 태도, 쓰기 전략, 자기 주도적 태도, 작문, 문화의 다양성, 이해, 협력적 문제 해결

[12영독02-01]

다양한 주제에 대한 사실적 정보를 글로 설명한다.

➡ 뉴스 기사는 사실에 근거한 정보를 제공하고 주관적인 의견이나 해석을 배제해야 하며, 신뢰할 수 있는 출처에서 나온 정보를 바탕으로 이해하기 쉽고 논리적인 방식으로 작성되어야 한다. 영어 뉴스를 제공하는 언론사로 영국방송공사(https://www.bbc.com/), USA투데이(https://www.usatoday.com), 코리아 헤럴드(http://www.koreaherald.com/), 코리아타임즈(https://www.koreatimes.co.kr/) 등이 있다. 관심 있는 주제를 정하여 영어 뉴스에서 제공하는 사실적 정보를 확인하고, 이들 뉴스의 주요 내용, 해당 뉴스가 발생한 배경과 뉴스가 미치는 영향을 정리하여 영어로 발표해 보자.

관련 학과 인문계열 전체

《어른의 문해력》, 김선영, 블랙피쉬(2022)

[12영독02-02]

자신의 경험이나 계획, 사건을 글로 설명한다.

➡ 실패는 일반적으로 바람직하지 않은 결과를 가져오는 것으로 여겨진다. 그러나 실패는 또한 성장과 발전의 기회가 될 수 있다. 실패는 새로운 것을 배우는 기회로, 이를 통해 자신의 약점과 부족한 점을 발견할 수 있으며 새로운 것을 배우고 성장할 수 있다. 또한 새로운 길을 찾고 강인함을 키우는 기회로 활용할 수 있다. 자신의 전공과 관련 있는 동아리 활동, 학급 활동 또는 교과 활동의 경험 중 실패한 사례를 영어로 작성해 보자.

관련 학과 인문계열 전체

《빠르게 실패하기》, 존 크럼볼츠 외 1명, 도연 역, 스노우폭스북스(2022)

국어 교과군

영어 교과군

수학 교과군

도덕 교과군

사회 교과군

부록 교과군

[12영독02-03] • • •

포용적 태도로 자신의 의견이나 감정을 제시한다.

➔ 분류학은 언어를 사용해 자연 세계를 이해한다. 분류학자들은 생물의 유연관계를 바탕으로 분류를 수행하며, 생물의 특징을 설명하기 위해 언어를 사용한다. 예를 들어 식물의 분류학적 이름은 식물의 특징을 나타내는 단어들로 구성된다. 또한 언어는 분류학을 통해 자연 세계를 이해하는 데 도움을 주고, 분류학이 제공하는 자연 세계에 대한 체계적이고 포괄적인 이해는 언어를 통해 표현되며 다른 사람들과 공유된다. 분류학과 언어의 관계를 좀 더 알아보고 다양한 분류 체계에 대한 탐구활동 내용을 발표해 보자.

관련 학과 국어국문학과, 노어노문학과, 독어독문학과, 문예창작학과, 불어불문학과, 심리학과, 언어학과, 영어영문학과, 일어일문학과, 종교학과, 중어중문학과, 철학과

《**자연에 이름 붙이기**》, 캐럴 계숙 윤, 정지인 역, 월북(2023)

[12영독02-04] • • •

읽은 내용을 재구성하여 요약한다.

➔ 디스토피아는 현실 세계와는 달리 인간의 자유와 권리가 제한되고 삶이 고통스럽고 불행한 사회를 말한다. 디스토피아를 묘사하는 작가들은 현실 세계의 빈부 격차, 환경 오염, 전쟁, 정치적 독재 등과 같은 문제를 고발하고 사회의 변화를 촉구하거나 인간의 본성, 자유와 억압, 희망과 절망 등과 같은 주제를 탐구하며 독자들에게 사색의 기회를 제공한다. 자신이 전공하고자 하는 분야와 관련된 디스토피아 콘텐츠에서 나타나는 문화적 차이를 비교, 분석하여 영어로 발표해 보자.

관련 학과 인문계열 전체

《**나는 왜 SF를 쓰는가—디스토피아와 유토피아 사이에서**》, 마거릿 애트우드, 양미래 역, 민음사(2021)

[12영독02-05] • • •

자기소개서, 이력서, 이메일 등의 서식을 목적과 형식에 맞게 작성한다.

➔ 자기소개서는 지원자의 인성과 가치관, 지원 동기, 경력 등을 구체적으로 설명하는 문서로 지원자가 회사에 적합한 인재인지, 회사의 비전에 공감하는지, 회사에 어떤 기여를 할 수 있는지를 보여 주는 것이 목적이다. 자신이 희망하는 직업을 가지려는 취업준비생이라고 가정한 뒤, 자신의 인성과 가치관, 지원 동기, 경력 등을 구체적으로 설명하고 개성과 경험을 드러내는 구체적인 사례와 예시를 포함해 영문으로 자기소개서를 작성해 보자.

관련 학과 인문계열 전체

《**영문자기소개서 ENGLISH SELF-INTRODUCTION**》, 김종훈, 양서원(2018)

[12영독02-06] • • •

내용이나 형식에 맞게 점검하고 쓰기 윤리를 준수하여 고쳐 쓴다.

➔ 롱테일 법칙은 소수의 인기 있는 상품이나 서비스에 집중하는 대신 다수의 틈새 시장을 공략함으로써 더 많은 수익을 창출할 수 있다는 법칙이다. 언어 분야에서 롱테일 법칙이 적용되는 대표적인 예는 다양한 언어의 보급이다. 디지털 기술의 발전으로 인해 다양한 언어의 콘텐츠가 인터넷을 통해 전 세계로 전파되고 있고, 롱테일 법칙을 적용해 다양한 언어의 콘텐츠를 보급한다면 언어의 다양성과 접근성을 확대할 수 있다. 언어에서 롱테

일 법칙과 관련한 사례를 조사하여 출처를 명시하면서 글을 작성해 보자.

관련 학과 인문계열 전체

《비즈니스 모델의 탄생》, 알렉산더 오스터왈더 외 1명, 유효상 역, 비즈니스북스(2021)

[12영독02-07] ●●●

다양한 매체를 활용하여 형식 및 목적에 맞게 정보를 전달한다.

➡ Data.gov는 미국 정부가 제공하는 오픈 데이터 포털사이트이다. 다양한 미국 정부 기관에서 수집한 인문학 데이터를 누구나 자유롭게 사용할 수 있도록 제공하는 플랫폼으로, 인구통계·문화·교육·역사 등 사회 전반에 대한 사회적 데이터, 인권·철학·종교 등 인간 삶과 가치에 관한 데이터 및 정부 정책·사회 제도 등 정부 운영에 대한 데이터와 문학·언어·예술 연구 등 인문학 분야에 대한 데이터 등이 영어로 제공된다. 해당 사이트 또는 기타 영어 통계자료를 활용하여 관심 있는 분야를 조사하고 결과를 발표해 보자.

관련 학과 인문계열 전체

《빅데이터 시대, 올바른 인사이트를 위한 통계 101×데이터 분석》, 아베 마사토, 안동현 역, 프리렉(2022)

[12영독02-08] ●●●

적절한 쓰기 전략을 적용하여 자기 주도적으로 쓰기 활동에 참여한다.

➡ 학교라는 공간은 생활과 환경에서 다른 조직과 마찬가지로 완벽하지 않은 곳이다. 따라서 크고 작은 문제점들을 발견하고 해결하는 것이 매우 중요하다. 작은 문제들이 모여 큰 문제가 될 수 있기 때문이다. 예를 들어 학교 도서관에 충분한 자료가 확보되지 않는다면 학생들이 연구와 학습에 어려움을 겪을 수 있다. 우리가 생활하는 공간에서 내가 희망하는 전공과 학교 생활을 연결해, 쉽게 지나칠 수 있지만 중요한 문제점을 조사하고 그 원인을 분석하여 해결 방안을 모색하고 이를 영어로 발표해 보자.

관련 학과 인문계열 전체

《미래학교》, EBS 미래학교 제작진, 그린하우스(2019)

국어 교과군

영어 교과군

수학 교과군

도덕 교과군

사회 교과군

과학 교과군

선택 과목	수능	직무 영어	절대평가	상대평가
진로 선택	X		5단계	5등급

| 🔍 | 직무 의사소통, 목적, 맥락, 의미 구성, 의미 전달, 배경지식, 진로, 청정 에너지, 리튬 수요 증가, 전기차 배터리, 자원 불균형, 윤리적 패션, 녹색 라벨, 여성 인력 활성화, 사회적 변화, 개인정보 보호 |

[12직영01-01] ● ● ●

진로 및 직무 관련 주제에 관하여 주요 내용을 파악한다.

➜ O*NET OnLine(https://www.onetonline.org/)은 미국 노동부에서 운영하는 사이트로, 다양한 직업에 대한 정보를 제공한다. 직업 설명, 직업 전망, 교육 요구 사항, 연봉, 기술 등을 확인할 수 있다. 해당 서비스를 통해 미국의 직업 시장을 이해하고 자신의 적성에 맞는 직업을 찾을 수 있으며, 직업에 필요한 기술 및 지식을 습득하고, 자신의 경력을 계획하고 발전시킬 수 있다. 관심 있는 진로를 해당 사이트에서 찾아 조사하고 영어로 발표해 보자.

관련 학과 인문계열 전체

《**나에게 꼭 맞는 직업을 찾는 책**》, 폴 D. 티저 외 2명, 이민철 외 1명 역, 민음인(2021)

[12직영01-02] ● ● ●

직무 수행과 관련된 말이나 대화를 듣고 상황 및 화자 간의 관계를 파악한다.

➜ Coursera(https://www.coursera.org/)는 다양한 대학과 기업들이 제공하는 온라인 강좌를 제공하는 영어 기반 플랫폼이다. 다양한 분야의 직업 관련 교육을 제공하며, 무료 수강 강좌도 있다. 고등학생들이 학교 교육 과정에서 배운 내용 중에서 좀 더 다양하고 전문적인 주제를 탐색하게 해 준다. 또한 대부분의 강좌가 비동기식으로 진행되어 자신의 속도로 학습할 수 있으며, 전 세계의 학생들을 연결해 서로 다른 문화와 배경을 가진 사람들이 아이디어와 관점을 교환할 수 있는 기회를 제공한다. 자신이 관심 있는 분야의 강좌를 찾아보고 수강한 후 배운 내용을 발표해 보자.

관련 학과 인문계열 전체

《**코세라―무크와 미래교육의 거인**》, 박병기, 거꾸로미디어(2021)

[12직영01-03] ● ● ●

진로 탐색 및 직무 수행과 관련된 일이나 사건의 절차나 순서를 파악한다.

➜ CareerOneStop(https://www.careeronestop.org/)은 미국 노동부가 제공하는 사이트로, 직업 관련 정보, 직업 설명, 필요한 기술 및 학습 리소스 등을 제공한다. CareerOneStop에서는 직업의 주요 업무, 책임, 요구 사항 등을 설명하고 직업의 미래 성장 가능성, 고용 전망 등에 대한 정보를 제공한다. 또한 직업을 수행하기 위해 필요한 교육 수준 및 분야 등과 직업의 평균 연봉 및 급여 범위를 알려 주며 직업에 필요한 기술 수준과 직업 관련 교육 및 학습 리소스를 제공한다. 자신이 희망하는 분야의 직업을 해당 사이트에서 조사하고 미국에서 직업을 얻기

위해 할 수 있는 일을 조사해 발표해 보자.

관련 학과 인문계열 전체

《**일자리 혁명 2030**》, 박영숙 외 1명, 이희령 역, 비즈니스북스(2017)

[12직영01-04] • • •

직무 수행과 관련된 정보에 대해 적절한 의사소통 전략을 적용하여 묻고 답한다.

➡ 의사소통의 효율성 향상, 정보의 전달력 향상, 전문성 표현을 위해 두문자어(acronym)의 사용이 증가하고 있다. 해당 분야를 공부하거나 관심이 있는 경우 이러한 두문자어를 이해하는 것은 복잡한 개념이나 정보를 간결하게 표현하는 데 유용하며, 이를 통해 보다 효율적으로 의사소통을 할 수 있다. 심리학 분야의 대표적인 두문자어는 DSM-5(정신 질환 진단 및 통계 편람, Diagnostic and Statistical Manual of Mental Disorders), CBT(인지 행동 치료, Cognitive Behavioral Therapy), PTSD(외상 후 스트레스 장애, Post Traumatic Stress Disorder), OCD(강박장애, Obsessive-Compulsive Disorder), ADHD(주의력 결핍 과잉행동 장애, Attention Deficit Hyperactivity Disorder), GAD(범불안 장애, Generalized Anxiety Disorder) 등이 있다. 관심 있는 분야에서 쓰이는 두문자어를 조사하고 이를 발표해 보자.

관련 학과 인문계열 전체

《**그림과 함께 걸어 다니는 어원 사전**》(일러스트 특별판), 마크 포사이스, 홍한결 역, 윌북(2023)

[12직영01-05] • • •

직무 수행과 관련된 사실적 정보를 다양한 매체를 활용해 재구성하여 전달한다.

➡ 디지털 시대에도 책이 중요한 이유를 알아보자. 관련 사설 'Making a habit of reading is paramount in the digital age'를 읽고, 디지털 매체가 보편화된 오늘날에도 독서가 왜 중요한지, 그리고 독서 습관이 개인과 사회에 미치는 긍정적 영향에 관해 탐구해 보자. 탐구한 내용을 청중의 이해를 돕기 위한 동영상, 인포그래픽 등과 같은 시각 자료와 함께 제작하여 발표해 보자.

관련 학과 인문계열 전체

《**독서의 태도**》, 데이먼 영, 손민영 역, 이비(2024)

[12직영01-06] • • •

진로 탐색 및 직무 수행 상황이나 목적에 맞는 서식의 글을 작성한다.

➡ 브레네 브라운(Brené Brown)의 TED 강연 영상 'The power of vulnerability'를 시청한 뒤, 취약성이 인간 관계와 개인 성장에 미치는 영향을 탐구해 보자. 브라운은 취약함을 인정하는 것이 진정한 연결을 가능하게 하고, 이를 통해 우리가 더욱 깊이 있는 관계를 형성할 수 있다고 강조한다. 강연의 주요 내용을 바탕으로 취약성의 힘에 대한 개인적 견해를 피력하는 에세이를 작성해 보자.

관련 학과 인문계열 전체

《**데일 카네기 인간관계론**》, 데일 카네기, 임상훈 역, 현대지성(2019)

[12직영01-07] • • •

직무와 관련된 문화의 다양성에 공감하며 협력적으로 소통하는 태도를 가진다.

➲ 현재 여성은 사회의 다양한 분야에서 활동하고 있지만, 돌봄 책임 때문에 직장에서의 역할을 제한적으로 수행하는 경우도 있다. 관련 글 'Part-Time Employees Want More Hours. Can Companies Tap This 'Hidden' Talent Pool?'을 읽은 뒤, 여성의 사회 참여와 직장에서의 돌봄 지원이 어떻게 변화하고 있는지 탐구하고 여성 인력 활성화의 필요성에 대해 의견을 나누어 보자.

관련 학과 인문계열 전체

커리어 그리고 가정
클라우디아 골딘, 김승진 역,
생각의힘(2021)

책 소개

이 책은 성별 임금 격차라는 고질적인 사회문제를 깊이 파고들어 그 원인을 분석하고 해결책을 제시한다. 미국의 대졸 여성들을 다섯 세대로 나눠 분석하며 성별 임금 격차의 원인과 해결책을 추적한다. 하버드 대학교 최초의 여성 종신 교수 클라우디아 골딘의 대표작으로, 그녀의 평생 연구를 기반으로 한 성별 임금 격차에 대한 고찰을 담고 있어서, 사회적 이슈를 흥미롭게 탐색하는 데 도움이 된다.

세특 예시

'파트타임 직원들은 더 많은 시간을 원한다. 회사들은 이 '숨겨진' 인재 풀을 활용할 수 있을까?'라는 제목의 영문 자료를 읽고 여성의 사회 참여에 대한 새로운 시각에 흥미가 생겨 탐구활동을 시작함. 여성은 학문과 경제, 정치 등 사회의 다양한 분야에서 활동하고 있지만, 아직까지 가정에서의 돌봄 책임으로 인해 직장에서의 역할을 제한적으로 수행하는 경우가 많다는 점을 조사하였으며, 최근에는 이러한 상황에 변화의 흐름이 보인다는 것을 확인함. 교과연계 독서활동으로 '커리어 그리고 가정(클라우디아 골딘)'을 읽고 성별 임금 격차의 역사적 배경과 현재 상황을 분석한 뒤 임금 격차를 줄이기 위한 다양한 전략과 정책을 조사하여 보고서를 작성함. 특히 기업들이 유연 근무 시간, 재택 근무, 어린이 돌봄 지원 등 다양한 돌봄 지원 정책을 도입함으로써 여성들이 직장 생활과 가정생활을 좀 더 균형 있게 조절할 수 있다는 것을 강조하며, 여성이 사회의 다양한 분야에서 활동하기 위해서는 여성의 돌봄 책임을 줄이고 역량을 최대한 활용할 수 있는 기회를 제공하는 것이 중요하다고 주장함.

[12직영-01-08] •••

직무 의사소통과 관련하여 개인의 권리와 정보 보안에 대한 책무성을 인식한다.

➲ 디지털 시대에 개인정보의 중요성은 계속해서 증가하고 있다. 개인정보의 보호는 개인의 권리를 보장하고 사회적 책무를 이행하는 데 중요한 역할을 한다. 하지만 최근의 데이터 산업은 개인 데이터에 대한 접근과 이해의 변화를 겪고 있다. 이러한 변화는 개인정보 보호에 대한 새로운 도전을 제기하며, 이에 대한 인식과 대응 방안을 필요로 한다. 관련 글 'The New Rules of Data Privacy'를 읽고 이러한 변화가 인간의 개인정보 보호와 권리에 어떤 영향을 미치고 있는지, 그리고 이를 어떻게 해결할 수 있는지 탐구해 보자. 특히 개인의 데이터 보호를 위한 새로운 접근 방식과 전략을 고민하여 발표해 보자.

관련 학과 인문계열 전체

《**난독화, 디지털 프라이버시 생존 전략**》, 핀 브런튼 외 1명, 배수현 외 1명 역, 에이콘출판(2017)

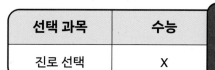

선택 과목	수능	영어 발표와 토론	절대평가	상대평가
진로 선택	X		5단계	5등급

단원명 | 발표

> | 🔎 | 발표 목적, 적절한 표현의 사용, 다양한 매체 활용, 명확한 전달, 의사소통 능력, 발표 전략, 청중의 언어,
> 배경지식, 논리적 구성, 비판적 사고력, 문화적 다양성, 상호 협력적 소통

[12영발01-01] • • •

발표의 목적과 맥락에 맞게 정보를 수집하고 발표 개요를 준비한다.

➡ 영어 소설은 크게 픽션과 논픽션으로 나눌 수 있다. 픽션은 허구의 이야기를 다루는 소설로, 사랑과 연애를 주제로 한 로맨스 소설(Romance Novel), 환상 세계를 배경으로 한 판타지 소설(Fantasy Novel), 과학적 상상력을 바탕으로 한 SF 소설(Science Fiction Novel), 범죄를 해결하는 과정을 다룬 미스터리 소설(Mystery Novel), 유머와 풍자를 표현한 코미디 소설(Comedy Novel), 역사적 사건을 배경으로 한 역사 소설(Historical Novel) 등으로 분류할 수 있다. 또한 자기계발서(Self-help Book), 회고록(Memoir), 전기(Biography) 등의 논픽션 소설도 있다. 자신이 관심 있는 소설 장르의 특성과 관련된 영어 작품을 조사하고 개요를 작성해 발표해 보자.

관련 학과 인문계열 전체

《**영문학 인사이트**》, 박종성, 렛츠북(2021)

[12영발01-02] • • •

자신이 경험한 일화나 듣거나 읽은 이야기를 이야기 구조에 맞게 소개한다.

➡ 멜빌 듀이(Melvil Dewey)는 미국의 문헌학자·도서관학자로, 듀이십진분류법(Dewey Decimal Classification, DDC)을 개발해 현대 도서관의 분류 체계를 확립한 것으로 유명하다. 그는 십진법을 사용하여 10개의 주제를 정하고, 각 주제를 다시 10개의 하위 주제로 나누는 방식으로 십진분류법을 개발했다. 십진분류법은 간단하고 체계적인 구조로 인해 빠르게 전 세계적으로 보급되었고, 오늘날에도 여전히 가장 널리 사용되는 도서관 분류 체계로 자리 잡고 있다. 또한 듀이는 도서관 교육의 발전에도 기여했으며 사선 활동에도 적극적으로 참여했다. 멜빌 듀이 또는 자신이 관심 있는 인물을 조사하여 그의 생애를 이야기 구조에 맞게 영어로 소개해 보자.

관련 학과 국어국문학과, 문헌정보학과, 심리학과, 인류학과, 철학과

《**듀이십진분류법**》, 김연경, 글로벌콘텐츠(2022)

[12영발01-03] • • •

사물, 개념, 방법, 절차, 통계자료 등에 대한 사실적 정보를 설명한다.

➡ 인공지능의 능력이 인간을 뛰어넘는 시점에서 인간의 고유한 창의성, 감정적 지능, 도덕적 판단은 어떤 가치를

지닐 것인가에 대한 논의가 중요해졌다. 더 나아가, 의사결정의 책임이 인간에게서 인공지능으로 넘어갈 때 윤리적 책임의 주체는 누구인지에 대한 철학적 고민도 필요해졌다. 인공지능이 인간의 지능을 초월한다면 인간의 고유한 역할은 무엇이며, 윤리적 문제는 어떻게 해결될 수 있을까? 인공지능의 발전에 따른 도덕적 딜레마와 인류의 정체성을 탐구하고, 철학적 논의와 자료를 바탕으로 인공지능의 윤리적 책임에 대해 영어로 발표해보자.

관련 학과 인문계열 전체

《**80억 인류, 가보지 않은 미래**》, 제니퍼 D. 스쿠바, 김병순 역, 흐름출판(2023)

[12영발-01-04]

사실, 가치, 정책 등에 대한 자신의 관점을 설득력 있게 전달한다.

➡ 우생학은 유전적으로 우수한 인간의 번식을 장려하고 유전적으로 열등한 인간의 번식을 억제함으로써, 인류의 질을 향상하고자 하는 학문이다. 이러한 우생학으로 인해 차별적 언어의 사용이 확산되었다. 예를 들어 나치 독일에서는 유대인을 '쥐'나 '해충'에 비유하는 차별적 언어를 사용했다. 또한 인종주의적 언어가 확산되고, '유전적 열등'과 같은 과학 용어의 왜곡 현상이 나타났다. 언어학자의 관점에서 우생학이 근거가 없음을 설득하는 글을 작성해 보자.

관련 학과 인문계열 전체

장애와 유전자 정치—우생학에서 인간게놈 프로젝트까지

앤 커 외 1명, 김도현 역, 그린비(2021)

책 소개

《장애와 유전자 정치—우생학에서 인간게놈 프로젝트까지》의 원제는 'Genetic Politics: From Eugenics to Genome'이며 우생학의 역사와 그것이 어떻게 현대의 유전자 연구와 인간게놈 프로젝트에 영향을 미쳤는지를 탐구하고 있다. 저자들은 유전자와 장애에 관한 다양한 사회적·정치적·윤리적 문제들을 집중적으로 조명하며, 이러한 문제들이 현대사회에서 어떻게 다루어져 왔는지 그리고 앞으로 어떻게 다뤄져야 하는지에 대한 생각을 밝히고 있다.

세특 예시

영자 신문 기사 쓰기 활동에서 우생학에 대한 글을 작성함. '장애와 유전자 정치—우생학에서 인간게놈 프로젝트까지(앤 커 외 1명)'을 읽고 책의 내용을 요약하여 우생학의 역사 그리고 유전자와 장애에 관한 다양한 사회적·정치적·윤리적 문제들에 대한 설명을 하고 현대사회에 우생학이 어떤 식으로 영향을 미치고 있는지 설명하는 글을 영어로 작성함.

[12영발01-05]

다양한 매체를 활용하여 정보 윤리를 준수하며 발표한다.

➡ 언어학에서는 험담이 단순한 부정적 발언이 아니라, 특정한 언어적 패턴과 사회적 기능을 가진 행위로 분석된다. 험담은 주로 구어에서 나타나며, 특정한 어조나 비유, 은유를 사용해 타인의 평판을 부정적으로 만드는 방식으로 이루어진다. 화용론적 측면에서 보면, 험담은 말하는 사람과 듣는 사람 사이에 공동체적 유대를 형성하는 역할을 할 수 있지만, 동시에 사회적 분열을 초래할 위험도 있다. 언어학적 분석을 통해 험담의 구조, 목적,

사회적 영향을 조사하고, 이를 바탕으로 험담이 언어 소통에서 어떻게 기능하는지 발표해 보자.

관련 학과 인문계열 전체

《**소문, 나를 파괴하는 정체불명의 괴물**》, 미하엘 셸레 외 1명, 김수은 역, 열대림(2007)

[12영발01-06] ● ● ●

문화 간 다양한 언어적·비언어적 의사소통 방식을 이해하고 적용한다.

➡ 문화 간 의사소통은 다른 문화권의 사람들과 효과적으로 의사소통하는 것을 의미한다. 이를 위해서는 다른 문화권의 언어적·비언어적 의사소통 방식을 이해하고 적용하는 것이 중요하다. 문화권마다 서로 다른 비언어적 의사소통 방식을 사용한다. 예를 들어 한국에서는 상대방을 향해 고개를 끄덕이면 '예'라는 뜻이지만, 일본에서는 '아니요'라는 뜻일 수도 있다. 이와 같은 비언어적 의사소통 방식을 조사하여 발표해 보자.

관련 학과 인문계열 전체

《**언어의 탄생—영어의 역사, 그리고 세상 모든 언어에 관하여**》, 빌 브라이슨, 박중서 역, 유영(2021)

[12영발01-07] ● ● ●

적절한 발표 기법 및 의사소통 전략을 적용한다.

➡ 생성형 인공지능(Generative AI)은 기존의 데이터를 기반으로 새로운 데이터를 생성하는 인공지능의 한 분야이다. 생성형 인공지능은 소설·시·코드·음악 등 다양한 종류의 텍스트 생성, 사진·그림·삽화 등의 이미지 및 동영상 생성, 음성 생성, 새로운 디자인과 아이디어 생성 등을 통해 다양한 분야에서 활용될 수 있으며, 그 잠재력은 무궁무진하다고 평가받고 있다. 내가 관심 있는 분야에 인공지능이 어떻게 영향을 끼치고 발전할 것인지에 대해 조사해서 발표해 보자.

관련 학과 인문계열 전체

《**AI 지도책—세계의 부와 권력을 재편하는 인공지능의 실체**》, 케이트 크로퍼드, 노승영 역, 소소의책(2022)

[12영발01-08] ● ● ●

발표 과정 및 결과에 대해서 평가하고 비판적으로 성찰한다.

➡ 미니멀리즘은 언어 처리에서도 정보의 단순화와 효율적 전달에 기여할 수 있다. 언어학에서 미니멀리즘은 단어의 중복, 불필요한 구문, 복잡한 표현을 줄여 핵심 정보만을 명확하게 전달하는 방식으로 나타난다. 이는 현대 사회에서 사람들의 집중력 감소와 빠른 정보 습득에 대한 욕구를 반영한 것이다. 복잡한 언어보다 단순한 표현이 더 강한 소통 효과를 발휘하며, 미니멀리즘적 접근이 디지털 미디어나 광고 언어에서도 중요한 역할을 할 수 있다. 미니멀리즘의 언어학적 적용이 현대사회에서 어떻게 나타나는지 탐구하고, 이에 대한 글을 작성해 보자.

관련 학과 인문계열 전체

단순한 열망—미니멀리즘 탐구

카일 차이카, 박성혜 역,
필로우(2023)

책 소개

《단순한 열망-미니멀리즘 탐구》의 원제는 'The Longing for Less: Living with Minimalism'이다. 이 책은 단순함과 최소주의에 대한 현대사회의 갈망을 중심으로 미니멀리즘에 대한 깊이 있는 탐구를 제시한다. 저자는 미니멀리즘의 본질과 그것이 우리의 일상생활, 문화, 예술에 어떻게 영향을 미치는지를 상세히 분석하고 있다. 또한 미니멀리즘의 철학과 가치, 그리고 그것이 우리의 삶에 어떤 변화와 향상을 가져올 수 있는지에 대한 실질적인 방안을 제시한다.

세특 예시

'단순한 열망—미니멀리즘 탐구(카일 차이카)'를 읽고 미니멀리즘의 철학과 실천 방식을 탐구하며, 이를 통해 현대사회의 과잉 소비 문제와 물질주의에 대한 비판적 시각을 갖게 됨. 특히 미니멀리즘이 심리적 안정과 행복에 미치는 영향에 주목하여, 물질적 풍요보다 정신적 만족을 추구하는 삶의 방식에 대한 영어 에세이를 작성함. 또한 급우들과 함께 미니멀리즘 관련 영어 자료를 조사하고 토론하며, 책의 주제의식을 심층적으로 이해하고 자신의 견해를 논리적으로 뒷받침하는 근거를 마련함. 이 과정에서 소유와 행복의 관계에 대한 깊이 있는 성찰을 통해 물질주의를 극복하고 심리적 안정을 추구하는 삶의 방향을 모색함.

단원명ㅣ 토론

ㅣ🔍ㅣ 전자 결제, 현금 없는 사회, 소비 패턴, 디지털 금융 리터러시, 슈링크플레이션, 디지털 유산, 메타버스, 스포츠워싱, 비판적 분석, 정보 윤리, 의사소통 방식, 개인정보 보호, 철학적 관점 비교, 사회적 지위

[12영발02-01] • • •

토론의 목적과 맥락에 맞게 정보를 수집하고 토론 개요를 준비한다.

➔ 최근 현금 대신 전자 결제를 자주 사용하면서 소비자들이 선호하는 결제 방식이 달라지고 소비 패턴과 소비 습관도 달라지고 있다. 관련 글 'The Pros and Cons of a Cashless Society'를 참고하여 현금 없는 사회에서는 전자 결제가 주류가 되면서 소비 문화와 소비자 행동에 어떤 변화가 일어나는지를 조사해 보고 '현금 없는 사회가 소비자의 소비 패턴에 미치는 영향은 무엇인가'에 대해 토의해 보자.

관련 학과 인문계열 전체

《디지털 화폐가 이끄는 돈의 미래》, 라나 스워츠, 방진이 역, 북카라반(2021)

[12영발02-02] • • •

학술 자료, 통계, 사례 등 주장에 대한 근거를 설명한다.

➔ 최근 세계 경제에서는 제품의 가격은 유지되거나 상승하는 반면 제품의 크기나 양은 점차 줄어드는 슈링크플

레이션 현상이 나타나고 있다. 이는 소비자의 구매 행태에 영향을 미치며, 소비자는 이런 변화를 인지하고 적응하는 과정에서 다양한 행동 변화를 보인다. 관련 글 'Products are getting smaller, and you're paying the same. The problem won't go away, even if the economy rebounds and inflation abates'를 찾아 읽고 슈링크플레이션 현상이 소비자 행동에 어떤 영향을 미치는지, 그리고 소비자는 이에 어떻게 대응하는지를 탐구하고 발표해 보자.

관련 학과 상담심리학과, 심리학과, 철학과

《보이지 않는 가격의 경제학》, 노정동, 책들의정원(2018)

[12영발02-03] ●●●

토론 논제에 대한 자신의 관점을 설득력 있게 전달한다.

➡ '디지털 유산'이라는 개념이 등장하면서, 사람들은 디지털 환경에서 자신의 존재와 정보를 어떻게 관리하고 보존할 것인지에 대해 생각하게 되었다. 관련 기사 'Navigating the Afterlife of Digital Assets: Managing Your Digital Legacy'를 찾아 읽고 디지털 유산이 무엇인지, 그 중요성과 이에 대한 사회적 과제는 무엇인지 탐구해 보자. 더 나아가, 디지털 유산의 관리와 보존이 인간의 사회적 가치와 문화에 어떠한 영향을 미치는지를 탐구하고, 이를 통해 디지털 유산의 보호와 관리를 위한 새로운 제도나 정책을 제안해 보자.

관련 학과 인문계열 전체

《디지털자산 시대가 온다》, 서병윤 외 6명, 경이로움(2023)

[12영발02-04] ●●●

상대방 주장의 논리를 분석하여 반대 심문하며 토론한다.

➡ 스포츠워싱은 스포츠 정신과 게임 열기를 앞세워 국내의 만성적인 사회문제로부터 딴 데로 주목을 돌리는 것을 말한다. 세계적인 스포츠 이벤트를 개최하면 엄청난 국가 홍보 효과를 얻을 수 있는데, 최근에는 권위주의 국가가 자국의 위신을 세우고 민족주의를 강화하는 수단으로 국제 스포츠 행사를 열어 비판받고 있다. 관련 기사 'Looking Back on the Year of Sportswashing'을 찾아 읽은 후 '스포츠워싱은 국가가 스포츠를 이용하여 자신들의 부정적인 이미지를 개선하려는 노력이며 이는 국제 사회에서의 인식을 개선하는 데 도움이 된다'는 주장의 논리를 분석하고, 이에 대한 반박 논리를 세워 토론을 준비해 보자.

관련 학과 인문계열 전체

《복지정치의 두 얼굴》, 안상훈 외 4명, 21세기북스(2015)

[12영발02-05] ●●●

다양한 매체를 활용하여 정보 윤리를 준수하며 토론한다.

➡ 유연한 센서(soft sensor)는 터치, 압력, 힘, 온도, 습도 등 다양한 물리적·화학적 변화를 감지할 수 있어 웨어러블 기술, 의료 기기, 자동차, 로봇 공학 등 다양한 분야에서 활용되고 있다. 특히 로봇 공학 분야에서는 이런 유연한 센서를 로봇의 '피부'처럼 사용해 로봇이 주변 환경을 더 잘 인식하도록 하거나 더욱 세밀한 작업을 수행할 수 있게 한다. 관련 글 'Engineers develop breakthrough robot skin'을 찾아 읽은 뒤 이러한 센서 기술이 도입된 다양한 분야의 사례를 분석하고, 이러한 기술의 도입이 인간의 삶의 질을 향상하는 데 어떻게 기여하는지 탐구하여 발표해 보자. 또한 유연한 센서 기술의 활용을 통해 수집된 데이터를 안전하게 관리하고, 이를 활용하여 토론하고 분석하는 과정에서 정보 윤리를 어떻게 준수할 수 있는지 고민해 보자.

국어 교과군

영어 교과군

수학 교과군

도덕 교과군

사회 교과군

과학 교과군

관련 학과 인문계열 전체

《**로봇 UX**》, 칼라 다이애나, 이재환 역, 유엑스리뷰(2023)

[12영발02-06] ● ● ●

문화 간 다양한 언어적·비언어적 의사소통 방식을 이해하고 적용한다.

➡ 최근 글로벌 이슈 중 하나인 개인정보 보호와 디지털 권리 이슈를 바탕으로 서양과 동양의 의사소통 스타일을 분석해 보자. 관련 자료 'Unveiling Cross-Cultural Communication Styles'를 찾아 읽은 뒤, 서양과 동양의 의사소통 스타일의 차이를 이해하고 이러한 차이가 문화적 가치와 사회적 행동에 어떻게 영향을 미치는지 알아보자. 또한 디지털 시대에 개인의 권리와 정보 보안을 보장하는 의사소통 방식은 어떻게 변화하고 있는지, 그리고 그 변화가 개인의 권리와 정보 보안에 어떠한 영향을 미치는지에 대해 탐구해 보자.

관련 학과 인문계열 전체

《**이제는 알아야 할 저작권법**》, 정지우 외 1명, 마름모(2023)

[12영발-02-07] ● ● ●

적절한 토론 기법 및 의사소통 전략을 적용한다.

➡ 디지털 시대에 개인정보의 보호는 점점 더 중요해지고 있다. SNS, 온라인 쇼핑, 빅데이터 등 다양한 분야에서 개인정보가 활용되고 있으며, 이는 개인의 권리와 존엄성에 직접적인 영향을 미치고 있다. 이러한 상황에서 '디지털 시대의 개인정보 보호와 개인의 권리와 존엄성이 어떻게 상호작용하는지'에 대해 탐구해 보자. 관련 자료 'Privacy and data protection: Increasingly precious asset in digital era says UN expert'를 참고해, 특히 '다양한 SNS 플랫폼에서 개인정보 보호 수준과 이를 통해 드러나는 개인의 권리와 존엄성은 어떠한가?'라는 주제에 대해 생각해 보고 개인정보 보호에 대한 다양한 철학적 관점을 비교 분석함으로써, 개인정보 보호가 개인의 권리와 존엄성에 어떤 영향을 미치는지 탐구하여 발표해 보자.

관련 학과 인문계열 전체

《**소셜미디어 시대에 꼭 알아야 할 저작권**》, 김기태, 동아엠앤비(2020)

[12영발02-08] ● ● ●

토론 과정 및 결과에 대해서 평가하고 비판적으로 성찰한다.

➡ 최근 메타버스라는 새로운 영역에서 럭셔리 아이템의 소비가 증가하고 있다. 이는 개인의 성격이나 가치관을 표현하는 새로운 방식이며, 개인의 '아바타'가 실제 세계의 사회적 지위나 취향을 반영하는 과정이다. 관련 기사 'Luxury brands study personas as they try to stay relevant'를 참고하여 메타버스에서 럭셔리 아이템 소비 행동이 개인의 정체성에 어떤 영향을 미치는지, 그리고 이를 통해 개인의 어떤 신상이 드러나는지 탐구해 보자. 또한 메타버스에서 럭셔리 아이템 소비가 개인의 사회적 지위나 자아 인식에 어떻게 영향을 미치는지에 대해서도 함께 연구하여 디지털 시대의 소비 행동과 개인의 정체성 사이의 상호작용에 대해 의견을 나누어 보자.

관련 학과 국어국문학과, 문예창작학과, 문화재학과, 사학과, 상담심리학과, 심리학과, 언어학과, 종교학과, 철학과

《**수퍼컨슈머**》, EY한영산업연구원, 알에이치코리아(2020)

선택 과목	수능		절대평가	상대평가
진로 선택	X	**심화 영어**	5단계	5등급

단원명 | 이해

> 🔍 인공배아, 인간의 존엄성, 이주민 가족, 문화 적응, 생성형 인공지능, 미래 예측, 가치 기반 소비, 브랜드 가치, 구매 의사결정, 우주 쓰레기, 우주 환경 책임, 횡재세, 한중 간 문화 출동, 포용성, 해결 방안 제시, 몰록의 함정

[12심영01-01] •••

다양한 주제나 기초 학문 분야 주제의 말이나 글의 주요 내용을 파악한다.

➡ 이스라엘과 영국에서 공개된 '인공 배아' 연구는 생명의 탄생에 대한 새로운 이해를 제공하지만, 동시에 심각한 윤리적 문제를 제기한다. 영문 자료 'Structure Matters: Dynamic Models of Complete, Day 14 Human Embryos Grown from Stem Cells in a Weizmann Lab'을 참고하여 인공 배아 연구가 인간의 존엄성과 생명권에 미치는 영향을 탐구해 보자. 특히 인공 배아 연구에 대한 다양한 의견을 수집하고, 이를 비판적으로 분석하여 발표해 보자.

관련 학과 국어국문학과, 문예창작학과, 상담심리학과, 심리학과, 언어학과, 종교학과, 철학과

《**인간 배아는 누구인가**》, 후안 데 디오스 비알 코레아 외 1명, 가톨릭생명윤리연구소 역, 가톨릭대학교출판부(2018)

[12심영01-02] •••

다양한 장르의 말이나 글에서 화자, 필자, 등장인물 등의 심정이나 의도를 추론한다.

➡ 최근 이주민 문제는 전 세계적으로 큰 이슈가 되고 있다. 특히 한국 영화 〈미나리〉는 이주민 가족의 삶과 그들이 꿈꾸는 아메리칸 드림을 직접적으로 다루고 있다. 관련 기사 'Minari Depicts Asian Culture and the American Dream'을 읽은 뒤 이주민 가족의 삶에 대한 이해를 바탕으로 영화 속 대화와 장면에서 등장인물들의 심정이나 의도를 분석하고, 이를 통해 이주민 가족의 심리적 고민과 이주민 가족이 그들의 문화를 유지하면서 새로운 문화에 어떻게 적응하는지에 대해 탐구해 보자.

관련 학과 국어국문학과, 문예창작학과, 상담심리학과, 심리학과, 언어학과, 영어영문학과, 철학과

《**미국 이민자들의 애환**》, 박춘선, 한솜(2015)

[12심영01-03] •••

다양한 장르의 말이나 글을 듣거나 읽고 이어질 내용을 예측한다.

➡ 생성형 AI 기술이 기업과 경제에 미치는 영향과 인공지능과 인간의 상호작용에 대한 연구를 다루고 있는 영문 기사 'Is Your Job AI Resilient?'에 따르면 AI는 고령화 인구와 생산성 증대에 솔루션을 제공할 수 있으며, 대

부분의 직업은 어느 정도 AI의 영향을 받을 것으로 예상된다고 한다. 기사의 내용을 토대로 인문계열 직업의 미래 전망에 대해 예측하고 이에 대한 보고서를 작성해 보자.

관련 학과 인문계열 전체

《**AI 이후의 세계**》, 헨리 A. 키신저 외 2명, 김고명 역, 윌북(2023)

[12심영01-04] • • •

말이나 글의 구성 방식을 파악하여 내용의 논리적 관계를 추론한다.

➡ 최근 가치 기반 소비(Value-based consumption)라는 현상이 두드러지게 나타나고 있다. 이는 소비자들이 단순한 물질적 소비에서 벗어나 브랜드의 사회적·환경적 가치를 고려하는 소비 행태를 말한다. 다양한 브랜드들이 자신들의 가치를 어떻게 표현하고 있는지, 또 소비자들이 이를 어떻게 인식하고 반응하는지에 대해 탐구해 보자. 관련 글 'The Rise of Values-driven Consumption Behaviour in Retail'을 참고하여 특정 브랜드의 가치 표현 방식이 소비자의 구매 의사결정에 어떤 영향을 미치는지 분석하여 발표해 보자.

관련 학과 상담심리학과, 심리학과, 인류학과, 종교학과, 철학과

《**수퍼컨슈머**》, EY한영산업연구원, 알에이치코리아(2020)

[12심영01-05] • • •

말이나 글로 표현된 어휘, 어구, 문장의 함축적 의미를 맥락에 맞게 추론한다.

➡ 우주에서 비롯된 쓰레기인 우주 쓰레기가 지구의 위성과 우주선에 위협이 되고 있다. 지금까지 우주에서 발생한 쓰레기를 어떻게 관리하고 있는지, 그리고 앞으로 어떤 방법으로 이 문제를 해결해 나갈 수 있는지에 대해 탐구해 보자. 관련 기사 'Space Junk: Tracking & Removing Orbital Debris'를 참고하여 우주 쓰레기의 위험성과 그 해결 방안을 분석하고, 이를 통해 인간의 우주 환경에 대한 책임에 대해 논의해 보자.

관련 학과 사학과, 심리학과, 인류학과, 철학과

《**우주 쓰레기가 온다**》, 최은정, 갈매나무(2021)

[12심영01-06] • • •

다양한 매체의 말이나 글에 표현된 의견이나 주장을 비판적으로 평가한다.

➡ 현재 유럽에서는 횡재세 이슈가 크게 대두하고 있다. 횡재세는 기업이나 산업이 경제적 상황으로 인해 예상치 못한 큰 이익을 얻을 때 부과되는 일시적인 세금이다. 윤리와 사회적 가치의 관점에서 이 이슈에 접근해, 특히 횡재세가 사회적 공정성을 위한 것인지 아니면 특정 산업에 대한 처벌인지에 관해 논의해 보자. 관련 글 'What European Countries Are Doing about Windfall Profit Taxes'를 찾아 읽은 뒤, 횡재세의 윤리적 적합성에 대해 평가하고 이를 위해 다양한 매체에서 횡재세에 대한 의견이나 주장을 수집, 분석해 보자. 또한 각 주장의 논리적 타당성, 증거의 충분성, 주장의 일관성 등을 비판적으로 평가하여 발표해 보자.

관련 학과 인문계열 전체

《**세금의 세계사**》, 도미닉 프리스비, 조용빈 역, 한빛비즈(2022)

[12심영01-07]

우리 문화 및 타 문화의 생활 양식, 사고방식, 의사소통 방식에 관한 말이나 글을 듣거나 읽고 문화의 다양성에 대한 포용적인 태도를 기른다.

最近 몇 년간의 한국과 중국 사이의 문화적 갈등을 다룬 관련 기사 'Cultural Clashes Between Korea And China: Lost In Translation, History And Pride'에 따르면, 한중 간의 문화 충돌은 깊은 역사를 가지고 있으며 이는 번역과 오해에서 비롯된 것이라고 한다. 이 기사를 참고하여 어떻게 해서 두 나라 사이에 이런 문화적 갈등이 발생했는지, 그리고 이것이 어떻게 현재의 문제로 이어졌는지를 분석해 보자. 한중 간의 주요 문화 충돌 사례를 조사한 뒤, 번역과 오해가 어떻게 문화적 갈등을 촉발하고 확대하는지 분석하고, 문화의 다양성과 포용성 관점에서 분석하는 보고서를 작성해 보자.

관련 학과 인문계열 전체

《국제정책 및 통상갈등》, 이선우 외 1명, 한국방송통신대학교출판문화원(2021)

[12심영01-08]

적절한 전략을 적용하여 다양한 매체로 표현된 말이나 글을 이해한다.

과학 커뮤니케이터 리브 보레(Liv Boeree)의 TED 강연 영상 'The dark side of competition in AI'를 시청한 뒤, 화자가 언급한 '몰록(Moloch)의 함정'이라는 용어를 이해하고 이것이 사회와 문화에 어떤 영향을 미치는지 분석해 보자. 특히 우리의 일상생활에서 '몰록의 함정'이 어떻게 나타나는지에 대해 탐구하고, 이를 바탕으로 우리 사회에서 이 함정을 피하거나 해결하기 위한 방안을 제시하는 에세이를 작성해 보자.

관련 학과 상담심리학과, 심리학과, 언어학과, 인류학과, 종교학과, 철학과

《비판적 사고》, 마희정 외 5명, 이음(2020)

단원명 | 표현

🔍 토론, 적절한 어휘와 표현, 의견 전달, 의사소통 능력, 토론 전략, 논리적 사고, 비판적 사고력, 언어와 문화적 다양성, 존중, 상호 협력적 소통

[12심영02-01]

사실적 정보를 기술하거나 설명한다.

국내의 많은 대학교가 외국 학생들의 접근성을 위해 영어 홈페이지를 제공하고 있다. 또한 자신의 적성과 관심사에 맞는 학과를 선택할 수 있도록 도와 주기 위해 각 대학의 학부 또는 학과 홈페이지를 통해 학과의 비전과 미션(Vision and Mission), 간략한 역사(Brief History), 교육과정(Course), 교직원(Faculty), 졸업 요건(Graduation Requirements), 장학금 제도(Scholarship) 등을 소개하고 있다. 자신이 관심 있는 대학의 학부 또는 학과 영어 서비스를 활용하여 영어로 설명해 보자.

관련 학과 인문계열 전체

《학과바이블》, 한승배 외 2명, 캠퍼스멘토(2023)

[12심영02-02]

다양한 장르의 글을 읽고 자신의 감상이나 느낌을 표현한다.

● 복수는 윤리적, 도덕적 관점에서 논쟁의 여지가 많은 주제다. 철학과에서는 복수를 다룬 철학적 논문이나 문학 작품을 읽고 복수의 윤리적 정당성에 대해 탐구할 수 있다. 복수하는 인물의 의도와 도덕적 딜레마를 분석하고, 그들이 선택한 복수의 행위가 윤리적으로 정당화될 수 있는지에 대해 철학적 관점에서 논의해 보자. 이를 통해 복수가 개인의 자존감 회복이나 정의 실현과 어떻게 연결되는지 발표하고 토론해 보자.

관련 학과 인문계열 전체

복수의 쓸모
스티븐 파인먼, 이재경 역,
반니(2023)

책 소개

원제는 'Revenge: A Short Enquiry into Retribution'이다. 이 책은 복수심과 응징의 역사와 그것들이 인간의 사회와 문화, 역사에 미친 영향을 깊이 있게 탐구하고 있다. 스티븐 파인먼은 복수심이 인간 본성에 깊이 뿌리박힌 감정임을 밝히며, 그것이 각 문화와 역사적 맥락에서 어떻게 표현되었는지 분석한다.

세특 예시

'복수의 쓸모(스티븐 파인먼)'를 읽고 복수의 심리적·사회적 영향에 대해 깊이 있는 이해를 보여 줌. 영어 감상문에서 복수의 양면성을 날카롭게 분석하며 개인과 사회에 미치는 영향을 다각도로 고찰했으며, 책에서 다룬 복수 사례들을 비판적으로 검토하고 건설적 대안을 제시하는 능력이 돋보임. 복수를 주제로 한 영어 단편 소설 〈The Echo of Revenge〉의 개요도 작성했는데, 복수심의 순환적 본질과 파괴적 결과를 통해 복수를 깊이 생각하게 만드는 탁월한 서사구조를 완성함.

[12심영02-03]

상대방의 의사소통 방식을 고려하여 의견을 조정하며 토의한다.

● 중동전쟁은 단순히 정치적·경제적 갈등에서 비롯된 것이 아니라, 유대교·이슬람교·기독교와 같은 세계 주요 종교들 간의 깊은 역사적 갈등과 밀접하게 연관되어 있다. 이 세 종교는 모두 중동 지역에서 탄생했고, 각자의 성경과 경전에서 중동 지역, 특히 예루살렘을 신성한 땅으로 여긴다. 중동전쟁에서 종교가 어떻게 정치적 갈등으로 확산되었는지, 예루살렘과 같은 종교적 성지가 왜 중요한 갈등의 중심이 되었는지 영어 자료를 찾아 읽고 분석해 보자. 또한 종교적 갈등이 민족주의와 어떻게 결합하여 중동의 장기적 갈등을 지속시키고 있는지 연구하고 토론해 보자.

관련 학과 인문계열 전체

《중동전쟁》, 임용한·조현영, 레드리버(2022)

[12심영02-04]

듣거나 읽은 내용을 자신의 말이나 글로 요약한다.

● TED(www.ted.com)은 다양한 주제의 강연 영상을 제공하는 플랫폼이다. 인문학과 관련된 영상의 예로 'What reading slowly taught me about writing'이 있다. 강연자 재클린 우드슨(Jacqueline Woodson)은 천천히 읽는 것

이 글쓰기에 미치는 긍정적인 영향을 설명하며 글쓰기와 독서의 관계에 대한 새로운 관점을 제시하고 있다. 그는 현대사회에서 정보를 빠르게 소비하려는 경향이 글쓰기의 질을 저하시킬 수 있음을 지적하며, 천천히 읽고 깊이 생각하는 것이 더 나은 글쓰기를 위한 중요한 방법이라고 강조한다. 자신이 흥미를 느끼는 분야와 관련된 영상을 시청한 후, 이를 자신의 말로 요약하여 영어로 발표해 보자.

`관련 학과` 인문계열 전체

《**TED 프레젠테이션**》, 제레미 도노반, 김지향 역, 인사이트앤뷰(2020)

[12심영02-05] ●●●

말이나 글의 내용을 비교·대조한다.

➡ 제2차 세계대전의 책임에 대한 논의는 복잡하며, 여러 역사학자와 연구자들 사이에 다양한 주장이 존재한다. 그중 대표적인 주장으로는 '독일의 책임'과 '영국과 프랑스의 책임'이 있다. '독일의 책임'은 독일이 전쟁을 일으켰다는 주장이고, '영국과 프랑스의 책임'은 이들이 독일의 침략을 묵인했다는 주장이다. 두 주장은 모두 어느 정도 타당성이 있지만, 제2차 세계대전의 책임을 단일한 원인으로 설명하기에는 어려움이 있다. 이와 같이 역사적 사실에 대해 대립되는 주장에 관한 글을 읽고 비교하여 발표해 보자.

`관련 학과` 인문계열 전체

《**제2차세계대전**》, 게르하르트 L. 와인버그, 박수민 역, 교유서가(2024)

[12심영02-06] ●●●

다양한 매체의 정보를 재구성하여 발표한다.

➡ 음모론은 종종 역사적 사건을 왜곡하거나 과장하여 대중의 관심을 끌곤 한다. 사학과에서는 대표적인 역사적 음모론, 예를 들어 프리메이슨이나 일루미나티와 같은 비밀결사가 역사적 사건에 미친 영향에 대한 주장을 분석할 수 있다. 이 과정에서 타당성과 신뢰성을 검토하고, 역사적 사실과 음모론적 주장을 비교하여 잘못된 점을 지적하자. 이를 통해 역사적 사건이 어떻게 음모론에 의해 왜곡되는지 연구하고 영어로 발표해 보자.

`관련 학과` 인문계열 전체

《**음모론**》, 얀-빌헬름 반 프로이엔, 신영경 역, 돌배나무(2020)

[12심영02-07] ●●●

글의 내용과 형식을 점검하여 정보 윤리에 맞게 고쳐 쓴다.

➡ 인류학과에서는 축제가 한 사회나 공동체의 문화적 정체성을 어떻게 형성하고 유지하는지 탐구할 수 있다. 예를 들어 리우 카니발이나 인도 홀리 축제는 특정 사회의 역사와 전통, 신앙을 반영하며 그들의 문화적 유산을 기념하는 중요한 행사이다. 세계의 다양한 축제에서 나타나는 의식, 전통, 상징 등을 분석하여 축제가 공동체 내에서 사회적 결속과 정체성을 강화하는 방법을 영어자료를 통해 조사하고 발표해 보자.

`관련 학과` 인문계열 전체

《**세계의 축제와 문화**》, 김용섭, 새로미(2016)

[12심영02-08] ●●●

적절한 전략을 적용하여 다양한 언어·문화적 배경을 가진 영어 사용자와 공감하며 소통하는 태도를 가진다.

➡ 언어학과에서는 다언어 사용자와 소통할 때 사용하는 다양한 의사소통 전략을 분석할 수 있다. 특히 코드 스위칭과 코드 믹싱처럼 두 가지 이상의 언어를 자유롭게 섞어 사용하는 현상은 다문화 사회에서 흔히 볼 수 있다. 언어학적 분석을 통해 다언어 사용자 간의 대화에서 어떤 전략이 효과적 소통을 이끌어내는지, 그리고 문화적 차이를 넘어서 공감대를 형성하는 데 어떤 역할을 하는지 발표해 보자.

관련 학과 인문계열 전체

《대조언어학》, 허용 외 1명, 소통 (2023)

국어 교과군

영어 교과군

수학 교과군

도덕 교과군

사회 교과군

과학 교과군

선택 과목	수능		절대평가	상대평가
진로 선택	X	영미 문학 읽기	5단계	5등급

🔍	다양한 장르, 다양한 주제, 문학 작품, 이해, 표현, 감상, 비평, 비판적 사고력, 창의적 사고력, 예술성, 심미적 가치, 독자와 소통

[12영문01-01] • • •

다양한 장르와 주제의 문학 작품을 읽고 주요 내용을 요약한다.

➡ 역사와 관련된 문학 작품을 감상하는것은 역사에 대한 이해를 넓히고 역사에 대한 새로운 시각을 얻을 수 있는 좋은 기회이다. 특히 감상하면서 작가가 작품을 쓰기 위해 사용한 역사적 자료들을 확인하고, 역사적 사건과 인물들을 얼마나 정확하게 재현하고 있는지 평가해 보자. 19세기 영국의 산업혁명을 배경으로 한 《Oliver Twist》(Charles Dickens), 20세기 제2차 세계대전을 배경으로 한 《The Diary of Anne Frank》(Anne Frank), 《All Quiet on the Western Front》(Erich Maria Remarque), 현대를 배경으로 한 《The Kite Runner》(Khaled Hosseini) 등이 있다. 자신이 관심 있는 작품을 읽고 주요 내용을 요약해 보자.

관련 학과 인문계열 전체

《안네의 일기》, 안네 프랑크, 배수아 역, 책세상(2021)

[12영문01-02] • • •

문학 작품을 읽고 필자나 인물의 의도나 목적을 파악한다.

➡ 작가의 사상과 정서가 녹아들어 형태를 갖춘 것이 바로 문학이다. 영어영문학에서는 영어로 쓰인 작품을 분석하여 작가가 반영한 사회적 배경과 정치적 상황을 이해하는 것이 필수적이다. 작품의 주제와 구조, 사용된 문학적 기법을 통해 캐릭터의 내면과 작가의 사고를 깊이 있게 탐구할 수 있다. 영국 또는 미국 문학 중 관심 있는 주제를 다룬 작품을 선택하여, 작가가 전하고자 하는 사회적 메시지와 감정을 분석하고 이를 영어로 발표하거나 토론해 보자.

관련 학과 인문계열 전체

《스토리의 유혹》, 피터 브룩스, 백준걸 역, 앨피(2023)

[12영문01-03] • • •

문학 작품을 읽고 자신의 느낌이나 감상을 공유하고 표현한다.

➡ 영미 문학 작품에 대한 개인적 감상과 해석을 표현하고 공유하는 과정을 통해 작품의 다양한 층위를 더욱 심도 있게 이해할 수 있다. 영어영문학과에서는 셰익스피어, 제인 오스틴, 헤밍웨이 등 다양한 작가의 작품을 읽으며 그 속에 나타나는 영국 혹은 미국 사회와 인간 심리를 탐구할 수 있다. 영미 문학을 더 깊이 있게 이해하고 다양한 관점을 얻기 위해 작품의 주제와 인상 깊었던 부분을 분석하고, 그 주제를 어떻게 이해했는지 영어

커뮤니티에 글을 올려 다른 독자들과 의견을 나눠 보자.

관련 학과 인문계열 전체

《데이비드 댐로쉬의 세계문학 읽기》, 데이비드 댐로쉬, 김재욱 역, 앨피(2022)

[12영문01-04] ● ● ●

이야기나 희곡을 읽고 작품의 구조를 분석하여 구성 요소를 설명한다.

➜ 희곡은 무대에서 상연하도록 만들어진 문학 작품으로, 대사·지문·해설, 막과 장, 인물·사건·주제 등으로 구성된다. 대표적인 희곡으로 윌리엄 셰익스피어의 〈맥베스(Macbeth)〉가 있는데, 이 작품은 권력과 탐욕, 죄책감과 복수를 다루며, 스코틀랜드 왕 맥베스와 그의 아내 레이디 맥베스의 비극적인 이야기가 담겨 있다. 해당 작품을 읽고 작품의 구조를 분석하기 위해 막과 장을 구분하고 등장인물, 사건과 주제를 파악하여 발표해 보자.

관련 학과 인문계열 전체

《맥베스》, 윌리엄 셰익스피어, 최종철 역, 민음사(2004)

[12영문01-05] ● ● ●

시를 읽고 운율, 이미지, 은유, 상징 등 문학적 비유의 의미를 파악하고, 창의적인 말이나 글의 형태로 표현한다.

➜ 로버트 프로스트(Robert Frost)의 〈가지 않은 길(The Road Not Taken)〉은 그의 가장 유명한 시 중 하나로, 운율·이미지·은유·상징 등 문학적 비유와 의미가 담겨 있다. 이 시는 결정과 선택이라는 주제를 다루며, 시인이 숲을 걷다가 두 개의 길 사이에서 선택을 해야 하는 순간을 묘사하고 있다. 암호와 같은 라임과 박자로 구성되어 있어 운율을 느낄수 있고, 시각적인 이미지로 독자에게 생동감을 준다. 시를 읽고 운율·이미지·은유·상징 등 문학적 비유의 의미를 파악하여 이를 나타내는 영어 인포그래픽을 작성하고, 동영상 스트리밍 사이트를 참고하여 자신만의 감상으로 낭독해 보자.

관련 학과 인문계열 전체

《가지 않은 길—미국 대표시선》, 로버트 프로스트 외 14명, 창비(2014)

[12영문01-06] ● ● ●

다양한 매체를 활용하여 문학 작품의 내용을 다양한 관점으로 분석·비평한다.

➜ 문학 작품은 다면체와 같아서, 독자 각자가 자신만의 시각으로 작품의 다양한 측면을 발견할 수 있다. 수업시간에 다룬 작품에 대해, 기존의 비평이나 해석에 의존하지 않고 작품의 주인공을 다른 등장인물로 대체하거나 플롯의 변형을 통해 새로운 해석을 시도할 수 있다. 자신의 창작적 상상력을 발휘하여 작품을 새롭게 읽고, 독창적인 비평문을 작성해 보자. 이러한 방법을 통해 문학적 상상력을 확장하고, 발표를 통해 다른 학생들과 다양한 해석을 공유해 보자.

관련 학과 인문계열 전체

《낭만적 거짓과 소설적 진실》, 르네 지라르, 김치수 외 1명 역, 한길사(2022)

[12영문01-07] ● ● ●

문학 작품을 읽고 우리 문화와 타 문화의 생활 양식, 사고방식, 의사소통 방식의 차이와 다양성에 대해 비교·분석한다.

국어 교과군
영어 교과군
수학 교과군
도덕 교과군
사회 교과군
과학 교과군

➡ 문학 작품에 나타난 타 문화의 생활 양식, 사고방식, 의사소통 방식을 우리 문화와의 비교를 통해 이해하고 문화 간 차이와 다양성을 비교·분석하는 능력을 기를 수 있다. 《Pachinko》(Min Jin Lee)는 한국계 일본인 가족의 이야기를 다룬 영문 소설이다. 이 작품은 한국과 일본의 역사적 관계와 이민자 가족의 삶을 통해 다양한 주제를 다루며, 가족의 사랑과 희생을 강조한다. 이 작품 또는 다른 작품을 읽고 우리 문화와 타 문화의 생활 양식, 사고방식, 의사소통 방식의 차이와 다양성에 대해 비교·분석하여 발표해 보자.

관련 학과 인문계열 전체

파친코
이민진, 신승미 역,
인플루엔셜(2022)

책 소개

《파친코(Pachinko)》는 영어로 출간된 이후 평단과 대중에게 극찬을 받고 33개국 언어로 번역되었다. 4대에 걸친 재일 조선인 가족의 이야기를 그린 장편 소설로, 20세기를 배경으로 일본에 정착한 한국 이민자 가족을 중심으로 이야기가 진행된다. 이 작품은 전쟁, 사랑, 믿음, 그리고 희생과 같은 테마를 바탕으로 일본 사회에서 한국인의 삶과 그들이 겪는 차별, 그리고 그것을 극복하기 위한 노력을 깊이 있게 다루고 있다.

세특 예시

특정 민족이 자의나 타의에 의해 기존에 살던 땅을 떠나 다른 지역으로 이동하여 집단을 형성하는 디아스포라(diaspora)에 관심을 갖고 관련 주제에 대해 탐구해 옴. 주제탐구 독서활동으로 '파친코(이민진)'를 읽고 일본 사회 내에서 한국인의 삶과 그들이 겪는 차별, 그리고 그것을 극복하기 위한 노력에 대해 조금 더 이해하게 되었다고 감상문을 작성하였으며, 영어 원문과의 비교를 통해 번역의 차이에 대해서도 알아봄.

[12영문01-08]　　　　　　　　　　　　　　　　　　　　　● ● ●

문학 작품을 읽고 표현이나 주제의 예술적 가치에 대한 심미적인 태도를 기른다.

➡ 문학 작품은 언어를 통해 작가의 생각과 감정을 표현한다. 작품의 표현 방식을 통해 작가의 창의성과 예술적 감각을 느낄 수 있고 작품의 주제에 대해 생각해 봄으로써 작가의 생각과 철학을 이해할 수 있다. 그 예로 《The Catcher in the Rye》(J. D. Salinger)가 있는데, 이 소설은 청소년의 성장과 방황을 다룬 작품으로, 솔직하고 직설적인 문체로 독자들로 하여금 작품의 주제와 의미에 대해 공감하게 해 주었다고 평가받는다. 이 작품 또는 다른 작품을 읽고 표현에 대해 조사하고 발표하자.

관련 학과 인문계열 전체
《**호밀밭의 파수꾼**》, 제롬 데이비드 샐린저, 정영목 역, 민음사(2023)

선택 과목	수능	심화 영어 독해와 작문	절대평가	상대평가
진로 선택	X		5단계	5등급

단원명 ❙ 독해

> 🔍 스마트폰 센서, 음주 측정, 등장인물 분석, 의사결정, 심정 추론, 펨테크, 삶의 질 변화, 대처 방안 모색, 정신 건강, 동물농장, 현대적 관점, 페르소나 마케팅, 마이데이터, 자유와 권리, 블랙라이브스매터, 공중 택시, 문화적 차이, 포용성, 사회적 불평등

[12심독01-01]　●●●

다양한 분야의 기초 학문 주제에 관한 글을 읽고 주요 내용을 파악한다.

➡ 최근 스마트폰 센서를 이용하여 음주 상태를 판단하는 기술이 개발되었다. 관련 기사 'Smartphone sensors able to detect alcohol intoxication with high accuracy'에 따르면, 이 기술이 사회에 적용되면 개인의 음주 상태를 실시간으로 모니터링하는 것이 가능해진다고 한다. 이 기술이 어떻게 작동되는지, 또 어떤 상황에서 사용할 수 있고, 어떤 부분에서 보완이 필요한지, 음주 측정 스마트 센서 기술에 대해 분석하여 발표해 보자.

　관련 학과　인문계열 전체

《**디지털 전환 시대 리더가 꼭 알아야 할 의료데이터**》, 김재선 외 4명, 지식플랫폼(2023)

[12심독01-02]　●●●

이야기나 서사 및 운문을 읽고 필자나 등장인물의 심정이나 의도를 추론한다.

➡ 오 헨리의 〈20년 후에〉는 예상치 못한 반전으로 유명한 단편 소설이다. 소설 속 주요 등장인물인 밥(Bob)과 지미(Jimmy)가 20년 만에 만나는 장소에서 최종적으로 취한 행동과 내린 결정을 통해, 각 등장인물이 중요하게 생각하는 가치가 무엇인지, 그리고 이러한 변화가 각자의 행동과 의사결정에 어떤 영향을 미쳤는지를 탐구하여 발표해 보자.

　관련 학과　인문계열 전체

《**가치 있는 삶**》, 미로슬라브 볼프 외 2명, 김한슬기 역, 흐름출판(2023)

[12심독01-03]　●●●

글의 구성 방식을 고려하여 논리적 관계를 추론한다.

➡ 펨테크(FemTech)는 여성의 건강을 증진하는 방법을 제공하며, 이는 여성의 삶의 질을 크게 향상시킬 수 있다. 관련 영문 기사 'The dawn of the FemTech revolution'을 찾아 읽은 뒤 여성의 일상생활에서 펨테크의 역할을 조사하고, 이를 통해 여성의 삶의 질이 어떻게 변화하고 있는지 분석해 보자. 특정 국가나 지역에서 펨테크가 여성의 삶의 질을 개선하는 데 어떻게 기여하고 있는지를 탐구하여 발표해 보자.

관련 학과 심리학과, 인류학과, 철학과

《**국내외 펨테크(Femtech) 산업분석보고서**》, 비피기술거래 외 1명, 비티타임즈(2022)

[12심독01-04] ● ● ●

글의 맥락과 배경지식을 활용하여 함축적 의미를 추론한다.

➲ 최근 디지털 미디어의 발달로 인해 SNS에서 선보이는 완벽한 인생에 대한 강박증이 사람들에게 스트레스를 주고 있다. 이러한 현상을 '인스타그램 효과'라고 부른다. 관련 영문기사 'How can we minimize Instagram's harmful effects?'를 찾아 읽은 뒤 이러한 현상이 사람들의 정신 건강에 어떤 영향을 주는지 분석하고, 이에 대처하는 방안을 모색해 보자.

관련 학과 상담심리학과, 심리학과, 인류학과, 철학과

《**착한 소셜미디어는 없다**》, 조현수, 리마인드(2023)

[12심독01-05] ● ● ●

다양한 문학 작품을 읽고 문학적 표현과 의미를 파악한다.

➲ 최근 사회적 변화와 불평등이 확대되면서, 조지 오웰의 《동물농장》의 주제가 다시금 주목받고 있다. 관련 영문 자료 'Animal Farm by George Orwell—Book Analysis'를 참고하여 《동물농장》을 통해 권력의 변화와 그로 인한 사회적 영향을 분석하고, 이를 현대사회와 비교해 보자. 또한 《동물농장》의 시대 배경과 그 속에 나타나는 권력의 변화를 판단하고 이를 현대적인 관점에서 재해석해 보자.

관련 학과 인문계열 전체

《**정치 권력의 교체**》, 우장균, 트로이목마(2017)

[12심독01-06] ● ● ●

다양한 유형의 글의 구조와 형식을 비교·분석한다.

➲ 페르소나 마케팅은 특정 고객군을 대표하는 가상 인물을 만들어 그들의 관점에서 상품이나 서비스에 접근하는 방식이다. 설득하는 글쓰기와 설명하는 글쓰기를 안내하는 영문 자료 'Persuasive vs Informative: Meaning And Differences'를 읽고 페르소나 마케팅에서 설득적인 콘텐츠와 정보 제공 콘텐츠가 어떻게 활용되는지, 그리고 이 두 유형의 콘텐츠가 고객의 결정에 어떻게 영향을 미치는지 분석해 보자.

관련 학과 인문계열 전체

《**럭셔리 브랜드 인사이트**》, 박소현, 다반(2023)

[12심독01-07] ● ● ●

다양한 매체의 글의 내용 타당성을 평가하며 비판적으로 읽는다.

➲ 마이데이터는 개인이 자신의 데이터를 적극적으로 관리하고 활용하는 것을 의미한다. 관련 글 'South Korea's My HealthWay: A 'digital highway' of personal health records, but to where?'를 읽고, 개인의 정보를 적극적으로 관리하고 활용하는 마이데이터가 인간의 삶과 사회에 어떤 영향을 미치는지 탐구해 보자. 특히 개인의 자유와 권리, 그리고 사생활의 보호라는 가치를 중심으로 고민해 보고, 이에 대한 여러 의견을 비판적으로 분석하여 발표해 보자.

관련 학과 상담심리학과, 심리학과, 언어학과, 영어영문학과, 인류학과, 종교학과, 철학과
《**마이데이터 레볼루션**》, 이재원, 클라우드나인(2022)

[12심독01-08] • • •

우리 문화 및 타 문화의 생활 양식, 사고방식, 의사소통 방식에 관한 글을 읽고 문화 간 차이에 대해 포용적인 태도를 갖춘다.

➡ 블랙라이브스매터는 미국에서 시작된 인권 운동으로, 흑인 대상의 경찰 폭력 및 인종차별에 대한 반대를 주장한다. 세계적으로 확산된 블랙라이브스매터 운동은 인권 인식의 전환을 이끌었다. 관련 글 'Has Black Lives Matter Changed the World?'를 참고하여, 이 운동이 시작된 이후로 어떻게 변화해 왔는지, 그리고 운동의 초점이 인종차별에서 사회경제적 불평등으로 이동해야 하는지에 대해 탐구하고 분석해 보자. 또한 블랙라이브스매터 운동이 세계 각국의 인권 인식에 어떤 영향을 미쳤는지에 대해서도 의견을 공유해 보자.

관련 학과 영어영문학과, 인류학과, 종교학과, 철학과
《**편견**》, 제니퍼 에버하트, 공민희 역, 스노우폭스북스(2021)

[12심독01-09] • • •

적절한 읽기 전략을 적용하여 스스로 읽기 과정을 점검하며 읽는다.

➡ 드론과 공중 택시 기술의 발전은 우리 사회에 새로운 윤리적 문제를 제기하고 있다. 예를 들어 개인의 사생활 침해, 무인 기기의 결함으로 인한 사고 책임, 그리고 이런 기술이 가져올 수 있는 사회적 불평등 등이 있다. 이러한 문제들은 기술의 발전만으로는 해결하기 어려운 복잡한 문제들로, 인문학의 관점에서 이러한 문제들을 분석하고 이를 해결하기 위한 방안을 제시할 필요가 있다. 관련 영문자료 'Drone superhighways and airports are coming—let's make sure they don't make life miserable'을 찾아 읽은 뒤, 철학·윤리학·문화학 등 다양한 인문학 지식을 활용하여 문제를 분석하고, 이를 통해 문제의 본질을 이해하고 해결 방안을 도출해 보자.

관련 학과 심리학과, 인류학과, 철학과
《**디지털 범죄 예방 교육의 정석**》, 이종구 외 7명, SNS소통연구소(2023)

단원명 | 작문

🔍 건설 로봇, 노동자 권리 보호, 인간의 존엄성, 개인적 감상, 자율주행 택시, 우주 식물 재배, 사회적 인식, 인문학적 관점, 프록세믹스, 사회적 상호작용, 디지털 저작권, 강제 징용, 역사적 논란, 아스파탐

[12심독02-01] • • •

다양한 분야의 기초 학문 주제에 관하여 사실적 정보를 기술하거나 설명하는 글을 쓴다.

➡ 현재 건설업계에서는 로봇의 도입이 노동자들의 일터에 어떤 영향을 미칠지에 대한 논의가 활발하게 이루어지고 있다. 관련 영문 기사 'Is the Construction Industry Ready to Embrace Robots?'를 읽고, 높은 초기 비용과 실직 근로자들에 대한 두려움 때문에 민감한 주제였던 건설 로봇에 대해 탐구해 보자. 로봇이 인간 노동을 대체하는 경우, 그로 인한 실업 문제나 노동자의 권리 보호 문제를 탐구하는 것이 중요하므로, 로봇 도입에

따른 노동자의 실업 문제와 권리 보호에 대한 정책적 접근 방안을 찾아보자.

관련 학과 심리학과, 인류학과, 철학과

《로봇 시대, 인간의 일》, 구본권, 어크로스(2020)

[12심독02-02]　　　　　　　　　　　　　　　　　　　　　　　　●●●

이야기나 서사 및 운문에 대해 자신의 감상이나 느낌을 표현하는 글을 쓴다.

➲ 마야 앤젤루의 시 〈Still I Rise〉는 인간의 존엄성에 대한 강력한 메시지를 담고 있다. 관련 영문 자료 'Still I Rise Summary & Analysis'를 참고하여, 이 시를 통해 그녀가 어떻게 억압과 비난에 맞서 강인하게 일어섰는지를 분석해 보자. 또한 자신의 개인적인 감상과 느낌을 바탕으로 이 시의 의미를 더 깊이 이해하고, 그것이 자신의 생각과 감정에 어떤 영향을 미쳤는지에 대한 글을 작성해 보자.

관련 학과 인문계열 전체

《민족시인 5인의 시 감상》, 좋은말연구회 편, 태을출판사(2019)

[12심독02-03]　　　　　　　　　　　　　　　　　　　　　　　　●●●

다양한 주제에 관하여 상대방을 설득하는 글을 쓴다.

➲ 최근 자율주행 택시가 상용화되면서 사회 전반에 미치는 영향이 논의되고 있다. 관련 영문 기사 'Waymo's driverless taxi launch in Santa Monica is met with excitement and tension'을 참고하여, 자율주행 차량의 보급이 사회·문화·경제에 미치는 영향에 대해 탐구해 보자. 특히 이러한 기술 변화가 사회 구조와 인간의 삶에 어떤 변화를 가져올지에 대해 깊이 탐구하고, 이에 대한 자신의 견해를 글로 표현해 보자.

관련 학과 인문계열 전체

《인공지능과 자율주행 자동차, 그리고 법》, 김기창 외 6명, 세창출판사(2017)

[12심독02-04]　　　　　　　　　　　　　　　　　　　　　　　　●●●

다양한 기초 학문 분야의 주제에 관하여 듣거나 읽고 주요 정보를 요약한다.

➲ 최근 NASA는 우주에서 식물을 재배하는 프로젝트를 진행하고 있다. 관련 영문 자료 'Growing Plants in Space'를 참고하여 식물이 우주에서 어떻게 성장하는지 관찰하고, 이로 인해 인류의 심리적 안정에 어떤 영향을 미치는지 탐구해 보자. 또한 우주에서 신선한 식물을 통해 인간의 정서적 안정감이 어떻게 향상되는지 인문학적 관점에서 분석해 보자.

관련 학과 상담심리학과, 심리학과, 인류학과, 철학과

《작은 생명이 건넨 위대한 위로》, 최영애, 예담(2014)

[12심독02-05]　　　　　　　　　　　　　　　　　　　　　　　　●●●

우리 문화 및 타 문화의 생활 양식, 사고방식, 의사소통 방식에 관한 글을 읽고 문화 간 차이에 대해 비교·대조하는 글을 쓴다.

➲ 공간을 사용하는 방법은 문화에 따라 다르며, 이는 우리의 의사소통과 상호작용에 영향을 준다. 이를 연구하는 학문이 프록세믹스(Proxemics)이다. 프록세믹스는 개인 공간, 즉 사람들이 서로 간에 유지하는 물리적 거리를 네 가지 구역(친밀 거리, 개인 거리, 사회 거리, 공공 거리)으로 나누고, 이것이 문화에 따라 어떻게 달라지는지를 분석한다.

예를 들어 동아시아 문화에서는 공공 공간에서 사람들이 서로 가까이 붙어 있는 것이 보통이지만, 서양 문화에서는 공공 공간에서 사람들이 서로 일정한 거리를 두는 것이 보통이다. 이러한 차이는 각 문화의 생활 양식, 사고방식, 그리고 의사소통 방식을 반영하고 있다. 영문 자료 'Proxemics 101: Understanding Personal Space Across Cultures'를 참고하여 동아시아와 서양 문화에서 공공 공간(공원, 카페, 대중교통 등) 사용에 대한 프록세믹스 분석을 통해 각 문화의 특징과 차이점을 비교, 대조해 보자. 또한 공공 공간에서의 공간 사용 패턴이 각 문화의 사회적 상호작용과 의사소통에 어떤 영향을 미치는지 탐구해 보자.

관련 학과 상담심리학과, 심리학과, 인류학과, 철학과

《**공간사회학**》, 마티나 뢰브, 장유진 역, 제르미날(2020)

[12심독02-06] ● ● ●

다양한 매체 정보를 분석·종합·비평하여 재구성한다.

● 디지털 시대에는 콘텐츠의 저작권 보호가 더욱 중요해지고 있다. 영어로 작성된 법률 문서, 뉴스 기사, 블로그 포스트 등을 분석하여 디지털 저작권에 대해 탐구하고, 유튜브, 넷플릭스 등의 플랫폼에서의 저작권 침해 사례를 분석하고, 이에 대한 법적 대응에 대해서도 자세히 조사해 보자. 또한 특정 디지털 플랫폼의 저작권 보호 정책을 분석하고, 이에 대한 비평을 통해 새로운 저작권 보호 방안을 제안해 보자.

관련 학과 인문계열 전체

《**이제는 알아야 할 저작권법**》, 정지우 외 1명, 마름모(2023)

[12심독02-07] ● ● ●

사회적으로 이슈가 되는 주제에 관하여 정보 윤리를 준수하며 비판적이고 독창적인 글을 쓴다.

● 한일 간에 강제 징용 피해자에 대한 배상 문제가 논란이 되고 있다. 이에 대한 역사적 배경과 국제법적 측면을 이해하는 것이 중요하다. 각국의 국제법에 대한 이해를 바탕으로 이러한 역사적 논란을 어떻게 해결할 수 있는지에 대해 고민하고 글을 작성해 보자. 또한 관련 기사 'South Korea to compensate victims of Japan's wartime forced labour'를 참고하여 일본과 한국 간의 역사적 분쟁이 두 나라의 현대 관계에 어떤 영향을 미치는지를 비판적으로 분석해 보자.

관련 학과 사학과, 심리학과, 인류학과, 철학과

《**강제징용자의 질문**》, 우치다 마사토시, 한승동 역, 한겨레출판(2021)

[12심독02-08] ● ● ●

다양한 분야의 주제에 관해 적절한 쓰기 전략을 적용하여 글을 점검하고 고쳐 쓴다.

● 관련 영문 기사 'Aspartame hazard and risk assessment results released'에 따르면, 최근 아스파탐이라는 인공 감미료에 대한 건강 영향 평가 결과가 발표되었다. 예전부터 다양한 식품과 음료에 널리 사용되어 온 아스파탐의 역사와 그것이 사회와 문화에 어떤 영향을 미쳤는지 탐구하고, 아스파탐에 대한 사회적 인식의 변화를 연구하고, 이를 통해 건강에 대한 인식과 선택의 변화를 분석해 보자.

관련 학과 사학과, 심리학과, 인류학과, 철학과

《**우리 주변의 화학 물질**》, 우에노 게이헤이, 이용근 역, 전파과학사(2019)

국어 교과군

영어 교과군

수학 교과군

도덕 교과군

사회 교과군

과학 교과군

선택 과목	수능	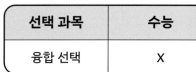	절대평가	상대평가
융합 선택	X		5단계	5등급

|🔍| 소셜 미디어, 문화적 변화, 드론 택시, 도시 생활 변화, 페미니즘, 사회적 운동, 디지털 시대, 개인정보 보호, 정책 제안, 청년 난민, 사회 통합, 과보호 양육, 해결 방안, 패션 인플루언서, 마케팅 전략, 화장품 플라스틱 용기, 해결 방안 탐구, 노인 인구 증가

[12실영01-01] ● ● ●

실생활에 관한 말이나 대화를 듣고 핵심 정보를 파악한다.

➔ 디지털 시대에는 사랑이나 이별 등의 감정이 소셜 미디어를 통해 대중적으로 공유되고 있다. 이런 소셜 미디어에서의 감정 표현은 각자 다른 의미와 메시지를 내포하고 있다. 이러한 감정 표현의 의미를 이해하고 그 배경에 대해 탐구해 보자. 특정 소셜 미디어 플랫폼에서 감정 표현의 변화를 시간에 따라 분석하고, 그것이 사회적·문화적 변화와 어떤 연관성이 있는지 탐구하여 발표해 보자.

관련 학과 인문계열 전체

《소셜 미디어 2,000년》, 톰 스탠디지, 노승영 역, 열린책들(2015)

[12실영01-02] ● ● ●

실생활에 관한 말이나 대화를 듣고 화자의 의도나 목적을 추론한다.

➔ 최근 드론 택시 등 도심 항공 교통이 현실화되고 있다. 이는 도시의 교통 체계를 재정의할 가능성이 있으며, 도시 공간의 사용 방식에도 변화를 가져올 것이다. 도시 항공 교통이 도시 생활에 미치는 영향에 대해 탐구해 보자. 또한 도심 항공 교통의 도입이 도시 구조와 사회에 미치는 장단점은 무엇인지에 관해 탐구한 내용도 발표해 보자.

관련 학과 인문계열 전체

《모빌리티의 미래》, 서성현, 반니(2021)

[12실영01-03] ● ● ●

자신이나 주변 사람 또는 사물을 자신감 있게 소개한다.

➔ 페미니즘은 성평등을 주장하는 사회적·정치적 운동이다. 최근에는 여러 페미니즘의 흐름이 등장하며 복잡성이 더해졌다. 페미니즘의 다양한 이론과 흐름을 조사하고, 이를 통해 자신이나 주변 사람들이 페미니즘을 어떻게 이해하고 받아들이는지 인터뷰하여 소개하는 활동을 해 보자.

관련 학과 인문계열 전체

《나는 소망한다 내게 금지된 것을》, 양귀자, 쓰다(2019)

[12실영01-04]

존중과 배려의 자세로 상대방의 말을 경청하고 자신의 의견이나 감정을 표현한다.

➔ 디지털 시대에 우리는 SNS, 온라인 쇼핑 등을 통해 개인정보를 자주 공유하게 된다. 이로 인해 개인정보 유출이나 사생활 침해 문제가 발생하고 있다. 디지털 시대에 자신과 타인의 개인정보를 어떻게 보호하고 존중해야 하는지에 대한 방안을 제시해 보자. 또한 '디지털 공간에서의 개인정보 보호를 위한 정책 제안'을 주제로 설득하는 글을 써 보자.

관련 학과 인문계열 전체

《이제는 알아야 할 저작권법》, 정지우 외 1명, 마름모(2023)

[12실영01-05]

실생활에 관한 경험이나 사건 또는 간단한 시각 자료를 묘사한다.

➔ 난민은 자신의 고향을 떠나 새로운 사회에 정착해야 하는 어려운 상황에 처한다. 특히 청년 난민들은 새로운 언어, 문화, 교육, 직업 등에 적응해야 하는 도전과 기회가 있다. 청년 난민들의 삶과 꿈에 대해 알아보고, 이를 통해 사회 통합의 의미와 중요성에 대해 탐구해 보자.

관련 학과 상담심리학과, 심리학과, 언어학과, 인류학과, 철학과

《청년, 난민 되다》, 미스핏츠, 코난북스(2015)

[12실영01-06]

실생활에 필요한 일의 방법이나 절차를 설명한다.

➔ 최근 사회에 과보호 양육(overparenting)이 문제로 대두하고 있다. 이는 부모들이 자녀에게 과도한 보호와 관심을 주어 자립심과 독립성을 저해하는 경향을 말한다. 이 현상에 대해 영어로 탐구하고, 과보호 양육으로 인한 문제점과 이를 바로잡기 위한 방법을 상세히 설명해 보자. 또한 '과보호 양육이 청소년의 정서적 문제에 어떤 영향을 미치는가?'를 주제로 심화 탐구를 진행해 보자.

관련 학과 상담심리학과, 심리학과, 인류학과, 철학과

《자녀양육의 실제》, 마종필, 행복에너지(2021)

[12실영01-07]

실생활에서 상황이나 목적에 맞게 대화를 이어 간다.

➔ 패션 인플루언서는 패션 트렌드를 주도하고 패션 소비자들의 구매 결정에 큰 영향을 미치는 사람들을 말한다. 패션 인플루언서가 패션 시장에 미치는 영향과 이를 통한 효과적인 마케팅 전략에 관한 보고서를 작성하여 발표해 보자. 또한 '패션 인플루언서가 패션 시장과 소비자 행동에 어떤 영향을 미치는가?'를 주제로 심화 탐구 활동을 한 뒤 모둠원들과 이야기를 나눠 보자.

관련 학과 상담심리학과, 심리학과, 인류학과, 철학과

《인플루언서》, 볼프강 M. 슈미트 외 1명, 강희진 역, 미래의창(2022)

의사소통 상황이나 목적에 맞게 언어적·비언어적 표현을 사용하여 반응한다.

➡ 최근 환경오염 문제로 인해 화장품 플라스틱 용기 사용에 대한 환경 문제가 주목받고 있다. 특히 화장품 용기의 재활용률이 낮아 환경오염의 주요 원인 중 하나로 지적되고 있다. 화장품 플라스틱 용기 사용이 환경에 미치는 영향과 이를 해결하기 위한 대안을 상세히 분석하는 보고서를 작성해 보자. 또한 '화장품 플라스틱 용기 사용이 환경에 미치는 영향은 무엇이며 어떤 대안이 필요한가?'를 주제로 급우들과 토론을 해 보자.

관련 학과　심리학과, 인류학과, 철학과

ESG를 생각하는 소비와 소비자

서여주, 백산출판사(2024)

책 소개 ......

이 책은 최근에 크게 주목받고 있는 ESG에 대해 깊이 있게 다루고 있다. ESG에 대한 이해가 필요한 현재, 이 책은 기업의 ESG 활동이 소비자의 소비 의사결정에 어떤 영향을 미치는지를 중점적으로 살펴본다. 코로나로 변화된 '삶의 문법'에 맞춰 '기업의 삶의 문법' 또한 달라져야 함을 강조하며, 기업이 ESG를 통해 어떻게 소비자와의 신뢰를 구축하고 사회적 책임을 다하는지에 대해 설명한다. 또한 소비자의 시선에서 ESG를 바라보는 방법을 쉽게 이해할 수 있도록 돕는다.

세특 예시 ......

'ESG를 생각하는 소비와 소비자(서여주)'를 활용한 주제탐구 독서활동에서 ESG의 개념과 그 중요성을 심도 있게 탐구함. 책의 구성을 분석하여 ESG가 기업, 소비자, 사회에 미치는 영향을 체계적으로 정리하고, 이를 영어로 요약하여 발표함. 특히 기업의 ESG 활동이 소비자의 의사결정에 미치는 영향을 논리적으로 추론하고, 이를 바탕으로 ESG 관련 영어 토론에 적극 참여함. 문헌정보학 관점에서 ESG 정보의 수집, 분류, 활용 방안을 탐구하고, 이를 영어로 작성한 보고서를 제출함. 또한 ESG 관련 영어 키워드를 추출하여 용어집을 만들고, 이를 활용한 ESG 정보 검색 가이드라인을 영어로 작성함. 이 과정에서 ESG 관련 영어 문헌의 구조를 분석하고 내용의 논리적 관계를 파악하는 능력을 향상함. 나아가 ESG 정보 리터러시 향상을 위한 영어 교육 프로그램을 기획하고 제안하여, 문헌정보학과 ESG의 융합적 접근을 시도함.

의사소통 상황이나 목적에 맞게 적절한 전략을 적용하여 대화에 참여한다.

➡ 노인 인구의 증가와 함께 그들의 사회 활동 참여가 현대사회에서 중요한 이슈가 되고 있다. 노인의 사회 활동 참여가 그들의 삶의 질에 어떤 영향을 미치는지를 상세히 분석하자. 또한 '어떤 사회 활동이 노인들의 삶의 질 향상에 가장 큰 영향을 미치는가? 그리고 이를 위해 사회와 정부는 어떤 지원을 해야 하는가?'를 주제로 심화 탐구를 진행해 보자.

관련 학과　심리학과, 인류학과, 철학과

《노인복지의 안과 밖》, 김용수, 부크크(2023)

국어 교과군

영어 교과군

수학 교과군

도덕 교과군

사회 교과군

과학 교과군

선택 과목	수능	미디어 영어	절대평가	상대평가
융합 선택	X		5단계	5등급

| 🔍 | 미디어 콘텐츠, 감상, 활용, 미디어의 특성, 비판적 사고력, 융합적 활용, 창의적 전달, 디지털 리터러시, 효과적 전달, 디지털 상호작용

[12미영01-01] • • •

영어 검색 엔진을 활용하여 필요한 정보를 찾아낸다.

➡ 기술 발전과 인터넷 및 모바일의 대중화로 인해 정보 검색 방법은 계속해서 변화하고 있다. 과거 키워드로 검색하는 것이 일반적이었다면 사용자가 일상적인 언어로 검색어를 입력하는 방식인 자연어 검색으로도 원하는 정보를 충분히 얻을 수 있게 되었으며, 음성 검색, 위치 기반 검색, 대화형 검색, 개인 맞춤화 검색, 인공지능 검색 등이 도입되어 왔다. 영어로 표현된 많은 정보 중에서 필요한 정보를 찾아내기 위해 적절한 검색 방법을 이용해 자신이 관심 있는 분야의 정보를 검색하자. 그리고 검색 방법에 따른 검색결과를 조사하여 원하는 결과를 찾기에 가장 효율적인 검색어를 정리하여 발표하자.

관련 학과 인문계열 전체

《검색의 즐거움》, 대니얼 M. 러셀, 황덕창 역, 세종서적(2020)

[12미영01-02] • • •

다양한 주제에 대한 창의적 문제 해결을 위해 미디어를 활용하여 협업한다.

➡ 디지털 도서관은 지식의 접근성을 크게 향상시켰다. 인터넷을 통해 누구나 어디서든 방대한 자료에 접근할 수 있게 되었으며, 이는 연구와 교육의 민주화에 기여하고 있다. 특히 디지털 도서관은 물리적 공간의 제약을 넘어서는 정보 제공 방식으로, 전통적인 도서관의 역할을 확장시키고 있다. 온라인 협업 도구를 활용하여 다른 학생들과 네트워크로 연결된 컴퓨터, 태블릿, 또는 스마트폰에서 다양한 미디어를 사용하여 디지털 도서관이 정보 접근성에 미치는 영향을 분석하고, 전통적 도서관과의 차이점 및 향후 발전 방향을 탐구해 보자.

관련 학과 인문계열 전체

《4차 산업혁명과 디지털도서관》, 노영희, 청람(2022)

[12미영01-03] • • •

미디어 정보에서 핵심어를 추출하여 내용을 요약하거나 재구성한다.

➡ 영어 미디어 정보를 활용할 수 있는 능력으로는 영어 정보 이해, 요약 또는 재구성, 핵심 정보 추출 등이 있다. 책, 신문, 잡지, 만화, 방송, 드라마, 영화, 팝송, 인터넷, 소셜 미디어, 원격 플랫폼, 동영상 플랫폼, 게임, 웹툰, 가상·증강·혼합 현실 미디어 등에서 희망 전공분야를 다룬 흥미 있는 미디어를 선택하여 영어로 표현된 주제에 대해 자신의 생각을 요약해서 쓰거나 미디어에서 영어로 표현된 정보를 수집하고 분석하여 이를 요약,

재구성해 보자.

관련학과 인문계열 전체

《작문 문단쓰기로 익히기》, 캐슬린 E. 설리번, 최현섭 외 1명 역, 삼영사(2000)

[12미영01-04] • • •

미디어 정보를 비판적인 태도로 검색, 선정, 비교 및 분석한다.

➡ 웹툰, 웹소설, 웹드라마 등 새로운 플랫폼의 출현은 10대들이 좋아하는 작품의 서사구조에도 다양한 영향을 미치고 있다. 짧은 시간 동안 많은 정보를 소비하는 10대들의 습관에 맞춰 단편화된 서사구조를 가진 작품이 증가하고 있고, 독자가 작품에 직접 참여하는 기회를 제공함으로써 작품의 제작과 소비에 적극적으로 참여하고 보다 몰입감 있는 서사 경험을 할 수 있다. 또한 현실과 가상의 경계를 허무는 서사구조가 폭발적으로 증가하고 있다. 새로운 미디어 플랫폼의 특징을 영어로 비교하거나 비판적으로 분석하여 발표해 보자.

관련학과 인문계열 전체

《독자와 출판사를 유혹하는 웹소설 시놉시스와 1화 작성법》, 13월의계절, 머니프리랜서(2023)

[12미영01-05] • • •

목적 또는 대상에 적합한 미디어를 활용하여 의견이나 정보를 공유한다.

➡ 디지털 기술의 급속한 발전, 노동 시장의 구조적 변화, 그리고 개인의 삶의 방식 변화가 맞물려 오늘날 사람들은 예전보다 훨씬 더 자주, 그리고 쉽게 직장을 옮기고 있다. 세계 여러 나라의 문화 연구자들이 링크드인과 같은 플랫폼을 통해 자신의 연구 경력, 현장 조사 경험, 학술 출판물 등을 공유한다. 따라서 인류학 전공자들은 문화 인류학자, 고고학자, 박물관 큐레이터 등 다양한 직종의 전문가 프로필을 통해 자신의 경력을 어떻게 관리할지 참고할 수 있다. 자신이 희망하는 직종에 종사하는 사람들의 SNS 프로필을 연구하고, 이를 바탕으로 자신의 미래 모습을 그려낸 프로필을 제작하고 서로 의견을 공유해 보자.

관련학과 인문계열 전체

《링크드인 취업 혁명》, 김민경, 라온북(2022)

[12미영01-06] • • •

미디어 정보를 융합하고 적절한 도구를 활용하여 콘텐츠를 제작한다.

➡ 언어는 인간이 의사소통을 위해 사용하는 상징 체계로, 인간의 사고와 문화를 반영하는 중요한 요소이다. 세계에는 약 6,000여 개의 언어가 존재하는 것으로 추산되며 이 중 약 2,000여 개는 소수 언어로, 사용 인구가 10만 명 미만이다. 영어와 한국어를 포함한 다양한 언어에 대해 조사한 뒤, 정보를 시각적으로 표현하며 다양한 데이터를 간결하고 직관적으로 전달하는 효과적 도구인 인포그래픽을 영어로 제작하여 발표해 보자.

관련학과 인문계열 전체

《진화하는 언어》, 모텐 H. 크리스티안센·닉 채터, 이혜경 역, 웨일북(2023)

[12미영01-07] • • •

미디어에서 접하는 다양한 시청각 단서를 이해하거나 적절하게 표현한다.

국어 교과군

영어 교과군

수학 교과군

도덕 교과군

사회 교과군

과학 교과군

➡ 사회 관계망 서비스(SNS)는 많은 사람들의 삶의 중심에 자리해 있다. 이를 통해 지리적 거리를 초월한 관계를 형성할 수 있으며 다양한 사람들과 교류하는 기회를 제공받고 정보를 공유한다는 장점이 있지만, 피상적인 관계 형성과 중독성, 사이버 폭력 등 부작용도 만만치 않다. 'SNS가 인간관계를 더 풍요롭게 할 수 있을까?'라는 주제로 관련 있는 영어 동영상을 찾아 해당 매체가 텍스트 이외의 다양한 표현 방식(이미지, 색, 소리, 디자인, 하이퍼 텍스트, 애니메이션, 이모티콘, 움직임 등)을 포함한 시청각 요소를 통해 시청자들의 이해를 용이하게 하는 요인을 찾아 분석하고 발표해 보자.

관련 학과 인문계열 전체

《**랜선 사회**》, 에이미 S. 브루크먼, 석혜미 역, 한빛미디어(2023)

[12미영01-08] ● ● ●

미디어에 제시된 작품을 감상하고 다양한 관점에서 평가한다.

➡ 엔터테인먼트 분야에서는 원작이 다른 장르로 리메이크되는 현상이 자주 발생한다. 원작의 스토리나 캐릭터를 다시 해석하거나 새로운 방식으로 구현하는데, 흔히 소설을 영화, 만화, 텔레비전 드라마로 리메이크한다. 예를 들어 셰익스피어의 희곡 〈로미오와 줄리엣〉은 16세기 초반에 출간된 이후로 500년이 넘는 세월 동안 수백 번 이상 리메이크되었다. 관심 있는 영어 작품이 리메이크된 사례를 조사하여 이를 발표해 보자.

관련 학과 인문계열 전체

《**로미오와 줄리엣**》, 윌리엄 셰익스피어, 최종철 역, 민음사(2008)

[12미영01-09] ● ● ●

미디어 정보를 창의적·비판적으로 처리하기 위해 정보의 출처를 확인하고 정보 보안을 준수한다.

➡ 문화재와 역사적 유물에 대한 가짜 뉴스는 문화유산에 대한 대중의 인식을 왜곡할 수 있다. 특정 문화재의 역사적 가치나 출처에 대한 잘못된 정보는 그 유물에 대한 평가를 잘못된 방향으로 이끌 수 있다. 문화재학과 전공자는 영어로 된 문화재나 역사 유물에 대한 가짜 뉴스를 찾아 출처와 사실을 분석해 그 정보가 어떻게 왜곡되었는지 밝혀내는 능력이 필요하다. 자신이 관심 있는 분야에서 영어로 된 가짜 뉴스를 찾아, 명확한 출처를 확인하고 정보의 맥락을 이해하며 사실과 의견을 구분하여 분석하고 발표해 보자.

관련 학과 인문계열 전체

《**CIA 분석가가 알려 주는 가짜 뉴스의 모든 것**》, 신디 L. 오티스, 박중서 역, 원더박스(2023)

[12미영01-10] ● ● ●

오류 수정을 위해 디지털 도구를 적절히 활용한다.

➡ 아포칼립스는 종말을 의미하는 그리스어 단어로, 종말론적 종교 문서에서만 언급되는 것이 아니라 소설·영화·게임 등 다양한 장르의 문화 콘텐츠에 자주 등장해 왔다. 아포칼립스나 좀비 등을 다루는 콘텐츠는 최근 몇 년 동안 끊임없이 인기를 끌고 있다. 그 이유는 여러 가지로, 문화적·사회적·심리적 요인이 복합적으로 작용하는데, 대표적으로 사회적 불안감, 인간 본성에 대한 탐색, 고립과 자아실현의 테마, 스릴과 긴장감을 주는 장치가 거론되고 있다. 아포칼립스와 관련된 문학 작품을 조사하여 영어로 보고서를 작성하고, 주장의 근거로 활용된 자료를 인터넷 등 디지털 도구를 활용하여 다시 한번 검증해 보자.

관련 학과 인문계열 전체

《**아포칼립스 영화**》, 오세섭, 커뮤니케이션북스(2023)

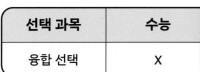

선택 과목	수능	세계 문화와 영어	절대평가	상대평가
융합 선택	X		5단계	5등급

> 🔍 문화적 배경, 세대 간 전달, 소셜 미디어, 이민자 문화 적응, 사회 통합, 문화적 충돌, 문화상대주의, 인류의 근원적 두려움, 문화적 맥락, 현대적 재해석, 인공지능 기술, 포스트 코로나, 디지털 봉사, 글로벌 영향, 미니멀리즘, 기업 성공, 사이버 범죄, 딥 보이스

[12세영01-01]

적절한 전략을 사용하여 다양한 장르와 매체의 문화 정보나 문화적 산물의 핵심 내용을 파악한다.

➡ 친숙한 요리는 세대 간 유대감을 형성하고 난민들이 새로운 나라에 정착하도록 돕고 우정을 다지거나 버려진 부분과 다시 연결되게 하는 훌륭한 도구로 알려져 있다. 관련 기사 'Sharing food and recipes has the power to bring people together'를 읽고, 요리가 이민자들이 새로운 환경에서 자신들의 문화적 배경을 유지하고 표현하는 데 어떤 역할을 하는지 알아보자. 특히 특정 음식이 개인이나 공동체에게 가지는 의미를 분석해 보고, 그것이 세대를 통해 전달되거나 새로운 문화와 접목되면서 변화하는 과정을 탐구하여 공유해 보자.

관련 학과 인문계열 전체

《**킴스 패밀리 인 아메리카**》, 김지나, 왕의서재(2020)

[12세영01-02]

문화 관련 주요 개념을 적용하여 문화 현상을 분석하고 새로운 관점으로 설명한다.

➡ 디지털 시대에 소셜 미디어는 이민자들이 자신의 문화를 공유하고 새로운 사회에 적응하는 데 중요한 역할을 한다. 관련 자료 'The Impact of Social Media on Cultural Adaptation Process: Study on Chinese Government Scholarship Students'를 읽고 소셜 미디어가 어떻게 이런 과정을 지원하는지, 그리고 디지털 플랫폼에서의 문화 교류가 어떻게 실제 세계에서 사회 통합을 촉진하는지 분석해 보자.

관련 학과 고고학과, 문헌정보학과, 상담심리학과, 심리학과, 인류학과, 철학과

《**하이프 머신**》, 시난 아랄, 엄성수 역, 쌤앤파커스(2022)

[12세영01-03]

타 문화 및 언어에 대한 존중을 바탕으로 문화 정보를 수용하고 자신의 의견을 표현한다.

➡ 다양한 배경을 가진 이들이 어떻게 자신들만의 서브컬쳐를 형성하며 그 과정에서 주류 사회와 어떠한 충돌 및 조화를 이루는지를 문화상대주의 관점에서 알아보자. 캐나다에서 신규 이주민들이 자신들의 문화적 신념과 전통을 유지하려고 노력하면서 겪는 어려움에 대해 다룬 기사 'Immigrant Parents Struggle with Cultural Clashes'를 참고하여 문화적 충돌을 극복하는 방법에 대해 발표해 보자.

관련 학과 인문계열 전체

국어 교과군

영어 교과군

수학 교과군

도덕 교과군

사회 교과군

과학 교과군

**교육자를 위한
다문화교육과
세계시민교육 방법론**

김진희, 박영스토리(2022)

책 소개

이 책은 다문화 교육과 세계시민 교육에 대한 복합적인 이론과 실천 전략을 다룬다. '정답'을 제시하기보다는 교육자의 시각에서 끊임없이 성찰하고, 다문화교육과 세계시민 교육의 실천에서 나타나는 고민과 난관에 공감하면서 해결책을 제안한다. 다문화교육과 세계시민교육의 복잡성을 감안하여, 실제 교육 현장에서의 적용을 위한 이론적 기반을 제공한다. 또한 저자의 국내외 교육 현장 경험을 바탕으로 실제 교사들이 직면하는 문제를 이해하고, 그에 대한 해결책을 제시하는 데 중점을 둔다.

세특 예시

'교육자를 위한 다문화교육과 세계시민교육 방법론(김진희)'을 읽고 교실 내에서 문화적 다양성을 존중하는 구체적인 수업 방식을 고안함. 특히 다문화 학생과 비다문화 학생 간의 협력 학습 활동을 설계해 공동 프로젝트를 진행하게 하여 서로의 문화를 이해하고 존중하는 경험을 제공하는 것이 중요하다고 강조함. 또한 경쟁적 교육 환경에서 다문화 학생이 겪는 도전과 어려움을 인식하고, '언어 지원 프로그램'과 '문화적 감수성 교육'을 병행하여 학생들이 서로 차이를 이해하고 존중하는 능력을 기를 수 있는 학습 환경을 구축해야 한다고 밝힘. 이러한 모습에서 비판적 사고력과 문제 해결 능력을 엿볼 수 있었음.

[12세영01-04]

문화 현상이나 문화적 산물을 비교·대조하여 문화의 보편성과 특수성을 파악한다.

➡ 공포 이야기는 종종 사람들이 직면하는 두려움과 우려를 반영하며, 이는 보편적인 경험을 나타내는 경우가 많지만, 한편으로는 각 문화의 독특한 특성과 신화를 반영하므로 특수성도 존재한다. 관련 글 'Towards an Anthropology of Fear: are some things universally terrifying?'을 읽고 다양한 문화에서 발견되는 공포 이야기를 분석하여 인류의 근원적 두려움과 그것이 문화적 맥락에 따라 어떻게 변형되는지 탐구해 보자.

관련 학과 고고학과, 국어국문학과, 문예창작학과, 문헌정보학과, 사학과, 상담심리학과, 심리학과, 언어학과, 인류학과, 종교학과, 철학과

《**죽음의 심리학**》, 레이첼 멘지스 외 1명, 석혜미 역, 비잉(2023)

[12세영01-05]

문화적 산물이나 문화 현상에 내재된 문화적 전제, 관점 또는 가치관을 추론한다.

➡ 최근 음성 인식 기술을 활용한 딥 보이스가 새로운 형태의 사이버 범죄로 떠오르고 있다. 이러한 범죄는 인공지능 기술을 활용하여 피해자의 음성을 모방해 사기를 치는 방식으로, 피해자가 실제로 그들이 알고 있는 사람과 대화하고 있다고 믿게 만들어 피해자로부터 금전적 이익을 얻는다. 관련 기사 'The Importance of Ethics in The Digital Age'를 읽고, 음성 인식 기술과 관련된 윤리적 원칙에 대해 의견을 공유해 보자.

관련 학과 인문계열 전체

《**당신이 알고 싶은 음성인식 AI의 미래**》, 제임스 블라호스, 박진서 역, 김영사(2020)

[12세영01-06]

다른 문화권의 관습, 규범, 가치, 사고방식, 행동 양식 또는 의사소통 방식을 이해하고 자신의 문화 인식 및 관점을 비판적으로 성찰한다.

➡ 포스트 코로나 시대를 맞아 디지털 기술의 발전과 함께 국제 봉사 활동의 패러다임이 크게 변화하고 있다. 코로나 시기에 대면 활동이 제한되면서, 많은 봉사 활동이 온라인으로 이동하고 디지털 봉사자들이 등장했다. 관련 자료 'Research reveals the rise of the digital volunteer, with more than 90% of voluntary organisations moving operations online during the pandemic'를 참고하여 국제 봉사 활동이 어떻게 변화하고 있는지 조사하고, 디지털 기술을 활용한 원격 봉사 활동이 어떤 문화적 전제와 가치를 반영하고 있는지 분석해 보자.

관련 학과 인문계열 전체

《**대면 비대면 외면**》, 김찬호, 문학과지성사(2022)

[12세영01-07]

자발적·지속적 관심과 흥미를 가지고 다양한 문화적 산물을 감상하고 표현한다.

➡ 한류가 전 세계적으로 확산되고 있다. 특히 K-드라마는 한류 열풍을 이끄는 주요 문화 산물이다. 관련 글 'The Influence Of K-Drama On Global Pop Culture'를 참고하여 K-드라마가 담고 있는 문화적 가치와 전제를 깊이 있게 분석하고, 이를 통해 한류가 세계적으로 어떤 영향을 미치고 있는지 탐구해 보자. 또한 K-드라마가 전 세계적으로 인기를 끌게 된 원인과 그것이 담고 있는 문화적 가치에 대해 논하고, 향후 K-드라마의 발전 방향을 제시해 보자.

관련 학과 인문계열 전체

《**한류 외전**》, 김윤지, 어크로스(2023)

[12세영01-08]

세계 영어에 대한 이해를 바탕으로 적절한 전략과 태도를 갖추어 의사소통에 참여한다.

➡ 요즘의 소비자들은 미니멀리즘에 기반한 간결하고 세련된 패키지 디자인을 선호하는 경향이 있다. 관련 기사 'Why more food, toiletry and beauty companies are switching to minimalist package designs'를 읽고 미니멀리즘 패키지 디자인이 소비자의 구매 결정에 어떤 영향을 미치는지, 그리고 이러한 경향이 현대사회와 문화에 어떤 의미를 가지는지 모둠원들과 이야기해 보자. 또한 미니멀리즘 패키지 디자인이 소비자의 제품에 대한 인식과 가치 평가에 어떤 영향을 미치는지 분석하여 발표해 보자.

관련 학과 상담심리학과, 심리학과, 인류학과, 철학과

《**ESG를 생각하는 소비와 소비자**》, 서여주, 백산출판사(2024)

[12세영01-09]

다양한 장르와 매체에서 검색·수집한 문화 정보를 요약하거나 목적에 맞게 재구성한다.

➡ 현재 Netflix는 독특한 기업 문화로 많은 이목을 끌고 있다. Netflix의 'People over the process'라는 핵심 사상에 대해 탐구해 보자. 영문 기사 'The Unfolding of Netflix's Exceptional Company Culture'을 참고하여, 이러한 핵심 사상이 Netflix의 기업 문화를 형성하는데 어떻게 기여했는지, 그리고 이것이 Netflix의 전반적인

기업 성공에 어떤 역할을 하는지 알아보자. 이를 위해 Netflix의 기업 문화에 대한 다양한 리포트와 인터뷰를 찾아 요약해 보고, 이러한 문화가 다른 기업에도 적용될 수 있는지, 그렇다면 어떻게 적용될 수 있는지에 대한 자신의 생각을 구체적으로 작성해 보자.

관련 학과 심리학과, 영어영문학과, 인류학과, 철학과

《**규칙 없음**》, 리드 헤이스팅스 외 1명, 이경남 역, 알에이치코리아(2020)

[12세영01-10] ● ● ●

정보 윤리를 준수해 다양한 목적의 문화 콘텐츠를 제작하여 공유한다.

➲ 최근 전통 문화를 현대적으로 재해석하는 트렌드가 주목받고 있다. 세계 각국의 전통 문화를 연구하고, 이를 현대적으로 재해석하여 다문화 인식 증진을 위한 콘텐츠를 제작해 보자, 이를 위해 각국의 전통 문화에 대해 조사하고, 그것을 어떻게 현대적인 콘텐츠로 변환할 수 있을지, 그리고 그런 과정이 다문화 인식에 어떻게 기여하는지에 대해 영어로 결과를 작성하여 공유해 보자.

관련 학과 인문계열 전체

《**조선셰프 서유구의 과자이야기 3**》, 곽유경·우석대학교 전통생활문화연구소, 자연경실(2023)

국어 교과군

영어 교과군

수학 교과군

도덕 교과군

사회 교과군

과학 교과군

수학 교과군

구분	교과(군)	공통 과목	선택 과목		
			일반 선택	진로 선택	융합 선택
보통 교과	수학	공통수학1 공통수학2 기본수학1 기본수학2	대수 미적분I 확률과 통계	미적분II 기하 경제 수학 인공지능수학 직무 수학	수학과 문화 실용 통계 수학과제 탐구

공통 과목	수능	공통수학1	절대평가	상대평가
	X		5단계	5등급

단원명 | 다항식

🔍 오름차순, 내림차순, 다항식의 덧셈, 다항식의 뺄셈, 다항식의 곱셈, 다항식의 나눗셈, 조립제법, 항등식, 교환법칙, 결합법칙, 분배법칙, 미정계수법, 계수비교법, 수치대입법, 나머지정리, 인수정리, 다항식의 전개, 다항식의 인수분해

[10공수1-01-01] ●●●

다항식의 사칙연산의 원리를 설명하고, 그 계산을 할 수 있다.

➡️ 우리는 일상 언어를 통해 주변 세계를 표현하고 자신의 생각과 느낌을 다른 사람에게 전달한다. 반면 수학에서는 수나 수식, 기호를 사용하여 정리와 법칙을 표현하며, 이를 전달하는 매개체로 다항식, 방정식, 함수 등을 활용하고 있다. 수학이나 물리학, 경제학에서 사용되는 다항식, 방정식, 함수에서 수학 언어(수학 기호, 수식 등)가 가진 특징을 평소 사용하는 일상 언어와 비교해 보자.

`관련 학과` 국어국문학과, 문헌정보학과, 언어학과, 영어영문학과, 인류학과, 철학과

《**수학기호의 역사**》, 조지프 마주르, 권혜승 역, 반니(2017)

[10공수1-01-02] ●●●

항등식의 성질과 나머지정리를 이해하고, 이를 활용하여 문제를 해결할 수 있다.

➡️ 대수학(Algebra)은 문자를 사용해 관계, 성질, 계산 법칙 등을 연구하는 학문으로, 대수학의 '대'는 문자 대신 숫자를 넣어 문제를 해결한다는 의미이다. 고대 이집트의 아메스가 남긴 파피루스에는 숫자 대신 문자를 사용해 방정식을 해결한 기록이 있다. 이후 대수학은 기호의 도입으로 일반적인 문제를 해결하는 방법, 양쪽 사이의 관계를 탐구하는 방법이라는 의미로 확장되었고, 19세기에는 군(group), 환(ring), 체(field) 등 대수적 구조를 연구하는 학문이 되었다. 방정식, 함수, 다항식 등을 포함하는 대수학의 발전 과정을 탐구하여 발표해 보자.

`관련 학과` 고고학과, 사학과, 인류학과, 종교학과, 철학과

《**수학을 배워서 어디에 쓰지?**》, 이규영, 이지북(2021)

[10공수1-01-03] ●●●

다항식의 인수분해를 할 수 있다.

➡️ 일반적으로 두 정수의 최대공약수를 구할 때 소인수분해를 통해 공통인수를 찾아내지만, 큰 소수를 인수로 갖게 되면 소인수분해가 쉽지 않다. 이때 활용하는 유클리드 호제법은 소인수분해를 이용하지 않고 최대공약수를 구하는 방법이다. 유클리드 호제법은 다항식에도 동일하게 적용할 수 있으며, 다항식의 유클리드 호제법에

대한 증명 방법도 정수의 증명 방법과 동일하다. 두 다항식의 최대공약수를 구할 때 사용하는 유클리드 호제법에 대해 알아보고 유클리드가 살던 시대적 배경을 탐구해 보자.

(관련 학과) 고고학과, 사학과, 인류학과, 철학과

《매스매틱스 1─피타고라스, 유클리드 편》, 이상엽, 길벗(2020)

단원명 | 방정식과 부등식

> |𝒫| 복소수, 허수, 실수 부분, 허수 부분, 복소수의 사칙연산, 판별식, 이차방정식의 근과 수의 관계, 두 근의 합, 두 수의 곱, 두 수를 근으로 하는 이차방정식, 이차방정식과 이차함수, 이차방정식의 해, 이차함수의 그래프, 이차함수의 최대와 최소, 최댓값과 최솟값, 삼차방정식, 사차방정식, 연립이차방정식, 연립일차 부등식, 직선의 위치 관계, 절댓값을 포함한 일차부등식, 이차부등식, 연립이차부등식

[10공수1-02-01] • • •

복소수의 뜻과 성질을 설명하고, 사칙연산을 수행할 수 있다.

➲ 허수 i는 실수 체계에 없는 수로, 제곱하면 -1이 되는 가상의 수를 의미한다. 복소수 개념은 16세기 이탈리아의 수학자들에 의해 정립되었는데, 실수 체계를 확장한 복소수 체계는 미적분학을 발전시키고 대수학의 응용 분야를 넓히는 등 현대 수학에서 중요한 역할을 하고 있다. 또한 현재 수학을 넘어 물리학, 전자공학 등 다양한 분야에 활용되고 있으나, 그 당시에는 크게 인정받지 못했다. 처음에는 별다른 관심을 받지 못한 허수가 지금처럼 중요한 도구로 활용되기까지의 역사적 과정을 조사하고, 우리 역사에서 이와 비슷한 사례를 찾아보자.

(관련 학과) 고고학과, 사학과, 인류학과, 철학과

《수학 교과서 개념 읽기: 수》, 김리나, 창비(2019)

[10공수1-02-02] • • •

이차방정식의 실근과 허근을 이해하고, 판별식을 이용하여 이차방정식의 근을 판별할 수 있다.

➲ 유명한 고대 건축물 중에는 수치를 계산하여 설계하고 기하학적 모양을 통해 안정성과 미적 요소를 강조한 것들이 있다. 그중 메소포타미아, 이집트, 수메르, 중국, 유럽에 남아 있는 아치형 구조는 안정적이고 튼튼하며 미적인 요소가 가미되어 있다. 세계 각지의 건축물에서 이차함수를 활용한 사례를 찾아 건축물의 특징을 조사하고 건축물에 담긴 역사적 배경을 탐구해 보자.

(관련 학과) 고고학과, 노어노문학과, 독어독문학과, 문화재학과, 불어불문학과, 사학과, 아랍어과, 영어영문학과, 인류학과, 일어일문학과, 중어중문학과, 철학과

《수학이 보이는 가우디 건축여행》, 문태선, 궁리(2021)

[10공수1-02-03] • • •

이차방정식의 근과 계수의 관계를 설명할 수 있다.

➲ 포물선은 극점(극대점이나 극소점)을 정점으로 하여 운동 방향이 바뀌는 성질을 가진다. 그런 의미에서 사람의 인생을 포물선에 비유하며 끝없이 올라가거나 내려가지만은 않는다고 이야기한다. 이차함수 그래프가 가지는

특징을 정리하고, 인생을 포물선에 비유할 때의 의미를 탐구해 보자.

관련 학과 상담심리학과, 심리학과, 종교학과, 철학과

《**포물선**》, 서상만, 언어의집(2023)

[10공수1-02-04] ● ● ●

이차방정식과 이차함수를 연결하여 그 관계를 설명할 수 있다.

➡ 빗살무늬토기는 표면에 빗살 같은 줄이 새겨지거나 그어져 있는 신석기 시대의 토기이다. 주로 음식을 저장하거나 담아 두고, 때로는 취사용으로도 사용한 것으로 추정된다. 빗살무늬토기의 형태를 보면 포물선과 비슷하다. 빗살무늬토기 사진을 찾아 포물선의 함수식을 찾아보자. 또한 포물선 형태의 토기가 가진 장점을 탐구해 보자

관련 학과 고고학과, 문화재학과, 사학과, 철학과

《**빗살무늬토기의 비밀**》, 김찬곤, 뒤란(2021)

[10공수1-02-05] ● ● ●

이차함수의 그래프와 직선의 위치 관계를 판단할 수 있다.

➡ 수학에서 사용하는 용어를 정의할 때, 잘못된 정의는 잘못된 개념으로 이어지기 쉽다. 중학교에서는 원을 생각해, 직선이 곡선에 접한다는 의미를 한 점에서 만난다고 설명한다. 또한 국어사전에서도 '접하다'를 '평면 위의 도형과 선이 한 점에서 만나는 것'이라고 정의하고 있다. 이차함수에서는 한 점에서 만나지만 접하지 않는 경우가 존재하며, 삼차함수에서도 한 점에서 만나지만 접하지 않는 경우가 있다. 수학에서 사용하는 '접하다'라는 말의 의미를 어떻게 정의해야 할지 탐구해 보자.

관련 학과 국어국문학과, 언어학과

**개미가 알려주는
가장 쉬운 미분 수업**

장지웅, 미디어숲(2021)

책 소개

이 책은 중학교 3학년 정도의 평범한 수학 지식을 갖추었다면 쉽게 이해할 수 있도록 미분 개념을 풀어내고 있다. 그림이나 도식을 통해 미분을 직관적으로 소개하고, 간단한 함수의 미분 방법도 소개하고 있다. 이를 통해 수학에서는 전체적인 개념 이해가 중요하며 공식을 무조건 암기하지 말고 기초 원리부터 차근차근 파악해야 함을 강조한다.

세특 예시

이차함수의 접선 방정식을 학습하면서 중학교 교과서에 제시된 접선의 정의가 진정한 접선의 정의가 아님을 알게 됨. 중학교에서 접선은 한 점에서 만난다고 설명하고 있으나 그렇지 않은 반례가 있음을 소개하면서 동시에 국어사전의 정의 역시 다소 애매하다고 설명함. '개미가 알려주는 가장 쉬운 미분 수업(장지웅)'을 읽고 접선의 정확한 정의는 미분을 배운 이후 가능하다는 것을 알게 되었으며, 미분과 극한의 개념을 직관적으로 이용하여 접선의 정확한 수학적 정의를 설명함.

[10공수1-02-06] ● ● ●

이차함수의 최대·최소를 탐구하고, 이를 실생활과 연결하여 유용성을 인식할 수 있다.

➡ 이차함수나 방정식, 통계 등은 실생활의 다양한 현상들을 모델링할 때 사용하는 중요한 수학적 도구이다. 인공지능의 발달로 인해, 형을 사고로 잃고 괴로워하는 주인공의 몸과 마음을 의료용 로봇이 치료해 주는 디즈니 애니메이션 속의 모습이 점차 현실화되고 있다. 인공지능이 사람의 심리와 정서 등의 증상 변화를 그래프를 이용해 모델링하고 그에 대한 치료와 관리 방법을 처방하게 된다. 인공지능과 관련해 사람의 심리를 모델링하는 과정을 탐구해 보자.

관련 학과 상담심리학과, 심리학과

《**챗GPT는 심리상담을 할 수 있을까?**》, 박정혜, 오도스(2023)

[10공수1-02-07] ● ● ●

간단한 삼차방정식과 사차방정식을 풀 수 있다.

➡ 수학적 모델링은 자연과 사회의 다양한 현상을 수학적 모델로 표현하여 수학적 방법으로 해결한 후 그 결과로부터 실생활 문제를 해석하는 과정이다. 현상을 수학적 모델로 표현하는 과정에서 사용되는 수학적 모델과 수학 언어에는 방정식, 부등식, 함수, 다항식, 행렬, 집합 등이 있다. 실생활의 문제를 방정식으로 모델링하여 해결한 사례를 제시하고, 수학적 모델링으로 방정식을 사용하는 것의 장점을 탐구해 보자

관련 학과 국어국문학과, 언어학과, 철학과

《**수학적 모델링 콘텐츠 1**》, 김준석 외 2명, 지오북스(2020)

[10공수1-02-08] ● ● ●

미지수가 2개인 연립이차방정식을 풀 수 있다.

➡ 《구장산술(九章算術)》은 우리나라 산학에 큰 영향을 미친 중국의 고대 수학서로, 그것이 동양의 수학사에 미친 영향은 서양의 유클리드 기하와 견줄 만하다. 《구장산술》은 중국 산학을 넘어 우리나라, 일본, 베트남, 인도의 수학에도 커다란 영향을 미쳤다. 《구장산술》에 포함된 방정식과 관련한 문제를 소개하고, 《구장산술》이 역사적으로 미친 영향을 탐구해 보자.

관련 학과 고고학과, 문헌정보학과, 문화재학과, 사학과, 인류학과

《**조선수학사 ― 주자학적 전개와 그 종언**》, 가와하라 히데키, 안대옥 역, 예문서원(2017)

[10공수1-02-09] ● ● ●

미지수가 1개인 연립일차부등식을 풀 수 있다.

➡ 홍정하는 조선의 위대한 수학자로, 천원술(일차방정식의 근을 구하는 동양 전래의 계산법)을 이용한 방정식의 구성과 증승개방법(다항방정식의 근사해를 얻는 방법)을 통한 방정식의 해법으로 조선의 방정식론을 완결하였다. 최소공배수에 관한 수론, 구고술, 기하 문제 등에 대하여 구조적으로 문제를 구성하여 이론과 응용을 동시에 해결했다. 조선 산학의 발전에 기여한 홍정하와 천원술을 방정식, 부등식과 관련하여 탐구해 보자.

관련 학과 고고학과, 문헌정보학과, 문화재학과, 사학과, 철학과

조선의 수학자 홍정하

이창숙, 궁리(2020)

책 소개

이 책은 조선 수학의 자존심으로 불리는 홍정하를 주인공으로 한 소설로, 그가 쓴 수학책《구일집》에서 우리 역사의 높은 수학 수준을 엿볼 수 있다. 그런데 서양의 수학자들은 잘 알려져 있지만 홍정하는 아쉽게도 그의 이름도 저서도 모르는 이들이 많다. 홍정하의 삶과 조선 시대의 수학 세계를 소설로 구현해 우리나라의 수학자를 잘 모르는 청소년과 일반 독자들에게 우리 역사 속의 수학자와 수학 세계를 전달하고 있다.

세특 예시

교과 융합 활동으로 수학과 역사를 연계한 수업을 진행하여 팀별로 수학사를 탐구하는 활동을 진행함. '조선의 수학자 홍정하(이창숙)'를 활용하여 우리나라 수학자 홍정하와 그의 저서《구일집》을 소개하고, 방정식과 관련한 문제 상황과 해결 과정을 사례로 제시함. 최소공배수와 방정식, 기하 문제 등을 해결하는 해법을 소개하면서 당시로는 기발한 접근 방법이었다고 소개함. 학급원들은 수학자 홍정하가 생소하다는 반응이었고, 이에 그의 업적과 우리나라 산학의 우수성을 알리는 자료를 제작하여 학급 게시판에 부착함.

[10공수1-02-10] ●●●

절댓값을 포함한 일차부등식을 풀 수 있다.

➡ 교통 표지는 교통에 필요한 주의·규제·지시 등을 표시하는 표지판이나 도로의 바닥에 표시하는 기호, 문자 또는 선 등을 의미한다. 다양한 국제 조약을 통해 다른 나라에서도 통일된 교통 표지를 사용하고 있어서, 해외에서 운전할 때 불편하지 않다. 이런 도로 표지판 중에는 부등식과 관련한 속도 안내 및 속도 제한 표지판이 있다. 부등식과 관련성이 있는 속도 표지판을 찾아보고, 교통 표지판 등에서 사용되는 기호가 가진 특징과 장점을 탐구해 보자.

관련 학과 언어학과, 인류학과, 철학과

《**만다라(Mandala) 11: 교통안전 표지**》, 루덴스·이지정, 루덴스(2015)

[10공수1-02-11] ●●●

이차부등식과 이차함수를 연결하여 그 관계를 설명하고, 이차부등식과 연립이차부등식을 풀 수 있다.

➡ 스트링아트는 실(끈)로 작품을 만드는 예술로, 19세기 영국의 여성 수학자 메리 에베레스트에 의해 고안되었다고 알려져 있다. 곡선을 사용하지 않고 직선만을 이용하여 포물선, 타원, 쌍곡선, 심장형 곡선 등의 모양을 만들 수 있고, 미적 요소가 가미되어 예술 분야에서도 활용된다. 또한 심리적 안정 효과를 이용하여 미술 심리치료에도 활용된다. 스트링아트와 미술 심리치료의 효과에 대해 탐구해 보자.

관련 학과 상담심리학과, 심리학과

《**미술 잘하는 아이는 다르다**》, 강영애, 라온북(2022)

단원명 | 경우의 수

국어 교과군
영어 교과군
수학 교과군
도덕 교과군
사회 교과군
과학 교과군

| 🔍 | 합의 법칙, 곱의 법칙, 경우의 수, 순열, 순열의 수, 조합, 조합의 수 |

[10공수1-03-01]   ● ● ●

합의 법칙과 곱의 법칙을 이해하고, 적절한 전략을 사용하여 경우의 수와 관련된 문제를 해결할 수 있다.

➡ MBTI(Myers-Briggs Type Indicator) 검사는 마이어스(Myers)와 브릭스(Briggs)가 스위스의 정신분석학자 융(Carl Jung)의 심리 유형론을 토대로 고안한 성격 유형 검사 도구이다. MBTI는 에너지의 방향성을 나타내는 외향-내향(E-I) 지표, 인식의 기능을 나타내는 감각-직관(S-N) 지표, 수집한 정보를 판단하고 결정하는 사고-감정(T-F) 지표, 생활 양식을 보여 주는 판단-인식(J-P) 지표로 나뉜다. MBTI 성격 유형의 수를 구하고 각 특징을 정리해 보자.

관련 학과 상담심리학과, 심리학과, 철학과

일하는 사람을 위한 MBTI

백종화, 중앙북스(2022)

책 소개

이 책은 900시간 이상 코칭을 진행한 리더십 전문가 백종화 코치가 약 1,200일 동안 2,000여 명의 MBTI를 분석한 경험을 토대로 회사나 그룹에서 MBTI를 활용하는 정보를 제공한다. MBTI는 자기 자신을 이해하는 도구이자 과업을 수행할 때 보다 알맞은 방법을 알려 주는 유용한 도구라고 설명한다. 타고난 성향을 파악하고 서로의 고유한 특징과 차이를 이해할 때 도움이 된다고 이야기한다.

세특 예시

합의 법칙과 곱의 법칙을 학습한 뒤 경우의 수를 활용한 활동으로 최근 관심을 받고 있는 MBTI 성격유형 검사로 개념을 확장함. '일하는 사람을 위한 MBTI(백종화)'를 참고하여 MBTI의 역사와 함께 성격 유형을 크게 4가지 지표로 나누고, 곱의 법칙을 고려하면 16가지 유형이 될 수 있다고 설명함. 또한 학생들에게 간단한 검사 방법과 16가지의 성격유형별 특징을 소개하고, 학급 내에서 자신의 성격과 다른 친구들의 고유한 성격 특징을 인정해야 한다고 설명함. 학급에서 생길 수 있는 상황에 대해, 유형별로 대처 방법이 다르므로 서로에 대한 이해가 필요하다고 설명함.

[10공수1-03-02]   ● ● ●

순열의 개념을 이해하고, 순열의 수를 구하는 방법을 설명할 수 있다.

➡ 훈맹정음은 시각장애인을 위한 한글 점자로, 6개 점의 조합으로 표기된 기호를 촉각으로 감지해 읽을 수 있도록 만들었다. 일제강점기였던 1926년 송암 박두성 선생이 발표한 것으로, 시각장애인들이 한글과 같은 원리를 통해 글자를 익히도록 한 고유 문자체계다. 한글의 6점식 점자는 세로 3개, 가로 2개로 구성된 점을 조합해 초성과 중성으로 구분된 자음과 모음을 표현하였다. 훈맹정음의 자음과 모음을 조사하고 6개 점의 조합으로 만들 수 있는 문자의 개수를 구해 보자.

국어국문학과, 노어노문학과, 독어독문학과, 문예창작학과, 문헌정보학과, 불어불문학과, 사학과, 언어학과, 영어영문학과, 일어일문학과, 중어중문학과

《훈맹정음 할아버지 박두성》, 최지혜, 천개의바람(2018)

[10공수1-03-03] • • •

조합의 개념을 이해하고, 조합의 수를 구하는 방법을 설명할 수 있다.

➡ 로또 복권은 최고 당첨금의 제한이 없는 복권으로, 정식 명칭은 '온라인 연합복권'이다. 2002년 12월에 시작되어 정부 10개 부처가 연합해 'Lotto 6/45'를 발행하였다. 이후 2018년부터 수탁 사업자 업무가 나눔로또에서 동행복권으로 변경되어 명칭이 '동행복권'으로 바뀌었다. 로또는 45개 숫자 중 6개의 숫자를 선택해 모두 일치할 경우 1등에 당첨되며, 3개 이상의 숫자가 일치할 경우 당첨금을 받는다. 조합을 이용해 1등부터 5등까지의 경우의 수를 구하고, 사람들이 로또 복권을 구입하는 심리를 개인과 사회적 측면에서 분석해 보자.

관련 학과 상담심리학과, 심리학과, 철학과

《로또 당첨의 이론과 실제》, 양운, 북랩(2023)

단원명 | 행렬

> |🔍| 행렬, 행, 열, 성분, $m \times n$ 행렬, 정사각행렬, 영행렬, 단위행렬, 행렬의 연산, 행렬의 덧셈, 행렬의 뺄셈, 행렬의 곱셈, 행렬의 실수배

[10공수1-04-01] • • •

행렬의 뜻을 알고, 실생활 상황을 행렬로 표현할 수 있다.

➡ 특정 분야에서 다른 분야에 비해 자주 사용하는 특정한 단어와 용어가 있다. 예를 들어 과학 분야에서는 원리·개념·법칙 등의 단어를 많이 사용하는 반면, 인문학에서는 사상·가치관·문화 등의 단어를 많이 사용한다. 인공지능이 글의 성격과 분야를 추측하는 과정에서 글에 사용된 단어들을 분석하는데, 이때 행렬이나 벡터의 성분 차이를 이용한 맨해튼 거리가 사용된다. 인공지능이 활용하는 맨해튼 거리를 행렬과 연관하여 탐구해 보자.

관련 학과 국어국문학과, 문예창작학과, 언어학과, 영어영문학과

《인공지능, 엔트리 수학을 만나다》, 홍지연, 영진닷컴(2021)

[10공수1-04-02] • • •

행렬의 연산을 수행하고, 관련된 문제를 해결할 수 있다.

➡ 인공지능이 사람의 필기체를 인식할 때, 상당히 많은 샘플들을 이용한 기계학습이 이루어진다. 대표적인 방법으로 MNIST(Modified National Institute of Standard and Technology database)가 있다. MNIST 데이터에서는 가로와 세로가 각각 28칸으로 이루어진 784개의 픽셀을 이용해 글자나 숫자의 특성을 파악하게 된다. 인공지능이 특정 글자나 숫자를 인식하는 과정에서 행렬이 어떻게 활용되는지 탐구해 보자.

관련 학과 국어국문학과, 문예창작학과, 언어학과, 영어영문학과

《AI는 세상을 어떻게 바꾸는가》, 장동선, 김영사(2022)

공통 과목	수능	공통수학2	절대평가	상대평가
	X		5단계	5등급

단원명 | 도형의 방정식

> | 🔍 | 두 점 사이의 거리, 내분점, 외분점, 중점, 직선의 방정식, 두 직선의 평행 조건과 수직 조건, 점과 직선 사이의 거리, 원의 방정식, 반지름, 원의 중심, 원과 직선의 위치 관계, 접선, 접점, 접한다, 두 점에서 만난다, 만나지 않는다, 접선의 방정식, 평행이동, 원점, x축, y축, 직선 $y = x$에 대한 대칭이동

[10공수2-01-01] ● ● ●

선분의 내분을 이해하고, 내분점의 좌표를 계산할 수 있다.

➡ 지구 위의 위치를 나타내기 위해 위도와 경도를 사용하는데, 위도는 좌표축의 가로를 의미하고 경도는 좌표축의 세로를 의미한다. 적도를 기준으로 북쪽은 북위, 남쪽은 남위로 나뉘며 우리나라는 북위 33~34도에 위치한다. 경도는 영국을 지나는 본초자오선(영국을 지나는 세로선)을 기준으로 서쪽은 서경, 동쪽은 동경으로 나뉘며 우리나라는 동경 124~312도에 위치하고 있다. 인터넷 지도를 활용하면 원하는 도시의 위도와 경도, 도시 간의 대략적인 거리를 계산할 수 있다. 자신이 관심 있는 도시를 선정해 위도와 경도를 찾고, 서울을 기준으로 거리(실제 거리, 비행 거리 등)를 구해 보자.

관련 학과 노어노문학과, 독어독문학과, 북한학과, 불어불문학과, 아랍어과, 영어영문학과, 일어일문학과, 중어중문학과

《**에이든 세계지도로 세계여행 계획하기**》, 이정기·타블라라사 편집부, 타블라라사(2024)

[10공수2-01-02] ● ● ●

두 직선의 평행 조건과 수직 조건을 탐구하고 이해한다.

➡ 보로노이 다이어그램은 우크라이나 수학자 조지 보로노이의 이름을 딴 수학 개념으로, 수학적 규칙에 따라 평면을 분할한 결과이다. 보로노이 다이어그램은 프랙탈 이론, 카오스 이론보다 훨씬 먼저 나왔으나 이들보다 훨씬 늦은 최근에야 각광을 받기 시작했다. 보로노이 다이어그램에서는 주어진 생성점들 중 가장 가까운 생성점을 기준으로 평면을 분할하며, 이때 두 점의 수직이등분선을 활용한다. 보로노이 다이어그램의 작도 방법과 성질을 탐구하고 보로노이 다이어그램과 관련한 과거의 기록을 찾아보자.

관련 학과 노어노문학과, 문헌정보학과, 사학과

《**알고리듬 세계에 뛰어들기**》, 브래드포드 턱필드, 이재익 역, 에이콘출판(2023)

[10공수2-01-03] ● ● ●

점과 직선 사이의 거리를 구하고, 관련된 문제를 해결할 수 있다.

➡ 고정관념이란 쉽게 바뀌지 않는 행동을 결정하는 확고한 의식이나 관념을 의미한다. 수학사에서 0 이나 음수,

허수 등의 수 개념은 당시 사람들의 고정관념 때문에 쉽게 받아들여지지 않았다. 우리가 주로 사용하는 유클리드 기하와 대응되는 개념으로 비유클리드 기하가 있고, 비유클리드 기하의 예로 택시거리가 있다. 택시거리는 바둑판 모양의 도로망을 가진 도시에서 점 A에서 B까지 도로를 따라 이동하는 최단 거리를 의미한다. 원, 정삼각형, 직각삼각형의 형태가 택시기하에서는 어떻게 달라지는지 알아보고, 우리가 고정관념을 가지는 이유를 탐구해 보자.

관련 학과 상담심리학과, 심리학과, 철학과

《**택시기하학**》, Eugene F. Krause, 황운구 역, 지오북스(2020)

[10공수2-01-04] ● ● ●

원의 방정식을 구하고, 그래프를 그릴 수 있다.

➡ 기하문은 선사 시대부터 등장한 가장 원시적인 형태의 문양으로, 가로줄이나 세로줄, 사선, 동그라미 등이 있다. 신석기 시대 또는 청동기 시대에 만들어진 도구들에는 연속된 형태의 줄무늬나 동그라미, 동심원 등이 나타난다. 당시 사람들은 태양이나 햇살, 비를 나타내는 의미로 이런 형태의 무늬들을 새겼다고 한다. 원형 문양이 포함된 과거의 문화재를 찾고, 그 당시 사람들에게 원형 문양이 가진 의미를 탐색해 보자.

관련 학과 고고학과, 문헌정보학과, 문화재학과, 인류학과, 종교학과, 철학과

《**한국의 전통문양**》, 임영주, 대원사(2011)

[10공수2-01-05] ● ● ●

좌표평면에서 원과 직선의 위치 관계를 판단하고, 이를 활용하여 문제를 해결할 수 있다.

➡ 다양한 모임이나 회의, 상담 등에서 테이블의 형태나 앉는 위치는 사람의 심리에 큰 영향을 미친다. 원형 테이블은 특별하게 중심이 되는 사람 없이 동등한 배치가 가능하며 다양한 이야기를 부담 없이 나눌 수 있다. 또한 마음 놓고 편안한 자세로 앉을 수 있어 안정적인 분위기를 연출한다. 둘 이상의 상담(또는 집단상담)에 활용할 수 있는 테이블 형태를 탐색하고, 다른 형태와 다른 원형 테이블 형태의 장담점을 찾아보자.

관련 학과 상담심리학과, 심리학과

《**대화의 기술**》, 폴렛 데일, 김보미 역, 레몬한스푼(2023)

[10공수2-01-06] ● ● ●

평행이동을 탐구하고, 실생활과 연결하여 문제를 해결할 수 있다.

➡ 테셀레이션은 도형이 서로 겹치지 않으면서 빈틈 없이 평면 또는 공간을 전부 채우는 것을 의미한다. 바닥과 벽에 깔린 타일, 모자이크 등 우리의 생활 환경에서 테셀레이션을 볼 수 있다. 또한 기원전 4세기 이슬람 문화의 벽걸이 융단, 퀼트, 옷, 깔개, 가구의 타일, 건축물 등에서도 찾아볼 수 있다. 그중 가장 유명한 것은 스페인의 그라나다에 위치한 이슬람식 건축물인 알함브라 궁전이다. 테셀레이션을 적용한 알함브라 궁전을 조사하고 테셀레이션을 활용한 해외 사례를 찾아보자.

관련 학과 고고학과, 노어노문학과, 독어독문학과, 문화재학과, 불어불문학과, 사학과, 아랍어과, 영어영문학과, 일어일문학과, 중어중문학과

《**괴델, 에셔, 바흐—영원한 황금 노끈**》, 더글러스 호프스태터, 박여성 외 1명 역, 까치(2017)

> **[10공수2-01-07]** •••
>
> 원점, x축, y축, 직선 $y = x$에 대한 대칭이동을 탐구하고, 실생활과 연결하여 문제를 해결할 수 있다.

⊙ 사람들은 비대칭보다는 대칭 형태를 선호하고 대칭 형태에서 편안함과 아름다움을 느낀다고 한다. 한글이나 타이포그래피에서도 행간(글줄 사이)이 등간격이고 수평적 선대칭을 이룰 때 시각적으로 편안함을 느낀다. 또한 한글 프로그램(HWP)에서는 상하좌우 대칭형의 글꼴이 많이 사용되고 있다. 하지만 개성이나 다양성을 강조하는 상황에서는 비대칭성 글꼴을 통해 시각적 효과를 드러내기도 한다. 대칭형 글꼴과 비대칭형 글꼴의 형태를 비교하고, 각각의 형태가 주는 효과를 비교하여 설명해 보자.

관련 학과 국어국문학과, 노어노문학과, 독어독문학과, 문예창작학과, 불어불문학과, 사학과, 상담심리학과, 심리학과, 아랍어과, 언어학과, 영어영문학과, 일어일문학과, 중어중문학과

한눈에 보이는 무료 글꼴 가이드: 한글편

탁연상, DigitalNew(2020)

책 소개

이 책은 책이나 인쇄 디자인 프로젝트에 적합한 무료 글꼴을 쉽게 찾을 수 있게 해 주는 견본서이다. 106종 241개의 무료 한글 글꼴을 한눈에 파악할 수 있도록 세심하게 설계한 견본 양식으로 소개하고 있으며, 글꼴의 가독성과 본문용 글꼴을 선택한 기준 등에 대해 설명하고 있다. 다양한 글꼴에 대한 정보, 무료 사용 범위, 사용 예제 등 다양한 포맷을 보여 주고 있다.

세특 예시

실생활 연계 활동으로 도형의 대칭이동과 관련해 평소 한글 프로그램에 사용하는 글꼴을 주제를 선정함. '한눈에 보이는 무료 글꼴 가이드: 한글편(탁연상)'에 제시된 다양한 글꼴을 대칭형 글꼴과 비대칭형 글꼴로 분류하고 특징을 비교하여 정리함. 대칭형은 안정감을 주고 가독성이 좋아 기본 글꼴로 많이 사용하는 반면, 비대칭형은 개성과 다양성을 표현하기 좋아 디자인을 강조하는 상황에서 장점이 있다고 설명함. 또한 상황에 따라 적합한 글꼴을 선택하면 목적에 맞추어 시각적 효과를 높일 수 있다고 제안함.

단원명 | 집합과 명제

> 🔍 집합, 원소, 공집합, 집합의 포함관계, 부분집합, 진부분집합, 서로 같은 집합, 교집합, 합집합, 차집합, 여집합, 명제, 조건, 진리집합, 조건, 결론, 부정, 모든, 어떤, 역, 대우, 참과 거짓, 충분조건, 필요조건, 포함관계, 정의, 증명, 정리, 반례, 절대부등식

> **[10공수2-02-01]** •••
>
> 집합의 개념을 이해하고, 집합을 표현할 수 있다.

⊙ 국가지정문화재는 국보, 보물, 사적, 명승, 천연기념물, 국가무형문화재, 국가민속문화재로 분류된다. 문화재보호법 제23조~제26조에 따라 문화재청장은 문화재위원회의 심의를 거쳐 유형문화재 중 중요한 것을 보물로

지정할 수 있다. 또한 보물에 해당하는 문화재 중 인류문화의 관점에서 그 가치가 크고 유례가 드문 것을 심의를 거쳐 국보로 지정할 수 있다. 아울러 기념물 중 중요한 것을 사적, 명승 또는 천연기념물로, 민속문화재 중 중요한 것을 국가민속문화재로 지정할 수 있다. 우리나라의 국보, 보물, 사적, 명승, 천연기념물, 국가무형문화재, 국가민속문화재의 대표적인 예를 제시해 보자.

관련 학과 고고학과, 국어국문학과, 문헌정보학과, 문화재학과, 사학과, 인류학과

**아는 만큼 보인다:
한 권으로 읽는 나의 문화
유산답사기**

유홍준, 창비(2023)

책 소개

이 책은 우리 국토의 명작과 명소를 전해 온 유홍준 교수의 '나의 문화유산답사기' 시리즈 30주년 기념판이다. 500만 독자의 사랑을 받은 국내 최장수 베스트셀러로서 '나의 문화유산답사기' 시리즈에서 한국미의 정수이자 K-컬처의 원류를 보여 주는 14편을 선별하여 한 권에 담았다. 풍부한 자연유산과 문화유산을 가진 우리나라의 아름다움을 느끼게 해 주는 가장 충실한 길잡이가 되고 있다.

세특 예시

수학 개념을 활용한 수업 활동에 적극 참여하고 학습한 개념을 실제 상황에 정확하게 적용함. 진로 인포그래픽 활동으로 집합 단원과 관련해 우리나라 문화유산의 포스터를 제작함. 우리나라의 국가지정문화재를 국보, 보물, 사적, 명승, 천연기념물, 국가무형문화재, 국가민속문화재로 나누어 설명하면서 분류 기준을 소개함. 또한 학급원들이 잘 알고 있는 문화재 위주로 각각의 의미를 명확하게 전달함. 이후 '아는 만큼 보인다: 한 권으로 읽는 나의 문화유산답사기(유홍준)'에 제시된 14개 문화재에 대한 소개 자료를 인포그래픽으로 제작하여 학급 게시판에 부착함.

[10공수2-02-02]　　　●●●

두 집합 사이의 포함관계를 판단할 수 있다.

➡ 세계의 대륙은 6대륙, 즉 아시아, 아프리카, 유럽, 오세아니아, 북아메리카, 남아메리카로 나눌 수 있다. 아시아는 다시 남아시아, 동남아시아, 동아시아, 서아시아, 중앙아시아로 나누어지고 유럽은 서부유럽, 동부유럽, 중부유럽, 북부유럽, 남부유럽 등으로 나누어진다. 자신이 평소 관심을 가지고 있는 대륙을 골라 해당 대륙에 포함된 국가를 집합으로 표기해 보자. 또한 자신이 선택한 대륙의 특징과 기후, 종교, 정치 등을 주제로 선정해 탐구해 보자.

관련 학과 노어노문학과, 독어독문학과, 북한학과, 불어불문학과, 아랍어과, 언어학과, 영어영문학과, 인류학과, 일어일문학과, 종교학과, 중어중문학과, 철학과

《**글로벌 감각을 익히는 세계지도**》, 동아지도, 랜덤하우스코리아(2011)

[10공수2-02-03]　　　●●●

집합의 연산을 수행하고, 벤다이어그램을 이용하여 나타낼 수 있다.

➡ 이키가이는 일본어로 '인생의 즐거움과 보람'을 뜻하며, 거창한 목표도 좋지만 작은 일에서 행복을 찾는 것이

중요하다는 일본인들의 철학을 반영하고 있다. 자신이 어떤 일을 하든 가치가 있다고 여기는 일본의 장인 정신을 엿볼 수 있다. 이키가이 벤다이어그램은 네 개의 원으로 구성되며, 각각의 원은 좋아하는 것, 잘하는 것, 돈이 되는 것, 세상이 필요로 하는 것이다. 이키가이 벤다이어그램의 의미를 집합의 의미와 연결하여 분석해 보자.

`관련 학과` 상담심리학과, 심리학과, 일어일문학과, 종교학과, 철학과

국어 교과군

영어 교과군

수학 교과군

도덕 교과군

사회 교과군

과학 교과군

이키가이

켄 모기, 허지은 역,
밝은세상(2018)

`책 소개`

일본의 뇌과학자 켄 모기는 이 책에서 인생의 즐거움과 보람을 뜻하는 이키가이를 통해 일본인들의 삶의 철학을 소개하고 있다. 거창한 인생 목표를 이루는 것도 중요하지만 하루하루 작은 일들에서 보람을 찾고 행복한 생을 열어 가는 일이 무엇보다 중요하다는 사실을 일깨운다. 일본인들의 삶의 철학과 전통 문화를 통해 현대인들의 삶의 방향과 목표에 대한 고민에 도움을 준다.

`세특 예시`

교과 융합 활동으로 수업 시간에 학습한 벤다이어그램의 활용 사례로 일본인들의 철학이 담긴 이키가이를 소개함. '이키가이(켄 모기)'를 통해 일본인의 소박한 가치관을 제시하고, 하루하루 작은 일들에서 보람을 찾고 행복한 생을 열어 가는 일이 무엇보다 중요하다고 설명함. 또한 이키가이의 네 가지 요소인 좋아하는 것, 잘하는 것, 돈이 되는 것, 세상이 필요로 하는 것으로 소개하고 이를 벤다이어그램으로 제시함. 네 가지 요소의 공통 부분이 바로 이키가이로, 각각의 요소에 대한 생각을 정리하여 삶의 최종 목표를 설정하면 도움이 된다고 설명함.

[10공수2-02-04] •••

명제와 조건의 뜻을 알고, '모든', '어떤'을 포함한 명제를 이해하고 설명할 수 있다.

➡ 초두효과는 여러 개의 정보가 제시되었을 때 맨 처음에 나온 것을 잘 기억하는 현상을 뜻한다. 사람 간의 관계에 적용하면, 첫 만남에서 느낀 외모, 분위기 등이 상대의 이미지를 결정한다. 반면 최신효과는 가장 마지막에 들어온 정보가 기억에 가장 큰 영향은 미치는 현상을 뜻한다. 첫 인상이 좋지 않았더라도 마무리를 잘하면 좋은 이미지를 남기게 된다는 의미이다. 초두효과와 최신효과를 활용한 명제를 만들어 보고 서로 의미가 충돌하는지 탐구해 보자.

`관련 학과` 상담심리학과, 심리학과, 철학과

《인상의 심리학》, 다나카 도모에, 명다인 역, 시그마북스(2022)

[10공수2-02-05] •••

명제의 역과 대우를 이해하고 설명할 수 있다.

➡ 역설은 참된 명제와 모순되는 결론을 낳는 추론을 의미하며, 대표적으로 '지금 나는 거짓말을 하고 있다.'라는 명제를 거짓말쟁이의 역설이라고 한다. 만약 이 명제가 참이면 거짓이 되고 거짓이면 참이 되는 상황이 되어 결국 거짓도 참도 아니게 된다. 이미 BC 4세기부터 논리학자들 사이에서 이와 비슷한 역설이 거론되었고, 마침내 20세기 폴란드의 논리학자 타르스키가 이 문제를 해결하게 된다. 이와 비슷한 러셀의 역설, 이발사의 역

설에 대해 알아보고 역설의 의미를 탐구해 보자.

> **관련 학과** 국어국문학과, 언어학과, 인류학과, 종교학과, 철학과

《**기묘한 수학책**》, 데이비드 달링 외 1명, 고호관 역, MiD(2022)

[10공수2-02-06] ● ● ●

충분조건과 필요조건을 이해하고 판단할 수 있다.

➡ 행복은 생활에서 충분한 만족과 기쁨을 느끼는 상태를 의미하며, 행복의 가치는 사람마다 상대적이다. 아리스토텔레스는 인생 최대의 목표는 행복이라고 말하면서 행복을 다른 사람보다 뛰어난 능력이라고 설명했다. 유교에서는 도덕적 본성을 보존하고 함양하면서 다른 사람과 더불어 사는 삶을 최고의 행복이라 생각했고, 불교에서는 청정한 불성을 수행하고 중생 구제를 실천하는 것을 행복이라고 하였다. 이렇듯 행복은 인생의 중요한 요소인데, 행복한 삶을 살기 위해 필요한 조건이 무엇이라고 생각하는지 정리해 보자.

> **관련 학과** 상담심리학과, 심리학과, 종교학과, 철학과

《**행복의 조건**》, 조지 베일런트, 이덕남 역, 프런티어(2010)

[10공수2-02-07] ● ● ●

대우를 이용한 증명법과 귀류법을 이해하고 관련된 명제를 증명할 수 있다.

➡ 삼단논법은 철학, 논리학, 수학 등에서 대전제와 소전제로부터 결론을 이끌어 내는 논증 방법을 말한다. 좁은 의미로는 정언적 삼단논법을 가리키나, 넓은 의미로는 연역적 추리와 같은 뜻으로 쓰인다. 두 개의 명제로 대전제와 소전제를 이루고, 하나의 명제가 결론이 되는 것이 전형적인 형태이다. 명제는 형태에 따라 정언적 삼단논법, 가언적 삼단논법, 선언적 삼단논법의 세 가지가 있고, 보다 복합적인 형태도 있다. 삼단논법의 의미를 사례를 중심으로 살펴보고, 삼단논법을 잘못 사용한 예를 탐구해 보자.

> **관련 학과** 국어국문학과, 언어학과, 철학과

《**삼단논법과 법학방법**》, 양천수, 박영사(2021)

[10공수2-02-08] ● ● ●

절대부등식의 뜻을 알고, 간단한 절대부등식을 증명할 수 있다.

➡ 삼각형 부등식은 절대부등식의 대표적인 예로 '삼각형 두 변의 길이의 합이 나머지 한 변의 길이보다 길다'는 의미이다. 삼각형 ABC에서 $\overline{AB} + \overline{BC} > \overline{AC}$로 점 A에서 출발하여 이 선분 위에 있지 않은 점 B를 지나 점 C에 도착하는 경로의 길이가 점 A에서 점 C로 직접 가는 것보다 멀다는 의미이다. 그런데 '두 점 사이의 가장 긴 거리가 지름길이다'라는 말이 있다. 삼각형 부등식을 수식을 이용해 증명하고, 이와 상충하는 '두 점 사이의 가장 긴 거리가 지름길이다'라는 말의 의미를 생각해 보자.

> **관련 학과** 국어국문학과, 문예창작학과, 상담심리학과, 심리학과, 언어학과, 종교학과, 철학과

《**슈바르츠가 들려주는 절대부등식 이야기**》, 김승태, 자음과모음(2009)

단원명 | 함수와 그래프

[10공수2-03-01] ● ● ●

함수의 개념을 설명하고, 그 그래프를 이해할 수 있다.

➡ 소득불평등 지표로 지니계수, 십분위분배율, 로렌츠곡선, 역U자형 가설 등이 사용되고 있다. 빈부 격차와 계층 간 소득 분포의 불균형 정도를 나타내는 수치로 사회의 소득이 얼마나 균등하게 분배되는지 파악할 수 있다. 대표적으로 로렌츠곡선은 미국 통계학자 M. 로렌츠가 고안한 것으로 소득 분포가 균등할수록 직선에 가까운 균등 분포선이 그려지며, 불균등할수록 한쪽으로 굽은 곡선이 그려진다. 로렌츠곡선의 의미를 해석하고 불평등이 사회와 개인의 심리에 미치는 영향을 탐구해 보자.

관련학과 상담심리학과, 심리학과, 인류학과, 종교학과, 철학과

《**불평등한 선진국**》, 박재용, 북루덴스(2022)

[10공수2-03-02] ● ● ●

함수의 합성을 설명하고, 합성함수를 구할 수 있다.

➡ 환율은 자국의 돈과 다른 나라 돈의 교환 비율로, 외국환 시장에서 결정된다. 각 나라의 경제 사정과 국제 경제의 흐름에 따라 환율은 매일 조금씩 바뀌며 국제 거래나 여행에 큰 영향을 준다. 거래량이 많은 달러나 엔, 유로, 위안 등은 쉽게 교환이 가능하지만, 거래량이 적은 화폐는 달러로 환전한 뒤 다시 환전해야 하는 경우가 생긴다. 1유로는 0.88파운드, 1파운드는 1,525원이라 할 때 1유로의 가격이 원으로 얼마인지 계산해 보자.

관련학과 노어노문학과, 독어독문학과, 불어불문학과, 아랍어과, 영어영문학과, 일어일문학과, 중어중문학과

《**저도 환율은 어렵습니다만**》, 송인창 외 2명, 바틀비(2021)

[10공수2-03-03] ● ● ●

역함수의 개념을 설명하고, 역함수를 구할 수 있다.

➡ 번역기는 어떤 언어를 다른 언어로 번역하거나 어떤 프로그램 언어를 다른 프로그램 언어로 변환하는 프로그램을 뜻한다. 최근 인공지능 기술의 발달로 AI 기반의 인공 신경망 기계 번역이 이루어지고 있다. 네이버가 인공지능(AI) 기술을 기반으로 개발한 기계번역 서비스 파파고는 매우 우수한 수준의 번역 기술로 인정받고 있다. 한국어, 영어, 일본어, 중국어 등 13개 언어뿐만 아니라 텍스트나 음성, 사진 속 문자도 번역할 수 있다. 번역기를 역함수와 관련해 설명하고 인공 신경망 기계 번역의 원리를 탐구해 보자.

관련학과 노어노문학과, 독어독문학과, 불어불문학과, 언어학과, 영어영문학과, 일어일문학과, 중어중문학과

《**인공지능기술 활용 언어교육**》, 김주혜 외 5명, 교육과학사(2022)

[10공수2-03-04] ● ● ●

유리함수 $y = \dfrac{ax+b}{cx+d}$ 의 그래프를 그릴 수 있고, 그 그래프의 성질을 탐구할 수 있다.

◉ 에빙하우스의 망각곡선은 시간이 지나면서 학습한 내용을 잊는 정도를 함수 그래프로 표현한 것이다. 처음에는 급격하게 잊지만 시간이 지날수록 잊는 속도가 점점 느려지며, 이후 장기 기억으로 이어지게 된다. 또한 한번 학습한 내용을 다시 복습하면 망각 속도가 느려지고, 반복해서 복습할수록 기억이 오래 지속된다. 독일의 심리학자 에빙하우스가 주장한 망각곡선의 의미를 유리함수와 관련해서 해석하고 망각곡선을 활용한 효과적인 학습 방법을 제시해 보자.

관련 학과 상담심리학과, 심리학과

《**기억하는 뇌, 망각하는 뇌**》, 이인아, 21세기북스(2022)

[10공수2-03-05] ●●●

무리함수 $y = \sqrt{ax+b} + c$ 의 그래프를 그릴 수 있고, 그 그래프의 성질을 탐구할 수 있다.

◉ 어떤 상품을 소비할 때 소비자가 얻는 주관적인 만족이나 이익을 효용이라 하고, 추가되는 소비량 1단위에 대한 효용을 한계효용이라 한다. 또한 한계효용 체감의 법칙은 어떤 상품의 소비량이 늘어 갈 때 한계효용이 점점 작아지는 현상을 의미한다. 한계효용 체감의 법칙의 예외가 있는데, 도박, 텔레비전 시청, 스마트폰 등에 대한 중독 현상이 이에 해당한다. 한계효용 체감의 법칙을 무리함수와 관련하여 해석하고, 예외 사례로 중독 현상이 가지는 특징을 분석해 보자.

관련 학과 상담심리학과, 심리학과, 철학과

《**중독에 빠진 뇌과학자**》, 주디스 그리셀, 이한나 역, 심심(2021)

선택 과목	수능	절대평가	상대평가
일반 선택	○	5단계	5등급

대수

단원명 | 지수함수와 로그함수

| 🔍 | 거듭제곱근, 지수, 로그, (로그의) 밑, 진수, 상용로그, 지수함수, 로그함수, $\sqrt[n]{a}$, $\log_a N$, $\log N$

[12대수01-01]

거듭제곱과 거듭제곱근의 뜻을 알고, 그 성질을 이용하여 계산할 수 있다. • • •

➡ 우리는 많은 정보가 넘쳐나는 시대에 살고 있다. 여러 정보를 전달하는 수단으로 수학 용어도 많이 사용되고 있다. '기하급수적', '변곡점' 등과 같이 실제 수학에서의 뜻을 상황에 맞게 적용해서 사용하는 경우를 흔하게 발견할 수 있다. 실생활에서 활용되는 여러 학문 용어를 찾아보고, 그 실제 뜻과 생활 속에서 활용되는 뜻을 비교하여 발표해 보자.

관련 학과 국어국문학과, 노어노문학과, 독어독문학과, 불어불문학과, 아랍어과, 영어영문학과, 일어일문학과, 중어중문학과, 언어학과

《어른의 어휘력》, 유선경, 앤의서재(2023)

[12대수01-03]

지수법칙을 이해하고, 이를 이용하여 식을 간단히 나타낼 수 있다. • • •

➡ 다양한 주제의 서적들이 끊임없이 출판되고 있다. 그런 서적들 중 사람들의 관심을 끄는 주제를 담은 책들이 베스트셀러로 불린다. 하지만 언제가는 판매량이 줄어들고 서점 한 켠으로 물러나게 된다. 베스트셀러로 분류되던 서적들의 판매량 변화를 조사하고, 그 변화에서 나타나는 공통점과 차이점을 탐구하여 발표해 보자.

관련 학과 문예창작학과, 문헌정보학과

《베스트셀러의 역사》, 프레데리크 루빌루아, 이상해 역, 까치(2014)

[12대수01-04]

로그의 뜻을 알고, 그 성질을 이용하여 계산할 수 있다. • • •

➡ 수학은 다양한 기호를 활용해 그 과정을 논리적으로 표현한다. 수학에서 사용되는 기호는 표현하는 방법에 규칙이 있듯 읽는 방법에도 규칙이 있다. 예를 들면 2^3은 '2의 세제곱', $\log_2 5$은 '로그 2의 5'라고 읽는다. 여러 수학 기호를 읽는 방법과 함께 영어 등 언어에 따라 달라지는 읽는 방법을 조사하고, 그 의미를 탐구하여 발표해 보자.

관련 학과 국어국문학과, 노어노문학과, 독어독문학과, 불어불문학과, 아랍어과, 언어학과, 영어영문학과, 일어일문학과, 중어중문학과

《아는 만큼 보이는 세상: 수학 편》, 쓰루사키 히사노리, 송경원 역, 유노책주(2023)

단원명 | 삼각함수

| 🔍 | 시초선, 동경, 일반각, 호도법, 라디안, 주기, 주기함수, 삼각함수, 사인함수, 코사인함수, 탄젠트함수, 사인법칙, 코사인법칙, $\sin x, \cos x, \tan x$

[12대수02-01] ● ● ●

일반각과 호도법의 뜻을 알고, 그 관계를 설명할 수 있다.

➡ 각의 크기를 측정하는 방법에는 호도법 그리고 육십분법으로 표현하는 일반각 등이 있다. 이처럼 각, 길이, 부피 등 하나의 상황에 측정하는 방법은 다양하다. 각 측정 방법은 학문적 정의를 따르기도 하지만, 지역적인 문화 특성에서 유래하기도 한다. 측정 방법에 따른 다양한 단위를 조사하고 그 어원과 유래, 실제 사용되고 있는 사례 등을 조사하여 발표해 보자.

관련 학과 인문계열 전체
《**읽자마자 수학 과학에 써먹는 단위 기호 사전**》, 이토 유키오·산가와 하루미, 김소영 역, 보누스(2021)

[12대수02-02] ● ● ●

삼각함수의 개념을 이해하여 사인함수·코사인함수·탄젠트함수의 그래프를 그리고, 그 성질을 설명할 수 있다.

➡ 삼각함수는 오래전부터 토지나 건축물의 크기를 측정하고 천문 현상을 관측하는 등 문명이 발달하는 과정에 큰 역할을 담당했다. 삼각함수의 발달 과정을 조사하고, 과거 삼각함수를 이용한 방식이 현대에는 어떻게 활용되고 있는지 탐구해 보자.

관련 학과 고고학과, 사학과, 지리학과
《**측정의 세계**》, 제임스 빈센트, 장혜인 역, 까치(2023)

단원명 | 수열

| 🔍 | 수열, 항, 일반항, 공차, 등차수열, 등차중항, 공비, 등비수열, 등비중항, 귀납적 정의, 수학적 귀납법, $a_n, \{a_n\}, S_n, \sum\limits_{k=1}^{n} a_k$

[12대수03-01] ● ● ●

수열의 뜻을 설명한다.

➡ 암호화는 전달하고자 하는 내용을 정보를 주고받는 사람들만 특별한 지식을 바탕으로 해서 알 수 있고 다른 사람들은 알 수 없게 전달하는 과정이다. 여러 문헌을 활용해 암호화 프로세스의 역사와 각각의 암호화 과정에 적용되는 수학적 원리를 탐구해 보자.

관련 학과 고고학과, 문헌정보학과, 문화재학과, 북한학과, 사학과, 심리학과, 인류학과
《**어서 오세요, 이야기 수학 클럽에**》, 김민형, 인플루엔셜(2022)

[12대수03-02] ● ● ●

등차수열의 뜻을 알고, 일반항, 첫째항부터 제n항까지의 합을 구할 수 있다.

➡ 계절 변화에 따른 생장의 차이로 고리 형태의 나이테가 생기는 성질을 이용해 나무의 나이를 추측한다. 비슷한 지역의 나무들은 같은 환경에서 성장해 유사한 나이테가 생긴다는 점을 활용해 지역의 과거 환경을 추측하고, 역사 자료를 참고해 역사적 사실을 확인하기도 한다. 나이테를 활용한 연구 내용을 탐구하여 발표해 보자.

관련 학과 고고학과, 사학과, 지리학과

《**나무의 말**》, 레이첼 서스만, 김승진 역, 월북(2020)

[12대수03-03] ● ● ●

등비수열의 뜻을 알고, 일반항, 첫째항부터 제n항까지의 합을 구할 수 있다.

➡ 체스판의 각 칸 위에 쌀알을 두 배씩 늘려 가며 상으로 받았다는 옛이야기, '발 없는 말이 천 리 간다.'와 같은 속담 등 수열과 관계된 다양한 이야기들이 있다. 전해 내려오는 여러 속담이나 이야기에서 찾아볼 수 있는 수열을 조사하여 발표해 보자.

관련 학과 고고학과, 국어국문학과, 문예창작학과, 사학과

속담으로 수학을 읽다

이보경, 지브레인(2020)

책 소개

인류 문명은 수와 함께 성장해 왔다. 하지만 수학은 나와는 상관없다고 여기는 사람들이 많다. 저자는 선조들의 지혜와 풍자, 해학이 담긴 속담을 통해 수학과 친해지는 기회를 제공하고자 한다. 복잡하고 까다롭거나 수학의 원리를 분석하는 내용보다 속담이 전하는 수학의 역사와 생활 속 수학 이야기를 통해 수학과 좀 더 가까워지도록 안내하고 있다.

세특 예시

우리가 흔히 사용하는 속담 속의 수학적 개념을 발견하고 교과연계 독서 활동으로 '속담으로 수학을 읽다(이보경)'를 읽으며 속담 속 수학의 내용에 관해 탐구하는 활동을 함. 속담에는 선조들의 지혜와 풍자, 해학이 담겨 있음을 언급하며 '서울에서 김서방 찾기' 속담을 '마른 하늘에 날벼락 칠 확률'과 연결해 해석하는 등 속담 속의 다양한 수학 개념을 찾아 발표함.

[12대수03-04] ● ● ●

Σ의 뜻과 성질을 이해하고, 이를 활용하여 문제를 해결할 수 있다.

➡ 수학에서 활용되는 여러 기호나 문자는 그리스 문자 등을 활용한 것이 많다. 수열의 합을 나타내는 시그마(Σ)나 원주율 파이(π), 제곱근 기호($\sqrt{}$)와 적분 기호($\int$) 등이 대표적인 예이다. 여러 가지 수학기호의 기원인 다양한 문자를 찾아 각 기호의 의미 등을 탐구해 보자.

관련 학과 국어국문학과, 노어노문학과, 독어독문학과, 불어불문학과, 아랍어과, 언어학과, 영어영문학과, 일어일문학과, 중어중문학과

《**읽자마자 원리와 공식이 보이는 수학 기호 사전**》, 구로기 데쓰노리, 김소영 역, 보누스(2023)

[12대수03-05]

여러 가지 수열의 첫째 항부터 제n항까지의 합을 구하는 방법을 설명할 수 있다.

➡️ 우리나라의 역사를 살펴볼 때, 각 나라와 왕의 재위 기간을 고려해 정리하곤 한다. 이를 활용하여 역사서의 기록을 통해 현대의 그레고리력에 근거한 날짜를 헤아리게 된다. 훈민정음이 반포된 '세종 28년'이 1446년인 것을 알아낼 수 있다. 각 나라 왕들의 재위 기간을 수열로 만들어 보고, 이를 활용하여 역사적 사건이 일어난 시기를 추측하는 탐구활동을 해 보자.

관련학과 고고학과, 문헌정보학과, 문화재학과, 사학과

《한 권으로 읽는 조선왕조실록》, 박영규, 웅진지식하우스(2017)

[12대수03-06]

수열의 귀납적 정의를 설명할 수 있다.

➡️ 수학에서 시그마(Σ)나 팩토리얼(!) 기호는 규칙성을 가진 수들의 합이나 곱을 하나의 기호 안에서 표현해 주는 유용한 기호이다. 여러 나라의 언어에서도 복잡하거나 길게 나열해서 나타낼 말을 짧은 단어나 기호로 표현하는 경우가 있다. 여러 나라의 축약해서 표현한 말들을 찾아보고, 이러한 표현이 가진 장단점에 관해 탐구해 보자.

관련학과 국어국문학과, 노어노문학과, 독어독문학과, 문예창작학과, 불어불문학과, 아랍어과, 언어학과, 영어영문학과, 일어일문학과, 중어중문학과

《1일 1페이지 영어 어원 365》, 김동섭, 현대지성(2023)

[12대수03-07]

수학적 귀납법의 원리를 이해하고, 이를 이용하여 명제를 증명할 수 있다.

➡️ 우리는 수학적 귀납법을 활용해 논리적 추론 과정의 단계를 밟아 가며 수학의 여러 명제를 증명하게 된다. 이러한 논리적 추론 과정은 철학자들의 다양한 주장을 뒷받침하는 데 사용되기도 한다. 여러 철학자의 다양한 주장들을 해석할 때 사용되는 추론 방식을 분석해 보고, 이를 수학적 귀납법을 비롯해 수학에서 사용하는 여러 증명법과 비교하여 탐구해 보자.

관련학과 상담심리학과, 심리학과, 인류학과, 철학과

《코어 논리학》, 이병덕, 성균관대학교출판부(2019)

선택 과목	수능		절대평가	상대평가
일반 선택	○	**미적분 I**	5단계	5등급

단원명 | 함수의 극한과 연속

🔍 함수의 극한, 수렴, 발산, 극한값, 좌극한, 우극한, 함수의 극한 성질, 함수의 극한 대소 비교, 함수의 연속, 구간, 연속함수의 성질, 최대와 최소 정리, 사잇값 정리

[12미적I-01-01] ● ● ●

함수의 극한의 뜻을 알고, 이를 설명할 수 있다.

➡ 제논의 역설은 고대 그리스 엘레아의 제논이 만든 문제로, 사물이 움직이고 있다고 느끼는 것은 모두 환상이라는 파르메니데스의 사상을 지지하려는 목적이 있다. 대표적인 제논의 역설은 '아킬레스와 거북이의 역설'과 '화살의 역설', '이분법의 역설' 등이 있다. 역설은 우리가 경험적으로 알고 있는 결과와 다른 결론을 주장하는 것으로, 제논의 역설은 무한, 극한 등과 관련성을 가진다. 무한, 극한 등과 관련하여 제논의 역설에 대해 조사하고 제논의 역설을 반박하는 근거를 탐구해 보자.

관련 학과 고고학과, 언어학과, 인류학과, 종교학과, 철학과
《**궁금한 수학의 세계**》, 데이비드 달링, 황선욱 외 3명 역, 교문사(2015)

[12미적I-01-02] ● ● ●

함수의 극한에 대한 성질을 이해하고, 함수의 극한값을 구할 수 있다.

➡ 우리는 주어진 상황과 선택 속에서 뇌의 정보처리 과정과 판단을 거쳐 최종 선택을 하게 된다. 심리학자 에드먼드 힉과 레이 하이먼은 결정을 내릴 때 소요되는 시간과 노력이 선택안의 수와 함께 증가한다고 했고, 이를 힉스의 법칙이라고 부른다. 힉스의 법칙에 따르면, 사람들은 선택안을 분류하여 결정하는 과정에서 각 단계에 남아 있는 선택안을 제거하는 방향으로 사고한다고 한다. 인지심리학, 디자인 분야에서 활용되는 힉스의 법칙을 그래프로 표현하고 그래프에 나타나는 특징을 분석해 보자.

관련 학과 상담심리학과, 심리학과, 철학과
《**좋은 선택 나쁜 선택**》, 최희탁, 한빛미디어(2019)

[12미적I-01-03] ● ● ●

함수의 연속을 극한으로 탐구하고 이해한다.

➡ 본초자오선은 영국의 그리니치 천문대를 기준으로 수직으로 그은 선이며 동쪽으로 경도 15도를 갈 때마다 1시간이 추가된다. 지구는 둥글기 때문에 본초자오선보다 12시간 빠르면서 동시에 12시간 느린 지점이 생겨나게 되는데, 서경 180도와 동경 180도가 만나는 지점이 바로 그곳이다. 즉 아시아의 동쪽 끝과 아메리카의 서

쪽 끝에서 날짜를 바꾸도록 했는데, 이를 날짜변경선이라 한다. 해외여행을 할 때 시차와 날짜변경선에 대한 이해가 필요하다. 날짜변경선에 좌극한과 우극한의 개념을 적용해 보자.

관련 학과 노어노문학과, 독어독문학과, 불어불문학과, 아랍어과, 영어영문학과, 일어일문학과, 중어중문학과

《**카페에서 읽는 수학**》, 크리스티안 헤세, 고은주 역, 북카라반(2017)

[12미적I-01-04] ● ● ●

연속함수의 성질을 이해하고, 이를 활용하여 문제를 해결할 수 있다.

➲ 문화재 복원 과정은 오래되어 훼손된 문화재를 원래의 위치나 상태, 모습대로 복원하고 파괴된 유적·유물 등을 복구하는 작업으로 이루어진다. 토기나 토용 등의 유물은 원형대로 지하에 매몰되기도 하지만 대부분 토압 때문에 여러 조각으로 파손되어 발견된다. 그러므로 파편을 모아 칫솔 등으로 흙을 씻어 내고 수분을 제거한 뒤 파편을 이어 붙여 복구하게 된다. 문화재, 유적, 유물의 훼손된 부분을 알려진 정보의 연속성을 고려해 복원하는 과정을 탐구해 보자.

관련 학과 고고학과, 문헌정보학과, 문화재학과, 사학과, 인류학과

《**문화재 복원 제작기술**》, 정광용 외 2명, 서경문화사(2008)

단원명 | 미분

🔍 평균변화율, 순간변화율, 미분계수, 접선의 방정식, 함수의 미분 가능성과 연속성의 관계, 도함수, 함수의 실수배·합·차·곱의 미분법, 다항함수의 도함수, 상수함수의 도함수, 미분계수, 접선의 기울기, 증감표, 접선의 방정식, 평균값 정리, 롤의 정리, 함수의 증가와 감소, 극대와 극소, 함수의 그래프, 그래프의 개형, 최댓값과 최솟값, 방정식과 부등식, 실근의 개수, 속도와 가속도, 거리

[12미적I-02-01] ● ● ●

미분계수를 이해하고, 이를 구할 수 있다.

➲ 미분은 어떤 함수에 작은 변화가 주어졌을 때 그 함숫값이 얼마나 변하는지를 나타내는 개념으로, 특정 지점에서의 순간변화율을 의미한다. 미분의 어원은 영어의 'differentiation'으로 differentiate의 명사형이다. 어떤 면을 미세하게 층층이 쪼개었을 때 각각의 층이 '미세한 부분'이라고 하여 '미분'이라고 부르게 되었다. 미분과 관련한 용어를 정리하고 미분의 어원을 조사해 보자.

관련 학과 언어학과, 영어영문학과

《**수학 개념 따라잡기: 미적분의 핵심**》, Newton Press, 이선주 역, 청어람e(2020)

[12미적I-02-02] ● ● ●

함수의 미분 가능성과 연속성의 관계를 설명하고, 이를 활용할 수 있다.

➲ 프랑스어로 '하얀 음식'이라는 뜻의 블랑망제는 생크림과 젤라틴을 활용한 프랑스 디저트로, 우유를 굳혀 만든 희고 부드러운 푸딩이다. 중세 시대에 하얀 고기 푸딩이었던 블랑망제 푸딩이 오랜 세월이 지나면서 지금과 같은 몽글몽글한 모습이 되었고, 그 모양을 닮은 다카기 곡선에 '블랑망제 곡선'이라는 이름을 붙이게 되었다. 블랑망

제 곡선은 모든 범위에서 연속이면서 어느 곳에서도 미분이 불가능한 함수의 한 종류로, 일본 수학자 다카기 데이지가 발견했다. 블랑망제 곡선의 형태를 통해 연속성과 미분 가능성의 의미 차이를 비교하여 설명해 보자.

관련 학과 불어불문학과, 언어학과

《수학책을 탈출한 미적분》, 류치, 이지수 역, 동아엠앤비(2020)

[12미적I-02-03] ● ● ●

함수 $y = x^n$(n은 양의 정수)의 도함수를 구할 수 있다.

➡ 배고픈 사람이 음식을 섭취하면 만족감이 크지만, 시간이 지날수록 배가 불러 처음 느꼈던 만족감을 느끼지 못한다. 이처럼 소비자가 재화나 서비스를 1단위 더 소비할 때 느끼는 만족감인 한계효용은 소비량이 늘수록 작아지는데, 이를 한계효용 체감의 법칙이라고 한다. 총효용곡선과 한계효용곡선을 그래프로 표현하여 곡선에 대한 접선의 기울기 변화를 설명하고 한계효용 체감의 법칙에 담겨 있는 심리를 분석해 보자.

관련 학과 상담심리학과, 심리학과, 아랍어과, 철학과

예제와 함께하는 미시경제학

임봉욱, 박영사(2022)

책 소개

이 책은 경제학과 미시경제학에 대한 기본적인 개념부터 대학교 수준의 심화 내용까지 다양한 주제를 다루고 있다. 미시경제학과 거시경제학의 차이로부터 미시경제학의 분석 방법, 수요와 공급 곡선, 가격, 최적화 문제, 효용 극대화 방법, 보완재와 대체제, 현시선호이론 등을 다루고 있다. 또한 소비자 잉여, 슬러츠키 방정식, 힉스의 보상수요곡선 등 심화이론을 포함하고 있다.

세특 예시

다항함수에 대한 기본적인 미분 방법을 학습한 뒤 유비추론을 거쳐 다항함수가 아닌 $y=x^n$ 형태의 함수 역시 미분 결과가 같다는 사실을 증명함. '예제와 함께하는 미시경제학(임봉욱)'을 읽은 뒤 효용 개념을 심리 분야에 적용하고 한계효용 법칙이 성립하는 상황과 사례를 중심으로 구체적으로 설명함. 한계효용 법칙을 그래프로 표현하고 함수의 기울기를 이용해 그 변화를 분석하고 한계효용 법칙의 의미를 설명함. 또한 한계효용 법칙이 성립하지 않는 사례로 중독을 들고 일반적인 상황과 중독의 차이를 그래프를 비교하며 분석함.

[12미적I-02-04] ● ● ●

함수의 실수배·합·차·곱의 미분법을 알고, 다항함수의 도함수를 구할 수 있다.

➡ 인구절벽은 미국의 경제학자 해리 덴트가 제시한 개념으로, 생산가능인구(15~64세)의 비율이 급속도로 줄어드는 현상을 말한다. 우리나라 연간 인구 자연 증가 규모는 1983년에는 51만 5,000명에 달했으나, 1993년에 48만 2,000명, 2003년에 24만 9,000명, 2013년에 17만명이었으며, 2020년 이후에는 매년 자연 감소로 전환되었다. 우리나라의 연도별 인구와 출생아 수에 대한 통계자료를 그래프로 나타내고 앞으로의 인구 구조 변화에 대해 탐구해 보자.

관련 학과 상담심리학과, 심리학과

《인구 미래 공존》, 조영태, 북스톤(2021)

미분계수와 접선의 기울기의 관계를 이해하고, 접선의 방정식을 구할 수 있다.

➡ 망각곡선은 시간이 지날수록 학습한 내용을 얼마나 잊는지 나타낸 그래프로, 독일의 심리학자 헤르만 에빙하우스의 연구가 대표적이다. 한번 학습한 것을 다시 학습하면 망각 속도가 느려지며, 복습이 중첩될수록 망각속도는 점점 느려지게 된다. 반복적인 학습과 사용은 장기 기억으로 이어지는데, 우리가 언어 학습과 어휘력향상을 위해 어학연수를 다녀오는 이유도 비슷한 원리이다. 망각곡선 그래프를 찾아 접선의 기울기 변화를 설명하고 망각곡선에 대해 탐구해 보자.

관련 학과 노어노문학과, 독어독문학과, 불어불문학과, 상담심리학과, 심리학과, 언어학과, 영어영문학과, 일어일문학과, 중어중문학과

EBS 다큐프라임 기억력의 비밀

EBS 기억력의 비밀 제작진, 북폴리오(2011)

책 소개

이 책은 EBS 다큐프라임 〈기억력의 비밀〉의 내용을 그대로 옮겨 담은 책이다. 소소한 일상까지 기억하게 되는 어린 시절의 오래된 기억이 있는 반면, 방금있었던 일도 잊어버리게 되는 기억력의 정체를 밝히고, 기억력에 관한 궁금증을 명쾌하게 풀어 준다. 또한 남녀의 기억력이 어떤 식으로 다르며 아이가 성장하면서 기억력이 어떻게 자라는지를 통해, 뇌가 기억을 어떤 방식으로 처리하는지 의학적으로 살펴본다.

세특 예시

수학개념 적용 활동으로 미분계수의 의미를 접선의 기울기와 관련하여 설명하고 적용 사례로 에빙하우스의 망각곡선을 제시함. 시간에 따른 그래프의 변화를 기울기를 중심으로 살펴보고 그래프의 특징을 분석함. 초기 망각 속도가 빠르다는 점을 들어 오랜 시간 기억할 수 있는 반복학습과 복습이 중요하다고 설명함. 또한 'EBS 다큐프라임 기억력의 비밀(EBS 기억력의 비밀 제작진)'에서 제시한 기억력에 대한 배경지식과 효과적인 기억법을 소개함. 또한 친구들이 수업 내용과 개념을 오랫동안 기억할 수 있는 다양한 팁을 결과물로 제작해 학급 게시판에 게시함.

함수에 대한 평균값 정리를 설명하고, 이를 활용할 수 있다.

➡ 롤의 정리는 함수 $f(x)$가 구간 $[a, b]$에서 연속이고 구간 (a, b)에서 미분 가능하며, $f(a) = f(b)$이면 $f'(c) = 0$인 $x = c$가 구간 (a, b)사이에 적어도 하나는 존재한다는 정리이다. 롤의 정리를 이용하면 양 끝점의 두 값이 같을경우 변화율이 0인 점이 반드시 존재함을 알 수 있다. 자신의 진로 분야에서 롤의 정리를 이용해 변화율이 0인점이 존재함을 보일 수 있는 상황을 제시해 보자.

관련 학과 인문계열 전체

《**머릿속에 쏙쏙! 미분·적분 노트**》, 사가와 하루카, 오정화 역, 시그마북스(2022)

[12미적I-02-07] ● ● ●

함수의 증가와 감소, 극대와 극소를 판정하고 설명할 수 있다.

➡ 한국문화관광연구원 관광지식정보시스템(know.tour.go.kr)에서는 국가 관광정보화 추진전략계획(문화관광부, 2002년)에 근거하여 관광 사업과 관련한 정보를 제공한다. 관광 DB 서비스 및 관광 정보, 다양한 형태의 통계자료를 제공하고 있다. 우리나라를 방문하는 국가별 관광객 수, 해외를 방문한 관광객 수를 그래프로 표현하고 증가와 감소, 극대와 극소 등의 개념을 이용해 관광객 수의 변화를 분석해 보자.

　관련 학과　노어노문학과, 독어독문학과, 문화재학과, 불어불문학과, 사학과, 아랍어과, 영어영문학과, 인류학과, 일어일문학과, 중어중문학과

《**으라차차 K관광인**》, 조태숙, 글로벌마인드(2023)

[12미적I-02-08] ● ● ●

함수의 그래프의 개형을 그릴 수 있다.

➡ 더닝 크루거 효과는 심리학 이론의 인지편향 중 하나로, 능력이 없는 사람이 잘못된 결정을 내려 부정적인 결과가 나타났음에도 능력이 없어 스스로 오류를 알지 못하는 현상을 뜻한다. 코넬대 사회심리학 교수 데이비드 더닝과 대학원생 저스틴 크루거가 코넬대의 학부생을 대상으로 실험한 결과를 토대로 제안한 이론이다. 이 이론에 따르면, 능력이 없는 사람은 자신의 실력을 실제보다 높게 평가하는 반면 능력이 있는 사람은 오히려 자신의 실력을 과소평가한다고 한다. 더닝 크루거 효과를 그래프로 표현하고 그래프의 특징을 탐구해 보자.

　관련 학과　상담심리학과, 심리학과, 철학과

《**심리학을 만나 행복해졌다**》, 장원청, 김혜림 역, 미디어숲(2021)

[12미적I-02-09] ● ● ●

방정식과 부등식에 대한 문제를 해결할 수 있다.

➡ 방사성탄소연대측정법은 방사선을 이용해 유물·유적의 절대 연대를 측정하는 방법으로, 고고학 등에서 많이 사용한다. 이 방법은 1949년 미국의 물리화학자 리비가 대기 중의 방사성 탄소의 생성체계를 밝혀내고 고고학에 응용함으로써 시작되었다. 살아 있는 동물과 식물이 가지고 있는 탄소-14의 비율은 공기 중의 비율과 일치하지만 사후에는 시간에 따라 감소하므로 반감기를 통해 경과 시간 추정이 가능해진다. 미분과 관련하여 절대 연대를 측정하는 방법인 방사성탄소연대측정법에 대해 탐구해 보자.

　관련 학과　고고학과, 문화재학과, 사학과

《**질의 응답으로 알아보는 방사선 방사능 이야기**》, 타다 준이치로, 정홍량 외 1명 역, 성안당(2022)

[12미적I-02-10] ● ● ●

미분을 속도와 가속도에 대한 문제에 활용하고, 그 유용성을 인식할 수 있다.

➡ 문화유산을 안전하게 관리하기 위해 첨단기술인 드론과 인공지능을 융합한 객체 검출 기술이 활용되고 있다. 객체 검출을 통해 이미지 내에서 객체를 식별하고 위치를 파악할 수 있으며, 이미지 전체를 빠르게 분석하여 개체 행동에 대한 예측이 이루어진다. 이런 방식은 안면 인식, 종 식별, 품질 관리 프로세스와 같은 애플리케이션에 특히 유용하게 활용될 수 있다. 객체 검출 과정에서 개체의 운동을 속도와 가속도를 이용해 예측하게 되

는데, 문화유산 관리에 활용되는 객체 검출 기술에 대해 탐구해 보자.

(관련 학과) 고고학과, 문화재학과, 사학과, 인류학과

《**패턴 인식과 머신 러닝**》, 크리스토퍼 비숍, 김형진 역, 제이펍(2018)

단원명 | 적분

> |🔍| 부정적분, 적분상수, 함수의 실수배·합·차의 부정적분, 다항함수 부정적분, 정적분, 미분과 적분의 관계,
> 정적분의 성질, 부정적분과 정적분의 관계, 다항함수 정적분, 도형의 넓이, x축으로 둘러싸인 도형의 넓이,
> 두 곡선 사이의 넓이, 속도, 속력, 이동거리, 위치의 변화량, 가속도

[12미적I-03-01]   • • •

부정적분의 뜻을 알고, 이를 설명할 수 있다.

➡ 기호는 사람의 지식이나 감정을 쉽고 정확하게 전달하기 위한 표현 형식이다. 마찬가지로 수학기호는 특정 수학 연산의 실행이나 결과, 수학적 관계를 기술하는 데 활용된다. 수학기호는 수학의 본질을 간단한 기호로 표현하고 있으며, 이런 기호의 사용은 수학의 발전과 학문의 정립에 기여하였다. 미적분에서 사용하는 다양한 기호를 정리하고, 수학에서 기호 사용이 가지는 의미를 탐구해 보자.

(관련 학과) 고고학과, 언어학과, 인류학과, 철학과

《**수학기호의 역사**》, 조지프 마주르, 권혜승 역, 반니(2017)

[12미적I-03-02]   • • •

함수의 실수배·합·차의 부정적분을 알고, 다항함수의 부정적분을 구할 수 있다.

➡ 최근 사람처럼 대화를 나눌 수 있는 인공지능 대화형 시스템의 발달로 텍스트나 음성 인식, 감정 인식 등에서 자연어 처리 기술이 활용되고 있다. 자연어 처리(NLP)는 컴퓨터를 이용해 사람의 자연어를 분석하고 처리하는 기술로, 자연어 분석·이해·생성 등의 과정을 거치게 되며 챗봇, 음성 인식, 감정 분석, 의미 분석, 정보 검색, 기계 번역, 질의응답 등의 기능과 관련된다. 적분과 관련해 자연어 처리에 대해 탐구해 보자.

(관련 학과) 노어노문학과, 독어독문학과, 문헌정보학과, 불어불문학과, 아랍어과, 언어학과, 영어영문학과, 일어일문학과, 중어중문학과

《**실전 사례로 배우는 챗GPT 활용법**》, 김영안 외 2명, 에이원북스(2023)

[12미적I-03-03]   • • •

정적분의 개념을 탐구하고, 그 성질을 이해한다.

➡ 역사발생적 원리는 수학 개념과 이론의 발전 과정을 수학 학습 지도의 도구로 활용하는 방법을 뜻한다. 직접적 역사발생적 원리는 수학사의 과정을 희극화하여 학생이 직접 발견함으로써 문제 설정과 개념을 학생이 인식하도록 안내한다. 반면 간접적 역사발생적 원리는 수학사의 과정을 분석하여 그 본래의 의미와 모든 개념의 실제적인 핵심이 무엇인가를 학생 스스로 배우고 그로부터 이들 개념의 교수를 위한 결론을 이끌어 내게 한다. 교육의 심리적 측면에서 역사발생적 원리의 의미를 탐구해 보자.

관련 학과 문헌정보학과, 사학과, 상담심리학과, 심리학과, 인류학과, 철학과

《**예비교사와 현직교사를 위한 수학교육과정과 교재연구**》, 김남희 외 4명, 경문사(2024)

[12미적I-03-04] ● ● ●

부정적분과 정적분의 관계를 이해하고, 다항함수의 정적분을 구할 수 있다.

➡ 정적분의 역사는 기원전으로 거슬러 올라가 도형의 넓이나 곡선의 길이를 구하는 문제부터 시작된다. 당시의 실진법은 도형을 사각형 등 기본도형으로 잘게 쪼개는 방식으로, 우리가 학습하는 구분구적법과 유사하다. 반면 미분의 역사는 17세기에 뉴턴과 라이프니츠가 물체의 운동과 변화, 곡선의 접선에 대한 아이디어를 제시하면서 시작되었다. 이후 18세기 미적분학의 기본정리를 통해 정적분이 미분의 역연산인 부정적분과 관련됨을 알게 되었다. 미적분의 역사를 미적분학의 기본정리와 관련하여 탐구해 보자.

관련 학과 고고학과, 문헌정보학과, 사학과, 인류학과, 일어일문학과, 철학과

《**미적분의 역사**》, C. H. Edwards Jr., 류희찬 역, 교우사(2012)

[12미적I-03-05] ● ● ●

곡선으로 둘러싸인 도형의 넓이에 대한 문제를 해결할 수 있다.

➡ 카발리에리의 원리는 이탈리아의 수학자 카발리에리가 발견한 수학 원리로, 입체도형의 넓이와 부피를 구하는 데 사용되었다. 두 평면도형을 직선에 평행한 직선으로 자를 때 잘린 두 선분의 길이 비가 항상 m : n으로 일정하면 입체도형의 넓이의 비도 m : n이 된다는 수학적 원리이다. 같은 원리로 두 입체의 단면적의 비가 항상 m : n으로 일정하면 입체의 부피의 비도 m : n이 된다. 적분이 체계적으로 자리 잡기 전 사용하던 카발리에리의 원리에 대해 탐구해 보자.

관련 학과 고고학과, 문헌정보학과, 사학과, 인류학과, 일어일문학과, 철학과

작은 수학자의 생각실험

고의관, 궁리(2015)

책 소개

이 책은 델타라는 주인공이 미분, 적분 같은 수학 개념을 이해하는 과정과 수학적 증명을 도출하는 과정 등 흥미로운 소재를 다루고 있다. 또한 미분과 적분이 활용되는 다양한 사례를 제시하면서 미분과 적분의 위력을 느끼게 한다. 미분과 적분의 탄생부터 하나의 학문으로 통합되기까지의 역사를 정리하고, 미적분학의 기본정리가 지닌 수학적 의미와 업적을 강조하고 있다.

세특 예시

적분을 학습한 뒤 적분의 의미를 곡선으로 둘러싸인 도형의 넓이와 관련지어 정확하게 이해함. 독서 연계 활동으로 '작은 수학자의 생각실험(고의관)'을 읽고 적분이 발생하게 되는 과정으로부터 미적분학의 기본정리를 통해 미분과의 관련성을 가지는 역사적 과정을 소개함. 초기 적분의 모습으로 구분구적법을 소개하고, 알려진 도형의 넓이와 부피로부터 새로운 도형의 넓이와 부피를 구하는 카발리에리의 원리를 설명함. 또한 타원, 원기둥 등 카발리에리의 원리를 활용한 도형의 사례를 제시하고 이를 직접 구해 봄.

> **[12미적I-03-06]**
>
> 적분을 속도와 거리에 대한 문제에 활용하고, 그 유용성을 인식할 수 있다.

➜ 속력은 운동하는 물체의 방향은 고려하지 않고 오로지 움직임의 크기만 고려한 스칼라값이다. 반면 속도는 물체의 방향과 크기를 모두 포함하는 벡터값이다. 같은 맥락으로 이동거리는 움직인 거리로 스칼라값이지만, 변위는 위치의 변화량으로 나중 위치에서 처음 위치를 뺀 벡터값이다. '인생은 속도가 아니라 방향이다'라는 명언은 논리적으로 옳지 않다. 스칼라와 벡터의 의미 차이를 바탕으로 '인생은 속도가 아니라 방향이다'라는 말에 대해 평가해 보자.

〔관련 학과〕 국어국문학과, 문예창작학과, 문헌정보학과, 언어학과, 철학과

《**인생은 속도가 아니라 방향이다**》, 이만열, 21세기북스(2016)

국어 교과군

영어 교과군

수학 교과군

도덕 교과군

사회 교과군

과학 교과군

선택 과목	수능	확률과 통계	절대평가	상대평가
일반 선택	○		5단계	5등급

단원명 | 경우의 수

> | 🔍 | 중복순열, 중복조합, 이항정리, 이항계수, 파스칼의 삼각형, $_n\Pi_r$, $_nH_r$

[12확통01-02] ●●●

중복조합을 이해하고, 중복조합의 수를 구하는 방법을 설명할 수 있다.

➡ 직업에 대한 가치관이 변하면서 최근에는 하나의 직업이 아닌 여러 개의 직업을 가지고 있는 'N잡러'를 어렵지 않게 찾아볼 수 있다. 'N잡러'들이 많이 가지는 직업을 바탕으로, 사회의 변화에 따라 바뀌는 직업에 대한 가치관의 변화를 탐구해 보자.

관련 학과 사학과, 상담심리학과, 심리학과, 인류학과, 철학과

《**n잡 시대에 부쳐**》, 홍인혜 외 10명, 보틀프레스(2020)

[12확통01-03] ●●●

이항정리를 이해하고, 이를 활용하여 문제를 해결할 수 있다.

➡ 이항정리를 언급할 때 자주 등장하는 것은 '파스칼의 삼각형'이다. '파스칼의 삼각형'은 파스칼이 이항계수를 삼각형 모양으로 배열한 것인데, 파스칼이 처음 발견한 것은 아니고, 그가 연구하며 정리한 것이다. 이처럼 그 학자가 처음 발견한 것은 아니지만 그 학자의 이름이 붙여진 여러 가지 정리를 찾아, 해당 정리의 발견 과정과 이름이 붙여진 과정을 탐구해 보자.

관련 학과 고고학과, 사학과, 인류학과, 철학과

《**단숨에 이해하는 수학 공식 사전**》, 아키톤톤, 이정현 역, 반니(2023)

단원명 | 확률

> | 🔍 | 시행, 통계적 확률, 수학적 확률, 여사건, 배반사건, 조건부 확률, 종속, 독립, 독립시행, $P(A)$, $P(B|A)$

[12확통02-01] ●●●

확률의 개념을 이해하고 기본 성질을 설명할 수 있다.

➡ 우리 주변에서 확률을 활용한 다양한 게임을 만날 수 있다. 여러 가지 카드 게임에서 확률이 활용되고 있으며,

주사위나 윷 놀이를 할 때도 확률이 적용된다. 복권과 같은 상품은 매우 작은 확률에 큰 상품을 제시하여 많은 사람의 손실을 유도하기에, 구매할 수 있는 연령을 제한하기도 한다. 확률을 활용한 다양한 게임들을 찾아보고, 각 게임에서 확률의 역할과 그에 대응하는 우리의 자세에 관해 탐구해 보자.

관련 학과 상담심리학과, 심리학과

《수학은 어렵지만 확률·통계는 알고 싶어》, 요비노리 다쿠미, 이지호 역, 한스미디어(2021)

[12확통02-03] ● ● ●

여사건의 확률을 이해하고, 이를 활용하여 문제를 해결할 수 있다.

➡ 일상생활의 여러 가지 상황에서 기대하는 수준에 따라 실제 확률과 다른 감정을 느끼기도 한다. 기상예보의 높은 확률의 정확도보다 예보가 맞지 않았던 경우에 실망하고, 1위 팀의 경기를 관람할 때도 승률보다 낮은 패배 확률에 불안해한다. 성공할 확률이 실패할 확률보다 높은데도 심리적 불안감이 높아지는 원인과 그 대처 방안 등에 관해 탐구해 보자.

관련 학과 상담심리학과, 심리학과

《실패가 두려운 완벽주의자를 위한 심리학》, 아티나 다닐로, 김지아 역, 시크릿하우스(2023)

[12확통02-05] ● ● ●

사건의 독립과 종속을 이해하고, 이를 판단할 수 있다.

➡ 우리는 여러 언어에 대해 문장 내 단어들 사이의 관계와 구성을 이해하며 문장의 구조를 분석하게 된다. 각 언어의 문장을 구성하는 성분들 사이에는 문장의 의미에 영향을 주는 성분이 있고 문장의 의미에 영향을 주지 않는 성분도 있다. 다양한 언어에서 독립적인 성분과 종속적인 성분을 조사하고, 각 성분의 변화에 따라 달라지는 의미를 탐구해 보자.

관련 학과 국어국문학과, 노어노문학과, 독어독문학과, 불어불문학과, 아랍어과, 언어학과, 영어영문학과, 일어일문학과, 중어중문학과

《의미관계의 인지언어학적 탐색》, 임지룡 외 12명, 한국문화사(2017)

[12확통02-06] ● ● ●

확률의 곱셈정리를 이해하고, 이를 활용하여 문제를 해결할 수 있다.

➡ 어떤 일이 잘 해결되지 않고 오히려 꼬이기만 할 때, 우리는 '머피의 법칙'이라고 말하곤 한다. 이는 수학적으로 볼 때 일어날 확률이 높지 않은 일이 반복적으로 일어나는 것을 뜻한다. '머피의 법칙'와 '샐리의 법칙'을 비교하고, '머피의 법칙'이 일상생활에 미치는 영향과 안정적인 상황으로의 회복을 위한 방안을 탐구해 보자.

관련 학과 상담심리학과, 심리학과, 종교학과, 철학과

《수학비타민 플러스 UP》, 박경미, 김영사(2021)

국어 교과군

영어 교과군

수학 교과군

도덕 교과군

사회 교과군

과학 교과군

단원명 | 통계

| 🔍 | 확률변수, 이산확률변수, 확률분포, 연속확률변수, 기댓값, 이항분포, 큰 수의 법칙, 정규분포, 모집단, 모평균, 모분산, 표준정규분포, 표본, 전수조사, 표본조사, 임의추출, 모표준편차, 표본평균, 표본분산, 표본표준편차, 모비율, 표본비율, 추정, 신뢰도, 신뢰구간, $P(X=x)$, $E(X)$, $V(X)$, $\sigma(X)$, $B(n, p)$, $N(m, \sigma^2)$, $N(0, 1)$, $\overline{X}$, S^2, S, $\hat{p}$

[12확통03-01] ● ● ●

확률변수와 확률분포의 뜻을 설명할 수 있다.

● 언어는 문화와 밀접한 관련이 있으며, 언어 사용 패턴과 단어 출현 빈도의 확률분포 분석을 통해 문화적 특성을 이해할 수 있다. 학교 내 다양한 학생들의 SNS 게시글이나 대화 내용을 데이터화하여 단어 출현 빈도의 확률분포를 구하고, 이를 통해 학생들의 언어 사용 패턴에 따른 문화적 차이를 발견할 수 있다. 문장 길이, 단어 선택 등의 언어 사용 특성을 분석하고, 이를 문화적 가치관과 연결하는 등 다양한 성향의 학생들의 언어 사용 양상을 비교, 탐구해 보자.

관련 학과 국어국문학과, 문예창작학과, 문헌정보학과, 상담심리학과, 심리학과, 언어학과, 철학과

《나는 생각하고 말하는 사람이 되기로 했다》, 홍승우, 웨일북(2021)

[12확통03-02] ● ● ●

이산확률변수의 기댓값(평균)과 표준편차를 구할 수 있다.

● 종교는 여러 문화적·역사적 요인에 따라 각 지역에 다르게 나타난다. 세계 주요 종교들의 신자 수를 국가별 또는 대륙별로 조사하고 평균, 표준편차 등을 구해 그 특징을 비교할 수 있다. 각 종교 간 분포의 차이를 문화적·역사적 맥락에서 해석하며 수학적 분석을 통해 종교와 사회의 관계를 탐구해 보자.

관련 학과 인류학과, 종교학과, 철학과

《사피엔스》, 유발 하라리, 조현욱 역, 김영사(2023)

[12확통03-06] ● ● ●

표본평균과 모평균, 표본비율과 모비율의 관계를 이해하고 설명할 수 있다.

● 여론조사는 국가나 공공 기관의 정책 수립, 기업의 시장조사 과정에서 다양하게 활용되고 있다. 이런 이유로 시민의 의사나 선호도가 잘 나타나도록 여론조사에 관해 계속해서 연구가 진행되고 있다. 과거 우리나라에서 이루어진 여러 가지 여론조사 사례와 함께 그 과정에서 나타난 문제점과 개선된 사례 등을 조사하여 발표해 보자.

관련 학과 고고학과, 문헌정보학과, 문화재학과, 사학과, 상담심리학과, 심리학과, 인류학과

《새빨간 거짓말, 통계》, 대럴 허프, 박영훈 역, 청년정신(2022)

선택 과목	수능		절대평가	상대평가
진로 선택	X		5단계	5등급

단원명 | 수열의 극한

| 🔍 급수, 부분합, 급수의 합, 등비급수, $\lim\limits_{n \to \infty} a_n$, $\sum\limits_{n=1}^{\infty} a_n$

[12미적II-01-02] • • •

수열의 극한의 성질을 이해하고, 이를 활용하여 극한값을 구하는 방법을 설명할 수 있다.

➡ 심리학에서 수학은 주요한 도구로 활용된다. 특히 패턴이나 규칙성을 분석하여 인간의 사고, 감정, 의사결정 과정을 이해하고, 이를 바탕으로 여러 상황에 적용하고자 연구하고 있다. 수열을 활용한 심리학을 탐구하며 수학과 심리학의 융합 사례를 찾아 주변에 실제로 적용하여 보고서를 작성해 보자.

관련 학과 상담심리학과, 심리학과

《**열두 발자국**》, 정재승, 어크로스(2023)

[12미적II-01-05] • • •

등비급수의 합을 구하고, 이를 활용할 수 있다.

➡ 사회운동이 급속히 확산하거나 현상의 빠른 변화를 보여 준 사례를 역사 속에서 종종 발견할 수 있다. 등비급수는 이런 현상을 설명하는 데 유용한 수학적 도구가 되기도 한다. 종교개혁, 민주화 운동, 인구 증가, 기술 발전, 정보 확산 등에서 그 예를 찾아볼 수 있다. 역사적 사건과 현상 속에 숨어 있는 수학적 원리를 탐구하고, 수학을 통해 우리 사회와 문화를 보다 깊이 있게 이해하는 보고서를 작성해 보자.

관련 학과 사학과, 인류학과, 종교학과, 철학과

《**거꾸로 읽는 세계사**》, 유시민, 돌베개(2021)

단원명 | 미분법

| 🔍 자연로그, 덧셈정리, 매개변수, 음함수, 이계도함수, 변곡점, e, e^x, $\ln x$, $\sec x$, $\csc x$, $\cot x$, $f''(x)$, y'', $\frac{d^2y}{dx^2}$, $\frac{d^2}{dx^2}f(x)$

[12미적II-02-01]

지수함수와 로그함수의 극한을 구하고 미분할 수 있다.

➡ 자연로그의 밑으로 사용되는 무리수 e는 '오일러의 수'라고도 불린다. '오일러의 수'와 같이 연구한 학자나 사건 등의 이름을 붙인 다양한 사례를 여러 학문에서 살펴볼 수 있다. 수학에서 학자의 이름을 사용하고 있는 값이나 공식 등을 찾아 그 내용을 정리하여 보고서로 작성해 보자.

관련 학과 고고학과, 문헌정보학과, 사학과, 언어학과, 철학과
《법칙, 원리, 공식을 쉽게 정리한 수학 사전》, 와쿠이 요시유키, 김정환 역, 그린북(2017)

[12미적II-02-04]

함수의 몫을 미분할 수 있다.

➡ 미적분은 17세기 유럽에서 뉴턴과 라이프니츠가 각각 미적분을 발견하면서 발전하기 시작했다. 뉴턴은 물리학에 기반하여 물체의 운동을 수학적으로 나타내는 미적분을 발견했고, 라이프니츠는 순수 수학을 활용하여 미적분을 발견했다. '미적분의 발견'의 역사를 두 학자를 중심으로 정리하고 그 의미를 탐구해 보자.

관련 학과 고고학과, 사학과, 인류학과
《문명과 수학》, EBS 문명과 수학 제작팀, 민음인(2014)

[12미적II-02-05]

합성함수를 미분할 수 있다.

➡ 코로나19를 겪으며 전염병 관리에 대한 관심이 커졌다. 전염병 확산에 대한 SIR 모델은 코로나19의 확산 예측에 활용되었지만, 이전의 여러 전염병의 확산 과정을 분석하는 데도 활용되었다. SIR 모델에 관해 조사하고, 과거 전염병의 확산 과정과 그에 대한 대처 등에 관한 탐구활동을 해 보자.

관련 학과 고고학과, 사학과, 인류학과
《발칙한 수학책》, 최정담, 웨일북(2021)

[12미적II-02-09]

함수의 그래프의 개형을 그릴 수 있다.

➡ 심리학은 인간 행동과 정신 과정을 연구하는 학문으로, 인간 행동의 변화 패턴을 분석하고 심리적 과정에 대한 깊이 있는 이해를 하는 과정에서 수학적 도구를 활용할 수 있다. 우울증 증상의 변화 추이, 학습 능력의 향상 과정, 스트레스 반응의 동적 변화 등을 미분 기법을 적용하여 탐구하고, 실생활 속의 심리학적 현상을 수학적으로 분석하는 보고서를 작성해 보자.

관련 학과 상담심리학과, 심리학과, 인류학과
《정리하는 뇌》, 대니얼 J. 레비틴, 김성훈 역, 와이즈베리(2015)

단원명 | 적분법

| 🔍 | 치환적분법, 부분적분법

[12미적II-03-01] • • •

$y = x^n$ (n은 실수), 지수함수, 삼각함수의 부정적분과 정적분을 구할 수 있다.

➡️ 문화재는 우리의 역사를 기억하게 하고 미래를 준비하게 하는 소중한 자료로서 큰 가치를 가진다. 문화재를 복원하고 보존하는 데는 다양한 기술이 필요하고, 그 과정에 수학적 모델링이 적용된다. 문화재 복원과 보존에 적용되는 수학적 도구를 조사하고, 문화재 복원, 보존 연구의 필요성 등에 관해 탐구해 보자.

관련 학과 고고학과, 문화재학과, 사학과, 인류학과

《**수학 언어로 문화재를 읽다**》, 오혜정, 지브레인(2021)

[12미적II-03-04] • • •

정적분과 급수의 합 사이의 관계를 탐구하고 이해한다.

➡️ 고대 그리스의 수학자 아르키메데스가 도형의 면적이나 부피를 구하기 위해 사용했던 방법은 현대의 적분법과 유사하다. 미분과 적분은 미적분학의 기본정리가 발견되기 전까지 각각 발전했다. 미분과 적분의 발전 과정을 각각 탐구하여 발표해 보자.

관련 학과 고고학과, 사학과, 철학과

《**수학과 문화 그리고 예술**》, 차이텐신, 정유희 역, 오아시스(2019)

[12미적II-03-05] • • •

곡선으로 둘러싸인 도형의 넓이에 대한 문제를 해결할 수 있다.

➡️ 역사 유적지나 문학 작품의 배경이 되었던 장소, 작가와 관련된 장소 등을 박물관이나 공원 등으로 조성해 많은 사람의 이해와 휴식을 돕고 있다. 지도 등을 활용하여 주변에 있는 이러한 시설을 찾아 그 넓이를 계산해 보자. 또한 해당 시설의 규모에 맞는 운영이 이루어지고 있는지, 목적에 맞는 내용을 방문객에게 제공하고 있는지 살펴보고, 개선 방안에 관해 탐구해 보자.

관련 학과 고고학과, 국어국문학과, 문예창작학과, 문화재학과, 사학과, 언어학과, 종교학과, 철학과

《**인문사회학을 위한 수학**》, 최정환, 고려대학교출판문화원(2016)

국어 교과군

영어 교과군

수학 교과군

도덕 교과군

사회 교과군

과학 교과군

선택 과목	수능	**기하**	절대평가	상대평가
진로 선택	X		5단계	5등급

단원명 | 이차곡선

🔍 이차곡선, 포물선(축, 꼭짓점, 초점, 준선), 타원(초점, 꼭짓점, 중심, 장축, 단축), 쌍곡선(초점, 꼭짓점, 중심, 주축, 점근선)

[12기하01-01] ●●●

포물선의 뜻을 알고, 포물선을 방정식으로 표현할 수 있다.

➡️ 역사를 살펴보면 수많은 전쟁의 과정에서 문화의 전파와 과학의 발달이 이루어졌다. 특히 전쟁에서 사용된 다양한 무기와 과학기술의 발전은 뗄 수 없는 관계이다. 무기의 발달 과정에서 다양한 무기의 특징을 수학적으로 분석하고, 이러한 전쟁을 통한 문화 발전 과정이 우리 삶에 끼친 영향에 관해 탐구해 보자.

관련 학과 사학과, 문화재학과, 인류학과, 종교학과

《**과학이 바꾼 전쟁의 역사**》, 박영욱, 교보문고(2024)

[12기하01-03] ●●●

쌍곡선의 뜻을 알고, 쌍곡선을 방정식으로 표현할 수 있다.

➡️ 세계에는 각 문화의 상징성을 지닌 대표적인 건축물들이 있다. 또한 건축물은 그 시대의 뛰어난 건축술을 함께 보여 주고 있다. 예를 들면 우리나라의 창덕궁이나 세종대왕릉, 천문대를 비롯하여 고대 그리스, 로마의 판테온과 같은 건축물에서 다양한 수학적 원리를 찾아볼 수 있다. 각 시대를 대표하는 건축물에 나타나는 수학적 원리를 찾아보고, 이러한 건축물이 그 문화와 어떻게 연결되는지 탐구하는 보고서를 작성해 보자.

관련 학과 고고학과, 문헌정보학과, 문화재학과, 사학과, 인류학과, 종교학과, 철학과

책 소개

유적지, 다리, 교통 등 일상생활에서 자주 접하는 장소에서 수학의 시선으로 주변의 건축물이나 시스템을 탐색하고 수학의 유용성을 안내한다. 세계문화유산으로 지정된 창덕궁과 세종대왕의 업적을 볼 수 있는 여주 세종대왕릉, 바다를 가로지르며 일상을 더 편하게 이어 주는 기다란 다리, 우리가 매일 반드시 이용하는 도로, 별바라기들의 성지라 할 수 있는 천문대를 수학적으로 살펴보고 있다.

> **세특 예시** ....
>
> 건축학 관련 진로에 관심이 있어 진로 관련 독서활동으로 '수학 언어로 건축을 읽다(오혜정)'를 읽고 우리나라의 다양한 건축물에서 발견할 수 있는 수학적 의미를 통해 수학의 유용성을 살펴봄. 더불어 세계의 여러 건축물에서 찾아볼 수 있는 수학적 원리도 탐구하기 위해 미디어 자료 등을 활용하여 '우리나라와 세계의 건축물 속의 수학'이라는 주제로 보고서를 작성하여 발표함

단원명 | 공간도형과 공간좌표

🔍 교선, 삼수선 정리, 이면각(변, 면, 크기), 정사영, 좌표공간, 공간좌표, P(x, y, z)

[12기하02-01] ● ● ●

직선과 직선, 직선과 평면, 평면과 평면의 위치 관계에 대한 간단한 증명을 할 수 있다.

➡️ 고대 문명의 건축물과 도시 계획에서는 다양한 공간도형이 활용되었다. 고대 문명의 건축물과 도시에서 발견되는 다양한 직선과 평면의 관계 속 수학적 원리를 탐구해 보자. 또한 고대 문명에서 추구한 도시의 효율성과 미적 아름다움을 통해 과거 문명의 지적 유산이 현대에 끼치는 영향에 관한 보고서를 작성해 보자.

관련 학과 고고학과, 문화재학과, 사학과, 인류학과

《메트로폴리스》, 벤 윌슨, 박수철 역, 매일경제신문사(2021)

[12기하02-03] ● ● ●

도형의 정사영의 뜻을 알고, 도형과 정사영의 관계를 탐구할 수 있다.

➡️ 수학에 활용되는 많은 용어에는 한글과 한자가 섞여 있다. '사다리꼴'과 같은 한글 용어, '정사영'과 같은 한자 용어, '벡터'와 같은 외국어 용어 등 다양한 문자가 사용된다. 우리나라의 수학 용어에 사용된 문자에 따른 의미 전달력의 차이, 학습자의 이해도 차이 등을 조사하고, 여러 나라의 수학 용어와 비교하는 탐구 보고서를 작성해 보자.

관련 학과 국어국문학과, 문헌정보학과, 북한학과, 언어학과

《세상을 움직이는 수학개념 100》, 라파엘 로젠, 김성훈 역, 반니(2016)

단원명 | 벡터

🔍 벡터, 시점, 종점, 벡터의 크기, 단위벡터, 영벡터, 실수배, 평면벡터, 공간벡터, 위치벡터, 벡터의 성분, 내적, 방향벡터, 법선벡터, $\overrightarrow{AB}$, $\vec{a}$, $|\vec{a}|$, $\vec{a} \cdot \vec{b}$

[12기하03-01]
●●●

벡터의 뜻을 알고, 벡터의 덧셈·뺄셈·실수배를 할 수 있다.

➡ 벡터는 크기와 방향을 함께 가진 물리량이다. 벡터의 개념이 적용되는 사례를 인문학에서도 찾아볼 수 있다. 역사 속에서 문화·종교·언어·사상 등의 전파가 이루어지는 과정에 벡터의 개념을 적용해 그 흐름과 속도, 크기 등으로 특징을 파악해 볼 수 있다. 역사 속에 나타난 여러 발전 과정을 수학적 개념을 활용하여 표현하는 탐구활동을 해 보자.

관련 학과 사학과, 상담심리학과, 심리학과, 언어학과, 인류학과, 종교학과, 철학과

《컬처, 문화로 쓴 세계사》, 마틴 푸크너, 허진 역, 어크로스(2024)

[12기하03-04]
●●●

벡터를 이용하여 직선의 방정식을 구할 수 있다.

➡ 증강현실(Augmented Reality, AR)은 실제 환경에 3차원 가상 이미지를 합성해 원래의 환경에서 하나의 영상으로 보여 주는 기술이다. 증강현실 기술은 유적지나 박물관에서 관람 방식의 변화를 불러오고 독서활동에 시각적 효과를 불어넣을 수도 있다. 증강현실의 기본적인 구현 방법과 증강현실의 다양한 정보전달 방식을 활용하여 일상생활에 예상되는 변화를 탐구해 보자.

관련 학과 고고학과, 문예창작학과, 문헌정보학과, 문화재학과, 사학과

《가상현실 증강현실의 미래》, 이길행 외 8명, 콘텐츠하다(2018)

선택 과목	수능		절대평가	상대평가
진로 선택	X	경제 수학	5단계	5등급

단원명 | 수와 경제

| 🔍 | 경제지표, 퍼센트포인트, 환율, 물가지수, 주식지수. 취업률, 실업률, 고용률, 경제 성장률, 금융지표, 무역수지지표, 노동관계지표, 주식지표, 세금, 소득, 세금부과율, 소비세, 부가가치세, 누진세, 이자율, 연이율, 분기이율, 월이율, 할인율, 원리합계, 단리, 복리, 근로소득 연말정산, 종합소득세, 현재가치, 미래가치, 연속복리, 연금, 기말급 연금, 기시급 연금, 영구 연금, 미래 가격, 현재 가격

[12경수01-01] ●●●

통계자료를 활용하여 경제지표의 의미를 이해하고, 경제지표의 변화를 설명할 수 있다.

➡ 경제지표는 경제와 관련한 통계자료로, 경기변동을 확인하거나 장래의 경기변동을 예측하는 근거로 활용된다. 대표적인 경제지표로 실업률이 있는데, 실업률은 경제활동 인구 수 대비 실업자의 비율을 의미한다. 코로나19 이후 해외의 실업률이 높아진 가운데 해외 국가별 실업률에 대한 최근 통계자료를 찾아 분석하고 실업률을 낮추기 위한 노력과 다양한 국가 정책 등을 찾아 탐구해 보자. 또한 퍼센트와 퍼센트포인트의 차이를 이해하고 통계자료 분석에 활용해 보자.

　관련 학과 노어노문학과, 독어독문학과, 불어불문학과, 아랍어과, 영어영문학과, 일어일문학과, 중어중문학과

《**세계에서 빈곤을 없애는 30가지 방법**》, 다나카 유 외 2명 편, 알마(2016)

[12경수01-02] ●●●

환율과 관련된 실생활 문제를 해결할 수 있다.

➡ 화폐란 교환경제 사회에서 상품의 유통과 교환을 원활하게 하기 위한 유통수단이자 교환수단이다. 화폐는 인류 역사의 발전과 밀접한 관계가 있으며 그 사회의 모습을 반영한다. 상공업의 발달과 조세의 금납화는 화폐가 교환의 매개가 되고 무역이 확대되는 계기가 되었다. 한국사(또는 세계사)와 관련하여 과거 사용된 화폐를 조사하고 화폐의 발달과 무역의 확대가 해당 국가와 사회에 미친 영향을 탐구하여 발표해 보자.

　관련 학과 국어국문학과, 노어노문학과, 독어독문학과, 문예창작학과, 문헌정보학과, 불어불문학과, 역사학과, 아랍어과, 영어영문학과, 인류학과, 일어일문학과, 중어중문학과

《**역사로 보는 화폐의 미래**》, 한나 할라부르다 외 2명, 백승기 역, 예문(2022)

[12경수01-03] ●●●

세금과 관련된 실생활 문제를 해결할 수 있다.

➡ 세금은 국가를 유지하고 국민 생활을 발전시키기 위해 국민의 소득 일부분을 국가에 납부하는 것을 말한다. 역

사적으로 조세제도는 그 시대의 역사·사회·문화 등에 큰 영향을 미쳤으며, 지금도 국민의 삶과 밀접한 관련성을 가진다. 한국사(또는 세계사)와 관련하여 과거의 조세제도를 조사해 정리하고 조세제도가 당시의 역사·사회·문화에 미친 영향을 탐구하여 발표해 보자.

관련 학과 국어국문학과, 노어노문학과, 독어독문학과, 문예창작학과, 문헌정보학과, 불어불문학과, 역사학과, 아랍어과, 영어영문학과, 인류학과, 일어일문학과, 중어중문학과

《세금이 공정하다는 착각》, 이상협, 드루(2022)

[12경수01-04]

단리와 복리를 이용하여 이자와 원리합계를 구하고, 미래에 받을 금액의 현재가치를 구할 수 있다.

➡️ 앵커링 효과란 처음에 인상적이었던 숫자나 사물이 기준점이 되어 그 후의 판단에 왜곡 혹은 편파적인 영향을 미치는 현상을 뜻한다. 고액의 제품을 구입할 때 일시불 지급에 부담을 느끼는 소비자를 위해 무이자 할부 혜택을 주는 경우가 있다. 그런데 처음부터 상품의 가격을 높게 책정한 뒤 무이자 할부 방식을 제시하거나 일시불 구매자에게 일정 금액을 할인해 주는 경우가 있다. 이런 상황을 앵커링 효과와 관련지어 소비자의 소비심리를 분석하고 합리적인 소비방법을 탐구해 보자.

관련 학과 상담심리학과, 심리학과

THE NEW 좋아 보이는 것들의 비밀

이랑주, 지와인(2021)

책 소개

이 책은 인간의 본능을 자극하는 행동 설계 마케팅 안에 숨겨진 마케팅 전략을 소개하고 있다. 사람들의 소비심리를 유도하는 다양한 마케팅, 브랜딩, 경영 전략 등을 소비심리를 이용해 설명하고, 작은 요소들이 만들어 내는 차이에 담긴 법칙을 소개한다. 필요해서 사는 게 아니라 갖고 싶어서 소비하는 시대에 꼭 필요한 비주얼 마케팅의 법칙을 사례 중심으로 제시하고 있다.

세특 예시

동일한 금액이라도 시점을 기준으로 가치가 다르다는 것을 이해하고 돈의 가치를 비교할 때 시점을 일치시키는 것이 중요하다고 설명함. 할부 구매와 일시불 구매를 비교할 때 할부금을 모두 현재가치로 환산하는 합리적인 의사결정을 강조하였고 그 과정에서 공학적 도구를 사용해 복잡한 계산을 능숙하게 처리함. 교과연계 독서활동으로 'THE NEW 좋아 보이는 것들의 비밀(이랑주)'을 참고하여 무이자 할부 혜택에 담긴 소비심리를 분석하고 고가의 제품을 구입할 때 충동구매보다 상품의 현재가치를 비교하는 경제적인 판단이 필요하다고 논리적으로 설명함.

[12경수01-05]

연금의 뜻을 알고, 연금의 현재가치를 구할 수 있다.

➡️ 연금은 근로자 또는 국민이 소정의 기여금이나 보험료를 일정 기간 동안 납부하고 노령·퇴직·폐질·사망 등의 보험사고가 발생했을 때 지급받는 급여를 말한다. 최근 저출산·고령화로 인한 인구구조 악화, 경제 성장 둔화 등의 영향으로 우리나라 국민연금 재정에 부정적인 이야기가 많다. 연금제도와 관련한 해외 뉴스 기사를 검색

하여 해외의 연금제도를 조사하고, 우리나라 연금제도와의 차이를 분석하여 우리나라 연금제도가 나아갈 방향을 탐구해 보자.

<code>관련 학과</code> 노어노문학과, 독어독문학과, 불어불문학과, 아랍어과, 영어영문학과, 인류학과, 일어일문학과, 중어중문학과

《한권으로 끝내는 퇴직연금》, 백일현 외 1명, 머니투데이(2021)

단원명 | 함수와 경제

> |♀| 함수, 정의역, 공역, 치역, 비례함수, 반비례함수, 비용, 비용함수, 이윤, 생산함수, 수요, 공급, 수요량, 공급량, 수요함수, 공급함수, 수요곡선, 공급곡선, 제약조건, 최대와 최소, 이차함수, 효용, 효용함수, 한계효용, 총효용곡선, 한계효용곡선, 한계효용 체감의 법칙, 한계효용 균등의 법칙, 기대효용, 최대와 최소, 균형가격, 가격, 세금, 소득, 부등식의 영역, 제약조건, 이차함수, 효용

[12경수02-01] ● ● ●

여러 가지 경제 현상을 함수로 나타낼 수 있다.

❯ 국가의 경제 성장 정도를 나타내는 경제 성장률은 일정 기간 동안 한 나라의 경제 성장을 나타내는 지표로, 국민소득 규모가 얼마나 커졌는지 파악하기 위해 활용된다. 경제 성장률은 그 나라의 경제가 이룬 경제 성과를 측정하는 중요한 척도로, 이를 구하는 방법은 다음과 같다.

$$경제성장률(\%) = \frac{금년도\ 실질\ GDP - 전년도\ 실질\ GDP}{전년도\ 실질\ GDP} \times 100$$

관심 있는 국가의 최근 연도별 경제 성장률을 조사하여 그래프로 나타내고, 경제 변화가 해당 국가의 사회·문화·예술·종교 분야 등에 미친 영향을 분석하여 탐구해 보자.

<code>관련 학과</code> 국어국문학과, 노어노문학과, 독어독문학과, 문예창작학과, 문헌정보학과, 불어불문학과, 아랍어과, 영어영문학과, 인류학과, 일어일문학과, 종교학과, 중어중문학과

《한국 경제의 성장, 위기, 미래》, 이종화, 고려대학교출판문화원(2023)

[12경수02-02] ● ● ●

함수와 그래프를 활용하여 수요곡선과 공급곡선의 의미를 탐구하고 이해한다.

❯ 시장의 균형은 수요곡선과 공급곡선이 교차하는 점으로, 이를 균형가격이라고 한다. 소비자의 수요에는 심리적 요인이 작용하는데, 대표적인 예로 밴드왜건 효과(또는 편승 효과)가 있다. 밴드왜건 효과는 밴드왜건(악대 마차)이 앞장서 요란한 음악을 연주하면 사람들이 모여들어 덩달아 졸졸 따라가게 되고 그러지 않으면 불안해하는 마음 상태를 말한다. 사람들의 소비심리에 영향을 주는 밴드왜건 효과에 대해 사례를 중심으로 탐구해 보자.

<code>관련 학과</code> 상담심리학과, 심리학과

《사지 않는 생활》, 후데코, 노경아 역, 스노우폭스북스(2022)

[12경수02-03] ● ● ●

효용의 의미를 이해하고, 효용을 함수와 그래프로 나타낼 수 있다.

➡ 한계효용 체감의 법칙은 어떤 상품의 소비량이 늘어갈 때 한계효용이 점차 작아지는 현상을 뜻한다. 우리나라는 경제적으로 풍요로워졌지만, OECD에서 발표한 행복지수는 하위권에 속한다고 한다. 경제적 여유가 커질수록 행복감이 높아지지만, 일정 수준을 넘어서면 돈이 행복에 미치는 영향은 점점 작아지게 된다. 경제적 요인과 행복지수는 어느 정도 상관관계가 있지만 절대적 요소는 아님을 알 수 있다. 이런 현상을 한계효용 체감의 법칙과 연관지여 분석하고 행복지수를 높이기 위한 방안을 탐구해 보자.

관련 학과 상담심리학과, 심리학과

《돈으로 행복을 살 수 있을까?》, 김진, 뭉치(2023)

[12경수02-04] ● ● ●

수요와 공급의 상호작용에 의해 균형가격이 결정되는 경제 현상을 설명할 수 있다.

➡ 쓰고 남은 물건을 다른 부족과 교환하면서 물물교환이 시작되었다. 이는 부족 간 수요와 공급의 차이로 설명된다. 이후 물물교환은 교환가치의 비교, 수량 분할 등에서 불편한 점이 많아 소금·면포·쌀·조개껍데기 등과 같은 실물화폐가 교환수단이 되었으며, 이것이 차츰 발달하여 화폐가 되었다. 세계 무역이 시작된 계기와 역사를 수요와 공급의 관점에서 정리하고 탐구해 보자.

관련 학과 고고학과, 사학과, 인류학과

무역의 세계사

윌리엄 번스타인, 박홍경 역,
라이팅하우스(2019)

책 소개

이 책은 기원전 메소포타미아의 초기 교역부터 오늘날 세계화를 둘러싼 갈등에 이르기까지 세계 무역의 역사를 폭넓게 다루고 있다. 세계사에서 일어난 중대한 사건들을 소개하면서 무역이 인류의 발전에서 얼마나 중요한 위치를 차지하는지를 설명한다. 실크로드 교역, 향료 무역, 노예 무역, 자유주의와 보호주의의 갈등, 오늘날의 세계를 만든 GATT까지 세계 정세를 이해하는 안목을 키워 준다.

세특 예시

온도에 따른 아이스크림 수요 변화를 그래프로 정확하게 모델링하고 이를 논리적으로 분석함. '무역의 세계사(윌리엄 번스타인)'를 참고하여 수요와 공급의 상호작용으로 물물교환과 무역이 시작되는 과정을 세계사와 관련지어 설명함. 현대사회에서는 단순히 수요와 공급만으로 균형가격이 결정되는 것을 넘어 국가별로 자국의 이익을 위한 무역 정책을 집행하고 이것이 국가 간의 외교 문제로도 연결된다고 설명함.

[12경수02-05] ● ● ●

세금과 소득의 변화가 균형가격에 미치는 영향을 탐구하고 이해한다.

➡ 관세란 관세 영역을 통해 수출·수입되거나 통과되는 화물에 대해 부과되는 세금으로, 수출세·수입세·통과세가 있다. 보통 관세는 수입세를 의미하는데, 현재 우리나라에는 수입세만 있다. 수입 상품에 관세를 부과하면 수입 상품의 국내 가격이 상승하면서 국내 상품 생산자에게 도움이 된다. 하지만 관세 부과에는 단점도 있으며 WTO 체제 출범 이후 자유무역주의의 영향으로 관세가 많이 줄어든 상황이다. 관세가 국내 경제 시장에 미치

는 영향을 사례를 중심으로 탐구해 보자.

관련 학과 노어노문학과, 독어독문학과, 불어불문학과, 심리학과, 아랍어과, 영어영문학과, 인류학과, 일어일문학과, 중어중문학과

《세계사를 바꾼 15번의 무역전쟁》, 자오타오 외 1명, 박찬철 역, 위즈덤하우스(2020)

[12경수02-06]   ● ● ●

부등식의 영역의 개념을 이해하고, 이를 활용하여 경제 현상의 문제를 해결할 수 있다.

➡ 수학적 모델링은 어떤 현상을 이해하거나 변화를 예측하기 위해 상황을 수학적 언어로 표현해 수학적 방법으로 해결하는 과정을 뜻한다. 수학적 모델링은 사회과학, 자연과학, 의학, 공학 등 다양한 분야에서 활용되며 최근 실험이나 임상 연구 등의 생명과학 연구에도 활용되고 있다. 부등식의 영역은 수학적 모델링에 활용되는 대표적인 개념으로, 다양한 분야의 문제 상황을 해결하는데 도움이 된다. 우리가 평소 사용하는 일상 언어와 수학적 언어의 특징을 정리하고 유사한 점과 차이점을 분석해 보자.

관련 학과 언어학과

《수학적 모델링, 어떻게 가르칠까?》, 리타 보로메오 페리, 장혜원 외 3명 역, 경문사(2020)

단원명 | 행렬과 경제

| 🔍 | 행렬, 행, 열, 성분, $m \times n$행렬, 정사각행렬, 영행렬, 단위행렬, 행렬의 덧셈, 행렬의 뺄셈, 행렬의 실수배, 행렬의 곱셈, 역행렬, 행렬식, 연립일차방정식, 역행렬의 성질, 행렬의 활용

[12경수03-01]   ● ● ●

여러 가지 경제 현상을 행렬로 나타내고 연산할 수 있다.

➡ 레벤슈타인 거리(Levenshtein distance)란 두 개의 문자열 사이의 편집 거리를 나타내는 개념이다. 여기서 편집 거리는 한 문자열을 다른 문자열로 변환하는 데 필요한 최소의 횟수를 의미한다. 레벤슈타인 거리는 다양한 분야에서 활용되는데, 대표적으로 오타 교정에 사용된다. 예를 들어 검색 엔진에서 사용자가 잘못 입력한 검색어를 기존의 저장된 데이터와의 레벤슈타인 거리를 계산하여 가장 유사한 문서를 찾아내는 방식이다. 행렬이 활용되는 사례와 관련하여 레벤슈타인 거리에 대해 탐구해 보자.

관련 학과 국어국문학과, 언어학과, 영어영문학과

책 소개

이 책은 검색 엔진 알고리즘의 원리를 소개하면서 이를 마케팅 전략과 연결하여 설명한다. 그동안 검색 엔진의 상위 노출 알고리즘에 맞춰 검색 마케팅이 진화한 모습을 안내하고 있다. 이제는 빅데이터와 머신 러닝에 기반하여 사용자의 반응과 의도를 파악할 수 있고 앞으로 디지털 마케팅의 방향에 전환이 일어날 거라고 설명하고 있다.

세특 예시

행렬의 연산 방법과 기본적인 이론을 학습한 후 행렬이 활용되는 사례로

트래픽을 쓸어 담는 검색엔진 최적화

김건오, e비즈북스(2020)

레벤슈타인 거리에 대해 조사함. 컴퓨터 프로그램이나 검색 엔진에서 사용자의 오류나 잘못된 검색어를 수정하는 방법으로서 레벤슈타인 거리의 의미를 사례와 함께 설명함. 사람들이 많이 사용하는 검색 엔진이 오타를 수정한 결과를 통해 이 개념을 알기 쉽게 제시함. '트래픽을 쓸어 담는 검색엔진 최적화(김건오)'를 인용하여 앞으로 AI의 발전과 함께 챗봇의 활용도가 높아질 거라고 설명하는 모습을 보며 미래에 대한 안목과 미래지향적인 자세를 확인함.

[12경수03-02] ● ● ●

역행렬의 뜻을 알고, 2×2행렬의 역행렬을 구할 수 있다.

➔ 문서 단어 행렬(Document-Term Maxtrix, DTM)은 다수의 문서 데이터에 등장한 모든 단어의 출현 빈도수를 행렬로 표현한 것이다. 즉 문서 단어 행렬은 다수의 문서 데이터에 대한 BoW(Bag of Words)를 행렬로 표현한 것으로, 카운트 기반의 단어 표현 방법이다. 사람이 사용하는 자연어를 기계가 이해할 수 있도록 숫자를 이용해 표현하게 되는데, 이때 단어의 빈도를 사용하는 방법 중 하나가 문서 단어 행렬이다. 문서 단어 행렬의 의미를 찾아보고 이 과정에서 행렬이 어떻게 활용되는지 탐구해 보자.

관련 학과　국어국문학과, 언어학과, 영어영문학과

《자연어 처리의 정석》, 제이콥 에이젠슈테인, 이동근 외 1명 역, 에이콘출판(2022)

[12경수03-03] ● ● ●

행렬의 연산과 역행렬을 활용하여 경제 현상의 문제를 해결할 수 있다.

➔ 프로그래밍 언어란 기계(컴퓨터)에게 명령을 내리거나 연산을 하게 할 목적으로 설계되어 기계와 의사소통할 수 있게 해 주는 언어를 뜻한다. 사람이 원하는 작업을 컴퓨터가 수행할 수 있도록 프로그래밍 언어로 일련의 과정을 거치는데, 이렇게 컴퓨터를 이용하기 위한 언어이다. 이 과정에서 많이 사용되는 것 중 하나가 행렬이다. 사람이 사용하는 자연어와 기계가 사용하는 프로그래밍 언어의 특징을 비교하고 두 언어가 가지는 차이를 탐구해 보자.

관련 학과　언어학과

《프로그래밍 언어도감》, 마스이 토시카츠, 김형민 역, 영진닷컴(2018)

단원명 | **미분과 경제**

🔍 평균변화율, 극한, 순간변화율, 미분계수, 접선의 기울기, 도함수, 합과 차의 미분법, 생산비용, 효용함수, 한계효용, 한계수입, 한계비용, 한계이윤, 평균효용, 평균수입, 평균비용, 평균이윤, 증가, 감소, 극대, 극소, 극댓값, 극솟값, 최대, 최소, 그래프 개형, 평균생산량(AP), 한계생산량(MP), 최적생산량, 총 수입, 총 생산, 이윤, 탄력성

[12경수04-01]   • • •

미분의 개념을 이해하고 경제 현상을 나타내는 함수를 미분할 수 있다.

➡ 경제학에서는 한 단위의 변화에 따른 다른 요소의 변화량에 한계라는 용어를 사용하고 한계효용, 한계비용 등에 활용하고 있다. 한계의 어원은 영어 단어 'marginal'로서 우리나라에서는 '한계'라는 단어로 번역되어 지금까지 사용되고 있다. 이 단어가 '한계'라고 번역된 이유를 추측해 보자. 또한 한계효용과 한계비용의 의미를 정리하고 미분과의 관련성을 탐구해 보자.

관련 학과 국어국문학과, 문예창작학과, 상담심리학과, 심리학과, 아랍어과, 언어학과, 영어영문학과

《**알아두면 쓸모 있는 어원잡학사전**》, 패트릭 푸트, 최수미 역, 크레타(2021)

[12경수04-02]   • • •

미분을 이용하여 그래프의 개형을 탐구하고 해석할 수 있다.

➡ 포켓몬 빵이나 먹태깡 등 특정 과자와 빵의 수요가 일시적으로 커져 마트에서 구하지 못하는 품귀 현상이 벌어졌음에도 생산량을 늘릴 수가 없었다. 또한 코로나19 당시 치료제가 없어 일부 의약품이 부족해지는 품귀 현상이 벌어졌다. 하지만 시간이 지나면서 사람들의 소비량이 조금씩 줄기 시작하였고, 이런 품귀 현상이 사라지고 오히려 남은 백신을 처리해야 하는 상황이 발생했다. 이런 상황을 사람들의 소비심리와 한계효용과 관련하여 분석해 보자.

관련 학과 상담심리학과, 심리학과

《**소비의 심리학**》, 로버트 B. 세틀 외 1명, 대홍기획 마케팅컨설팅그룹 역, 세종서적(2021)

[12경수04-03]   • • •

미분을 활용하여 탄력성의 의미를 탐구하고 이해한다.

➡ 가격탄력성이란 가격 변화에 따라 변화하는 수요량 변화로, 일반적으로 물건의 가격이 오르면 판매량이 줄고 물건의 가격이 내리면 판매량이 늘어난다. 모 기관의 조사에 따르면, 종이 가격과 인쇄비 등 책 제작 원가가 상승하면서 출판업계의 영업이익이 감소했다고 한다. 또한 최근 소비자들의 입장에서 종이책보다 전자책이 가격이 저렴하고 구입도 간편해, 한 인터넷 사이트에서는 전자책 판매량이 종이책을 넘어섰다고 한다. 전자책 판매로 인한 종이책의 판매량 감소를 가격탄력성과 관련하여 분석해 보자.

관련 학과 국어국문학과, 문예창작학과, 문헌정보학과, 언어학과

《**책, 그 살아 있는 역사**》, 마틴 라이언스, 서지원 역, 21세기북스(2011)

[12경수04-04]   • • •

미분을 활용하여 경제 현상의 최적화 문제를 해결할 수 있다.

➡ 세일은 물건을 싸게 판다는 뜻인 '바겐세일'의 줄임말로, 대형 마트나 백화점에서 세일을 통해 판매하는 것을 종종 볼 수 있다. 세일을 하면 수익이 줄어들 것으로 생각할 수 있으나 오히려 방문객이 많아지면서 판매량이 늘어나는 경향이 있다. 대형 마트나 백화점에서 세일 품목을 선정해 판매 홍보를 하고 저렴한 가격에 물건을 판매하는 이유를 사람들의 소비심리와 관련하여 탐구해 보자.

관련 학과 상담심리학과, 심리학과

《**쉐이크쉑**》, 비피기술거래, 비티타임즈(2016)

선택 과목	수능		절대평가	상대평가
진로 선택	X	**인공지능 수학**	5단계	5등급

단원명 | 인공지능과 빅데이터

> 인공지능, 기계학습, 지도학습, 강화학습, 딥러닝, 사물 인터넷, 빅데이터, 데이터베이스, 논리합(OR), 논리곱(AND), 배타적 논리합(XOR), 논리 연산, 진리표, 알고리즘, 순서도, 다층퍼셉트론, 전문가 시스템, 추론, 데이터 활용, 편향성, 공정성, 퍼셉트론, 가중치, 활성화 함수

[12인수01-01] ●●●

인공지능의 개념을 이해하고 학습 방식을 수학적으로 해석할 수 있다.

➡ 챗봇은 대화형 인공지능의 한 종류로, 흔히 메신저에서 유저와 소통하는 봇(bot)을 의미한다. 정해진 규칙에 맞추어 메시지를 입력하면 발화를 출력하는 단순한 챗봇부터 인공지능을 활용해 상대방의 발화를 분석하여 사람에 가까운 발화를 내놓는 챗봇까지 다양한 챗봇이 존재한다. 가장 단순한 형태의 챗봇은 기본적인 단어 인식 시스템으로 메시지의 키워드를 스캔하는 기술에 불과하다. 하지만 인공지능 챗봇은 머신 러닝 기술을 활용하여 자체적으로 정보 네트워크를 지속적으로 개선하는 등 나날이 정교해지고 있다. 과거의 단어 인식 시스템과 현재의 머신 러닝 기술의 차이를 비교하고 탐구해 보자.

관련 학과 국어국문학과, 노어노문학과, 독어독문학과, 문예창작학과, 문헌정보학과, 불어불문학과, 아랍어과, 언어학과, 영어영문학과, 일어일문학과, 중어중문학과

《인공지능의 편향과 챗봇의 일탈》, 정원섭 외 8명, 세창출판사(2022)

[12인수01-02] ●●●

인공지능에서 수학을 활용한 역사적 사례를 탐구하고 설명할 수 있다.

➡ 챗봇의 역사는 1990년대로 거슬러 올라간다. MIT에서 개발한 엘리자(ELIZA)가 그 시초라 할 수 있다. 엘리자는 지금의 AI 챗봇과는 거리가 멀지만, 단어를 인식하여 응답하는 등 지금의 챗봇이 나오기까지 중요한 발판이 되었다. 이후 2022년 OpenAI가 강력한 AI 챗봇인 챗GPT를 출시하면서 챗봇은 큰 관심을 받게 되었다. 챗GPT는 코딩의 버그와 취약점을 찾아내어 보완하고 개선한다는 점에서 기존과 큰 차이를 보였다. 인공지능 분야에서 챗봇이 발전한 과정과 최근 사용되는 챗봇의 원리를 탐구해 보자.

관련 학과 국어국문학과, 노어노문학과, 독어독문학과, 문예창작학과, 문헌정보학과, 불어불문학과, 아랍어과, 언어학과, 영어영문학과, 일어일문학과, 중어중문학과

《인공지능 전문가가 알려 주는 챗GPT로 대화하는 기술》, 박해선, 한빛미디어(2023)

[12인수01-03] ●●●

빅데이터의 개념과 특성을 알고 인공지능에서 빅데이터를 활용한 사례를 찾을 수 있다.

● 연관검색어는 사용자가 특정 단어를 검색하면 그 단어와 관련해 사람들이 많이 찾아본 검색어를 자동 로직에 의해 추출하여 제공하는 서비스이다. 검색 서비스 이용자는 자신이 필요한 정보를 확인하기 위해 검색어를 여러 형태로 변경하여 검색하는데, 이때 검색 서비스 제공자는 검색어 입력 패턴을 수집하여 연관검색어를 추천하게 된다. 검색어 입력 패턴을 분석할 때 검색어의 입력 시간, 사용량 등 여러 요소를 복합적 수식으로 분석한다. 인공지능과 빅데이터의 개념과 특성을 정리하고 연관검색어에 빅데이터가 어떻게 활용되는지 탐구해 보자.

관련 학과 국어국문학과, 노어노문학과, 독어독문학과, 문예창작학과, 문헌정보학과, 불어불문학과, 아랍어과, 언어학과, 영어영문학과, 일어일문학과, 중어중문학과

《**검색을 위한 딥러닝**》, 토마소 테오필리, 박진수 역, 제이펍(2020)

단원명 | 텍스트 데이터 처리

| 🔍 | 텍스트 데이터, 텍스트 마이닝, 불용어, 집합, 벡터, 빈도수, 단어가방(Bag of Words), 텍스트의 유사도 분석, 유클리드 유사도, 코사인 유사도, 자카드 유사도, 용어빈도(TF), 문서빈도(DF), 역문서빈도(IDF), 감성 정보 분석

[12인수02-01] ● ● ●

집합과 벡터를 이용하여 텍스트 데이터를 목적에 맞게 표현할 수 있다.

● 자료를 컴퓨터가 인식하려면 컴퓨터가 처리할 수 있는 형태로 변형하는 과정이 필요한데, 이때 수학기호를 활용할 수 있다. 예를 들어 여러 자료를 순서쌍의 형태로 나타내거나 문서의 단어 수를 표현할 때 벡터가 활용된다. 이 과정에서 사용되는 원-핫 벡터와 단어가방(BoW, Bag of Words)이 대표적이다. 사람이 사용하는 자연어를 기계가 이해할 수 있도록 표현하는 원-핫 벡터와 단어가방 방식을 탐구해 보자.

관련 학과 국어국문학과, 문예창작학과, 문헌정보학과, 언어학과

《**구글 BERT의 정석**》, 수다르산 라비찬드란, 전희원 외 2명, 한빛미디어(2021)

[12인수02-02] ● ● ●

빈도수 벡터를 이용하여 텍스트 데이터를 요약하고 유용한 정보를 추출할 수 있다.

● 자동완성은 검색 서비스 이용자의 검색 편의를 위해 검색창에 입력하는 검색어의 유형을 분석하여 많은 사용자가 자주 입력한 검색어를 자동으로 완성해서 제시해 주는 서비스이다. 자동완성 검색어를 제공함으로써 검색어의 일부만 입력해도 원하는 검색어를 선택할 수 있어 정보 탐색 비용을 줄이게 된다. 일부 포털에서는 이런 편의 기능을 더욱 제고하기 위해 자동완성 검색어를 확장하거나 초성 입력만으로도 검색어가 제시되게 해서 모든 키워드를 일일이 입력할 필요가 없다. 자동완성 검색 서비스에서 텍스트를 분석하는 방법과 원리를 수학과 관련하여 탐색해 보자.

관련 학과 인문계열 전체

《**트래픽을 쓸어 담는 검색엔진 최적화**》, 김건오, e비즈북스(2020)

[12인수02-03] ● ● ●

인공지능이 텍스트를 특성에 따라 분석하는 수학적 방법을 설명할 수 있다.

국어 교과군

영어 교과군

수학 교과군

도덕 교과군

사회 교과군

과학 교과군

➔ 검색 포털 사이트에서는 인공지능을 활용하여 기사, 웹툰, 동영상 등에 달리는 악성 댓글을 차단하는 악플 차단 서비스를 시행하고 있다. 대표적으로 네이버의 AI 클린봇은 욕설, 성적 표현 등 혐오적인 표현을 필터링하는 인공지능 기반의 악성 댓글 차단 프로그램이다. 4개월에 걸쳐 약 1억 6,000만 건의 데이터를 학습하고 지속으로 성능을 향상시켜 약 95% 이상의 정확성을 보이고 있다. 리턴제로의 비토(VITO)는 통화 내용을 텍스트로 변환해 메신저처럼 보여 주는 앱으로, 텍스트화하는 과정에서 비속어나 욕설을 자동 필터링해 주는 서비스를 제공하고 있다. 이런 AI 클린봇의 작동 원리를 설명하고 AI 클린봇의 활용이 가져온 효과를 탐구해 보자.

관련 학과 인문계열 전체

엔트리 인공지능 with 햄스터 로봇

강윤지 외 8명, 영진닷컴(2024)

책 소개

이 책은 인공지능이 활용되는 다양한 사례로 AI 통번역기, AI 식품 칼로리 계산기, AI 스피커, AI 앨범, AI 스마트 홈, AI 룰렛, 챗봇 등을 소개하고 있다. 또한 음성 인식으로 그림을 그리는 AI 로봇, 이미지 모델 학습을 통해 분리수거를 하는 AI 로봇, 마스크 알리미 AI 로봇, 육상 선수 AI 로봇, 장애인 AI 로봇, 사육사 AI 로봇 등 인공지능이 활용되는 다양한 분야를 사례 위주로 설명하고 있다.

세특 예시

인공지능이 텍스트를 분석하는 방법을 학습하면서 딥러닝과 기계학습, 빅데이터에 대한 개념을 명확하게 이해함. '엔트리 인공지능 with 햄스터 로봇(강윤지 외 8명)'에 소개된 다양한 인공지능 로봇을 소개하고 인공지능이 텍스트를 분석하는 사례로 네이버의 AI 클린봇을 추가로 설명함. AI 클린봇의 작동 원리를 수학과 관련해 설명하고 AI 클린봇이 댓글 서비스의 댓글을 필터링하고 깨끗한 온라인 문화 정착에 기여했다고 의미를 부여함.

단원명 | 이미지 데이터 처리

| 🔍 | 이미지 데이터, 픽셀 위치, 색상 정보(RGB), 행렬, 전치행렬, 이미지 구도, 색상, 휘도, 밝기, 선명도, 행렬의 연산, 행렬의 덧셈과 뺄셈, 변환, 분류와 예측, 사진 구별, 손글씨 인식, 감정분석, 행렬의 유사도, 해밍 거리(Hamming distance)

[12인수03-01] ●●●

행렬을 이용하여 이미지 데이터를 목적에 맞게 표현할 수 있다.

➔ 두 문서의 유사한 정도를 확인할 때 활용되는 문서 단어 행렬(DTM, Document-Term Matrix)은 다수의 문서에 등장하는 각 단어들의 빈도를 행렬로 표현한 것을 뜻한다. 각 문서에 대한 BoW(단어가방)를 하나의 행렬로 만들고 각각의 문서 단위 행렬을 이용해 문서를 서로 비교하고 이를 수치화할 수 있다. 필요에 따라서는 형태소 분석기로 단어 토큰화를 수행하고 불용어에 해당되는 조사를 제거하여 더 정제된 DTM을 만들 수 있다. 문서 간의 비교에 활용되는 문서 단어 행렬에 대해 탐구해 보자.

관련 학과 국어국문학과, 노어노문학과, 독어독문학과, 문예창작학과, 문헌정보학과, 불어불문학과, 사학과, 아랍어과, 언어학과, 영어영문학과, 일어일문학과, 중어중문학과

《코딩책과 함께 보는 인공지능 개념 사전》, 김현정, 궁리(2021)

행렬의 연산을 이용하여 이미지 데이터를 다양하게 변환할 수 있다.

➡ 인공지능이 사람이 쓴 필기체를 인식하려면 많은 글씨체의 샘플이 필요하고 그에 대한 기계학습이 이루어져야 한다. MNIST는 손글씨나 옷의 분류 등 기계학습에 필요한 빅데이터를 제공하는 데이터 베이스로, 다양한 화상 처리 시스템을 트레이닝하는데 사용된다. 가로와 세로가 28×28개로 이루어진 픽셀을 활용해 각 픽셀을 x_0 부터 x_{783} 으로 나누고 0 또는 1로 표현한 뒤 각 그룹별 숫자들의 분포율을 계산하여 이미지를 판독하게 된다. 인공지능이 이미지를 판독하는 MNIST에 대해 탐구해 보자.

관련 학과 국어국문학과, 문예창작학과, 문헌정보학과, 언어학과

《안녕, 트랜스포머》, 이진기, 에이콘출판(2022)

인공지능이 이미지를 자동으로 분류하는 수학적 방법을 설명할 수 있다.

➡ 레벤슈타인 거리 알고리즘은 두 문자열 간의 차이를 측정하기 위해 개발된 알고리즘이다. 자연어 처리 과정에서 철자 오류 수정, 동의어 찾기, 문장 유사도 측정 등 다양한 언어 처리 작업에서 사용되며, 검색 엔진에서 검색어와 관련된 문서를 찾을 때 사용되기도 한다. 이 알고리즘은 두 문자열 사이의 최소 편집 거리를 구하기 위해 문자의 삽입, 삭제, 교체라는 세 가지 기본 연산을 사용한다. 행렬을 이용해 자연어를 처리할 때 활용되는 레벤슈타인 거리에 대해 탐구해 보자.

관련 학과 인문계열 전체

《자연어처리 바이블》, 임희석·고려대학교 자연어처리연구실, 휴먼싸이언스(2023)

단원명 | 예측과 최적화

🔍 확률의 계산, 상대도수, 자료의 경향성, 추세선, 예측, 손실함수, 경사하강법, 함수의 극한, 이차함수의 미분계수, 손실함수, 최솟값

데이터를 분석하여 사건이 일어날 확률을 구하고 이를 예측에 이용할 수 있다.

➡ 언어모델(LM, Language Model)은 단어 시퀀스에 확률을 할당하는 모델이며, 확률적 언어모델으로도 불린다. 특정 단어 시퀀스를 주고 그다음 단어를 예측하게 할 때, 다음에 출현할 확률이 가장 높은 단어를 답으로 제시한다. 언어모델은 구현 방식에 따라 통계적 언어모델과 신경망 언어모델로 분류된다. 통계적 언어모델은 새롭게 등장하는 단어의 확률은 계산하지 못한다는 한계가 있어 이를 보완한 언어모델이 신경망 언어모델이다. 인간의 신경망을 모사한 인공 신경망을 활용해 단어의 확률을 계산하는 더 탁월한 성능을 보인다. 통계적 언어모델과 신경망 언어모델에 대해 탐구해 보자.

관련 학과 인문계열 전체

《Go를 활용한 머신 러닝》, 다니엘 화이트낵, 장세윤 역, 에이콘출판(2019)

[12인수04-02] ●●●●

공학 도구를 사용하여 데이터의 경향성을 추세선으로 나타내고 이를 예측에 이용할 수 있다.

➡ 건강보험심사평가원에 따르면, 우울증과 불안장애로 진료를 받는 우울증 환자 수가 과거에 비해 크게 증가한 것으로 나타났다. 특히 10대 청소년 우울증 환자가 급증하였고 공황장애, 광장공포증, 범불안장애, 우울장애 등 다양한 형태로 나타나고 있다. 우울증 환자에 대한 연도별 통계자료를 찾아 데이터의 경향성을 바탕으로 추세선을 나타내고 앞으로의 경향을 예측해 보자. 또한 현대인들이 우울증과 불안장애를 겪는 원인과 그에 대한 해결 방안을 탐구해 보자.

관련 학과 상담심리학과, 심리학과, 종교학과, 철학과

우울증은 어떻게 병이 되었나?
기타나카 준코, 제소희 외 2명 역,
사월의책(2023)

책 소개 ⋯⋯⋯⋯⋯⋯⋯⋯

일본의 의료인류학자 기타나카 준코가 일본에서 우울증이 폭발적으로 증가하게 된 과정과 이유를 심층분석해서 쓴 책이다. 지난 25년간의 우울증 연구 결과를 바탕으로 우울증의 사회성을 기술하면서 주목받게 되었다. 우울증의 역사에서 시작해 우울증이 국민병이 된 이유를 임상 현장과 인류학자의 시각에서 설명하고 있다. 우울증은 개인의 질병이 아닌 국가 정책과 제도, 대인 관계 등이 얽혀있는 사회적 질환이라고 설명한다.

세특 예시 ⋯⋯⋯⋯⋯⋯⋯⋯

수업 시간에 교사가 제시한 출생아 수에 대한 통계자료에서 데이터의 경향성을 추세선으로 나타내고 앞으로의 변화를 논리적으로 예측함. 데이터 경향성 찾기 활동으로 한국의 우울증 환자를 주제로 선정해 최근 5년간의 우울증 환자 수 추이와 그에 대한 경향성으로 10년 후의 모습을 예측함. 최근 한국인의 우울감 확산 지수가 OECD 주요국 중 가장 높다는 점과 '우울증은 어떻게 병이 되었나?(기타나카 준코)'에 제시된 일본의 사례를 인용해 우울증을 개인의 문제가 아닌 사회문제로 인식할 필요가 있다고 설명함.

[12인수04-03] ●●●●

손실함수를 이해하고 최적화된 추세선을 찾을 수 있다.

➡ 환율은 자국 화폐와 외국 화폐의 교환 비율로, 외국환 시장에서 결정된다. 보통 외환의 수요가 증가하면 환율이 상승하고 외환의 공급이 증가하면 환율이 하락하게 된다. 정책 변화와 금융시장의 글로벌화로 인한 금융, 화폐 부문의 변화와 투자자 기대의 변화, 정부의 정책 방향 등이 자본 유출입과 환율 변동에 영향을 미친다. 최근 5년간의 달러에 대한 원화 환율을 조사하여 그래프로 표현하고 데이터의 경향성을 추세선으로 나타내자. 또한 손실함수를 통해 최적화된 추세선을 탐구해 보자.

관련 학과 노어노문학과, 독어독문학과, 불어불문학과, 아랍어과, 영어영문학과, 일어일문학과, 중어중문학과
《환율의 이해와 예측》, 이승호, 삶과지식(2020)

[12인수04-04]

경사하강법을 이해하고, 최적화된 예측을 위한 인공지능의 학습 방법을 설명할 수 있다.

➡️ 뇌과학을 측정하는 기술과 도구를 이용해 구매자의 뇌파, 심박수, 피부 떨림, 안구 떨림 등의 신호를 측정할 수 있다. 뉴로 마케팅은 이를 분석한 결과를 바탕으로 제품이나 서비스 반응을 파악해 마케팅 전략을 수립하는 것을 의미한다. 많은 기업들이 소비자들의 요구를 파악해 마케팅 계획을 개선하고 제품이나 서비스를 홍보하여 마케팅 활동의 효율을 높이고 있다. 뇌과학을 이용해 사람들의 심리를 파악하는 뉴로 마케팅에 관해 조사하고, 이와 관련해 경사하강법을 탐구해 보자.

관련 학과 심리학과

《뇌과학 마케팅》, 매트 존슨 외 1명, 홍경탁 역, 21세기북스(2021)

단원명 | 인공지능과 수학 탐구

| 🔎 | 데이터의 경향성, 최적화, 합리적 의사결정, 비합리적 의사결정, 의사결정의 윤리성, 인공지능, 수학적 아이디어, 탐구 학습, 프로젝트 학습

[12인수05-01]

수학적 원리를 이용하여 인공지능이 실생활 문제를 합리적으로 해결하는 사례를 찾을 수 있다.

➡️ 표절은 시나 글, 노래와 같은 타인의 창작물을 무단으로 베끼는 행위를 의미한다. 기존에는 문서와 문서를 1 : 1로 비교해 표절 검사를 진행했으나, 이런 방식으로는 한계가 있다. 이 방식으로는 여러 문서를 짜깁기한 문서의 종합 표절률을 제대로 계산하지 못하며, 비교 문서가 늘어남에 따라 검사 시간도 비례하여 증가하게 된다. 최근 인공지능을 활용한 표절 검사가 확대되고 있다. 인공지능을 활용한 표절 검사의 과정과 원리를 탐구해 보자.

관련 학과 인문계열 전체

《인공지능과 지적 재산권》, 백욱인, 커뮤니케이션북스(2023)

[12인수05-02]

인공지능과 관련된 수학 주제를 선정하여 탐구할 수 있다.

➡️ 일본에서 인공지능이 쓴 SF단편소설이 문학상 예심을 통과하고 우리나라에서도 인공지능 소설 공모전이 개최되는 등, 인간 고유의 영역이라고 생각되던 소설 창작에 AI가 도전하고 있다. 인공지능의 글쓰기는 방대한 데이터를 분석하고 종합하여 재구성하는 방식으로 이루어진다. 인공지능의 소설 창작을 부정적으로 보는 사람들은 인공지능의 예술은 창작이 아닌 유사 작품을 대량생산하는 것이며 예술적 글쓰기는 인간의 영역이라 주장한다. 반면 인공지능에 대해 긍정적인 사람들은 창작 행위의 주도권이 인공지능으로 넘어가기 시작했고 인공지능이 인간보다 우월한 사고와 표현력을 지닌 창작의 주체가 될 것이라는 반응이다. 인공지능의 창작 활동에 대한 찬반 의견의 근거를 객관적으로 정리하고 자신의 생각을 발표해 보자.

관련 학과 국어국문학과, 문예창작학과, 문헌정보학과, 언어학과

인공지능 창작과 저작권

조연하, 박영사(2023)

책 소개

인공지능의 창작과 관련하여 저작권에 관한 논의를 종합적으로 정리한 책이다. 인공지능이라는 기술로 인해 저작권 분야에서 직면하는 이슈를 짚어 보고 현 저작권법 체계에서 어떻게 해석하고 대처할 것인지를 설명한다. 인공지능의 콘텐츠 창작과 저작권 쟁점을 다루기 위한 배경지식을 바탕으로 저작권의 쟁점과 향후 법 정책적 과제에 대해 다루고 있다.

세특 예시

수학 주제 탐구활동으로 인공지능의 창작 활동을 주제로 선정해 인공지능의 창작 사례와 최근 쟁점을 소개함. 인공지능의 창작 활동과 관련한 최근의 시사 이슈를 소개하고 각 사례에 대해 자신의 의견을 제시함. '인공지능 창작과 저작권(조연하)'을 읽고 저작권의 쟁점과 입법 방향을 제시함. 인공지능은 시대적 흐름이기에 창작 활동에 대한 인정이 필요하지만 저작권 보호, 저작자 결정, 저작권 귀속, 권리 행사와 책임 등 상황에 따른 인정 여부를 분명히 해야 한다고 설명함.

선택 과목	수능	직무 수학	절대평가	상대평가
진로 선택	X		5단계	5등급

단원명 | 수와 연산

🔍 직무 상황, 수 개념, 사칙연산, 실생활 활용, 유용성, 어림값, 재무 관리, 올림, 버림, 반올림, 표준 단위, 시간, 길이, 무게, 들이, 인치(in), 피트(ft), 파운드(lb), 온스(oz)

[12직수01-01] ●●●

직무 상황에서 수 개념과 사칙연산의 문제를 해결하고 그 유용성을 인식할 수 있다.

➡ 대학생이 되면 방학을 이용해 새로운 장소를 찾아 해외여행을 가는 경우가 많다. 해외여행을 가려면 항공권을 비롯한 교통비, 숙박비, 식사비, 데이터 유심 비용, 기념품 비용 등 다양한 항목에서 많은 경비가 소요된다. 2박 3일 해외여행으로 여행 코스를 선정하여 여행 계획을 수립해 보자. 또한 컴퓨터 엑셀 프로그램을 활용하여 목록별 여행 경비를 정리하고 여행에 필요한 금액을 정리해 보자.

관련 학과 노어노문학과, 독어독문학과, 불어불문학과, 아랍어과, 영어영문학과, 일어일문학과, 중어중문학과

《스마트폰과 함께 떠나는 해외 여행 교과서》, 홍성호, SNS소통연구소(2023)

[12직수01-02] ●●●

큰 수를 어림하여 문제를 해결하고, 어림값을 이용하여 수의 크기를 비교할 수 있다.

➡ 우리나라의 국토 면적은 세계 109위에 해당하지만 총 인구는 세계 27위 규모이다. 캐나다나 유럽 국가들의 인구가 우리나라와 비슷하거나 적다는 점을 감안하면, 우리나라는 인구밀도가 매우 높은 편이다. 현재 전 세계 인구는 약 74억 정도로, 국가별 순위를 살펴보면 중국, 인도, 미국, 인도네시아, 브라질 순이다. 국가별 인구에 대한 통계자료를 찾아 국가별 인구 규모를 탐구해 보자.

관련 학과 인문계열 전체

《인구 대역전—인플레이션이 온다》, 찰스 굿하트 외 1명, 백우진 역, 생각의힘(2021)

[12직수01-03] ●●●

시간·길이·무게·들이의 표준 단위를 알고, 단위를 환산할 수 있다.

➡ 전 세계적으로 무역과 교류가 확대하는 과정에서 단위가 달라 여러 가지 문제가 생겼고 국가별 단위를 표준화할 필요를 느끼게 되었다. 이에 국제 단위계에서는 7개의 기본 단위를 정했는데, 이를 SI 기본 단위(국제 단위계 기본 단위)라고 한다. 그러나 국제 단위계가 아닌 인치(in), 피트(ft), 파운드(lb), 온스(oz) 등의 고유한 단위도 있다. 자신이 관심 있는 국가에서 오래전부터 사용해 온 단위(국제 단위계가 아닌 단위)를 조사하고 단위 변환표를 만들어 발표해 보자.

관련 학과 인문계열 전체

《**알면 알수록 재미있는 단위의 세계》,** 단위의 세계 편집부, 도기훈 역, 리스컴(2023)

단원명 | **변화와 관계**

> | 🔍 | 비, 비례, 비례식, 환율, 비율, 백분율, 퍼센트, 퍼센트포인트, 기준량, 비교하는 양, 손익률, 인상률, 할인율, 두 양 사이의 대응 관계, 규칙, 수수료, 보험료, 위약금, 운임, 증가와 감소, 주기적 변화, 관계, 그래프, 일차방정식, 일차부등식, 해

[12직수02-01] ● ● ●

비의 개념을 직무 상황에 연결하여 적용할 수 있다.

➡ 환율은 자국 돈과 다른 나라 돈의 교환 비율로, 외국환 시장에서 결정된다. 세계화 시대에는 국가 간의 교류와 수출, 수입이 활발하고 해외여행도 빈번해지면서 외화가 필요해진다. 이때 국가 간의 화폐를 교환하는 기준으로 환율이 활용된다. 자신이 관심 있는 국가를 선정하여 최근의 환율 변화를 정리하고 환율의 변화가 미치는 영향을 탐구해 보자.

관련 학과 노어노문학과, 독어독문학과, 불어불문학과, 아랍어과, 영어영문학과, 일어일문학과, 중어중문학과

《**요즘 환율 쉬운 경제》,** 박유연, 더난출판(2020)

[12직수02-02] ● ● ●

비율을 백분율로 표현할 수 있고 직무 상황에 연결하여 적용할 수 있다.

➡ 현재 전 세계 74억의 인구가 약 7,000여 개의 언어를 사용하고 있는 것으로 조사되었다. 현시점에서 세계 각지에서 가장 널리 사용되는 언어는 영어인데, 그 이유는 영어가 국제언어이기 때문이다. 그러나 가장 널리 사용되는 모국어는 조금 다르다. 모국어로 가장 많은 사람이 사용하는 언어는 중국어이고, 스페인어와 영어가 그 뒤를 잇는다. 전 세계적으로 많이 사용하는 모국어와 그 비율을 백분위의 표로 정리해 주로 어느 지역에서 사용되는지 탐구해 보자.

관련 학과 인문계열 전체

《**세계의 언어사전》,** 이전경 외 11명, 한국문화사(2016)

[12직수02-03] ● ● ●

두 양 사이의 대응 관계를 나타낸 표에서 규칙을 찾아 설명할 수 있다.

➡ 우리나라 돈을 외환으로 환전할 때의 가격과 외환을 우리나라 돈으로 환전할 때의 가격은 다르다. 또한 현찰이냐 전신환이냐에 따라 환전 수수료가 달라지는데, 은행과 증권사마다 차이가 있지만 일반적으로 달러 현찰에는 1.75%, 전신환에는 1%의 수수료가 적용된다. 전신환이란 현찰이 아닌 전산상의 돈으로, 송금이나 이체를 통해 입금된 돈을 의미한다. 매수환율과 매도환율을 구하는 원리를 조사하고, 하나의 외환을 정해 매수환율과 매도환율, 그리고 환전 수수료를 표로 만들어 보자.

관련 학과 노어노문학과, 독어독문학과, 불어불문학과, 아랍어과, 영어영문학과, 일어일문학과, 중어중문학과

《**저도 환율은 어렵습니다만》,** 송인창 외 2명, 바틀비(2021)

[12직수02-04]

•••

증가와 감소, 주기적 변화 등의 관계를 나타내는 그래프를 설명할 수 있다.

➡ 우리나라처럼 사계절이 뚜렷한 지역이 있는 반면, 적도 부근처럼 1년 내내 덥거나 극지방처럼 1년 내내 추운 지역도 있다. 해외여행을 가거나 해외에 거주하게 되면, 그 도시의 기후와 날씨를 알아야 한다. 자신이 관심 있는 도시를 정해 1년간의 기온과 강수량 등의 변화를 그래프로 정리하여 해당 지역의 기후 특징을 조사하자. 또한 그런 기후로 인한 그 지역만의 특징(문화, 생활 양식, 축제 등)을 탐구해 보자.

관련 학과 노어노문학과, 독어독문학과, 불어불문학과, 아랍어과, 영어영문학과, 인류학과, 일어일문학과, 종교학과, 중어중문학과, 철학과

《**기후 따라 사는 모습도 달라요**》, 안미란, 한국셰익스피어(2015)

[12직수02-05]

•••

일차방정식 또는 일차부등식을 활용하여 직무 상황의 문제를 해결할 수 있다.

➡ 자동차로 고속도로를 운행하다 보면 다양한 도로 표지판을 볼 수 있다. 도로 표지판은 먼 거리에서도 쉽게 인식해 식별할 수 있다는 장점이 있다. 이런 도로 표지판 중에는 부등식과 관련이 있는 속도 안내 및 속도 제한 표지판이 있고, 고속도로에서 내 위치를 알려 주는 기점 표지판 등이 있다. 일상 언어와 비교해 고속도로 표지판에 사용하는 기호가 가진 특징을 탐구해 보자. 또한 자신이 관심 있는 국가의 교통 표지판이 우리나라와 어떤 차이가 있는지 알아보자.

관련 학과 국어국문학과, 노어노문학과, 독어독문학과, 문예창작학과, 문헌정보학과, 불어불문학과, 아랍어과, 언어학과, 영어영문학과, 인류학과, 일어일문학과, 중어중문학과

《**스마트폰과 함께 떠나는 해외 여행 교과서**》, 홍성호, SNS소통연구소(2023)

단원명 | 도형과 측정

| 🔍 | 입체도형, 겨냥도, 전개도, 원근법, 투시도법, 소실점, 입체도형의 모양, 정면도, 평면도, 측면도, 우측면도, 좌측면도, 도형의 이동, 도형의 합동, 도형의 닮음, 평면도형의 둘레, 평면도형의 넓이, 입체도형의 겉넓이, 입체도형의 부피

[12직수-03-01]

•••

입체도형의 겨냥도와 전개도를 그릴 수 있고, 겨냥도와 전개도를 이용하여 입체도형의 모양을 만들 수 있다.

➡ 착시란 크기, 형태, 빛깔 등 실제 사물의 객관적 성질이 눈에 보이는 성질과 차이가 매우 큰 현상을 의미한다. 다양한 글자와 문자를 평면에 입체적으로 표현하는 과정에서 의도적으로 착시 현상을 일으켜 시각적 효과를 유발할 수 있다. 다양한 언어의 글자와 문자를 입체로 표현하여 착시 현상을 일으킨 사례를 찾아보고, 파워포인트의 그리기 도구를 활용하여 착시 현상을 일으키는 글자를 만들어 보자.

관련 학과 국어국문학과, 노어노문학과, 독어독문학과, 문예창작학과, 문헌정보학과, 불어불문학과, 심리학과, 아랍어과, 언어학과, 영어영문학과, 일어일문학과, 중어중문학과

《**눈이 뱅뱅 뇌가 빙빙**》, 클라이브 기퍼드, 이정모 역, 다른(2015)

[12직수03-02]

● ● ●

입체도형의 위·앞·옆에서 본 모양을 표현할 수 있고, 이러한 표현을 보고 입체도형의 모양을 판별할 수 있다.

➡ 캘리그래피로 글씨의 크기·모양·색상·입체감에 변화를 주어 미적 가치를 높일 수 있으며 이는 상징적인 의미로도 사용된다. 캘리그래피는 영화 포스터나 책 표지 등에 다양하게 활용되며, 손글씨뿐만 아니라 그래픽 프로그램을 통해 정교하게 제작하기도 한다. 또한 캘리그래피에서는 입체적인 효과와 자유로운 형태를 강조하므로, 글자 크기나 비례가 지켜지지 않는다. 캘리그래피를 이용해 세계의 다양한 언어를 입체적으로 표현한 사례를 찾아보고 캘리그래피의 특징을 탐구해 보자.

관련 학과 국어국문학과, 노어노문학과, 독어독문학과, 문예창작학과, 문헌정보학과, 불어불문학과, 아랍어과, 언어학과, 영어영문학과, 일어일문학과, 중어중문학과

《펜으로 시작하는 영문 캘리그라피》, 임예진, 북스고(2019)

[12직수03-03]

● ● ●

도형의 이동, 합동과 닮음을 직무 상황에 연결하여 문제를 해결할 수 있다.

➡ 피규어는 특정한 재료를 이용해 가상의 인물 또는 사물을 원래 모양 그대로 축소해서 만든 것으로, 닮음의 개념을 적용할 수 있다. 일반적으로 애니메이션이나 영화, 게임, 만화 등의 등장인물을 플라스틱, 금속 등으로 제작해 놓은 모형이다. 취미로 피규어를 수집하는 사람들이 많은데, 종류별로 다양하게 수집하는 수준을 넘어 커스터마이징하거나 장식장에 전시하고, 나아가 디오라마를 만들기도 한다. 사람들이 피규어에 관심이 많은 이유는 다양하고 복합적이다. 피규어 수집에 숨어 있는 사람들의 심리를 분석해 보자.

관련 학과 상담심리학과, 심리학과, 철학과

캐릭터마케팅과 테마파크

김희진, 새로미(2018)

책 소개

이 책은 캐릭터 마케팅의 정의와 개념에서 시작해 국내 캐릭터 비즈니스의 사례를 다루고 있다. 국내 캐릭터 시장뿐만 아니라 미국, 일본 등 전 세계 캐릭터 시장의 역사와 현황, 규모를 소개하고, 꾸준한 인기를 얻는 이유를 설명하고 있다. 또한 테마파크의 개념과 정의, 기능과 역할, 동향과 현주소 등 캐릭터와 관련한 다양한 정보를 제공하고 있다.

세특 예시

교과 융합 활동으로 캐릭터를 축소한 피규어를 도형의 합동과 닮음을 적용한 사례로 소개함. 캐릭터를 활용한 각종 상품 판매 및 마케팅, 테마파크의 사례를 소개하면서 특정 캐릭터 마니아층의 성향을 분석함. 또한 캐릭터에 대한 관심이 피규어 수집으로 이어져 해마다 시장 규모가 급격히 커지고 있음을 설명함. 진로와 연계하여 피규어 수집이 취미인 사람들의 심리를 분석하고 건전한 취미 생활로 이해할 필요가 있다고 주장함.

[12직수03-04]

직무 상황에서 나타나는 평면도형의 둘레와 넓이를 구할 수 있다.

➡ 우리나라의 국토 면적은 세계 109위로, 좁은 국토 면적에 천연자원이 적고 인구밀도가 상당히 높은 편이다. 국토 면적이 넓은 국가는 그만큼 다양한 천연자원이 존재할 가능성이 높고, 넓은 토지를 활용한 대규모 영농이 이루어지는 경향이 있다. 세계에서 국토 면적이 넓은 나라는 러시아, 캐나다, 미국, 중국, 브라질, 호주, 인도, 아르헨티나 순이다. 자신이 관심 있는 국가를 선정하여 국토 면적을 조사하고, 국토 면적이 국가의 경제·산업·문화·안보 등에 미친 영향을 탐구해 보자.

관련 학과 국어국문학과, 노어노문학과, 독어독문학과, 북한학과, 불어불문학과, 사학과, 아랍어과, 언어학과, 영어영문학과, 인류학과, 일어일문학과, 종교학과, 중어중문학과, 철학과

《**지리 덕후가 떠먹여주는 풀코스 세계지리》,** 서지선, 크루(2023)

[12직수03-05]

직무 상황에서 나타나는 입체도형의 겉넓이와 부피를 구할 수 있다.

➡ 랜드마크란 탐험가나 여행자가 여러 지역을 돌아다니다가 특정 장소로 돌아올 수 있도록 만든 표식을 뜻하는 말이었다. 오늘날에는 그 의미가 확대되어 건물·조형물·문화재·지형 등 지역을 상징적으로 대표하는 시설물이나 지형을 의미하게 되었다. 프랑스의 에펠 탑, 미국의 자유의 여신상, 이집트의 피라미드처럼, 누구나 떠올리는 그 나라만의 랜드마크가 있다. 자신이 관심 있는 국가를 선정해 랜드마크를 조사하고, 해당 랜드마크와 관련한 역사적 사건을 찾아 탐구해 보자.

관련 학과 국어국문학과, 노어노문학과, 독어독문학과, 북한학과, 불어불문학과, 사학과, 아랍어과, 언어학과, 영어영문학과, 인류학과, 일어일문학과, 종교학과, 중어중문학과, 철학과

《**세계 신도시의 랜드마크》,** 워크디자인북 편집부, 워크디자인북(2024)

단원명 | **자료와 가능성**

> 🔍 경우의 수, 순열, 조합, 확률, 경우의 수, 수학적 확률, 통계적 확률, 확률의 덧셈정리, 여사건의 확률, 자료 수집, 표, 도수분포표, 히스토그램, 그래프, 비율그래프, 막대그래프, 원그래프, 자료 해석, 합리적 의사결정

[12직수04-01]

직무 상황에서 경우의 수를 구할 수 있다.

➡ 국립한글박물관에 소장된 훈맹정음은 박두성이 시각장애인을 위해 만든 6점식 한글 점자이다. 훈맹정음은 자음과 모음, 숫자도 모두 들어 있는 서로 다른 63개의 한글 점자로, 배우기 쉽고 점 수효가 적으며 서로 헷갈리지 않아야 한다는 세 가지 원칙에 기초하여 만들어졌다. 자음 첫소리는 기본점의 원리를 이용해 만들었고, 모음은 대칭성을 이용해 만들었다. 6점식 한글 점자인 훈맹정음의 기본 원리를 경우의 수와 관련해 설명하고 훈맹정음의 특징을 탐구해 보자.

관련 학과 국어국문학과, 노어노문학과, 독어독문학과, 문예창작학과, 문헌정보학과, 불어불문학과, 사학과, 언어학과, 영어영문학과, 일어일문학과, 중어중문학과

훈맹정음 할아버지 박두성

최지혜, 천개의바람(2018)

책 소개

이 책에는 눈먼 이들을 가르치는 바른 소리인 훈맹정음을 만든 박두성에 대한 내용이 담겨 있다. 맹아 학교 선생님이었던 박두성이 오랜 기간 열정을 기울여 만든 한글 점자가 눈먼 이들에게 희망과 행복일 수 있다고 전한다. 엘리베이터 버튼, 자판기 버튼, 음료수 캔 등 우리 생활 곳곳에서 볼 수 있는 점자에 대한 다양한 이야기를 전하고 있다.

세특 예시

경우의 수를 학습한 뒤 추후 활동으로 훈민정음에 대응하여 시각장애인을 위한 훈맹정음에 대해 소개함. 당시 로제타 홀이 개발한 4점식 한글 점자인 평양 점자는 결함이 많고 초성과 종성의 자음이 구별되지 않아 6점식 점자로 개발했다고 말함. 훈맹정음의 자음별 점자를 보여 주면서 한글의 자음 수를 고려한다면 경우의 수 개념을 적용해 6점식 점자가 적합함을 설명함. 또한 훈맹점음의 원리를 소개하며 며칠이면 누구나 이해할 수 있는 언어구조라는 장점을 이야기함.

[12직수04-02] ● ● ●

어떤 현상이 나타날 가능성을 수치화하여 설명할 수 있다.

➲ 로또는 정해진 숫자 중 몇 개의 숫자가 일치하면 당첨되는 복권으로, 국가별로 진행 방식에 조금씩 차이가 있다. 우리나라에도 로또 열풍이 꾸준해서, 판매액이 많을 때는 회차별로 총 1,000억 원을 넘기기도 한다. 최근 1등과 2등 당첨자가 많아지면서, 로또 조작 논란을 해소하기 위해 당첨 확률을 낮추는 방안을 제안하기도 했다. 우리나라 로또의 1등에서 5등까지의 당첨 확률을 조사하고, 로또 구입이 합리적인 결정인지 판단해 보자. 또한 당첨 확률이 낮음에도 사람들이 로또를 구입하는 심리를 개인과 사회의 측면에서 분석해 보자.

관련 학과 상담심리학과, 심리학과, 철학과

《로또 당첨의 이론과 실제》, 양운, 북랩(2023)

[12직수04-03] ● ● ●

직무 상황의 자료를 목적에 맞게 표와 그래프로 정리할 수 있다.

➲ 국가통계포털(KOSIS)은 통계 작성 기관이 보유한 통계자료들을 통합 데이터베이스(DB)에 수록하여 사용자가 원하는 통계를 손쉽게 찾을 수 있게 한다. 매년 국내외 300여 개의 기관이 1,000여 종의 국가 승인 통계를 여기에 수록하고 있다. 국가통계포털을 활용하면 연령, 성별, 가구 소득, 경제 활동, 사회적 지위 등에 따른 우리나라 국민들의 독서량 통계를 확인할 수 있다. 우리나라 국민의 독서량과 관련한 통계자료를 표나 그래프로 만들고 독서량 감소 원인과 문제점, 해결 방안을 탐구해 보자.

관련 학과 국어국문학과, 노어노문학과, 독어독문학과, 문예창작학과, 문헌정보학과, 불어불문학과, 아랍어과, 언어학과, 영어영문학과, 일어일문학과, 중어중문학과

《삶의 근육을 키우는 하루 한 권, 독서의 힘》, 남영화, 한국경제신문i(2020)

[12직수04-04]   • • •

직무 상황의 다양한 표와 그래프를 해석할 수 있다.

➜ 최근 우리나라에 거주하는 외국인이 꾸준히 증가하고 있다. 법무부 통계에 따르면 국내 등록 외국인은 2023년 기준 120만 명 정도로 우리나라 인구의 2% 이상이며 해마다 그 비율이 증가하고 있다. 등록 외국인이란 여행 목적 등과 같은 단기 체류가 아닌 90일 이상 국내에 거주하고 있는 외국인들이다. 연도별 국내 등록 외국인 수를 조사하여 표로 나타내고 언어와 문화, 가치관이 다른 등록 외국인이 증가하는 상황에서 우리 사회에 필요한 자세를 탐구해 보자.

관련 학과 인문계열 전체

《**다문화 가족 복지상담 사례관리**》, 이미나 외 3명, 동문사(2022)

[12직수04-05]   • • •

다양한 자료의 특성을 파악하여, 직무 목적에 적합한 표나 그래프로 나타내고 합리적인 의사결정을 할 수 있다.

➜ 행복지수는 자신이 얼마나 행복한가를 스스로 측정하는 지표로, 우리나라의 행복지수는 OECD 국가 중 하위권에 머무르고 있다고 한다. 서울대학교 행복연구센터에서는 전국 100만여 명의 응답자를 대상으로 행복지수를 의미하는 안녕지수를 조사해 발표했다. 안녕지수는 행복도의 판단지표인 성격, 자존감, 물질주의, 감사, 사회 비교, 사회적 지지 등을 종합해 측정한 값이다. 행복지수와 관련한 안녕지수, 스트레스 지수, 우울 지수 등에 대한 자료를 수집하여 표나 그래프로 나타내고, 연령대별로 행복감을 느끼지 못하는 이유를 분석해 보자.

관련 학과 상담심리학과, 심리학과, 철학과

《**당신의 행복지수**》, 문주일, 좋은땅(2023)

국어 교과군

영어 교과군

수학 교과군

도덕 교과군

사회 교과군

과학 교과군

선택 과목	수능		절대평가	상대평가
융합 선택	X	수학과 문화	5단계	5등급

단원명 | 예술과 수학

| 🔍 | 음악과 수학, 미술과 수학, 문학과 수학, 영화와 수학

[12수문01-01] •••

음악과 관련된 수학적 내용을 조사하고, 관련 활동을 수행할 수 있다.

➡ 음악에서 사용하는 여러 용어 중에는 andante, allegro, 120bpm 등과 같이 속도와 관련된 용어, 박자와 관련된 용어 등 수학적 표현들이 있다. 각 용어가 가진 의미와 어원 등을 조사하고, 각 속도의 변화, 박자의 변화 등을 수식으로 계산하여 내용을 비교하는 보고서를 작성해 보자.

관련 학과 국어국문학과, 노어노문학과, 독어독문학과, 불어불문학과, 사학과, 아랍어과, 언어학과, 영어영문학과, 일어일문학과, 중어중문학과

《**수학, 인문으로 수를 읽다**》, 이광연, 한국문학사(2014)

[12수문01-03] •••

문학과 관련된 수학적 내용을 조사하고, 관련 활동을 수행할 수 있다.

➡ 많은 문학 작품이 다양한 수학적 개념이나 모티브를 등장시켜 이야기를 이끌어 가곤 한다. 소설 《박사가 사랑한 수식》에서는 기억 장애를 가진 천재 수학자와 가사 도우미의 이야기 속에서 수학과 인간의 삶의 아름다움을 함께 조명하고, 소설 속에 등장하는 다양한 수식들의 의미를 생각해 볼 수도 있다. '수학'을 소재로 한 다양한 문학 작품을 통해 작가의 의도가 무엇인지 탐구해 보자.

관련 학과 국어국문학과, 노어노문학과, 독어독문학과, 문예창작학과, 문헌정보학과, 불어불문학과, 상담심리학과, 심리학과, 언어학과, 인류학과, 일어일문학과, 중어중문학과, 철학과

《**박사가 사랑한 수식**》, 오가와 요코, 김난주 역, 현대문학(2014)

[12수문01-04] •••

영화와 관련된 수학적 내용을 조사하고, 관련 활동을 수행할 수 있다.

➡ 영화에는 수학자를 주인공으로 한 작품이 다양하게 존재한다. 그중 많은 작품이 허구이지만, 실존 인물을 모티브로 영화화한 작품도 꽤 있다. 수학자가 주요 인물로 등장하는 영화들을 찾아 각 작품에서 수학자들이 어떠한 역할을 하고 어떤 특징을 나타내는지 등 다양한 기준에 따라 작품들을 구분해 보는 탐구활동 통해 대중에게 비치는 수학자의 모습은 어떤지 보고서로 작성해 보자.

관련 학과 국어국문학과, 노어노문학과, 독어독문학과, 문예창작학과, 문헌정보학과, 불어불문학과, 사학과, 상담심리학과,

심리학과, 아랍어과, 언어학과, 영어영문학과, 인류학과, 일어일문학과, 종교학과, 중어중문학과, 철학과

《**문과 남자의 과학 공부**》, 유시민, 돌베개(2023)

단원명 | 생활과 수학

| 🔍 | 스포츠와 수학, 게임과 수학, 디지털 기술과 수학, 합리적 의사결정

[12수문02-03] • • •

디지털 기술에 활용된 수학적 내용을 조사하여 설명할 수 있다.

➡ 역사서, e-book, 문헌 정보, 법률 정보 등 많은 정보가 디지털 기술의 발전을 발판 삼아 다양한 형태로 제공되어, 정보에 대한 접근이 쉬워지고 있다. 디지털 기술을 활용해 정보를 검색하는 과정 속의 수학적 원리를 조사하고, 정보에 대한 접근이 편리해짐에 따라 연구나 산업, 사회에 나타난 변화를 살펴보며 정보의 올바른 사용에 관해 탐구해 보자.

관련 학과 고고학과, 문헌정보학과, 사학과, 언어학과

《**도서관 미래에 답하다**》, 케네스 J. 바넘, 구정화 외 1명 역, 파지트(2022)

[12수문02-04] • • •

투표와 관련된 수학적 내용을 조사하고 이를 활용하여 합리적 의사결정을 위한 방법을 제안할 수 있다.

➡ 선거를 하게 되면 유권자들에게 투표의 중요성을 널리 알리며 꼭 투표에 참여하도록 독려하곤 한다. 투표에는 한 명이 하나의 의견에 투표하는 단일 투표제 외에도 다양한 투표 방식이 존재한다. 각 투표 방식의 수학적 원리를 살펴보고, 투표와 관련된 역사적 사건들을 통해 각 투표의 장단점은 무엇이며 공정한 투표와 합리적 의사결정이란 무엇인지 고민하는 탐구활동을 해 보자.

관련 학과 고고학과, 문헌정보학과, 사학과, 인류학과, 철학과

《**정치 이야기, 뭔데 이렇게 재밌어?**》, 콘덱스정보연구소 편, 이은정 역, 리듬문고(2020)

단원명 | 사회와 수학

| 🔍 | 민속 수학, 건축과 수학, 점자표와 수학, 대중매체 속 데이터, 가치소비

[12수문03-01] • • •

민속 수학과 건축 양식 속에 나타난 수학적 원리에 대해 탐구하고 문화 다양성을 이해한다.

➡ 마야 달력이나 십간십이지 등 수학적 원리가 적용된 고대의 고유한 문화가 지금까지 전해지고 있다. 고대부터 전해 오는 민속 수학을 조사해 다양한 문화에서 발견된 수학적 원리를 통해 문화 다양성의 가치를 찾아보고, 다양한 문화를 인정하고 존중하는 태도의 중요성을 발표해 보자.

관련 학과 고고학과, 문헌정보학과, 문화재학과, 사학과, 인류학과, 종교학과, 철학과

《**과거를 쫓는 탐정들**》, 로라 스캔디피오, 류지이 역, 창비(2020)

[12수문03-02]　● ● ●

점자표에 사용된 수학적 원리에 대해 탐구하고 이를 활용하여 산출물을 설계할 수 있다.

➡️ 점자표는 시각장애인이 문자를 읽고 쓸 때 사용하는 시스템으로, 점자표를 이해하는 것은 시각장애인의 일상에 대한 이해의 첫걸음이 될 수 있다. 점자표가 가지고 있는 수학적 원리를 조사하고, 언어별로 다른 점자표와 그 특징도 조사해 보자. 또한 전달하고 싶은 메시지를 점자로 만들어 발표 자료로 활용해 보자.

관련 학과 국어국문학과, 노어노문학과, 독어독문학과, 불어불문학과, 사학과, 아랍어과, 언어학과, 영어영문학과, 일어일문학과, 중어중문학과

《**점점 자신 있는 한글 점자**》, 정진아, 든든(2020)

[12수문03-03]　● ● ●

대중매체로부터 얻은 데이터를 정리, 분석하여 그 의미와 가치를 해석할 수 있다.

➡️ 현대사회에서는 인간의 노동이 컴퓨터나 로봇 등 다양한 기계로 대체되고 있다. 하지만 기계의 대체 노동이 이루어지는 것과는 별개로 인간의 노동 시간에는 큰 변화가 없다. 최근 50년간의 산업의 변화와 노동 시간의 변화를 다양한 자료를 활용해 정리하고, 노동 시간에 크게 변화가 나타나지 않는 이유에 관해 탐구해 보자.

관련 학과 문헌정보학과, 사학과, 상담심리학과, 심리학과, 철학과

가짜 노동

데니스 뇌르마르크·
아네르스 포그 옌센, 이수영 역,
자음과모음(2022)

책 소개

우리 사회에서 금기시되었던, 하는 일 없이 바쁘고 무의미하게 시간만 낭비하는 일, 즉 '가짜 노동'에 대한 이야기이다. 두 저자는 이 책에서 가짜 노동이 무엇이고 그것이 어떻게 우리의 과잉 노동을 불러왔는지 깊숙이 탐구한다. 실질적인 통계자료 외에도 노동 전문가와의 대화, 다양한 조직에서 가짜 노동을 깨달은 사람들의 솔직한 인터뷰를 통해 왜곡돼 있던 노동의 실체를 이야기하고 있다.

세특 예시

대중매체를 통해 자주 접하는 노동 환경에 관심을 가지고 동아리 독서활동 시간을 활용하여 '가짜 노동(데니스 뇌르마르크·아네르스 포그 옌센)'을 읽고 우리 사회에 존재하는 노동의 문제점을 살펴봄. 사회가 발전하며 노동을 대체하는 많은 기술이 등장했음에도 우리의 노동 시간이 줄지 않는 이유에 대해 고민해 볼 수 있었으며, 자신이 생각하는 노동의 본질과 삶의 의미에 관해 보고서를 작성함.

단원명 | 환경과 수학

| 🔍 | 식생활과 수학, 대기 오염과 수학, 사막화 현상과 수학, 생물 다양성과 수학

[12수문04-01] ●●●●

식생활과 관련된 문제를 수학적으로 분석하고 이를 개선하기 위한 방법을 제안할 수 있다.

➡ 식문화의 변천 과정을 살펴보면 그 사회의 정치·경제·사회·종교 등 다양한 요인들에 어떤 영향을 받았는지 엿볼 수 있다. 산업혁명 이후 도시화와 서구화로 인한 식생활의 변화, 특정 종교나 이념이 식문화에 끼친 영향 등을 통해 그 사회의 가치관과 세계관, 나아가 문화적 정체성을 이해할 수 있다. 식문화의 역사적 변천 과정을 살펴보고, 그것이 사회적·문화적으로 어떤 의미와 영향을 미쳤는지 심도 있게 탐구하여 보고서를 작성해 보자.

관련 학과 고고학과, 사학과, 문화재학과, 인류학과

《음식이 상식이다》, 윤덕노, 더난출판(2024)

[12수문04-04] ●●●●

생물 다양성과 생명권 관련 자료를 수학적으로 분석하고 이를 통해 생태 감수성을 함양할 수 있다.

➡ 국가보호종이란 우리나라에 살고 있는 생물들을 보존 및 보호하기 위해 관련 부서에서 법률에 따라 지정, 보호하는 생물이다. 국가보호종으로 지정된 동식물은 생물 다양성의 중요한 구성 요소지만 불법 포획 및 밀거래로 심각한 위협을 받고 있다. 과거부터 밀렵, 밀거래 등으로부터 동식물을 보호해 온 방법과 그 배경에 관해 탐구해 보자.

관련 학과 고고학과, 사학과, 인류학과, 철학과

《어업의 품격》, 서종석, 지성사(2020)

국어 교과군

영어 교과군

수학 교과군

도덕 교과군

사회 교과군

과학 교과군

선택 과목	수능	**실용 통계**	절대평가	상대평가
융합 선택	X		5단계	5등급

단원명 | 통계와 통계적 문제

| 🔍 | 변이성, 전수조사, 표본조사, 단순임의추출, 층화임의추출, 계통추출

[12실통01-01] • • •

통계와 통계적 방법의 유용성과 필요성을 인식할 수 있다.

➡ 일상생활에서 다양한 제품을 사용하고 여러 가게를 방문하면서 눈길이 가는 제품명이나 상호를 만나는 경우가 있다. 이런 제품명이나 상호에는 한글로 된 것보다 외국어를 사용하거나 응용한 사례가 많다. 주변에서 찾아볼 수 있는 특정 제품군의 제품명이나 특정 업종의 상호들을 정리해 주변 사람들에게 제품의 이미지가 어떻게 느껴지는지 조사해 수치화해 보고, 제품명 또는 상호와 사람들의 인식 사이의 관계를 탐구하여 발표해 보자.

(관련 학과) 국어국문학과, 노어노문학과, 독어독문학과, 불어불문학과, 심리학과, 아랍어과, 언어학과, 영어영문학과, 일어일문학과, 중어중문학과

《**브랜드 네이밍**》, 김상률 외 1명, 알에이치코리아(2020)

[12실통01-02] • • •

통계적 문제 해결 과정을 이해하고 각 단계의 역할을 설명할 수 있다.

➡ 다양한 미디어가 등장함에 따라, 학생들의 독서활동이 이전에 비하여 많이 줄어들었다. 청소년 독서활동에 관련된 통계자료를 찾아보고 학교 또는 학급, 주변의 다양한 집단에서의 독서활동 현황을 조사하여 비교해 보자. 독서활동에 사용되는 도서의 종류, 독서 형태, 독서 시간 등을 분석하고 그것을 바탕으로 앞으로의 독서활동 지원 방안 등을 탐구하는 보고서를 작성해 보자.

(관련 학과) 문예창작학과, 문헌정보학과

《**청소년 독서 토론을 위한 열두 달 작은 강의**》, 인디고 서원 편, 궁리(2022)

단원명 | 자료의 수집과 정리

| 🔍 | 범주형 자료, 수치형 자료, 명목척도, 순서척도, 구간척도, 비율척도, 설문지법, 문헌연구법

[12실통02-02] • • •

자료의 수집 방법을 이해하고 문제 상황에 맞는 자료 수집 방법을 선택할 수 있다.

➡️ 산업 발달에 따라 다양한 일자리가 만들어지면서 우리나라의 많은 직업군에서 외국인 노동자를 채용하고 있다. 외국인 노동자의 증가는 사업장에서 국내 노동자와의 소통의 어려움을 유발하기도 한다. 통계자료를 활용하여 직업군별 외국인 노동자의 증가 추이를 살펴보고, 각 직업군에서 외국인 노동자와 원활히 소통하기 위한 방안을 탐구하는 보고서를 작성해 보자.

관련 학과 국어국문학과, 노어노문학과, 독어독문학과, 불어불문학과, 아랍어과, 언어학과, 영어영문학과, 일어일문학과, 중어중문학과

《그림자를 찾는 사람들》, 이영, 틈새의시간(2023)

[12실통02-04] ● ● ●

대푯값과 산포도의 종류를 알고 자료의 특성을 나타내는 값으로 요약할 수 있다.

➡️ 삶의 만족도는 개인의 다양한 배경에 영향을 받는다. 이와 관련한 다양한 통계자료를 활용하여 학생들의 성별, 문화적 배경, 학업 성취도 등 개인적 특성과 수업, 교우관계, 학교 시설 등 학교생활 만족도 간의 상관관계를 대푯값과 산포도를 활용하여 각 변인들의 평균, 표준편차, 상관계수 등을 계산하고, 이를 바탕으로 학생들의 다양한 배경이 학교생활 만족도에 어떤 영향을 미치는지 탐구하여 보고서를 작성해 보자.

관련 학과 상담심리학과, 심리학과, 인류학과

《감정 연습을 시작합니다》, 하지현, 창비(2022)

단원명 | 자료의 분석

> 🔍 정규분포, t분포, 모평균, 표본평균, 모비율, 표본비율, 신뢰구간, 가설검정, 귀무가설, 대립가설, 기각역, 유의수준, 값

[12실통03-03] ● ● ●

실생활에서 공학 도구를 이용하여 모비율을 추정할 수 있다.

➡️ 우리나라의 세계 최저 수준 출산율은 심각한 사회문제로 꼽히고 있다. 과거부터 정부는 출산율에 따라 다양한 정책과 표어를 내세우며 출산율에 변화를 가져오려고 노력했다. 과거부터 정부가 내놓은 다양한 표어들을 찾아 각 표어가 가진 의미를 살펴보고, 시대에 따라 변한 여러 가지 표어에 관해 탐구해 보자.

관련 학과 국어국문학과, 문예창작학과, 사학과, 인류학과

《인구 미래 공존》, 조영태, 북스톤(2021)

[12실통03-04] ● ● ●

가설검정을 이해하고, 실생활에서 공학 도구를 이용하여 가설을 검정할 수 있다.

➡️ 다양한 미디어를 통해 '특정 상황에서 사람들은 대체로 이러이러한 반응을 나타낸다'는 심리 연구 결과가 알려지곤 한다. 관심이 가는 연구 결과를 찾아 해당 연구의 내용을 정리하고, 그 결과를 친구에게 적용하는 탐구활동을 해 보자. 적절한 가설검정을 선택하고 공학 도구 등을 활용해 가설을 검정하고 해석하는 보고서를 작성해 보자.

관련 학과 상담심리학과, 심리학과

《이렇게 쉬운 통계학》, 혼마루 료, 안동현 역, 한빛미디어(2019)

국어 교과군

영어 교과군

수학 교과군

도덕 교과군

사회 교과군

과학 교과군

선택 과목	수능		절대평가	상대평가
융합 선택	X	**수학과제 탐구**	5단계	5등급

단원명 | 과제 탐구의 이해

> | 🔍 | 수학과제 탐구, 연구 윤리

[12수과01-01]   ● ● ●

수학과제 탐구의 의미와 필요성을 설명할 수 있다.

➡ 과거부터 정보 교환을 할 때 보안을 위해 암호를 꾸준히 사용해 왔다. 암호는 타인에게 노출되었을 때도 해독될 가능성이 높지 않아야 가치가 있으므로 여러 가지 형태로 변화했다. 과거에서 현대에 이르기까지 발전해 온 암호의 역사를 살펴보며 그 원리의 변천과 암호가 해독될 확률을 비교하는 탐구 보고서를 작성해 보자. 또한 각 암호 체계를 활용한 암호를 만들어 발표해 보자.

관련 학과 고고학과, 문헌정보학과, 문화재학과, 사학과, 언어학과, 인류학과, 종교학과, 철학과

《**시크릿 코드**》, 폴 룬드 편, 박세연 역, 시그마북스(2020)

단원명 | 과제 탐구의 방법과 절차

> | 🔍 | 문헌조사, 사례 조사, 수학 실험, 개발 연구

[12수과02-01]   ● ● ●

문헌 조사를 통해 탐구하는 방법과 절차를 이해하고 설명할 수 있다.

➡ 우리나라와 북한은 같은 한글을 사용하지만, 학문에서 사용하는 용어는 다른 부분이 많다. 수학에서도 우리의 용어와 북한의 용어가 차이가 있는데, 예를 들면 북한에서 '정수'는 '옹근수', '포물선'은 '팔매선'이다. 이처럼 남북한에서 사용되는 수학 용어의 특징을 살펴보고, 그 차이에서 생길 수 있는 여러 상황에 관해 고민해 보자. 또한 다른 학문에서도 남북한 용어 차이를 비교하며 이질성을 극복하는 방안에 대해 탐구해 보자.

관련 학과 국어국문학과, 문예창작학과, 북한학과, 사학과, 언어학과, 철학과

《**누구나 수학 용어 사전**》, 박구연, 지브레인(2021)

[12수과02-02]   ● ● ●

사례 조사를 통해 탐구하는 방법과 절차를 이해하고 설명할 수 있다.

➔ 수학의 역사에서 《유클리드의 원론》은 수학의 기본 체계를 정리해 놓은 위대한 책으로 평가받는다. 이 책에는 정의, 공리 등도 제시되어 있는데, 이것들은 수학에서의 약속 또는 증명할 필요가 없는 자명한 진리로서, 다른 명제를 증명하는 기본적인 근거가 된다. 인문학에서 사용되는 '정의', '공리'와 같은 개념을 수학에서의 '정의', '공리'와 비교해서 살펴보고, 인문학에서 그것들이 필요한 이유와 중요성 등을 탐구해 보자.

관련 학과 인문계열 전체

《**수학 평전**》, 김정희, 시공사(2023)

[12수과02-03]   ● ● ●

수학 실험을 통해 탐구하는 방법과 절차를 이해하고 설명할 수 있다.

➔ 세계의 다양한 문화에서는 특정한 숫자에 특별한 의미를 부여한다. 예를 들어 중국 문화에서 '8'은 부와 행운을 상징하며 '4'는 죽음을 의미한다. 이처럼 수를 기호화해서 바라보는 문화를 찾아보고, 그 문화의 신앙·전통·철학 등과 연결해서 탐구하여 수와 문화의 관계를 주제로 발표해 보자.

관련 학과 고고학과, 문예창작학과, 문헌정보학과, 문화재학과, 사학과, 심리학과, 언어학과, 인류학과, 종교학과, 철학과

《**수학기호의 역사**》, 조지프 마주르, 권혜승 역, 반니(2017)

단원명 | **과제 탐구의 실행 및 평가**

🔎 탐구 계획 수립, 수학 소논문, STEAM형 산출물, 포스터, 보고서, 수학 잡지, 수학 소설, 수학 만화, 수학 신문, 동료 평가, 자기 평가

[12수과03-01]   ● ● ●

여러 가지 현상에서 수학 탐구주제를 선정하고 탐구 계획을 수립할 수 있다.

➔ 수학은 인간 사고와 문화의 발전을 반영해 왔다. 수학의 발달로 과학혁명의 토대가 마련되었고, 수학은 다양한 산업의 발전에서 핵심 역할을 하고 있다. 인문학에서도 수학은 논리학, 언어학, 역사학, 심리학 등 여러 분야에 영향을 미치며 발전을 이끌어 왔다. 다양한 인문학의 발전 과정에 수학이 끼친 영향을 조사하는 연구 주제를 설정하고, 그에 따른 자료조사, 탐구 과정 등을 계획해 보자.

관련 학과 인문계열 전체

《**역사를 품은 수학, 수학을 품은 역사**》, 김민형, 21세기북스(2021)

[12수과03-04]   ● ● ●

탐구 과정과 결과를 반성하고 평가할 수 있다.

➔ 문명은 세계의 각 지역에서 서로 다른 모습으로 발전해 왔으며, 각 지역의 특성과 문명 발달 방향에 따라 수학도 발전했다. 이집트, 이슬람, 아프리카 등 다양한 문명이나 지역에서 발전해 온 수학을 비교하고, 각 문화의 수학 발전이 각 문명에 끼친 영향에 관해 탐구해 보자.

관련 학과 고고학과, 문헌정보학과, 문화재학과, 사학과, 인류학과, 종교학과, 철학과

《**수학, 세계사를 만나다**》, 이광연, 투비북스(2017)

도덕 교과군

구분	교과(군)	선택 과목		
		일반 선택	진로 선택	융합 선택
보통 교과	도덕	현대사회와 윤리	윤리와 사상 인문학과 윤리	윤리문제 탐구

선택 과목	수능	현대사회와 윤리	절대평가	상대평가
일반 선택	X		5단계	5등급

단원명 | 현대 생활과 윤리

| 🔍 | 윤리학, 메타윤리학, 유교, 대동사회

[12현윤01-01]

윤리학의 성격과 특징을 바탕으로 윤리적 존재로서의 인간 본성을 이해하고, 현대사회의 다양한 윤리문제를 탐구 및 토론할 수 있다.

➡ 윤리학(倫理學)은 인간 행위의 기준과 규범을 연구하고 근거를 제시하는 학문으로, 윤리학, 메타윤리학, 규범윤리학으로 구분된다. 메타윤리학은 도덕적 의미를 분석하고 도덕적 추론의 타당성을 입증한다. 도덕적 당위를 다루는 규범윤리학과 비교해 윤리학의 학문적 성립 가능성을 연구하는 메타윤리학의 가치중립에 대해 조사해 보자.

관련 학과 국어국문학과, 문예창작학과, 언어학과, 철학과

《**메타윤리**》, 피터 싱어, 김성한 외 3명 역, 철학과현실사(2006)

[12현윤01-02]

동양 및 서양의 윤리사상, 사회사상의 접근들을 비교 분석하고, 이를 현대사회의 다양한 윤리문제와 쟁점에 적용하여 윤리적 해결 방안을 도출할 수 있다.

➡ 유교는 중국 춘추 전국의 혼란기에 공자에 의해 발전된 철학 사상이다. 공자는 어질고 선한 본성인 인(仁)을 강조했고, 맹자와 순자의 성선설과 성악설이 이를 체계화했다. 공자는 모두가 더불어 잘사는 이상사회를 대동사회라고 했다. 《논어》를 읽고 공자의 사상과 대동사회의 특징을 춘추 전국 시대의 역사적 배경과 연계해 발표해 보자.

관련 학과 국어국문학과, 문예창작학과, 사학과, 언어학과, 종교학과, 중어중문학과, 철학과

책 소개

《논어》는 공자와 제자들의 대화를 기록한 책이다. 공자의 말과 행동, 공자와 제자들 사이에 오간 대화, 공자와 당시 사람들과의 대화 및 제자들의 말과 제자들 간의 대화로 구성되어 있다. 인격 수양을 위한 학문의 자세, 사회와 국가에 대해 어떤 태도와 시각을 가져야 하는지를 총망라한 공자의 지혜와 철학은 다양한 윤리문제에 직면한 현대인들에게 방향을 제시한다.

세특 예시

교과연계 독서활동 시간에 '논어(공자)'를 읽고, 공자의 사상을 현대사회의 윤리문제에 적용하여 탐구함. 어질고 선한 인을 바탕으로 예로써 극기

논어(무삭제 완역본)

공자, 소준섭 역, 현대지성(2018)

복례를 실천하는 공자의 사상이 주위 환경에 휩쓸리지 않고 지켜야 할 마음가짐과 행동의 기준이 될 것이라고 제시함. 다양한 고전을 탐독하고 현대사회에 적용하여 해결 방법을 탐색하는 실천 능력과 인문학적 소양이 우수함.

단원명 | 생명윤리와 생태윤리

| 🔎 | 생명윤리, 미끄러운 경사길 논증, 젠더 불평등, 가족윤리, 탈인간중심주의, 생명중심주의, 생태중심주의

[12현윤02-01]　　　　　　　　　　　　　　　　　　　　　　　　　　　　　• • •

삶과 죽음을 동서양 윤리의 입장에서 성찰하고, 현대사회에서 발생하는 생명윤리문제를 다양한 윤리적 관점에서 설명할 수 있다.

➡ '미끄러운 경사길 논증'은 어떤 행위나 제도를 허용한 뒤에는 방향을 바꾸거나 멈출 수 없어 경사길을 미끄러져 내려가듯 연쇄 작용이 발생해 부정적 결과를 초래한다고 주장하는 논리이다. 보수적인 생명윤리학자들은 만약 A를 허용하면 자동적으로 B와 C도 허용해야 하며, 그 결과 허용해서는 안 될 N까지 허용하게 된다고 주장한다. 생명윤리의 영역에서 '미끄러운 경사길 논증'을 적용한 사례를 분석하여 논리적 오류를 증명하고 이에 대한 자신의 생각을 정리해 보자.

관련 학과 국어국문학과, 노어노문학과, 독어독문학과, 문예창작학과, 불어불문학과, 언어학과, 영어영문학과, 인류학과, 일어일문학과, 종교학과, 중어중문학과, 철학과

《생명윤리》, 김재희 외 4명, 인문과교양(2022)

[12현윤02-02]　　　　　　　　　　　　　　　　　　　　　　　　　　　　　• • •

사랑과 성에 관한 다양한 입장과 성차별의 윤리적 문제를 이해하고, 현대사회의 결혼 및 가족 문제를 윤리적 관점에서 탐구할 수 있다.

➡ 초도로우는 저서 《모성의 재생산》에서 "왜 어머니는 여성인가? 부모 노릇의 모든 활동들을 일상적으로 하는 사람이 왜 남성이 아닌가?"라고 반문한다. 또한 부모는 아버지와 어머니를 뜻하지만 어머니는 '어머니 노릇'이라는 굴레에서 여자아이를 어머니의 삶과 동일시하여 젠더 불평등을 야기하고 있다고 비판했다. 어머니 노릇에서 벗어나기 위한 여성 해방을 배경으로 한 문학 작품을 읽고, 성(sex)과 젠더(gender)에 대해 고찰하여 가족윤리와 양성평등에 대해 토의해 보자.

관련 학과 국어국문학과, 노어노문학과, 독어독문학과, 문예창작학과, 불어불문학과, 상담심리학과, 심리학과, 영어영문학과, 인류학과, 일어일문학과, 중어중문학과, 철학과

《자기만의 방》, 버지니아 울프, 최설희 역, 앤의서재(2024)

➡ 자연과학은 존재하는 자연현상을 과학적으로 연구하고, 인문학은 인간의 삶과 가치, 문화를 탐구하며 그 영역에는 언어·문학·역사·철학이 있다. 오늘날 환경 문제는 인간중심주의를 바탕으로 한 자연과 인간의 상호작용에서 기인한다. 생명중심주의와 생태중심주의로 대표되는 탈인간중심주의에 대해 조사하고, 환경 문제 극복을 위한 인문학의 역할에 대해 고찰하여 정리해 보자.

관련 학과 문예창작학과, 사학과, 인류학과, 종교학과, 철학과

《미래를 위한 환경철학》, 한국환경철학회 편, 연암서가(2023)

단원명 | 과학과 디지털 학습 환경 윤리

| 🔍 | 과학기술과 가치중립, 과학기술자의 사회적 책임, 정보윤리, 인공지능과 알고리즘

➡ 과학기술은 물질적 풍요와 편리함, 생명 연장 등 인류의 삶에 큰 혜택을 가져왔다. 이렇듯 인류의 삶에 큰 변화를 가져온 과학기술은 도덕적 책임으로부터 자유로운 것일까? 과학기술의 가치 중립성 여부에 대한 논쟁을 비교하고, 원자폭탄을 개발한 후 죄책감을 느꼈던 오펜하이머처럼 실제 사례를 적용하여 자신의 입장을 발표해 보자.

관련 학과 국어국문학과, 문예창작학과, 영어영문학과, 인류학과, 철학과

《아메리칸 프로메테우스》, 카이 버드·마틴 셔윈, 최형섭 역, 사이언스북스(2023)

➡ 인간은 사회적 동물이기에, 당위적 행동규범인 윤리는 타인과 더불어 삶을 영위하는 인간에게 반드시 필요하다. 또한 급변하는 정보사회에 살아가는 현대인들에게는 정보윤리가 필요하다. 기존의 윤리 법칙을 정보윤리에 적용하기 힘든 이유를 도덕적 판단의 대상과 판단 기준의 측면에서 정리하고, 정보윤리의 기본 원칙을 인공지능 기반 플랫폼을 활용하여 발표해 보자.

관련 학과 국어국문학과, 문예창작학과, 사학과, 언어학과, 인류학과, 철학과

《디지털 시대의 인터넷 윤리》, 김대균, 경상국립대학교출판부(2021)

➡️ 인공지능은 우리의 삶에 많은 편리함을 제공하고 있다. 3차 산업혁명인 정보화 시대까지도 주체는 필요한 정보를 탐색하는 능동적 인간이었지만, 인공지능은 인간이 원하는 정보를 찾기도 전에 맞춤형 정보를 제공한다. 개인의 관심 분야에 맞춘 인공지능 알고리즘은 정치·사회·문화·예술 등 다양한 분야에서 정보를 제공하지만, 이는 인간을 주어진 정보를 습득하기만 하는 수동적 인간으로 변모시킬 수 있다. 인공지능 시대에 능동적이고 주체적인 삶을 영위하기 위해 인류가 해야 할 역할에 대해 고찰해 보자.

관련 학과 문예창작학과, 문헌정보학과, 사학과, 언어학과, 인류학과, 종교학과, 철학과

《인공지능 시대 인간의 조건》, 백욱인, 휴머니스트(2023)

단원명 | 민주시민과 윤리

| 🔍 | 직업윤리, 니부어의 사회윤리, 교정적 정의, 사형 제도

[12현윤04-01] •••

직업의 의의와 다양한 직업군에 따른 직업윤리를 제시할 수 있으며 공동체 발전을 위한 청렴한 삶과 노동의 가치에 대한 사회적 존중의 필요성을 설명할 수 있다.

➡️ 인간은 생계를 유지하기 위해 경제적 보상을 받으며 일정 기간 동안 지속적으로 직업에 종사한다. 직업윤리는 직업인으로서 지켜야 하는 행동규범을 의미하고, 직업 활동은 인간 활동의 한 부분이므로, 직업윤리는 일반윤리를 벗어나지 않는다. 직업 생활에서 보편적으로 지켜야 하는 직업윤리에는 ①소명 의식 ②직업적 양심 ③연대 의식 ④전문성 ⑤인간애가 있다. 직업윤리 덕목과 희망 직업을 연결 지어 윤리 강령을 제시하고 카드 뉴스로 제작하여 발표해 보자.

관련 학과 인문계열 전체

《일 잘하는 사람은 논어에서 배운다》, 김은애, 알에이치코리아(2024)

[12현윤04-02] •••

개인선과 공동선의 조화가 필요한 이유를 설명할 수 있으며, 시민의 정치참여 필요성과 시민불복종의 조건 및 정당성을 제시할 수 있다.

➡️ 미국의 신학자 라인홀드 니버는 집단의 도덕성은 개인의 도덕성보다 현저히 떨어지기 때문에, 개인이 아무리 도덕적일지라도 사회 집단은 이기적거나 비도덕적일 수 있다고 말했다. 집단은 윤리적이기보다는 정치적이기 때문에, 개인의 도덕성이 집단의 도덕성을 결정하지 못한다는 것이다. 그는 현대사회의 문제들이 개인의 도덕성으로는 해결되기 어렵고 개인의 도덕성 함양 뿐만 아니라 사회 구조와 제도가 개선되어야 한다고 강조하며 사회 정의를 위한 강제력을 인정하였다. 니버의 사회문제 발생 원인과 해결 방법에 대해 탐색하고 '강제력이 도덕적 정당성을 얻을 수 있는지'에 대하여 토의해 보자.

관련 학과 국어국문학과, 사학과, 영어영문학과, 인류학과, 종교학과, 철학과

《도덕적 인간과 비도덕적 사회》, 라인홀드 니버, 이한우 역, 문예출판사(2017)

[12현윤04-03]   ● ● ●

공정한 분배를 이루기 위한 정책을 분배 정의 이론을 통해 비판 또는 정당화할 수 있으며, 사형 제도와 형벌을 교정적 정의의 관점에서 비판 또는 정당화할 수 있다.

➡ 교정적 정의란 부당한 피해 행위로 인한 불균형과 부정의를 법 집행을 통한 처벌로 바로잡는 것이다. 즉 다른 사람의 인권을 침해하거나 공공의 이익에 반하는 행동을 해서 피해자와 가해자 사이에 발생하는 불균형을 사회적 처벌로 교정하는 것이다. 우리나라는 법률상 사형 제도를 유지하고 있지만 1985년 이후 20년 이상 사형 집행이 이루어지지 않아 '실질적 사형폐지국'으로 분류된다. 사형 제도에 대한 칸트와 베카리아의 입장을 살펴보고, 사형 제도에 대한 윤리적 쟁점을 바탕으로 찬반 토론을 실시해 보자.

관련 학과 인문계열 전체

《우리들의 행복한 시간》, 공지영, 해냄(2016)

단원명 | 문화와 경제생활의 윤리

🔍 심미주의, 도덕주의, 합리적 소비, 다문화 사회

[12현윤05-01]   ● ● ●

미적 가치와 윤리적 가치를 예술과 도덕의 관계 차원에서 설명할 수 있으며 현대의 대중문화의 순기능과 역기능을 윤리적 관점에서 이해하고 성찰할 수 있다.

➡ 영국의 시인이자 극작가인 오스카 와일드는 예술의 미적 가치를 강조하는 심미주의를 대표하는 작가이다. 그는 《도리언 그레이의 초상》 서문에 "도덕적인 책이나 비도덕적인 책 같은 것은 없다. 잘 쓴 책 혹은 잘 쓰지 못한 책, 이 둘 중 하나이다."와 "예술가는 윤리에 동조하지 않는다. 예술가는 무엇이든 표현할 수 있다."라는 말을 남겼다. 그는 작가로서 정점에 있을 때 동성애와 외설죄로 징역형을 선고받았고, 《도리언 그레이의 초상》의 내용은 그의 재판에 불리하게 작용했다. 문학계에서 작품 또는 작가가 윤리적 논란을 일으킨 사례를 탐색하고 예술과 윤리의 관계를 심미주의 또는 도덕주의 입장에서 토론해 보자.

관련 학과 국어국문학과, 노어노문학과, 독어독문학과, 문예창작학과, 불어불문학과, 영어영문학과, 일어일문학과, 중어중문학과, 철학과

《도리언 그레이의 초상 1890》, 오스카 와일드, 임슬애 역, 민음사(2022)

[12현윤05-02]   ● ● ●

의식주 생활과 관련된 윤리문제, 경제생활에서 발생하는 도덕적 선과 이윤 추구 사이의 갈등 및 소비문화의 문제점을 윤리적 관점에서 비판할 수 있다.

➡ 합리적 소비는 욕구와 상품에 대한 정보를 바탕으로 자신의 경제력 안에서 최소한의 비용으로 최대의 만족감을 추구하는 소비를 말한다. 이에 비해 윤리적 소비는 도덕적 가치 판단에 따라 환경, 인권 등 인류의 보편적 가치를 고려하는 소비라 할 수 있다. 경제적 준거에 의한 소비 행위인 합리적 소비로 인해 발생하는 문제점을 비판하고, 윤리적 소비의 실천 사례에 대해 조사해 보자.

관련 학과 문예창작과, 상담심리학과, 심리학과, 철학과

신경과학, 심리학으로 밝혀낸 소비 욕망의 법칙

사고 싶어지는 것들의 비밀

The Things We Love

애런 아후비아 지음 / 박슬라 옮김

"인간 욕망의 작동 원리를 총망라한 책"
_빌팅 코랜저

사고 싶어지는 것들의 비밀

애런 아후비아, 박슬라 역,
알에이치코리아(2024)

책 소개

30년간 소비자 심리학을 연구한 저자는 소비자가 사물을 사랑하게 되는 감정적 애착 과정에서 심리학·생물학·신경과학·마케팅을 통해 '관계 난로'의 매커니즘을 발견한다. 나아가 의인화, 관계성, 소속감 등의 마케팅 법칙을 소개하고 사물과 소유물에 대한 애정을 과학적으로 관찰하고 분석해 인간의 욕망과 소비 감정을 명쾌하게 제시한다.

세특 예시

녹색 소비 주간에 녹색 소비 문화 캠페인을 진행하는 과정에서 물건에 대한 집착과 과소비를 하는 심리에 대한 호기심으로 '사고 싶어지는 것들의 비밀(애런 아후비아)'을 정독하고 인간이 소유물을 사랑하고 애정을 갖게 되는 기저를 탐구함. 생애 주기에 따른 취향과 배경을 분석하여 소비 욕망에 대한 가독성 좋은 자료를 제작하여 발표함. 청소년들이 자신의 소비 행동에 의구심을 갖고 무분별한 소비를 방지하기 위해 사색을 통한 철학적 성찰을 할 수 있는 윤리적 소비 철학의 실천 방안을 제시함.

[12현윤05-03]   •••

다문화 이론을 통해 문화의 다양성을 존중해야 할 필요성을 인식하고 종교 갈등, 이주민 차별 등과 같은 다문화 관련 문제의 해결 방안을 제시할 수 있다.

➡ 다양한 문화와 풍습은 사회 변화를 초래한다. 다문화 사회 또한 미래 한국 사회의 새로운 동력이 될 것이다. 우리는 '단일민족'이라는 자긍심이 있는 국가였지만, 실제 역사를 살펴보면 그렇지 않다. 다양한 종족과 주민들이 유입되었고, 전쟁 등으로 우리 민족이 일본과 만주 지역 등에 소수 민족으로 정착한 사례도 많다. 역사 속에서 다문화의 유입으로 여러 문화가 공존하며 성장한 사례를 탐색하고, 다문화 사회의 순기능에 대해 발표해 보자.

관련 학과 사학과, 인류학과, 일어일문학과, 종교학과, 중어중문학과, 철학과

《**한국의 다문화 역사 이야기**》, 황미혜·손기섭, 한국학술정보(2018)

단원명 ㅣ 평화와 공존의 윤리

🔍 원효, 화쟁 사상, 사회 갈등, 통일, 종교, 세계윤리

[12현윤06-01]   •••

다양한 사회적 갈등의 양상을 제시하고 동서양의 윤리 이론을 바탕으로 사회통합을 위한 방안을 제안할 수 있으며, 바람직한 소통과 담론을 실천할 수 있다.

➡ 불교의 대중화를 이끈 원효는 논쟁을 포용하여 조화시킨다는 화쟁 사상으로 당시 불교계에 끊이지 않던 쟁론의 화합을 위해 노력하였다. 화쟁(和諍)은 어떤 문제에 두 가지 이상의 다른 견해가 있을 때 서로 다른 견해를 통합의 이념에 의해 화해시키는 것으로, 특정한 의견을 고집하지 말고 높은 차원의 가치를 이끌어야 한다는 화합

의 사상이다. 현대사회는 정치 갈등, 세대 갈등, 빈부 갈등, 지역 갈등 등 다양한 문제들이 사회 갈등으로 심화하고 있다. 현대사회의 사회 갈등 양상을 선택하여 대립에서 벗어나 통합할 수 있는 방법을 화쟁 사상에 대입하여 제안해 보자.

관련 학과 국어국문학과, 문예창작학과, 사학과, 인류학과, 종교학과, 철학과

《**원효의 화쟁철학**》, 박태원, 세창출판사(2020)

[12현윤06-02] ● ● ●

한반도의 통일과 평화에 관한 쟁점을 객관적으로 이해하고, 보편적인 윤리 가치를 바탕으로 남북한의 화해를 위한 개인적·국가적 노력을 구체적으로 제시할 수 있다.

➡ 남북통일은 민족의 결합만이 아니라 평화·자유·인권·정의 등 인류의 보편적 가치를 실현하는 것이다. 그러나 통일을 해야 한다는 사실을 아는 것과 그 실행을 위해 노력하는 것은 다른 차원의 문제다. 남북 합의를 바탕으로 동북아시아의 평화와 통일 한국의 발전 방향을 고려하여 통일을 모색해야 한다. 통일을 해야 하는 이유를 인류의 보편적 가치와 연계하여 고찰해 보자.

관련 학과 국어국문학과, 사학과, 언어학과, 인류학과, 철학과

《**인권, 세계를 이해하다**》, 김누리 외 5명, 철수와영희(2019)

[12현윤06-03] ● ● ●

국제 사회의 윤리문제를 국제 정의의 관점에서 비판적으로 설명하고, 국제 사회에 대한 책임과 기여를 윤리적 관점에서 정당화한 뒤 실천 방안을 제시할 수 있다.

➡ 종교는 신의 절대적인 힘을 통해 고뇌를 해결하고 삶의 근본적인 의미를 추구하는 문화 현상이다. 사랑·자비·평화·행복 등 인간의 삶에서 궁극적으로 지향해야 할 가치와 황금률이 종교의 본질이지만, 세계 곳곳에서 종교로 인한 갈등이 빈번하게 일어나고 있다. 스위스의 신학자 한스 큉(Hans Küng)은 종교의 평화 없이는 세계의 평화도 없다고 말했으며 세계의 보편 종교들의 대화와 협력을 바탕으로 한 세계 윤리를 주장했다. 종교 간 갈등으로 일어나는 대립과 분쟁 사례를 조사하고, 한스 큉의 세계 윤리를 바탕으로 종교적 갈등의 해결 방안을 제시해 보자.

관련 학과 독어독문학과, 문예창작학과, 사학과, 인류학과, 종교학과, 철학과

《**세계윤리구상**》, 한스 큉, 안명옥 역, 분도출판사(2001)

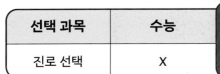

선택 과목	수능	윤리와 사상	절대평가	상대평가
진로 선택	X		5단계	5등급

단원명 | 동양 윤리사상

|🔍| 성선설, 성악설, 노자, 무위자연, 대승불교, 육바라밀

[12윤사01-01]   ● ● ●

공자 사상에 바탕하여 맹자와 순자, 주희와 왕수인의 인성론을 비교하고, 인간 본성에대한 입장에 따른 윤리적 삶의 목표 및 방법론의 차이와 그 의의를 파악할 수 있다.

➲ 맹자는 인간의 본성을 선하다고 보는 반면, 순자는 인간의 본성은 이기적이며 악하다고 하였다. 맹자는 "사람의 본성이 선한 것은 물이 아래로 흐르는 것과 같다. 사람은 선하지 않음이 없고, 물은 아래로 흐르지 않음이 없다."고 말하며 논거를 제시하였다. 인간의 본성에 대해 성선설 또는 성악설을 선택하고 자신의 논거를 제시해 보자.

관련 학과 국어국문학과, 문예창작학과, 사학과, 언어학과, 종교학과, 중어중문학과, 철학과

《맹자, 칼과 정치는 다름이 없다》, 유문상, 렛츠북(2024)

[12윤사01-02]   ● ● ●

노자의 유무상생·무위자연 사상과 장자의 소요유·제물론의 의의를 이해하고, 서로 다른 것들 간의 어울림을 통한 진정한 평화에 대해 성찰할 수 있다.

➲ 유가와 도가는 춘추 전국 시대의 혼란기에 등장한 제자백가 중의 하나이다. 유가는 공자와 맹자, 도가는 노가와 장자로 대표된다. 유가는 인과 예로써 도덕적 삶의 실천을 강조했고, 도(道)를 중시한 노자는 이상적 삶을 위해 인위를 행하지 않고 자연에 따르는 무위자연(無爲自然)을 강조했다. 유가 사상과 도가 사상의 공통점과 차이점을 비교하여, 동양 윤리사상이 현대사회에 시사하는 점을 도출해 보자.

관련 학과 국어국문학과, 사학과, 인류학과, 종교학과, 중어중문학과, 철학과

책 소개

저자는 외부의 신념과 다양한 기준들 때문에 현대인들이 생각하는 힘을 잃어 간다고 지적하면서, 본연의 모습을 강조하는 노자의 사상으로 '생각하는 힘'과 인문학적 통찰을 기르는 길을 안내한다. 이를 통해 현대인들이 자신의 모습을 되찾고 세상과 관계하는 원초적인 힘으로 삶과 사유를 통찰하게 한다.

세특 예시

자연스러운 삶의 방식을 통찰하기 위해 유가의 유위와 도가의 무위를 고찰하고, 인간의 노력으로 도덕적 인격에 이르고자 하는 유가의 유위와 자

연의 흐름 속에 존재하고 순응하는 무위를 비교해 급우들에게 설명함. '생각하는 힘, 노자 인문학(최진석)'을 읽은 뒤 욕망을 버리고 자연의 흐름을 강조하는 도가의 무위를 통해 참다운 자신의 모습을 되찾고 사회의 변화 속에서 주체적이고 유연하게 살 수 있는 힘을 기를 거라는 결심과 성찰 능력을 보여 줌.

[12윤사01-03]

불교의 사성제와 자비를 이해하고, 괴로움을 극복하는 방법을 실천할 수 있다.

➡ 대승불교는 복잡한 교리 연구에 치중하는 부파불교를 작은 수레를 타고 수행자 개인의 해탈만을 추구한다며 소승불교라고 비판하였다. 대승불교는 대중과 멀어진 부파불교를 개혁하고자, 위로는 깨달음을 구하고 아래로는 중생을 구제하는 보살을 높은 이상으로 추구하며 육바라밀의 실천을 강조하였다. 육바라밀의 의미를 탐색하고 일상 속 실천 강령으로 연계하여 제시해 보자.

관련 학과 사학과, 인류학과, 종교학과, 중어중문학과, 철학과

이제서야 이해되는 불교
원영, 불광출판사(2023)

책 소개

불교는 바쁜 현대인들에게 어떤 의미가 있을까? 저자는 세상은 무상하며 괴로운 것이 근본적인 현실이고 독립적인 '나'는 존재하지 않는다는 이치를 깨닫고 독자를 열반과 해탈의 길로 안내한다. 삼법인부터 고·집·멸·도의 사성제, 연기, 중도, 바라밀에 이르기까지 불교의 핵심 교리를 정리한 입문서이다.

세특 예시

아무리 선하고 좋은 철학과 종교라도 행동하지 못하면 무의미하다는 실천적 경향이 돋보이는 학생으로, 중생을 구제하기 위한 육바라밀의 실천 방안을 정리하여 발표함. 보시·지계·인욕·정진·선정·반야를 바탕으로 도움을 주는 대상은 한정 짓지 않고 해도 되는 것과 안 되는 것, 넓은 마음으로 인내할 것, 꾸준히 노력할 것, 평정심을 유지할 것 등으로 요약하고 실천 강령을 발표하여 급우들의 호응을 이끌어 냄.

단원명 | 한국 윤리사상

🔍 불교문학, 사단, 칠정, 사단칠정 논쟁, 하곡 정제두, 지행합일

[12윤사02-01]

원효의 화쟁 사상, 의천과 지눌의 선·교 통합 사상이 불교의 대립을 어떻게 화해시켰는지 탐구하고, 한국 불교의 특성과 통합정신의 중요성을 파악할 수 있다.

➡ 불교문학은 불교 사상으로 언어의 미학적 가치를 실현하는 종교문학을 의미한다. 불교문학은 불교의 경전 및 가르침과 관련된 불교 사상을 표현한 문학, 그리고 불교적인 관심을 문학 형식으로 창작한 것 등을 포함한다. 불교문학은 문학의 영역을 확장하여 문학 작품을 통해 해탈·존중·통합·배려 등 자비를 바탕으로 한 불교 사상을 이해하고 적용하는 데 기여하였다. 불교문학 작품을 선택하고, 불교문학에 나타난 불교 사상에 대해 조사해 보자.

관련 학과 국어국문학과, 문예창작학과, 사학과, 인류학과, 종교학과, 중어중문학과, 철학과
《**한국 불교서사의 세계**》, 김승호, 소명출판(2023)

[12윤사02-02] ● ● ●

도덕 감정의 발현 과정에 대한 퇴계와 율곡의 주장을 그 이유와 함께 비교·고찰하고, 일상의 감정을 도덕적으로 조절하는 방법을 제시할 수 있다.

➡ 사단칠정 논쟁은 인간의 본성인 사단칠정에 대한 이황과 기대승의 성리학 논쟁을 말한다. 사단(四端)은 인간의 본성에서 우러나오는 4가지 마음인 측은지심, 수오지심, 사양지심, 시비지심을 의미한다. 7정은 기쁨(喜), 노여움(怒), 슬픔(哀), 두려움(懼), 사랑(愛), 미워함(惡), 욕망(欲)을 뜻한다. 이황과 기대승의 사단칠정 논쟁을 마인드 맵으로 정리하여 각 논거의 주장을 비교하고, 이황의 사단칠정론의 도덕적 의의에 대해 정리해 보자.

관련 학과 사학과, 종교학과, 중어중문학과, 철학과

사단칠정론으로 본 조선 성리학의 전개
홍원식, 예문서원(2019)

책 소개

조선의 성리학은 주자학에서 비롯했으나, 사단과 칠정, 인성과 물성 등 인간의 심성에 대한 탐구를 바탕으로 체계화되었다. 이 책은 퇴계 이황과 고봉 기대승의 사단칠정 논쟁, 퇴계학파와 율곡학파의 사단칠정설의 전개를 거쳐 사단칠정 논쟁의 귀결과 철학적 의미로 이어지는 조선의 유학사를 안내하고, 사단칠정설의 현대 철학적 의의를 제시한다.

세특 예시

철학적 사색과 논리력이 돋보이는 학생으로, 조선 중기 성리학자들의 사단칠정에 대해 탐구함. 민생의 안정을 위한 노력이 아니라고 판단해 비판적 사고로 사단칠정 논쟁에 접근했지만, 인간의 본성과 감정에 대한 심도 깊은 연구임을 인정하게 되었다고 발표함. 이와 기를 구분한 이황의 사상이 현실에 적용하기에는 수월하나 기대승의 완벽한 논거에 이론을 수정하게 된 이야기 등 역사 속 철학적 논쟁을 흥미롭게 분석하고, 인공지능 프로그램을 활용해 마인드 맵으로 정리하여 논리정연하게 발표함. 조선의 성리학이 현실 문제보다 학문으로서의 연구에 심취했다는 점을 비판하면서도, 성리학자들의 지혜와 학문적 깊이에 존경심을 표현함.

[12윤사02-03] ● ● ●

남명과 하곡, 다산의 사상을 통해 앎과 함의 관계에 대하여 성찰하고, 윤리적 실천 방안을 제안하여 실행할 수 있다.

➡ 조선 후기로 갈수록 성리학은 다른 학문과 사상을 배격하였다. 경전과 교리, 붕당정치에 빠져 있던 시대에 성

리학 외의 다른 사상은 사문난적(교리에 어긋나는 언행으로 유교 질서와 학문을 어지럽히는 사람)으로 몰리기도 했다. 이러한 상황에서 하곡 정제두는 양명학을 중심으로 하는 독자적인 체계를 이룩하였다. 그는 심즉리설을 바탕으로 양지와 지행합일을 강조했다. 당시의 사회적 배경과 연계하여 하곡 정제두의 지행합일설의 의의를 도출해 보자.

> **관련 학과** 국어국문학과, 문예창작학과, 사학과, 종교학과, 중어중문학과, 철학과
> **《강화의 지성 하곡 정제두의 양명학》,** 최재목, 지식과교양(2017)

단원명 | 서양 윤리사상

| 🔎 | 윤리적 상대주의, 윤리적 보편주의, 에피쿠로스 학파, 아타락시아, 그리스도교, 의무론, 실존주의

[12윤사03-01] ● ● ●

서양 윤리사상의 출발점에서 나타난 보편윤리, 영혼의 조화, 성품의 탁월성의 특징을 파악하고, 덕과 행복의 관계에 대하여 성찰할 수 있다.

➡ 인간 중심의 고대 그리스 윤리사상은 소피스트와 소크라테스에 의해 전개되었다. 소피스트는 도덕규범이 사회와 시대에 따라 달라지는 상대적인 것임을 강조하며 보편타당한 도덕법칙은 존재하지 않는다는 윤리적 상대주의를 주장하였다. 이에 비해 소크라테스는 윤리적 상대주의를 비판하면서 모든 사회와 시대를 관통하는 보편타당한 윤리가 존재한다는 윤리적 보편주의를 주장했다. 현대사회에서 발생하는 윤리문제를 선별하여 윤리적 상대주의와 윤리적 보편주의의 입장에서 해결 방안을 토의해 보자.

> **관련 학과** 문예창작학과, 사학과, 심리상담학과, 심리학과, 철학과
> **《전쟁터로 간 소크라테스》,** 김헌, 북루덴스(2024)

[12윤사03-02] ● ● ●

행복 추구에 대한 쾌락주의와 금욕주의의 입장을 비교하여 고찰하고, 진정한 행복을 위한 윤리적 실천 방법을 제시할 수 있다.

➡ 에피쿠로스 학파는 쾌락은 유일한 선이며 고통은 유일한 악이라고 전제하며, 쾌락을 추구하고 고통을 제거하는 것이 행복한 삶이라고 하였다. 에피쿠로스 학파는 '육체에 고통이 없고 마음에 불안이 없는 평온함'이 진정한 쾌락이라고 하였으며, 이러한 상태를 평정심(아타락시아)이라고 했다. 또한 죽음, 운명, 신에 대한 잘못된 믿음이 제거되면 불안이 없어지고 평온함에 이를 수 있다고 했다. 에피쿠로스 학파의 죽음관과 신에 대한 견해를 고찰하고, 이에 대한 자신의 의견을 제시해 보자.

> **관련 학과** 상담심리학과, 심리학과, 영어영문학과, 철학과

신곡

단테 알리기에리, 김운찬 역,
열린책들(2022)

책 소개

이탈리아 시인 단테의 《신곡》은 사후세계를 통해 사회문제를 날카롭게 분석하고 사회 개혁적 의미를 담은 중세 문학 작품이다. 문학·철학·정치학·신학·수사학을 넘나들며 저승세계와 마주하는 지옥, 천국과 지옥의 중간 세계인 연옥, 그리고 천국을 여행하는 형식으로 인간의 욕망과 죄악, 운명과 영혼의 구원을 제시한 고전이다.

세특 예시

문학 동아리 시간에 '신곡(단테)'을 탐독하며 인문학적 소양을 쌓음. 특히 지옥편 10곡 6환(이단지옥)에서 에피쿠로스 학파를 이교도로 표현한 이유에 대해 호기심을 가지고 에피쿠로스 학파의 죽음관에 대해 고찰함. 죽음은 모든 감각의 상실을 뜻하고 신은 정념과 편애가 없는 완전한 존재이므로 신의 저주를 받을까 두려워하지 않아도 된다는 점에서 에피쿠로스 학파가 이교도로 묘사되었음을 제시함. 이를 바탕으로 죽음과 신, 또는 종교에 대한 집착을 버리고 평정심에 집중할 수 있는 용기가 생겼다는 소감을 밝힘.

[12윤사03-03] ● ● ●

그리스도교의 사랑의 윤리로서의 특징을 파악하고, 자연법 윤리 및 프로테스탄티즘 윤리에 나타난 신앙과 윤리의 관계를 성찰할 수 있다.

➡ 그리스도교는 고대 그리스 사상과 더불어 서양의 세계관과 가치관 형성에 중요한 역할을 하였다. 그리스도는 '기름 부음을 받은자'라는 뜻으로, 그리스어로는 크리스토스(christos), 히브리어로는 메시아(messiah)이고 구세주를 의미한다. 예수의 가르침을 중심으로 하는 그리스도교는 이스라엘의 민족 종교인 유대교에 뿌리를 두고 있다. 그리스도교 윤리의 기원과 사랑의 윤리에 대해 조사해 보자.

관련 학과 문예창작학과, 영어영문학과, 종교학과, 철학과

《**그리스도교**》, 로완 윌리엄스, 정다운 역, 비아(2019)

[12윤사03-04] ● ● ●

옳고 그름의 기준에 대한 의무론과 결과론을 비교·분석하고, 옳고 그름에 대한 윤리적 관점을 정당화할 수 있다.

➡ 의무론은 보편적인 도덕법칙과 원리가 있다고 보는 관점으로, 어떤 행위의 옳고 그름의 기준을 행위의 결과가 아니라 지켜야 할 의무, 즉 행위의 동기(이유)에 따라 결정한다. 이에 비해 결과론은 행위의 가치를 상황에 따라 결정하기 때문에, 올바른 행위란 최선의 결과를 가져오는 행위라고 간주하고, 옳고 그름의 기준을 행위의 결과에 따라 결정한다. 의무론과 결과론을 비교하고, 옳고 그름을 판단하는 기준에 대한 자신의 생각을 정립해 보자.

관련 학과 문예창작학과, 독어독문학과, 심리학과, 철학과

실천이성비판

임마누엘 칸트, 백종현 역,
아카넷(2019)

칸트의 3대 비판서 중 하나인《실천이성비판》은 조건화된 이성을 비판하며
윤리와 도덕의 중요성을 제시한다. 이 책은 실천 이성이 어떻게 의지를 규정
하여 의무를 지키게 하는가에 대해 규명한다. 또한 도덕법칙에 의해 의지를
규정할 수 있음을 확인하여 정언 명령을 확립하고, 보편적 도덕법칙의 지침이
되는 의무주의의 원리를 제시한다.

세특 예시

진로심화 탐구시간에 '실천이성비판(임마누엘 칸트)'를 탐독하고, 도덕적 이
성의 발견이라는 윤리학의 대변환을 가져온 칸트에게 존경을 표함. 고차
원적인 인간 세계를 다루는 형이상학의 영역으로서 철학의 가치를 제시
하기 위해 정언 명령의 도덕법칙이 인간의 존엄성을 실현할 수 있다고 주
장함. 또한 현대사회에 다양한 가치관이 혼재되어 있지만 보편적인 도덕
법칙과 인간만이 생각할 수 있는 동기의 영역이 옳고 그름의 확고한 기준
이 될 것이라는 의무론적 입장을 제시하는 등 사고를 확장하고 발전시키
는 과정이 우수한 학생임.

[12윤사03-05]　　　　　　　　　　　　　　　　　　　　　　　　　● ● ●

실존주의와 실용주의, 도덕의 기원과 판단에 관한 과학적 탐구를 비판적으로 평가하고, 책임·배려 윤리에 대한
이해를 바탕으로 윤리적 삶의 의미와 지향을 설정할 수 있다.

→ 실존주의의 선구자인 키르케고르는 인간은 '이것이냐 저것이냐'를 선택해야 하는 구체적 상황에 놓이게 되면
서 절망에 빠진다고 하였다. 이러한 절망을 '죽음에 이르는 병'이라고 하면서 성경 속 아브라함의 일화를 제시
하고, 객관적 진리는 절망에 빠진 상황에서는 인간에게 답을 주지 못하며 오직 주체성만이 답을 줄 수 있다고
주장한다. 키르케고르의 절망에서 벗어나기 위한 실존의 3단계를 아브라함 일화와 연계하여 설명하고, 그의
실존주의 사상에 대해 조사해 보자.

　관련 학과　인문계열 전체

《키르케고르의『이것이냐 저것이냐』읽기》, 이명곤, 세창출판사(2017)

단원명 |　**사회사상**

| 🔍 | 대동사회, 유토피아, 자유주의, 사회계약론, 대의 민주주의, 프로테스탄티즘

[12윤사04-01]　　　　　　　　　　　　　　　　　　　　　　　　　● ● ●

동서양의 다양한 국가관을 비교·고찰하고, 오늘날의 관점에서 국가의 역할과 정당성에 대한 체계적인 시각을
형성할 수 있다.

→ 《예기》의 〈예운편〉에 나오는 대동사회는 사회적 재화가 고르게 분배되어 신분의 차별이 없고, 가족 이기주의

에서 벗어나 타인을 배려하고 인륜을 구현하는 사회이다. 토마스 무어의 유토피아는 경제적으로 풍요롭고 사유재산이 없는 완전한 평등을 꿈꾸는 도덕적으로 타락하지 않는 이상향을 의미한다. 대동(大同)과 유토피아(Utopia)의 뜻을 바탕으로 대동사회와 유토피아의 모습을 비교하고 현대적 관점에서 의의를 도출하여 이상사회의 모습을 재구성해 보자.

관련 학과 국어국문학과, 문예창작학과, 영어영문학과, 중어중문학과, 철학과

《어떻게 이상 국가를 만들까?》, 주경철, 김영사(2021)

[12윤사04-02] ● ● ●

시민의 자유와 권리, 공적 삶과 정치참여에 대한 자유주의와 공화주의의 관점을 비교·고찰하고, 시민과 공동체의 바람직한 관계를 모색할 수 있다.

➡️ 자유주의는 시민의 자유와 권리를 자연권, 즉 인간이 태어날 때부터 하늘로부터 부여받은 권리인 천부인권의 권리라고 말한다. 자유주의는 국가보다 개인이 우선한다는 개인주의를 바탕으로 개인의 자유를 최상의 가치로 여기며, 소극적 자유를 중시한다. 소극적 자유와 적극적 자유를 비교하고, 진정한 자유의 의미에 대해 고찰해 보자.

관련 학과 독어독문학과, 상담심리학과, 심리학과, 영어영문학과, 철학과

자유로부터의 도피

에리히 프롬, 김석희 역,
휴머니스트(2020)

책 소개

자유의 양면성을 고찰한 저자는 근대인은 중세 시대 자신을 속박하던 종교와 권위로부터는 자유로워졌지만 내적인 자유를 누리지 못했다고 주장한다. 개인이 혼자서 선택하고 책임져야 하는 상황에서 오히려 권력에 복종하고 싶은 욕구가 생겨났으며, 독일의 민주주의 체제에서 나치즘이 탄생했음을 말한다. 또한 홀로 서는 자유의 두려움과 무기력, 불안을 넘기 위해 개인성과 세상과의 관계를 통해 삶의 의미를 찾기를 조언한다.

세특 예시

개인과 사회구조의 관계를 분석하는 탐구 능력이 돋보이는 학생으로, '자유로부터의 도피(에리히 프롬)'를 읽고 자유가 보장된 민주주의 사회의 국민들이 자발적으로 권위주의 정치를 따르게 된 원인에 대해 고찰함. 중세에서 근대, 제2차 세계대전에 이르기까지 자유에 대한 시민들의 두려움을 분석하고 내재적 자유를 책임지는 방법에 대해 토의하며 소통하는 모습이 인상적임. 자신에 대한 자존감, 고립이 아닌 독립, 건전한 관계 맺음을 통해 사회와 공존하는 삶을 살 수 있는 힘을 길러야 한다는 통찰력을 보여 줌.

[12윤사04-03] ● ● ●

근대 대의 민주주의의 대안으로 등장한 참여 민주주의와 심의 민주주의의 장단점을 분석하고, 민주주의의 이상을 구현하기 위한 실천 방법을 제시할 수 있다.

➡️ 대의 민주주의는 시민들이 투표를 통해 대표자를 선출하고 그 대표자들이 공동체의 정치적 의사결정을 대신하는 제도이다. 루소는 《사회계약론》에서 '주권은 양도될 수 없다, 마찬가지 이유로 주권은 대표될 수 없다.'라

며 대의민주주의를 비판했다. 또한 근대 자유주의 사상가인 밀은 대의 민주주의가 많은 시민의 직접적인 참여를 제한해서는 안 된다고 하였다. 현대적 관점에서 대의 민주주의의 한계와 대안을 제시해 보자.

관련 학과 불어불문학과, 사학과, 영어영문학과, 철학과

《다수결을 의심한다》, 사카이 도요타카, 현선 역, 사월의책(2016)

[12윤사04-04] ● ● ●

자본주의의 현실적 기여와 한계에 대해 조사·분석하고, 동서양의 사회사상적 측면에서 자본주의의 개선 방향에 관해 탐구할 수 있다.

➡️ 자본주의는 사유재산 제도와 자유시장 질서를 바탕으로 이윤을 위해 상품의 생산과 소비가 이루어지는 경제 체제를 의미한다. 베버는 근대 자본주의의 근원을 영국과 미국의 청교도 전통에서 규명하려 했다. 그는 금욕주의, 직업 소명론, 부의 추구 등을 특성으로 하는 프로테스탄티즘이 자본주의를 가능하게 했다고 주장하며, 동양과는 달리 서양에서 근대 자본주의가 탄생한 배경으로 프로테스탄티즘을 제시했다. 베버가 분석한 서구 자본주의의 특징을 설명하고, 국가의 역할과 관련지어 현대사회의 자본주의 발전 방향을 모색해 보자.

관련 학과 사학과, 영어영문학과, 인류학과, 종교학과, 철학과

《자본의 미스터리》, 에르난도 데 소토, 윤영호 역, 세종서적(2022)

국어 교과군

영어 교과군

수학 교과군

도덕 교과군

사회 교과군

과학 교과군

선택 과목	수능		절대평가	상대평가
진로 선택	X	**인문학과 윤리**	5단계	5등급

단원명 | 성찰 대상으로서 나

| 🔍 | 성인, 이이, 《격몽요결》, 불교, 《숫타니파타》

[12인윤01-01] ●●●

내 몸과 마음의 관계를 탐구하고, 심신의 통합성을 자각하여 도덕적 주체로서 자신을 이해하고 존중할 수 있다.

➡ 성인(聖人)은 유교에서 말하는 가장 이상적인 인격자로, 지혜와 인격이 뛰어나 덕망이 높은 사람을 뜻한다. 율곡 이이는 《격몽요결》〈입지장(立志章)〉에서 학문을 처음 배우는 사람은 뜻을 먼저 세워 스스로 성인이 될 것을 결심하라고 강조한다. 또한 보통 사람도 성인과 성품이 같음을 제시하며 옛 습관을 버리고 타고난 본래의 성품을 회복하라고 촉구한다. 《격몽요결》〈입지장〉을 바탕으로 성인과 성인이 되지 못한 사람의 차이를 고찰하고, 도덕적 주체로서 뜻(공부, 직업, 진로 방향 등)을 세우고 실천 항목을 구체적으로 제시해 보자.

관련 학과 인문계열 전체

격몽요결
이이, 이민수 역,
을유문화사(2022)

책 소개

몽매한 자를 교육하는 중요한 방법이라는 뜻인 《격몽요결》은 학문을 시작하는 사람을 위한 초학용 유학 입문서이다. 학문을 시작하기 전에 뜻을 세우고 몸을 삼가 예절과 효를 바탕으로 다른 사람을 대하는 방법을 안내하고, 선한 본성으로 마음의 도를 쌓기 위한 기본기를 실천할 수 있도록 독려한다.

세특 예시

고전의 가르침을 실생활에 적용하는 실천 능력이 돋보이는 학생으로, '격몽요결(이이)'을 탐독하고 지행합일을 위해 노력해야 할 일들을 구체적으로 정리하며 실천의지를 나타냄. 인간의 타고난 성품이 본래 선하다고 보는 성리학의 가르침과 누구나 노력하면 성인이 될 수 있다는 조언이 미래를 설계해야 하는 부담을 가지고 있는 자신에게 자신감과 의욕을 복돋아 주었다고 소감을 밝히며, 자신을 통제하고 오래된 습관을 극복할 수 있는 도덕적 주체로서 스스로의 진로를 구축하겠다고 결심하는 의지를 보임.

[12인윤01-02] ●●●

삶의 주체인 나에 대한 성찰을 바탕으로 고통과 쾌락의 근원 및 양상을 탐구하여, 고통과 쾌락에 지혜롭게 대처하는 자세를 갖출 수 있다.

➦ 《숫타니파타》의 '무소의 뿔' 경에서는 애써 모은 재산과 곡식이 감각적 쾌락의 욕망에 소진되서는 안 될 것이며 감각적 쾌락은 좀 더 자극적이고 강한 것을 원한다고 하였다. 또한 "어깨가 벌어지고 반점이 있는 장대한 코끼리가 그 무리를 떠나 마음대로 즐기며 숲속을 거닐듯, 무소의 외뿔처럼 혼자서 가라."라는 말은 그 어떤 것에도 의지하지 않는 주체적 존재로서의 의지를 보여 준다. 쾌락은 욕망의 충족에서 오는 유쾌하고 즐거운 감정을 말한다. 문학 작품 또는 역사 속 상황과 인물에게 나타난 감각적 쾌락을 느낄수록 더 강한 것을 원하는 인간의 본능에 대해 분석하고, 쾌락을 벗어나 주체적 인간으로서 존재성을 회복해야 하는 이유를 제시해 보자.

관련 학과 국어국문학과, 노어노문학과, 독어독문학과, 문예창작학과, 문헌정보학과, 불어불문학과, 상담심리학과, 심리학과, 영어영문학과, 일어일문학과, 중어중문학과, 철학과

숫타니파타

작자 미상, 석지현 역,
민족사(2016)

책 소개

《숫타니파타》는 불교에서 가장 오래된 경전으로, 부처님의 최초의 말씀을 제자들이 운문 형식으로 간추린 경전이다. 간단명료하고 소박한 초기 불교의 모습과 교리를 5장 72묶음 1,149편의 시로 담아내었다. 감각적 쾌락과 집착에서 벗어날 것을 강조하고, 자신과 타인의 행복을 위한 삶의 방법을 안내한다.

세특 예시

학급 명상 시간을 기획하여 '숫타니파타(작자 미상)'를 급우들과 함께 읽고, 감각적 쾌락과 유혹에서 벗어나 정신적 힘을 기르고 성찰하는 모습을 보임. 삶의 지혜를 일깨우는 문구를 디자인 툴을 활용해 학급에 게시하고 공유하여 급우들과 함께 동반 성장할 기회를 마련하는 리더십을 발휘함. 나아가 외부의 시선과 욕심, 쾌락과 형식주의를 극복하고 주체적 존재로서의 성장에 대한 포부를 밝힘.

단원명 | 타인과 관계 맺기

| 🔍 | 공 사상,《금강경》,《논어》, 익자삼우, 손자삼우

[12인윤02-01] • • •

관계 속에서 살아가는 나에 대한 성찰을 통해 상호성을 만끽하는 삶을 모색하고 실천할 수 있다.

➦ 공 사상을 담고 있는 《금강경》에서는 모든 것은 연기에 의해 존재한다고 본다. 연기는 모든 현상은 독립적이지 않고 원인과 조건의 상호 연결에 의해 생겨남을 뜻한다. 《금강경》〈제2선현기청분〉에서는 주변에 있는 모든 것을 고통 없는 세상으로 인도하겠다는 마음을 가지면서도 자신이 그렇게 하고 있다는 오만한 마음을 갖지 않아야 한다고 하였다. 주변의 행복을 위해 노력하면서도 자신이 그렇게 하고 있다는 마음을 갖지 않아야 하는 이유를 연기설과 연계하여 제시해 보자.

관련 학과 상담심리학과, 심리학과, 종교학과, 중어중문학과, 철학과

국어 교과군

영어 교과군

수학 교과군

도덕 교과군

사회 교과군

부록 교과군

금강경과 마음공부

법상, 무한(2018)

책 소개

《금강경》은 인도 사위국을 배경으로 부처님과 제자 수보리의 대화로 구성되어 있다. 모든 존재는 실체가 없다는 공사상에 기반한 부처님의 말씀을 전달하면서도 '공'이라는 용어는 직접 표현하지 않은 것이 특징이다. 한 곳에 집착해 머물러 있는 마음에서 벗어나 모양으로 부처를 보지 말고 진리로서 존경해야 하며, 모든 모습은 모양이 없으니 이렇게 본다면 곧 진리인 여래를 보게 된다고 말한다.

세특 예시

'금강경과 마음공부(법상)'를 탐독하여 공 사상을 바탕으로 집착에서 벗어나 자신이 개별적인 존재가 아니라 모든 것과 긴밀한 관계로 연결되어 있음을 깨닫고 성찰하려 노력하는 모습이 인상적임. 관계 맺기를 어려워하는 현대사회의 문제점을 극복할 수 있는 생활철학으로서의 의의를 도출하고, 공동체 안에서 자연스럽게 관계를 맺으며, 사람들과 공감하고 고통을 나눌 때 함께하는 조화로움과 행복을 공유할 수 있을 거라고 강조하며 구체적인 실천 방안을 제시함.

[12인윤02-02] ● ● ●

우정과 사랑의 의미를 탐구하고, 행복한 삶의 기반인 진정한 우정과 참된 사랑의 관계를 형성하기 위해 노력할 수 있다.

● 공자의 《논어》에서 인(仁)은 총 58장에 걸쳐 109회나 언급된다. 《논어》〈옹야편〉에서 인은 사람을 사랑하는 것이며 인을 갖춘 자는 어려운 일을 먼저 하고 이득은 나중으로 한다고 하였다. 인은 공자의 핵심 사상으로, 《논어》에서는 인의 구체적 개념을 정의하기보다는 질문하는 제자의 상황에 맞춰 각각 다르게 설명하였다. 《논어》 전반에 걸쳐 제시된 인은 배려와 공감 등의 내면적인 도덕성과 도덕적 행위를 실천하는 근본으로 강조되었다. 《논어》의 익자삼우(益者三友)와 손자삼우(損者三友)를 비교하고, 교우관계에서 필요한 인의 자세에 대해 토의해 보자.

관련 학과 문예창작학과, 상담심리학과, 심리학과, 중어중문학과, 철학과

《당신이 만나야 할 단 하나의 논어》, 판덩, 이서연 역, 미디어숲(2024)

단원명 | 자유와 평등

| 🔍 | 《장자》, 〈제물론〉, 아리스토텔레스, 정의, 절차적 정의

[12인윤03-01] ● ● ●

동서양에서 바라보는 자유와 평등의 의미와 근거를 알고, 자유롭고 평등한 사람의 모습을 탐구하여 책임 있는 삶의 자세를 추구할 수 있다.

● 《장자》〈제물론〉에는 유명한 '나비와 장주' 예화가 나온다. 장자가 꿈을 꾸었는데, 스스로 나비가 되어 꽃을 옮

겨 다니며 노닐다가 자신이 장자라는 사실을 잊고 말았다. 꿈에서 깨어난 장자는 "장주가 나비가 된 꿈을 꾼 것인가, 나비가 장주가 된 꿈을 꾼 것인가."라고 하였다. 또한 칸트는 인간을 비롯한 모든 이성적 존재는 목적 그 자체로서 존엄한 존재라고 하였다. 모든 사물은 하나이며 근본의 입장에서 만물은 모두 같다고 주장하는 제물(齊物)과 칸트의 사상을 바탕으로 인간관계에서 추구해야 할 가치를 도출해 보자.

관련 학과 문예창작학과, 상담심리학과, 심리학과, 철학과

장자
장자, 김원중 역,
휴머니스트(2023)

책 소개

무용과 무위를 이야기하며 절대 자유의 경지에 오른 장자의 글인 내편(7편)과 후학들이 남긴 외편, 잡편으로 구성되어 있다. 지극히 혼란스러웠던 전국 시대에 자유로운 삶을 고찰하며 선입견과 편견, 독단, 형식주의 등을 날카롭게 비판하고 인위적인 모습에서 벗어나 본연의 자연적인 모습을 강조한 장자의 사상을 경험할 수 있다.

세특 예시

'장자(莊子)'를 탐독하여 '나비와 장주'의 예화를 사색하며 전체적 시각에서 만물은 모두 같고, 도를 통해 하나가 될 수 있음을 인지한 과정에 대해 모둠원들과 소통함. 특히 책 전반에 걸친 만물이 평등하다는 주장을 증명하기 위해 다양한 사례를 제시하며, 세속적 욕망으로부터 달관한 장자의 소요유의 모습을 상상할 수 있었다고 발표함. 또한 어떤 조건에 얽매이지 않는 절대 자유와 평등관을 바탕으로 편견과 차별에서 벗어나 조화로움과 공존을 위한 참된 인간관계의 의미에 대해 고찰하는 모습이 돋보임.

[12인윤03-02] ●●●

불평등이 발생하는 원인 및 실질적 기회균등을 구현하기 위한 조건을 탐구하여, 자유롭고 평등한 삶을 위한 정의의 원칙을 도출할 수 있다.

➡ 정의의 문제는 고대부터 중요한 논의의 대상이었다. 아리스토텔레스는 정의를 권력, 지위, 명예, 재화 등을 각자의 가치에 비례하여 같은 경우에는 같게, 다른 경우에는 다르게 분배하는 것이라고 말했다. 이러한 정의관은 '각자에게 그의 몫을 주는 것'이라는 형식적 정의관에 많은 영향을 미쳤다. 분배정의의 기준을 평등, 업적, 능력, 필요의 관점에서 고찰하고 각각의 한계점을 도출하여 절차적 정의의 중요성을 제시해 보자.

관련 학과 국어국문학과, 노어노문학과, 독어독문학과, 문예창작학과, 북한학과, 불어불문학과, 사학과, 아랍어과, 영어영문학과, 일어일문학과, 중어중문학과, 철학과

국어 교과군

영어 교과군

수학 교과군

도덕 교과군

사회 교과군

과학 교과군

정의란 무엇인가

마이클 샌델, 김명철 역,
와이즈베리(2014)

책 소개

이 책은 아리스토텔레스부터 공리주의, 칸트, 롤스, 자유지상주의 등 철학자들의 정의에 대한 이론과 현대사회의 구제 금융, 대리 출산, 동성 결혼, 공동선 등 다양한 주제로 정의에 대해 고찰한다. 옳고 그름, 평등과 불평등, 개인의 권리와 공동선을 둘러싼 주장들이 담론과 토론을 통해 정의에 대해 이해하게 하고, 정의관을 확립할 수 있는 토대를 제공한다.

세특 예시

'정의론(롤스)'을 학습한 후 절차적 정의는 왜 공정한가에 대해 탐구하기 위해 '정의란 무엇인가(마이클 샌델)'를 탐독함. 행복, 자유, 동기, 평등, 자격 등 정의에 접근하는 다양한 시각을 분석하고, 현대사회의 경제적 불평등 문제와 연계하여 각각의 한계점을 도출함. 특히 행복, 자유, 자격에서 오는 정의가 결국엔 부를 가진 소수의 계층에 집중될 수밖에 없는 이유를 제시하며, 정의의 기준은 각자가 처한 환경과 가치관 등에 따라 달라질 수밖에 없기 때문에 공정한 절차를 통한 정의의 도출이 합리적이라고 말하는 논리력을 발휘함.

단원명 | **다양성과 포용성**

|🔍| 밀, 자유, 가상세계

[12인윤04-01] ●●●

서로 다른 의견들이 발생하고 충돌하는 양상과 이유를 파악하고, 민주적인 방식으로 다양한 의견을 포용하는 방법과 절차를 모색하여 실천할 수 있다.

➡ 밀은 인간의 자유의 영역을 크게 세 가지로 제시하며, 이 세 가지 자유를 모두 누릴 수 있는 사회만이 '완벽하게 자유로운 사회'라고 하였다. 그 세 가지 자유의 영역은 첫째, 내면적 영역의 자유, 둘째, 자신의 기호를 즐기고 자기가 희망하는 것을 추구할 자유, 셋째, 결사의 자유이다. 또한 토론과 경험을 통해 자신의 실수를 교정할 수 있는 능력이 중요하다고 강조하였다. 자유가 보장된 민주주의 사회에서 서로의 의견이 다를 때 갖추어야 할 자세를 밀의 주장을 바탕으로 공자의 인(仁)과 예(禮)를 적용하여 제시해 보자.

관련 학과 상담심리학과, 심리학과, 영어영문학과, 중어중문학과, 철학과
《손석춘 교수의 민주주의 특강》, 손석춘, 철수와영희(2024)

[12인윤04-02] ●●●

가상세계와 현실세계의 같고 다른 점이 무엇인지 탐구하고, 가상세계에서도 자신과 타인을 존중하는 자세를 갖출 수 있다.

➡ 〈스노크래시〉의 주인공 히로는 현실에서는 임대 창고에 살고 있지만, 메타버스에서는 근사한 집을 가지고 있고 블랙선을 개발한 유명인으로 통한다. 메타버스는 가상세계이지만 현실세계와 세밀하게 연결되어 있다. 공

공 컴퓨터로 접속하면 흑백 아바타로 입장되거나 아바타는 실제 주인보다 키가 크면 안 되며 비싼 아바타는 좀 더 섬세한 감정 표현이 가능한 점 등 현실과 완벽하게 분리되어 있지 않다. 가상세계와 현실세계의 인간관계의 특징을 비교하고, 가상세계에서 올바른 인간관계의 형성이 중요한 이유를 정리해 보자.

관련 학과 국어국문학과, 문예창작학과, 문헌정보학과, 영어영문학과, 철학과

《**레디 플레이어 투**》, 어니스트 클라인, 전정순 역, 에이콘출판(2024)

단원명 | 공존과 지속 가능성

| 🔎 | 《목민심서》, 직업윤리, 《침묵의 봄》, 기후변화 회의론

[12인윤05-01] • • •

자아실현과 직업생활의 상호성을 이해하고, 삶의 방식으로서 소유와 존재의 의미를 탐구하여 나와 타인의 이익을 조화롭게 추구하는 삶의 태도를 함양할 수 있다.

➡ 인간은 직업생활을 통해 가치 있는 목적을 실현하여 자아를 실현한다. 《목민심서》〈율기〉에서는 청렴이란 수령의 본래의 직무로서 모든 선의 원천이며 덕의 근본이라고 하였다. 또한 청렴한 수령은 명성이 사방에 퍼져 좋은 소문이 날로 드러나 인생의 지극한 영화를 느끼게 될 것이라 했다. 이는 청렴을 달성하기 위해 노력한 수령은 공적으로도 개인적으로도 명성과 영화를 누릴 것이라고 강조한 것이다. 성공적인 직업인의 사례를 분석하고, 직업 생활과 개인의 삶의 상호성과 사회적 책임을 연계하여 발표해 보자.

관련 학과 사학과, 상담심리학과, 심리학과, 종교학과, 철학과

《**정선 목민심서**》, 정약용, 다산연구회 편, 창비(2019)

[12인윤05-02] • • •

기후위기 문제를 비판적으로 인식하고, 지속 가능한 삶을 위해 인간과 자연에 대한 이분법적 관점을 넘어선 상생의 원칙들을 수립하여 일상에서 실천할 수 있다.

➡ 레이첼 카슨의 《침묵의 봄》은 화학 물질의 위험성을 알리며 환경 오염의 재앙을 경고하였다. 다행히 현대사회에 '침묵의 봄'이 완벽하게 재현되지는 않았지만, 카슨의 경고를 계기로 환경을 위한 과학기술 통제의 필요성과 환경 문제 극복을 위한 정부의 노력 등 그 위험성이 공론화되었다. 그러나 일부 기후변화 회의론자들은 환경오염에 대한 사람들의 위기의식이 과장되었다고 주장한다. 기후변화 회의론자들의 주장을 구체적 근거를 들어 비판하고, 기후위기와 생태계 파괴를 인지하고 극복하기 위한 인문학적 실천 방법을 제시해 보자.

관련 학과 인문계열 전체

《**브뤼노 라투르의 과학인문학 편지**》, 브뤼노 라투르, 이세진 역, 사월의책(2023)

단원명 | 삶의 의미에 대한 물음

| 🔎 | 종교, 종교의 사회적 역할, 지눌, 《수심결》

[12인윤06-01]

인간의 불완전성에 대한 성찰을 바탕으로 불안한 현대사회를 살아가는 데 있어 종교의 역할과 가치를 탐구하여, 종교에 대한 바람직한 관점을 정립할 수 있다.

➜ 자본주의와 민주주의가 발전한 덕분에 현대인들은 그 어느 시대보다 물질적으로 풍요로우면서도 다양한 가치관이 공존하고 불확실한 시대에 살고 있다. 지나친 경쟁과 사회의 변화, 재난으로 다가오는 환경 오염과 다양한 형태의 질병 등 현대인들은 급속한 사회변화 속에서 불안정성을 가지고 살아간다. 불확실성 속에서 살아가는 현대인들에게 절대적 가치를 내재한 종교가 가지는 의미에 대해 정리해 보자.

관련 학과 사학과, 상담심리학과, 심리학과, 인류학과, 종교학과, 철학과

《종교는 달라도 인생의 고민은 같다》, 성진 스님 외 3명, 불광출판사(2024)

[12인윤06-02]

인생의 유한성을 자각하고, 자아에 대한 성찰 및 다양한 가치 탐색을 통하여 내 삶의 의미를 묻고 답을 찾는 도덕적 주체로서 살아갈 수 있다.

➜ 선종을 중심으로 교종과의 통합을 추구한 지눌은 《수심결》〈정종분〉에서 "자신의 본성을 보는 것이 곧 부처이며, 그것은 우리 삶 속에 있다."고 하였다. 세상의 고통에서 벗어나기 위해서는 자신의 마음을 찾고자 노력해야 하며, 있는 그대로의 본성이 현실로 드러나는 마음이 곧 부처임을 제시한 것이다. 자신의 삶 속에서 발생하고 있는 일들을 마인드 맵으로 정리하고, 주위 환경에 쉽게 흔들리지 않고 대처할 수 있는 방법에 대해 고찰해 보자.

관련 학과 국어국문학과, 문예창작학과, 상담심리학과, 심리학과, 종교학과, 철학과,

《지눌의 선禪 사상》, 길희성, 동연출판사(2021)

단원명 | 윤리문제 탐구의 이해

| 🔍 | 윤리, 공리주의, 의무론, 도덕판단, 사실판단, 도덕적 추론

[12윤탐01-01] ● ● ●

삶에서 경험하는 문제를 사실문제와 윤리문제로 구분할 수 있고, 윤리문제에 대한 규범적 가치 판단의 기준이 다양함을 이해할 수 있다.

➡ 윤리는 인간으로서 마땅히 지켜야 하는 도리를 의미하며 사회적 존재로서 살아가는 사람들이 지켜야 하는 사회적 규범이다. 따라서 윤리문제의 해결을 위해서는 개인의 이익이나 취향이 아닌 사회 구성원으로서의 공존과 화합을 위한 가치를 지향하는 보편적 접근이 필요하나, 규범적인 가치 판단의 기준은 다양할 수 있다. 윤리문제의 탐구에 적용할 수 있는 대표적인 이론인 공리주의와 의무론의 규범적 가치 판단 기준을 비교하여 조사해 보자.

　관련 학과　문예창작학과, 독어독문학과, 영어영문학과, 철학과

《철학은 어떻게 삶의 무기가 되는가》, 야마구치 슈, 김윤경 역, 다산초당(2019)

[12윤탐01-02] ● ● ●

윤리문제 탐구의 의미를 파악하고, 윤리문제 탐구의 다양한 방법들을 이해할 수 있다.

➡ 도덕적 갈등 상황에서 도덕 판단에 대한 이유와 합당한 근거를 제시하면서 도덕 판단을 정당화하는 과정을 도덕적 추론이라고 한다. 도덕적 추론은 삼단논법의 형식을 통해 이루어지며, 대전제-소전제-결론의 구조는 도덕적 추론의 도덕원리-사실판단-도덕판단의 구조와 대응한다. 도덕적 추론을 통한 도덕판단 과정의 사례를 삼단논법 형태로 제시하고, 도덕적 추론 과정의 중요성에 대해 발표해 보자.

　관련 학과　국어국문학과, 상담심리학과, 언어학과, 철학과

책 소개

저자는 도덕적 문제를 해결해야 할 경우 습관의 도덕이 아닌 이성의 도덕에 기초해 도덕적 문제 해결과 도덕 판단을 내려야 한다고 말한다. 사실과 가치, 도덕 판단의 이론과 사례를 바탕으로 청소년들이 어려운 도덕적 문제에 직면했을 때 '미혼녀의 출산'이라는 주제를 사례로 삼아 올바른 도덕 판단을 내릴 수 있도록 사실, 가치, 도덕 판단에 대해 안내한다.

세특 예시

'미혼녀의 출산과 도덕 판단(남궁달화)'을 읽고 도덕적 행동과 실천에 대해

국어 교과군

영어 교과군

수학 교과군

도덕 교과군

사회 교과군

과학 교과군

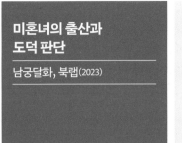

미혼녀의 출산과 도덕 판단

남궁달화, 북랩(2023)

이해하는 모습을 보임. 도덕적 행동이 규범적이고 의무적이어야 하며 주관적이거나 심리적인 동기에 좌우되지 말아야 함과 동시에 타인을 배려하는 역지사지의 정신까지 모두 견지해야 하는 복합적인 것임을 깨닫고 감상문을 제출함. 나아가 '청소년 비행' 문제에 대한 보고서를 작성하고, 청소년 비행의 현상과 원인을 비판적 사고와 배려적 사고를 통해 도덕적 문제 해결 과정에 적용하는 우수한 탐구 능력을 발휘함.

단원명 | 시민의 삶과 윤리적 탐구

| 🔍 | 뇌과학, 사생활 존중과 공익, 여성차별, 난민 문제

[12윤탐02-01]　●●●

행복의 의미와 행복에 대한 뇌과학의 연구 성과를 조사하고, 윤리적 삶과 행복의 관계를 탐구할 수 있다.

➡️ 뇌과학은 인간의 뇌를 연구하여 유전자의 법칙을 알아내고 인간 행동의 발생 원인과 이유 등을 과학적으로 규명하여 인간의 마음을 연구하는 학문이다. 최근 자기 선택권이나 상황에 대한 통제권이 행복감을 느끼는 데 매우 중요하다는 뇌 연구 결과가 인정받고 있다. 자기결정성 이론을 뇌과학과 연계하고, 윤리적 삶이 곧 행복한 삶이 될 수 있는 이유를 탐구해 보자.

　관련 학과　상담심리학과, 심리학과, 인류학과, 철학과
《**이토록 뜻밖의 뇌과학**》, 리사 펠드먼 배럿, 변지영 역, 더퀘스트(2021)

[12윤탐02-02]　●●●

사생활 존중과 공익 사이의 갈등 사례를 조사하고, 이를 해결하는 방안을 제시할 수 있다.

➡️ '정보통신망 이용촉진 및 정보보호 등에 관한 법률'은 사람을 비방할 목적으로 정보통신망을 통해 공공연하게 사실을 드러내 사람의 명예를 훼손할 경우 처벌하는 규정을 명시하고 있다. 타인의 평판을 저해하는 내용이 허위일 때뿐만이 아니라 사실일 때도 처벌할 수 있으며, 그 사실의 적시 행동이 공공의 이익과 관련될 때에는 비방할 목적이 없는 것으로 인정된다. 공인의 사생활 문제가 공공의 이익과 관련되는 사례를 탐색하고, 공인이라는 이유로 사생활이 공개되는 것을 감수해야 하는지에 대해 토론해 보자.

　관련 학과　국어국문학과, 문예창작학과, 상담심리학과, 심리학과, 영어영문학과, 철학과
《**미디어 윤리의 이론과 실제**》, 필립 패터슨·리 윌킨스, 장하용 역, 한울아카데미(2013)

[12윤탐02-03]　●●●

사회적 차별 표현 사례를 조사하고, 이를 바라보는 다양한 관점을 이해하여 윤리적 해결 방안을 제시할 수 있다.

➡️ 명사에 '~충'을 결합한 용어는 인터넷과 SNS를 통해 확산된 신조어이다. 특히 어린아이를 키우는 여성을 '맘충'이라고 부르는 사회적 차별 표현은 여성을 비하하고 혐오를 조장하여 사회 갈등을 야기한다. '맘충'과 관련

하여 일부 개인의 잘못을 여성 전체의 잘못으로 확대하여 비판하고 차별한 사례와 이러한 인지적 왜곡의 원인을 분석해 보자.

관련 학과 국어국문학과, 문예창작학과, 언어학과, 철학과

선량한 차별주의자
김지혜, 창비(2019)

책 소개

이 책은 일상에 숨겨진 혐오와 차별을 날카롭게 지적하고, 차별 극복을 위한 노력이 특권을 빼앗기는 민감한 사회문제로 발전할 수 있음을 제시한다. 1부에서는 선량한 차별주의자가 생겨나는 이유를, 2부에서는 차별이 숨겨지는 작동 원리를, 3부에서는 이러한 차별과 혐오에 대응하는 우리의 자세를 분석하며 선량한 마음만으로는 평등이 이루어지지 않음을, 세상에는 또 다른 질서가 있음을 상상해야 한다고 말한다.

세특 예시

차별 및 공정과 관련된 사회윤리 문제에 관심이 많고 탐구 능력이 뛰어난 학생으로, '선량한 차별주의자(김지혜)'를 읽고 다수에게 유리한 차별이 합리적 차등으로 변질될 수 있음을 이해하여 사회의 차별과 특권에 대해 성찰함. 일상 속 익숙해진 차별의 문제에 대해, 기존의 사회질서를 부정하는 것이 아니라 서로 배려하고 이해하는 토론의 장과 역지사지의 정신을 통해 유기적 관계에 있는 사회 구성원들이 자신의 이익을 양보하는 것이 결국 공존할 수 있는 결정적 방법이라는 발전적인 방향을 제시함.

[12윤탐02-04] ● ● ●

배타적 민족주의의 확산과 난민 문제를 탐구하고, 이를 해결할 수 있는 방안을 제시할 수 있다.

➡ 칸트는 《영구 평화론》에서 "환대는 낯선 땅에 도착했을 때 적으로 간주하지 않는 것을 말한다."라고 주장하며 세계 평화는 성취해야 하는 것이자 보편적 의무라고 하였다. 나아가 자크 데리다는 칸트의 환대를 이방인이 국경을 넘을 때의 조건부 환대라고 말하며 절대적 타자가 자리를 차지할 수 있음을 강조하는 무조건적 환대를 강조했다. 우크라이나 전쟁, 이스라엘과 하마스 간 전쟁 등 현대사회에서 발생하는 난민 문제에 대해 고찰하고, 세계시민으로서 난민 보호를 위한 역할과 연대의 실천 방법을 제시해 보자.

관련 학과 인문계열 전체

《환대에 대하여》, 자크 데리다·안 뒤푸르망텔, 이보경 역, 필로소픽(2023)

단원명 | 인공지능 시대의 삶과 윤리적 탐구

| 🔍 | 메타버스 윤리원칙, 데이터 편향성, 트롤리 딜레마, 윤리적 딜레마

[12윤탐03-01] ● ● ●

메타버스의 특징을 윤리적 관점에서 탐색하고, 메타버스에서 발생할 수 있는 윤리문제의 해결 방안을 제시할 수 있다.

● 과학기술정보통신부가 제시한 '메타버스 윤리원칙'의 8대 실천원칙은 ①진정성 ②자율성 ③호혜성 ④사생활 존중 ⑤공정성 ⑥개인정보 보호 ⑦포용성 ⑧책임성이다. 또한 이 실천원칙들에 따라 메타버스 생태계에서 지켜야 할 구체적인 행동 양식과 공급·이용·창작의 주체별 세부조항을 '메타버스 실천윤리'로 제시하였다. 메타버스 실천윤리의 중요성을 실제 사례와 연계하여 분석하고, 공급·이용·창작의 주체별 활용 방안을 제시해 보자.

[관련 학과] 사학과, 상담심리학과, 심리학과, 철학과

인공지능×메타버스

홍성태, 진인진(2023)

[책 소개]

이 책은 정보기술의 새로운 발전 형태인 인공지능과 메타버스의 기본 원리와 발전 과정, 현황, 전망을 제시하고 있다. 인공지능은 유익한 발전을 불러올 수 있지만 예상치 못한 위험을 가지고 있다. 메타버스가 새로운 문화 산업의 기회가 될 현시점에서 인공지능과 정보기술의 사회문화적 쟁점들과 그것에 대한 민주적 관리 및 통제의 필요성을 제시한 교양서이다.

[세특 예시]

'인공지능×메타버스(홍성태)'를 읽고 과학기술로 인한 사회 변화를 거부할 수 없는 현대사회에서 메타버스와 관련된 다양한 윤리문제들을 예측하고 토의에 참여하여 성찰을 이끌어 냄. 사용자가 아바타를 매개로 상호작용하는 메타버스는 새로운 문화와 산업의 기회가 되지만 화려한 정보과학기술의 발전 속에서 정보의 관리와 통제가 필요함을 인지할 수 있었으며, 담론 제시와 성찰의 과정은 인간의 존엄성과 사회 변화를 고려한다면 당위의 문제임을 강조하며 급우들을 설득하는 논리력을 발휘함.

[12윤탐03-02] ●●●

빅데이터와 알고리즘의 편향성으로 인한 윤리문제를 인식하고 사회적 책임과 공정성의 관점에서 해결 방안을 탐구할 수 있다.

● 편향성은 한 곳으로 치우친 성질을 뜻하며, 데이터 편향성은 수집·처리·해석 단계에서 데이터의 공정성이 왜곡된 상태를 의미한다. 데이터 편향성은 알고리즘의 학습 결과에 영향을 미치며, 때로는 불공정하거나 차별적인 결과를 초래할 수 있다. 빅데이터 편향성의 원인과 인공지능 시스템의 보편화 및 대중화에 따른 윤리문제를 제시해 보자.

[관련 학과] 국어국문학과, 문예창작학과, 문헌정보학과, 철학과

《**AI 공감 대화**》, 정유남·박혜숙, 커뮤니케이션북스(2024)

[12윤탐03-03] ●●●

인공지능 활용 시 발생할 수 있는 윤리적 딜레마에 대해 토의하고, 인공지능의 바람직한 활용 방안을 제시할 수 있다.

● 영국의 철학자 필리파 푸트(Philippa R. Foot)가 제시한 '트롤리 딜레마'는 인공지능의 윤리적 딜레마 실험의 토대가 되었다. '트롤리 딜레마'는 공리주의에 근거해 한 사람의 생명을 다수를 위해 의도적으로 빼앗는 것이 도덕적으로 허용될 수 있는가에 대한 논의이다. 인공지능의 윤리적 딜레마에 대한 접근은 다양한 환경과 상황에

따라 또는 사람들의 가치관에 따라 달라질 수 있다. 인공지능의 적극적 활용에 있어서 상황과 문화적 차이를 고려한 사회적 차원에서의 윤리적 접근의 중요성을 고찰해 보자.

관련 학과 인문계열 전체

《인공지능의 철학윤리수업》, 우버들 외 2명, 박영스토리(2024)

단원명 | 생태적 삶과 윤리적 탐구

|🔍| 캣맘, 기후변화, 지구 온난화

[12윤탐04-01] • • •

반려동물과 관련한 윤리문제, 동물 복지를 둘러싼 논쟁 등을 윤리적 관점에서 탐구하여 생명에 대한 감수성을 길러 책임 있게 행동할 수 있다.

➡️ '캣맘(Cat Mom)'은 주인 없는 길고양이에게 지속적으로 사료를 먹이거나 거주 공간을 설치해 주는 사람들을 말한다. 캣맘에 찬성하는 사람들은 생명을 존중하는 차원에서 동물을 보호하는 것이라 주장하고, 반대하는 사람들은 캣맘의 개인적 애정 때문에 길고양이 수가 늘어나 주거환경을 침해한다고 주장한다. '캣맘'의 행동 때문에 실제로 문제가 된 사례와 그 문제에 대한 찬성과 반대 의견을 분석하여 자신의 입장을 정리해 보자.

관련 학과 국어국문학과, 문예창작학과, 상담심리학과, 심리학과, 종교학과, 철학과

《반려 변론》, 이장원, 공존(2024)

[12윤탐04-02] • • •

기후위기를 인류의 책임이라는 측면에서 분석하고, 에너지 전환과 탄소중립을 둘러싼 다양한 입장에 대해 토론하여 기후위기 극복 방안을 제시할 수 있다.

➡️ 기후변화는 일정한 지역에서 30년 이상의 오랜 기간에 걸쳐 진행되고 있는 기후의 변화를 뜻한다. 기후변화의 원인은 태양 활동, 화산 활동, 지구궤도 변화 등의 자연적 요인과 화석연료 사용, 무분별한 토지 이용, 산업 활동 등 인간 활동에 의한 요인이 있다. 지구 온난화로 대표되는 기후위기는 인간 활동에 의한 요인으로 발생하고 있다. 지구 온난화로 인한 기후변화의 특징과 피해, 그리고 인류의 책임에 대해 탐구해 보자.

관련 학과 사학과, 인류학과, 종교학과, 철학과

《지구 온난화 어떻게 해결할까?》, 이충환, 동아엠앤비(2023)

단원명 | 윤리문제 탐구의 적용

|🔍| 종교학, 비판적 사고, 배려적 사고

[12윤탐05-01] • • •

자신이 희망하는 진로에서 발생할 수 있는 윤리문제를 선정하고 탐구 계획을 수립할 수 있다.

➡️ 종교학은 종교와 관련된 분야를 연구하는 학문으로, 특정 종교를 대변하는 것이 아니라 종교 현상과 신앙 체계 등을 연구한다. 종교는 개인의 가치관과 사회 문화 전반에 영향을 주기 때문에, 종교학자는 가치중립성을 견지해야 할 필요가 있다. 문헌조사와 사례 분석을 통해 탐구 계획을 수립하고, 종교의 규율이 국가의 법질서와 충돌하여 사회 혼란을 야기할 때 종교학자가 해야 할 역할을 제시해 보자.

(관련 학과) 사학과, 인류학과, 종교학과, 철학과

《**한국의 종교학**》, 한국종교문화연구소 30주년 논총 편집위원회 편, 모시는사람들(2024)

[12윤탐05-02] • • •

수립한 탐구 계획에 따라 윤리문제를 탐구하고 그 결과를 정리하여 발표할 수 있다.

➡️ 종교의 규율이 국가의 법질서와 충돌할 경우를 문헌조사와 사례 탐구를 바탕으로 분석하고 비판적 사고를 바탕으로 종교학자의 역할에 대한 보고서를 작성해 보자. 나아가 종교의 의미와 종교학자의 연구 분야에 대해 정리하고, 종교가 개인에게 주는 의미를 고려하여 배려적 사고를 발휘할 수 있도록 인류애와 공동체 의식 함양에 중점을 두고 보고서의 내용을 보강하여 발표해 보자.

(관련 학과) 사학과, 인류학과, 종교학과, 철학과

《**소통과 설득을 위한 프레젠테이션**》, 김경민 외 3명, 경상국립대학교출판부(2023)

국어 교과군

영어 교과군

수학 교과군

도덕 교과군

사회 교과군

과학 교과군

사회 교과군

구분	교과(군)	공통 과목	선택 과목		
			일반 선택	진로 선택	융합 선택
보통 교과	사회	한국사1 한국사2 통합사회1 통합사회2	세계시민과 지리 세계사 사회와 문화	한국지리 탐구 도시의 미래 탐구 동아시아 역사 기행 정치 법과 사회 경제 국제 관계의 이해	여행지리 역사로 탐구하는 현대 세계 사회문제 탐구 금융과 경제생활 기후변화와 지속 가능한 세계

공통 과목	수능	한국사	절대평가	상대평가
	○		5단계	5등급

단원명 | 근대 이전 한국사의 이해

| 🔍 | 고조선, 고대 국가, 한반도, 선사문화, 유적, 유물, 통치 체제, 고대 사회, 종교와 사상, 고려, 흥선대원군, 성리학, 유교, 중앙집권체제

[10한사1-01-01] ●●●

고대 국가의 형성과 성장 과정을 파악한다.

➡ 고인돌은 지상에 드러나 있는 덮개돌 밑에 받침돌로 널돌이나 자연석을 고이거나 주검을 안치한 매장 시설이 있는 청동기 시대의 대표적인 무덤이자 기념물이다. 고인돌을 만들기 위해서는 많은 사람의 노동력이 필요했을 것으로 추정된다. 이는 지배자가 있었고 계급사회가 출현했음을 의미한다. 지배자가 나타날 수 있었던 배경에 대해 탐구하고, 고인돌 사회의 다양한 생활 모습, 무덤, 정신세계에 대해 조사, 발표해 보자.

관련 학과 사학과, 한국사학과, 문화인류학과, 인류학과, 고고학과, 고고미술사학과, 문화재학과, 종교학과, 신학과, 철학과, 인문학부

《고인돌, 역사가 되다》, 이영문, 학연문화사(2014)

[10한사1-01-02] ●●●

고려의 통치 체제와 지배 세력의 변화를 이해한다.

➡ 고려 초기 불교는 선종과 교종으로 나뉘어 대립하였다. 의천은 이를 해결하기 위해 천태종을 개창하고, 교관겸수를 내세워 선종을 교종으로 통합하려 하였다. 지눌은 무신 정권 시기에 세속화된 불교를 개혁하기 위해 수선사를 중심으로 결사 운동을 펼쳤다. 그리고 정혜쌍수와 돈오점수를 내세워 선종을 중심으로 교종을 포용할 것을 주장했다. 의천과 지눌의 활동을 비교·분석해 그들이 추구했던 불교 개혁의 이상향에 대한 신문 사설을 작성해 보자.

관련 학과 종교학과, 신학과, 철학과, 인문학부, 사학과, 한국사학과, 문화인류학과, 인류학과, 문화재학과
《고려시대의 불교사상》, 심재룡, 서울대학교출판문화원(2011)

[10한사1-01-03] ●●●

조선의 성립과 정치 운영의 변화를 파악한다.

➡ 독자적 문자를 마련하지 못한 민족은 문자를 빌려 와 사용했다. 로마자나 러시아의 키릴 문자를 빌려 와 사용한 베트남과 몽골은 문자 사용에 어려움을 겪었다. 또 일본의 가나 문자와 같이 한 글자를 여러 발음으로 읽는 어려움이 뒤따랐다. 그런 의미에서 세종대왕의 한글 창제는 우리 기록 문화의 유지와 창달에 중요한 문화사적

발명이다. 더욱 놀라운 점은 한글에 우리 민족 고유의 철학과 사유 체계가 내포되어 있다는 점이다. 세종대왕이 훈민정음을 창제한 이유, 한글 창제의 원리, 창제 과정, 한글이 과학적인 문자인 이유에 대해 조사하여 발표해 보자.

관련 학과 언어학과, 국어국문학과, 동양어문학과, 한국어학과, 한문학과, 사학과, 문헌정보학과, 문화재학과, 철학과

《**한글 우수성과 한글 세계화**》, 김슬옹, 한글파크(2013)

[10한사1-01-04] ● ● ●

조선 후기에 등장한 새로운 변화 양상을 이해한다.

➡ 실학의 한 흐름인 북학은 청을 오랑캐의 나라라고 무시하기보다는 그들의 발달한 문화와 기술을 배워 조선을 부강한 나라로 만들어야 한다는 사상이다. 중원을 차지한 청나라의 번영이 예상과 달리 한 세기를 넘어가자, 청나라 문물을 도입해야 한다는 주장에 힘이 실렸다. 북학을 주장한 학자들을 '북학파'라 하였다. 북학의 개념, 북학파의 형성 배경, 북학파의 주장에 대해 조사하여 발표해 보자.

관련 학과 철학과, 인문학부, 철학생명의료윤리학과, 사학과, 중어중문학과, 한문학과, 문헌정보학과, 무형유산학과, 유학·동양학과

《**세계 최고의 여행기 열하일기**》, 박지원, 고미숙 외 2명 역, 북드라망(2013)

단원명 | 근대 이전 한국사의 탐구

| 🔍 | 수취 체제, 농업 중심 경제, 골품제, 양천제, 유교, 성리학, 임진왜란, 병자호란, 문화 교류, 역사 갈등, 신분제, 불교

[10한사1-02-01] ● ● ●

근대 이전 국제 관계와 대외 교류의 시대적 특징을 비교한다.

➡ 조선에서 일본 막부에 파견한 외교 사절을 조선통신사라고 한다. '통신(通信)'이란 '신의를 나눈다'는 의미이다. 조선통신사를 통한 교류는 신뢰를 기반으로 한 조선과 일본의 평화와 선린우호를 상징한다고 할 수 있다. 도요토미 히데요시의 조선 침략은 히데요시의 죽음으로 끝이 났지만, 이 전쟁은 조선을 황폐하게 만들었다. 조선으로 출병하지 않았던 도쿠가와 이에야스는 사명대사 유정과의 교섭을 통해 조선과의 국교를 회복하였다. 1607년부터 1811년까지 조선통신사는 12회에 걸쳐 일본을 방문했다. 통신사의 역사, 통신사의 규모, 사행 일정, 목적과 활동, 역사적 의의에 대해 조사하여 발표해 보자.

관련 학과 사학과, 한국사학과, 일본학과, 일어일문학과, 한문학과, 문헌정보학과

《**조선통신사**》, 강응천, 토토북(2015)

[10한사1-02-02] ● ● ●

근대 이전의 수취 체제 변화를 농업 중심의 경제생활과 관련하여 탐구한다.

➡ 조선 후기, 삼정의 문란이라고 일컬어지는 조세 수취 체제의 부정부패는 조정의 재정을 빈곤에 빠뜨렸을 뿐만 아니라, 농민들을 기아의 사경으로 몰아넣어 훗날 농민들의 조직적이고 집단적인 반발을 야기하였다. 조선 왕

조 후기에 지주층은 조세를 적게 부담하고 양민들은 상대적으로 많은 조세를 부담하는 조세부담의 불균형 문제가 발생하였다. 이러한 조세부담의 불균형 문제가 오늘날에도 일어나고 있는지 조사·분석하고, 문제의 해결 방안을 발표해 보자.

관련 학과 인문계열 전체

《조세와 재정의 미래》, 홍순만, 문우사(2023)

[10한사1-02-03] ● ● ●

근대 이전의 사회 구조를 신분제를 중심으로 분석한다.

→ 고려 말기에서 조선 초기 사회로의 전환은 단순히 왕조 교체에 그친 것이 아니라, 정치·경제·사회·문화 등 여러 방면에 걸쳐 커다란 변화를 가져왔다. 양반 중심의 신분제도와 명분과 인륜을 강조하는 가부장 가족제도가 발전해 갔다. 즉 유·불 교체를 비롯하여 신분계층과 향촌 구조, 가족제도와 혼·상·제례 등의 변화가 수반되었다. 고려 말과 조선 초의 신분제도를 비교해 보고, 조선 시대가 고려 시대에 비해 역사적으로 발전했다고 볼 수 있는 근거를 작성해 보자.

관련 학과 사학과, 한국사학과, 문헌정보학과, 문화인류학과, 인류학과, 한문학과, 사회학과

《경국대전의 신분제도》, 조우영, 한국학술정보(2008)

[10한사1-02-04] ● ● ●

근대 이전의 사상과 문화를 국제 교류와 관련하여 탐구한다.

→ 유학은 오랜 기간 역사 속에 이어져 오면서 한국인의 삶에 많은 영향을 주었다. 한자와 함께 들어온 유학은 충·효·신 등을 강조하는 도덕규범으로 인식되어 쉽게 수용될 수 있었다. 국왕에 대한 충성을 강조하고 민생 안정을 추구하는 유학의 사상 체계는 국가 통치에 유용했다. 고구려·백제·신라 삼국의 유학 수용 과정, 유학 교육, 유학이 미친 영향 등에 대해 비교·분석하여 발표해 보자.

관련 학과 사학과, 철학과, 문화인류학과, 종교학과, 신학과, 인문학부, 한문학과

《강의실에 찾아온 유학자들》, 백민정, 사계절(2007)

[10한사1-02-05] ● ● ●

근대 이전 한국사 주제를 설정하여 탐구하고, 그 결과를 다양한 방법으로 표현한다.

→ 고조선은 단군왕검이 세웠다고 전해지는 우리 민족 최초의 국가이다. 대한민국의 역사학계는 일반적으로 고조선이 청동기 문명을 기반으로 현재의 중국 랴오닝성 및 북한 황해도, 평안도, 함경도, 강원도에 걸쳐 있던 고대 국가라고 파악하고 있다. 문헌상에 기록이 있어 실존했던 국가라는 사실은 분명하지만, 관련 기록이 적고 추상적이다. 직접적으로 고조선의 것이라 추정되는 유물·유적이 발견되지 않았기 때문에 고조선의 연대와 강역·역사·문화 등에 대해서는 많은 논란이 있다. 고조선의 건국시기, 국가 영역 문제, 고조선의 중심지 문제, 기자조선과 위만조선 문제, 단군조선의 실체 등에 대해 탐구하여 발표해 보자.

관련 학과 사학과, 한국사학과, 철학과, 문화인류학과, 인류학과, 종교학과, 신학과, 인문학부, 한문학과

《리지린의 고조선 연구》, 리지린, 도서출판말(2018)

단원명 | 근대 국가 수립의 노력

국어 교과군

영어 교과군

수학 교과군

도덕 교과군

사회 교과군

과학 교과군

| 🔍 | 개항, 조약, 국제 질서, 근대 국가, 서구 문물, 국권 피탈, 국권 수호, 갑신정변, 갑오개혁, 독립협회

[10한사1-03-01] ● ● ●

조선의 개항을 국제 질서의 변동과 연관하여 분석한다.

➡️ 19세기 말 조선 사회는 삼정의 문란으로 대표되는 구조적 모순과 서양 세력의 침략이라고 하는 내우외환을 안고 있었다. 상류층 출신의 젊은이들 가운데 이를 극복하기 위해 위로부터의 개혁을 추진한 세력이 있었으니, 바로 개화파이다. 이들 개화파 정치 세력은 갑신정변과 갑오개혁 등 근대 개혁의 주역이 되었다. 개화파의 형성 배경, 개화파의 특징, 사상적 뿌리, 개화 정책의 추진 과정, 역사적 의의와 평가에 대해 조사하여 보고서를 작성해 보자.

관련 학과 인문계열 전체

《**근대 한국의 문명전환과 개혁론**》, 김도형, 지식산업사(2014)

[10한사1-03-02] ● ● ●

여러 세력이 추진한 근대 국가 수립의 다양한 노력을 이해한다.

➡️ 독립협회는 1896년 서울에서 조직되었다가 1898년 해산된 사회·정치 단체이다. 민중 계몽 단체이면서 한국 최초의 근대적 사회·정치 단체로, 열강의 주권 침탈에 저항했으며 서구 문물 수용, 내정 개혁, 민중의 정치 참여, 주권 독립 운동, 민권 운동, 자강 운동 등을 주장하였다. 독립협회가 주도한 세 가지 운동인 자주국권, 자유민권, 자강개혁 운동과 독립협회의 역사적 의의에 대해 조사하여 보고서를 작성해 보자.

관련 학과 인문계열 전체

《**독립협회를 창설한 개화·개혁의 선구자 서재필**》, 김승태, 역사공간(2011)

[10한사1-03-03] ● ● ●

개항 이후 사회·경제 변화를 파악하고, 서구 문물의 도입이 문화에 미친 영향을 탐구한다.

➡️ 개항 이후 전통적인 한문학이 퇴조하고 서양 문화의 유입으로 문학과 예술에도 많은 변화가 일어났다. 문학에서는 신소설이 등장하여 인기를 끌었고, 자유로운 형식의 신체시가 발표되었다. 신소설과 신체시는 19세기 말에서 20세기 초에 쓰인, 고전 문학에서 근현대 문학으로 가는 과도기적 문학을 말한다. 새로운 경향인 신소설과 신체시의 개념, 주제와 특색, 표현 형식, 작가와 작품의 특징을 조사하여 보고서를 작성해 보자.

관련 학과 문예창작학과, 국어국문학과, 언어학과, 동양어문학과, 영어영문학과, 문화인류학과, 한국어학과, 한문학과, 사학과

《**신소설의 대중성 연구**》, 김석봉, 역락(2005)

[10한사1-03-04] ● ● ●

일제의 국권 침탈 과정을 조사하고, 이에 맞선 국권 수호 운동의 흐름을 파악한다.

➡️ 국채보상운동은 일본제국이 대한제국에 제공한 차관 1,300만 엔에 대해 국민들이 상환을 주도한 운동이다. 1907년 경상북도 대구에서 서상돈, 김광제, 윤필오 등에 의해 처음 시작되어 대중의 크나큰 호응을 바탕으로

전국으로 발빠르게 번져 나갔다. 약 90년 후(1997년~1998년경) IMF 외환위기 당시 일어난 금모으기 운동과 여러 모로 닮은 점이 많다. 국채보상운동과 금모으기 운동을 비교·분석해 두 운동의 성격, 공통점과 차이점, 역사적 의의에 대해 발표해 보자.

관련학과 인문계열 전체

《**국채보상운동 사람·기억·공간**》, 엄창옥 외 3명, 경북대학교출판부(2019)

국어 교과군

영어 교과군

수학 교과군

도덕 교과군

사회 교과군

과학 교과군

공통 과목	수능	한국사2	절대평가	상대평가
	○		5단계	5등급

단원명 | 일제 식민통치와 민족 운동

> | 🔍 | 제국주의, 일제의 식민지배, 세계대전, 대공황, 일제의 침략 전쟁, 일본 자본, 3·1운동, 민족 문화 수호, 대한민국 임시정부, 실력 양성 운동, 대중 운동, 문예 활동, 전시 동원 체제, 광복을 위한 노력, 항일 무장 독립 투쟁

[10한사2-01-01] •••

일제의 식민통치 정책을 제국주의 질서의 변동과 연관하여 이해한다.

➡ 3·1운동은 거족적인 독립 만세 운동으로, 일제에 우리 민족의 저항 의지를 보여 준 사건이다. 3·1운동을 계기로 일제는 강압적인 무단 통치로는 한국을 지배하기 어렵다고 판단하고는, 우리 민족의 문화와 관습을 존중하겠다고 선전하며 문화 통치를 표방하였다. 문화 통치의 표면과 실상을 제도, 언론 정책, 교육 정책, 정치적 권리 등으로 분류하여 조사·분석한 후 발표해 보자.

[관련 학과] 인문계열 전체

《**조선통치 비화**》, 이충호, 국학자료원(2012)

[10한사2-01-02] •••

일제의 식민통치가 초래한 경제 구조의 변화와 그것이 경제생활에 미친 영향을 분석한다.

➡ '식민지 근대화론'은 일제 식민통치 시기에 비로소 한국의 근대화가 촉진되었다는 이론이다. 일제가 한국을 수탈한 것이 아니라 오히려 시혜(施惠)를 베풀었다는 것이다. 이러한 논리는 일제가 한국을 무력으로 불법 강점한 사실과 민족 말살 정책을 부정하는 한편, 한국이 일제의 식민통치를 통해 후진성을 극복하고 '근대화의 길'로 나아가게 되었다는 주장을 뒷받침하는 데 이용되었다. 식민지 근대화론의 주장, 주장의 근거와 이에 대한 반론, 식민지 근대화론에 대한 비판과 평가에 대해 면밀히 조사하여 찬성과 반대 입장에서 토론해 보자.

[관련 학과] 사학과, 한국사학과, 문화인류학과, 인류학과, 인문학부, 심리학과

《**한국의 자주적 근대화에 관한 성찰**》, 이선민, 나남(2021)

[10한사2-01-03] •••

국내외에서 전개된 민족 운동의 흐름을 이해한다.

➡ 3·1운동 이후 무장 독립 전쟁을 위해 만주 지역에 수많은 독립군 부대가 편성되었다. 독립군 부대들은 1920년부터 본격적으로 국내에 진입하여 관공서를 습격하고 일본 군경과 전투를 벌이는 등 많은 전과를 올렸다. 그중 봉오동 전투와 청산리 전투는 항일무장독립투쟁사에 길이 남을 위대한 승리였다. 봉오동 전투와 청산리 전투

의 최신 연구 성과를 조사하여 전투의 배경, 원인, 전투의 전개 과정, 역사적 평가와 의의에 대해 발표해 보자.

관련 학과 사학과, 역사학과, 국사학과, 한국사학과, 동양사학과, 역사문화학과, 국어국문학과, 문예창작과, 인문학부, 철학과

《**봉오동 청산리 전투의 영웅**》, 장세윤, 역사공간(2007)

[10한사2-01-04] ●●●

일제의 식민통치로 인한 사회 및 문화의 변화와 대중 운동의 양상을 파악한다.

➡ 국권을 강탈한 일제는 한국인을 일본인으로 동화시키기 위해 일본어를 보급하였다. 1910년대부터 조선어 과목을 제외한 모든 교과서를 일본어로 편찬하고, 학교에서 쓰는 교육 용어도 사실상 일본어로 하였다. 이런 상황에서 우리 말과 글을 지키기 위해 주시경의 제자들이 중심이 되어 만들어진 조선어 학회는 한글 연구와 보급에 노력하였다. 조선어학회의 한글을 지키기 위한 노력과 활동, 역사적 의의에 대해 조사하여 발표해 보자.

관련 학과 국어국문학과, 언어학과, 동양어문학과, 문화인류학과, 한국어학과, 언어인지과학과, 사학과, 한국사학과, 국사학과

《**나라말이 사라진 날**》, 정재환, 생각정원(2020)

➡ 일제는 한국 강점과 식민통치를 합리화하기 위해 우리 역사를 왜곡하였다. 조선 총독부가 설치한 조선사 편수회는 타율성론, 정체성론, 당파성론에 뿌리를 둔 식민사관을 바탕으로 우리 역사를 왜곡·날조하였다. 식민사관이란 한반도의 식민지 통치를 위한 학문적 기반 확립이라는 명목하에 일제의 관학자들이 중심이 되어 구축한 역사관이다. 일본 식민사관의 실체와 이를 극복하기 위한 우리 역사학계의 노력에 대해 조사하여 발표해 보자.

관련 학과 사학과, 역사학과, 국사학과, 한국사학과, 동양사학과, 역사문화학과, 사회학과, 문화인류학과, 한문학과

《**우리 안의 식민사관**》, 이덕일, 만권당(2018)

➡ 3·1운동 이후 많은 지식인들이 저항을 포기하고 친일화하기도 했다. 일제는 제1차 세계대전의 승전국으로 국제 사회에서 지위가 확고했기 때문이다. 그리고 3·1운동의 좌절로 인한 허무와 패배 의식의 영향으로 문학도 우울하고 퇴폐적인 성향을 보였다. 이때 우리나라 근대 문학을 이끌었던 최남선, 이광수와 같은 문인들도 친일의 길을 걷게 된다. 그러나 일제의 강력한 탄압으로 많은 문인이 친일화하던 시기에도 끝까지 저항한 문인들이 있었다. 식민지 현실을 비판하고 독립의 염원을 드러낸 문인과 이들의 저항 문학에 대해 조사하여 발표해 보자.

관련 학과 국어국문학과, 문예창작학과, 한국어학과, 언어학과, 동양어문학과, 언어인지과학과, 사학과, 한국사학과, 국사학과

《**한국 현대 문학사를 보다 1**》, 채호석·안주영, 리베르스쿨(2017)

➡ 일제하 한국 문학의 저항은 일제에 대한 문학적 협력과 연관 지어 살펴보아야 그 역사적 의미가 명확해진다. 일제하에서 저항한 문학가들 중에는 한때는 저항했으나 이후에 일본제국에 협력하는 경우가 많았기 때문이다. 한용운은 〈님의 침묵〉, 이상화는 〈빼앗긴 들에도 봄은 오는가〉라는 작품을 통해 식민지 현실을 비판하고 독립의 염원을 표현하였다. 일제강점기의 대표적인 저항시를 분석하고, 이를 참고해 항일 의지를 담은 자신만의 저항시를 작성하여 발표해 보자.

관련 학과 국어국문학과, 문예창작학과, 한국어학과, 언어학과, 동양어문학과, 언어인지과학과, 사학과, 한국사학과, 국사학과

《**독립운동 100주년 시집**》, 한용운 외 5명, 스타북스(2019)

[10한사2-01-05] ●●●

일제의 침략 전쟁에 맞서 전개된 독립 국가 건설 운동의 양상을 분석한다.

➡ 1937년 중일전쟁 이후, 일제는 전쟁에 필요한 군수물자와 인력을 효율적으로 조달하기 위해 민족 말살 통치를 본격화하였다. 이를 통해 조선 식민통치를 정당화하고 한민족의 정체성을 사라지게 하여 최후까지 전쟁 협

력을 얻으려 했다. 일제는 이른바 '내선일체'라는 슬로건을 내세워 이러한 움직임을 강화하였다. 일제 민족 말살 통치의 실체, 오늘날까지 남아 있는 일제 식민 잔재의 사례를 조사하여 발표해 보자.

관련 학과 인문계열 전체

《**언론과 친일**》, 박용규, 도서출판선인(2021)

국어 교과군

영어 교과군

수학 교과군

도덕 교과군

사회 교과군

과학 교과군

단원명 | **대한민국의 발전**

> 🔍 광복, 식민지 잔재, 농지 개혁, 냉전, 대한민국, 6·25전쟁, 분단, 4·19혁명, 5·16 군사정변, 유신체제, 박정희 정부, 5·18 민주화 운동, 전두환 정부, 6월 민주항쟁, 산업화, 한강의 기적, 도시화, 노동 문제, 대중문화

[10한사2-02-01]   •••

냉전 체제가 한반도 정세에 미친 영향을 파악하고, 자유민주주의에 기초한 대한민국 정부 수립 과정을 탐색한다.

➡️ 제헌헌법은 국민주권과 삼권분립을 전제로 한 민주공화제를 기본 골격으로 삼았다. 또한 제헌헌법은 국호를 대한민국으로 정하고 대통령 중심제를 채택하였으며 균등 이념을 강조하였다. 제헌헌법은 대한민국의 기본 성격과 지향을 담는 것이었기 때문에 제정 과정에서 많은 논쟁이 벌어졌다. 제헌헌법의 제정 배경, 제정 과정, 역사적 의의에 대해 조사하여 발표해 보자.

관련 학과 인문계열 전체

《**1948년 헌법을 만들다**》, 안도경 외 4명, 도서출판포럼(2023)

[10한사2-02-02]   •••

6·25전쟁과 분단의 고착화 과정을 국내외의 정세 변화와 연관하여 이해한다.

➡️ 전쟁은 문학에서 버릴 수 없는 화두이다. 작가들은 한 번쯤은 직접적이든 간접적이든 전쟁을 작품 소재로 삼는다. 6·25전쟁은 되풀이해서 문학의 주제가 되어 왔고, 전쟁은 독자에게나 작가에게 떨쳐 버릴 수 없는 상흔이 되었다. 작가 한 명을 선정해 6·25전쟁과 관련한 그의 작품을 읽고 감상평을 작성하여 발표해 보자.

관련 학과 국어국문학과, 문예창작학과, 한국어학과, 언어학과, 동양어문학과, 언어인지과학과, 사학과, 한국사학과, 국사학과

《**사람의 전쟁 1**》, 스토리밥작가협동조합, 걷는사람(2020)

[10한사2-02-03]   •••

4·19혁명에서 6월 민주항쟁에 이르는 민주화 과정을 탐구한다.

➡️ 대한민국은 지난 세기 이후 최단기간에 산업화와 민주화를 동시에 이루고 선진국 반열에 오른 세계 유일의 국가다. '민주화'는 정치, 경제, 문화를 포함한 사회 전 영역에서 자유와 평등을 포괄한 민주주의의 원리들이 확산하고 심화하는 과정을 가리키는 사회학 용어이다. 1960년 4·19혁명부터 1987년의 6월 민주항쟁까지 우리 나라 민주화 운동의 흐름을 조사해, 한국이 민주화를 이룰 수 있었던 역사적 배경, 한국 민주주의의 특징, 한국 민주화 운동의 역사적 의미를 분석하여 발표해 보자.

관련 학과 인문계열 전체

《**6월 민주항쟁**》, 서중석 외 12명, 한울아카데미(2017)

산업화의 성과를 파악하고, 그것이 사회 및 환경에 미친 영향을 인식한다.

➡ 1960년대 이후 정부 주도의 경제 개발 정책은 단기간에 큰 성과를 올렸다. 수출액이 빠른 속도로 증가하였으며 국민소득도 높아졌다. 이러한 성과는 다른 개발 도상국들의 경제 정책 수립에도 많은 영향을 주었다. 대한민국의 고도 경제 성장이 가능했던 이유는 정부가 큰 틀에서 계획을 구상해 자본을 조달하고 산업과 기업을 육성하는 경제 개발 계획을 실천했기 때문이다. 정부 주도의 경제 개발 정책의 추진 배경과 추진 과정, 그 성과와 비판에 대해 분석하고 토의해 보자.

`관련 학과` 인문계열 전체

《**박정희 정권기 경제개발**》, 김보현, 갈무리(2006)

사회·경제의 변화에 따른 문화 변동과 일상생활의 변화 사례를 조사한다.

➡ 6·25전쟁 이후 우리나라는 급속한 산업화와 그에 따른 경제 성장 과정에서 사회 전반에 심대한 변화가 일어났다. 급격한 도시화, 이데올로기의 대립, 자본주의의 모순 심화, 사회 양극화, 인간 소외 현상, 민주화 요구, 산업화라는 미명 아래 노동자들이 희생되는 등 급격한 산업화로 인한 빛과 어둠이 극명하게 갈리는 시대였다. 산업화 시대를 비판하는 문학 작품 한 편을 선정해 작품의 특징을 조사하여 발표해 보자.

`관련 학과` 인문계열 전체

《**난장이가 쏘아올린 작은 공**》, 조세희, 이성과힘(2024)

단원명 | 오늘날의 대한민국

| 🔍 | 민주화, 인권, 자유, 세계화, 외환위기, 금모으기 운동, 경제적 불평등, 사회 양극화, 다문화 사회, 남북 화해, 평화 통일, 동아시아 영토 갈등, 동아시아 역사 갈등, 동아시아 평화

6월 민주항쟁 이후 각 분야에서 전개된 민주화의 과정을 탐구한다.

➡ 6월 민주항쟁은 1979년 12·12사태로 정권을 잡은 전두환 군사정권의 장기 집권을 저지하기 위해 일어난 범국민적 민주화 운동이었다. 1987년 1월 박종철 고문치사 사건이 발생하고, 그해 5월 천주교정의구현사제단에 의해 이 사건이 은폐·축소된 것이 밝혀졌다. 이에 시위가 확산되는 가운데 6월 9일 연세대 학생이었던 이한열 군이 시위 중 입은 부상으로 사경을 헤매게 되면서, 이전까지 산발적으로 전개되던 민주화 투쟁이 전국적으로 확산되었다. 6월 민주항쟁은 우리나라 민주주의 발전에서 중요한 의미가 있는 사건이다. 6월 민주항쟁과 관련 있는 문학 작품을 한 편 선정해 작품의 특징을 분석하고 발표해 보자.

`관련 학과` 인문계열 전체

《**6월 민주항쟁을 묻는 십대에게**》, 오승현, 서해문집(2022)

국어 교과군

영어 교과군

수학 교과군

도덕 교과군

사회 교과군

과학 교과군

[10한사2-03-02]

외환위기의 극복 과정을 이해하고, 사회와 문화의 변동을 파악한다.

● 1997년의 외환위기는 경제상황뿐 아니라 정치, 사회, 문화 등 거의 모든 영역에 변화를 가져왔다. IMF 외환위기 이후 한국 사회에서는 신자유주의화가 빠르게 진행되어 개인의 생존이 중요한 가치가 되었다. 정보화는 공통의 도덕을 형성하는 상호작용을 감소시켰고, 세계화는 도덕이 상대적임을 경험하게 하였다. 외환위기 전과 후 문화의 변화를 비교·분석하여 발표해 보자.

관련 학과 인문계열 전체

《**외환위기 10년, 한국사회 얼마나 달라졌나**》, 정운찬·조흥식 편, 서울대학교출판부(2009)

[10한사2-03-03]

한반도 분단과 동아시아의 갈등을 극복하고 평화를 실현하기 위한 방안을 모색한다.

● 대한민국 정부는 원활한 북방 경제협력과 남북관계 개선을 통해 한반도 평화 체제 구축을 도모해 왔지만, 주변 국제 정세는 이를 어렵게 하는 방향으로 변화하고 있다. 미국과 중국은 패권 경쟁과 대립의 수위를 높여 가고 있으며, 중국과 러시아는 동맹 수준으로 밀착해 전략적 협력 강화로 미국에 공동 대응하고 있다. 이는 동아시아 지역의 공동 번영과 남북관계 개선, 한반도 평화 정착에 큰 장애 요인이다. 한반도의 평화와 안정은 한민족의 역량과 지혜만으로는 실현되기 어렵다. 한반도의 평화와 안정을 위한 방안을 모색해 보자.

관련 학과 인문계열 전체

《**동아시아 공영 네트워크와 한반도 평화**》, 신원우 외 7명, 한울아카데미(2022)

공통 과목	수능	통합사회1	절대평가	상대평가
	○		5단계	5등급

단원명 | 통합적 관점

| 🔍 | 시간적 관점, 공간적 관점, 사회적 관점, 윤리적 관점, 통합적 관점의 필요성, 실제 사례에 적용하는 방안 탐구

[10통사1-01-01]　　　　　　　　　　　　　　　　　　　　　　　　● ● ●

인간, 사회, 환경을 바라보는 시간적, 공간적, 사회적, 윤리적 관점의 의미와 특징을 사례를 통해 파악한다.

➡ 인간과 세상을 이해하기 위해 역사적 배경과 시대적 맥락에 초점을 두는 시간적 관점의 의미와 특징을 역사적 사건을 통해 파악할 수 있다. 또한 특정한 현상을 다양한 관점에서 바라보고 해석해야 하는 이유를 사람들의 행동을 분석하여 알 수 있다. 예를 들어 커피를 마시거나 스마트폰을 사용하는 것과 같은 일상적인 행위에 담긴 여러 의미들을 시간적·윤리적 관점에서 파악하는 과정을 통해 사회현상에 대한 심도 있는 고찰을 할 수 있다.

　관련 학과　역사학과, 고고학과, 문헌정보학과, 철학과, 심리학과
《커피가 묻고 역사가 답하다》, 이길상, 역사비평사(2023)

[10통사1-01-02]　　　　　　　　　　　　　　　　　　　　　　　　● ● ●

인간, 사회, 환경의 탐구에 통합적인 관점이 요청되는 이유를 도출하고 이를 탐구에 적용한다.

➡ 사회문제를 통합적 관점에서 분석해야 하는 이유를 역사에 발생한 사건들로부터 도출할 수 있다. 인류가 당면했던 문제들은 대부분 자연환경적 요소와 인간으로부터 비롯된 사회적 요소들이 섞여서 복잡한 양상을 띠었기 때문에, 다양한 시각에서 살펴보아야 더 효과적인 해결책을 모색할 수 있다. 신항로 개척이나 두 차례에 걸친 세계대전처럼 역사적으로 중요한 사건들을 시간적·공간적·사회적·윤리적 관점에서 고찰한 후, 현재 벌어지고 있는 유사한 사건에도 적용해 보자.

　관련 학과　역사학과, 고고학과, 문헌정보학과, 철학과
《세계사를 바꾼 전쟁의 신》, 김정준, 이다미디어(2023)

단원명 | 인간, 사회, 환경과 행복

| 🔍 | 행복의 기준, 동양과 서양의 행복론, 인간의 존엄성, 삶의 의미와 가치, 행복의 조건, 행복지수, 정주 환경, 경제 안정, 민주주의, 도덕적 성찰과 실천

> **[10통사1-02-01]**　　　　●●●
>
> 시대와 지역에 따라 다르게 나타나는 행복의 기준을 사례를 통해 비교하여 평가하고, 삶의 목적으로서 행복의 의미를 성찰한다.

➡ 행복의 구체적인 기준은 지역적 여건과 시대적 상황에 따라 다르게 나타난다. 선사 시대에는 생존 자체가 행복의 기준이었다면, 현대사회에서 행복의 의미 및 기준은 한두 가지로 정의 내릴 수 없을 만큼 다양하고 복잡해졌다. 이 주제에서 우리는 개개인의 행복의 기준은 삶의 목적과 추구하는 가치 및 세상을 바라보는 관점에 따라 달라지지만 행복의 본질에는 공통점이 있음을 파악할 수 있다. 동양과 서양의 행복론을 비교하고 공통점과 차이점을 분석하는 탐구 과정을 통해 삶의 목적이 되는 행복의 의미를 성찰해 보자.

　관련 학과 인문계열 전체

《**나는 어떻게 행복할 수 있는가**》, 장재형, 미디어숲(2023)

> **[10통사1-02-02]**　　　　●●●
>
> 행복한 삶을 실현하기 위한 조건으로 질 높은 정주 환경의 조성, 경제적 안정, 민주주의의 발전 및 도덕적 실천의 필요성에 관해 탐구한다.

➡ 도덕적 성찰은 개인의 행복과 사회 전체의 신뢰를 이루는 토대이다. 이를 위해 도덕적으로 실천하는 삶을 살아가기 위해서는 도덕적 사고, 도덕적 감정, 선한 의지가 필요하다. 각각의 개념을 알아보고, 선하게 살고자 하는 의지의 발현을 위해 일상 속의 작은 선행들을 찾아 직접 실천하는 활동을 해 보자. 이를 통해 공동체의 행복을 위한 방안을 도덕적으로 성찰하고 이를 행동으로 옮기는 구체적인 방법을 탐구할 수 있다.

　관련 학과 인문계열 전체

《**아리스토텔레스의 니코마코스 윤리학**》, 유재민, EBS BOOKS(2021)

단원명 | 자연환경과 인간

> 🔍 기후와 지형에 따른 생활 양식의 차이, 자연재해, 안전하고 쾌적한 환경에서 생활할 권리, 인간중심주의, 생태중심주의, 도구적 자연관, 상호 의존성, 생태 교육, 기후변화 협약, 탄소 배출권, 생물 다양성 협약, ESG경영, 지속 가능한 개발

> **[10통사1-03-01]**　　　　●●●
>
> 자연환경이 인간의 생활에 미치는 영향에 관한 과거와 현재의 사례를 조사하여 분석하고, 안전하고 쾌적한 환경에서 살아가는 것이 시민의 권리임을 주장한다.

➡ 자연과 인간의 관계가 시간의 흐름에 따라 변해온 과정을 탐구해 보자. 선사 시대, 고대, 중세, 근대, 현대로 시간이 흐름에 따라 자연을 바라보는 인간의 관점이 달라졌다는 점을 파악하여 인간과 자연의 관계를 성찰할 수 있다. 또한 지형과 기후, 자연재해가 대상 지역의 역사 발전 과정이나 사람들의 가치관에 끼친 영향을 문헌조사를 통해 탐구해 보자. 예를 들어 몽골군이 일본 침공에 실패한 이유를 몽골군은 건조 기후 지역에서 주로 활동했기 때문에 바다에는 익숙하지 않았다는 지형적인 요인과 태풍이라는 자연재해에서 찾을 수 있다.

　관련 학과 역사학과, 문헌정보학과

책 소개

이 책은 인류 역사에 광범위한 파급 효과를 미친 자연재해들을 다루고 있다. 인류 역사의 변화를 가름하는 중요한 9가지 자연재해—운석, 쓰나미, 가뭄, 태풍, 우박, 화재, 화산, 눈보라, 지진—를 중심으로, 과거의 자연재해가 우연에 의한 것이라면, 앞으로 지구와 인간에게 닥칠 자연재해는 더 이상 '신의 뜻' 이 아님을 지적하며 경각심을 촉구하고 있다.

세특 예시

'책을 통해 세상 읽기' 시간에 '지구의 역사를 바꾼 9가지 자연재해(브린 버나드)'를 읽고 인류 역사의 변화에 자연이 큰 영향을 끼쳤음을 알게 되었다고 발표함. 그리고 우리나라에서도 자연재해가 왕조의 교체나 정책 변화에 영향을 준 사례가 있었는가 하는 의문을 갖고 문헌조사 탐구활동을 진행한 후, 역사서에 수록된 자연재해 관련 기록과 정치 상황 변화에 인과 관계가 있다는 결론의 보고서를 작성함.

지구의 역사를 바꾼 9가지 자연재해

브린 버나드, 임지원 역,
주니어김영사(2020)

[10통사1-03-02] ●●●

자연에 대한 인간의 다양한 관점을 사례를 통해 비교하고, 인간과 자연의 바람직한 관계를 제안한다.

➜ 동양과 서양은 자연을 바라보는 관점에서 차이를 보인다. 자연을 이성적으로 이해하고 분석하려 했던 서양 고전철학의 자연관과 자연을 조화와 균형의 대상으로 바라본 동양 고전철학의 자연관을 비교하여, 자연을 바라보는 인간의 다양한 관점에 대한 이해의 폭을 넓히자. 또한 인간중심적 자연관에 대한 반발로 나타난 생태중심적 자연관의 내용을 파악하고, 두 가지 자연관의 장점과 단점을 분석하는 활동을 통해 자연과 공존하기 위한 인간의 바람직한 태도에 관해 성찰해 보자.

`관련 학과` 인문계열 전체

《서양이 동양으로 걸어오다》, 외암사상연구소 편, 철학과현실사(2009)

[10통사1-03-03] ●●●

환경 문제 해결을 위한 정부, 시민사회, 기업 등의 다양한 노력을 조사하고, 생태시민으로서 실천 방안을 모색한다.

➜ 산업혁명으로 인해 발생한 환경 문제들을 통사적으로 살펴보고 인류가 그런 문제들을 해결한 과정을 참고하여 현재 발생하고 있는 환경 문제의 해결책을 찾아보자. 또한 기후변화는 인간의 미래를 위협하는 환경 문제임에도 불구하고, 사람들의 건강에 직접 영향을 미치는 대기 오염이나 수질 오염만큼 심각하게 받아들이지 않는 경향이 있다. 대중의 이런 심리를 심리학적으로 분석해 보고서를 작성하는 프로젝트를 수행해 보자. 많은 작가들이 기후변화를 비롯한 환경 문제의 심각성을 고발하는 작품을 쓰고 있다. 소설이나 논픽션에 등장한 환경 문제를 소재로 글쓰기 활동을 진행해 보자.

`관련 학과` 역사학과, 문예창작학과, 심리학과

국어 교과군

영어 교과군

수학 교과군

도덕 교과군

사회 교과군

과학 교과군

문어의 아홉 번째 다리

디르크 로스만, 서경홍 역,
북레시피(2022)

책 소개

이 책은 방대한 자료와 연구 논문, 생태학자들과의 대화를 통해 지구의 실제
위기를 경고한 생태환경 소설이다. 저자는 지구의 심각한 환경 위기를 세계의
정치, 경제, 군사 문제와 함께 SF스릴러의 형식을 빌려 긴장감 넘치고 흥미진
진하게 풀어냈다. 그리고 기후변화가 인류의 공통 과제이며 기후 문제 해결을
위해 국제적 협력 및 기업과 개인의 노력이 필요하다고 주장하고 있다.

세특 예시

'책을 통해 자신 돌아보기' 시간에 '문어의 아홉 번째 다리(디르크 로스만)'
를 읽은 후 기후변화가 인간의 삶을 파괴할 수 있다는 경각심을 갖고 개
인적, 지역적 차원에서 기후변화를 늦출 수 있는 방법을 고민하게 되었다
고 밝힘. 그래서 청소년이 일상생활에서 실천할 수 있는 쓰레기 줄이기,
에너지 절약 방법 등을 알아보고, 이를 널리 홍보하기 위해 '환경이의 하
루' 라는 동화를 써서 급우들에게 발표하여 박수갈채를 받음.

단원명 | 문화와 다양성

🔍 문화, 문화권, 자연환경, 인문환경, 농경 문화권, 유목 문화권, 종교 문화권, 점이 지대, 발명, 발견, 문화
전파, 직접 전파, 간접 전파, 자극 전파, 문화 접변, 문화 동화, 문화 병존, 문화 융합, 전통 문화의 역할과
창조적 발전, 보편성, 다양성, 특수성, 문화 절대주의, 자문화 중심주의, 문화 사대주의, 문화 상대주의,
문화 다원주의, 윤리 상대주의, 보편 윤리, 다문화 사회, 다문화 공간, 문화적 다양성, 다문화주의, 다문화
가족지원법, 내재적 요인

[10통사1-04-01]   ●●●

자연환경과 인문환경의 영향을 받아 형성된 다양한 문화권의 특징과 삶의 방식을 탐구한다.

➡ 종교는 인간의 가치관에 큰 영향을 미치는 문화 요소이며 문화권을 분류하는 중요한 기준이다. 종교적 규율은
인간의 의식주 생활에 영향을 주고, 건축 양식과 같은 문화 경관의 차이를 가져오는 요인이 된다. 나아가서는
언어를 전파하는 역할도 하는데, 이슬람교의 발상지에서 멀리 떨어진 동남아시아 지역에서 아랍어를 교육하
는 사례를 예로 들 수 있다. 종교나 언어처럼 문화권 및 삶의 방식을 형성하는 중요한 인문적 요인들을 찾아 탐
구해 보자.

관련 학과 인문계열 전체

《세계 종교의 역사》, 리처드 할러웨이, 이용주 역, 소소의책(2018)

[10통사1-04-02]   ●●●

문화 변동의 다양한 양상을 이해하고, 현대사회에서 전통 문화가 지니는 의의를 탐색한다.

➡ 문화가 전파되면 언어도 변화한다. 기존 단어의 의미가 변하거나 새로운 단어, 관용구 등이 형성되고 화자의

억양도 바뀐다. 심지어 새로운 언어의 유입으로 기존 언어체계가 사라지는 경우도 있다. 문화 전파로 인해 언어를 구성하는 요소가 바뀐 구체적인 사례를 찾아 문화 전파 및 문화 접변의 개념에 어떻게 대응되는지 살펴보자. 또한 국제 교류가 활발해지면서 빠르게 전파되는 다른 나라의 언어 문화를 비판적으로 수용하는 방안에 대해서도 탐구해 보자.

관련 학과 국어국문학과, 노어노문학과, 독어독문학과, 불어불문학과, 아랍어과, 언어학과, 영어영문학과, 일어일문학과, 중어중문학과, 역사학과, 고고학과, 문헌정보학과

《**언어 문명의 변동**》, 송민호, 알에이치코리아(2016)

[10통사1-04-03] • • •

문화적 차이에 대한 상대주의적 태도의 필요성을 이해하고, 보편 윤리의 차원에서 자문화와 타 문화를 평가한다.

→ 문화는 인간이 자연환경에 적응하며 만들고 축적해 온 생활 양식이고 이를 바탕으로 문화를 사회의 맥락 속에서 이해하는 태도가 문화 상대주의이다. 문화 상대주의는 언제부터 나타났고 어떤 사상을 배경으로 하는지에 관한 역사적 탐구를 진행해 보자. 또한 문화 상대주의를 어디까지 인정해야 하는가에 대한 주제로 토론을 벌이는 과정에서, 비판적 문화 성찰의 기준이 되는 보편 윤리의 의미에 관한 심화 탐구를 수행해 보자.

관련 학과 인문계열 전체

《**문화 상대주의의 역사**》, 엘빈 해치, 박동천 역, 모티브북(2017)

[10통사1-04-04] • • •

다문화 사회의 현황을 조사하고, 문화적 다양성을 존중하는 태도를 바탕으로 갈등 해결 방안을 모색한다.

→ 의사소통의 어려움은 다문화 사회에 나타나는 갈등의 원인 중 하나이다. 여러 다문화 집단 사이의 언어 및 가치관 차이에 대한 탐구활동을 통해 집단 간 갈등을 해결하는 방안을 모색해 보자. 또한 다문화 사회에서는 '나와 다른 존재'에 대한 인식이 증가하기 때문에 관용의 실천이 요구된다. 관용의 의미, 관용과 용서의 차이, 일상생활에서 관용을 실천하기 위해 기울여야 하는 노력에 대해 탐구해 보자.

관련 학과 인문계열 전체

《**아시아 공동체와 다언어 다문화 커뮤니케이션**》, 정기영, 솔과학(2015)

단원명 | 생활 공간과 사회

| 🔍 | 산업화, 도시화, 정보화, 대도시권, 생활 양식의 변화, 지역사회의 변화, 교통과 통신의 발달, 시공간의 수렴화, 고속 철도, 정보화, 가상 공간, 빅데이터, 공간 변화와 생활 양식, 지역 조사의 절차, 통계 지도 작성, 커뮤니티 매핑

[10통사1-05-01] • • •

산업화, 도시화로 인해 나타난 생활 공간과 생활 양식의 변화 양상을 조사하고, 이에 따른 문제점의 해결 방안을 제안한다.

→ 산업화와 도시화에 따른 직업의 분화와 생활 양식의 변화가 개인주의적 가치관 확산에 미치는 영향을 탐구하

고, 공동체 질서가 무너지는 과정을 신문 기사 등을 참고하여 시간의 흐름에 따라 정리해 보자. 또한 도심의 슬럼화, 빈부격차, 실업 등의 도시 문제를 현대의 문학 작품에서 찾은 후 고전 문학 속에 등장하는 사회 모습과 비교해 보자. 도시 문제의 해결 방안으로 제시되는 '느림의 가치 재확인', '도시 공동체 복원' 에 대한 자신의 의견과 입장을 정리하여 발표해 보자.

관련 학과 인문계열 전체

《**모순**》, 양귀자, 쓰다(2013)

[10통사1-05-02] ● ● ●

교통·통신 및 과학기술의 발달과 함께 나타난 생활 공간과 생활 양식의 변화 양상을 조사하고, 이에 따른 문제점의 해결 방안을 제안한다.

➡️ 교통과 통신의 발달은 물리적 거리 뿐만 아니라 심리적 거리를 줄이고 세계를 가깝게 만들었다. 이를 쉽게 이해하기 위해 일제강점기의 문헌과 현대의 문헌을 비교하여 교통과 통신 발달의 구체적인 사례를 제시해 보자. 또한 정보 통신의 발달로 기존의 윤리관에서 벗어난 새로운 윤리문제가 생겨났음을 인지하고, 정보 사회에서 필요한 윤리(인터넷 윤리)와 최근에 등장한 AI 윤리의 의미 및 실제 사례를 탐구해 보자.

관련 학과 역사학과, 윤리학과, 문헌정보학과

《**지능정보사회와 AI 윤리**》, 한국정보통신보안윤리학회, 배움터(2021)

[10통사1-05-03] ● ● ●

자신이 거주하는 지역을 사례로 공간 변화가 초래한 양상 및 문제점을 탐구하고, 공동체의 구성원으로서 지역사회의 변화를 위한 방안을 모색하고 이를 실천한다.

➡️ 거주하는 지역의 역사를 조사하는 과정을 통해 지역에서 일어난 공간 변화의 양상과 문제점을 알아볼 수 있다. 예를 들어 지명의 어원을 찾고 그것이 변화하는 과정을 조사하면서 과거와 현재의 공간 변화를 유추해 보자. 또한 공간이 변화하면서 이웃 간의 유대 관계가 약화하고 마을 공동체가 해체되는 현상이 지역 주민들의 가치관 및 심리 변화에 끼친 영향을 조사하고 이에 따른 문제점을 알아본 후, 대안을 모색하는 프로젝트를 수행해 보자.

관련 학과 역사학과, 문헌정보학과, 윤리학과, 심리학과, 언어학과

《**성찰적 창조도시와 지역문화**》, 이현식, 글누림(2012)

공통 과목	수능	통합사회2	절대평가	상대평가
	○		5단계	5등급

단원명 | 인권 보장과 헌법

| 🔍 | 인권, 천부 인권, 시민 혁명, 주거권, 안전권, 환경권, 문화권, 인권 보장, 시민불복종, 저항권, 시민 참여, 사회적 소수자, 청소년 노동권, 인권지수, 인권 문제, 인간의 존엄성

[10통사2-01-01] ● ● ● ●

근대 시민 혁명 등을 통해 확립되어 온 인권의 의미와 변화 양상을 이해하고, 현대사회에서 주거·안전·환경·문화 등 다양한 영역으로 인권이 확장되고 있는 사례를 조사한다.

➡ 인권이라는 개념이 등장하게 된 배경을 계몽사상가들의 주장을 통해 알아보자. 또한 인권 확장의 역사적 전개 과정을 '마그나 카르타(대헌장)'에서 영국 혁명, 미국 독립 혁명, 프랑스 혁명 등 근대 시민 혁명에 등장한 문서들에 이르기까지 분석하고 비교, 탐구해 보자. 그리고 노동권과 환경권 등 사회권에 해당하는 인권들이 강조되기 시작한 시점과 당시의 시대 상황을 연결해서 분석하고, 인권의 의미가 다양한 영역으로 확장되고 있는 사례 및 변화의 양상을 역사적 맥락 속에서 살펴보자.

〔관련 학과〕 인문계열 전체

《권리와 자유의 역사》, 존 위티 주니어, 정두메 역, IVP(2015)

[10통사2-01-02] ● ● ● ●

인간 존엄성 실현과 인권 보장을 위한 헌법의 역할을 파악하고, 시민의 권익을 보호하기 위한 다양한 시민 참여의 방안을 탐구하고 이를 실천한다.

➡ 시민불복종 운동의 근거가 되는 저항권이 등장한 역사적, 철학적 배경과 이념적 근원에 대해 알아보자. 국가에 의한 권리 침해에서 구제받기 위해 시민들이 벌인 인권 운동으로 인해 헌법이 변화한 국내외 사례를 조사하면서 인권 보장을 위한 시민 참여의 중요성을 알아보자. 또한 시민들의 인권 의식 함양에 영향을 준 문학 작품들속의 사회상을 분석하는 활동을 통해 문학이 사회 변화에 끼치는 영향에 대해 탐구해 보자.

〔관련 학과〕 국어국문학과, 노어노문학과, 독어독문학과, 불어불문학과, 아랍어과, 언어학과, 영어영문학과, 일어일문학과, 중어중문학과, 역사학과, 고고학과, 문헌정보학과

《대한민국 헌법의 역사》, 장영수, 고려대학교출판문화원(2022)

[10통사2-01-03] ● ● ● ●

사회적 소수자 차별, 청소년의 노동권 등 국내 인권 문제와 인권지수를 통해 확인할 수 있는 세계 인권 문제의 양상을 조사하고, 이에 대한 해결 방안을 모색한다.

➡ 언어의 잘못된 사용은 특정 대상에 대한 편견을 조장하고 집단 간의 갈등과 차별을 심화한다. 일상생활 속에서

무심코 쓰는 표현들을 골라 사회적 소수자들을 차별하는 내용은 없는지, 편견이나 선입견을 불러일으키는 단어는 없는지 짚어 보자. 이를 통해 사회적 소수 집단에 대한 차별적 언행 또한 명백한 인권 침해이며 타인의 인권 문제에 관심을 기울여야 한다는 인식을 가지도록 하자.

관련 학과 **인문계열 전체**

《한 번은 불러보았다》, 정회옥, 위즈덤하우스(2022)

단원명 | 사회 정의와 불평등

| 🔍 | 분배적 정의, 교정적 정의, 업적, 능력, 정의의 기준, 자유주의적 정의관, 공동체주의적 정의관, 절차적 정의, 다원적 평등, 공동선, 권리와 의무, 소득 불평등, 공간 불평등, 계층 양극화, 보편적 복지, 선별적 복지, 적극적 우대 조치, 역차별, 지역 격차

[10통사2-02-01]   • • •

정의의 의미와 정의가 요구되는 이유를 파악하고, 다양한 사례를 통해 정의의 실질적 기준을 탐구한다.

➡ 정의의 의미는 동양과 서양에서 다르게 인식되었고 시대에 따라 변해 왔음을 강조하면서 이에 해당하는 구체적인 사례를 조사해 보자. 예를 들어 아리스토텔레스가 말하는 정의의 개념과 공자가 이야기하는 정의의 의미가 어떻게 다른지, 공통점은 무엇인지 비교, 분석할 수 있다. 지역과 시대 상황에 따라 차이가 있긴 해도, 정의는 인류가 국가를 형성한 이후부터 항상 요구되는 가치이다. 현대사회에서 강조되는 정의의 역할 및 정의의 실질적인 기준에 대해 탐구해 보자.

관련 학과 **인문계열 전체**

《정의론》, 존 롤스, 황경식 역, 이학사(2003)

[10통사2-02-02]   • • •

개인과 공동체의 관계를 기준으로 다양한 정의관을 비교하고, 이를 구체적인 사례에 적용하여 설명한다.

➡ 자유주의적 정의관과 공동체주의적 정의관의 이념적 토대 및 다양한 정의관이 등장하게 된 역사적 배경, 각각의 정의관이 강조하는 개인과 국가의 역할에 대해 조사해 보자. 그리고 두 가지 정의관이 충돌하는 사례를 주제로 토론 수업을 진행하자. 절차적 정의를 중시해야 하는 이유는 무엇인지, 권리와 의무의 충돌을 어떻게 중재해야 하는지 등의 주제로 자유롭게 의견을 나누는 과정을 통해, 개인의 이익과 공동체의 목표 달성, 자유주의와 공동체주의가 조화를 이루는 방안을 탐구해 보자.

관련 학과 **인문계열 전체**

《정의란 무엇인가》, 마이클 샌델, 김명철 역, 와이즈베리(2022)

[10통사2-02-03]   • • •

사회 및 공간 불평등 현상의 사례를 조사하고, 정의로운 사회를 만들기 위한 다양한 제도와 시민으로서의 실천 방안을 제안한다.

➡ 사람들이 일반적으로 공정하다고 여기는 정의의 기준 중 하나인 업적 또한 사람마다 출발점이 다르다면 평등

하지 않을 수 있다. 이런 관점에서 사회 불평등이 발생하는 근본 원인 및 업적주의의 한계점에 대해 토론해 보자. 또한 평등을 위한 적극적 우대 조치나 역차별은 결과의 평등을 이루어 정의를 실현하기 위한 조치이나 기회 균등의 원칙에 어긋난다는 견해도 있다. 적극적 우대 조치와 역차별, 선별적 복지, 보편적 복지 등 평등에 대한 국내외의 다양한 이슈들을 조사하고 찬반 토론을 해 보자.

관련 학과 인문계열 전체

《**공정하다는 착각**》, 마이클 샌델, 함규진 역, 와이즈베리(2020)

단원명 | 시장경제와 지속 가능 발전

| 🔍 | 자본주의, 산업혁명, 시장경제, 계획경제, 자유방임주의, 수정자본주의, 경제 주체, 합리적 선택, 시장 실패, 불완전 경쟁, 외부 효과, 외부경제, 외부불경제, 비합리적 소비, 지속 가능 발전, 기업의 사회적 책임, 기업가 정신, 노동자의 권익, 윤리적 소비, 자산 관리, 예금, 채권, 주식, 유동성, 수익성, 안전성, 신용 관리, 생애 주기, 생산 요소, 자원, 노동, 자본, 절대 우위, 비교 우위, 특화, 국제 분업, 무역 장벽, 자유 무역 협정, 공정무역, 지역 경제 협력체

[10통사2-03-01] ●●●

자본주의의 역사적 전개 과정과 그 특징을 조사하고, 시장과 정부의 관계를 중심으로 다양한 삶의 방식을 비교, 평가한다.

➡ 자본주의 등장의 배경이 된 시민혁명과 산업혁명, 그리고 사회주의 혁명과 계획경제 체제의 등장과 몰락 등을 통사적으로 살펴보며 현대사회와 자본주의의 역사적 전개 과정 및 자본주의에 영향을 미친 사상적 배경 등을 알아보자. 또한 자본주의 체제와 계획경제 체제에서 살아가는 주민들의 경제 활동 및 생활 양식의 차이점을 조사해서 비교하고, 두 체제에서 효율성이 다르게 나타나는 이유를 동기 유발의 유무라는 심리적 관점에서 탐구해 보자.

관련 학과 역사학과, 문헌정보학과, 심리학과

《**프로테스탄트 윤리와 자본주의 정신**》(원전 완역본), 막스 베버, 박성수 역, 문예출판사(2023)

[10통사2-03-02] ●●●

합리적 선택의 의미와 그 한계를 파악하고, 지속 가능 발전을 위해 요청되는 정부·기업가·노동자·소비자의 바람직한 역할과 책임에 관해 탐구한다.

➡ 환경 보호와 노동자와의 상생, 지역사회에 대한 지원 등과 같은 기업가들의 사회적 책임이 점점 강조되고 경제적 의사결정에도 도덕적 측면을 고려해야 하는 근거를 윤리적 관점으로 파악해 보자. 또한 소비자들의 윤리적 소비가 중요한 까닭을 공동체 의식을 기반으로 한 가치 판단 및 지속 가능 발전 등의 개념과 연관해서 탐구한 뒤, 학생들이 일상생활에서 실천할 수 있는 윤리적 소비 방법에 관해 발표해 보자.

관련 학과 인문계열 전체

《**기업 윤리와 사회적 책임**》, 신형덕, 시그마프레스(2016)

국어 교과군

영어 교과군

수학 교과군

도덕 교과군

사회 교과군

과학 교과군

[10통사2-03-03]　　　　　　　　　　　　　　　　　　　　　　　　　•••

금융 자산의 특징과 자산 관리의 원칙을 토대로 금융 생활을 설계하고, 경제적·사회적 환경의 변화가 금융과 관련한 의사결정에 미치는 영향을 탐구한다.

➡ 문명이 생겨나고 화폐가 등장한 후 금융의 역사는 인류 역사의 발전과 궤를 같이해 왔다. 금융의 개념이 생겨나고 여러 가지 금융 상품이 등장하게 된 역사적인 배경을 탐구하고, 현재의 금융 시장과 비교해 보자. 예를 들어 중세 유럽에 최초로 등장한 은행의 역할과 현대의 은행을 비교하거나 신항로 개척 이후 주식 시장이 발전하게 된 원인을 찾아봄으로써 사회적 환경의 변화가 투자의 형태, 금융 시장에 참여하는 사람들의 의사결정에 끼친 영향을 탐구해 보자.

관련 학과 인문계열 전체

《금융의 역사》, 윌리엄 N. 괴츠만, 위대선 역, 지식의날개(2023)

[10통사2-03-04]　　　　　　　　　　　　　　　　　　　　　　　　　•••

자원·노동·자본의 지역 분포에 따른 국제 분업과 무역의 필요성을 이해하고, 지속 가능 발전에 기여하는 국제 무역의 방안을 탐색한다.

➡ 인류는 부족 공동체 사회를 이룬 후부터 무역을 해 왔다. 아시아, 유럽, 아프리카, 아메리카의 각 지역별로 육로를 통해 이루어진 고대 무역의 양상을 조사하고, 유럽의 신항로 개척 이후 전 세계에 일어난 무역 형태의 변화를 탐구해 보자. 또한 국제 무역이 확대되면서 나타나는 부정적인 영향을 다룬 문학 작품을 찾아 무역으로 발생하는 부의 배분이 공정하지 않음을 알고 이를 해결하기 위한 방안을 모색해 보자.

관련 학과 역사학과, 인류학과

《경제인류학으로 본 세계 무역의 역사》, 필립 D. 커틴, 김병순 역, 모티브북(2007)

단원명 | 세계화와 평화

| 🔍 | 세계화, 지역화, 세계도시, 다국적 기업, 문화 획일화, 보편 윤리, 특수 윤리, 국제 사회의 갈등과 협력, 세계 평화, 국가, 국제 기구, 비정부 기구, 세계시민, 평화의 개념, 남북분단, 평화통일, 동아시아의 역사 갈등

[10통사2-04-01]　　　　　　　　　　　　　　　　　　　　　　　　　•••

세계화의 다양한 양상을 살펴보고, 세계화 시대의 문제점과 그에 대한 해결 방안을 제안한다.

➡ 세계화는 공간적, 경제적 변화뿐만 아니라 문화적 변화도 가져온다. 문화가 융합되어 새로운 문화가 등장하기도 하지만, 비서구 지역의 정치·사회·문화 전반이 서구화되는 문화 획일화 현상으로 인해 지역의 전통 문화가 파괴되고 언어가 소멸되는 부작용도 나타나고 있다. 또한 세계적으로 지켜야 하는 보편 윤리와 지역마다 적용되는 특수 윤리가 충돌하는 사례 또한 자주 발생한다. 이와 같은 문제점들에 대한 대응 방안을 모색하는 토의 활동을 해 보자.

관련 학과 인문계열 전체

오래된 미래

헬레나 노르베리-호지,
양희승 역, 중앙북스(2015)

책 소개

1992년 발간 이후 세계 50여 개 언어로 번역되어 지금까지도 전 세계 독자들에게 사랑받고 있는 책으로, 서구 세계와는 너무나 다른 가치로 살아가는 라다크 마을 사람들을 통해 사회와 지구 전체를 생각하게 만든다. 저자는 서구식의 소모를 전제로 하는 개발의 폐해에 대해 많은 사람이 공감하고 그들의 토양에 맞는 새로운 가치 정립과 발전을 이루어 나가도록 설득하는 것으로 책을 마무리하고 있다.

세특 예시

'책을 통해 세상 읽기' 시간에 '오래된 미래(헬레나 노르베리-호지)'를 읽고 세계화가 가속화하면서 문화가 획일화되고 이로 인해 지역 고유의 문화가 소멸되는 현상이 심각하다는 것을 깨달았다는 내용의 감상문을 작성함. 또한 우리나라에도 서구 문화의 유입으로 인해 소멸되어 가는 전통 문화가 있는지 알아보고, 이를 보존하기 위해 관련 법령을 제정하는 제도적 보완 및 일반 국민들의 인식 변화가 필수적이라고 발표함.

[10통사2-04-02] ● ● ●

평화의 관점에서 국제 사회의 갈등과 협력 사례를 조사하고, 세계 평화를 위한 행위 주체의 바람직한 역할을 탐색한다.

→ 국가 간에 갈등이 벌어지는 이유는 다양하다. 수많은 국제 갈등의 사례들 중 역사적·종교적·언어적 원인으로 벌어지는 분쟁의 발생 배경과 결말, 분쟁이 당사국과 주변국에 끼친 영향 등에 대해 조사해 보자. 또한 소극적 평화와 적극적 평화의 개념을 구분하고, 적극적 평화의 실현과 인류의 공존을 위해 실천할 수 있는 개인적 노력 및 국가 차원의 노력은 무엇인지 탐구해 보자.

관련 학과 인문계열 전체
《국제분쟁의 이해》, 조지프 나이, 양준희 외 1명 역, 한울아카데미(2018)

[10통사2-04-03] ● ● ●

남북분단과 동아시아의 역사 갈등 상황을 분석하고, 이를 토대로 우리나라가 세계 평화에 기여할 수 있는 방안을 제안한다.

→ 남북이 분단되던 시기의 국내외 상황을 알아보면서 남북분단의 역사적 배경을 탐구하자. 또한 대한민국과 중국, 중국과 일본, 대한민국과 일본 사이에 일어나고 있는 역사 분쟁의 현황과 원인을 분석하고, 갈등을 해결하기 위한 방안에는 무엇이 있는지, 다른 국가들은 역사 갈등을 해결하기 위해 어떤 노력을 했는지 조사해 보자.

관련 학과 인문계열 전체
《분단의 아비투스와 남북소통의 길》, 건국대학교 통일인문학연구단, 경진(2015)

단원명 | 미래와 지속가능한 삶

| 🔍 | 세계의 인구분포, 인구 피라미드, 저출생, 인구 문제의 해결 방안, 에너지 자원의 분포, 에너지 자원의 소비, 기후변화, 지속 가능 발전, 미래사회 예측, 세계시민주의, 생태환경의 변화, 국가 간 협력, 인구 과잉, 고령화

[10통사2-05-01]　•••

세계의 인구분포와 구조 등에 대한 이해를 토대로 현재와 미래의 인구 문제 양상을 파악하고, 그 해결 방안을 제안한다.

➡️ 선진국과 개발 도상국의 인구분포와 구조는 상당한 차이를 보인다. 이런 차이가 나타나게 된 역사적 배경을 알아보자. 예를 들어 아메리카 대륙에 원주민이 아닌 다른 인종들이 살게 된 원인을 알아보고 그로 인해 발생한 문제점을 찾아볼 수 있다. 또한 전 지구적으로 발생한 자발적, 강제적 인구 이동에 영향을 끼친 역사적 사건들에 대해 조사하거나, 국가별 출생률의 차이에 종교나 이념이 끼치는 영향력에 관해 탐구해 보자.

관련 학과 인문계열 전체

이주하는 인류
샘 밀러, 최정숙 역,
미래의창(2023)

책 소개

이 책은 깊고 복잡한 인류 이주의 역사를 에덴동산, 노아의 방주, 선사 시대 네안데르탈인과 호모 사피엔스의 이동, 그리스 로마의 정착지 건설, 북유럽의 바이킹, 콜럼버스의 아메리카 대륙 이주, 노예무역, 황색 위협, 유대인, 남북 전쟁, 이주 노동자 등 다양하고 흥미로운 이야기를 바탕으로 풀어 나가면서, 오늘날 우리가 마주한 이주와 이민의 문제를 어떻게 해결할 것인지 제안한다.

세특 예시

전 지구적으로 발생하는 난민 문제 그리고 이주민과 정착민의 충돌에 대한 문제 의식을 갖고 '책을 통해 세상 읽기' 시간에 '이주하는 인류(샘 밀러)'를 선택하여 읽음. 특히 인류는 오랜 옛날부터 끊임없이 이동해 왔으며 그 과정에서 역사가 발전했다는 사실에 초점을 맞추어 탐구를 진행하여, 현재 구대륙과 신대륙의 인구분포 및 인구 구조가 지금처럼 나타나게 된 원인을 대규모 이주의 역사를 통해 분석하는 보고서를 작성함.

[10통사2-05-02]　•••

지구적 차원에서 에너지 자원의 분포와 소비 실태를 파악하고, 기후변화에 대한 대응과 지속 가능한 발전을 위한 제도적 방안과 개인적 노력을 탐구한다.

➡️ 자원은 유한하며 특정 지역에 편재되어 있어 국가 간의 분쟁이 자주 발생한다. 한정된 자원을 둘러싸고 국가 간, 혹은 민족 간에 갈등이 벌어진 역사적 사례를 조사하고, 현재에도 비슷한 갈등을 겪는 지역이 있는지 알아보자. 또한 고대에는 농업 지역이었던 이집트의 사막화 현상이나 시간이 갈수록 축소되어 사라질 위기에 처한 아랄 해처럼 인간의 지나친 개발이 환경을 악화시킨 사례를 탐구하여, 지속 가능한 개발을 위해 사회적, 개인적으로 노력해야 할 필요성을 도출해 보자.

관련 학과 역사학과, 고고학과, 문헌정보학과, 철학과

《**검은 눈물, 석유**》, 김성호 등, 미래아이(2009)

[10통사2-05-03] ● ● ●

미래사회의 모습을 다양한 측면에서 예측하고, 이를 바탕으로 세계시민으로서 자신의 미래 삶의 방향을 설정한다.

➡ 인류가 과거에 겪었던 사건들과 고대에서 현대까지의 역사 발전 과정을 탐구하면서 미래를 예측해 보자. 예를 들어 세계적으로 큰 규모의 전염병이 돌거나 자연재해가 발생했을 때 인류의 대응 및 이후 역사가 전개된 방향에 대한 사례들을 찾아보고 현대사회에 적용할 수 있다. 또한 미래사회에서 세계시민이 가져야 할 윤리의식과 올바른 가치관은 무엇이며 이를 함양하기 위해서는 어떻게 해야 하는지 탐구해 보자.

관련 학과 역사학과, 고고학과, 문헌정보학과, 철학과

《**세계시민주의 전통—고귀하지만 결함 있는 이상**》, 마샤 C. 누스바움, 강동혁 역, 뿌리와이파리(2020)

선택 과목	수능	세계시민과 지리	절대평가	상대평가
일반 선택	X		5단계	5등급

단원명 ｜ 세계시민, 세계화와 지역 이해

> 🔍 세계화, 지역화, 세계시민, 지역 통합, 지역 변화, 지리정보 기술, 경제 블록, 지리적 사고, 지구 공동체, 지역 분리

[12세지01-01]　●●●

세계화의 의미를 지리적 스케일에 따라 이해하고, 세계화와 지역화의 관계 속에서 세계시민의 역할을 탐색한다.

➡ 인류의 역사에서 강대국은 매우 많았지만, 전 세계적으로 영향을 미치는 초강대국은 지리적 한계를 극복하게 해 주는 통신과 교통, 정교한 사회 체제가 갖추어진 근현대에 와서야 비로소 출현했다. 가령 로마 제국은 매우 강대했지만, 잘 알려진 대로 그 세력은 전 세계가 아니라 지중해 일대에 국한되었다. 구세계를 제패한 몽골 제국 역시 전 세계에 세력을 떨치지는 못했다. 초강대국이라는 용어는 제2차 세계대전 이후의 양대 세력인 미국과 소련을 지칭하는 용도로 사용되었다. 미국이 정치·경제·군사 면에서 세계 최강국이 된 이유를 지리적 관점에서 분석하여 발표해 보자.

관련 학과 　인문계열 전체

《**강대국 지정학**》, 니컬러스 J. 스파이크먼, 김연지 외 3명 역, 글항아리(2023)

[12세지01-02]　●●●

지역 통합과 분리 현상의 사례와 주요 원인을 탐구하고, 이를 바탕으로 지역 변화의 역동성을 파악한다.

➡ 유럽은 국가들이 서로 인접해 있으면서도 언어, 문화, 화폐 등이 서로 달라 무역조차 쉽지 않았다. 두 차례의 세계대전을 겪으며 폐허가 된 삶의 터전을 복구하고 국가 간 적대 요인을 해소하기 위한 유럽의 결속과 통합의 필요성이 대두해 유럽연합(EU)이 탄생하였다. 유럽연합의 탄생 배경과 필요성, 지금의 유럽연합이 되기까지의 과정과 특징, 조직과 권한, 언어와 경제 등에 대해 조사하여 발표해 보자.

관련 학과 　인문계열 전체

《**하나의 유럽**》, 강원택·조홍식, 푸른길(2009)

[12세지01-03]　●●●

지리정보 기술이 세계시민의 삶과 연계되는 다양한 모습을 이해하고, 지리적 문제 해결 및 의사결정에 활용되는 사례를 조사한다.

➡ 아프리카는 지난 수십 년간 세계의 대외 원조를 꾸준히 받은 곳임에도 계속해서 기아와 빈곤, 불평등의 대명사로 여겨졌다. 그러나 이제는 미국, 중국 등의 열강은 물론 유럽, 아시아의 여러 국가가 앞다투어 개발 협력을 하

려는 대상으로 변모 중이다. 아프리카가 새로운 시장과 국제정치 세력으로 성장할 큰 잠재력을 갖고 있기 때문이다. 아프리카의 지정학적 문제를 분석해 아프리카의 지속 가능 발전과 성장을 위한 전략을 제안해 보자.

관련 학과 인문계열 전체

《왜 아프리카 원조는 작동하지 않는가》, 로버트 칼데리시, 이현정 역, 초록비책공방(2023)

단원명 | 모자이크 세계, 세계의 다양한 자연환경과 문화

> |🔍| 기후, 지형, 생태계, 문화 다양성, 종교 경관, 관광 자원, 상호 교류, 세계의 축제, 지속 가능 발전, 환경보전, 혼합 문화

[12세지02-01] • • •

세계의 다양한 기후에 대한 이해를 바탕으로 기후를 활용하거나 극복한 사례를 찾아 인간 생활과의 관계를 탐색한다.

➡ 인간이 살아가기 힘든 혹독한 툰드라 환경에서 사람들은 환경을 극복하기 위한 자신들만의 독특한 생활 방식을 발전시켜 왔다. 러시아 북쪽 북극해와 맞닿아 있는 '야말 반도'에는 네네츠족이 살아가고 있다. 이들은 순록을 유목해 집, 옷, 음식을 얻는다. 농사가 불가능한 기후 특성상 정착 생활을 할 이유가 없고, 농사가 불가능하니 먹을 것을 얻기가 힘들다. 이러한 환경을 극복하고 살아가기 위한 네네츠족의 생활 방식과 그들이 극한의 추위를 이겨 낼 수 있었던 이유에 대해 조사하여 발표해 보자.

관련 학과 문화인류학과, 인류학과, 종교문화학과, 무형유산학과, 문화학과, 문화콘텐츠학과

《러시아 북극 공간의 이해》, 김정훈, 학연문화사(2018)

[12세지02-02] • • •

세계 주요 지형과 인간 생활의 상관성을 파악하고, 지형의 개발과 보존을 둘러싼 갈등 사례를 통해 지속 가능한 이용 방안을 토론한다.

➡ 고산기후는 해발고도가 높은 고산에서 나타나는 기후이다. 적도 부근의 열대기후 지역에서는 주로 2,000m 이상의 산지에서 나타난다. 고산기후가 나타나는 지역의 위도에 따라 크게 온대 고산기후와 열대 고산기후로 나뉜다. 이 중 열대 고산기후는 1년 내내 봄가을처럼 따뜻한 기온을 유지하므로 상춘기후(常春氣候)라고도 하고 아열대 고원기후라고도 한다. 히말라야 산맥, 로키 산맥, 안데스 산맥 같은 고산지대에 살고 있는 사람들의 생활 방식을 조사해 발표해 보자.

관련 학과 인문계열 전체

《세계 지리, 세상과 통하다》(1, 2), 전국지리교사모임, 사계절(2014)

[12세지02-03] • • •

세계 주요 종교의 특징 및 종교 경관의 의미를 이해하고, 각 종교가 인간 생활에 미치는 영향을 탐구한다.

➡ 종교는 절대자나 초자연적 질서에 관한 관행, 도덕, 신념, 믿음 등의 문화 체계를 말한다. 일반적으로 절대적 진리를 추구하고 신을 숭배하며 인간 생활의 고뇌를 해결하거나 삶의 궁극적 의미와 깨달음을 얻으려는 결사로 풀이된다. 종교에 대한 믿음이 있으면 문화생활도 종교에 맞춰 변화하기 마련이다. 관심 있는 종교와 관련된

생활 양식(음식 문화, 주거 문화, 의복 문화)의 특징과 유래를 알아보고 한 나라를 지정해 여행할 때 종교와 관련해 주의해야 할 점을 조사하여 발표해 보자.

관련 학과 종교학과, 신학과, 문화인류학과, 인류학과, 종교문화학과, 무형유산학과, 문화학과, 사회학과, 문화콘텐츠학과

《**인간: 종교와 세계문화**》, 서동신, 기쁜소식(2022)

[12세지02-04] •••

세계의 다양한 음식과 축제를 지리적으로 설명하고, 문화 다양성을 보존하기 위한 방법을 모색한다.

➡ 축제는 특정 지역의 공동체에 의해 수행되는 행사로, 주최하는 공동체와 해당 지역의 특성을 집약적으로 보여주는 문화적·지리적 현상이다. 축제는 공동체와 구성원들이 특별히 의미 있는 사건이나 시기를 경험한 후에 그것을 기념하기 위한 의식을 치르는 과정에서 만들어진다. 세계의 다양한 축제 중 하나를 선정해 그 축제가 만들어지게 된 배경, 축제의 지리적 특성, 경제적·사회적·문화적 효과에 대해 조사하여 발표해 보자.

관련 학과 인문계열 전체

《**세계 축제 사례와 관광축제경영**》, 박상현, 이프레스(2021)

단원명 l 네트워크 세계, 세계의 인구와 경제 공간

| 🔍 인구분포 및 구조, 인구 문제, 인구 이동, 식량 자원, 식량 문제, 초국적 기업, 글로벌 경제, 경제 공간의 불균등, 윤리적 소비

[12세지03-01] •••

세계 인구분포 및 구조를 통해 세계 인구 문제를 이해하고, 국제적 이주가 인구 유출 지역과 유입 지역에 미치는 영향을 탐구한다.

➡ 기대수명이 늘고 출산이 줄어 고령화 사회가 되면서 전 세계적으로 '정년연장' 논의가 뜨겁다. 유럽연합이 회원국의 정년 연장을 촉진하기 위한 지도에 나서고 있다. 영국·독일·프랑스 등 유럽의 강대국들도 정년 연장에 나섰다. 프랑스에서는 정년 연장에 반발하는 대규모 시위가 벌어지는 등 반발도 만만치 않다. 그럼에도 불구하고 유럽 각국이 정년 연장을 고려하는 이유, 정년 연장의 효과, 유럽 각국의 정년 연장을 위한 노력을 우리 나라의 정년 연장 노력과 비교·분석하여 발표해 보자.

관련 학과 인문계열 전체

《**경제학의 관점에서 본 한국의 저출산 고령화 문제**》, 김범수, 고려대학교출판문화원(2017)

[12세지03-02] •••

주요 식량 자원의 생산과 소비 양상을 통해 세계 식량 문제가 발생하는 구조적 원인을 파악하고, 식량의 안정적인 생산과 공급을 위한 각국의 대응 전략을 비교·분석한다.

➡ 한편에서는 굶주림이 여전한데 다른 한편에서는 음식의 상당량을 폐기하는 불균형이 만연해 있다. 도시인인 현대인의 시선으로 보든, 굶주림을 극복하려 애쓴 과거 농부의 시선으로 보든, 그보다 더 옛날 굶주림에 시달리며 인류와 지구의 접촉면을 넓힌 채집인의 시선으로 보든, 이것은 이해하기 어려운 현실이다. 모두가 먹고도 남을 정도로 식량이 충분히 생산된다는 사실, 그럼에도 적지 않은 사람들이 굶주림으로 생명을 잃는다는 사실, 둘

다 말이다. 인류가 어떻게 굶주림을 극복해 오늘날에 이르렀는지 식량 생산의 역사를 조사하여 발표해 보자.

관련 학과 인문계열 전체

《문명과 식량》, 루스 디프리스, 정서진 역, 눌와(2018)

[12세지03-03] • • •

초국적 기업을 중심으로 한 글로벌 경제 체제의 형성 과정을 탐색하고, 글로벌 경제에서의 공간적 불균등을 해소하기 위한 국제적 협력과 개인의 실천 방안에 대해 조사한다.

➡ 세계화로 무역이 급증하면서 세계 경제는 전체적으로 성장하였다. 하지만 지역별로 경제 성장의 정도가 다르다. 선진국과 신흥 공업국 등 일부 개발 도상국은 세계 무역의 확대로 경제가 빠르게 성장했지만, 대부분의 개발 도상국은 경제가 느리게 성장하고 있다. 이런 까닭으로 선진국과 개발 도상국의 경제 수준 차이가 커지고 있다. 세계화 과정에서 지역별 경제 성장이 다르게 나타나는 이유, 공간 불평등의 문제점과 이를 해결하기 위한 대안을 조사하여 발표해 보자.

관련 학과 인문계열 전체

《세계불평등보고서 2018》, 파쿤도 알바레도 외 4명, 장경덕 역, 글항아리(2018)

단원명 | 지속 가능한 세계, 세계의 환경 문제와 평화

| 🔍 | 에너지 자원의 생산과 소비, 친환경 에너지, 지속 가능 에너지, 환경 문제, 생태전환, 지정학, 분쟁

[12세지04-01] • • •

세계 주요 에너지 자원의 생산과 소비 현황을 조사하고, 다양한 친환경 에너지원의 특징에 대한 이해를 바탕으로 지속 가능한 에너지 생산 방안을 제시한다.

➡ ESGG는 현재의 기후위기가 인류 전체에 매우 급박하고 치명적이며 일부 개인이나 특정 국가의 움직임만으로는 해결할 수 없다는 의식에 기초하고 있다. ESGG는 단순히 국가적 관점을 뛰어넘는 지구적 관점의 윤리관이 필요하며 지속 가능 발전 방향을 모색하여 이 지구에서 살아가는 우리 모두가 지구 공동체를 위한 지구적 선(Global Good)을 추구하는 꿈을 가지도록 한다는 비전의 실행 프레임워크다. 기후위기의 정확한 과학적 근거를 제시하고, 기후위기를 극복하기 위한 실질적인 방안을 제안해 보자.

관련 학과 인문계열 전체

《ESGG: 이제 지구와 공감할 때》, 한승수 외 13명, 행복에너지(2023)

[12세지04-02] • • •

세계 주요 환경 문제의 유형과 실태를 설명하고, 생태전환적 삶에 비추어 현재의 생활 방식을 비판적으로 점검한다.

➡ 지금까지는 과학과 법학이 기계론적·근대적 세계관 형성에 공헌했고 근대문명을 이끌어 왔다. 하지만 이 근대성이 오늘날 지구 전체의 생태적·사회적·경제적 위기의 근원인 산업화의 물질주의 지향과 착취에 기반한 사고방식을 낳았다. 그런 점에서 과학자와 법학자는 당면한 세계 상황에 일정 부분 책임이 있다. 이러한 문제의식에 의거해 현대 과학은 새로운 시스템으로의 전환이 요구된다. '생태적 법질서'의 의미와 생태적 법질서로

의 전환이 필요한 이유를 조사하여 발표해 보자.

관련 학과 인문계열 전체

《**최후의 전환**》, 프리초프 카프라·우고 마테이, 박태현 외 1명 역, 경희대학교출판문화원(2019)

[12세지04-03] ● ● ●

다양한 지정학적 분쟁을 국제 정세의 변화와 관련지어 조사하고, 세계 평화와 정의에 기여할 수 있는 방안을 찾아 실천한다.

➡ 이스라엘-팔레스타인 분쟁은 팔레스타인 영토를 둘러싼 이스라엘과 팔레스타인의 관계에서 발생한 분쟁의 총칭이다. 이스라엘-팔레스타인 갈등은 20세기 중반 아랍-이스라엘 갈등에서 시작된 이스라엘과 팔레스타인 사이의 지속적 투쟁이다. 이스라엘-팔레스타인 평화 정착 과정의 일환으로 분쟁을 해결하기 위한 다양한 시도가 있었다. 이스라엘-팔레스타인 갈등을 종교·영토·역사의 측면에서 조사하고, 분쟁의 해결 방안에 관해 서로 의견을 나눠 보자.

관련 학과 인문계열 전체

《**팔레스타인, 100년 분쟁의 원인**》, 정환빈, 인세50(2023)

국어 교과군

영어 교과군

수학 교과군

도덕 교과군

사회 교과군

과학 교과군

단원명 | 지역 세계의 형성

🔍 현생 인류, 문명, 생태환경, 상호작용, 유교, 불교, 한자, 율령, 힌두교, 이슬람교, 고대 정치, 농경, 목축, 그리스도교

[12세사01-01] ●●●

현생 인류의 삶과 문명의 형성을 생태환경과의 관계 속에서 파악한다.

➡ 유발 하라리가 쓴 책 《호모 데우스》는 인류 역사라는 대서사시를 진화론의 관점에서 종횡무진 써 내려간 문명 항해기이다. 인류의 과거·현재·미래를 심도 있게 탐구하면서도 그 탐구 방식이 도발적이다. 인류의 역사를 정치·경제·생물·문화·역사·예술·종교 등 인류가 지금까지 구축해 온 삶의 환경에서 통째로 다룬다. 이 책을 읽은 뒤, 인류사의 여정과 미래사회의 변화에 대한 자신만의 에세이를 작성해 발표해 보자.

관련 학과 인문계열 전체

호모 데우스
유발 하라리, 김명주 역,
김영사(2017)

책 소개

"호모 데우스, 이것이 진화의 다음 단계다!" 정치, 종교, 문화, 모든 구시대적 신화와 인공지능, 유전공학의 새로운 신이 만나 펼쳐 낼 최후의 서사시! 《사피엔스》는 우리가 어디에서 왔는지 알려 주고, 《호모 데우스》는 우리가 어디로 가는지 알려 준다. 역사의 시간 동안 인류의 가장 큰 과제이던 굶주림, 질병 그리고 전쟁을 밀어내고 그 자리를 차지한 것은 무엇인가? 지구를 평정하고 신이 된 인간은 어떤 운명을 만들 것인가? 인류는 어디에서 와서 어디로 갈 것인가? 100년 뒤 세상은 어떤 모습이고, 앞을 향해 치닫는 과학혁명의 정점은 어디인가?

세특 예시

'독서로 관심주제 톺아보기' 활동에서 '호모 데우스(유발 하라리)'를 읽고 인류사의 여정과 미래사회의 변화에 대한 자신의 생각을 에세이로 작성해 발표함. 미래에는 인류가 할 수 있는 일의 한계를 가늠하지 못하는 상황이 벌어질 것이고, 인류의 존재 의미에 대한 철학적 고민을 다시 해야 할 것이며, 초인간의 도래와 인본주의의 퇴색, 데이터교의 지배에 관한 주제는 머리가 아팠지만 충분히 고민해 볼 만한 주제였다는 소감을 피력함.

[12세사01-02]　• • •

동아시아, 인도 세계의 형성을 문화의 상호작용과 관련지어 이해한다.

➡ 힌두교는 인도의 굽타 왕조 시대에 성립되었다. 힌두교에서는 비슈누 신이 왕의 모습으로 나타났다고 주장하여 왕의 권위를 높여 주었다. 이에 힌두교는 왕실의 적극적인 보호를 받으며 성장하였다. 또한 힌두교에서 카스트에 따른 의무 수행을 강조하면서 직업 세습에 의한 카스트제가 인도 사회에 정착되었다. 각종 사료를 통해 힌두교가 인도 사회 전반에 어떤 영향을 주었는지 조사하여 발표해 보자.

관련 학과) 종교학과, 신학과, 철학과, 인문학부, 문화인류학과, 사학과, 인류학과, 고고학과, 고고미술사학과, 문화재학과, 사회학과, 심리학과, 상담심리학과

《**문명으로 읽는 종교 이야기**》, 홍익희, 행성B(2019)

[12세사01-03]　• • •

서아시아, 지중해, 유럽 세계의 형성과 문화적 특징을 종교의 확산과 관련지어 분석한다.

➡ 고타마 싯다르타(석가모니)가 창시한 불교에서는 인간은 평등하며 누구나 윤리적 실천을 통해 해탈할 수 있다고 하였다. 이러한 불교의 가르침은 대중의 환영을 받으며 급속히 퍼져 나갔다. 상좌부 불교는 석가모니의 가르침을 그대로 따르며 개인의 엄격한 수행을 강조하였다. 이를 위해서는 출가가 필수적이었으므로 일반 대중이 따르기에는 어려움이 있었다. 한편 대승불교는 부처와 보살을 믿고 선행을 쌓으면 깨달음을 얻을 수 있다고 주장하였다. 상좌부 불교와 대승불교의 발전 과정, 교리상의 특징, 전파 지역을 조사해 보고서를 작성해 보자.

관련 학과) 종교학과, 신학과, 철학과, 인문학부, 인류학과, 문화인류학과, 사학과, 역사학과, 한문학과, 국어국문학과

《**초기불교입문**》, 각묵스님, 초기불전연구원(2017)

단원명 ┃ 교역망의 확대

| 🔍 | 이슬람교, 이슬람 문화, 이슬람 상인, 몽골, 신항로 개척, 상품 교역, 식민지, 중상주의, 교류, 노예 무역, 아메리카 문명, 은 유통, 가격 혁명, 상업 혁명, 절대왕정, 중상주의, 오스만 제국

[12세사02-01]　• • •

이슬람 세계와 몽골 제국의 팽창에 따른 교류 양상을 파악한다.

➡ 몽골은 동아시아의 내륙국이다. 가장 큰 도시는 수도인 울란바토르이고, 정치 체제는 민주 공화국이다. 1991년까지 공산주의 국가였다. 인구는 약 300만 명으로 적다. '몽골인의 문화와 풍속'이라는 주제로 몽골인의 의식주(복식 문화, 음식 문화, 주거 문화), 몽골의 주요 박물관, 몽골의 민속 예술, 몽골의 축제, 몽골의 신앙 등을 조사하여 발표해 보자.

관련 학과) 인문계열 전체

《**우리가 몰랐던 몽골**》, 장재혁, HUINE(2023)

유럽의 신항로 개척과 재정·군사 국가의 성립이 가져온 변화를 분석한다.

➲ 아즈테카 문명은 지금의 멕시코 지역에 존재하던 아즈텍인들이 만든 문명이다. 수도는 멕시코 중부의 텍스코코 호 중앙의 인공 섬에 있던 테노치티틀란이었다. 잉카 문명은 약 13세기에 현재의 페루 지역인 쿠즈코 고원에 소재한 타와얀코 지역에서 시작되었다. 13세기 후반 잉카 제국이 세워지면서 잉카 문명이 확장되었다. 아즈테카 문명과 잉카 문명에 대해 조사하고, 책《총 균 쇠》의 내용을 바탕으로 두 문명이 멸망하게 된 원인을 분석하여 발표해 보자.

관련 학과 인문계열 전체

총균쇠

재레드 다이아몬드, 강주헌 역,
김영사(2023)

책 소개

학문의 경계를 넘나드는 세계적 석학 재레드 다이아몬드, 인류 문명에 대한 예리한 통찰을 전해 온 그의 대표작이다. 왜 어떤 국가는 부유하고 어떤 국가는 가난한가? 왜 어떤 민족은 다른 민족의 정복과 지배의 대상이 되었는가? 생물학, 지리학, 인류학, 역사학 등 다양한 학문의 융합을 통해 장대한 인류사를 풀어내며 오늘날 현대 세계가 불평등한 원인을 종합, 규명한 혁신적 저작이다.

세특 예시

교과연계 심화 독서활동에서 '총 균 쇠(재레드 다이아몬드)'를 읽고 식량 생산의 기원과 확산, 식량에서 총 균 쇠로의 이행, 여섯 지역에 대한 구체적인 분석, 화학으로 본 인류사의 미래, 총 균 쇠의 관점에서 본 부유한 국가와 가난한 국가 등의 내용을 정리하여 발표함. 이 책을 통해 인류문명의 생성과 번영에 대한 새로운 관점을 갖게 됐고, 다양한 학문의 융합을 통해 장대한 인류사를 이해할 수 있었으며, 오늘날 현대 세계가 불평등한 원인을 규명한 것도 흥미롭게 다가왔다는 소감을 피력함.

세계적 상품 교역이 가져온 사회적·경제적 변화를 이해한다.

➲ 세계 모든 사람들이 예외 없이 소비하는 상품을 '세계 상품'이라고 한다. 세계 상품에는 면화, 커피, 차, 설탕 그리고 향신료가 있다. 향신료에 대한 유럽인들의 열망과 욕구는 그것의 원산지를 찾아가는 콜럼버스의 신항로 개척으로 이어졌다. 유럽인들이 향신료에 열광한 이유, 향신료 무역을 시도한 이유, 유럽인들이 즐긴 향신료의 종류, 향신료의 기능을 조사하여 발표해 보자.

관련 학과 인문계열 전체

《**향신료의 역사**》, 장 마리 펠트, 김중현 역, 좋은책만들기(2005)

국어 교과군

영어 교과군

수학 교과군

도덕 교과군

사회 교과군

과학 교과군

단원명 | 국민 국가의 형성

[12세사03-01] •••

청, 무굴 제국, 오스만 제국의 통치 정책과 사회, 문화의 변화를 이해한다.

➡ 인도는 '종교의 나라'로 불릴 만큼 다양한 종교가 사람들의 생활과 밀착해 있다. 인도 대륙에서는 힌두교, 불교, 자이나교, 시크교 등이 창시되었고, 이슬람 세력과 영국의 지배로 이슬람교, 그리스도교 등 외래 종교가 전파되어 여러 종교가 공존하고 있다. 인도에서 다양한 종교가 탄생하고 발전할 수 있었던 이유, 인도인이 주로 믿는 종교의 특징, 종교로 인한 차별과 갈등을 조사하여 발표해 보자.

관련 학과 사학과, 역사학과, 철학과, 인문학부, 종교학과, 신학과, 문화인류학과, 인류학과, 한문학과, 국어국문학과
《인도사상사》, 존 M. 콜러, 허우성 역, 운주사(2023)

[12세사03-02] •••

미국 혁명, 프랑스 혁명을 시민 사회 형성과 관련지어 파악한다.

➡ 계몽사상은 17세기 후반에 시작되어 18세기 프랑스에서 전성기를 이루었다. 계몽주의는 신의 뜻이 아닌 인간의 이성을 통해 의식을 형성해야 한다는 사상으로, 서양 근대 사상의 기초가 되었다. 대표적인 계몽사상가들로는 볼테르, 몽테스키외, 루소, 흄, 디드로, 달랑베르, 칸트 등이 있다. 계몽사상을 종교, 인식론·지식론, 사회·국가·법, 경제, 도덕의 측면에서 조사하여 보고서를 작성해 보자.

관련 학과 인문계열 전체
《계몽사상의 유토피아와 개혁》, 프랑코 벤투리, 김민철 역, 글항아리(2018)

[12세사03-03] •••

제1·2차 산업혁명이 가져온 사회, 경제, 생태환경의 변화를 분석한다.

➡ 산업혁명 초기에 지식인들은 노동자들의 비참한 삶을 보고 큰 충격을 받았다. 그들은 노동자들의 불행이 자유경쟁 체제 때문이라고 생각하였다. 그리하여 협동과 공동체를 강조하는 초기 사회주의 사상이 출현했다. 초기 사회주의와 과학적 사회주의가 제시한 사회문제 해결 방안을 비교·분석하고, 사회주의 사상의 세계사적 의의를 분석하여 발표해 보자.

관련 학과 인문계열 전체
《자본론》(1, 2, 3), 카를 마르크스, 김수행 역, 비봉출판사(2015)

[12세사03-04] •••

아시아와 아프리카 지역에서 전개된 국민 국가 건설 운동의 양상과 성격을 비교한다.

➡ 영국에서 시작된 산업혁명은 19세기 중엽을 전후하여 유럽의 주요 국가와 미국 등에 확산되었으며, 19세기

후반에 이르러서는 자본주의가 고도로 발달하게 되었다. 독점 자본주의, 금융 자본주의에 도달한 선진 자본주의 국가들은 국내에 축적된 잉여 자본의 투자 시장을 확보하기 위해 새로운 식민지를 필요로 하게 되었다. 또 이탈리아의 통일과 독일의 통일로 고조된 민족주의는 이후 배타적이며 침략적인 성격의 민족주의로 변질되었다. 이런 과정에서 탄생한 것이 제국주의이다. 일본의 제국주의와 유럽의 제국주의를 비교·분석하여 보고서를 작성해 보자.

관련 학과 인문계열 전체

《**부의 역사**》, 권홍우, 인물과사상사(2008)

단원명 | 현대 세계의 과제

> 🔍 제1·2차 세계대전, 러시아 혁명, 대량 살상, 총력전, 전체주의, 세계 대공황, 민족 운동, 냉전, 탈냉전, 유럽연합, 제3세계, 세계화, 과학·기술 혁명, 민주주의, 평화, 경제적 불평등, 생태환경, 지구 온난화, 남북문제, 반세계화 운동, 지속 가능한 개발

[12세사04-01]　　　　　　　　　　　　　　　　　　　　　　　● ● ●

제1·2차 세계대전을 인권, 과학기술 문제와 관련지어 파악한다.

➡ 두 차례의 세계대전은 극심한 피해와 상처를 남겼다. 특히 전체주의가 낳은 폭력은 이전까지와는 비교할 수 없을 정도의 참상을 낳았다. 이러한 부조리한 상황에서 전체주의에 저항하고 정의를 실현한 의인들이 있었다. 의인은 정의롭지 못한 일에 저항을 시도한 사람을 일컫는다. 대표적인 예로 나치 독일의 사업가였던 오스카 쉰들러는 자신의 생명의 위협을 무릅쓰고 모든 재산을 바쳐 유대인 1,200여 명의 목숨을 구했다. 의인들을 다룬 영화, 책 등을 최대한 참고하여 의인에 대한 가상의 인터뷰 기사를 작성해 보자.

관련 학과 인문계열 전체

《**옥중서신—저항과 복종**》, 디트리히 본회퍼, 김순현 역, 복있는사람(2016)

[12세사04-02]　　　　　　　　　　　　　　　　　　　　　　　● ● ●

냉전의 전개 양상에 따라 나타난 사회, 문화의 변화를 분석한다.

➡ 냉전(冷戰)은 트루먼 독트린이 선언된 1947년부터 1991년 소련의 해체까지 지속됐던 미국과 소련 간의 총성 없는 전쟁, 크게 보면 미국의 자본주의 체제에 포함되는 연합국들과 소련의 공산주의 체제에 포함되는 공화국들의 대립을 지칭하는 용어이다. 냉전이란 '차가운 전쟁'으로, 강대국들 사이의 직접적인 전쟁·전투 없이 미묘한 자존심 싸움으로 인해 마치 폭풍전야처럼 고요하지만 위기가 절정에 달했던 상황을 비유적으로 표현한 것이다. 냉전기의 영화나 소설 중 한 작품을 선정해, 작품에 표현된 냉전의 표상과 냉전의 일상을 분석하여 발표해 보자.

관련 학과 인문계열 전체

《**광장/구운몽**》, 최인훈, 문학과지성사(2014)

[12세사04-03]　　　　　　　　　　　　　　　　　　　　　　　● ● ●

현대 세계의 과제를 해결하기 위해 인류가 기울여온 노력을 탐구한다.

➔ 2015년 9월 2일, 튀르키예의 한 해안가에서 엎드려 잠자는 듯한 꼬마가 발견되었다. 내전을 피해 유럽으로 탈출하려다 숨진 세 살짜리 시리아 난민 아일란 쿠르디의 시신이었다. 아일란 쿠르디의 죽음은 전 세계에 난민 문제의 심각성을 알렸다. 전 세계 난민 문제의 현황을 파악하고, 난민 문제의 해결 방안에 대한 각자의 의견을 공유해 보자.

관련 학과 인문계열 전체

《난민, 멈추기 위해 떠나는 사람들》, 하영식, 뜨인돌(2021)

선택 과목	수능	사회와 문화	절대평가	상대평가
일반 선택	X		5단계	5등급

단원명 | 사회현상의 이해와 탐구

> | 🔍 | 사회현상의 특징, 사회학적 상상력, 사회현상을 이해하는 관점, 기능론, 갈등론, 양적 연구, 질적 연구, 연구 절차, 가설, 연역법, 귀납법, 과학적 절차, 탐구 수행, 탐구 과정, 질문지법, 실험법, 면접법, 상징적 상호작용론, 참여관찰법, 문헌연구법, 자료의 타당성, 신뢰성, 가치 개입, 가치중립, 연구 윤리, 탐구의 효능감, 탐구 과정, 지식 재산권, 조사 대상자의 인권

[12사문01-01] ● ● ●

사회현상의 탐구를 위해 사회현상의 특징에 대한 이해와 사회학적 상상력이 필요함을 인식하고, 사회현상에 대한 다양한 관점을 비교한다.

➡ 사회현상은 사회적, 문화적, 정치적 맥락에서 의미를 가지고 해석되는 경향이 있다. 반면에 자연 현상은 주로 과학적인 법칙과 원리에 의해 설명되고 이해된다. 이 주제에서는 사회적 의미와 해석의 역할, 그리고 자연 현상의 이해와 해석의 차이에 대해 연구할 수 있다. 또한 사회현상과 자연 현상이 역사적 변화와 지속성의 차이를 어떻게 보여 주는지에 대해 연구할 수 있다.

관련 학과 인문계열 전체

《언어와 사회 그리고 문화》, 권경근, 박이정(2016)

[12사문01-02] ● ● ●

사회현상에 대한 양적 연구 방법과 질적 연구 방법의 특징 및 연구 절차를 비교하고, 각 연구 방법을 활용한 연구 사례를 분석한다.

➡ 질적 연구도 양적연구와 마찬가지로 합리적인 결론에 도달하기 위해 데이터 분석을 수행한다. 주로 텍스트 데이터(인터뷰 텍스트, 관찰 기록 등)를 분석하고, 주제에 대한 탐구를 심층적으로 진행할 수 있다. 독자들의 해석, 감정, 주관적 경험 등을 인터뷰하고 분석하여 문학 작품이 독자에게 어떻게 다가가고 의미를 전달하는지 탐구할 수 있다. 또한 문학 작품에서 인종, 성별, 국가적 정체성에 대한 표현의 빈도, 패턴, 변화 등을 분석하여 인문학적인 주제를 탐구할 수 있다.

관련 학과 인문계열 전체

《문학이 필요한 시간》, 정여울, 한겨레출판(2023)

[12사문01-03] ● ● ●

사회현상에 대한 다양한 자료 수집 방법의 특징을 비교하고, 각 자료 수집 방법을 활용한 연구 사례를 분석한다.

➔ 자료 수집법으로 다양한 자료를 수집할 수 있다. 민주주의 지수나, 언론지수, 부패지수와 같은 지수들이 어떻게 만들어지는지, 주관적인 수치를 어떻게 객관화하는지 탐구할 수 있다. 또한 문학 작품에 나오는 단어들의 패턴을 분석하거나 대화에 나오는 언어의 사용 빈도, 패턴, 변화 등을 분석하여 통계를 작성해 볼 수 있다.

[관련 학과] 인문계열 전체

《당신이 모르는 민주주의》, 마이클 샌델, 이경식 역, 와이즈베리(2023)

[12사문01-04] ● ● ●

사회현상의 탐구에서 발생하는 연구자의 가치 개입 및 연구 윤리 관련 쟁점을 토론하고, 연구 윤리를 준수하며 사회현상에 대한 탐구를 수행한다.

➔ 연구 참가자의 보호를 위해 개인정보 보호, 연구와 관련된 동의 얻기, 연구 참가자의 안전 보장 등과 관련된 윤리적 고려사항을 확인해 볼 수 있다. 과거에 행해진 연구에 인권과 관련된 문제는 없었는지 알아보고, 최근에 실행된 연구와는 어떤 윤리적 차이점이 있는지 집중해서 탐구하자. 예를 들어 '비윤리적 실험을 통해 얻을 수 있는 경제적 이익이 크다고 해도 이를 실행해야 하는가?'라는 주제로 토론을 진행한 뒤 결론을 도출할 수 있다.

[관련 학과] 인문계열 전체

《복제는 정말로 비윤리적인가》, 로렝 드고, 김성희 역, 민음인(2021)

단원명 | 사회 구조와 사회 변동

> | 🔍 | 사회 구조, 개인, 사회화, 사회화 과정, 사회화 기관, 사회화를 보는 관점, 사회 집단, 사회 조직, 조직의 변화, 개인과 사회의 관계, 현대사회 집단의 특징, 일탈 이론, 사회통제 유형, 아노미, 차별 교제, 낙인, 비판범죄학, 내적 통제, 외적 통제, 공식적 통제, 비공식적 통제, 사회 변동, 현대사회의 변화, 사회운동, 인구구조의 변화, 사회 운동, 정보사회, 세계화, 저출산 및 고령화

[12사문02-01] ● ● ●

사회 구조와 개인의 관계에 대한 이해를 바탕으로 개인의 사회화 과정, 사회화 기관 및 유형을 설명하고, 사회화에 대한 서로 다른 이론적 관점을 비교한다.

➔ 다양한 사회적 신분 요소가 사회 구조와 상호작용하는 방식을 연구할 수 있다. 인종, 성별, 성적 지향이 사회적 계층, 권력 구조, 기회의 차별 등에 어떤 영향을 미치는지 조사해 보자. 또한 문학 작품이 사회 구조를 어떻게 반영하는지 파악해 보자. 예를 들어《소설가 구보 씨의 일일》과 〈운수 좋은 날〉을 비교하여 조선 후기부터 일제강점기의 사회상을 각 계층별로 비교하고, 작품의 화자가 말하는 상황에 대해 자신의 생각을 넣어서 발표해 보자.

[관련 학과] 인문계열 전체

《아비투스》, 도리스 메르틴, 배명자 역, 다산초당(2023)

[12사문02-02] ● ● ●

사회 집단 및 사회 조직의 유형과 변화 양상에 대한 이해를 바탕으로 사회 집단 및 사회 조직이 개인의 사회생활과 사회적 관계에 미치는 영향을 설명한다.

➔ 사회 집단에 속하는 개인들의 주체성과 정체성 형성에 대한 문학 작품 또는 철학적 사례를 분석할 수 있다. 예

를 들어 개인의 자아 정체성이 형성되는 과정은 고전 문학과 현대 문학에서 다르게 나타난다. 이와 관련된 구체적인 사례를 비교 분석하고, 자아 정체성 형성 과정에 집단이 끼치는 역할 변화를 연결하여 탐구할 수 있다. 또한 사회적 기대와 개인적 신념 간의 갈등을 다루는 작품을 비교하여 탐구를 진행할 수도 있다. 아울러 특정 사회 집단의 가치관, 신화, 풍속, 예술 작품 등을 분석한 뒤 집단 간의 차이가 발생하는 원인에 대한 인문학적 탐구 활동을 진행하여 발표해 보자.

관련 학과 인문계열 전체

집단 착각

토드 로즈, 노정태 역,
21세기 북스(2023)

책 소개

대중의 심리를 이용해 자신의 쾌락과 권력, 경제적 이익을 추구하는 선동가가 등장한다. 이전에도 우리는 913명의 사망자를 낸 존스타운 집단 자살 사건 등 극단적 집단 사고를 통해 비극적인 결말을 맞이한 사례를 접할 수 있었다. 왜 우리는 분명 자신에게 해가 되는 결정인데도 다수의 선택을 따라 이런 비이성적인 행동을 하게 되는 걸까? 하버드 교육대학원의 교수, 교육신경과학 분야의 최고 권위자로 잘 알려진 토드 로즈는 이 질문에 간단한 해답을 이 책에 담았다.

세특 예시

진로심화 독서시간에 '집단 착각(토드 로즈)'을 읽고, 귀속 집단을 향한 인력이 크고 강력한 것처럼 그보다 더 큰 힘이 존재할 수 있다고 말하며 집단에서 쫓겨나는 것에 대한 공포를 예시로 들어 발표함. 우리의 사회적 정체성은 우리의 부족과 너무도 긴밀하게 연결되어 있기에, 집단에서 추방당하는 것은 사회적 죽음처럼 느껴질 수 있다고 주장함. 이러한 상황에서 충분히 주의를 기울이지 않는다면 잘못된 일을 저지르는 공범이 될 우려가 있다는 점을 지적하고, 이를 해결하기 위해 개인의 선택이 작동하는 방법을 알 필요가 있다고 말함.

[12사문02-03]

일탈 행동의 발생 요인이나 특성을 설명하는 다양한 일탈 이론을 비교하고, 일탈 행동에 대한 사회 통제의 유형과 사회 통제의 필요성 및 문제점을 분석한다.

➡ 프랑스 소설가 알베르 카뮈의 소설 《이방인》의 주인공 뫼르소에게서 아노미와 관련된 주요 특징들을 파악할 수 있다. 뫼르소는 사회적 규범과 가치 체계에 대한 무관심과 충동적인 행동으로 아노미 성향을 잘 나타내고 있다. 이 작품을 통해 개인의 고립과 사회적 양극화가 아노미에 미치는 영향을 탐구해 보자. 20세기 중반에 발표된 프랑스 사회학자 에밀 뒤르켐의 아노미 이론은 사회적 변화와 아노미 사이의 관계를 탐구한다. 이 이론을 기반으로 하는 사례를 통해 다양한 사회적 현상, 특히 문화충격이나 큰 사회적 변화가 아노미를 어떻게 증가시키는지 파악해 보자.

관련 학과 인문계열 전체

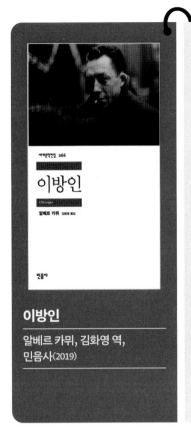

이방인

알베르 카뮈, 김화영 역,
민음사(2019)

책 소개

알제에서 선박 중개인 사무실 직원으로 일하는 뫼르소. 그는 교육을 받았지만 신분 상승 욕구나 야심이 없고 생활의 변화를 원하지 않는, 이상할 정도로 주위에 무관심한 청년이다. 뫼르소는 우발적 살인을 저지른 후 세상에서 '이방인'이 되어 버리는데, 변호사와 재판관, 사제 등 그를 도우려는 누구도 온전히 그를 이해하지 못하고, 그 또한 주위 세계를 받아들이지 못한다.

세특 예시

진로심화 독서시간에 '이방인(알베르 카뮈)'을 읽고 뫼르소의 심리적 상황을 분석하여 발표를 진행함. 현대의 많은 사람들이 때로는 불편한 관심보다 편한 단절을 원하기도 한다는 사실을 SNS를 통해 인정받으려고 하는 사람들이 많다는 사실과 대조하여 발표를 진행함. 어쩌면 뫼르소는 편한 단절을 우리보다 조금 더 많이 원한 것일 수 있다는 견해를 발표하면서, 현재 사회적 정체성은 우리의 주변 사람들과 너무도 긴밀하게 연결되어 있다는 사실을 주장하였음. 이러한 상황에서 단절은 사실상 불가능할 수 있기에, 많은 사람들이 현실로부터 도피하는 것도 하나의 아노미일 수 있다고 발표함.

[12사문02-04] ● ● ●

사회 변동이 다양한 요인의 복합적인 상호작용의 산물이라는 점을 설명하고, 현대사회의 변동 과정에서 나타나는 다양한 사회 운동의 유형과 특징을 탐구한다.

➔ 문학 작품을 통해 사회 변동의 양상과 당시 사람들에게 끼친 영향 및 후대에 나타난 결과를 분석할 수 있다. 또한 문학 작품이 당대의 역사적 사건과 사회의 정의, 정치적 현상을 반영하고 해석하는 모습을 탐구해 보자. 예를 들어 토마스 하디의《테스》는 19세기 영국 농촌 사회의 변화와 여성의 사회적 지위를 다룬다. 찰스 디킨스의《올리버 트위스트》는 19세기 영국 사회의 사회적 불평등과 빈곤을 다루고 있다. 주인공들의 역할과 심리적 변화를 통해 사회 변동이 어떻게 이루어지는지 다양한 관점에서 분석하고 감상문을 쓰거나 발표해 보자.

관련 학과 인문계열 전체

책 소개

출간 당시의 사회적·종교적 관행에서는 용납하기 어려운 내용을 담아 초판 발행 때부터 센세이션을 일으켰다. 테스가 결혼도 하지 않고 아이를 낳는 것이나 그 아이에게 직접 세례를 주는 것 등이 당시 사회의 인습에서는 받아들이기 어려웠던 것이다. 하지만 토머스 하디는 대담하게도 그런 테스를 '순수한 여인'이라 부르며 내면의 순수함과 정신적 순결을 강조해, 빅토리아 시대의 불합리한 종교적·사회적 관행을 정면으로 고발하였다.

세특 예시

진로심화 독서시간에 '테스(토머스 하디)'와 '올리버 트위스트(찰스 디킨스)'

《테스》(1, 2)
토머스 하디, 정종화 역,
민음사(2009)

를 읽고 같은 사회에서 일어나는 사회적 변화의 다양한 관점을 분석함. 사회의 변동에 따른 새로운 가치관이 현재에는 당연한 것처럼 받아들여지지만 변동 시기에는 제3자처럼 상황을 객관적으로 인지하기가 어렵다고 발표함. 특히 극심한 사회 변동기에는 이러한 입장 차이 때문에 사회적 갈등이 더욱 증폭될 거라고 주장하면서, 현재 우리나라 사회를 급변동기로 제시하고 갈등이 증가한 원인을 분석해 발표를 진행하였음.

단원명 | 일상 문화와 문화 변동

🔍 대중문화, 문화산업론, 리비스주의, 문화주의, 취향 문화론, 미디어, 매스미디어, 소셜 미디어, 침묵의 나선이론, 대중문화에 대한 관점, 문화 배양 이론, 프레이밍 이론, 의제 설정 이론, 하위 문화, 주류 문화, 다문화, 이주민 문화, 문화 다양성, 대항 문화, 지역 문화, 세대 문화, 문화 변동, 문화 접변, 문화 동화, 문화 공존, 문화 융합, 내재적 변동, 외재적 변동,

[12사문03-01]　　　　　　　　　　　　　　　　　　　　　　　　　　● ● ●

대중문화에 대한 다양한 관점을 비교하고, 일상적으로 접하는 사례를 중심으로 대중문화가 개인과 사회에 미치는 영향을 토의한다.

➡ 리비스(F. R. Leavis)는 문학 강조와 비평학을 통해 대중문화에 대한 비판적인 시선을 가지고 있었다. 그는 20세기를 문화의 쇠퇴기로 인식했다. 이러한 경향을 리비스주의라고 한다. 리비스는 문학을 미적 경험의 중심으로 보았기 때문에, 대중문화에는 그러한 경험 자체가 결여되어 있다고 말했다. 그의 비평학과 문학 강조를 탐구하고, 그것이 대중문화와 어떻게 대비되는지 분석해 보자. 또한 리비스는 대중문화를 엘리트 문화와 대립시켰는데, 이 두 문화의 차이점과 상호작용을 연구하고, 그 영향을 분석해 보자.

`관련 학과` 인문계열 전체

《인문학은 언어에서 태어났다》, 강준만, 인물과사상사(2014)

[12사문03-02]　　　　　　　　　　　　　　　　　　　　　　　　　　● ● ●

미디어의 효과에 대한 이해를 바탕으로 미디어가 생산하는 메시지를 비판적으로 분석하고 대안적 메시지 생산에 능동적으로 참여한다.

➡ 대중문화와 확증편향(confirmation bias)에 대한 주제를 바탕으로 탐구를 진행한다. 예를 들어 뉴스 미디어와 확증편향을 주제로 탐구를 수행하여 다음에 제시되는 질문들에 대한 답을 찾을 수 있다. 첫째, 대중이 뉴스를 선택하는 기준은 무엇인가? 둘째, 어떤 종류의 정보를 더 믿는 경향이 있는가? 셋째, 뉴스 미디어는 특정 계층의 정치적·사회적 주장을 강화하는 데 기여하는가? 또한 대중 매체인 영화, TV 프로그램, 소셜 미디어의 역할과 확증편향의 관계 및 이런 매체들이 특정한 주제와 이념을 전파하며 확증편향을 형성하는 방식에 관해 연구할 수 있다.

`관련 학과` 인문계열 전체

《확증편향》, 안천식, 옹두리(2021)

[12사문03-03]　　●●●

하위 문화와 주류 문화의 관계에 대한 이해를 바탕으로 다문화 사회의 이주민 문화에 대한 서로 다른 관점을 비교하고, 이주민 문화가 갖는 의의에 기초하여 문화 다양성을 증진하기 위한 방안을 제시한다.

➡ 사회 운동을 다룬 문학 작품들을 비교해서 탐구를 진행할 수 있다. 다양한 나라들의 문학 작품을 비교하여 사회 운동이나 민주화 운동, 그리고 저항운동이 어떻게 발생했으며 우리에게 어떠한 영향을 미칠 수 있는지 탐구해 보자. 미국 소설 《뻐꾸기 둥지 위로 날아간 새》, 한강의 《소년이 온다》처럼 사회 변동기의 저항운동이나 반문화와 관련된 문학 작품을 분석하여 문화의 차이에 따라 서술이 어떻게 달라지는지 비교하고 발표해 본다. 또한 저항을 수용하는 입장에서 대항 문화가 사회를 어떻게 변화시키는지도 탐구해 보자.

관련 학과 인문계열 전체

《소년이 온다》, 한강, 창비(2014)

[12사문03-04]　　●●●

문화 변동의 다양한 요인과 양상, 문화 변동 과정에서 발생하는 문제점을 이해하고, 문화의 세계화로 인해 나타나는 쟁점에 대해 탐구한다.

➡ 문화 접변은 종종 개인이 두 개 이상의 문화적 행동 원칙 또는 가치 체계를 가질 때 이중적 정체성을 형성하는 과정을 연구하는 데 사용될 수 있다. 이중적 정체성이나 문화 갈등이 예술, 문학, 영화 등에 어떻게 표현되고 해석되는지 조사하여 발표해 보자. 특히 다른 나라로 이민 간 우리나라 사람들의 일화를 담은 소설이나 우리나라로 이민 온 사람들의 이야기를 담은 소설을 비교해서 발표한다면 흥미로운 탐구주제가 될 것이다.

관련 학과 인문계열 전체

《이민자들》, W. G. 제발트, 이재영 역, 창비(2019)

단원명 I 사회 불평등과 사회 복지

|🔍| 불평등, 빈곤, 성, 사회적 소수자, 차별, 복지, 사회 보험, 공공 부조, 불평등 양상, 빈곤, 성 불평등, 사회 서비스, 사회적 소수자, 차별, 불평등의 해결, 복지 제도, 복지 국가, 사회 보험, 공공 부조, 사회 서비스, 생산적 복지, 보편적 복지, 선별적 복지

[12사문04-01]　　●●●

사회 불평등 현상을 이해하는 서로 다른 관점을 비교하고, 사회 이동과 사회 계층 구조의 유형 및 특징을 분석한다.

➡ 자본주의 체제에서 사회 불평등은 중요한 문제이다. 인문학적으로는 자본주의의 개념과 사회 불평등의 발생 원인, 그리고 자본주의 체제에서 사회 불평등을 극복하기 위한 방안을 탐구할 수 있다. 또한 사회 불평등 해결책 중 하나로 자유와 평등을 동시에 보장하는 것이 중요하다. 자유와 평등의 의미와 관계, 그리고 자유와 평등을 보장하기 위한 방안들을 조사하고 비교해 보자. 그런 다음 인권의 개념과 의미, 그리고 사회 불평등과 인권의 관계에 대해 탐구해 보자.

관련 학과 고고학과, 문예창작학과, 사학과, 상담심리학과, 심리학과, 인류학과, 종교학과, 철학과

《인간불평등기원론/사회계약론》, 장 자크 루소, 최석기 역, 동서문화사(2016)

➡ 문화적 상징과 언어가 어떻게 사회 불평등을 형성하고 유지하는지 연구해 보자. 예를 들어 언어, 의상, 문화적 정체성과 관련된 상징이 사회적 계급과 불평등을 어떻게 반영하는지 조사할 수 있다. 미국의 할렘가에서 사용되는 영어 표현과 상류층이 구사하는 영어 표현의 차이점을 조사한 뒤, 이러한 현상이 발생한 원인에 관해 분석해 보자.

관련 학과 인문계열 전체

《말의 품격》, 이기주, 황소북스(2017)

➡ 선택적 복지 정책과 보편적 복지 정책이 시간과 공간에 따라 변화한 모습과, 복지 정책이 시행된 사회의 문화적 가치관에 미치는 영향에 대해 분석할 수 있다. 국민들에게 주어지는 복지 혜택이 각 사회마다 어떻게 인식되고 받아들여지는지 탐구해 보자. 또한 다양한 국가들의 복지 수준을 비교한 뒤, 해당 국가들이 복지 정책을 채택한 요인 및 정책들의 공통점과 차이점을 발표할 수 있다.

관련 학과 고고학과, 문예창작학과, 사학과, 상담심리학과, 심리학과, 인류학과, 종교학과, 철학과

스웨덴의 저녁은 오후 4시에 시작된다

윤승희, 추수밭(2019)

책 소개

스웨덴 현지에서 직접 살아 보고 체험한 것들을 바탕으로 쓴 '정책 에세이'이다. 저자 윤승희는 단순히 스웨덴의 선진적 정책을 소개하는 방식을 넘어, 지극히 평범한 이웃인 스웨덴 사람들이 어떻게 정책을 만들고 지켜 왔는지를 그들의 생각과 말을 통해 들려 준다. 정책의 면면을 세세하게 들여다보기보다 우리의 삶을 지탱하는 근본적인 원리와 가치에 주목하고, 그것을 정책으로 구현한 다양한 사례들을 소개한다.

세특 예시

'책을 통해 자신 돌아보기' 시간에 사회 복지의 양면에 대해 탐구해 볼 수 있었다고 밝힘. '스웨덴의 저녁은 오후 4시에 시작된다(윤승희)'와 '행복한 나라의 불행한 사람들(박지우)'을 비교해서 읽고, 복지 정책이 제공하는 다양한 혜택들에 대해 탐구하여 발표를 진행함. 복지가 가져올 수 있는 다양한 혜택들과 이로 인한 부작용을 말하여 학생들의 호응을 얻음. 불평등한 세금 체계, 세계 최고 수준의 빈부격차, 거세지는 이민자 혐오 등의 문제와 저녁이 있는 삶, 의료 체계의 확장 등 긍정적인 측면을 비교하여 발표를 진행함. 한국에서도 과연 스웨덴과 같은 보편적 복지가 가능할지에 대해 자신의 생각을 덧붙여 내용을 전개하였음.

선택 과목	수능	한국지리 탐구	절대평가	상대평가
진로 선택	X		5단계	5등급

단원명 | 공간 정보와 지리 탐구

> 🔍 지리 정보, 공간 정보, 속성 정보, 관계 정보, 지리정보 체계, 지역 조사, 인터넷 지도, 가상현실

[12한탐01-01] ●●●
다양한 현상에 대해 지리적 관점으로 질문을 던지고, 질문에 답을 하기 위한 탐구 계획을 수립한다.

➡ 인문지리학을 연구할 때 모든 인문 현상의 이해를 위한 출발점에는 인구 현상이 존재한다. 인문 현상의 동인은 궁극적으로 인간이며, 인구 현상이 인간에 대한 기본적 이해의 단초를 제공한다. 인구 현상이 지표상에서 균등하게 전개되지 않는다는 점, 그리고 일견 동일하게 보이는 인구 현상이라 해도 그것이 지니는 문화적·역사적·사회적·미래적 함의는 공간적 차이를 보인다는 사실이 인구 현상에 대한 지리학적 접근을 요구한다. 인구분포와 인구밀도, 인구이동, 인구구성, 인구변천에 따른 공간적 변이와 지역적 차이를 조사하여 발표해 보자.

관련 학과 인문계열 전체

《**인문 지리학의 시선**》, 전종한 외 3명, 사회평론아카데미(2017)

[12한탐01-02] ●●●
야외 조사 및 지리정보 기술을 활용한 데이터 수집 방법을 연습하고, 탐구 질문에 맞춰 데이터를 수집·분석·시각화한다.

➡ 열 마디 말보다, 두꺼운 보고서보다, 한 장의 지도가 더 많은 것을 말해 준다. 1인 가구는 어디에 많이 있는가? 중국의 원자력 발전소 위치는 어디인가? 반려견과 함께 갈 수 있는 곳은? 이런 내용을 지도로 확인할 수 있다면 어떨까? 최신의 지리 데이터로 대한민국의 현재와 미래를 전망할 수 있다면 어떨까? 우리나라의 지리와 공간 정보를 통해 생활 공간의 트렌드를 분석하여 발표해 보자.

관련 학과 인문계열 전체

《**지도로 읽는 대한민국 트렌드**》, 장은미 외 4명, 바른북스(2023)

단원명 | 생활 속 지리 탐구

> 🔍 식품의 생산·유통·소비 과정, 상품 사슬, 핫 플레이스, 지역 자원, 모빌리티, 모바일, 빅데이터, 플랫폼

[12한탐02-01]

식품의 생산·유통·소비 과정을 조사함으로써 음식을 통한 생산자와 소비자, 상품, 장소의 연결성을 이해하고, 상품 사슬을 조직하는 윤리적인 방식의 가능성과 한계를 파악한다.

➡ 기본적으로 국내 농산물의 유통 경로는 농가→생산자 단체→산지 유통인→도매시장→중도매인→소매업체→소비자로 이어지는 구조로, 5단계가 넘는 경우가 많다. 이렇게 긴 과정을 거쳐서 소비자에게 전달되기 때문에 농산물 유통 비용이 소비자 가격 대비 평균 절반 이상을 차지하고, 많게는 70%에 달하는 경우도 있어서, 유통 구조 개선이 필요하다는 지적이 많다. 우리나라 농산물의 유통 경로와 유통 마진을 분석하고, 합리적인 농산물 유통 방안을 제안해 보자.

관련 학과 인문계열 전체

《**농산물 유통의 길을 묻다**》, 양승룡, 고려대학교출판문화원(2018)

[12한탐02-02]

핫 플레이스의 특징, 생성 과정, 정체성 이슈를 조사하고, 지역 자원을 활용한 관광 활성화 방안을 제안한다.

➡ 인간은 여행으로 즐거움을 만끽하고 미지의 세계에 대한 무한한 동경심으로 탐구를 하고 견문을 넓히고자 한다. 특히 노동 시간 단축 및 일과 삶의 균형을 중시하는 흐름으로 국민들의 여행 수요가 늘어날 전망이다. 지역 관광을 통해 지역 경제가 살아나는 동시에 관광객도 만족할 수 있도록 지역사회 중심으로 내실 있는 방안 마련이 필요하다. 지역 관광을 활성화하기 위해 자신이 거주하는 지역의 다양한 관광 관련 데이터를 온·오프라인으로 조사하고, 이를 토대로 스토리텔링과 장소 마케팅 전략을 수립하여 발표해 보자.

관련 학과 인문계열 전체

《**관광마케팅**》, 이정학, 기문사(2019)

[12한탐02-03]

모빌리티와 모바일, 빅데이터, 플랫폼의 결합이 시·공간 활용에 미치는 영향을 설명하고, 모빌리티 공유 서비스가 일상생활에 미친 영향과 문제점을 조사해 대안을 제시한다.

➡ 디지털 혁명과 모빌리티 혁명의 시대를 맞이하여, 글로벌 자동차 산업은 기업의 생존이 위협받을 만큼 큰 변화에 직면하고 있다. 이러한 변화에 대한 이해도를 높이기 위해 거시적 산업환경을 분석하고, 자동차와 관련 업무에 대한 본질적인 이해를 통해 미래의 변화에 선제적으로 대응해야 할 것이다. 우리나라 자동차 산업의 역사를 조사하여 발표해 보자.

관련 학과 인문계열 전체

《**모빌리티 혁명과 자동차산업**》, 안병하, 골든벨(2022)

단원명 | 국토의 변화와 균형 발전 탐구

| 🔎 | 인구 구조의 변화, 저출생, 고령화, 다문화, 식생활의 변화, 지속 가능한 농업, 산업 구조 전환, 지방 소멸, 수도권 집중, 국토 균형 발전

국어 교과군

영어 교과군

수학 교과군

도덕 교과군

사회 교과군

과학 교과군

[12한탐03-01]　● ● ●

통계자료를 활용해 우리나라 인구 및 가구 구조의 변화를 시각화 및 분석하고, 저출생, 고령화, 다문화 가구의 증가에 대응하기 위한 방안을 모색한다.

▶ 다문화 가정은 서로 다른 국적 또는 문화의 사람들이 만나 구성된 가정을 말한다. 오랫동안 단일민족 국가를 유지해 온 우리나라의 인구 변화에 지각 변동이 일어나고 다문화 가정의 비중이 크게 늘어나고 있는 상황이다. 특히 지금과 같은 저출산 인구위기 시대에 다문화 가정의 규모와 역할은 중요한 한 축이 되고 있다. 다문화 가정의 실태와 정부의 다문화 정책 현황을 조사하고, 올바른 다문화 정책 방향을 제안해 보자.

　관련 학과 인문계열 전체

《다문화 사회의 이해와 실천》, 박주현, 창지사(2022)

[12한탐03-02]　● ● ●

식생활 변화 및 세계화에 따른 우리나라 농업의 변화를 이해하고, 지속 가능한 농업과 농촌을 위한 정책을 제안한다.

▶ 왜 농업에 인문학이 필요한가? 농업과 인문학의 관계를 상호 교차하는 시각에서 바라보면 더 많은 의미와 가치가 와 닿는다. 경영과 인문학의 접목은 상호간 지식이 아니라 관점의 접목이다. 그러므로 인문학의 본질을 농업 경영의 특성과 융화해 가치 창출을 할 수 있다. 철학적 깨달음, 역사적 교훈, 문학적 감성, 심리적 치유 등의 요인을 농업 경영에 접목하면 새로운 가치관이 형성될 수 있다. 인문학의 본질이라고 할 수 있는 철학·역사·문학·심리 측면에서 우리나라 농업 문제에 대한 해법을 제안해 보자.

　관련 학과 인문계열 전체

《인문학에서 미래농업의 길을 찾다》, 박영일, 한국학술정보(2019)

[12한탐03-03]　● ● ●

산업 구조의 전환이 지역 경제에 미치는 영향을 이해하고, 이를 바탕으로 최근 급속하게 성장한 지역과 위기의 징후가 나타나는 지역의 성격과 특징을 비교한다.

▶ 서울 구로구와 금천구 일대에 위치한 한국수출산업공단은 과거 '구로 공단'으로 불리며 섬유, 봉제 등 노동 집약형 산업이 발달한 지역이었다. 그러나 1980년대에 산업 구조의 고도화와 국내 임금 상승으로 침체를 겪게 되었다. 2000년, 구로 공단은 '서울 디지털 산업단지'라는 새 이름을 갖게 되었다. 현재 이곳에는 전기, 전자 등 지식 기반 제조업체와 소프트웨어, 멀티미디어, 디자인, 출판, 정보통신 등 지식 기반 서비스 기업들이 들어와 첨단 산업 업무 지구를 형성하고 있다. 지역의 업종 전환에 따른 산업, 지역 경관, 주민 생활의 변화를 조사하여 발표해 보자.

　관련 학과 인문계열 전체

《디지털 시대의 서울 경제》, 김묵한·주재욱, 서울연구원(2020)

[12한탐03-04]　● ● ●

수도권 집중에 따른 지방 소멸과 국토 불균등 발전 문제에 대한 인식을 바탕으로 국가 및 지역 수준의 국토 균형 발전 방안을 제안하고 실현 가능성을 평가한다.

▶ 수도권은 인구 및 산업 시설의 과도한 집중으로 다양한 도시 문제를 겪고 있다. 가장 대표적인 것은 주택 문제

와 교통 문제이다. 수도권에는 인구 증가에 비해 주택 공급이 부족하여 주택 가격 상승 문제가 나타나고 있으며, 도시 지역의 교통 체증과 주차 공간 부족 문제도 심각하다. 수도권 집중 현상의 원인과 문제점, 국토의 균형 발전과 관련한 다른 나라의 사례, 수도권 집중 현상 해결 방안을 모둠별로 토의하고 의견을 공유해 보자.

관련 학과 인문계열 전체

《**지방 소멸**》, 마스다 히로야, 김정환 역, 와이즈베리(2015)

단원명 | 환경과 지속 가능성 탐구

> | 🔎 | 세계자연유산, 자연 경관, 도시화, 관광지 개발, 지속 가능한 활용, 자연재해, 탄소중립, 생태환경

[12한탐04-01] ● ● ●

세계유산으로 등재된 한반도 자연 경관의 가치를 탁월성과 보편성의 측면에서 설명하고, 이를 토대로 등재 가능한 자연 경관을 추천한다.

➡ 국토의 축소판인 섬은 교육·문화·복지·의료 등 생활 인프라 구축이 더디지만 위기는 가장 빠른 지역이다. 한국섬진흥원의 연구 결과, 2023년을 기점으로 20년 후에는 국내 섬 인구가 18.1% 감소하여 약 65만명이 될 거라는 전망이 나왔다. 그렇게 되면 현재 사람이 사는 섬 20개가 무인도화할 것으로 보인다. 이러한 위기 속에서 정부의 섬 정책에 변화가 생기면 우리의 섬은 대표적인 청정, 힐링, 자연친화형 명품 관광지로 자리매김할 수 있다. 우리나라 섬의 생태와 생태문화의 특징을 조사하여 발표해 보자.

관련 학과 인문계열 전체

《**섬 생태계: 자연과 인간의 공생경관**》, 홍선기, 민속원(2018)

[12한탐04-02] ● ● ●

도시화, 농업, 관광지 개발로 인한 산지, 하천, 해안 지역의 변화를 조사하고, 환경과 개발에 대한 관점이 자연환경의 복원 및 지속 가능한 활용에 미치는 영향을 파악한다.

➡ 제로하우스란 에너지 절약 건축 기술 및 발전 설비 등을 도입하여 주택에서 발생하는 에너지를 최소화하고 신재생에너지를 적용해 주택에서 소비하는 에너지의 자체적 생산을 통해 외부의 에너지 필요를 최소화한 주택이다. 제로하우스의 종류는 크게 패시브 하우스, 액티브 하우스, 하이브리드 솔라 하우스로 나눌 수 있다. 제로하우스의 장점과 미래 전망을 조사하여 발표해 보자.

관련 학과 인문계열 전체

《**살둔 제로에너지 하우스**》, 이대철, 시골생활(2012)

[12한탐04-03] ● ● ●

우리나라 및 우리 지역에서 주로 발생하는 자연재해의 유형과 특징을 분석하고, 이를 토대로 자연재해의 경감 대책을 조사하고 평가한다.

➡ 미세먼지는 대기 중에 떠다니는 눈에 보이지 않을 정도로 작은 먼지를 말한다. 이것은 질산염, 암모늄 이온, 황산염 등의 이온 성분 그리고 탄소 화합물과 금속 화합물 등으로 이루어져 있다. 미세먼지에 장기간 노출될 경우 면역력이 급격히 저하되어 감기·천식·기관지염 등의 호흡기질환은 물론, 심혈관질환·피부질환·안구질환

등 각종 질병에 걸릴 수 있다. 미세먼지 발생의 원인, 미세먼지와 건강의 관련성, 미세먼지 저감 대책을 조사하여 발표해 보자.

`관련 학과` 인문계열 전체

《**미세먼지 제로 프로젝트**》, 김동식·반기성, 프리스마(2020)

[12한탐04-04] ● ● ●

우리나라의 에너지원별 발전에 관한 주요 쟁점을 조사하고, 탄소중립 달성을 위한 에너지 정책을 제안한다.

➡ 태양광 발전은 햇빛을 직류 전기로 바꾸어 전력을 생산하는 발전 방법으로, 여러 개의 태양 전지들이 붙어 있는 태양광 패널을 이용한다. 재생가능 에너지에 대한 수요가 증가함에 따라, 태양 전지와 태양광 에너지의 생산도 크게 늘어나고 있는 추세이다. 우리나라 태양광 발전 사업의 장점과 단점, 태양광 발전 사업의 미래전망에 대해 조사하여 발표해 보자.

`관련 학과` 인문계열 전체

《**알기쉬운 태양광발전**》, 박종화, 문운당(2024)

단원명 | 동아시아 갈등과 공존 탐구

| 🔍 | 남북 협력, 접경 지역, 지정학, 북한의 지리적 특징, 동아시아의 갈등과 협력, 평화와 공존

[12한탐05-01] ● ● ●

북한의 지리적 특징과 당면과제에 대한 이해를 바탕으로 남북 협력의 가능성을 모색한다.

➡ '국토종합계획'은 국토 전역을 대상으로 하여 국토의 장기적 발전 방향을 제시하는 종합계획으로, 헌법과 국토기본법에 근거하여 20년을 단위로 수립되는 최상위 국가 공간 계획이다. 남북통일에 대비해 남북 교류 협력 현황, 여건 변화와 전망, 한반도 평화·번영의 기반 조성, 남북 관계 증진을 위한 협력 과제에 대해 조사하여 발표해 보자.

`관련 학과` 인문계열 전체

《**12개 렌즈로 보는 남북관계**》, 서보혁 외 12명, 박영사(2021)

[12한탐05-02] ● ● ●

한반도를 둘러싼 국가 간 경계와 접경 지역을 분석하고, 동아시아 지역의 발전과 평화·공존을 위한 지정학적 전략을 토론한다.

➡ 한·중·일과 아세안이 국제 사회에서 존중받는 동아시아 정체성을 가지려면 글로벌 민주주의를 실천해야 한다. 동아시아 민주 공동체가 동아시아 정체성을 넘어 동아시아 정신까지 형성한다면, 그것은 한·중·일과 아세안이 주도하여 만들어 낸 그 무엇일 것이다. 동아시아 지역의 민주 공동체 형성은 무엇보다도 동아시아 지역의 평화와 번영을 가져온다는 점에서 시도해야 할 미래과제라고 할 것이다. 동아시아 지역의 글로벌 민주주의와 갈등, 동아시아 민주 공동체 형성의 실천 과제, 동아시아 민주 공동체 확립을 위한 과제와 전망을 조사하여 발표해 보자.

`관련 학과` 인문계열 전체

《**동아시아 공동체: 동향과 전망**》, 동아시아공동체연구회, 아산정책연구원(2014)

선택 과목	수능	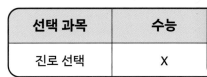도시의 미래 탐구	절대평가	상대평가
진로 선택	X		5단계	5등급

단원명 | 삶의 공간, 도시

| 🔍 | 도시적 생활 양식, 도시 유형, 도시성, 거주 적합성, 세계화, 기술 발달, 빅데이터, 데이터 마이닝, 이동 수단

[12도탐01-01]

도시의 의미를 이해하고, 도시의 특성이 도시적 생활 양식에 미치는 영향을 일상 공간을 사례로 탐구한다.

➡️ 도시 소설이란 배경이 도시라는 제한적 의미를 가지는 동시에 도시 공간에서 발생하는 다양한 현상을 묘사함으로써 도시 사회가 안고 있는 모순과 사회적·경제적 변천에 대한 도시민의 인지 및 적응 과정에서 나타나는 다양한 문제의 본질을 조명하고자 하는 목적을 가진 소설이다. 1950년대 이후의 도시 소설을 중심으로 도시민의 의식주, 여가 문화, 교통통신, 풍속 및 사회상, 의료와 기타로 구분하여 '소비를 통해 본 도시민의 생활 양식 변화'를 조사해 인포그래픽으로 구성하여 발표해 보자.

관련 학과 국어국문학과, 문예창작학과, 사학과, 한국사학과, 사회학과
《달콤한 나의 도시》, 정이현, 문학과지성사(2006)

[12도탐01-02]

도시의 발달 과정에 대한 이해를 바탕으로 하여 다양한 유형의 도시를 비교하고, 내가 사는 도시의 발달 과정을 탐구한다.

➡️ 역사 도시와 관련된 국내 정책 및 사업이 어느 때보다 다양하게 진행되고 있다. 단순히 문화유산을 보존하는 것에서 벗어나 공간적 도시 계획 차원에서 역사 문화 경관을 보전하고 도시재생을 위한 자원으로 어떻게 활용할 것인지에 대한 고민과 계획들이 국가적으로 이루어지고 있다. 주요 국가의 역사 도시 관련 현황과 국제적 동향, 외국의 대표적인 지속 가능한 역사 도시 조성 정책, 국내 역사 도시 사례 분석 등을 통해 우리나라의 지속 가능한 역사 도시 발전 방안을 모색하여 발표해 보자.

관련 학과 사학과, 한국사학과, 문화재관리학과, 문화재보존학과, 무형유산학과, 문화콘텐츠학과
《도시는 어떻게 역사가 되었을까》, 이성근, 효형출판(2021)

[12도탐01-03]

살기 좋은 도시에 대한 다양한 관점을 비교하고, 살기 좋은 도시의 사례와 특징을 조사한다.

➡️ '살기 좋은 도시'에 대한 기준과 개념은 개인마다 지극히 상대적이겠지만, 안정성, 보건, 문화와 환경, 교육, 인프라 등 5개 카테고리를 평가 기준으로 해서 매년 세계에서 살기 좋은 도시 순위를 발표하는 기관이 있다. 바

로 영국의 경제 전문지 〈이코노미스트〉 그룹의 정보 분석 기관인 EIU이다. EIU가 선정한 상위 10개 도시 중한 곳을 선택해 해당 도시의 특징, 살기 좋은 이유를 조사하여 발표해 보자.

관련 학과 인문계열 전체

《도시의 재탄생! 도시, 공간, 문화》, 하권찬, 나무미디어(2017)

단원명 | 변화하는 도시

| 🔍 | 도시 체계, 도시 공간 구조, 문화 자산, 도시 브랜딩과 건축, 도시 경관, 서비스업, 소비주의, 첨단 산업, 모빌리티, 정보통신 기술, 스마트 도시, 미래 도시

[12도탐02-01]   ● ● ●

도시 간의 상호작용과 교류에 의해 형성되는 도시 체계를 이해하고, 도시 공간 구조는 고정되지 않고 지속해서 재구성됨을 인식한다.

➡ 건축·미술·음악·음식·패션 등 도시 여행의 테마는 다채롭지만, 그 무엇보다 여행자에게 유용한 것은 그 도시의 역사일 것이다. 많은 사람이 파리에 대한 환상을 가지고 그곳을 방문하지만, 파리의 지난 시간을 돌이켜 보면 단순히 아름답다거나 낭만적인 곳이라고만 할 수는 없다. 파리에는 수천 년의 역사가 서려 있고, 골목골목 수많은 이야기가 녹아 있다. 기나긴 역사를 간직한 도시인 만큼 익히 알고 있는 장소들에도 다양한 사연이 있으며, 우리가 모르고 지나쳐 버리는 장소들에도 절절한 이야기가 숨어 있다. '파리'의 역사를 조사하여 발표해 보자.

관련 학과 인문계열 전체

《도시여행자를 위한 파리×역사》, 주경철, 휴머니스트(2024)

[12도탐02-02]   ● ● ●

문화 자산을 활용한 도시 브랜딩과 건축이 도시의 경관과 도시에 대한 인식 변화에 미친 영향을 탐구한다.

➡ 도시 브랜딩은 해당 지역의 이미지, 정체성 및 목표를 형성하고, 이를 관리하여 경쟁력을 강화하고 홍보하는 전략적 접근 방식이다. 도시 브랜드는 상품이나 회사 브랜드와는 다르게 이미 형성되어 굳어진 매우 확고한 문화적 맥락을 고려해야 한다는 점이 가장 큰 차이점이다. 또한 직접적인 수익을 목적으로 하지 않기에, 상업적 브랜드가 아니라는 점에서도 결이 다르다고 볼 수 있다. 도시 브랜딩의 의미, 도시 브랜딩의 중요성, 성공적인 도시 브랜딩 사례, 도시 브랜딩 전략을 조사하여 발표해 보자.

관련 학과 인문계열 전체

《도시×리브랜딩》, 박상희 외 2명, 오마이북(2023)

[12도탐02-03]   ● ● ●

서비스업의 성장과 소비주의 심화가 도시 경제와 도시의 경관, 생활 양식 변화에 미친 영향을 분석한다.

➡ 소비 지상주의는 매력적이다. 더 많은 것을 소유하고 소비하는 것이 더 큰 행복으로 이어진다는 생각을 바탕으로 하고 있다. 소비주의는 다양한 사회적·심리적 영향에 의해 장려된다. 광고주와 마케팅 담당자들은 우리가 더 필요하다고 믿게 만들어 소비에 대한 열망을 불러일으킨다. 도시 경제와 소비는 떼어 놓고 생각할 수 없다.

국어 교과군

영어 교과군

수학 교과군

도덕 교과군

사회 교과군

과학 교과군

서비스 산업의 성장과 심화된 소비주의는 도시 경제에 중대한 변화를 미쳤다. 소비주의에 입각한 도시 경제의 변화를 경제, 인프라 및 서비스, 생활 양식 변화, 환경적 측면으로 구분하여 분석해 보자.

관련 학과 인문계열 전체

《소비 자본주의를 넘어서》, 저스틴 루이스, 엄창호 역, 커뮤니케이션북스(2016)

[12도탐02-04]   ● ● ●

첨단 산업과 모빌리티의 발달이 도시의 성장과 쇠퇴에 미치는 영향을 조사하고, 정보통신 기술의 발달로 출현 하고 있는 스마트 도시를 사례로 살고 싶은 도시의 미래 모습을 예측한다.

➲ 15세기 전후로 이미 부와 명성을 축적한 런던은 18세기 산업혁명 이후 발전을 거듭해 20세기에 번영의 정점에 있었다. 그러나 20세기 후반, 산업 구조의 변화로 여러 지역이 쇠퇴하고 낙후해 갔다. 산업 시대의 영광이었던 발전소는 도시 경관의 방해꾼이 되었고, 교통 허브로서 위상을 떨치던 기차역과 지역 경제를 이끌던 재래시장 은 런던 남북과 동서의 지역적 불균형을 가속화하는 흉물이 되고 말았다. 그러나 오늘날 런던은 대표적인 도시 재생의 성공 사례가 되었다. 런던의 도시 재생 사례를 통해 이상적인 도시 재생의 비전과 방법을 제안해 보자.

관련 학과 인문계열 전체

《런던에서 만난 도시의 미래》, 김정후, 21세기북스(2020)

단원명 I 도시 문제와 공간 정의

| 🔍 | 환경 문제와 재난, 공간 정의, 공간 부정의, 공간 불평등, 아파트, 젠트리피케이션, 빗장 도시, 다문화, 기후변화, 주거 문제, 도시 재생

[12도탐03-01]   ● ● ●

도시의 환경 문제와 재난은 자연적 요인과 사회적 요인이 복합적으로 작용하여 발생하고 있음을 사례를 통해 파악하고, 이를 공간 정의의 관점에서 분석해 해결 방안을 탐색한다.

➲ 꽉 막힌 도로와 높은 빌딩으로 가득한 도심은 보는 이를 숨 막히게 한다. 삭막한 도시에 맑은 물이 흐르는 하천 과 공원 등의 휴식 공간이 조성된다면 삶은 더욱 풍요로워질 것이다. 대표적인 사례가 덴마크의 코펜하겐이다. 이 도시는 맑은 공기, 깨끗한 강, 푸르른 도시 정원, 중세와 현대가 공존하는 아름다운 건축물로 유명하며 풍경 은 그야말로 초록이다. 세계 친환경 도시의 모범 사례를 조사하여 발표해 보자.

관련 학과 인문계열 전체

《세계의 환경도시를 가다》, 이노우에 토시히코, 유영초 역, 사계절(2004)

[12도탐03-02]   ● ● ●

부동산에 대한 인식 변화와 도시의 주거 문제 심화 사례를 조사하고, 이를 공간 정의의 관점에서 분석하여 해결 방안을 탐색한다.

➲ 미래를 전망하는 국내외 많은 기관과 전문가들은 인구변화, 기후변화, 저성장 등과 같은 사회적·경제적 여건 의 변화 추세가 지속될 거라고 인정하고 있다. 특히 코로나19 이후 뉴노멀 환경은 국민 주거생활 양식의 변화 와 함께 주거에서의 가치와 선호, 주거 복지에 대한 인식의 변화를 야기할 것으로 예상된다. 미래 트렌드 변화,

주거 분야 이슈, 주거 인식 변화 등을 조사, 분석해 미래의 주택 문화 변화를 전망하고 서로 의견을 나눠 보자.

`관련 학과` 인문계열 전체

《**주거문화의 충돌과 융합**》, 민현석 외 5명, 서울연구원(2021)

[12도탐03-03] • • •

국제 이주에 따라 도시의 인구 구성과 공간 구조가 변화하여 발생하는 문제를 조사하고, 도시 구성원들의 다양성과 차이를 존중하고 공존하는 방안을 모색한다.

➔ 우리나라에 유입되는 외국인의 수는 매년 급증하고 있는 추세다. 국내에 거주 중인 외국인의 수는 2007년 100만 명에서 2018년 234만 명으로 집계됐다. 이는 우리나라 거주자의 4.6%에 해당하는 수치이다. 보통 외국인 거주자의 비율이 10%가 넘게 되면 정주민과 이주민의 갈등이 수면으로 드러난다. 이주민이 지속적으로 늘고 있는 한국에서 외국인 문제는 더 이상 도외시할 문제가 아니다. 다문화 공존의 중요성, 다문화 공존의 외국 사례, 우리나라의 다문화 공존 정책을 조사하여 발표해 보자.

`관련 학과` 인문계열 전체

《**다문화 사회에서 세계시민으로 살기**》, 후지와라 다카아키, 세계시민 도서번역연구회 역, 다봄교육(2023)

단원명 | **도시의 미래**

| 🔍 | 지속 가능성, 회복력, 생태 지향적 건축, 에너지 전환, 재난과 위험 관리, 사회적 약자 보호, 공공성, 공유 경제, 공동체

[12도탐04-01] • • •

지속 가능성과 회복력이 높은 도시가 되기 위한 요건에 대해 토의하고, 이와 관련한 도시 계획 및 도시 혁신 사례를 탐구한다.

➔ 지리와 역사, 문화, 그리고 그곳에 사는 사람들의 삶터에 관한 가치관에 따라 도시는 다양하게 펼쳐진다. 도시는 단순히 사람들이 모여 사는 장소가 아닌, 사람과 동식물 및 자연이 함께 어우러진 거대한 생명체이다. 그런 의미에서 '도시'를 꼼꼼히 들여다보고 그 생성과 발달 과정을 알아가는 가운데 미래 도시의 모습을 상상하며 인류의 미래를 그려 볼 수 있다. 국내외 다양한 사례를 통해 도시의 빛과 그늘을 들여다보고, 사람과 환경이 공존할 수 있는 미래 도시의 모습을 제안해 보자.

`관련 학과` 인문계열 전체

《**지속 가능한 세상에서 도시는 생명체다!**》, 배성호·주수원, 이상북스(2023)

[12도탐04-02] • • •

도시의 공공성을 높이기 위한 도시 정치의 중요성을 이해하고, 도시를 만들어가는 주체로서 시민이 가져야 할 바람직한 태도를 함양하여 도시 정치에 적극적으로 참여한다.

➔ 도시 커먼즈(Urban commons) 운동은 국가 주도의 도시 개발 방식 또는 자본주의 시장 원리에 따라 발생한 투기적 도시화, 사회경제의 불평등과 양극화 같은 사회문제에 저항하는 움직임이다. 몬트리올, 마드리드, 브리스톨 등 많은 도시에서는 정부의 투명성 높이기, 시민 참여 예산 책정, 사회적 돌봄 협동조합 창출, 공동체 정원 만들

국어 교과군

영어 교과군

수학 교과군

도덕 교과군

사회 교과군

과학 교과군

기, 기술 및 도구의 공유 프로그램 등을 실행하고 있다. 도시 커먼즈 운동의 시대적 배경과 목적, 세계적 사례, 국내 사례를 조사하여 발표해 보자.

관련 학과) 인문계열 전체

《인천의 도시공간과 커먼즈, 도시에 대한 권리》, 양준호 외 2명, 보고사(2019)

선택 과목	수능	동아시아 역사 기행	절대평가	상대평가
진로 선택	X		5단계	5등급

단원명 │ 동아시아로 떠나는 역사 기행

> **|🔍|** 지정학, 동북아시아, 동남아시아, 생태환경, 유목 세계, 농경 세계, 해양 세계, 한자, 불교, 유교, 율령, 계절풍

[12동역01-01] ●●●

역사 기행을 통한 탐구의 방법을 이해하고, 동아시아의 범위와 특징을 파악한다.

➡ 동아시아 문화권은 한자를 언어 체계 안에 도입하고 있거나 과거에 차용한, 동아시아를 중심으로 하는 지역을 가리키는 용어이다. 좁게는 한자를 언어 표기 수단으로 사용하는 중국 대륙과 홍콩, 마카오, 대만 등을 한자 문화권으로 보지만, 넓게는 한자어를 차용하여 사용하는 한국(대한민국, 조선민주주의인민공화국), 일본, 베트남을 포함한다. 경우에 따라 몽골까지 포함되기도 한다. 동아시아 문화권의 특징을 지형, 기후, 인구 및 민족으로 분류하여 보고서를 작성해 보자.

> **관련 학과** 사학과, 역사학과, 고고학과, 문화인류학과, 인류학과, 한문학과, 국어국문학과, 중어중문학과, 일어일문학과
> 《**연동하는 동아시아 문화**》, 동북아역사재단, 역사공간(2016)

[12동역01-02] ●●●

생태환경을 바탕으로 형성된 유목 세계, 농경 세계, 해양 세계의 삶을 이해한다.

➡ 동아시아 지역에는 열대기후, 건조기후, 온대기후, 냉대기후, 한대기후, 고산기후 등 다양한 기후가 분포한다. 또 계절풍의 영향을 받아, 여름철에는 바람이 바다에서 대륙을 향해 불어 비가 많이 내리며 덥고 습한 날씨가 나타난다. 반면 겨울철에는 바람이 대륙에서 바다를 향해 불어 춥고 건조한 날씨가 이어진다. 기후에 따른 동아시아 각 지역의 생업, 음식, 주거 등 생활 문화의 공통점과 차이점을 비교·분석하여 보고서를 작성해 보자.

> **관련 학과** 인문계열 전체
> 《**바다의 아시아 2**》, 무라이 요시노리 외 3명 편, 김현영 역, 다리미디어(2003)

단원명 │ 교류와 갈등의 현장에서 만난 역사

> **|🔍|** 청동기, 비단길, 인구 이동, 다원적 외교, 몽골 제국, 동서 교역, 유학, 불교, 율령, 성리학, 양명학, 임진 전쟁, 병자 전쟁, 조공 무역, 은 유통, 조공·책봉

동아시아의 지역 간 교류를 보여 주는 문화유산을 탐구한다.

➡️ 홍산(紅山) 문화는 중국 네이멍구자치구 츠펑시에 위치한 홍산을 중심으로 하는 후기 신석기 시대 문화를 가리킨다. 홍산 문화의 존속 기간은, 학자들 간의 편차는 있지만, 문화층의 퇴적 양상과 출토 유물의 방사성 동위원소 연대측정 데이터에 따라 대체로 기원전 4,500~3,000년으로 본다. 홍산 문화에서는 채도를 비롯한 다양한 토기와 용 모양의 옥기 등 세련된 옥기가 대량으로 출토되었다. 홍산 문화의 발견 과정, 유적과 유물의 고고학적 특징, 홍산 문화를 문명으로 볼 수 있는가의 문제, 고조선과의 관련성 등에 대해 조사하여 보고서를 작성해 보자.

관련 학과 고고학과, 고고미술사학과, 문화인류학과, 문화재학과, 문화재관리학과, 문화재보존학과, 사학과, 역사학과, 융합고고학과, 인류학과, 한국사학과, 한문학과

《홍산문화의 이해》, 복기대, 우리역사연구재단(2019)

종교와 사상을 중심으로 동아시아 각 지역 간 교류 양상을 파악한다.

➡️ 인도에서 탄생한 불교는 후한 말기를 거쳐 3세기 무렵 중국 사회에 점차 확산하기 시작했다. 그리고 4세기 경 한반도에 전해졌다. 일본 열도에는 6세기경 백제를 통해 전래되었다. 동아시아 각국의 불교 수용 과정을 당시의 정치적·사회적 상황과 연결 지어 조사해 보고, 불교가 동아시아 사회에 끼친 영향을 정치, 사회, 문화, 예술 등 다양한 측면에서 탐구하여 발표해 보자.

관련 학과 신학과, 종교학과, 철학과, 사학과, 인류학과, 문화인류학과, 인문학부, 한문학과, 고고미술사학과, 문화재학과, 문화재관리학과, 문화재보존학과

《동아시아 불교》, 조윤호 외 4명, 전남대학교출판문화원(2018)

몽골의 팽창 및 17세기 전후 동아시아 전쟁이 초래한 변화를 이해한다.

➡️ '항왜'는 조선에 항복한 일본인들을 가리키던 용어이다. 좁은 의미에서는 임진왜란 당시 조선 또는 명에 투항한 일본군을 가리키며, 흔히 쓰이는 '항왜'는 바로 이들을 가리킨다. 항왜는 전쟁 당시 조선군의 전력 향상에 적지 않은 도움을 주었고, 전쟁이 끝난 후에도 조선에 남아 자손을 낳고 살기도 했다. 일본군의 투항 배경, 조선 정부의 항왜 수용 과정, 항왜의 활약상에 대해 조사하여 발표해 보자.

관련 학과 인문계열 전체

《사야가 김충선》(1, 2, 3), 유광남, 스타북스(2012)

이슬람과 유럽 세력의 참여를 통해 확대된 동아시아 교류의 모습을 탐구한다.

➡️ 16세기~19세기 동아시아 상황은 경제력의 성장과 더불어 인구가 급격히 증가하는 시기였다. 경제력이 바탕이 되어 서민 문화가 발달했다. 소설도 유행하게 되는데, 소설은 비록 허구이지만 소설 작품을 통해 역사를 추체험할 수도 있다. 16세기~19세기에 동아시아에서 유행했던 소설 작품을 한 편 선정해 작품 속에 나타나는 역사적 상황을 분석하고, 주인공의 입장에서 자신은 어떤 삶을 살아갔을지에 대한 에세이를 진솔하게 작성하여 발표해 보자.

국어 교과군

영어 교과군

수학 교과군

도덕 교과군

사회 교과군

과학 교과군

관련 학과 문예창작학과, 국어국문학과, 중어중문학과, 일어일문학과, 한문학과, 한국어학과, 언어학과, 동양어문학과, 문화인류학과, 사학과

《**역시나 동아시아사**》, 박중현, 해냄에듀(2019)

단원명 | 침략과 저항의 현장에서 만난 역사

| 🔍 | 제국주의, 근대화 운동, 반제국주의 민족 운동, 개항, 불평등 조약, 제1차 세계대전, 민족자결주의, 근대 국민 국가, 자유 민권 운동, 워싱턴 체제, 만주사변, 중일전쟁, 세계 대공황, 제2차 세계대전, 만국공법, 반제·반전을 위한 국제 연대, 사회 진화론, 근대적 시간 관념, 근대 도시, 태평양 전쟁

[12동역03-01] ●●●

동아시아 지역에서 전개된 제국주의 열강의 침략 전쟁을 탐구한다.

➡️ 산업혁명 이후 자본주의가 발달하면서 자원 확보 및 대량 생산한 상품의 시장으로 식민지를 경쟁적으로 건설하려는 제국주의 국가들이 등장하였다. 19세기 후반~20세기 초에는 청일전쟁, 청에 대한 제국주의 열강의 이권 침탈, 러일전쟁, 제1차 세계대전 등 제국주의 열강의 치열한 각축전이 전개되었다. 제국주의 국가의 침략에 맞선 동아시아 각국의 민족 운동 사례를 조사해, 민족 운동이 가지는 역사적 의의와 한계에 대하여 발표해 보자.

관련 학과 인문계열 전체

《**한국독립운동과 동아시아 연대**》, 한상도, 역사공간(2021)

[12동역03-02] ●●●

아시아·태평양 전쟁과 이에 대한 저항과 연대의 움직임을 파악한다.

➡️ 서구 열강의 식민지 쟁탈전과 일본의 침략이 본격화하는 가운데, 동아시아에서는 제국주의와 침략 전쟁에 반대하는 반제·반전 사상이 대두하였다. 다양한 세력들이 상호 원조와 협력을 표방하며 반제국주의 세력의 연합을 추구했다. 반제국주의를 주장한 다양한 인물들과 조직의 활동, 추구한 사상과 목표, 성과에 대해 상세히 조사하여 보고서를 작성해 보자.

관련 학과 인문계열 전체

《**놈 촘스키—현대 아나키즘과 반제국주의의 기원을 찾아서**》, 박홍규, 인물과사상사(2019)

[12동역03-03] ●●●

제국주의 열강의 침략과 전쟁이 지역 생활과 생태환경에 끼친 영향을 탐구한다.

➡️ 여성 운동은 여성주의를 기반으로 여성들이 주체가 되어 성 평등 사회를 실현하기 위해 벌이는 조직적이고 지속적인 사회 운동을 말한다. 동아시아 지식인들은 부국강병을 위해서는 여성도 남성과 동등한 국민으로 키워야 한다며 여성 교육을 강조하였다. 정부와 민간에서 설립한 여학교는 여성 교육의 산실이었다. 동아시아 각국에서 벌어진 여권 신장을 위한 다양한 노력과 그 결과에 대해 조사하여 보고서를 작성해 보자.

관련 학과 인문계열 전체

《**여성운동 프레임과 주체의 변화**》, 박인혜, 한울아카데미(2011)

단원명 | 평화와 공존의 현장에서 만난 역사

🔍 연합국의 전후 처리, 냉전, 자본주의, 사회주의, 국·공내전, 중국의 공산화, 6·25전쟁, 한일 국교 정상화, 베트남 전쟁, 데탕트, 일본의 55년 체제, 한국 경제발전과 민주화, 타이완의 경제 성장과 민주화, 대약진 운동, 중국의 개혁·개방, 북한의 체제 고착화, 베트남의 개혁·개방, 동아시아 지역 갈등, 동아시아 역사 갈등, 문화대혁명

[12동역04-01] • • •

냉전 시기 동아시아 지역에서 전개된 전쟁을 탐구하고, 각국의 정치·사회적 변화를 파악한다.

➡ 중일전쟁이 일어나자 국민당과 공산당은 협력하여 일본과 싸웠으나, 제2차 세계대전이 끝난 후 다시 대립하였다. 결국 1946년 전면적인 내전이 발발했다. 내전 초기에는 병력과 장비 면에서 우세한 국민당군이 전쟁을 주도했으나 결국 공산당군이 승리해 중화인민공화국이 수립되었다. 국·공내전 발발의 배경, 내전의 경과, 공산당군 승리의 요인, 전후 중국 정세의 변화에 대해 조사하여 발표해 보자.

관련 학과 인문계열 전체

《국공내전》, 이철의, 앨피(2023)

[12동역04-02] • • •

경제 및 대중문화 교류가 확대되는 모습을 이해하고, 다문화 사회의 현실을 파악하여 공존을 위한 노력을 모색한다.

➡ 1991년 말 민주화 혁명이 일어난 후 몽골은 계획 경제 체제를 폐기하고 사회적 시장 경제 체제를 도입하였다. 현재 몽골은 남북한 동시 수교국이다. 울란바토르 시내를 달리는 차량의 거의 대부분은 한국산이며, 2,000여 명의 한국인들이 몽골에서 학교, 병원, 기업 등을 운영하고 있다. 그리고 한국에도 2만 명 이상의 몽골인들이 살고 있다. 최근 대한민국 정부가 수차례 공개적으로 자원 외교의 중요성을 역설한 후 대한민국 기업들의 자원 개발 투자가 쇄도했는데, 가장 대표적인 투자 지역 가운데 한 곳이 몽골이다. 현재 우리나라와 몽골의 경제·사회·문화 교류 상황을 조사하여 발표해 보자.

관련 학과 인문계열 전체

《몽골》, 론리플래닛 편집부 편, 이동진 외 5명 역, 안그라픽스(2018)

[12동역04-03] • • •

동아시아의 역사 및 영토 갈등과 새롭게 대두되는 문제를 파악하고 해결하려는 자세를 갖는다.

➡ 동아시아는 경제적 측면뿐 아니라 정치적·외교적 측면에서 세계에서 차지하는 비중이 높아지고 있다. 그렇기에 삼국이 주도권 다툼을 위해 싸우고 대립하기보다는 평화와 상생으로 나아갈 수 있다면 희망찬 미래를 맞이하게 될 것이다. 제2차 세계대전 이후 동아시아 삼국이 과거의 갈등과 대립을 극복하기 위해 전개하고 있는 교류와 협력의 사례를 조사하여 보고서를 작성해 보자.

관련 학과 인문계열 전체

《글로벌교육과 동아시아 평화》, 박성인, 한국학술정보(2023)

선택 과목	수능	절대평가	상대평가
진로 선택	X	5단계	5등급

단원명 | 시민 생활과 정치

> | 🔎 | 좁은 의미의 정치, 넓은 의미의 정치, 의사결정, 갈등 해결, 이익 조정, 자유, 평등, 직접 민주주의, 정치의 필요성, 인간의 존엄성, 대의 민주주의, 고대 민주주의, 근대 민주주의, 시민혁명, 현대 민주주의, 공동체 주의, 자유주의, 다수결, 소수 의견 존중, 대화와 타협, 숙의와 심의, 토론, 사회 계약설

[12정치01-01] ●●●

정치의 의미와 공동체 유지 발전에 정치가 필요한 이유를 이해하고, 일상생활에서 나타나는 정치의 사례를 찾아 분석한다.

➡ 정치적 의사결정은 도덕적 이념이나 원칙과 충돌하는 경우가 있다. 정치적 의사결정이 도덕적 가치와 윤리적 원칙을 어떻게 반영하거나 충돌하는지 분석해 보자. 이는 정치적 리더십의 도덕성, 정책 결정의 윤리, 그리고 공공 문제에 대한 윤리적 고민을 다루는 데 중요한 주제이다. 국가가 안보 이유로 감시 및 인권 침해를 정당화하려는 것, 국제 난민 문제, 공공 안전을 위한 인권 제약, 국가의 도덕적 의무와 국제 인권 기준의 충돌 등을 그런 사례로 탐구할 수 있다. 이러한 국가의 정치적 행위가 도덕과 어떻게 부딪히는지, 이를 극복하기 위한 사회적 합의는 어떤 방식으로 이루어지는지 대해 조사하고 발표해 보자.

관련 학과 인문계열 전체

《군주론》(무삭제 완역본), 마키아벨리, 김운찬 역, 현대지성(2021)

[12정치01-02] ●●●

민주주의 이념을 이해하고, 이를 구현하기 위한 다양한 민주주의의 모델을 탐색한다.

➡ 민주주의의 철학적 기반에 대한 연구를 진행할 수 있다. 이러한 철학적 원리와 윤리적 가치에 대한 내용을 인문학적 관점에서 심화해 보자. 다양한 민주주의 모델들에 대한 윤리적 기반을 찾고 민주주의 모델들이 발생하게 된 원인과 관련 이론을 조사해 발표할 수 있다. 당시의 역사적 배경과 문화적 배경을 참고하여 탐구를 해 보자. 또한 민주주의 모델을 통해 사회 정의가 실현된 구체적 사례를 분석한 뒤 자신의 생각을 덧붙여 발표할 수 있다.

관련 학과 인문계열 전체

《진보와 빈곤》, 헨리 조지, 이종인 역, 현대지성(2019)

[12정치01-03] ●●●

민주 정치의 역사적 발전 과정을 이해하고, 현대 민주 정치의 다양한 사상적 배경을 비교·분석한다.

➡ 정치철학과 민주주의를 주제로 탐구를 진행할 수 있다. 인문학적 관점에서 다양한 정치철학자들의 민주주의

개념을 비교하고 분석해 보자. 플라톤, 홉스, 존 로크, 루소, 마르크스, 미셸 푸코, 한나 아렌트와 같은 철학자들이 민주주의를 어떻게 이해하고 정의했는지 탐구해 보자. 각 사상가들이 민주주의에 대해 어떻게 말하고 있는지 공통점과 차이점을 찾아 비교해 보자. 또한 이를 바탕으로 자신이 생각하는 민주주의의 정의에 대해 발표해 보자. 또한 앞으로 민주주의가 나아가야 할 방향에 대한 대안을 제시할 수도 있다.

관련 학과 인문계열 전체

《**현대 의회주의의 정신사적 상황**》, 카를 슈미트, 나종석 역, 도서출판길(2012)

[12정치01-04] ● ● ● ●

민주주의를 실현하기 위한 원리를 탐색하고, 이러한 원리를 일상생활에 적용한다.

❯ 민주주의의 핵심 목표 중 하나는 사회 정의 실현이다. 다수결은 때로 소수의 의견을 무시할 수 있으므로, 이것이 어떻게 사회적 정의와 양립되는지 논의해 보자. 롤스(Rawls)의 정의에 대한 연구와 민주주의의 관계에 대한 내용을 주제로 탐구를 진행할 수 있다. 여기에 더해 역사적·문화적·지역적 맥락을 고려하여, 다양한 국가 및 시대에서 소수자의 권리와 다수결이 어떻게 상이하게 다뤄졌는지 비교 연구를 수행할 수 있다. 소수 의견을 포용하고 민주주의 시스템에서 다양성을 증진하기 위한 정책적 방법 중 하나인 공론조사를 주제로 탐구를 진행할 수도 있다. 이 조사 방법의 특징을 알아보고 소수자의 권리가 어떻게 보장되고 있는지 탐구하여 발표해 보자.

관련 학과 인문계열 전체

《**정의란 무엇인가**》, 마이클 샌델, 김명철 역, 와이즈베리(2014)

단원명 | 정치 과정과 참여

| 🔍 | 정치 과정, 투입, 산출, 환류, 요구, 지지, 정책, 결정, 참여, 정당의 의미, 정치 참여의 방법, 이익 집단, 시민 단체, 언론, 시민 참여, 선거, 선거의 중요성, 다수대표제, 소수대표제, 비례대표제, 선거구제, 선전, 미디어 리터러시, 미디어 교육, 미디어와 정치, 프로파간다, 가짜 뉴스의 구별, 보도의 사실성 |

[12정치02-01] ● ● ● ●

민주 국가의 정치 과정을 분석하고, 시민이 정치 과정에 참여해야 하는 이유를 탐색한다.

❯ 정치적 참여가 시민의 정체성과 연결되는 방식에 대한 연구를 진행할 수 있다. 정치적 활동이 시민의 정체성, 가치 및 신념에 어떤 영향을 미치는지 탐구해 보자. 정치적 효능감처럼 자신이 정치에 참여하고 있다는 사실이 개인의 정체성에 영향을 미칠 수 있다. 다양한 정치 과정 참여 사례를 분석하고 이러한 참여가 사회와 개인을 어떻게 변화시키는지를 주제로 탐구를 진행해 보자. 시민들이 정치 과정에 참여하는 도덕적 이유에 대한 탐구를 함께 진행할 수 있다. 공공 민주주의와 시민의 도덕적 의무 간의 관련성을 주제로, 시민 참여가 도덕적 책임과 어떻게 관련되는지도 탐구해 보자.

관련 학과 인문계열 전체

《**분별 없는 열정**》, 마크 릴라, 서유경 역, 필로소픽(2018)

[12정치02-02] ● ● ● ●

민주 정치에서 정당의 의미와 역할을 탐구하고, 다양한 정치 참여의 방법을 비교, 분석한다.

➡ 정당의 역사와 발전을 주제로 탐구를 진행할 수 있다. 우리나라나 다른나라의 대표적인 정당이나 정당 운동의 역사를 탐구하고, 그 정당의 아이디어, 이념 및 발전 과정을 조사해 보자. 이를 바탕으로 정당의 역사를 통해 정치와 사회가 어떻게 형성되고 변화하는지 분석하여 생각을 정리하고 발표할 수 있다. 정당의 이념적 토대, 가치관, 정책 목표 및 이데올로기에 대한 분석도 함께 정리해 보자. 특정 정당이 가지고 있는 정치철학과 사상을 조사하고 비교하면서 정당의 당론과 이익 실현 방안을 분석할 수 있다. 또한 이러한 철학을 바탕으로 어떤 정책이 만들어지는지도 찾아볼 수 있다.

`관련 학과` 인문계열 전체

《**우리는 왜 서로를 미워하는가**》, 에즈라 클라인, 황성연 역, 윌북(2022)

[12정치02-03] • • •

대의제에서 선거의 중요성과 선거 제도의 다양한 유형을 이해하고, 우리나라 선거 제도의 특징과 문제점을 분석한다.

➡ 선거 캠페인에서 사용되는 언어에 대해 분석하고, 이러한 언어적 전략이 후보자의 이미지 형성과 유권자에게 끼치는 영향을 주제로 탐구를 진행할 수 있다. 정치 연설, 광고, SNS에 사용되는 정치적 언어에 대한 언어 분석을 해 보자. 각 매체별, 지역별, 역사적으로 언어가 어떻게 사용되고 변화하고 있는지 특징을 비교해서 발표할 수도 있다. 예를 들어 2016년 영국에서 진행된 브렉시트 투표 캠페인에서는 언어 사용이 중요한 역할을 했다. 브렉시트 지지자들과 반대자들은 이탈과 유지 주장을 언어를 통해 전달하고 설득하려고 "Take Back Control"과 "Stronger In"과 같은 간결하고 강렬한 슬로건을 사용했다.

`관련 학과` 인문계열 전체

《**선거에서 이기는 법**》, 퀸투스 툴리우스 키케로, 이혜경 역, 매일경제신문사(2020)

[12정치02-04] • • •

미디어를 통한 정치 참여 방법의 특징과 문제점을 분석하고, 유권자이자 피선거권자로서 미디어를 비판적으로 활용하는 태도를 지닌다.

➡ 가짜 뉴스 제작자와 전파자 및 소비자의 윤리적 책임과 과제를 고찰할 수 있다. 가짜 뉴스와 관련해서 우리가 어떻게 윤리적 판단을 내릴 수 있는가를 탐구해 보자. 올바름에 대한 기준을 정의하고 이를 분석한 학자들의 이론과 태도를 바탕으로 자신의 생각을 정리하여 발표할 수 있다. 과거의 가짜 뉴스부터 최근의 가짜 뉴스까지 이를 통해 사회가 어떤 방식으로 변해 왔고 이것들을 대하는 태도가 어떻게 달라졌는지 비교해서 발표해 보자. 또한 가짜 뉴스를 해결하기 위한 다양한 방법들을 인문학적으로 탐구할 수도 있다.

`관련 학과` 인문계열 전체

《**개소리는 어떻게 세상을 정복했는가**》, 제임스 볼, 김선영 역, 다산초당(2021)

단원명 | 민주 국가의 정부 형태

🔍 정치 권력의 의미, 법치주의, 강제성, 복지국가, 헌법, 정부 형태, 대통령제, 의원 내각제, 헌법, 영국과 미국의 정부 형태, 입법부, 행정부, 사법부, 3권 분립, 거부권, 권력기관, 견제와 균형, 탄핵, 국정감사, 지방자치, 지방자치 제도, 지방자치 단체, 풀뿌리 민주주의, 권력 분립, 단체자치, 주민자치

정치 권력의 의미와 특징을 이해하고, 근대 이후 국가 권력이 형성되는 원리를 이해한다.

➡️ 국가의 역사적 변천 과정, 국가 권력의 발전, 중요한 정치 사건 등을 조사할 수 있다. 아프리카, 아시아, 유럽에서 국가들이 어떻게 형성되었는지 비교해 보자. 국가 권력, 국민 주권, 국가의 역할 등에 관한 사상가들의 이론과 그 역사적 맥락을 살펴보고, 실제 사례와 비교해서 발표를 진행해 보자. 또한 정치 지도자와 리더십에 관해 연구할 수도 있다. 지도자의 생애와 정책, 행동, 언어, 이미지 등을 분석해 국가 권력에 미치는 영향을 살펴보자.

관련 학과 인문계열 전체

《**권력의 법칙**》, 로버트 그린 외 1명, 안진환 외 1명 역, 웅진지식하우스(2009)

민주 국가의 정부 형태인 대통령제와 의원 내각제의 특징을 비교하여 이해하고, 우리나라 정부 형태의 특징을 헌법을 통해 분석한다.

➡️ 대통령제와 의원 내각제는 권력의 분배 구조, 정의에 대한 해석, 자유와 책임에 대한 국가의 역할을 규정하는 방식에 차이를 보인다. 우리나라의 정부 형태인 대통령제의 근거가 되는 정치 철학에 대해 분석하고, 대통령제를 채택한 나라들이 해당 정부 형태를 선택한 역사적 배경에 대해 조사해 보자. 또한 대통령제와 의원 내각제를 절충하여 적용한 국가들에 관해 알아보는 탐구 활동을 진행할 수도 있다.

관련 학과 인문계열 전체

《**세상에서 가장 가난한 대통령 무히카**》, 미겔 앙헬 캄포도니코, 송병선 외 1명 역, 21세기북스(2015)

입법부, 행정부, 사법부의 역할을 이해하고, 이들 간의 상호 관계를 권력 분립의 원리에 기초하여 분석한다.

➡️ 권력 분립의 원리를 정치 철학의 발전과 연관 지어 탐구할 수 있다. 예를 들어 고대 그리스 정치 철학의 국가 권력 개념과 개인의 자유 보장을 위해 국가 권력을 여러 기관이 나누어 맡아야 한다는 이론이 등장한 근대 이후의 정치 철학을 비교, 발표하는 활동을 수행할 수 있다. 또한 권력 분립의 원리가 위협받아 인권 침해가 발생한 구체적 사례를 조사해 입법부와 행정부, 사법부가 서로 견제해야 하는 이유를 심층 탐구할 수 있다.

관련 학과 인문계열 전체

책 소개

서자 부르디외는 언어 활동은 진공 상태에서 이루어지는 것이 아니라 복잡한 관계와 규칙 속에서 이루어지는데, 이 과정에서 보이지 않는 권력 관계가 은밀하게 형성될 수 있으며 이로 인해 이익을 얻는 자와 손해를 보는 자가 갈린다고 주장한다. 이러한 생각을 토대로 부르디외는 교육·사회·정치·철학 등 우리를 둘러싼 제도 및 사상의 전반을 분석하고, 권력을 다양하고 미묘한 형태로 언어 안에 숨기려는 전략과 이 전략을 통해 은밀하게 특권을 획득하려는 시도를 가차 없이 폭로한다.

언어와 상징권력
피에르 부르디외, 김현경 역,
나남(2020)

세특 예시 ··

진로심화 독서시간에 '언어와 상징권력(피에르 부르디외)'을 읽고 갈등의 언어가 사회와 어떻게 연결되어 있는지 확인하는 시간이 되었다고 밝힘. 언어란 단순히 개인의 품성이나 문법 능력만 표현하는 것이 아니라 이를 통해 권력을 지닐 수 있다고 말함. 또한 언어가 가지고 있는 다양한 특성들이 계층을 은유하거나 사회적 지위를 암시할 수 있다는 점을 지적하였음. 실제로 계층별로 쓰는 단어와 유형들 그리고 문법 체계가 다르다는 것을 다양한 문화권의 비교를 통해 분석하고 사례로 제시함. 이를 통해 언어의 습득부터 사용까지 계층적 차이를 줄이려는 노력이 필요하며, 특히 공교육 체계에서 이러한 사용이 가능하도록 교육의 방향이 결정되어야 한다는 점을 지적하였음.

[12정치03-04] • • •

중앙정부와의 관계 속에서 지방자치의 의의를 이해하고, 우리나라 지방자치의 현실과 과제를 탐구한다.

➡ 특정 지역의 문화와 정체성은 그 지역의 역사, 예술, 언어, 음식, 의류 등과 관련이 있다. 인문학적 연구는 지역 사회가 자체적인 문화와 정체성을 어떻게 형성하고 유지하는지 알려줄 수 있다. 이러한 내용이 정치적으로 어떻게 연관되어 있는지 분석해 보자. 또한 지방 정부들 사이에 갈등이 발생했을 때 중앙 정부가 개입하여 중재하는 사례 역시 탐구주제로 적합하다. 지방 정부가 지역 정체성과 관련된 특별한 정책을 제정하고 시행하는 과정이나 지방 자치의 역사를 탐구할 수도 있다.

관련 학과 인문계열 전체

《**지방자치 철학자들 그리고 한국의 지방자치**》, 김석태, 한국학술정보(2019)

단원명 | 국제 사회와 정치

| 🔍 | 국제 사회의 특징, 국제 사회의 변화 과정, 국제 정치, 현실주의, 자유주의, 분쟁, 내전, 국제연합, 국제, 사법재판소, 국제 기구, 비정부기구, 국제 질서, 국제 분쟁, 이어도, 독도, 영유권 분쟁, 자원 분쟁, 외교, 갈등의 원인, 세계시민, 평화적 해결 방안, 국제 문제의 원인

[12정치04-01] • • •

국제 사회의 특징과 변화 과정을 이해하고 국제 정치를 바라보는 관점을 비교하여 분석한다.

➡ 국제 정치에서 국가 또는 국제 단체의 정체성은 어떻게 형성되며, 정체성과 정책 결정 사이의 관계는 어떻게 작용하는지 연구할 수 있다. 특정 국가의 역사, 문화, 언어, 종교 및 가치 체계가 그 국가의 국제 정치에서의 역할에 미치는 영향을 조사해 보자. 다양한 언어들이 국제 정치에서 어떻게 사용되고 있으며 언어에 따라 사회적 위상이 어떻게 바뀌는지 분석해 볼 수 있다. 또한 종교와 문화도 같은 방식으로 탐구해 보고 문화 사대주의나 종교적 우월주의가 어떻게 발생하고 확산되는지 비교, 분석해 보자.

관련 학과 고고학과, 문예창작학과, 사학과, 상담심리학과, 심리학과, 인류학과, 종교학과, 철학과
《**차이나는 클라스: 국제정치 편**》, JTBC 차이나는 클라스 제작진, 중앙북스(2020)

[12정치04-02] ● ● ●

다양한 국제 문제의 원인을 분석하고, 이를 해결하기 위해 국가를 비롯한 여러 주체가 수행하는 활동을 분석한다.

➡ 역사적 탐구는 국제 갈등의 뿌리를 파악하는 데 도움이 된다. 역사는 국제 관계의 복잡성을 이해하는 데 필수적이며, 사례 연구를 통해 역사적 사건 및 중요한 인물의 역할을 찾아낼 수 있다. 역사와 관련하여 국제적 분쟁이 일어난 사례를 찾아보고, 그 뿌리를 분석해 보자. 최근에 일어난 사건이라도 그 뿌리는 상당히 오래전의 과거일 수 있다. 이러한 사건들을 어떻게 해결해야 하는지 평화적인 해결책을 제안해 보자. 이러한 갈등의 해결을 위해 세계시민으로서 필요한 자질이 무엇인지도 함께 탐구할 수 있다.

관련 학과 인문계열 전체
《**국제분쟁해결**》, J. G. Merrills, 김병근 역, 피앤씨미디어(2022)

[12정치04-03] ● ● ●

우리나라를 둘러싼 국제 관계를 이해하고, 외교적 관점에서 한반도를 둘러싼 국제 질서를 분석한다.

➡ 한·중·일의 역사적 상호작용은 이 지역의 국제 관계를 이해하는 데 중요한 역할을 한다. 인문학적 연구를 통해 이들 국가 간의 역사, 제국주의, 전쟁, 협력 및 갈등의 원인을 비교하고 분석할 수 있다. 다양한 협력과 갈등의 사례를 분석한 뒤, 이러한 현상이 발생하는 원인에 대해 조사하고 발표해 보자. 예를 들어 언어와 문화를 통해 발생한 3국의 갈등과 협력의 원인을 조사할 수 있다. 언어와 문화의 차이와 공통점을 알아보며 이러한 차이나 공통점 때문에 발생한 다양한 사례들을 탐구할 수 있다. 이를 통해 3국이 나아가야 할 방향에 대한 정책이나 대안을 제시해 보자.

관련 학과 고고학과, 문예창작학과, 사학과, 상담심리학과, 심리학과, 인류학과, 종교학과, 철학과
《**문화로 읽는 십이지신 이야기 뱀**》, 이어령 편, 열림원(2011)

[12정치04-04] ● ● ●

국제 사회에서 발생하는 다양한 갈등의 원인을 분석하고 세계시민으로서 갈등을 해결하는 자세를 갖는다.

➡ 국가 간의 언어와 문화의 차이는 다양한 갈등의 원인이 된다. 문화 간 커뮤니케이션 과정에서 언어와 문화의 차이로 인해 발생하는 비언어적 메시지의 오역, 자문화 중심주의, 다른 문화에 대한 배타적인 태도 등은 역사적으로 수많은 국제 문제를 일으켜 왔다. 따라서 우리나라와 다른 나라의 언어 및 문화 차이를 이해하는 활동은 국제 협력과 원활한 의사소통에 매우 중요하다. 인문학적 관점에서 언어와 의사소통의 역할을 이해하고, 문화 간 소통을 주제로 탐구를 진행해 보자. 또한 우리나라의 역사적, 문화적 맥락을 국제 관계와 연결 지어 탐구할 수도 있다.

관련 학과 고고학과, 문예창작학과, 사학과, 상담심리학과, 심리학과, 인류학과, 종교학과, 철학과
《**인문학은 언어에서 태어났다**》, 강준만, 인물과사상사(2014)

국어 교과군

영어 교과군

수학 교과군

도덕 교과군

사회 교과군

과학 교과군

선택 과목	수능	법과 사회	절대평가	상대평가
진로 선택	X		5단계	5등급

단원명 | 개인 생활과 법

> **|🔍|** 가족 관계, 혼인, 출생, 상속, 친자, 친권, 부부 관계 , 채권, 계약, 불법 행위, 사적 자치, 민법, 위법 행위, 손해배상, 물권, 부동산, 동산, 권리, 의무, 법률관계, 법적 문제 해결

[12법사01-01] ●●●

가족 관계와 관련된 기본적인 내용인 혼인·출생·상속 등을 이해하고, 이를 일상생활의 사례에 적용한다.

➡️ 가족의 구조와 역할은 시대와 문화에 따라 다양하게 변화해 왔다. 가족의 개념과 역할이 시대와 문화에 따라 어떻게 바뀌었는지를 주제로 탐구를 진행할 수 있다. 가족의 형태와 혼인, 상속 등의 법적 효력이 언제부터 인정되었는가를 주제로 역사적 변화 과정을 탐구해 보자. 또한 산업 구조, 종교, 특정 사회가 공유하는 가치관과 같은 여러 요인이 혼인의 형태와 가족 구성원의 역할에 미치는 영향을 조사하여 발표할 수 있다.

관련 학과 인문계열 전체

《**아빠의 이동**》, 제러미 스미스, 이광일 역, 들녘(2012)

[12법사01-02] ●●●

채권 관계와 관련된 기본적인 내용인 계약, 불법 행위 등과 사적 자치를 이해하고, 이를 일상생활의 사례에 적용한다.

➡️ 채권 관계는 인간에게 사유 재산이라는 개념이 생기고 개인 간의 거래가 이루어지기 시작할 때부터 존재하였다. 따라서 계약 관계와 사적 자치의 원리가 시대의 흐름에 따라 변화하는 과정을 조사할 수 있다. 또한 채권의 기본 원칙은 인간의 소유와 권리에 대한 철학적 이론과도 연관되어 있다. 그러므로 인간과 인간 사이의 계약 관계가 도덕적, 윤리적으로 어디까지 인정되어야 하는가를 주제로 탐구를 진행할 수 있다. 채권은 소유와 권리의 중요한 측면 중 하나이다. 채권의 소유와 권리에 대한 철학적 이론을 조사해 보자. 소유와 관련된 법적 개념이 인간의 도덕 및 윤리와 어떻게 관련되는지도 함께 탐구할 수 있다.

관련 학과 인문계열 전체

《**민법사상사**》, 김상용, 피앤씨미디어(2016)

[12법사01-03] ●●●

물권 관계와 관련된 기본적인 내용인 부동산·동산에 관한 권리의 기능과 특징, 권리와 의무로 구성되는 법(률) 관계를 이해하고, 이를 일상생활의 사례에 적용하여 법적 문제를 해결한다.

➡️ 물권의 역사적 배경과 개념적 진화를 주제로 탐구해 보자. 물권이 어떻게 형성되었고 과거의 재산 개념과 어떻

게 관련되어 있는지 찾아보고 이러한 형성 과정에 영향을 미친 사건을 비교하거나 심층적으로 탐구할 수 있다. 채권과 비교해 어떤 차이가 있는지 비교하고 근대 역사에서 물권법이 필요해진 사례를 중심으로 탐구를 진행해 보자. 최근 부동산과 관련한 많은 사례들이 있다. 이러한 사례에서 물권이 어떻게 사용되고 있는지 알아보고, 물권으로 보장받지 못하는 사례가 있다면 어떻게 대처할 수 있는지 제안해 보자.

관련 학과 인문계열 전체

《**부동산물권 법리의 쟁점**》, 김판기, 충북대학교출판부(2018)

단원명 | 국가 생활과 법

> |🔍| 민주주의, 법치주의, 권력 분립, 입법부, 사법부, 행정부, 기본권, 인간의 존엄과 가치 및 행복 추구권, 자유권, 평등권, 사회권, 참정권, 청구권, 기본권 제한, 형법, 죄형 법정주의, 범죄의 성립 요건, 위법성 조각 사유, 형벌의 종류, 형사소송, 법원, 헌법재판소, 판결, 항소, 항고, 입법론적 해결

[12법사02-01]   ●●●

민주주의와 법치주의의 발전 과정을 이해하고, 우리나라 권력 분립의 원리를 탐구한다.

➡ 법치주의와 인권, 정의 사이의 상호작용을 탐구할 수 있다. 법치주의 원칙이 인권 보호와 어떤 관련이 있는지, 법치주의가 인권의 진화와 보장에 어떤 영향을 미치는지 사례를 찾아 조사해 보자. 예를 들어 브라운 판결이나 로 대 웨이드 판결 등의 사례를 조사할 수 있다. 더 다양한 사례들을 찾아 분석해 보자. 또한 법치주의와 정의 사이의 관련성을 조사할 수 있다. 법과 사회의 정의, 합목적성, 법적 안정성에 대한 다양한 철학적 관점을 탐구하고, 법치주의가 정의에 어떤 영향을 미치는지 분석해 보자.

관련 학과 인문계열 전체

《**법치주의 이야기**》, 마리아나 발베르데, 우진하 역, 행성B(2016)

[12법사02-02]   ●●●

우리나라 헌법의 기본 원리와 기본권 내용을 이해하고, 기본권 제한의 요건과 한계를 탐구한다.

➡ 인문학적 연구를 통해 기본권의 역사적 변천을 이해할 수 있다. 기본권이 시대와 문화에 따라 어떻게 진화하고 변화했는지, 역사적 사건과 이론적 내용을 바탕으로 탐구를 진행해 보자. 또한 최근 범죄자와 피해자의 인권과 관련된 다양한 사례들이 보도되고 있다. 범죄자의 인권과 피해자의 인권이 양립할 수 있는지 생각해 보고, 과거의 사례와 현세의 사례를 비교해 문제점이 있다면 어떻게 개선할 수 있는지 자신의 생각을 덧붙여 발표해 보자.

관련 학과 인문계열 전체

《**사람이 사는 미술관**》, 박민경, 그래도봄(2023)

[12법사02-03]   ●●●

형법의 의의와 기능을 죄형 법정주의를 중심으로 이해하고, 범죄의 성립 요건과 형벌의 종류, 형사 절차를 탐구한다.

➡ 범죄와 문화 간의 관련성을 탐구할 수 있다. 범죄와 범죄자는 문화적·사회적·정치적 및 역사적 맥락에서 형성

국어 교과군

영어 교과군

수학 교과군

도덕 교과군

사회 교과군

과학 교과군

된다. 범죄의 문화적 표현, 범죄 소설 및 영화, 범죄 소송과 범죄자의 문화적 위치 등을 인문학적 맥락에서 탐구할 수 있다. 범죄의 역사와 종류, 범죄와 도덕의 갈등을 표현한 다양한 문학 작품과 예술 작품을 분석해 보자. 또한 형법은 법적 윤리와 도덕적 윤리 사이의 관계를 다루는 주제다. 법이 어떻게 도덕적 원칙과 충돌하거나 일치하는지, 법적 규제와 도덕적 판단 간의 관계를 조사하여 발표해 보자.

관련 학과 인문계열 전체

우리 시대의 회복적 정의

하워드 제어, 손진 역,
대장간(2019)

책 소개

회복적 정의는 징벌과 응보 위주의 사법 체제가 아니라, 피해자의 상처와 고통을 치유하는 것을 목표로 하는 사법 체제로의 변화를 촉구하는 운동이다. 이는 비단 사법 체제만이 아니라 한 사회에서 정의를 제대로 세워 가는 과정이기도 하다. 개인과 사회가 가진 렌즈를 바꾸는 일은 정의를 회복하는 첫 단추이자 꼭 꿰어야 할 과정이기도 하다. 25년 전 생소했던 이 개념이 클래식이 되게 한 책이다.

세특 예시

진로심화 독서시간에 '우리 시대의 회복적 정의(하워드 제어)'를 읽고 피해자와 가해자의 관계에 대해 생각해 보게 되었다고 밝힘. 현재의 응보적 정의는 피해자의 치료와 회복을 염두에 두지 않는다고 말하면서, 이는 곧 사회적 응보라고 밝힘. 회복적 접근은 응보적 접근에 비해 훨씬 더 보편적이며 긴 역사를 가지고 있다고 말한 뒤, 회복적 접근은 범죄로 인한 피해와 그에 따른 요구 그리고 책임과 의무를 강조함으로써 그 초점이 배상으로 더 치우치게 한다고 정의함. 결국 응보 중심적 결과관이 복수를 강조한다고 하면 회복적 접근은 회복과 원상복구에 더 목적이 있으며, 이러한 관점이 피해자의 회복을 더욱 가속할 수 있다는 점을 강조하였음.

[12법사02-04] ● ● ●

법원과 헌법재판소의 법적 문제 해결 과정을 탐구하고, 사법의 의미와 한계를 인식하여 입법론적 해결이 필요한 경우를 탐구한다.

➡ 법원에서 사용하는 특별한 언어와 전문 용어에 대한 내용을 주제로 탐구를 진행할 수 있다. 예를 들어 위법성 조각 사유와 같은 법률 용어는 평소에 사용하는 말이 아니어서 이해하기 어려운 경우가 많다. 왜 이러한 사례들을 수정하지 않고 그대로 사용하는지, 이러한 용어를 사용했을 때 얻을 수 있는 이점은 무엇인지 탐구해 보자. 이러한 상황에서 타 언어 사용자들이 느끼는 다양한 사례들을 탐구할 수도 있다. 법원에서의 다국어 통역 및 번역의 중요성을 이해하고, 법원에서의 다양한 언어와 문화 간의 상호작용에 관해 탐구해 보자.

관련 학과 인문계열 전체

《과실범과 위법성조각사유》, 이용식, 박영사(2020)

단원명 | 사회생활과 법

| 🔍 | 근로자의 권리, 노동 3법, 근로기준법, 노동조합법, 노동쟁의 조정법, 단결권, 단체행동권, 단체교섭권, 노동 3권, 사회보장 제도, 독과점, 소비자의 권리, 소비자 보호법, 독과점 방지법, 지적 재산권, 인터넷 제공자, 플랫폼 노동, 지적 재산의 보호와 한계

[12법사03-01] ● ● ●

법으로 보장되는 근로자의 권리를 이해하고, 이를 일상생활의 사례에 적용한다.

➡ 노동자들의 다양한 문화·종교·인종·성별 및 사회적 정체성에 관한 탐구를 통해 근로자의 정체성에 대해 이해할 수 있다. 이를 위해 역사적으로 노동자 및 노동 운동의 과정과 현대의 사회 운동을 조사해 볼 수 있다. 노동자들이 권리와 정의를 위해 단결하고 시위하는 과정과 그 영향을 분석하여 현대의 근로자의 권리가 어떻게 형성되었는지 발표해 보자. 예를 들어 8시간 근무가 법적으로 보장되게 하는 계기가 된 사건을 조사하거나 노동조합이 법적으로 인정받게 된 일들을 살펴보고, 앞으로 노동자의 권리가 어떤 방향으로 향상되어야 하는지 자신의 생각을 덧붙여 발표해 보자.

관련 학과 인문계열 전체

《노동계급 세계사》, 워킹클래스히스토리, 유강은 역, 오월의봄(2023)

[12법사03-02] ● ● ●

인간다운 생활을 보장하려는 사회보장과 경쟁 및 소비자를 보호하기 위한 법적 근거를 탐구하고, 구체적인 사례에서 공공 쟁점을 찾아 토론한다.

➡ 독과점과 자유경제 그리고 이것들과 자본주의, 사회주의 등 이념의 관련성을 주제로 탐구할 수 있다. 예를 들어 산업혁명기의 초기 자본주의 이념이 독과점 기업 형성에 미친 영향을 조사하거나 이로 인해 발생한 부작용 및 그 대안으로 등장한 다양한 이론들에 관해 탐구할 수 있다. 독과점의 문제점이 지적되면서 이를 규제하기 위한 여러 법률 조항들이 생겨났다. 국가마다 존재하는 독점규제 및 공정거래에 관한 법률의 내용을 조사하고, 내용의 차이가 발생한 원인을 사회적·정치적 맥락과 연관지어 고찰해 보자.

관련 학과 인문계열 전체

《우리는 독점 기업 시대에 살고 있다》, 데이비드 데이옌, 유강은 역, 열린책들(2021)

[12법사-03-03] ● ● ●

현대적 법(률)관계의 특징과 지적 재산권의 의미를 이해하고, 이와 관련된 일상생활에서의 사례를 찾아보고 관련 쟁점을 토론한다.

➡ 지적 재산권의 역사와 개념의 진화에 대한 연구를 진행할 수 있다. 지적 재산권이 어떻게 발전했으며, 이전 시대의 예술, 과학, 문화 및 혁신과 어떤 관련이 있는지 이해할 수 있다. 지적 재산권과 문화적 약탈의 관련성에 대한 연구를 통해 이러한 약탈이 법적으로 어떻게 보호받고 있는지 탐구해 보자. 어떤 경우에는 지적 재산권이 문화적 현상의 부정한 사용 또는 도용을 억제하려고 시도하는데, 이에 대한 윤리적 논란과 법적 책임에 대해서도 탐구할 수 있다. 또한 공공 이익을 위해 지적 재산을 공유하려는 노력과 오픈 액세스 운동에 대한 탐구를 진행할 수도 있다.

관련 학과 인문계열 전체

국어 교과군

영어 교과군

수학 교과군

도덕 교과군

사회 교과군

과학 교과군

챗GPT가 내 생각을 훔친다면?

김미주, 책폴(2023)

책 소개

챗GPT의 저작권은 어떻게 적용될까? AI가 그린 그림의 저작권은 누가 가질까? 'BTS 치킨'을 가게 이름으로 써도 될까? 캐릭터에도 저작권이 있을까? 무료 이미지는 얼마든지 자유롭게 사용해도 될까? 유명인의 사진이나 레시피를 사용하는 것은? 요즘은 하나를 알면 둘 이상이 궁금해지는 세상이다. 알고리즘과 빅데이터로 인해 정보와 지식이 줄줄이 따라오기에 그만큼 새로운 질문도 늘어 십수 년간 지식재산권 보호 활동을 해온 저자는 그간 있었던 많은 사건들과 국내외 사례들을 알기 쉽고 재미있게 이 책에 한데 모았다.

세특 예시

진로심화 독서시간에 '챗GPT가 내 생각을 훔친다면?(김미주)'을 읽고 미래의 저작권에 대해 생각해 보는 시간이 되었다고 밝힘. 딥러닝 AI 프로그램이 활성화되면서 발생하는 다양한 문제 중 하나가 저작권이라는 점을 밝힘. 챗GPT의 방대한 정보력은 출처를 밝히지 않기에 어떠한 경로로 어떻게 수집된 자료인지 불명확하다는 점을 강조하였음. 누구든 언제라도 '예전에 내가 블로그에 써 놓은 글과 비슷한데?'라고 생각할 수 있다는 점을 밝히고, 이러한 글의 저작권이 어떻게 되어야 하는지에 대해 규정이 필요하다고 주장함. 저작물은 별도의 등록이 없더라도 창작되는 그 순간부터 저작권의 보호를 받는다는 점을 강조하면서 저작물을 이용하는 사람들에게도 별도의 교육이 필요하다는 점을 강조하였음.

단원명 | 학교생활과 법

| 🔍 | 청소년, 촉법소년, 청소년 기본법, 청소년 보호법, 청소년의 권리, 청소년의 의무, 학교 폭력, 위법소년, 소년 범죄, 사이버 불링, 법, 조약, 판례, 입법 자료, 법적 문제 해결, 사회적 논의

[12법사04-01]   ●●●

학생과 청소년이 누릴 수 있는 권리와 의무를 이해하고, 이를 학교와 일상생활의 사례에 적용한다.

➔ 청소년은 안전하고 쾌적한 환경에서 자기 발전을 추구하고 정신적·신체적 건강을 해치거나 해칠 우려가 있는 모든 형태의 환경으로부터 보호받을 권리를 가진다는 내용이 청소년 기본법에 보장되어 있다. 이를 근거로 청소년 보호법이 만들어졌으나, 많은 비판을 받고 있는 것도 사실이다. 청소년 보호법의 긍정적인 부분과 개선해야 할 점을 찾아 대안을 제시해 보자. 예를 들어 주류, 담배 등 유해한 상품을 판매하는 업소에서는 구매자가 미성년자인지 확인을 하지만, 확인했음을 입증해도 판매자가 신분증의 위조와 변조를 판별하지 못했다는 이유로 영업 정지 및 형사 처분을 당하는 사례를 들어 조사를 진행할 수 있다.

관련 학과 인문계열 전체

《**너의 권리를 주장해**》, 국제앰네스티 외 2명, 김고연주 역, 창비(2022)

[12법사04-02] • • •

학교 폭력의 해결 과정을 살펴보며, 학교생활에서 발생하였거나 발생할 수 있는 법적 문제를 발견하고 그 해결 방안을 탐구한다.

➡ 학교 폭력의 본질과 원인을 다양한 관점에서 탐구해 볼 수 있다. 문학 작품, 예술 작품 및 철학적 논의를 통해 학교 폭력 현상에 대해 이해해 보자. 또한 학교 폭력의 다양한 유형들을 학습하고 이에 대한 원인을 다양한 측면에서 분석해 보자. 예를 들어 언어 폭력은 미디어, 특히 소셜 미디어와 관련되는 경우가 있다. 이런한 관점에서 언어 폭력에 대한 탐구를 진행할 수 있다. 소셜 미디어 플랫폼에서의 언어 폭력 현상, 온라인 모욕 및 혐오 발언, 그리고 언어 폭력에 대한 대응을 주제로 탐구를 진행하고 해결책을 발표해 보자.

관련 학과 인문계열 전체

《나의 가해자들에게》, 씨리얼, 알에이치코리아(2019)

[12법사04-03] • • •

법적 문제를 해결하는 데 필요한 법, 조약, 판례, 입법 자료 등을 찾아보고, 민주시민으로서 나와 사회가 당면한 사회적 논의에 참여하는 태도를 가진다.

➡ 특정 판례가 사회적 변화를 어떻게 촉발하거나 반영하는지 탐구해 보자. 판례의 사회적 영향력과 그 영향을 분석할 수도 있다. 사회적 변화에 영향을 미친 다양한 판례들이 있다. 예를 들어 드레드 스콧 대 샌드퍼드 사건은 미국 내 노예 제도를 지원한 판례로, 노예의 인격을 부정하고 인종 갈등을 격화시켰다. 이 판례는 미국 내의 집단 갈등을 심화하여 다양한 사회 운동의 시발점이 되었다. 판례를 통해 사회가 어떻게 변화하며, 이러한 변화가 올바른 방향인지 자신의 생각을 덧붙여 발표해 보자.

관련 학과 인문계열 전체

《우리가 꼭 알아야 할 판결》, 홍경의, 나무야(2023)

국어 교과군

영어 교과군

수학 교과군

도덕 교과군

사회 교과군

과학 교과군

선택 과목	수능	경제	절대평가	상대평가
진로 선택	X		5단계	5등급

단원명 | 경제학과 경제 문제

| 🔍 | 희소성, 선택, 경제문제, 경제학, 합리적 선택, 전통경제, 시장경제, 가격기구, 경제문제의 해결, 경제적 유인, 편익, 비용, 한계 분석, 의사결정 능력, 계획경제

[12경제01-01]   • • •

인간 생활에서 자원의 희소성으로 인해 발생하는 경제 문제의 중요성을 인식하고, 경제학의 분석 대상과 성격을 이해한다.

➡ 특정 자원의 부족으로 인해 벌어진 역사적 갈등 사례를 조사하고 탐구해 보자. 희소성이 역사적 결정과 사건에 어떤 역할을 하는지 알 수 있다. 또한 자원의 희소성으로 인해 경제 주체들은 '무엇을 생산하고 누구에게 분배할 것인가?'라는 고민을 하게 된다. 이와 관련된 문제들은 국가 전체, 나아가서는 국가 간의 갈등을 불러일으키기도 한다. 현재 세계에서 발생하고 있는 분쟁들 중 희소한 자원을 둘러싸고 벌어지는 분쟁에는 무엇이 있는지, 갈등 상황의 해결을 위해서는 어떤 방법이 있는지 조사하여 발표할 수 있다.

관련 학과 인문계열 전체

《**최고의 결정**》, 로버트 루빈, 박혜원 역, 알에이치코리아(2023)

[12경제01-02]   • • •

경제 문제를 해결하는 다양한 방식의 장단점을 비교하고, 시장경제의 기본 원리와 이를 뒷받침하는 제도를 파악한다.

➡ 자본주의와 윤리를 바탕으로 탐구를 진행할 수 있다. 자본주의 경제체제에서 이익 추구와 윤리적 고려사항 간의 균형과 충돌을 분석해 보자. 자본주의는 이익 추구와 경쟁을 중심으로 한 경제 모델인데, 이 과정에서 윤리적 고려사항을 어떻게 다루어야 하는지에 대한 의문을 제기할 수 있다. 자본주의의 핵심 원리와 사회적 책임, 환경 보호, 소비자 보호 등과 같은 윤리적 이슈 간의 관계를 탐구하며 윤리학적 관점에서 자본주의 경제의 한계와 장점을 논의하고 자신의 생각을 정리하여 발표할 수 있다.

관련 학과 인문계열 전체

《**세계 끝의 버섯**》, 애나 로웬하웁트 칭, 노고운 역, 현실문화(2023)

[12경제01-03]   • • •

인간은 경제적 유인에 반응함을 인식하고, 편익과 비용을 고려하여 합리적으로 선택하는 능력과 한계 분석을 이용한 의사결정 능력을 계발한다.

→ 역사적인 사건 및 프로젝트를 비용 대 이익 분석의 관점에서 조사할 수 있다. 예를 들어 대형 인프라 프로젝트, 전쟁, 기술 혁신 등에 대한 역사적 CBA(비용-편익분석)를 수행하여 비용과 이익이 어떠한 상황인지 평가할 수 있다. 또한 문학과 경제의 상호작용을 통해서도 탐구가 가능하다. 문학 작품에 등장하는 경제 주체가 내리는 의사 결정 과정을 경제학의 개념을 사용하여 분석해 보자. 작품 속 인물들의 경제적 선택과 그 결과에 대한 비용 대 이익 분석을 심층적으로 탐구하고, 올바른 선택을 위해서는 어떻게 해야하는지 자신의 생각을 덧붙여 발표해 보자.

관련 학과 인문계열 전체

《**위기 이후의 경제철학**》, 홍기빈, EBS BOOKS(2023)

단원명 | 미시 경제

| 🔍 | 수요, 공급, 시장 균형, 가격, 거래량, 상품시장, 노동시장, 금융시장, 정부, 공공 부문, 공공재, 배제성, 공유성, 정부의 개입, 자원 배분, 효율성, 시장 기능, 공공 부분 기능, 시장 실패, 정부 실패, 외부 효과, 조세

[12경제02-01] ● ● ●

수요와 공급에 의한 시장 균형의 결정과 변동 원리를 파악하고, 이를 다양한 시장에 적용한다.

→ 균형 가격과 소비형태를 조사하여 사람들이 어떻게 제품과 서비스를 선택하고 구매하는지 탐구할 수 있다. 소비자 그룹의 정체성과 가치관에 가격이 어떤 영향을 미치는지 탐구해 보자. 예를 들어 어떤 제품이나 브랜드가 특정 사회적 그룹의 정체성에 어떤 영향을 미치는지, 소비 행위가 사회적 신념(환경 보호, 명품 지향, 가격 지향)과 연결되는지 등을 탐구할 수 있다. 명품 소비와 관련된 다양한 사례들을 조사할 수 있고, 스파브랜드와 관련된 소비문화도 탐구할 수 있는 주제가 된다. 이러한 소비문화가 국가별로 어떻게 다른지 조사하고 각 나라별 특징을 비교하여 발표도 함께 진행해 보자.

관련 학과 인문계열 전체

《**수요공급 살인사건**》, 마샬 제번스, 형선호 역, 북&월드(2015)

[12경제02-02] ● ● ●

정부를 비롯한 공공 부문의 경제적 역할을 이해하고, 조세, 공공재 등과 같이 시장의 자원 배분에 개입하는 사례를 탐구한다.

→ 공공재를 바탕으로 탐구를 진행할 수 있다. 공공재가 가지고 있는 다양한 특성들을 바탕으로 공공재의 범위에 대해 탐구를 진행해 보자 예를 들어 지식은 종종 공공재의 한 형태로 간주되고 있다. 지식 공유, 개방 저작권, 공개 교육 자료와 같은 주제를 통해 지식 공유와 지식의 역할에 대한 연구를 수행할 수 있다. 또한 지식의 접근성을 높이기 위한 방법들에 대한 탐구도 가능하다. 공공재와 관련된 도덕적 고민에 대해 탐구할 수도 있다. 예를 들어 공공재의 남용과 공정한 분배에 대한 고민을 주제로 탐구를 진행할 수 있다.

관련 학과 인문계열 전체

《**세상을 바꾼 엉뚱한 세금 이야기**》, 오무라 오지로, 김지혜 역, 리드리드출판(2022)

> **[12경제02-03]** ●●●
>
> 시장 기능과 공공 부문의 활동을 비교하고, 자원 배분의 효율성과 형평성에 미치는 영향을 평가한다.

➔ 시장실패가 도덕적인 측면에서 어떻게 평가되는지 탐구할 수 있다. 공평성, 정의, 윤리 등 인문학적 주제와 연결해 탐구를 진행해 보자. 예를 들어 시장과 도덕은 상충하는 가치관을 가질 수 있다. 시장은 주로 이기적인 이익을 추구하고 경쟁과 이익 극대화에 중점을 두고 있다. 반면에 도덕은 종종 공정성, 공공이익, 동등성, 정의 등의 가치를 강조한다. 따라서 도덕적 관점에서는 시장 활동이 사회적 불평등을 증가시키거나 환경 파괴를 초래한다고 볼 수 있다. 그러나 시장과 도덕이 상호작용할 수도 있다. 도덕적 기업 경영, 사회적 기업, 공정거래 등의 개념은 시장 활동을 더 윤리적으로 조절하려는 시도로 보인다. 이러한 상황에서 어떤 가치관을 가져야 하는지 자신의 생각을 정리해서 발표해 보자.

관련 학과 인문계열 전체

《**멈춰라, 생각하라**》, 슬라보예 지젝, 주성우 역, 와이즈베리(2012)

단원명 ┃ 거시 경제

> |🔍| 거시 경제, 국내 총생산, 물가 상승률, 실업률, 국가 경제 수준, 총수요, 총공급, 경제 성장, 경제 성장의 요인, 한국 경제의 변화, 통화 정책, 재정 정책, 경기 안정화 방안

> **[12경제03-01]** ●●●
>
> 여러 가지 거시 경제 변수를 탐색하고, 국가 경제 전반의 활동 수준을 파악한다.

➔ 실업은 개인의 정체성에 큰 영향을 미친다. 실업자들은 직업과 사회적 역할의 상실뿐 아니라 자아 정체성의 손실을 경험할 수 있다. 이러한 정체성 손실과 관련된 인문학적 탐구를 진행할 수 있다. 예를 들어 실업은 가족 구성원 간의 관계에 영향을 미칠 수 있다. 가족 내 스트레스, 금전 문제, 가정의 안정성 등과 관련된 내용으로 탐구를 진행할 수 있다. 최근 청년층의 자살률와 우울증이 증가하는 요인을 가족과의 관계를 통해 분석할 수도 있다. 원인을 분석하고 해결책을 생각해 보자.

관련 학과 인문계열 전체

《**실업자 도시 마리엔탈**》, 마리 야호다 외 2명, 유강은 역, 이매진(2021)

> **[12경제-03-02]** ●●●
>
> 경제 성장의 의미와 요인을 이해하고, 한국 경제의 변화와 경제적 성과를 균형 있는 시각에서 평가한다.

➔ 경제 성장을 위한 필수 요소인 '자유로운 사익 추구'로 인해 윤리적 문제들이 발생할 수 있다. 따라서 경제 성장 과정에서 나타나는 이윤의 극대화와 기업과 개인의 사회적 책임을 조화시키는 방안을 윤리적인 관점에서 탐구하는 활동을 진행할 수 있다. 또한 경제 성장은 부의 분배와 관련된 문제를 제기할 수 있다. 인문학적 시각에서 부의 공평한 분배와 사회적 정의에 관한 고민을 주제로 탐구를 진행할 수 있다. 예를 들어 경제 성장이 부의 불균형을 심화하는 경우 이에 대한 인문학적 성찰이 필요하다. 자신의 생각을 정리하여 발표해 보자.

관련 학과 인문계열 전체

《**크래쉬**》, 로저 로웬스타인, 이주형 역, 한국경제(2012)

[12경제03-03]   ● ● ●

경기변동의 의미와 요인을 이해하고, 경기 안정화 방안으로 재정 정책과 통화 정책을 분석한다.

➡️ 경기변동 시기에 사람들이 어떻게 변하는지 탐구할 수 있다. 예를 들어 두 편의 문학 작품을 살펴보자. 존 스타인벡의 《분노의 포도》에서는 경제적 어려움과 사회적 고통을 직접 경험하는 가족의 이야기를 통해 대공황 시기의 상황을 분석할 수 있다. 돈 드릴로의 《화이트 노이즈》를 통해서는 현대사회의 경기 불안정이 인간의 심리에 미치는 영향을 탐구할 수 있다. 아울러 경기 안정화를 위해 정부가 기울이는 재정 정책과 통화 정책의 단기적 효과에 대해 알아보고 이러한 정책들이 사회 구성원의 심리에 끼치는 영향을 생각하여 발표할 수 있다.

관련 학과 인문계열 전체

《화이트 노이즈》, 돈 드릴로, 강미숙 역, 창비(2022)

단원명 | 국제 경제

| 🔍 | 국제 거래, 국가 간 상호의존, 재화, 국가 경제와 개인의 경제생활, 서비스, 보호 무역, 외환 시장, 환율, 외화의 수요, 외화의 공급, 환율의 변동, 생산요소의 교류, 비교 우위, 절대 우위, 특화, 무역원리, 자유 무역

[12경제04-01]   ● ● ●

개방된 국제 사회에서 국제 거래를 파악하고, 국가 간 상호 의존성이 증대하고 있음을 이해한다.

➡️ 국제 사회의 개방성이 높아지고 거래가 증가하면서 재화와 서비스뿐만 아니라 언어와 풍습, 가치관과 같은 다양한 문화 요소들도 활발히 교환된다. 따라서 국가 간 상호 의존성의 증대와 더불어 국제 갈등 역시 빈번하게 발생하고 있다. 생산요소의 교환 과정에서 문화 요소도 교류되는 사례를 조사하고, 문화 충돌로 인해 발생하는 문제점과 이에 따른 해결책에 관해 탐구할 수 있다. 또한 국제 교류의 증대가 국민들의 행복지수에 끼치는 영향을 조사하는 과정을 통해 국제 교류의 긍정적 측면과 부정적 측면을 모두 살펴볼 수 있다.

관련 학과 인문계열 전체

《국제분쟁, 무엇이 문제일까?》, 김미조, 동아엠앤비(2021)

[12경제04-02]   ● ● ●

비교 우위에 따른 특화와 교역을 중심으로 무역 원리를 이해하고, 자유 무역과 보호 무역 정책의 경제적 효과를 설명한다.

➡️ 비교우위 이론은 교역에 참여하는 모든 국가와 개인이 이익을 얻는다고 주장한다. 그러나 실제로는 이익의 분배가 불균형하게 이루어지는 사례도 있다. 이러한 사례를 조사하고 탐구를 진행할 수 있다. 또한 이에 대한 공정성 및 불평등에 대한 내용을 바탕으로 무역의 정의와 사회의 정의에 대한 내용을 주제로 발표를 진행할 수도 있다. 비교 우위로 얻어지는 사회적 이득이 어떻게 분배되고 있는지 탐구하고, 소수에게 집중된 효율성이 있다면 이것을 어떻게 분배해야 하는지 자신의 생각을 덧붙여 발표해 보자.

관련 학과 인문계열 전체

《밀수 이야기》, 사이먼 하비, 김후 역, 예문아카이브(2016)

[12경제04-03] ● ● ●

외환 시장에서 환율의 결정 원리를 이해하고, 환율 변동이 국가 경제와 개인의 경제생활에 미치는 영향을 탐구한다.

➡ 환율은 역사적 변화와 관련이 있다. 통화의 변화와 환율 변동이 역사적 사건과 국제 정치에 어떤 영향을 미쳤는지를 주제로 탐구를 진행할 수 있다. 과거의 패권 국가가 쓰던 기축통화를 찾아보고, 패권이 다른 국가로 이동하면서 기축통화가 바뀌는 과정을 탐구할 수 있다. 제2차 세계대전 이후 미국이 패권을 쥐게 되면서 브레튼우즈 체제가 성립된 과정을 알아보고, 현대의 기축통화인 달러가 국제 무역에서 차지하는 비중 및 다른 국가의 환율 변동에 끼치는 영향에 관해 생각해 보자. 이러한 역사적 탐구를 바탕으로 앞으로 환율이 어떻게 변할 것인지 자신의 생각을 덧붙여 발표해 보자.

관련 학과 인문계열 전체

《세계사를 바꾼 15번의 무역전쟁》, 자오타오·류후이, 박찬철 역, 위즈덤하우스(2020)

선택 과목	수능	 **국제 관계의 이해**	절대평가	상대평가
진로 선택	X		5단계	5등급

단원명 | 국제 관계의 특징

> | 🔍| 근대 국민 국가의 형성, 제1차 세계대전, 제2차 세계대전, 국제 관계의 형성 배경, 국제 기구, 가치 갈등, 국제 사회의 행위 주체, 영향력 있는 개인, 다국적 기업, 국가

[12국관01-01]

근대 이후 국제 관계의 형성과 변화 과정을 파악한다.

➡️ 근대 국민 국가의 형성 배경과 과정을 자유주의와 민족주의라는 두 가지 사상의 흐름을 바탕으로 파악하고 두 차례에 걸친 세계대전과 대공황, 냉전과 탈냉전 등 근현대사의 중요한 역사적 사건들이 현대 국제 관계 형성에 미친 영향을 탐구할 수 있다. 예를 들어 나폴레옹 전쟁과 유럽의 근대 국민 국가 형성 및 강대국들의 외교 전략 변화가 향후 제1차 세계대전의 발발에 어떤 영향을 끼쳤는지 조사하거나 냉전 시대의 국제 관계와 냉전 이후의 국제 관계를 비교하면서 미래의 국제 관계 변화를 예측하는 활동을 할 수 있다.

관련 학과 **인문계열 전체**

《국가에 관한 질문들》, 기욤 시베르탱-블랑, 이찬선 역, 오월의봄(2023)

[12국관01-02]

국제 사회를 이해하는 주요 관점인 현실주의와 자유주의를 중심으로 구체적인 국제 관계의 사례를 분석하고, 대안적 관점들을 탐색한다.

➡️ 국제 사회를 이해하는 주요 관점인 현실주의와 자유주의를 인간의 본성에 대한 인식의 차이를 기준으로 분석할 수 있다. 인간의 이성과 양심, 인류의 진보 가능성을 중시하는 자유주의적 관점은 국제 기구와 국제법, 국제 사회의 행위 주체들의 이성적 판단을 중요하게 생각하는 반면, 인간의 본성은 이기적이며 최대한의 이익을 추구하려 한다고 주장하는 현실주의적 관점에서는 도덕적 원칙을 정치적 행위에 적용하기 어렵다고 본다. 하나의 외교 사례를 두 가지 관점으로 분석한 후, 차이점 및 한계점을 도출하는 탐구 활동을 해 보자.

관련 학과 **인문계열 전체**

《그레이트 게임》, 피터 홉커크, 정영목 역, 사계절(2008)

[12국관01-03]

국제 문제를 해결하기 위한 다양한 행위 주체의 활동을 탐색하고, 그 성과와 문제점에 대하여 토론한다.

➡️ 국제 사회에 나타나는 행위 주체 간의 가치 갈등 상황을 구체적으로 탐색할 수 있다. 다국적 기업과 환경 단체가 개발을 통해 얻는 경제적 가치와 환경 보전이라는 가치를 두고 대립하는 사례를 예로 들 수 있다. 국가 간의

분쟁이나 국가와 정부 기구 사이의 갈등, 국가와 기업의 충돌, 국가와 국제 비정부 기구 사이의 대립 등 국제 사회의 행위 주체들이 관련된 실제 사건을 찾아보고, 대립하는 행위 주체들이 우선시하는 가치가 각각 무엇인 지 분석해 보자. 그리고 가치 갈등을 해결하기 위한 방법은 무엇인지 탐구한 후, 분쟁의 평화로운 해결을 위해 행위 주체들이 가져야 할 태도에 대해 토의해 보자.

관련 학과 인문계열 전체

《**헨리 키신저의 외교**》, 헨리 키신저, 김성훈 역, 김앤김북스(2023)

단원명 | 균형 발전과 상생

| 𝒫 | 국제 사회의 공동 번영, 대한민국의 위상, 대한민국의 경제 발전

[12국관02-03] •••

국제 사회에서 우리나라의 위상을 파악하고, 국제 사회의 불평등 문제를 해결하기 위한 우리나라의 역할을 토론한다.

➔ 일본의 군국주의 수탈과 6.25전쟁을 겪어 세계 최빈국으로 전락했다가 무역 규모 10위권의 경제 대국으로 성장한 우리나라의 발전 과정을 시대별로 나눈 후 통사적으로 탐구해 보자. 우리나라는 전쟁으로 인해 기반 시설이 파괴되어 경제 발전을 위한 인프라가 없었다. 우리나라가 당시 다른 국가들로부터 받았던 경제적·군사적·인적 자원 원조에는 무엇이 있는지 알아보는 과정을 통해 저개발 국가에 대한 경제 원조의 당위성을 찾아보는 한편, 국제 사회의 번영을 위해 우리나라가 맡을 수 있는 역할에 대해 토의해 보자.

관련 학과 인문계열 전체

《**하룻밤에 읽는 한국 근현대사**》, 최용범·이우형, 페이퍼로드(2019)

단원명 | 평화와 안전의 보장

| 𝒫 | 전쟁, 테러, 팬데믹, 국제적 연대 방안, 개인과 국가, 국제 사회의 안전, 민주적 통제, 세계시민의 역할, 문화 갈등, 한반도의 안보 문제, 대북 전략, 현실주의, 자유주의, 한반도의 평화와 안전 보장을 위한 노력

[12국관03-01] •••

인류가 직면한 평화와 안전의 상황을 다각적으로 조사한다.

➔ 인류가 직면한 평화와 안전의 위기를 통사적으로 탐구할 수 있다. 예를 들어 고대와 중세, 근대, 현대의 각 시기에 인류 평화를 위협하는 요소들은 무엇이었는지, 인류의 위기를 초래한 요인들이 변화하게 된 까닭은 무엇인지 파악하고 시대별로 비교, 분석하는 탐구활동을 진행할 수 있다. 또한 전쟁과 테러의 원인으로 종교나 군중 심리와 같은 인문학적 요인이 작용한 사례는 무엇인지, 해당 사건은 어떤 결과를 불러일으켰는지 조사해 보고, 종교나 가치관의 갈등을 해결하기 위해 가져야 하는 윤리적 태도는 무엇인가에 대해 토의할 수 있다.

관련 학과 인문계열 전체

《**세계의 분쟁과 평화**》, 조태호, 글라이더(2022)

➲ 국제 사회를 위협하는 다양한 갈등 사례들 중 종교와 같은 문화적 요인에 대해 탐구할 수 있다. 냉전 시대 동안 표면적으로는 잠잠했던 종교 갈등은 냉전의 해체로 공산주의 진영이 붕괴하고 지역주의의 흐름이 거세지면서 점차 심화하며 국가 내부 또는 국가 간 갈등을 일으키고 있다. 심지어 근본주의가 성행하는 일부 지역에서는 종교 갈등이 전쟁 또는 테러리즘의 형태로 악화하기까지 했다. 심각한 종교 갈등이 나타나는 지역과 원인, 갈등의 현황에 대해 조사하고, 이를 해결하기 위한 국제적 연대 방안에 관해 탐구해 보자.

관련 학과 인문계열 전체

《**종교 근본주의와 종교분쟁**》, 빌프리트 뢰리히, 이혁배 역, 바이북스(2007)

➲ 우리나라는 지정학적으로 대륙과 해양을 연결하고 세계적인 강대국들에 둘러싸여 있다. 이런 입지가 우리나라의 발전에 끼친 영향을 탐구하고 앞으로의 발전 방향을 예측해 보자. 예를 들어 제국주의 세력의 침탈이 가속화하던 19세기 말 세계 열강이 우리나라를 둘러싸고 벌인 각축전과 제2차 세계대전 직후 공산주의 세력과 자유주의 세력이 우리나라의 분단에 끼친 영향을 비교, 분석하여 우리나라가 평화와 안전을 위협받았던 원인을 파악할 수 있다. 이 역사적 교훈을 바탕으로 우리나라가 취해야 하는 외교적 자세에 관해 토론해 보자.

관련 학과 인문계열 전체

《**분단의 힘, 경계가 지배하는 한반도**》, 한기호, 선인(2022)

단원명 | 국제 분쟁의 해결

> | 🔍 | 국제 분쟁, 외교의 의미, 외교의 주체, 국제법의 기능과 필요성, 조약, 국제 관습법, 국제사법재판소의 역할, 국제법의 구속력과 한계, 지역 통합과 지역 기구의 결성, 유럽연합, 동남아시아국가연합, 북미 자유무역협정

➲ 국제법의 의미 및 변화 과정과 그것이 외교에 미치는 역할을 역사적 흐름 속에서 살펴볼 수 있다. 국제법의 개념이 등장한지 얼마 되지 않았던 20세기 초까지만 해도 국제법의 영역은 국가 사이의 관계에 한정되었으나, 현대의 국제법은 다양한 국제 기구와 다국적 기업 및 개인 또한 국제법의 제한적인 적용 대상으로 해석하고 있다. 또한 국제법이 관여하는 영역도 점차 넓어져 국가 간 영토 분쟁뿐만 아니라 환경 문제, 경제 문제도 규율하고 있다. 과거의 국제법 판례와 현대의 판례를 비교, 분석하는 활동을 통해 국제법의 기능 변천사를 탐구해 보자.

관련 학과 인문계열 전체

《**차이나는 클라스: 국제정치 편**》, JTBC 차이나는 클라스 제작진, 중앙북스(2020)

[12국관04-02] ● ● ●

국제법의 특징과 법원(法源)을 조사하고, 국제사법재판소의 역할과 한계를 파악한다.

➡ 최초의 근대적 조약으로 여겨지는 베스트팔렌 조약에서 시작되는 조약의 역사에 대해 탐구하고, 국제 관습법이 성립된 배경에 관해 통사적으로 고찰할 수 있다. 또한 국제법의 특징과 법원(法源)을 법철학적 시각에서 탐구할 수 있다. 국제법에 규정된 국가 간의 의무와 권한, 국가와 국제 사회 간의 상호작용과 역할, 국가 간의 공평한 대우 및 국제 사회에 통용되는 공정한 기준을 정하기 위한 노력, 국제법으로 정해진 법규의 정당성에 관한 논의 등을 주제로 토의해 보자.

관련 학과 인문계열 전체

《조약으로 보는 세계사 강의》, 함규진, 제3의 공간(2017)

[12국관04-03] ● ● ●

국제 사회에서 다양한 지역 통합이 이루어지는 현상과 그 이유를 확인하고, 지역 기구의 구성원으로서 우리나라의 역할을 토론한다.

➡ 지역 통합이 이루어지는 원인을 역사적, 문화적 배경에서 찾아보는 탐구활동을 수행할 수 있다. 예를 들어 유럽연합 소속 국가들의 경우 대부분 그리스·로마 문명의 영향을 받았으며 기독교 문화를 공유한다는 공통 배경이 있어서 다른 지역에 비해 더 빠르게 통합을 추진할 수 있었다. 이처럼 동질적인 역사적, 문화적 배경을 가진 국가들이 모여 결성한 지역 기구의 구체적인 예를 조사하고, 통합의 명분 및 통합으로 얻을 수 있는 문화적 이익에 관해 탐구해 보자.

관련 학과 인문계열 전체

《세계대전과 유럽통합 구상》, 통합유럽연구회, 책과함께(2020)

선택 과목	수능	여행지리	절대평가	상대평가
융합 선택	X		5단계	X

단원명 | 행복하고 안전한 여행

| 🔍 여행 경험, 여행의 의미, 지리정보 기술, 이동 수단, 교통수단, 가상여행, 간접 여행, 진로, 체험

[12여지01-01] • • •

다양한 여행 사례와 자신의 여행 경험을 통해 여행의 의미를 파악하고 여행이 삶과 세계 인식에 미치는 영향을 토의한다.

➡ 인류의 역사에서 여행은 늘 존재했다. 과거에는 소수의 상류층만 여행을 할 수 있었던 데 비해 오늘날 여행은 누구나 할 수 있는 다양하고 보편화된 활동이 되었다. 근대 이전까지 여행은 주로 종교적 순례 목적, 미지의 세계를 향한 도전이었다. 그러나 현대의 여행은 여가 활동을 위한 목적이 주를 이루고 있다. 이렇듯 여행은 시대에 따라 그 모습이 다양하게 변하고 있다. '여행의 과거와 현재'라는 주제로 과거의 대표적인 여행 사례를 선정해서 여행의 목적, 특징을 조사하여 발표해 보자.

관련 학과 국어국문과, 문예창작학과, 미학과, 영어영문학과, 포르투갈어과, 스페인어학과, 언어학과, 철학과, 종교학과

연금술사

파울로 코엘료, 최정수 역,
문학동네(2001)

책 소개 ··············

양치기 소년 산티아고의 '자아의 신화' 찾기 여행담! 자신이 진정으로 원하는 것이 무엇인지 아는 사람이 세상에 얼마나 될까? 또 안다고 해도, 그 꿈을 포기하지 않고 끝까지 밀고 나갈 수 있는 의지와 끈기를 지닌 사람은 몇 명이나 될는지. 작가는 이 책에서, 사람이 무엇인가를 간절히 바라고 또 바라면 그 소망이 반드시 이루어진다고 확신에 찬 어조로 말하고 있다.

세특 예시 ··············

'독서를 통해 교과 내용 톺아보기' 활동에서 '연금술사(파울로 코엘료)'를 읽고 '자아의 신화'에 대해 매력을 느꼈고, 삶의 연금술이란 각자 자신에게 소중한 보물을 찾아 떠나는 여행이라는 익숙하지만 보편적인 진리를 안겨 주는 책이었다는 소감을 피력함. 자아 탐색과 자아 정체성에 대한 고찰, 떠오르는 질문들과 이에 대한 답, 자신의 진로에 대한 고민과 탐색, 자신의 여행 경험과 연결해 여행이 가져다 주는 유익과 의미 등에 대해 에세이를 작성하여 발표함.

> **[12여지01-02]** ● ● ●
>
> 모빌리티의 변화와 발전에 따라 여행자의 이동, 위치, 장소가 어떻게 연결되고 관계를 맺는지 살펴보고, 다양한 지도 및 지리정보 기술을 활용하여 안전한 여행 계획을 수립한다.

➡ 일본은 세계적인 '철도 대국'이다. 여객의 수송 분담률이 세계 최고 수준이며 고속철도를 최초로 개통하였다. 그리고 모든 철도가 사철로 운영되는 나라이기도 하다. 대도시의 도시철도 분담률도 50% 이상이어서 철도가 일상에서 중요한 교통수단으로 자리매김하고 있다. 철도망은 2만 8,000km이며 207개 철도사업자가 사업을 하고 있다. 그리고 자가용을 제외한 수송 분담률에서 철도가 여객을 기준으로 78.7%를 차지하고 있다. 일본 철도의 발전 과정과 교통 정책의 변화, 철도 운영 및 계획, 일본을 통해 본 우리나라 철도의 발전 방향을 조사하여 발표해 보자.

관련 학과 인문계열 전체

《**일본 철도의 역사와 발전**》, 이용상 외 7명, 장우진 역, BG북갤러리(2017)

단원명 | 문화와 자연을 찾아가는 여행

> **| 🔍 |** 도시, 문화 경관, 감정이입, 공감, 배려, 존중, 기후 경관, 지형 경관, 지오사이트, 지오투어리즘, 지리적 상상력

> **[12여지02-01]** ● ● ●
>
> 인간의 정주 공간으로서의 도시를 새로운 관점에서 낯설게 바라보고, 여행지로서의 향유 가능성을 탐색한다.

➡ 도시란 무엇인가? 도시는 어떻게 존재하게 되었는가? 어떤 과정을 거쳐 성장하고, 어떤 기능을 발휘하며, 어떤 목적을 달성하는가? 도시의 모든 형태에 통용되는 정의는 있을 수 없다. 발생 초기의 사회학에서 출발하여 성숙기의 복잡한 형태를 거쳐 노령기의 물리적 와해에 이르기까지 도시의 모든 변천 과정을 설명해 주는 일의적 서술도 존재하지 않는다. 인류 역사의 오랜 흐름 속에서 도시가 형성되고 발전해 온 과정을 조사하여 발표해 보자.

관련 학과 인문계열 전체

《**역사 속의 도시 1**》, 루이스 멈퍼드, 김영기 역, 지식을만드는지식(2016)

> **[12여지02-02]** ● ● ●
>
> 다양한 문화 경관의 형성 배경과 의미를 이해하고, 감정이입과 공감의 자세로 여행지 주민을 배려하고 존중한다.

➡ 종교 여행은 종교와 관련된 성지 등 종교적으로 의미 있는 지역을 둘러보며 종교적 건축물과 풍습 등을 살펴보는 여행이다. 즉 자신이 믿는 종교의 성지를 방문하여 종교에 대한 믿음을 한층 돈독히 하거나 다른 종교를 더 잘 이해하기 위해 관련된 지역으로 떠나는 여행을 말한다. 종교 하나를 선정해 성지순례, 종교 관련 문화와 유적, 주의사항 및 예절 등 해당 종교와 관련된 여행의 특징을 조사하여 발표해 보자.

관련 학과 종교학과, 종교미술학과, 종교문화학과, 철학과, 인문학부

《**청소년을 위한 세계 종교 여행**》, 김나미, 사계절(2008)

여행지의 기후 및 기후변화가 여행자와 여행지 주민에게 미치는 영향과 그 차이를 비교하고, 지리적 상상력을 동원한 간접 여행을 통해 기후 경관을 체험한다.

상상하기 힘들 만큼 많은 작품을 단기간에 그린 화가 빈센트 반 고흐의 삶은 영국을 거쳐 프랑스, 네덜란드까지 이어졌다. 고흐를 한마디로 정의한다면 '스토리텔링이 매력적인 화가'라고 할 수 있다. 헤밍웨이의 삶은 〈토론토 스타〉 신문사의 파리 특파원이자 무명 작가로 카르디날 르무안 74번지에서 시작해, '빙산 문체'라는 독보적인 문체에 영감을 준 뤽상부르 공원, 1920년대 '잃어버린 세대' 작가들의 문학 살롱이자 그의 아지트였던 셰익스피어 앤드 컴퍼니, 그 시절 파리의 핫 플레이스였던 플레뤼스 27번지로 이어진다. 세계적인 예술가가 즐겨 찾았던 장소와 그 장소에 얽힌 이야기를 소개하는 글을 작성하여 발표해 보자.

관련 학과 인문계열 전체

《**랜선 인문학 여행**》, 박소영, 한겨레출판(2020)

[12여지02-04]

지형 경관이 지닌 자연적 가치, 심미적인 조화, 인간과의 상호작용과 같은 지오사이트의 선정 기준을 조사하고, 지오투어리즘 프로그램을 제안한다.

지오투어(지오트레일)는 천연 지형 지질 유산과 함께 생태적·역사적·문화적 가치를 지닌 지역을 보전함과 동시에 연구 교육에 활용하고 자연환경과 이를 바탕으로 살아온 인간의 발자취를 조망하는 여행을 말한다. 지오투어의 시작점은 1984년 독일 아이휄 화산 지역 지오트레일이며 우리나라에서는 국가지질공원으로 선정된 청송 국가지질공원, 울릉도 독도 국가지질공원, 제주도 국가지질공원, 한탄강 유역 국가지질공원 등이 대표적인 지오투어 장소로 알려져 있다. 지오투어의 특징을 알아보고, 국내 여행지를 선정해 여행지 소개글을 작성해 보자.

관련 학과 인문계열 전체

《**사진 속 지리여행**》, 손일·탁한명, 푸른길(2023)

단원명 | 성찰과 공존을 위한 여행

> 🔍 산업 유산, 인권, 정의, 인류의 공존, 로컬 큐레이터, 공정 여행, 생태 감수성, 다크투어리즘, 평화 여행, 여행 콘텐츠, 스토리텔링, 개발과 보전, 기념물

[12여지03-01]

인류의 물질적, 정신적 발전 과정을 성찰할 수 있는 산업 유산 및 기념물을 조사하고 여행지의 가치를 평가한다.

산업혁명이 자생적으로 일어난 나라는 영국뿐이다. 다른 나라들은 영국 산업혁명의 영향을 받아 국가 주도로 벤치마킹하면서 산업혁명이 퍼지게 되었다. 영국 산업혁명을 이끈 도시 중 주목할 곳은 맨체스터와 리버풀이다. 1830년, 면방직 공업이 발달한 맨체스터와 18세기 세계 무역의 중심지였던 리버풀에 세계 최초의 산업용 철도가 개설되었다. 맨체스터와 리버풀의 산업 유산을 통해 영국 산업혁명의 배경, 영국에서 산업혁명이 가장 먼저 일어난 이유, 영국 산업혁명의 결과와 의의에 대해 조사하여 발표해 보자.

관련 학과 사학과, 인문학부, 영어영문학과, 문화재학과, 문화재관리학과, 문화인류학과, 인류학과

《**영국 산업혁명의 재조명**》, 김종현, 서울대학교출판문화원(2013)

[12여지03-02]

평화, 전쟁, 재난의 상징이 새겨진 지역에 대한 직간접적인 여행을 체험하고 이를 바탕으로 인권, 정의, 인류의 공존을 둘러싼 구조적 문제를 비판적으로 탐구한다.

➡ 전쟁박물관은 전쟁 관련 기록, 유물, 조형물, 영상 매체, 교육, 전시 등을 통해 전쟁의 교훈을 배워 전쟁을 예방하고 인류의 평화와 번영을 가져오는 것을 목적으로 한다. 전쟁박물관 여행은 전쟁의 쓰라린 아픔을 되돌아보는 여행이다. 여기에는 고대, 중세, 근대, 현대의 모든 전쟁이 포함된다. 전 세계의 전쟁박물관 중 한 곳을 선정해 박물관이 만들어진 이유, 박물관의 특징, 주요 기념물, 박물관의 역사적 의미 등을 조사하여 발표해 보자.

관련 학과 사학과, 인문학부, 영어영문학과, 문화재학과, 문화재관리학과, 문화인류학과, 인류학과

《**건축은 어떻게 전쟁을 기억하는가**》, 이상미, 인물과사상사(2021)

[12여지03-03]

문화 창조, 첨단 기술과 같은 새로움을 지향하는 지역의 사례를 조사하고, 내가 살고 있는 지역의 로컬 큐레이터로서 다양한 여행 콘텐츠의 발굴과 모니터링을 통해 지역의 의미와 가치를 탐색한다.

➡ '문화 창조 지역'은 창조성과 상상력을 발휘하여 숨어 있는 지역의 자원을 발굴해 새로운 가치를 부여하는 데 초점을 둔다. 문화 창조 지역을 기획하고 실현하기 위해서는 지역민의 자발적인 상상력, 열정, 창조성 등이 무엇보다 필요하다. 세계 곳곳에서 문화를 바탕으로, 쇠퇴한 지역을 변화시키려는 움직임이 나타나고 있다. '문화 창조 지역'의 대표적인 사례를 선정해 지역 개발의 배경, 특징, 결과에 대해 조사하여 발표해 보자.

관련 학과 인문계열 전체

《**문화도시**》, 유승호, gasse 아카데미(2020)

[12여지03-04]

공정 여행을 통해 여행지를 둘러싼 다양한 문제를 탐색하고, 여행자인 나와 여행지 주민인 그들이 연결된다는 점에서 공존의 의미와 생태 감수성에 대해 성찰한다.

➡ 공정 여행은 여행자, 여행사, 현지인이 대등한 관계를 맺어 함께 행복을 나누는 여행이라고 볼 수 있다. 공정 여행은 여행자에게는 현지인들과 교류하며 현지 문화를 체험하는 의미 있는 경험을 주고, 현지인에게는 실질적인 경제 혜택이 돌아가게 한다. 또한 공정 여행은 비행기보다는 버스를 이용하는 것을 권장하여 자원 절약과 환경 보호를 추구한다. 그래서 공정 여행을 책임 여행, 지속 가능한 여행, 친환경 여행이라고 부르기도 한다. 기억에 남는 여행을 떠올려 보고 자신이 그 여행지에 경제적·사회적·문화적·환경적으로 어떤 긍정적이고 부정적인 영향을 미쳤는지 정리한 후, 각자의 경험을 공유해 보자.

관련 학과 인문계열 전체

《**공정 여행, 당신의 휴가는 정의로운가**》, 패멀라 노위카, 양진비 역, 이후(2013)

단원명 | **미래사회와 여행**

🔍 미디어, 여행 산업의 변화, 여행 트렌드, 가상여행, 우주 여행, 인공지능 여행, 여행 포트폴리오, 정보통신 기술의 발달

[12여지04-01] ● ● ●

미디어와 여행의 상호관계를 통해 여행의 변화 양상을 조사하고 미래사회의 여행자와 여행의 모습을 예측한다.

➡ 국내 여행객들은 여행 계획을 세울 때 유튜브와 인플루언서의 SNS를 많이 활용하고 있다. 이는 코로나19로 인해 여행사 앱이나 지자체 웹사이트보다 유튜브와 인플루언서가 더 많은 정보를 제공하고, 여행객들이 개인의 체험 정보에 더 관심을 가지게 되었기 때문이다. 또한 이것은 MZ세대와 같은 젊은 소비자층의 취향과도 일치한다. 유튜버와 인플루언서의 영향력이 강화되고 이들의 여행 콘텐츠가 늘어나는 이유, 미래 여행 트렌드의 변화를 조사하여 발표해 보자.

관련 학과 인문계열 전체

《여행의 기술》, 알랭 드 보통, 정영목 역, 청미래(2011)

[12여지04-02] ● ● ●

여행이 주는 가치의 재발견을 통해 자신만의 여행 포트폴리오를 구성하고 나의 삶을 변화시키는 일상 속의 다양한 여행을 실천한다.

➡ 진로를 탐색하는 좋은 방법 중 하나는 6개월 이상 문화인류학적 여행을 통한 깊은 경험을 하면서 나의 진로를 탐색해 보는 것이다. 영국에서 시작된 '갭 이어(gap year)'란 학업을 잠시 중단하고 진로를 탐색하는 시간을 말한다. 이 기간에 학생들은 여행이나 봉사 활동, 인턴십, 워킹 홀리데이 등을 통해 넓은 세상을 만나고 다양한 문화와 사람들을 경험한다. 이러한 활동은 학생 자신의 학업 방향과 진로 등 미래를 좀 더 구체적으로 설정하는 데 도움이 된다. 갭 이어 사례를 조사해 보고, 자신만의 '갭 이어' 계획을 세워 발표해 보자.

관련 학과 철학과, 철학윤리문화학과, 인문학부, 심리학과, 사학과, 영어영문학과, 문화인류학과, 인류학과

《우리는 아직 무엇이든 될 수 있다》, 김진영, 휴머니스트(2022)

국어 교과군

영어 교과군

수학 교과군

도덕 교과군

사회 교과군

과학 교과군

선택 과목	수능	**역사로 탐구하는 현대 세계**	절대평가	상대평가
융합 선택	X		5단계	X

단원명 | 현대 세계와 역사 탐구

| 🔍 | 지역 세계, 연결망, 문화권, 제1차 세계대전, 제2차 세계대전, 전후 체제, 복잡성, 연관성

[12역현01-01] • • •

현대 세계를 전후 체제 형성의 역사를 중심으로 파악한다.

➡ 제2차 세계대전은 사망자가 7,000만 명에 달하는 등 인류 역사상 피해가 큰 전쟁이었다. 민간인 희생자가 많았던 것도 제2차 세계대전의 특징 가운데 하나이다. 민간인 희생자가 많았던 이유는 인종 학살과 폭격기에 의한 무차별 공습이 자행되었기 때문이다. 특히 폴란드는 전체 인구의 약 20%에 해당하는 570만 명이 희생되는 등 피해가 극심했다. 민간인 피해의 사례, 민간인 학살의 원인, 민간인 학살을 막기 위한 방안을 조사하여 발표해 보자.

관련 학과 인류학과, 문화인류학과, 심리학과, 상담심리학과, 철학과, 철학생명의료윤리학과, 종교학과, 신학과, 사학과
《**제노사이드**》, 최호근, 책세상(2022)

[12역현01-02] • • •

학습자가 생각하는 현대 세계의 과제를 선정·조사하고 그 특징을 분석한다.

➡ 우리나라에 양극화라는 고질병이 나타난 것은 1997년 외환위기 이후이다. 그런데 소득 양극화가 세계적 현상이라는 관찰 결과가 나와서 우리의 관심을 끈다. 소득 양극화 경향이 가장 심한 나라는 미국이다. 1976년에서 2007년 사이 미국의 총소득 증가분의 58%를 최상위 1%의 부자들이 가져갈 정도로 부의 집중이 심해졌다. 상위 10%의 사람들이 소득의 절반을 가져가고 90%의 사람들이 나머지 절반을 가져가는 등 큰 격차가 벌어지고 있다. 소득 양극화의 원인, 양극화로 인한 문제점, 양극화 해결을 위한 방안을 조사하고 서로 의견을 공유해 보자.

관련 학과 인문계열 전체
《**불평등에 맞서는 반주류 경제학**》, 로버트 폴린·C. J. 폴리크로니우, 한승동 역, 메디치미디어(2023)

단원명 | 냉전과 열전

| 🔍 | 인권, 평화, 국제연합, 국·공내전, 6·25전쟁, 베트남 전쟁, 쿠바 미사일 위기, 미·소의 핵무기 경쟁, 제3세계

[12역현02-01] • • •

제2차 세계대전 이후 인권·평화를 위한 국제 사회의 노력과 한계를 파악한다.

◯ 일본군 위안부는 일본이 만주사변을 일으킨 이후부터 태평양전쟁에서 패전한 1945년까지 전쟁을 효율적으로 수행하기 위해서라는 명목으로 설치한 '위안소'에 동원돼 매춘을 한 여성을 지칭한다. 일본 제국 정부의 관여 또는 묵인 하에 식민지 및 점령지의 여성을 대상으로 자행된 행위로, 강제성에 대해서는 한일 양국 간에 논란이 있다. 일본군 위안부의 진실, 전후 피해자의 삶, 일본의 대응 등을 조사하여 발표해 보자.

관련 학과 사학과, 인류학과, 문화인류학과, 철학생명의료윤리학과, 심리학과, 상담심리학과, 사회학과, 철학과, 인문학부

《일본군 위안부 인사이드 아웃》, 주익종, 이승만북스(2023)

[12역현02-02] •••

냉전 시기 열전의 전개 양상을 찾아보고, 전쟁 당사국의 전쟁 경험을 비교한다.

◯ 1964년 미국은 통킹만 사건을 빌미로 베트남 전선에 뛰어들었다. 전면적인 확전에 반대해 온 케네디 대통령이 암살되고, 대통령직을 이어받은 린든 존슨은 미국의 전면적인 베트남 전쟁 참전을 지시했다. 미국은 총 병력 50만 명과 베트남군 140만 명을 포함한 약 200만 명의 병력으로 남베트남의 공산주의 세력을 축출하고 인도차이나 반도에 공산주의가 뿌리내리는 것을 막기 위한 군사 작전에 돌입한다. 하지만 결과적으로 미국은 베트남 전쟁에 패배하였다. 압도적인 전력 차에도 불구하고 미국이 패배한 원인, 패전이 전후 미국에 미친 영향, 베트남 전쟁의 교훈을 조사하여 발표해 보자.

관련 학과 인문계열 전체

《미국의 베트남 전쟁》, 조너선 닐, 정병선 역, 책갈피(2004)

[12역현02-03] •••

세계 여러 지역의 전쟁 관련 기념 시설이 제시하는 기억 방식을 조사하여 분석한다.

◯ 난징 대학살 기념관은 1937년 중일전쟁 때 중국의 수도였던 난징을 점령한 일본군이 저지른 대규모 학살 사건을 고발하는 역사박물관이다. 난징 대학살은 1937년 12월 13일 일본군이 중국 국민정부의 수도였던 난징을 점령한 뒤 이듬해 2월까지 대량 학살과 강간, 방화 등을 저지른 사건을 가리키며, 약 6주 동안 일본군에 의해 최소 10만 명 이상의 중국인이 학살되었다. 묘지광장, 조난동포 유골전시실, 만인갱유지, 일본군위안부전시관, 평화상징탑 등을 조사하고, 가해자의 진심 어린 사죄, 피해자의 슬픔과 상처 치유, 미래의 화해와 평화를 위한 노력에 대한 자신의 생각을 정리하여 발표해 보자.

관련 학과 인문계열 전체

《역사는 누구의 편에 서는가》, 아이리스 장, 윤지환 역, 미다스북스(2014)

단원명 | 성장의 풍요와 생태환경

| 🔍 | 냉전의 완화, 닉슨 독트린, 소련의 변화와 해체, 독일 통일, 동유럽 공산권 붕괴, 중국의 개혁·개방, 자유무역, 신자유주의, 세계화, 정보통신 기술의 발달, 기후변화협약

[12역현03-01] •••

세계 경제의 성장과 기술 혁신의 변화 양상을 조사한다.

➡️ 신자유주의는 국가권력의 시장 개입을 비판하고 시장의 기능과 민간의 자유로운 활동을 중시하는 이론이다. 1970년대부터 케인스 이론을 도입한 수정자본주의의 실패를 지적하고 경제적 자유방임주의를 주장하면서 본격적으로 대두했다. 자유방임경제를 지향함으로써 비능률을 해소하고 경쟁시장의 효율성 및 국가 경쟁력을 강화하는 긍정적 효과가 있는 반면, 불황과 실업, 그로 인한 빈부격차 확대, 시장개방 압력으로 인한 선진국과 후진국 간의 갈등 초래라는 부정적인 측면도 있다. 신자유주의 등장의 역사적 배경, 신자유주의의 특징, 긍정적 입장과 부정적 입장을 조사하여 발표해 보자.

관련 학과 인문계열 전체

《**신자유주의**》, 데이비드 하비, 최병두 역, 한울아카데미(2017)

[12역현03-02] • • •

대중 소비 사회의 형성과 생태환경의 문제 및 극복 노력을 사례 중심으로 탐구한다.

➡️ 해양 쓰레기 문제는 오늘날 점차 심각해지고 있는 환경 문제 중 하나로, 해양 생태계와 인류의 생활에 부정적인 영향을 미치고 있다. 이러한 문제가 지속된다면 해양 환경을 오염시키고 해양 생물을 위협하며, 미래 세대의 사람들에게 큰 고통과 어려움을 안겨 주는 결과를 초래할 수 있다. 해양 쓰레기 문제의 영향, 해양 쓰레기 문제의 해결 방안을 조사해 보고서로 작성해 보자.

관련 학과 인문계열 전체

《**해양 플라스틱 쓰레기 문제의 진실**》, 이소베 아츠히코, 김영일 외 2명, 전남대학교출판문화원(2022)

[12역현03-03] • • •

기후변화와 관련된 협약 및 보고서를 조사하고, 그 의미를 추론한다.

➡️ 아랄 해는 우즈베키스탄과 카자흐스탄 사이에 있는 세계에서 네 번째로 큰 내해였고 오랜 시간 동안 중앙아시아인에게 철갑상어를 비롯한 수많은 물고기와 수자원을 제공해 왔다. 그러나 아랄 해는 빠르게 고갈되어 말라붙은 자리가 그대로 소금 사막이 되어 버렸다. 아랄 해는 인간이 환경에 미친 영향을 극적으로 보여 주는 사례이다. 아랄 해 고갈의 원인, 그로 인한 영향과 교훈, 복원을 위한 노력을 조사하고 각자의 의견을 공유해 보자.

관련 학과 인문계열 전체

《**기후 카지노**》, 윌리엄 노드하우스, 황성원 역, 한길사(2017)

단원명 | 분쟁과 갈등, 화해의 역사

🔍 종교 갈등, 종족 갈등, 에너지와 환경 문제, 지속 가능 개발, 양성평등, 다문화, 다인종, 기후, 난민, 자국 우선주의, 신냉전

[12역현04-01] • • •

국제 분쟁 및 무력 갈등의 원인과 전개 양상을 사례 중심으로 파악한다.

➡️ 러시아-우크라이나 전쟁은 2022년 2월 24일 러시아 대통령 블라디미르 푸틴이 특별 군사작전 개시 명령을 선언한 이후 러시아가 우크라이나를 침공하면서 발발한 전쟁이다. 푸틴 대통령은 우크라이나의 비무장화, 비

나치화, 돈바스 지역의 주민들을 보호한다는 명분을 내세우며 전쟁을 개시했다. 러시아의 전쟁 목표, 전쟁의 승패에 따른 국제 질서의 변화, 대한민국 안보와의 관련성 등을 조사하여 보고서를 작성해 보자.

관련 학과 인문계열 전체

《각자도생의 세계와 지정학》, 피터 자이한, 홍지수 역, 김앤김북스(2021)

[12역현04-02] ● ● ●

탈냉전 이후 '제3세계' 국가의 권위주의 체제 변동에 따른 갈등 양상과 특징을 조사한다.

➡ 2021년 미얀마 민주화 운동은 군부가 아웅산 수치를 구금하고 실권을 장악한 군사 쿠데타에 반발해 미얀마 각지에서 벌어진 민주화 운동이다. 평화주의를 고수하며 시위 등을 통해 군사 반란에 반대하는 뜻을 펼치는 시민들을 군경이 지속적으로 살해하는 등, 군 반란 세력이 양보와 타협을 끝끝내 거부하고 폭력적 시위 진압을 고수하자, 끝내 시민들도 저항권을 발동하면서 자체적으로 무장하기 시작했고, 5월 5일 미얀마 시민방위군이 창설되었다. 미얀마 민주화 운동의 역사적 배경, 현재까지의 진행 과정, 국제 사회의 반응, 미래 전망을 조사하여 발표해 보자.

관련 학과 인문계열 전체

《미얀마 현대사》, 나카니시 요시히로, 이용빈 역, 한울아카데미(2023)

[12역현04-03] ● ● ●

국내외 분쟁과 갈등을 해결하기 위한 역사 정책 사례를 탐구한다.

➡ 이스라엘-팔레스타인 갈등은 20세기 중반 아랍-이스라엘 갈등에서 시작된 이스라엘과 팔레스타인 사이의 지속적인 투쟁이다. 이스라엘-팔레스타인 평화 과정의 일환으로 분쟁을 해결하기 위한 다양한 시도가 있었다. 이스라엘과 팔레스타인 간에는 종교 분쟁, 영토 분쟁, 역사 분쟁의 복합적인 원인으로 인해 크고 작은 분쟁이 계속되고 있다. 이스라엘과 팔레스타인 분쟁의 역사와 근본적인 해결 방안을 조사하여 발표해 보자.

관련 학과 인문계열 전체

《팔레스타인 100년 전쟁》, 라시드 할리디, 유강은 역, 열린책들(2021)

단원명 | 도전받는 현대 세계

| 🔍 | 유럽연합, 신자유주의, 정보통신 기술의 발전, 과학기술 혁명, 에너지 문제, 환경 문제, 지속 가능 개발, 경제 양극화, 반세계화 운동, 다원주의, 평화와 공존

[12역현05-01] ● ● ●

경제의 세계화 이후 사회·경제적 변화를 국가, 지역, 세계적 차원에서 파악한다.

➡ 코로나19의 대유행은 세계 경제에 막대한 영향을 미쳤다. 세계적인 공급망을 혼란에 빠뜨렸고, 광범위한 일자리 감소를 야기했으며, 전 세계 많은 국가가 상당한 경제 침체를 겪었다. 코로나19 이후, 전세계 경제에는 큰 변화가 일어나고 있다. 그 예로 정부 역할 확대, 초세계화의 퇴보, 경제 성장률 둔화 등을 말할 수 있다. 코로나19 이후 전 세계 경제의 변화 모습과 앞으로의 전망을 조사하여 발표해 보자.

국어 교과군

영어 교과군

수학 교과군

도덕 교과군

사회 교과군

과학 교과군

관련 학과 인문계열 전체

《**포스트 코로나 경제학**》, 백일, 삶창(2021)

[12역현05-02] •••

다문화 사회의 갈등 문제를 역사적으로 파악하고, 이를 해결하기 위해 노력한 사례를 조사한다.

➡ 다문화 사회의 역사를 보면 이민을 통해 국가를 형성한 미국과 캐나다 그리고 호주를 중심으로 1970년대 초부터 다문화 정책이 시작되었고, 국가 형성 단계에서는 비교적 동질적 민족국가를 이루고 있던 영국·프랑스·독일 등의 유럽 국가들조차 이후에 경제적인 이유로 이주 노동자들과 함께 다문화 정책을 받아들였다. 이민 국가로 출발한 경우 현재 대체적으로 안정적인 다문화 사회를 유지하고 있지만, 비이민 국가인 유럽 국가들은 다문화 정책에 다소 혼란과 어려움을 겪고 있다. 우리나라에서 다문화로 인해 겪게 되는 갈등 문제를 해결하기 위한 방안을 모색하고 서로 의견을 나눠 보자.

관련 학과 인문계열 전체

《**내 이름은 욤비**》, 욤비 토나·박진숙, 이후(2013)

[12역현05-03] •••

문화 다양성 관련 국제 규범의 형성 과정을 살펴보고, 그 의미와 한계를 탐구한다.

➡ 문화는 시공간에 여러 형태로 나타난다. 이 다양성은 인류를 구성하는 집단과 사회의 정체성과 독창성을 구현한다. 자연에 생태 다양성이 필요한 것처럼, 인류에게는 문화 다양성이 필요하다. 문화 다양성을 보장하기 위한 '유네스코 문화 다양성 선언'에서 말하는 문화 다양성의 개념, 유네스코의 실천 계획과 노력을 조사하여 발표해 보자.

관련 학과 인문계열 전체

《**현대사회와 문화다양성 이해**》, 천정웅 외 4명, 양서원(2015)

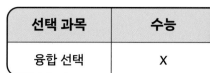

선택 과목	수능	**사회문제 탐구**	절대평가	상대평가
융합 선택	X		5단계	X

단원명 | 사회문제의 이해와 탐구

| 🔍 | 사회문제의 의미와 특징, 사회문제를 이해하는 관점, 기능론, 상징적 상호작용론, 양적 연구, 질적 연구, 연구 절차, 과학적 탐구의 절차, 자료 분석, 추론, 결론 도출, 질적 자료의 해석, 자료의 시각화, 연구 윤리 준수, 객관적·개방적·상대주의적·성찰적·가치중립적 태도, 갈등론

[12사탐01-01]   ● ● ●

사회문제의 의미와 특징을 이해하고, 사회문제를 바라보는 주요 관점을 비교한다.

➡️ 전통적으로 1차 산업에 종사했고 마을 단위의 소규모 공동체 사회였던 중세 시대까지만 해도 사회문제라는 개념이 존재하지 않았다. 역사적으로 사회문제의 개념이 등장한 시기와 배경을 탐구함으로써 사회문제의 의미와 특징을 이해할 수 있다. 또한 사회문제를 다룬 다양한 문학 작품을 시대순으로 조사하는 활동을 통해 시대와 사회에 따라 사회문제의 정의 및 사회문제를 바라보는 관점이 달라진다는 점을 탐구할 수 있다.

관련 학과 인문계열 전체

《반항하는 인간》, 알베르 카뮈, 김화영 역, 민음사(2021)

[12사탐01-02]   ● ● ●

사회문제에 대한 과학적 탐구의 필요성을 설명하고, 사회문제 탐구를 위한 연구 방법과 다양한 자료 수집 방법의 특징을 비교한다.

➡️ 문헌 연구, 참여 관찰법과 같은 질적 연구도 양적 연구와 마찬가지로 결론을 도출하기 위한 데이터 분석 과정을 거친다. 다양한 자료 수집 방법의 특징을 비교하기 위해 직접 문헌 연구를 수행하는 탐구활동을 진행할 수 있다. 예를 들어 찰스 디킨스나 존 스타인벡과 같은 소설가들이 남긴 작품 속의 사회상을 분석하여 19세기 말 산업혁명 시기와 20세기 초 대공황 시기에 등장한 사회문제는 각기 무엇이었는지, 당시의 대중은 새롭게 나타난 사회문제에 어떻게 대응하였는지, 현대사회의 사회문제와는 어떤 차이점이 있는지 등을 연구할 수 있다.

관련 학과 인문계열 전체

《올리버 트위스트》, 찰스 디킨스, 유수아 역, 현대지성(2020)

[12사탐01-03]   ● ● ●

다양한 자료 수집 방법을 적용한 실제 사례를 활용하여 수집된 자료를 분석하고 해석하는 방법을 설명한다.

➡️ 역사학에 통계학과 같은 양적 연구 방법을 도입한 사례나 문헌 연구법으로 당대의 기록물을 해석한 연구 결과물을 통해 자료를 분석하고 결론을 도출하는 과정을 탐구할 수 있다. 예를 들어 20세기 초 한국의 사회문제를

분석한다고 가정하면, 당시 관청에서 수집한 인구, 식량, 자원 등 다양한 분야에 대한 통계자료를 조사하는 양적 연구와 당대의 신문 기사 및 문학 작품, 수기, 편지와 같은 기록물을 해석하는 질적 연구를 결합하여 탐구할 수 있다.

관련 학과 고고학과, 문예창작학과, 사학과, 상담심리학과, 심리학과, 인류학과, 종교학과, 철학과

《**문화와 역사 연구를 위한 질적연구 방법론**》, 윤택림, 아르케(2013)

[12사탐01-04]   ● ● ● ●

사회문제의 탐구 과정에서 요구되는 연구 윤리를 설명하고, 연구 윤리를 준수하며 사회문제를 탐구하는 태도를 가진다.

→ 사회문제의 탐구 대상은 인간이기 때문에 연구 과정에서 인간의 존엄성을 최우선으로 고려해야 하며 연구 윤리를 엄격히 준수해야 한다. 연구 목적이 비윤리적이었거나 피실험자에게 미치는 신체적, 정서적 영향을 고려하지 않아 피해를 입히는 등 연구 윤리를 어겨 도덕적 논란을 일으킨 실제 연구 사례들을 조사해 보자. 연구 과정에서 논란이 된 부분을 찾아 비판해 보고, 사회문제 탐구에 요구되는 연구자의 자세에 대해 토의할 수 있다.

관련 학과 윤리학과, 사학과, 상담심리학과, 심리학과, 인류학과, 종교학과, 철학과

《**연구윤리에 관한 100가지 질문 및 답변**》, Emily E. Anderson · Amy Corneli, 유수정 역, 학지사메디컬(2022)

단원명 │ 일상생활과 사회문제

> 🔍 성 불평등 현상의 원인과 양상, 성 격차 지수, 성 불평등 지수, 성별 영향 분석 평가, 미디어의 비판적 이해, 미디어를 통한 참여와 실천, 미디어의 기능

[12사탐02-01]   ● ● ● ●

일상생활에서 나타나는 성 불평등 문제의 실태를 조사하고, 원인과 해결 방안을 제시한다.

→ 시민혁명으로 왕정이 무너진 이후에도 참정권을 얻지 못한 여성들은 정치에 참여할 권리와 교육받을 권리 등 기본권을 쟁취하기 위한 시민운동을 끊임없이 전개해 왔다. 여성 인권이 확대되어 온 과정에서 벌어진 역사적 사건들을 살펴보면서 성 불평등 문제의 원인과 해결 방안을 탐구할 수 있다. 또한 가족 내의 성 차별, 노동 시장에서 받는 차별 등 성 불평등을 소재로 한 문학 작품을 해석하여 성 불평등의 양상을 조사하고, 사회적 인식 변화와 관련된 해결 방안을 모색할 수 있다.

관련 학과 인문계열 전체

《**에멀린 팽크허스트**》, 윤해윤, 나무처럼(2019)

[12사탐02-02]   ● ● ● ●

청소년의 미디어 이용 과정에서 나타나는 문제를 조사하고, 원인과 해결 방안을 제시한다.

→ 미디어는 불특정 다수의 대중에게 커다란 파급력을 지니고 있기 때문에, 미디어를 제작할 때 제작자들이 지켜야 하는 윤리적 지침이 있다. 방송 통신 매체를 제작하고 송출할 때 준수해야 하는 윤리 강령에 대해 조사해 보자. 또한 각종 매체에서 종종 표현의 자유와 대중의 알 권리가 개인의 사생활 보호라는 가치와 충돌하는 사례, 청소

년들이 미디어를 무비판적으로 받아들이는 자세에 대한 도덕적 반성 등을 주제로 찬반 토론을 진행할 수 있다.

관련 학과 인문계열 전체

《**미디어 윤리: 철학적 접근**》, 매튜 키이란, 김유란 역, 씨아이알(2018)

단원명 | 변화하는 세계와 사회문제

🔍 저출산, 고령화, 지방 소멸, 지역 불평등, 복지 비용 증가, 인공지능, 사회 양극화, 인공지능의 편향성, 자율성 침해, 인공지능과 윤리, 양성 평등

[12사탐03-01] ● ● ●

저출산·고령화로 인해 발생하는 다양한 사회문제의 실태를 조사하고, 해결 방안을 제시한다.

➡ 가족과 출산, 육아에 대한 사람들의 가치관 변화가 저출산 현상에 끼치는 영향을 조사할 수 있다. 예를 들어 종교의 영향을 받아 형성된 가치관은 가족의 구성 및 출생률의 차이에 유의미한 영향을 미친다. 또한 이전 세대와 달라진 가족의 의미와 형태가 저출산과 고령화 문제에 어떤 영향을 주고 있는지 탐구하고, 저출산과 고령화 문제를 해결하기 위한 방법을 시민들의 의식과 가치관의 변화 측면에서 모색해 보자.

관련 학과 인문계열 전체

《**결혼과 가족-친밀한 관계의 변화와 선택**》, 이정화 외 3명, 신정(2023)

[12사탐03-02] ● ● ●

인공지능 발전 과정에서 나타날 수 있는 다양한 사회문제를 탐색하고, 대응 방안을 제시한다.

➡ 인공지능의 발전 과정에서 나타나는 다양한 윤리적 쟁점들에 관해 알아보고 토론을 진행할 수 있다. 예를 들어 알고리즘의 자율 추천 기능이 인간의 선택의 자유를 침범하고 자율성을 기만하는가 하는 주제로 토의하거나, 인공지능이 내놓은 답변들이 선입견을 불러일으키거나 편향적이지는 않은지, 인간을 대상으로 한 규칙을 적용하여 로봇을 만들 때 반드시 넣어야 하는 도덕적 원리는 무엇인지 논의할 수 있다. 또한 인공지능 시대에 요구되는 새로운 윤리적 법칙에 관해 토의하고 현재 일어나고 있거나 미래에 일어날 것으로 예상되는 사회문제에 적용해 볼 수 있다.

관련 학과 인문계열 전체

《**인공지능윤리: 다원적 접근**》, 인공지능과 가치 연구회, 박영사(2021)

국어 교과군

영어 교과군

수학 교과군

도덕 교과군

사회 교과군

과학 교과군

선택 과목	수능	금융과 경제생활	절대평가	상대평가
융합 선택	X		5단계	X

단원명 | 행복하고 안전한 금융 생활

| 🔍 | 자원의 희소성, 합리적 선택, 재무적 특성, 비재무적 특성, 거시적 요인, 인터넷 뱅킹, 모바일 뱅킹, 간편 결제 서비스, 전자화폐, 디지털 금융, 계약, 약관, 금융 사기 예방, 금융 소비자 보호 제도, 금융 의사결정 |

[12금융01-01] •••

행복하고 안전한 금융 생활에 필요한 금융 정보를 탐색하고 평가하며, 단기와 장기의 관점을 고려하여 합리적인 금융 의사결정을 한다.

➡️ 금융 의사결정에서의 윤리적 고려사항을 탐구하고, 금융 활동이 사회적 도덕과 어떻게 상호작용하는지에 대해 논의할 수 있다. 윤리학이나 철학, 사학 등 다양한 인문학적 관점에서 이것을 탐구할 수 있다. 예를 들어 금융 의사결정을 하는 동안 어떤 윤리적 고려사항이 존재하는지 탐구해 보자. 금융 의사결정이 다양한 이해 관계자에게 어떤 영향을 미치는지 이해하고, 이러한 영향이 사회적 정의와 개인의 가치관에 따라 의사결정을 하는데 어떤 영향을 미치는지 탐구할 수 있다. 다양한 학자들이 돈과 금융에 대한 많은 이론과 사상을 발표했다.

관련 학과 인문계열 전체

돈의 역사는 되풀이된다

홍춘욱, 포르체(2021)

책 소개

세 가지 금융 변수인 '금리, 주가, 환율'에 대한 저자의 관록 있는 분석이 경제 흐름을 파악하는 데 많은 도움을 준다. 대중을 위한 경제 해설가로서 최신의 경제 데이터와 이슈가 되는 핵심 쟁점을 놓치지 않고 실제 세상과 돈에 관한 정보를 통찰력 있게 담아낸 것이 이 책의 가장 큰 특징이다.

세특 예시

'책을 통해 자신 돌아보기' 시간에 '돈의 역사는 되풀이된다(홍춘욱)'를 읽고 투자 요소에 대해 알게 되었다고 밝힘. '벼락거지'라는 말이 가장 인상적이었다고 밝히고, 최근 자신의 소득이나 자산은 이전과 특별히 달라진 것이 없음에도 상대적 빈곤감에 빠지는 현상이 만연해 있다는 점을 강조하였음. 우리나라처럼 타인의 시선에 신경을 많이 쓰는 사회에서 남들과의 자산 격차가 크게 벌어지면서 스트레스를 받는 사람들이 증가하고 있다고 역설함. 특히 SNS의 발전과 다양한 커뮤니케이션의 증가로 나와 타인을 경제의 관점에서 평가하는 일이 증가하고 있다는 점을 강조하였음. 이를 해결하기 위해서는 다양한 금융적 도전이 필요하다는 것을 밝히고 다양한 금융 지식을 습득할 필요가 있다고 말함.

디지털 금융 환경에서 나타난 금융 서비스의 변화된 특징을 이해하고 디지털 금융 서비스를 효과적으로 이용한다.

➡ 디지털 금융 현상을 역사적, 문화적 맥락과 연결하여 탐구를 진행할 수 있다. 과거의 금융에서 현재의 금융까지 다양한 사례들을 조사하고, 이러한 변화가 생길 때 사회적 저항이나 특별한 사건이 일어났는지 조사해서 발표할 수 있다. 아울러 디지털 금융의 발전이 금융 문화와 금융 제도에 어떤 영향을 미쳤는지 탐구해 보자. 또한 디지털 금융이 신용 및 신용 접근성에 미치는 영향과 함께 신용과 관련한 윤리적 고민을 해 볼 수도 있다.

관련 학과 인문계열 전체

《**화폐의 미래**》, 에스와르 S. 프라사드, 이영래 역, 김영사(2023)

[12금융01-03] ●●●

안전한 금융 거래를 위한 계약(약관)의 중요성을 인식하고, 금융 사기 예방과 피해 구제를 위해 마련된 주요 금융 소비자 보호 제도를 탐구한다.

➡ 금융 소비자 보호 제도의 역사와 사회적 의미를 탐구할 수 있다. 금융 소비자 보호 제도는 어떤 배경과 과정을 거쳐 발전해 왔는지 조사해 보고 금융 소비자 보호 제도가 금융시장의 안정과 공정성, 그리고 소비자의 권리와 복지에 어떤 영향을 미치고 있는지 생각해 보자. 또한 금융 소비자 보호 제도에 금융회사와 소비자, 그리고 정부와 사회 간의 어떤 윤리적 책임과 의무가 포함되는지 조사해 보자. 금융 소비자 보호 제도가 어떤 가치 기준과 원칙에 따라 평가되고 개선되어야 하는지에 대해 자신의 생각을 덧붙여 발표할 수도 있다.

관련 학과 인문계열 전체

《**도덕경제학**》, 새뮤얼 보울스, 최정규 외 2명, 흐름출판(2020)

단원명 | 수입과 지출

> 🔍 근로 소득, 사업 소득, 재산 소득, 가처분 소득, 소득에 영향을 미치는 요인, 기초 소득, 소비, 소비 지출, 총소득, 비소비 지출, 대출 금리, 지불 수단(현금, 카드), 지불 방법(일시불, 할부), 예산, 버킷리스트, 예산 작성, 예산 수립, 평가, 예산 계획서, 기대 수입, 생애 주기

[12금융02-01] ●●●

소득이 수입의 주요 원천임을 이해하고 소득에 영향을 미치는 다양한 요인을 탐구한다.

➡ 소득은 개인과 집단의 정체성과 관련 있을 수 있다. 소득 수준이 개인의 정체성, 사회적 신분, 성별, 인종, 문화와 어떤 상호작용을 하는지를 주제로 탐구를 진행해 보자. 소득 계층별로 공유하는 취미나 활동이 다를 수 있다. 다양한 취미들을 분류해 보고, 이러한 취미들이 왜 계층의 정체성을 보여 주는지 탐구해 보자. 또한 소득 수준과 경제적 변화를 역사적 맥락에서 다룰 수 있다. 특정 시기와 장소에서 소득에 변화가 일어난 역사적 사건을 조사하고, 소득이 어떻게 변화하고 있는지 발표할 수 있다.

관련 학과 인문계열 전체

국어 교과군

영어 교과군

수학 교과군

도덕 교과군

사회 교과군

과학 교과군

불평등 트라우마

리처드 윌킨슨·케이트 피킷,
이은경 역, 생각이음(2019)

책 소개

거의 모든 사회에서 물질적 차이는 지위를 결정하는 가장 중요한 요소이다. 소득 격차가 클수록 사회 피라미드는 더 높고 가팔라지며 사회적 지위를 나타내는 라이프스타일의 차이로 낮은 지위가 더 도드라져 보인다. 낮은 소득은 가난한 사람의 소비 욕구를 제한하지만, 낮은 사회적 지위에서 벗어나고 싶다는 열망만큼은 강화한다. 이런 지위 불안에 대한 이유와 증거들이 담겨있는 책이다.

세특 예시

진로심화 독서시간에 '불평등 트라우마(리처드 윌킨슨·케이트 피킷)'를 읽고 계층을 구분하는 다양한 조건에 대해 알게 되었다고 밝힘. 소득 불평등 속에서 개인의 지위 상승과 출세욕, 사리사욕을 채우는 일에 더 매진하게 되면서 삶의 가장 중요한 핵심인 인간관계와 행복을 놓치고 있다는 사실을 밝힘. 사회의 불평등이라는 문제가 발생시키는 다양한 지표들을 보면서, 결국 개인이 혼자 해결할 수는 없다는 사실과 함께, 개개인의 인식과 사고방식이 변해야 한다는 사실을 밝힘. 폭력적 성향, 범죄 발생률, 자기 과시적 소비, 자아도취적 성향, 정신 질환 발병률, 심지어 사망률이나 기대수명도 불평등과 연관이 있다고 말하면서, 이러한 불평등을 해결하기 위한 정책적 대안과 개인적 대안이 동시에 제안되어야 한다는 점을 강조함.

[12금융02-02] •••

소비 지출과 비소비 지출을 구분하고 지출에 영향을 미치는 요인을 파악하여 합리적인 소비를 실천한다.

➡ 소비 습관은 개인과 집단의 정체성을 형성하고 나타내는 방법 중 하나이다. 특정 제품이나 브랜드를 소비함으로써 개인이나 집단의 정체성이 어떻게 형성되고 표현되는지 연구할 수 있다. 최근 이러한 소비로 계층 문화가 형성된다는 사실 때문에 모방 소비가 증가하고 있다. 이러한 모방 소비에 대한 자신의 생각을 발표해 보자. 특정 브랜드나 상품이 하나의 계층을 상징하는 요소로 작용하는 경우가 많다. 이러한 사례를 조사하고, 왜 이러한 상징요소가 생겼는지 자신의 생각을 덧붙여 발표해 보자.

　관련 학과　인문계열 전체

《**지금 팔리는 것들의 비밀**》, 최명화·김보라, 리더북스(2020)

[12금융02-03] •••

예산의 의미와 예산 관리 방법을 이해하고 자신의 금융 생활에서 예산을 수립·점검·평가한다.

➡ 문화적 배경, 가치관, 종교적 신념 등이 개인의 예산 수립이나 관리에 미치는 영향을 조사해 보자. 특정 문화나 국가적 특성이 소비 관행에 어떤 영향을 미치는지 탐구할 수 있다. 또한 개인의 예산 수립에 영향을 주는 다양한 요소들을 함께 탐구할 수 있다. 예를 들어 가족 구조와 예산 할당, 가족 구성원 간 소비에 대한 의사결정 방식에 대한 내용을 조사해 볼 수 있다. 가족의 예산 관리 방식에 따라 개인의 예산 관리 방식이 어떻게 형성되고 변화하는지 분석해 보자.

관련 학과 인문계열 전체
《포르투알레그리의 주민참여예산제도》, 이안 브루스, 최상한 역, 황소걸음(2018)

단원명 | 저축과 투자

> 🔍 저축, 금리, 예금, 적금, 주택청약저축, 세금, 물가, 소비, 주식, 채권, 펀드, 환율, 투자정보, 구제 방안, 신뢰할 수 있는 정보, 자기 책임, 예금자 보호 제도, 투자자 보호 제도, 인플레이션, 경제지표, 저축, 투자

[12금융03-01] •••

저축의 경제적 의의와 다양한 저축 상품의 특징을 이해하고, 저축에 영향을 미치는 요인을 탐구한다.

➡ 어떤 문화나 사회적 요인이 저축 습관과 소비 행동에 영향을 미치는지를 주제로 탐구를 진행할 수 있다. 특정 문화나 역사적 맥락에서 소비 및 저축과 관련된 다양한 사건들을 찾아볼 수 있고, 이러한 사건들이 발생한 이유에 대해 탐구를 진행할 수 있다. 예를 들어 최근에는 저축보다 다른 투자 상품에 자본이 몰리는 경우가 있다. 이러한 상황이 발생하게 된 이유에 대해 탐구해 보자. 또한 인간의 동기와 가치관은 저축을 할지에 대한 선택에 큰 영향을 미친다. 이러한 동기와 가치관을 어떻게 이해하고 분석할 수 있는지 탐구해 보자.

관련 학과 인문계열 전체

머라밸
박용제, 영림카디널(2020)

책 소개

일과 삶에 돈이라는 균형추를 추가한 머라밸(Money Life Balance)이라는 개념으로 워라밸을 완성해 진정한 행복을 얻을 수 있다고 강조한다. 요즘 같은 저금리 금융 환경에서는 돈을 불리고 싶어도 마음대로 되지 않는다. 이 책은 너무 많지도 않고, 그렇다고 너무 모자라지도 않은 적정한 돈으로 평생 행복의 질을 높게 유지할 수 있는 비결을 전하고 있다.

세특 예시

진로심화 독서시간에 '머라밸(박용제)'을 읽고 저축과 삶의 관계에 대해 생각해 보게 되었다고 밝힘. 금리가 낮은 시대이지만 저축이 가장 안정적인 투자 방법이라고 말하면서 돈을 모으는 가장 중요한 원칙은 작은 돈을 모아 큰 돈으로 불려 가는 방법이라고 주장함. 장기간 저금리가 이어지고 있는 만큼, 일확천금이나 코인 같은 투자로 높은 수익을 얻을 수 있다는 말에 현혹되지 말고, 수입보다는 지출을 통제해 목돈을 만들어 가야 한다고 강조함. 이자 소득만으로 자산을 불리기 어려운 금융 환경에서는 더더욱 지출을 관리할 필요가 있다고 말하고, 이런 상황에서 개인이 할 수 있는 다양한 투자의 환경을 분석하는 것이 필요하다고 발표를 진행하였음.

[12금융03-02] •••

기본적인 금융 투자 상품의 종류와 특징을 이해하고 투자에 영향을 미치는 요인을 탐구한다.

다양한 문화적 배경과 투자 활동 간의 관계를 탐구할 수 있다. 특정 문화나 사회적 맥락이 투자 결정에 미치는 영향을 이해하고, 문화적 차이로 인한 투자 행동의 변화를 조사해 보자. 서양권과 동양권에서 투자를 보는 시각이 다를 수 있다. 예를 들어 유대인과 우리나라 사람들의 투자 패턴도 다를 수 있다. 다양한 투자 원칙을 분석해 보고, 이러한 원칙이 생긴 역사적 사건들을 비교할 수 있다. 또한 자신이 생각할 때 올바른 투자란 무엇이고 이를 뒷받침하는 이론과 근거는 무엇인지 발표할 수도 있다.

관련 학과 인문계열 전체

《**부의 인문학**》, 우석(브라운스톤), 오픈마인드(2022)

[12금융03-03] ●●●

저축과 투자의 장단점을 고려하여 자기 책임의 원칙에 따라 저축과 투자를 결정하며, 활용할 수 있는 예금자 보호 제도와 투자자 보호 제도를 탐색한다.

금융 분야에서 윤리적 문제와 도덕적 고민을 다루는 다양한 인문학적 연구를 진행할 수 있다. 투자자의 이익을 균형 있게 고려하는 데 어려움을 겪는 상황에서 윤리적 판단과 도덕적 결정을 조사할 수 있다. 최근 전세사기와 관련된 다양한 사건들과 벤처기업 투자의 여러 사례들이 보도되고 있다. 이러한 사례들을 분석하고, 윤리적 판단과 투자가 어떠한 관계에 있는지 탐구를 진행해 보자. 그리고 우리가 가져야 할 투자자로서의 올바른 자세에 대해 발표해 보자.

관련 학과 인문계열 전체

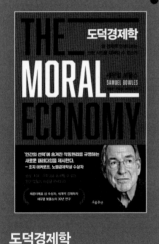

도덕경제학

새뮤얼 보울스, 최정규 외 2명 역,
흐름출판(2020)

책 소개

자유무역을 보호주의로 대체하려는 시도는 지역 중심적 사고방식만을 확산시킬 뿐이다. 초기 자유주의자들이 그랬던 것처럼 약자와 취약 계층을 보호하는 데 헌신하는 사회라면, 그리고 급격한 기술 변화와 세계화에 불가피하게 뒤따르는 경제적 불안정성으로부터 사람들을 보호하려는 사회라면, 사라질 위험에 처한 정치적 자유주의의 가치들을 되살릴 수 있을 것이다. 정치적 자유주의가 되살아나기 위해서는 새로운 경제 모델이 필요하며, 그에 지침서가 되어줄 책이다.

세특 예시

진로심화 독서시간에 '도덕경제학(새뮤얼 보울스)'을 읽고 금융과 개인의 선택 사이의 관계에 대해 생각해 보는 계기가 되었다고 밝힘. 인센티브는 사람들의 행동을 바람직한 방향과 수준으로 이끌기 위해 고안되었다는 사실을 말함. 하지만 인센티브가 의도대로 작동하는지에 대해서는 생각이 다르다는 것을 주장하고, 상이나 돈 등 물질적 보상의 결과를 측정하기 어렵고, 제도가 제대로 작동하는 것처럼 보이더라도 진정한 동기가 왜곡되기도 한다는 점을 주장하였음. 용돈을 받기 위해 책을 읽는 것과 같은 예시를 통해 사람은 경제적 이득을 위해 동기를 훼손할 수 있다는 주장을 펼침. 특히 경쟁이 극심한 상황에서 금전적 인센티브가 제공되면 무의식적으로 도덕과 거리두기를 해도 좋다는 식의 맥락적 암시가 작동할 수 있다고 말하면서, 인센티브가 정상적으로 작동하게 하는 다양한 장치들이 필요하다는 점을 강조하였음.

단원명 | 신용과 위험 관리

| 🔍 | 신용, 신용카드, 신용 관리, 이자, 할부 수수료, 카드 연회비, 신용 관리 습관, 채무 조정, 개인 회생, 신용 회복 지원, 사회 보험, 민영 보험, 자동차 보험, 화재 보험, 실손 보험, 신용회복위원회, 실비 보험, 은퇴, 기대수명, 공적 연금, 퇴직 연금, 개인 연금, 노후 대비

[12금융04-01] •••

신용 사용의 결과를 고려한 책임감 있는 신용 관리 태도를 기르고, 신용에 영향을 미치는 요인을 파악하여 자신의 신용을 효과적으로 관리하는 방법을 탐구한다.

➡ 신용에는 개인 또는 기업이 다른 개인, 기업 또는 기관으로부터 돈을 빌리거나 대출을 제공받을 때 그것을 상환할 도덕적 책임이 포함되어 있다. 빚을 상환하는 도덕적 의무는 어떻게 정의되며, 각 개인이나 기업의 도덕적 책임은 무엇인가를 주제로 탐구를 진행할 수 있다. 또한 신용을 지키지 않았을 때 발생할 수 있는 사회적 책임을 어떻게 이행하게 할 수 있으며 그 근거는 무엇인가, 개인과 기업이 도덕적 책임을 충족시킬 때 사회적 이익은 무엇인가와 같은 내용으로 탐구를 진행해 보자.

관련 학과 인문계열 전체

《소크라테스 성공법칙》, 데이비드 브렌델·라이언 스텔처, 신용우, 역, 동양북스(2022)

[12금융04-02] •••

위험 관리의 필요성과 위험 관리 방법으로서 보험의 원리를 이해하고, 주요 보험 상품의 특징을 비교한다.

➡ 보험이 사회, 문화, 역사, 윤리, 인간 행동과 어떻게 상호작용하는지를 주제로 탐구를 진행할 수 있다. 예를 들어 보험 회사의 윤리적 책임에 대해 탐구할 수 있다. 보험금 청구 과정에서 발생할 수 있는 윤리적 문제를 조사해 보자. 보험금 지급과 관련된 다양한 사례들이 있다. 이러한 사례에서 충돌하는 가치관을 조사하고, 이러한 충돌이 일어날 때 어떻게 해결할 수 있을지 자신의 생각을 덧붙여 발표해 보자.

관련 학과 인문계열 전체

《따뜻한 보험》, 김창기, 금융보험연구소(2023)

[12금융04-03] •••

고령 사회에서 노후 설계의 필요성을 이해하고, 연금의 종류와 특징을 파악하여 안정적인 노후 대비 계획을 설계한다.

➡ 연금의 강제력에 대한 내용을 주제로 인문학적 탐구가 가능하다. 국민연금은 강제 가입을 원칙으로 하고 있다. 이렇듯 연금을 강제로 가입해야 하는 것에 대한 철학적, 윤리적 이슈를 주제로 탐구를 진행해 보자. 자유권 중 가장 중요한 권리 중 하나인 재산권을 국가가 제한할 수 있는지 탐구하거나 공공복리의 원칙에 대해 탐구할 수 있다. 앞으로 인구구조에 따라 연금이 어떻게 변화할지 알아보고, 강제성이 유지되어야 하는지에 대해 자신의 생각을 정리하여 발표해 보자.

관련 학과 인문계열 전체

《연금의 배신》, 조연행, 북클라우드(2016)

선택 과목	수능		절대평가	상대평가
융합 선택	X	기후변화와 지속 가능한 세계	5단계	X

단원명 | 인간과 기후변화

| 🔍 | 지구 온난화, 해수면 상승, 해양 산성화, 기상이변, 온실 기체, 탄소중립, 탄소 배출, 티핑 포인트, 지속 가능 에너지, 파리 협정

[12기지01-01] • • •

지구적 차원에서 나타나는 기후변화의 심각성을 사례를 통해 파악하고, 기후변화를 바라보는 관점의 다양성을 이해한다.

➡ 리비아 대홍수는 2023년 9월 에게 해에서 발생한 사이클론 대니얼이 지중해를 건너 리비아 동부 키레나이카 (바르카)지역을 덮쳐 발생한 대규모 홍수이다. 이로 인해 리비아 동북부 전역이 피해를 입었으며, 특히 데르나에서 댐 2개가 연달아 붕괴하여 1만 명 이상이 사망하는 끔찍한 참사로 이어졌다. 리비아 대홍수의 전개 과정, 피해 원인과 결과, 기후변화와의 관련성을 조사하여 발표해 보자.

관련 학과 인문계열 전체

《**인류세, 엑소더스**》, 가이아 빈스, 김명주 역, 곰출판(2023)

[12기지01-02] • • •

기후변화는 자연적 요인뿐만 아니라 인간의 다양한 활동 및 산업과 관련되어 있다는 점을 이해하고, 탄소중립을 위한 사회 변화의 방향을 탐구한다.

➡ 기후위기 시대에 인문학은 기후위기를 극복할 해결책 제시보다는 기후변화에 대한 과학적, 정치행정적 대응을 위한 문제 제기의 역할이 크다. 인문학은 정의와 인간화에 대한 질문을 통해 인류가 기후 불평등과 과학기술 만능주의에 빠지지 않도록 견제할 것이다. 또한 인문학은 기후변화에 영향 받는 미래사회를 상상함으로써 인류가 다가올 미래를 미리 간접적으로 경험하게 할 것이다. 그리고 그 간접적 경험은 현재의 실천에 변화를 가져올 것이다. 기후위기 문제 해결을 위한 인문학의 필요성과 역할을 조사하여 발표해 보자.

관련 학과 인문계열 전체

《**이것이 모든 것을 바꾼다**》, 나오미 클라인, 이순희 역, 열린책들(2016)

국어 교과군

영어 교과군

수학 교과군

도덕 교과군

사회 교과군

과학 교과군

단원명 | 기후정의와 지역문제

> | 🔍 | 기후 재난, 불평등 문제, 기상 재해, 해수면 상승, 이상기후, 온실가스, 기후정의, 경제 양극화, 저탄소 녹색성장, 지구 생태계, 생물 다양성

[12기지02-01] •••

세계 여러 지역에서 발생하고 있는 기후 재난의 실제를 파악하고, 이를 둘러싼 쟁점을 다양한 자료를 통하여 분석한다.

➡ 기후위기로 인한 정치적 긴장과 분쟁이 새로운 외교 문제로 부상하고 있다. 기후위기는 단순히 기후변화에 그치지 않고 코로나19 팬데믹처럼 전 세계를 공황에 빠뜨릴 뿐만 아니라, 특히 생존과 직결된 식량 문제, 자원 문제로 인하여 국제 분쟁으로까지 확대될 수 있다. 기후변화로 인해 인류는 수많은 분쟁을 겪게 될 전망이다. 기후 분쟁의 개념, 성격, 사례, 대처 방안을 조사하여 발표해 보자.

관련 학과 인문계열 전체

《**기후전쟁**》, 하랄트 벨처, 윤종석 역, 영림카디널(2010)

[12기지02-02] •••

기후변화의 영향은 지리적 조건 및 사회적·경제적 조건에 따라 차별적으로 나타나고 있음을 이해하고, 이와 관련한 쟁점과 사례를 조사한다.

➡ 오늘날 바다는 2000년도 대비 적어도 15% 더 많은 열기를 함유하고 있다. 불과 20년 사이에 지구 전체 화석 연료 매장량의 3배에 달하는 에너지를 추가로 받아들였다는 뜻이다. 하지만 해양이 증가한 이산화탄소를 흡수한 결과, 바다는 '해양 산성화' 현상을 겪게 됐다. 해양 산성화의 개념, 추이, 그것이 지구 생태계에 미치는 영향 등을 조사하여 발표해 보자.

관련 학과 인문계열 전체

《**탄소·해양·기후**》, 현상민·강정원, 에이퍼브프레스(2023)

[12기지02-03] •••

기후정의의 관점에서 기후변화에 따른 불평등 문제의 해결 방안을 모색하고, 기후변화에 대한 인간의 책임과 의무에 대해 성찰한다.

➡ 기후변화는 기존의 불평등을 확대하고 악화시키는 측면이 있다. 기후변화는 환경뿐 아니라 인류의 안녕에도 엄청난 영향을 끼친다. 인류의 생존을 위협함과 동시에 생명, 건강, 식량, 물, 주거 그리고 생계에 관한 권리에 악영향을 미치고 있다. 안타깝게도 기후변화 문제의 해결 방법은 전체 탄소 배출량을 줄이기 위해 불평등을 심화하는 쪽으로 흘러갈 가능성이 높다. 인권을 '인간의 생명권, 건강권, 주거권, 물과 위생에 관한 권리'로 나누어 지구 온난화가 왜 위협이 되는지 조사하고 지역, 인종과 계급, 성별, 세대, 공동체 간의 차이가 불평등을 어떻게 심화하는지 분석해, 기후위기로 인한 인권 불평등 문제의 해결 방안을 모색해 보자.

관련 학과 인문계열 전체

《**화석 자본**》, 안드레아스 말름, 위대현 역, 두번째테제(2023)

단원명 | 지속 가능한 세계를 위한 생태전환

국어 교과군

영어 교과군

수학 교과군

도덕 교과군

사회 교과군

과학 교과군

> | 🔍 | 적정 기술, 순환 경제, 지속 가능 사회, 지속 가능 생태계, 생물 다양성, 생태전환, 탄소중립, 녹색성장, 저탄소 에너지 경제, 생태도시, 환경 비정부기구(NGO)

[12기지03-01] ● ● ●

기후변화 대응을 위한 국제 사회의 협력과 시민사회의 노력 사례를 조사하고, 기후변화를 둘러싼 이해 당사자들의 서로 다른 입장과 가치를 비교한다.

➡️ 기후변화와 관련된 흥미로운 일화로 2018년에 일어난 '그레타 툰베리의 학생 시위'가 있다. 그레타 툰베리는 당시 15세였던 스웨덴 소녀로, 기후변화 문제에 대한 정부들의 무관심에 분노하여 학생들을 이끌고 시위를 벌였다. 이 일화는 전 세계적으로 큰 주목을 받았으며, 젊은 세대의 기후변화 문제에 대한 관심과 참여를 보여 준 사례이다. 그레타 툰베리는 누구인지, 기후활동가로서 그의 활동, 그가 세계에 미친 영향과 구체적인 사례를 조사하여 발표해 보자.

관련 학과 인문계열 전체

《**기후 책**》, 그레타 툰베리, 이순희 역, 김영사(2023)

[12기지03-02] ● ● ●

기후변화 문제와 관련하여 국가 차원의 대응으로서 정치·사회·경제 영역에서의 생태전환을 위한 실천 사례를 조사하고, 이를 분석, 평가한다.

➡️ 기후위기 시대의 맥락에서 문화예술의 의미와 역할을 탐색하고, 예술 현장과의 협력 및 공론화를 통해 기후위기 시대에 필요한 문화예술 정책을 도출할 필요성이 있다. 기후위기와 문화예술 관련 각 분야의 전문가들과 논의하고 국내외 동향을 분석함으로써 기후위기 시대 문화예술의 담론을 구성할 수 있다. 기후위기와 같은 미래 환경의 변화에 대응한 문화예술 정책의 비전과 발전 방안을 제안해 보자.

관련 학과 인문계열 전체

《**미래 환경의 변화와 문화예술교육정책**》, 임학순 외 4명, 레인보우북스(2022)

[12기지03-03] ● ● ●

지역 공동체의 생태전환을 위한 다양한 노력 사례를 조사하고 지역의 지속 가능한 사회·생태 체계를 탐색한다.

➡️ 생태철학은 생태학적 조화 또는 평형의 철학으로서 생태학과 철학의 합성어이다. 이 용어는 프랑스의 포스트구조주의 철학자이자 정신분석학자인 펠릭스 가타리와 심층 생태학의 창시자인 노르웨이 철학자 아르네 내스에 의해 만들어졌다. 현재의 사회성과 역사성을 담아서, 현재의 사회문제의 핵심이자 인류의 명운이 달려 있는 환경·생태 이슈를 중심으로 서양의 환경생태철학의 동향을 조사하여 발표해 보자.

관련 학과 인문계열 전체

《**서양의 환경생태철학**》, 류의근, 교육과학사(2023)

[12기지03-04] ● ● ●

기후변화에 대응하기 위한 적정 기술과 순환 경제의 역할의 중요성을 파악하고, 에너지 전환의 중요성에 대한 이해를 바탕으로 지속 가능한 세계의 모습을 제안한다.

➔ 지금 우리는 인간이 기후를 변화시킨 시대, 즉 '인류세'를 살고 있다. 인류세는 인간의 행위 하나하나가 지구 시스템을 변화시키는 엄청난 힘을 지니고 있음을 일깨워 주었다. 이에 따라 정치의 영역도 인간 이외의 존재까지 염두에 두는 '지구 민주주의' 또는 '정치 생태학'으로 확장되고 있다. 아울러 그동안 무한히 주어졌다고 여겼던 '자유'가 실은 화석연료라는 자연에 기반한 조건적 자유였음을 자각하게 해 주었다. 이처럼 인류세는 그동안 인간과 자연을 구분하여 사유했던 근대 철학에 대한 전면적 재검토를 요구하고 있다. 기후위기 시대에 최한기의 기학(氣學)의 관점에서 새로운 철학 담론을 조사하여 발표해 보자.

관련 학과 인문계열 전체

《K-사상사》, 조성환, 다른백년(2023)

단원명 | 공존의 세계와 생태시민

| 🔍 | 지속 가능 발전 목표(SDGs), 지속 가능한 세계, 지구 생태계, 기후변화, 지속 가능한 소비와 생산, 생태시민, 성장의 한계, 생태 발자국, 리우 선언, 생태 전환

[12기지04-01] • • •

지속 가능 발전 목표(SDGs)의 의미를 이해하고, 이의 실천과 관련한 지역 사례들을 조사하여 환경적·경제적·사회적 측면에서 통합적으로 분석한다.

➔ 요즘 새삼 행복에 대한 언론의 기사, 학술적 연구, 정책적 논의가 급격히 늘고 있다. 왜 갑자기 행복에 대한 사람들의 관심이 높아졌을까? 무언가 문제가 생기면, 즉 이전에 비해 상태가 나빠지면 사람들은 행복에 관심을 갖게 된다. 그렇다면 행복에 대한 관심이 높아지는 것은 근래 들어 사람들이 점점 더 불행하다고 느끼게 되었기 때문일까? 혹은 우리 사회에 불행하다고 생각하는 사람들이 늘어났기 때문일까? 행복에 대한 사회적 관심이 높아진 이유를 다른 데서 찾아봐야 할 것이다. 지속 가능 발전 목표(SDG) 시대, 한국의 복지 수준과 행복지표를 OECD 선진국과 비교, 분석해 보자.

관련 학과 인문계열 전체

《지속가능발전목표(SDG) 시대 한국의 복지와 행복지표 측정》, 한준 외 3명, 집문당(2018)

[12기지04-02] • • •

지속 가능한 세계는 개인의 일상생활 방식과 관련되어 있음을 이해하고, 다양한 소비 영역에서 요구되는 지속 가능한 생활 방식을 탐색하고 실천 방안을 제안한다.

➔ 지속 가능한 소비란 자연환경을 보전하고 이웃과 사회와의 공존을 추구하여 다음 세대가 위태롭지 않도록 필요와 욕구를 조절하는 소비 생활을 말한다. 이를 위해서는 일차적으로 소비량을 절대적으로 줄여 자원 소모를 낮추고 자원을 효율적으로 이용하고 재사용하는 친환경적 소비 생활이 요구된다. 현대 소비의 문제점과 지속 가능한 소비가 필요한 이유, 실천 방법, 다양한 실천 사례 등을 조사하여 발표해 보자.

관련 학과 인문계열 전체

《지속가능사회와 소비생활》, 홍은실 외 2명, 전남대학교출판문화원(2022)

[12기지04-03]

정의, 책임 그리고 배려 등과 같은 생태시민의 덕목을 사례 탐구를 통해 이해하고, 인간 및 비인간이 함께 평화롭게 살아가는 공존의 세계를 위한 다층적 스케일에서의 실천 방안을 찾아 적극적으로 참여한다.

➡ 생태전환 시대에 생태시민성은 지구 환경 문제가 생겨난 구조적인 측면을 인식하고 미래 세대를 위한 지구 환경 보호와 이를 위한 시민들의 참여 및 실천을 강조한다. 지구 생태계를 중심으로 사고하고 행동하는 삶을 살아가기 위해서는 생태시민성이 필요하다. 생태시민이 갖춰야 할 역량은 무엇이고 이 역량을 함양하기 위한 생태시민성 교육은 어때야 할지 탐구하여 발표해 보자.

관련 학과 인문계열 전체

《생태전환시대 생태시민성 교육》, 이경한 외 5명, 푸른길(2022)

과학 교과군

구분	교과(군)	공통 과목	선택 과목		
			일반 선택	진로 선택	융합 선택
보통 교과	과학	통합과학1 통합과학2 과학탐구실험1 과학탐구실험2	물리학 화학 생명과학 지구과학	역학과 에너지 전자기와 양자 물질과 에너지 화학 반응의 세계 세포와 물질대사 생물의 유전 지구시스템과학 행성우주과학	과학의 역사와 문화 기후변화와 환경생태 융합과학 탐구

공통 과목	수능	통합과학1	절대평가	상대평가
	○		5단계	5등급

단원명 | 과학의 기초

| 🔍 | 시간, 공간, 길이, 측정, 기본량, 단위, 어림, 분석, 정보, 디지털 변환, 정보통신 기술, 현대 문명

[10통과1-01-01]　　　　　　　　　　　　　　　　　　　　● ● ●

자연을 시간과 공간에서 기술할 수 있음을 알고, 길이와 시간 측정의 현대적 방법과 다양한 규모의 측정 사례를 조사할 수 있다.

➡ 기술이 발전하면서 인간은 시간의 제약을 넘기 위해 노력하고 시간을 관리하면서 자신의 한계를 넓혀 나간다. 인간이 사용하는 달력은 문화적으로 구성된 시간의 체계이며, 문학과 예술에서도 시간을 다양한 형태로 표현하고 있다. 자신이 세상에 태어난 후 현재까지의 좋은 추억이나 기억나는 일들을 시간의 흐름에 따라 초등학교, 중학교, 고등학교로 나누어 글로 작성해 보자.

관련 학과 국어국문학과, 문예창작학과, 언어학과, 인문학부

《가볍게 읽는 시간 인문학》, 리즈 에버스, 오숙은 역, 옐로스톤(2017)

[10통과1-01-02]　　　　　　　　　　　　　　　　　　　　● ● ●

과학 탐구에서 중요한 기본량의 의미를 알고, 자연 현상을 기술하는 데 단위가 가지는 의미와 적용 사례를 설명할 수 있다.

➡ 다양한 분야에서 전문지식을 갖고 연구개발 활동을 직접 수행하는 사람을 연구원이라고 한다. 일반적으로 대학의 경우에는 전임강사 이상의 교직원, 박사 과정 대학원생과 부속 연구소 등 연구개발 활동 부서에서 일하는 학사 이상의 학위 소유자 또는 동등하거나 그 이상의 전문지식을 가진 사람을 의미한다. 대입정보포털 어디가 (http://www.adiga.kr)에 접속한 후 직업정보 메뉴에 들어가, 연구원과 관련된 직업정보를 검색해 보자. 관심 있는 분야의 연구원을 선택해서 하는 일, 교육, 자격, 훈련, 임금, 직업 만족도, 전망, 능력, 환경, 성격, 흥미, 가치관, 업무 활동 등을 조사하고 발표해 보자.

관련 학과 인문계열 전체

《별난 대표의 경영일지》, 한동빈, 새라의숲(2023)

단원명 | 물질과 규칙성

| 🔍 | 천체, 스펙트럼, 원소, 생명체, 우주 역사, 주기성, 규칙성, 결합, 성질, 지각, 단위체, 전기적 성질

> [10통과1-02-02] •••
>
> 우주 초기의 원소들로부터 태양계의 재료이면서 생명체를 구성하는 원소들이 형성되는 과정을 통해 지구와 생명의 역사가 우주 역사의 일부분임을 해석할 수 있다.

➡️ 우주 대폭발 이후 138억 년에 이르는 동안 우주와 지구, 생명, 인간 문명의 역사가 발달했다. 더불어 지리학, 생물학, 고고학, 인류학, 경제학 등 다양한 학문이 함께 발전하면서 인간의 집단 학습과 기술 혁신도 일어났다. 역사에 대한 관점을 인류나 우주 전체의 경과까지 넓게 확장해서 보는 학문적 움직임을 빅 히스토리(Big History, 대역사)라고 한다. 빅 히스토리의 시작인 우주와 인류가 탄생하는 과정을 정리하여 글로 작성해 보자.

`관련 학과` 국어국문학과, 노어노문학과, 독어독문학과, 문예창작학과, 문헌정보학과, 불어불문학과, 사학과, 아랍어과, 언어학과, 영어영문학과, 인류학과, 일어일문학과, 중어중문학과, 철학과

《**빅 히스토리**》, 데이비드 크리스천 외 2명, 이한음 역, 웅진지식하우스(2022)

> [10통과1-02-03] •••
>
> 세상을 구성하는 원소들의 성질이 주기성을 나타내는 현상을 통해 자연의 규칙성을 도출하고, 지구와 생명체를 구성하는 주요 원소들이 결합을 형성하는 이유를 해석할 수 있다.

➡️ 주기율표는 근대 화학의 성과로, 원자량, 원소의 성질, 전자 배치, 원자가 등에 관한 정보를 담고 있다. 이는 화학 원소들을 일정한 패턴으로 배열하여 특성과 속성을 시각적으로 정리한 표이다. 각 원소의 위치는 원소 번호, 원자량, 전자 구성, 화학적 특성과 관련된 다양한 정보를 제공한다. 원소들의 성질이 주기성을 나타내는 주기율표의 특징을 분석해 보자. 그리고 인류사에서 주기적으로 나타난 사건에 대해 토의해 보자.

`관련 학과` 인문계열 전체

《**읽자마자 과학의 역사가 보이는 원소 어원 사전**》, 김성수, 보누스(2023)

단원명 | **시스템과 상호작용**

🔍 태양계, 물질 순환, 에너지, 지권, 판구조론, 중력, 운동, 충격량, 운동량, 화학 반응, 세포, 유전자

> [10통과1-03-01] •••
>
> 지구 시스템은 태양계라는 시스템의 구성 요소임을 알고, 지구 시스템을 구성하는 권역들 간의 물질 순환과 에너지 흐름의 결과로 나타나는 현상을 논증할 수 있다.

➡️ 태양계는 태양과 태양을 중심으로 공전하는 다양한 천체들로 구성된 하나의 시스템이다. 이러한 태양계는 인류가 우주에 대한 이해를 확장해 나가는 데 중요한 연구 대상이다. 고대 문명에서부터 현대 과학에 이르기까지, 사람들은 태양과 행성들의 움직임을 관찰하며 우주의 원리를 이해하려 노력해 왔다. 예를 들어 태양과 달, 행성들의 위치와 궤도는 역사 속에서 시간 측정과 달력 제작, 농경 활동의 계획에 중요한 역할을 했다. 태양계에 대한 인류의 인식이 어떻게 발전해 왔는지, 그리고 지구와 다른 행성들에 대한 고대와 현대의 시각을 비교해 보고서를 작성해 보자. 이를 통해 태양계 연구가 인간 사회와 문화에 어떤 영향을 미쳤는지 탐구해 보자.

`관련 학과` 인문계열 전체

《**소행성 적인가 친구인가**》, 플로리안 프라이슈테터, 유영미 역, 갈매나무(2016)

지권의 변화를 판구조론 관점에서 해석하고, 에너지 흐름의 결과로 발생하는 지권의 변화가 지구 시스템에 미치는 영향을 추론할 수 있다.

➔ 판구조론은 지질학의 중요한 분야 중 하나이고 지구의 껍질과 지구의 역사에 대한 이해를 제공한다. 지구의 형성 및 변화에 대한 중요한 통찰력을 제공하고, 지구과학자들이 지구의 역사와 현재의 지질 활동을 연구하는 데 활용된다. 판구조론은 지구 표면의 큰 부분을 이루는 지구의 껍질이 이동하고 변화하는 현상을 다룬다. 지구 표면은 여러 개의 지구 판으로 분할되며, 이러한 판들은 지진 활동과 산맥 형성과 같은 지질 현상을 발생시킨다. 판구조론과 관련된 자료를 정리한 후 지구의 역사와 관련된 글을 작성하여 발표해 보자.

관련 학과 인문계열 전체

《극지과학자가 들려주는 판구조론 이야기》, 박숭현, 지식노마드(2021)

공통 과목	수능	**통합과학2**	절대평가	상대평가
	○		5단계	5등급

단원명 | 변화와 다양성

| 🔍 | 지질 시대, 생물 다양성, 유전적 변이, 자연선택, 광합성, 화석연료, 산화와 환원, 산과 염기, 중화 반응, 에너지의 흡수와 방출

[10통과2-01-01] • • •

지질 시대를 통해 지구 환경이 끊임없이 변화해 왔으며 이러한 환경 변화가 생물 다양성에 미치는 영향을 추론할 수 있다.

➡ 지질 시대는 지구가 탄생한 후부터 현재까지의 지질학적 시대를 말한다. 지질 시대를 나타내는 단위로는 'eon', 'era', 'period', 'epoch'가 있으며, 각각 누대(累代), 대(代), 기(紀), 세(世)로 번역된다. 1800년대에 한 고생물학자가 세계 최초로 이구아나의 이빨과 비슷한 화석을 발견하여 '이구아노돈'이라는 이름을 붙였으며, 이후 발견된 화석에 대해서는 거대한 도마뱀이라는 뜻의 '공룡'이라고 명명하였다. 지질 시대를 구분하는 단위의 어원과 공룡과 같은 화석의 이름에 대한 어원을 분석해 보자.

관련 학과 고고학과, 국어국문학과, 문예창작학과, 문헌정보학과, 문화재학과, 사학과, 언어학과, 영어영문학과, 인류학과
《지질 시대―황금못, 지구 역사 편찬의 이정표》, 최덕근, 서울대학교출판문화원(2022)

[10통과2-01-02] • • •

변이의 발생과 자연선택 과정을 통해 생물의 진화가 일어나고, 진화의 과정을 통해 생물 다양성이 형성되었음을 추론할 수 있다.

➡ 생물의 진화와 언어의 변이는 유사한 점이 있으며, 언어의 기원과 진화에 대한 탐구활동을 통해 언어의 최초 발생과 언어의 통시적 변이 및 변화에 대해 분석할 수 있다. 또한 현존하는 생물의 다양성과 복잡성에 대해 설명하고 인간의 구강 구조와 언어음의 형성, 발화 능력의 관계성에 대해 탐구해 보자. 또한 의사소통의 과정과 지리적·지역적 요소에 따른 발음, 억양, 어휘, 문법 등 지역사회와 문화의 특성을 탐구해 보자.

관련 학과 고고학과, 국어국문학과, 문예창작학과, 문헌정보학과, 문화재학과, 사학과, 언어학과, 인류학과, 종교학과, 철학과

진화하는 언어

모텐 H. 크리스티안센, 닉 채터,
이혜경 역, 웨일북(2023)

책 소개

《진화하는 언어》(모텐 H. 크리스티안센·닉 채터)는 인류의 언어가 어떻게 탄생했는지, 의사소통은 어떻게 이루어져 왔는지 타당한 근거를 제시하며 설득해 간다. 이 책에는 언어뿐만 아니라 역사, 생물학, 물리학, 수학 등 매우 광범위한 분야의 지식이 담겨 있다. 이 책을 통해 잘못 전해져 온 언어의 기원에 대해 재고해 보는 시간을 가질 수 있다. 또한 챗GPT가 인간을 위협하는 지금의 시대에도 인공지능이 왜 '언어'에서 인간의 지능을 이길 수 없는지를 믿을 수 없을 만큼 방대한 언어의 발전 과정을 예로 들며 체계적으로 밝혀 나간다.

세특 예시

교과연계 독서활동에서 '진화하는 언어(모텐 H. 크리스티안센·닉 채터)'를 읽고 인류 언어의 기원과 진화에 대해 탐구함. 인간의 구강 구조와 언어음의 형성에 대해 분석하고 언어의 방대한 발전 과정을 근거로 제시하여 인공지능이 인간의 언어를 따라올 수 없다는 결과를 도출함. 또한 인간의 독창성이 수천 년간 축적되어 만들어진 산물인 언어는 체계적인 문법을 바탕으로 진화해 왔음을 발표함.

[10통과2-01-03] ● ● ●

자연과 인류의 역사에 큰 변화를 가져온 광합성, 화석연료 사용, 철의 제련 등에서 공통점을 찾아 산화와 환원을 이해하고, 생활 주변의 다양한 변화를 산화와 환원의 특징과 규칙성으로 분석할 수 있다.

➡ 세계의 에너지 수요와 화석연료 보유량의 한계 등 화석연료 사용의 문제점이 전 세계적으로 제기되는 상황이다. 이에 세계 정치와 경제 등 인문학적 측면의 논의가 진행되고 있다. 화석연료 사용으로 인한 기후환경 변화 문제와 소비 문화 변화 등에 이원론적으로 접근하여 탐구주제를 설정하고 문제점과 대처 방안에 대해 탐구해 보자.

관련 학과 고고학과, 국어국문학과, 문예창작학과, 문헌정보학과, 문화재학과, 사학과, 상담심리학과, 심리학과, 인류학과

《기후변화로 보는 지구의 역사》, 미즈노 카즈하루, 백지은 역, 문학사상(2020)

[10통과2-01-05] ● ● ●

생활 주변에서 에너지를 흡수하거나 방출하는 현상을 찾아 에너지의 흡수 방출이 우리 생활에 어떻게 이용되는지 토의할 수 있다.

➡ 에너지의 흡수와 방출을 나타내는 표현들이 언어나 문학 작품 속에 어떻게 나타나는지 비교, 분석해 보자. 예를 들어 '열'이라는 개념이 다른 언어에서는 어떻게 표현되는지 살펴보거나 문학 작품 속 인물 또는 사건을 통해 에너지의 변화와 인간의 감정에 대한 표현을 분석하고 비교해 보자.

관련 학과 인문계열 전체

《열정의 심리학》, Robert J. Vallerand, 임효진 외 1명 역, 박영스토리(2023)

국어 교과군

영어 교과군

수학 교과군

도덕 교과군

사회 교과군

과학 교과군

단원명 | **환경과 에너지**

| 🔍 | 생태계, 생태 피라미드, 생태계 평형, 온실효과, 지구 온난화, 수소 핵융합 반응, 에너지 전환, 신재생 에너지, 핵 에너지

[10통과2-02-01] • • •

생태계 구성 요소를 이해하고 생물과 환경 사이의 상호 관계를 설명할 수 있다.

➡ 생물과 환경 요소들은 문학 작품에서 상징적인 의미를 가지고 중요한 역할을 할 수 있다. 문학을 통한 생태의식의 함양을 목적으로 하는 문학생태학이 태동하였으며, 문학 특유의 정서적 공감을 통해 환경 문제의 심각성을 내면화한다. 또한 환경 관련 문학 작품이나 생태 비평에서 다루는 자연과의 관계, 생태계의 파괴, 인간의 영향을 통해 생태계의 구성 요소를 이해할 수 있다. 환경과 관련하여 인간의 감정이나 정체성 등이 내면화된 문학 작품을 선정하고, 생물과 환경 사이의 상호작용을 문학적 관점에서 탐구해 보자.

관련 학과 국어국문학과, 문헌정보학과, 철학과

《환경 위기와 문학》, 신두호 외 5명 편, 학고방(2015)

[10통과2-02-02] • • •

먹이 관계와 생태 피라미드를 중심으로 생태계 평형이 유지되는 과정을 이해하고, 환경의 변화가 생태계에 미칠 수 있는 영향에 대해 협력적으로 소통할 수 있다.

➡ 생태계 파괴와 인구 이동의 상호작용에 대한 생태환경적 문제를 인식하고, 관련 도서를 선정하여 읽어 보자. 인구의 이동이나 도시 계획이 생태계에 어떤 영향을 미치는지 관련 도서의 내용을 근거로 토의해 보자. 토의 후 도시화와 생태환경 사이의 균형을 찾는 방안이나 생태계 평형 유지를 위한 환경 정책에 대한 탐구 보고서를 쓰고, 이를 토대로 각국의 언어로 호소문을 작성해 보자.

관련 학과 국어국문학과, 노어노문학과, 독어독문학과, 문예창작학과, 문헌정보학과, 불어불문학과, 아랍어과, 언어학과, 영어영문학과, 인류학과, 일어일문학과, 중어중문학과

《기후 환경 생태 그리고 우리》, 이보균, 카모마일북스(2022)

[10통과2-02-03] • • •

온실효과 강화로 인한 지구 온난화의 메커니즘을 이해하고, 엘니뇨, 사막화 등과 같은 현상이 지구 환경과 인간 생활에 미치는 영향과 대처 방안을 분석할 수 있다.

➡ 지구의 기후가 변하면서, 지구 환경 문제에 대한 공감과 인식 개선 방안에 대해 탐구할 필요가 있다. 지구 환경 문제에 대한 인식과 참여를 높일 수 있는 방안에 대해 토의해 보자. 토의에 대한 후속 활동으로 지구 환경 문제에 대한 중요성을 인식하고 되새기기 위한 표어를 작성하거나, 지구 환경 문제에 대한 공감이나 인식 개선을 위한 글을 작성하여 발표해 보자.

관련 학과 인문계열 전체

《기후변화와 환경의 미래》, 고문현 외 1명, 21세기북스(2019)

[10통과2-02-04]

태양에서 수소 핵융합 반응을 통해 질량 일부가 에너지로 바뀌고, 그중 일부가 지구에서 에너지 흐름을 일으키며 다양한 에너지로 전환되는 과정을 추론할 수 있다.

➔ 에너지 관련 내용은 인류의 역사와 문화, 그리고 사회 변화를 이해하는 데 중요한 키워드가 될 수 있다. 인류가 다양한 에너지원을 어떻게 활용해 왔는지 그리고 그것이 사회와 환경에 어떤 영향을 미쳤는지 조사해 보자. 석기 시대에서 철기 시대까지 불(에너지)을 사용하여 가공한 무기나 생활 용품 등이 기록된 문헌 자료를 찾아보자. 또한 인류의 역사에서 불의 발견이나 활용, 석탄 채굴이나 산업 혁명이 인류에 어떤 영향을 미쳤는지 탐구하여 발표해 보자.

관련 학과 고고학과, 문헌정보학과, 문화재학과, 사학과, 인류학과, 철학과

《에너지가 바꾼 세상》, 후루타치 고스케, 마미영 역, 에이지21(2022)

[10통과2-02-05]

발전기에서 운동 에너지가 전기 에너지로 전환되는 과정을 이해하고, 열원으로서 화석연료, 핵 에너지를 이용하는 발전소가 인간 생활에 미치는 영향을 조사·발표할 수 있다.

➔ 에너지가 인간 생활에 미치는 영향에 대한 탐구활동으로 문학 작품을 통한 에너지 표현이나 사회적 이슈를 반영한 글쓰기를 할 필요가 있다. 소설이나 시와 같은 문학 작품과 연결하여 에너지의 중요성이나 에너지에 대한 표현을 조사하여 에너지의 사회적 영향을 분석한 글을 작성해 보자. 예를 들어 에너지에 대한 묘사나 환경 문제가 강조된 문학 작품을 읽고, 에너지와 인간 생활을 연관 지어 분석하는 글을 작성하여 발표해 보자.

관련 학과 인문계열 전체

《수상한 진흙》, 루이스 새커, 김영선 역, 창비(2015)

[10통과2-02-06]

에너지 효율의 의미와 중요성을 이해하고, 지속 가능한 발전과 지구 환경 문제 해결에 신재생 에너지 기술을 활용하는 방안을 탐색할 수 있다.

➔ 신문이나 매체 자료를 통해 에너지 관련 이슈를 파악하여 환경 문제, 기후변화, 재생 가능 에너지 정책 등 에너지가 인간의 삶에 미치는 영향에 대해 보도문이나 기사문 형식의 글을 작성해 보자. 또한 문학이나 예술 작품을 통해 에너지가 인간의 경험과 정서 그리고 사회 변화와 연결되는 부분을 분석한 문화예술 칼럼을 작성해 보자.

관련 학과 인문계열 전체

《에너지 노예, 그 반란의 시작》, 앤드루 니키포록, 김지현 역, 황소자리(2013)

단원명 | 과학과 미래사회

| 🔍 | 감염병, 빅데이터, 인공지능 로봇, 사물 인터넷, 과학기술의 발전, 미래사회문제 해결

[10통과2-03-01] ●●●

감염병의 진단, 추적 등을 사례로 과학의 유용성을 설명하고, 미래사회문제 해결에서 과학의 필요성에 대해 논증할 수 있다.

➡ 감염병의 진단과 추적을 위해서는 감염병 발생 시 정보 전달과 커뮤니케이션이 중요하다. 공중 보건 메시지가 어떻게 효과적으로 구성되고 전달되는지 연구하고, 이를 통해 사람들이 적절한 예방 조치를 취하도록 유도하는 방법에 대해 탐구하여 일반 대중에게 정보를 전달하는 글을 작성해 보자. 효과적인 정보 전달을 위한 글쓰기 방법에 대해 토의해 보자.

`관련 학과` 인문계열 전체

《**스토리 라이팅**》, 전미옥, 나무발전소(2014)

[10통과2-03-02] ●●●

빅데이터를 과학기술 사회에서 사용하고 있는 사례를 조사하고, 빅데이터 활용의 장점과 문제점을 추론할 수 있다.

➡ 빅데이터를 이용한 AI 채팅봇은 대규모로 수집된 언어 데이터를 기반으로 의견을 표명한다. 인문계열의 주제 탐구로 언어 데이터의 편향성과 공정성 문제를 탐구해 보자. 다양한 사회적 요인이 언어 데이터에 반영되는 방식을 분석한다면 유의미한 탐구가 될 수 있다. 또한 빅데이터 분석에서 자동화 언어 처리 기술의 한계와 오류를 분석하고, 인간의 해석과 비교하여 정확하고 신뢰할 수 있는 결과를 도출하기 위한 방안을 탐구해 보자.

`관련 학과` 인문계열 전체

《**빅데이터 인문학: 진격의 서막**》, 에레즈 에이든 외 1명, 김재중 역, 사계절(2015)

[10통과2-03-03] ●●●

인공지능 로봇, 사물 인터넷 등과 같이 과학기술의 발전을 인간 삶과 환경 개선에 활용하는 사례를 찾고, 이러한 과학기술의 발전이 미래사회에 미치는 유용성과 한계를 예측할 수 있다.

➡ 여러 매체 자료를 살펴보면 디지털 기술이 독서 경험과 문화 소비 방식에도 변화를 가져왔다는 기사를 확인할 수 있다. 디지털 독서 플랫폼, 전자 출판물 등의 형태로 나타나는 디지털 문화를 전통적인 독서 경험과 비교하고, 독서 환경과 텍스트 사용 패턴을 조사해 보자. 또한 인터넷 및 소셜 미디어에서 사용되는 언어 형식, 맞춤법과 문법 형성 등에 대해 조사하고, 이러한 변화가 국어 사용 패턴 및 커뮤니케이션 방식에 어떤 영향을 미치는지 탐구해 보자.

`관련 학과` 인문계열 전체

《**미디어, 디지털 세상을 잇다**》, 주형일, 한국문학사(2023)

[10통과2-03-04] ●●●

과학기술의 발전 과정에서 발생할 수 있는 과학 관련 사회적 쟁점(SSI)과 과학기술 이용에서 과학 윤리의 중요성에 대해 논증한다.

➡ 과학기술의 발전은 현대사회를 크게 발전시키고 있지만, 이에 따른 인간성의 변화와 윤리적 고민도 함께 발생한다. 과학기술이 인간의 삶과 가치 그리고 도덕적인 문제들에 어떤 영향을 미치는지 탐구하고, 과학 윤리의 중요성이나 사회적 쟁점에 대한 글을 작성하여 발표해 보자.

`관련 학과` 인문계열 전체

《**과학기술 윤리연구**》, 정광수, 한국학술정보(2017)

공통 과목	수능	**과학탐구실험1**	절대평가	상대평가
	X		5단계	X

단원명 | 과학의 본성과 역사 속의 과학 탐구

| 🔍 | 과학사, 패러다임 전환, 결정적 실험, 과학의 발전, 과학사의 사례, 과학의 본성, 설명과 추론

[10과탐1-01-01] ●●●

과학사에서 패러다임의 전환을 가져온 결정적 실험을 따라 해보고, 과학의 발전 과정에 관해 설명할 수 있다.

➡ 과학사에서 패러다임 변화를 가져온 결정적 실험으로는 영국의 물리학자인 마이켈슨-몰리 실험이 있다. 마이켈슨과 몰리는 빛의 속도를 측정하기 위해 회전하는 원판을 사용한 실험을 했다. 이 실험은 에테르라는 매체가 존재하는지 밝히려는 것이었으나 빛의 속도는 원판의 회전과 관계없이 일정했다. 이 결과는 에테르가 존재하지 않음을 시사하며 이론을 바꾸는 데 큰 역할을 했다. 또한 빛의 속도가 모든 관점에서 일정하다는 특별한 상대성 이론에 관한 아인슈타인의 발상을 견고히 했고, 전통적인 물리학적 이론을 흔들어 놓았다. 이는 이론적 변화에 큰 영향을 미치며 과학사에 중요한 순간으로 남게 되었다. 과학사에서 패러다임의 전환을 가져온 결정적 실험을 선정하여 조사하고, 그 실험과 관련된 과학의 발전 과정을 살펴본 후 글을 작성해 보자.

관련 학과 인문계열 전체

《**판타 레이**》, 민태기, 사이언스북스(2021)

[10과탐1-01-02] ●●●

과학사의 다양한 사례들로부터 과학의 본성을 추론할 수 있다.

➡ 과학사의 다양한 사례들은 인류가 세상을 이해하고 설명하는 방식을 발전시키는 데 중요한 통찰력을 제공한다. 갈릴레오 갈릴레이의 지동설, 찰스 다윈의 진화론, DNA 구조의 발견 등은 시대를 넘어서 인간의 사고방식과 세계관에 큰 영향을 미친 사례들이다. 이러한 발견들은 탐구와 관찰을 통해 새로운 지식을 쌓고 이해의 폭을 넓히는 과정에서 나온 결과이다. 과학은 증거와 논리에 기반하며, 이를 통해 인류의 지식과 사고가 점진적으로 확장되고 개선되어 왔다. 과학사에서 나타난 중요한 사례 중 하나를 선택하여 인류의 지적 발전과 사고의 전환을 보여주는 글을 작성하고, 과학이 사회와 문화에 어떤 영향을 미쳤는지 발표해 보자.

관련 학과 인문계열 전체

《**과학의 본성**》, 강석진 외 1명, 북스힐(2014)

단원명 | 과학 탐구의 과정과 절차

| 🔍 | 관찰, 탐구, 수행, 실험, 가설 설정, 귀납적 탐구, 연역적 탐구, 정성적·정량적 데이터, 협동 연구

[10과탐1-02-01] ●●●

직접적인 관찰을 통한 탐구를 수행하고, 귀납적 탐구 방법을 설명할 수 있다.

➡️ 귀납적 탐구 방법은 특정한 관찰이나 패턴을 통해 일반적인 결론을 도출하는 추론 방법이다. 이는 개별 사례나 증거를 기반으로 일반적인 규칙, 원칙 또는 이론을 만들어내는 과정을 의미한다. 예를 들어 여러 번의 관찰을 통해 '모든 살아 있는 동물은 호흡한다'라는 법칙을 도출할 수 있으며, 이는 다양한 동물 관찰에서 발견된 패턴을 바탕으로 성립된 것이다. 귀납적 탐구 방법은 인문학과 자연과학을 융합한 연구에서도 중요한 역할을 한다. 예를 들어 특정 시대의 기후 변화가 사회적·문화적 발전에 미친 영향을 분석하거나 도시의 환경 변화가 주민 생활과 건강에 미친 영향을 연구할 때, 관찰과 분석을 통해 관련성을 도출할 수 있다. 인문학과 자연과학을 융합하여 관심 있는 탐구주제를 선정하고, 다양한 사례를 관찰하여 귀납적 탐구 방법을 적용해 보자. 도출된 결론을 토대로 보고서를 작성하고, 융합적 연구에서 귀납적 탐구 방법이 어떻게 활용될 수 있는지 토의해 보자.

관련 학과 인문계열 전체

《**창의성을 디자인하는 과학탐구 활동**》, 채희진, 더블북(2021)

[10과탐1-02-04] ●●●

흥미와 호기심을 가지고 과학 탐구에 참여하고, 분야 간 협동 연구 등을 통해 협력적 탐구활동을 수행하며, 도출한 결과를 증거에 근거하여 해석하고 평가할 수 있다.

➡️ 과학과 관련된 분야를 이해하고 연구하기 위해서는 과학 탐구활동에 대한 흥미와 호기심이 필요하며, 다양한 분야 간 협동과 협력적 연구가 중요한 역할을 한다. 탐구 과정에서 도출된 결과를 근거로 해석하고 평가하는 능력은 사회와 지식 기반 사회에서 필수적인 역량이 된다. 최근 대학에서는 체계적이고 종합적인 학문 연구를 위해 융합적 교육을 강화하고 있으며, 다양한 학문 분야에서 실용적 지식을 갖춘 인재를 양성하고자 노력하고 있다. 특히 과학적 탐구 과정과 결과를 논리적으로 전달하는 글쓰기 능력은 연구 결과를 보고서나 논문으로 작성하는 데 필수적인 요소로 자리 잡았다. 인문학적 관점에서, 과학적 탐구와 연구가 이루어지는 과정과 이를 보고서나 논문 형식으로 정리하는 과정은 단순히 지식 전달을 넘어 사회적 의미를 확산하는 중요한 수단이다. 예를 들어 과학 연구 결과는 공공의 이익을 위한 정책 결정과 사회적 합의에 중요한 영향을 미친다. 또한 학문 간 융합을 통해 문제 해결이 가능한 복잡한 현대 사회에서는 과학적 글쓰기와 탐구 보고서 작성이 다양한 분야의 인재들에게 더욱 필수적인 역량으로 요구된다. 글쓰기의 중요성과 학문 간 융합의 필요성을 조사하고, 이를 바탕으로 탐구 보고서를 작성하고 발표해 보자.

관련 학과 국어국문학과, 문예창작학과, 문헌정보학과, 언어학과, 영어영문학과

《**이공계 글쓰기 노하우**》, 김동우 외 1명, 생능출판(2023)

공통 과목	수능	과학탐구실험2	절대평가	상대평가
	X		5단계	X

단원명ㅣ 생활 속의 과학 탐구

|🔍| 과학 원리, 생활 속 과학, 놀이 속 과학, 과학 탐구 활동, 과학 개념, 실생활 문제

[10과탐2-01-01] ● ● ●

영화, 건축, 요리, 스포츠, 미디어 등 생활 속의 과학 원리를 실험 등을 통해 탐구하고, 과학 원리를 활용한 놀이 체험을 통해 과학의 즐거움과 유용성을 느낄 수 있다.

➡ 일상생활 속에서 영화나 미디어, 독서를 통해 경험하는 감정과 신경과학적인 원리 사이의 관계에 대해 토의해 보자. 예를 들어 영화나 드라마를 보고 책을 읽으면서 행복을 느끼거나 스트레스 받는 등 간접 경험을 통한 감정 요소가 직접 경험과 어떻게 다른지 토의해 보자. 이후 간접 경험의 감정 요소가 뇌의 구조와 기능에 어떤 영향을 미치는지 조사하여 감정과 신경과학의 상호작용을 탐구해 보자.

[관련 학과] 문예창작학과, 문헌정보학과, 상담심리학과, 심리학과

《감정과 사회》, 김왕배, 한울아카데미(2019)

[10과탐2-01-02] ● ● ●

사회적 이슈나 생활 속에서 과학 탐구 문제를 발견하고, 이를 해결하기 위한 과학 탐구활동을 계획하고 수행할 수 있다.

➡ 스마트 기기와 과학적 조사 방법을 활용하여 관심 지역의 생물 다양성과 외래종의 영향을 조사하고 분석할 수 있다. 스마트 폰 앱이나 웹사이트, 전문적인 생물 종 식별 앱 등을 활용하여 식물, 동물, 곤충 등 다양한 종들을 인식하고 분류해 보자. 조사한 생물 중에서 외래종 여부를 분석하고, 현지 생태계에 부정적인 영향을 주는지, 외래종으로 인해 일어날 수 있는 문제점은 무엇인지 논증하는 글을 작성해 보자.

[관련 학과] 인문계열 전체

《모든 생명은 서로 돕는다》, 박종무, 리수(2014)

[10과탐2-01-03] ● ● ●

과학 개념을 적용하여 실생활 문제의 해결 방안을 창의적으로 고안하고, 필요한 도구를 설계·제작할 수 있다.

➡ 해외에서 시행되고 있는 명상의 일종인 마인드풀니스는 의도적이고 비판적인 관찰을 통해 현재 자신의 행동에 집중하는 심리 상태를 의미한다. 스마트 기기에서 제공하는 마인드풀니스 같은 앱을 사용하여 일상생활에서 명상과 호흡 운동, 긍정적인 언어 등을 통해 마음의 안정과 평화를 찾을 수 있다. 스마트 기기들이 제공하는 스트레스 관리 및 감정 조절 앱은 사용자가 스트레스를 관리하고 감정을 조절하는 데 도움을 주는데, 이와 같

이 스마트 기기를 활용한 심리적 안정을 분석하고 탐구해 보자.

관련 학과 상담심리학과, 심리학과

《**마인드풀니스**》, 조셉 골드스타인, 이성동 외 1명 역, 민족사(2018)

단원명 | 미래사회와 첨단 과학 탐구

|🔍| 첨단 과학기술, 과학 원리, 연구 윤리, 과학 윤리, 안전 사항

[10과탐2-02-01] • • •

첨단 과학기술 속의 과학 원리를 찾아내는 탐구활동을 통해 과학 지식이 활용된 사례를 추론할 수 있다.

➡ 과학적인 기법과 원리를 적용하여 문화재의 복원과 보존에 대한 탐구를 진행해 보자. 조도, 온습도, 진동 등의 물리적 요소와 환경 요인이 문화재에 미치는 영향을 분석하고, 방사선을 이용해 유물의 미세한 변화나 구조를 분석하고 보존 상태를 평가할 수 있는 방사선 탐지 및 분석 방법에 대해 조사해 보자. 또한 조각상, 건물, 유적지 등의 문화재를 디지털로 정확하게 재현하는 3D 스캐닝에 대해 탐구하여 문화재 복원과 보존을 위한 방안을 발표해 보자.

관련 학과 고고학과, 문화재학과, 사학과

《**보존과학, 기억과 가치를 복원하다**》, 강대일, 덕주(2022)

[10과탐2-02-02] • • •

과학 원리가 적용된 첨단 과학기술 및 탐구 산출물을 발표하고 공유하며, 이를 확산할 수 있다.

➡ 음성 인식 기술이 음성 신호를 텍스트로 변환하는 과정에서 과학적인 원리와 기술이 사용된다. 음향 신호 처리, 언어 모델링, 기계 학습 알고리즘 등을 어문학 계열의 탐구주제로 선정하여 음성 인식 시스템이나 자연어 처리에서 정확하고 효율적인 방법에 대해 분석해 보자. 추후 활동으로 다른 문화권의 언어와 발음을 비교하거나 대조하여 음성 인식 기술과 신호 처리, 자연어 처리의 활용에 대해 탐구해 보자.

관련 학과 국어국문학과, 노어노문학과, 독어독문학과, 불어불문학과, 아랍어과, 언어학과, 영어영문학과, 인류학과, 일어일문학과, 중어중문학과

《**당신이 알고 싶은 음성인식 AI의 미래**》, 제임스 블라호스, 박진서 역, 김영사(2020)

[10과탐2-02-03] • • •

탐구활동 과정에서 지켜야 할 생명 존중, 연구 진실성, 지식 재산권 존중 등과 같은 연구 윤리와 함께, 과학기술 이용과 관련된 과학 윤리 및 안전 사항을 준수할 수 있다.

➡ 탐구활동 과정에서는 데이터 수집 및 분석 과정의 진실성이 중요하다. 데이터 조작이나 편향된 결과는 피해야 하며, 정확하고 신뢰할 수 있는 자료를 사용하여 결론을 도출해야 한다. 문학이나 언어학 연구에서 작품을 철저히 분석하고 해석하는 과정에는 성실함과 정직함이 요구된다. 잘못된 해석이나 편견은 피해야 하며 다양한 시각과 관점을 고려하여 종합적으로 분석해야 한다. 이것을 염두에 두고 문학 작품을 분석해 보자.

관련 학과 인문계열 전체

《**우리는 지금 문학이 필요하다**》, 앵거스 플레처, 박미경 역, 비잉(2021)

선택 과목	수능	**물리학**	절대평가	상대평가
일반 선택	X		5단계	5등급

단원명 | 힘과 에너지

| 🔍 | 알짜힘, 돌림힘, 안정성, 뉴턴 운동 법칙, 작용과 반작용, 운동량 보존 법칙, 일과 운동 에너지, 영구 기관, 위치 에너지, 역학적 에너지 보존 법칙, 총 에너지, 열과 역학적 에너지

[12물리01-01]   ● ● ●

물체에 작용하는 알짜힘과 돌림힘이 0일 때 평형을 이룸을 알고, 다양한 구조물의 안정성을 분석할 수 있다.

➡ 알짜힘과 돌림힘은 물체의 운동을 설명하고 이해하는 데 중요한 물리적 개념으로, 건축물이나 구조물의 설계에도 중요한 역할을 한다. 이러한 힘들은 구조물의 안정성과 내구성을 결정하는 요소로, 인간의 삶의 안전과 편안함을 보장하는 데 기여한다. 예를 들어 교량이나 건물의 설계에서는 바람, 지진, 하중 등 다양한 힘이 어떻게 작용하는지 분석하여 안전성을 확보해야 한다. 힘과 안정성의 개념을 통해 건축과 사회적 안전이 어떻게 연관되는지 알아보고, 역사적 건축물이나 현대의 대형 구조물들이 이러한 원리를 어떻게 적용하여 설계되었는지 조사해 보자. 이를 바탕으로 구조물의 안정성이 인간의 삶에 미치는 영향과 사회적 의미에 대해 토론해 보자.

관련 학과 인문계열 전체

《기초 물리 사전》, 오가와 신지로, 오시연 역, 그린북(2023)

단원명 | 전기와 자기

| 🔍 | 전하, 입자, 전기장, 자기장, 전위차, 전기 회로, 저항, 소비 전력, 전기 기구, 축전기, 전기 에너지, 센서, 신호 입력 장치, 자성체, 산업 기술, 전류의 자기 작용, 에너지 전환, 전자기 유도 현상

[12물리02-02]   ● ● ●

전기 회로에서 저항의 연결에 따라 소비 전력이 달라짐을 알고, 다양한 전기 기구에서 적용되는 사례를 찾을 수 있다.

➡ 효율적인 전기 회로 설계는 가정과 산업에서의 전력 소비 효율성에 직접적인 영향을 미치며, 이를 통해 전기 사용량을 줄이고 에너지 효율을 높이는 데 중요한 역할을 한다. 증가하는 전기 사용량은 환경과 자원 소비에 큰 영향을 미치기 때문에 효율적인 전력 관리와 절약이 필수적이다. 저항의 연결 방식이 전기 사용량과 에너지 효율에 미치는 영향을 조사하고, 이러한 전력 소비가 인간 사회와 환경에 미치는 영향에 대해 토의해 보자.

관련 학과 인문계열 전체

《찐초보 걸음마 전기》, 전병칠, 길벗캠퍼스(2021)

단원명 | 빛과 물질

국어 교과군 | 영어 교과군 | 수학 교과군 | 도덕 교과군 | 사회 교과군 | 과학 교과군

| 🔍 | 빛, 중첩, 간섭, 파동성, 굴절, 렌즈, 입자성, 이중성, 전자 현미경, 스펙트럼, 고체, 에너지띠, 양자화된 에너지 준위, 도체, 부도체, 반도체, 광속, 특수 상대성 이론, 시간 팽창, 길이 수축

[12물리03-06]   ● ● ●

모든 관성계에서 빛의 속력이 동일하다는 원리로부터 시간 팽창, 길이 수축 현상이 나타남을 알고, 이러한 지식이 사회에 미친 영향을 조사할 수 있다.

➡️ 특수 상대성 이론은 알버트 아인슈타인이 제안한 물리 이론으로, 상대적인 운동 상태에서 물리 법칙이 어떻게 동작하는지를 설명한다. 이 이론은 빛의 상대성을 중심으로 다루며 모든 관측자에게 빛의 속도는 같다고 주장하고, 이로 인해 시간과 공간의 상대성을 발견한다. 특수 상대성 이론은 다음 두 가지 가정에 기반하고 있다. 첫째, 서로에 대해 등속도로 운동하는 두 관찰자에게는 동일한 물리 법칙이 적용된다. 둘째, 모든 관찰자에게 빛의 속도는 완벽하게 동일하다. 이 이론은 GPS 시스템 및 항공 우주 기술과 같은 현대 과학기술 분야에 영향을 미치고 있다. 이러한 과학 지식이 인간 사회에 어떤 영향을 미치고 있는지 조사하고 토론해 보자.

`관련 학과` 고고학과, 국어국문학과, 문헌정보학과, 문화재학과, 사학과, 언어학과, 인류학과, 철학과

《13가지 기술 트렌드로 배우는 4차 산업혁명과 미래사회》, 안병태 외 1명, 길벗캠퍼스(2023)

선택 과목	수능	화학	절대평가	상대평가
일반 선택	X		5단계	5등급

단원명 | 화학의 언어

| 🔍 | 화학, 과학, 기술, 사회, 단위, 몰, 물질의 양, 화학 반응식, 양적 관계, 실험, 화학 결합

[12화학01-01]   • • •

화학이 현대 과학·기술·사회의 발전에 기여한 사례를 조사·발표하며 화학에 흥미와 호기심을 가질 수 있다.

➡ 화학은 현대의 과학, 기술 및 사회 발전에 핵심 역할을 한다. 신약 및 의약품 개발로 질병 치료와 건강 증진에 이바지하며, 환경 보호와 에너지 개발을 통해 지속 가능성을 강조한다. 소재 과학을 통해 혁신적인 소재를 개발하고, 식품이나 농업 분야에서 생산성을 향상시키며, 통신 및 정보 기술을 끌어내고 있다. 재활용과 환경 관리에도 화학적 지식은 필수적이며 안전과 보안에 관한 연구로 국가 안보를 강화한다. 화학은 현대사회의 핵심 동력 중 하나이며, 혁신과 발전을 이루어 내고 있다. 화학과 관련된 이론이나 기술을 선정한 뒤, 인류의 발전에 이바지한 사례를 조사하여 신문 기사를 작성해 보자.

`관련 학과` 인문계열 전체

《**화학 연대기**》, 장홍제, EBS BOOKS(2021)

단원명 | 물질의 구조와 성질

| 🔍 | 실험, 화학 결합, 전기적 성질, 전기 음성도, 주기적 변화, 쌍극자 모멘트, 결합의 극성, 루이스 전자점식, 원자, 분자, 전자쌍 반발 이론, 물리적 성질, 화학적 성질, 분자의 구조

[12화학02-01]   • • •

실험을 통해 화학 결합의 전기적 성질을 설명할 수 있다.

➡ 화학 실험은 과학적 이론을 현실에서 확인하고 자연 현상을 탐구하는 중요한 방법이다. 실험을 통해 화학적 상호작용, 물질의 특성, 반응의 과정을 직접 경험하고 이해할 수 있다. 과학 실험은 단순히 과학적 지식을 증명하는 것을 넘어, 인간이 세상을 이해하고 새로운 아이디어를 얻는 데 중요한 역할을 한다. 예를 들어 실험은 과학과 인문학의 경계를 넘어서 자연에 대한 인류의 이해를 심화하며, 일상 속에서 화학이 어떻게 응용되는지를 이해하는 기회를 제공한다. 인류의 발전과 기술 혁신에 기여한 화학 실험의 역사적 사례를 조사하여, 과학 실험이 사회와 문화에 미친 영향을 분석하고 글로 작성해 보자.

`관련 학과` 인문계열 전체

《**비커 군과 친구들의 유쾌한 화학실험**》, 우에타니 부부 외 1명, 오승민 역, 더숲(2018)

단원명 | 화학 평형

| 🔍 | 가역 반응, 화학 평형 상태, 반응물, 생성물, 농도, 평형 상수, 반응 지수, 진행 방향, 압력, 화학 평형의 이동, 온도 변화, 화학의 유용함

[12화학03-04]   • • •

농도, 압력, 온도 변화에 따른 화학 평형의 이동을 이해하고, 이를 일상생활 속 현상을 설명하는 데 적용하여 화학의 유용함을 느낄 수 있다.

➡ 농도, 온도, 압력과 같은 요소들은 화학 반응의 속도와 균형에 큰 영향을 미치며, 일상생활과 산업 전반에서도 중요한 의미를 가진다. 예를 들어 농도는 물이나 공기 중 특정 성분의 농도가 환경과 건강에 어떤 영향을 미치는지 이해하는 데 유용하다. 온도는 요리, 저장, 산업 공정 등 다양한 분야에서 화학적 변화에 영향을 주며, 기온 변화는 인간 생활과 환경에 큰 영향을 미친다. 압력 또한 기체의 상태에 영향을 미치며, 이를 공기 압축, 수송, 산업용 기체 저장 등에 활용한다. 농도, 온도, 압력의 변화가 인간 생활에 미치는 영향을 조사하고, 일상에서 이 요소들이 어떻게 활용되고 있는지 분석하여 글로 작성해 보자.

〔관련 학과〕 인문계열 전체

《**오늘도 화학**》, 오타 히로미치, 정한뉘 역, 시프(2023)

단원명 | 역동적인 화학 반응

| 🔍 | 물, 자동 이온화, 이온화 상수, 수소 이온 농도, pH, 용액, 중화 반응, 양적 관계, 중화 적정 실험, 미지 시료의 농도, 중화 적정 실험

[12화학04-01]   • • •

물의 자동 이온화와 물의 이온화 상수를 이해하고, 수소 이온의 농도를 pH로 표현할 수 있다.

➡ 산과 염기의 반응처럼 이온화 반응의 평형 상태를 나타내는 평형 상수를 이온화 상수라고 부르며, 이는 물질이 이온화되는 정도를 나타낸다. 수용액 내 대부분의 물은 용매로 작용하여 농도 변화가 거의 없으며, 소량의 물 분자만이 이온화 반응에 참여한다. 물의 전체 농도는 거의 일정하게 유지되므로 이온화 상수 계산에서 제외된다. 물의 자동 이온화와 이온화 상수는 자연계의 여러 환경적 과정에 영향을 미치며, 물의 산성도와 생태계 내 화학적 균형을 유지하는 데 중요한 역할을 한다. 이러한 개념은 산성비나 해양 산성화와 같은 환경 문제를 이해하는 과학적 배경을 제공하며, 지구 환경 보존과 미래 세대를 위한 환경 보호의 중요성을 인식하는 데 필수적이다. 이온화 상수와 환경 문제의 연관성을 통해 과학 지식이 환경 이해와 보호에 어떤 기여를 하는지 탐구하고, 이러한 지식이 왜 필요한지 설명하는 글을 작성해 보자.

〔관련 학과〕 인문계열 전체

《**화학의 눈으로 보면 녹색지구가 펼쳐진다**》, 원정현, 지상의책(2023)

선택 과목	수능	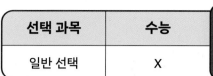	절대평가	상대평가
일반 선택	X	생명과학	5단계	5등급

단원명 | 생명 시스템의 구성

| 🔍 | 생명 시스템, 물질대사, 에너지 전환, 소화, 순환, 호흡, 배설, 대사성 질환, 생태계 구조, 생태계 구성요소

[12생과01-01] ● ● ●

생물 및 생명과학의 특성을 이해하고 생명과학의 성과를 협력적으로 소통할 수 있다.

➡ 생물 및 생명과학 분야에서 수많은 학술 자료와 과학 문서가 작성되는데, 이러한 자료와 문서는 실험 결과, 연구 방법, 결과 분석 등을 포함하여 정확하고 명료하게 작성되어야 한다. 관찰, 실험, 데이터 분석 등 과학적인 사고와 논증이 필요하며, 과학적 논증의 타당성이 있어야 한다. 학술 자료와 문서를 작성하기 위한 작문법에 대해 토의하고 발표해 보자.

관련 학과 인문계열 전체

《논리적 사고와 글쓰기》, 김은정 외 3명, 태학사(2022)

[12생과01-02] ● ● ●

세포에서부터 생태계까지 생명 시스템의 구성 단계의 특징을 바탕으로 체계적인 설명 자료를 만들 수 있다.

➡ 생물학에서 사용되는 전문 용어와 개념을 이해하고 정리해 보자. 예를 들어 세포에서 생태계까지 생명 시스템의 구성을 체계적으로 분석하고, 다양한 매체 자료를 활용하여 생명 시스템에 대한 설명 자료를 모둠별로 만들어 보자. 글로 작성된 문서뿐 아니라 그래픽 디자인, 이미지, 동영상 등 다양한 형식으로 구성할 수 있다. 또한 생명 시스템의 구성이 효과적으로 전달되도록 기사문 형식으로 작성하여 발표해 보자.

관련 학과 인문계열 전체

《기사 작성의 기초》, 이재경 외 1명, 이화여자대학교출판문화원(2018)

[12생과01-03] ● ● ●

물질대사 과정에서의 에너지 전환 과정을 바탕으로 다양한 생명 활동에서의 에너지 사용을 추론할 수 있다.

➡ 문학 작품 속 인물들의 식사 장면을 분석하여 소화 및 영양소 흡수를 위해 물질을 분해하고 대사하는 과정에 대해 설명해 보자. 문학 작품에서 식사 내용은 캐릭터 간의 상호작용과 가족 구성원 간의 관계 형성 등 의미와 상징성을 이해하는 데 중요한 단서를 제공할 수 있다. 일상적인 경험에서의 권력 관계, 애정 표현 등 인간관계 형성 및 변화에 대해 토의하여 발표해 보자.

관련 학과 인문계열 전체

《가족관계론》, 최규련, 공동체(2018)

[12생과01-04]   ● ● ●

소화, 순환, 호흡, 배설 과정이 기관계의 통합적 작용으로 나타남을 신체의 생리적 변화와 연관 지어 추론할 수 있다.

➜ 호흡은 신체에 산소를 공급하고 이산화탄소를 제거하여 신체에 필요한 기능을 주행하는 생리학적 과정이다. 명상은 정신적 안정과 균형을 증진하는 데 도움을 주는 수련 방법으로 우울증, 불안장애 등 정신 건강 문제 해결에 활용된다. 호흡과 명상이 인간의 감정 조절에 어떤 영향을 미치는지 심리학 학술 자료를 분석하여 발표해 보자.

관련 학과 문헌정보학과, 상담심리학과, 심리학과, 인류학과, 철학과

《**감정심리학**》, 이훈구, 이너북스(2010)

[12생과01-05]   ● ● ●

물질대사 관련 질병 조사를 위한 방법을 고안하여 수행하고 대사성 질환을 예방하기 위한 올바른 생활 습관에 대해 토의하며 협력적으로 소통할 수 있다.

➜ 대사성 질환 예방을 위한 의견을 공유하며 올바른 생활 습관의 중요성에 대해 토의해 보자. 적절한 운동과 활동이 대사성 질환 예방에 미치는 영향에 대해 이야기하거나 스트레스와 대사성 질환 사이의 관계를 이해하고 스트레스를 올바르게 관리하는 방법에 대해 토론할 수 있다. 서로의 경험과 전략을 공유하며 협력적 소통을 유도하고, 신뢰할 수 있는 정보와 자료를 근거로 지식을 공유하는 방안에 대해 발표해 보자.

관련 학과 인문계열 전체

《**생활습관과 건강**》, 김소연 외 1명, ㈜지구문화(2022)

[12생과01-06]   ● ● ●

생태계의 구조를 이해하고 물질의 순환과 에너지의 흐름을 추론하여 생태계 구성 요소들의 중요성을 설명할 수 있다.

➜ 문학 작품 속에서 생태계와 인간 사이의 관계를 찾아 문학적으로 분석하고 해석하여 생태계 구성 요소들의 중요성에 대해 토의해 보자. 자연환경과 동식물 그리고 인간의 활동이 어떻게 상호 연결되어 있는지 분석하여 생태계의 구조를 이해하고, 환경 문제에 대한 사회적 관심과 참여를 유도하는 글을 작성하여 발표해 보자.

관련 학과 인문계열 전체

《**인간과 자연의 비밀 연대**》, 페터 볼레벤, 강영옥 역, 더숲(2020)

[12생과01-07]   ● ● ●

개체군과 군집의 특성을 이해하고 이들의 상호작용의 예를 조사하여 발표할 수 있다.

➜ 공통의 유전적 특성이나 문화적 특성, 지리적 특성을 통해 서로 상호작용하며 문화를 형성하는 인류학에 대해 분석해 보자. 대륙이나 유전적 특성이 다른 민족 간 상호작용을 통해 문화와 언어가 공유되는 문학 작품을 조사하여 발표해 보자.

관련 학과 인문계열 전체

《**문화인류학**》, 한상복 외 2명, 서울대학교출판문화원(2011)

단원명 | 항상성과 몸의 조절

| 🔍 | 신경 세포, 시냅스, 신경계, 내분비계, 면역, 항원 항체 반응, 혈액의 응집 반응, 백신

[12생과02-01]

신경 세포의 구조와 기능을 이해하고, 신경 세포에서의 전도 과정을 모식도로 표현할 수 있다.

➡ 신경 세포 관련 글을 읽고, 모둠별로 신경 세포의 구조와 기능에 관해 분석하여 이를 재해석한 글을 작성해 보자. 모둠별로 작성한 글을 토대로 신경 세포에서의 전도 과정을 모식도로 표현해 보자. 모둠별로 표현한 모식도를 서로 비교하며 신경 세포의 구조와 기능에 대해 제대로 이해하고 분석하여 작성했는지 토의해 보자. 문자 해석과 그림 해석의 차이와 장단점에 대해서도 발표해 보자.

관련 학과 인문계열 전체

《**이미지, 문자, 해석**》, 세미오시스 연구센터, 한국외국어대학교출판부(2013)

[12생과02-03]

사람 신경계의 구조와 기능을 이해하고 중추 신경계와 말초 신경계의 특징을 설명할 수 있다.

➡ 중추 신경계는 뇌와 척수로 구성되어 인간의 인지, 감정, 운동 등 다양한 기능을 조절한다. 문학 작품 속 인물들의 행동이나 의사결정 등을 신경과학적인 시각으로 분석할 수 있다. 또한 언어는 인간사회의 의사소통 수단이며, 언어 처리 과정은 중추 신경계의 상호작용과 관련이 있다. 언어 습득이나 의사소통 등, 문학 작품을 읽을 때 중추 신경계와 관련 있는 신경 전달 메커니즘을 탐구하여 발표해 보자.

관련 학과 인문계열 전체

《**뇌·신경과학으로 본 마음과 문학의 세계**》, 연규호, 도훈(2023)

[12생과02-04]

내분비계와 신경계의 작용 원리와 상호작용의 이해를 바탕으로 우리 몸의 항상성이 유지되는 과정을 추론할 수 있다.

➡ 스트레스는 정신적·신체적 자극으로 인한 정신적 긴장감(부담 또는 압박)을 뜻하는 것으로, 환경적·사회적·심리적 요인에 의해 발생할 수 있다. 이러한 심리적 스트레스 요인(시험, 사회적 압박 등)과 생리적 반응(호르몬 분비, 면역 기능 변화 등) 사이의 상호작용을 분석해 보자. 추후 활동으로 스트레스와 몸의 항상성 유지 사이의 관계를 심리학적으로 탐구하여 발표해 보자.

관련 학과 상담심리학과, 심리학과

《**쉽게 쓴 스트레스 심리학**》, 송영선 외 3명, 솔과학(2021)

[12생과02-05]

병원체의 종류와 특징을 이해하고 우리 몸의 방어 작용을 선천적 면역과 후천적 면역으로 구분하여 설명할 수 있다.

➡ 선천적 면역과 후천적 면역에 관련된 인간의 심리 상태와 행동에 대해 조사해 보자. 예를 들어 스트레스와 우

울감이 개인의 면역 상태와 질병에 대한 방어력에 어떤 영향을 미치는지 조사하고, 이를 선천적 면역과 후천적 면역 개념과 연결하여 상관관계에 대해 분석해 보자. 이런 스트레스나 긍정적 감정이 개인의 행동 패턴에 어떤 영향을 미치는지 조사하고, 선천적 면역과 후천적 면역에 관련된 행동 변화를 탐구하여 발표해 보자.

관련 학과 상담심리학과, 심리학과

《나의 슬기로운 감정생활》, 이동환, 비즈니스북스(2018)

[12생과02-06] ● ● ●

항원 항체 반응의 특이성을 이해하고, 혈액의 응집 반응 원리를 이용하여 혈액형을 판정할 수 있다.

➡ 현대사회에서 혈액형에 대한 인식이 어떻게 형성되어 있으며, 이 인식이 사회적으로 어떤 영향을 미치는지 조사해 보자. 예를 들어 취업, 연애, 교육 등 다양한 분야에서 혈액형에 대한 편견이나 차별이 어떻게 작용하는지 분석하자. 또한 미디어와 대중문화에서 혈액형에 대한 이미지가 어떻게 표현되고 전달되는지 파악해 보자. 드라마와 영화, 소설 등에서 주인공의 성격이나 운명에 혈액형 요소가 어떻게 사용되는지 분석하고 혈액형에 대한 사회적 인식에 비판적으로 또는 긍정적으로 접근한 기사문 형식의 글을 작성해 보자.

관련 학과 국어국문학과, 문예창작학과, 문헌정보학과, 상담심리학과, 심리학과, 인류학과

《혈액형에 관한 간단한 고찰》, 박동선, 소담출판사(2009)

[12생과02-07] ● ● ●

백신의 종류와 작용 원리를 조사하고 질병의 예방 측면에서 백신의 필요성을 인식하여 협력적으로 소통할 수 있다.

➡ 중요한 이슈인 백신 개발과 관련하여 백신 개발 과정의 윤리와 사회적 영향에 대해 탐구해 보자. 예를 들어 백신 임상 참가자의 동의, 임상 실험 단계에서의 안정성 평가, 접종 대상군의 선택 등에 대한 윤리적 고려사항을 조사해 보자. 또한 백신 도입이 사회에 미치는 영향과 정책 결정에 대해 토론하고 발표해 보자.

관련 학과 인문계열 전체

《대한민국 신약개발 성공전략: 신약개발 프로세스의 이해》, 최유나 외 3명, 청년의사(2022)

단원명 | 생명의 연속성과 다양성

| 🔎 염색체 구조, DNA, 유전자, 생식세포, 체세포, 생물 진화, 생물 분류 체계

[12생과03-01] ● ● ●

염색체의 구조를 이해하고, DNA, 유전자의 관계를 설명할 수 있다.

➡ '콩 심은 데 콩 나고 팥 심은 데 팥 난다.'라는 속담처럼, 부모의 형질이 자녀에게 유전되어 나타난다. 네덜란드 화가 토로프가 그린 〈3대〉와 프랑스 화가 샤세리오가 그린 〈자매〉를 보면 각각 부모와 자녀, 자매에게 나타난 유전 현상을 볼 수 있다. 그림 〈3대〉와 〈자매〉에 나타난 유전 현상을 찾아 글로 작성하고, 자신이 화가라면 유전 현상을 볼 수 있는 그림을 어떻게 그릴 것인지 구상하여 작성해 보자.

관련 학과 고고학과, 국어국문학과, 문예창작학과, 문헌정보학과, 문화재학과, 사학과, 인류학과

《유전자는 우리를 어디까지 결정할 수 있나》, 스티븐 하이네, 이가영 역, 시그마북스(2018)

생식세포 형성 과정을 체세포 분열 과정과 비교하고, 생식세포 형성의 중요성을 생명의 연속성 및 다양성과 관련지어 추론할 수 있다.

➡ 생명의 연속성과 다양성 속에서 유전적 요소가 개인의 행동이나 성격 등에 미치는 영향에 대해 조사해 보자. 분리형 귓불과 부착형 귓불, 혀 말기 가능과 불가능 등 대립 유전자를 서로 비교하며 유전적 다양성에 대해 토의해 보자. 또한 유전자 조작에 대한 인식과 태도 변화, 윤리적으로 고려해야 할 사항 등 생명윤리와 관련한 문제를 토의한 후 관련 내용을 글로 작성해 보자.

관련 학과 국어국문학과, 상담심리학과, 심리학과, 인류학과, 철학과

나는 어떻게 지금의 내가 되었는가

제이 벨스키 외 3명, 박선령 역, 비잉(2023)

책 소개

오랜 기간 광범위한 대상을 추적, 관찰해서 쓴 이 책은 한 인간이 생애에 걸쳐 여러 가지 요소로 인해 변화하는 과정인 인간발달이 얼마나 놀랍고 대단한 일인지 깨닫게 한다. 이 책에서 전하고자 하는 인간 발달의 통찰은 교육에서 시작하여 정치, 경제, 사회, 더 나아가 세계에 이르기까지 더 좋은 방향으로 나아가는 길잡이가 되어 줄 것이다. 인간이 성장하면서 가족 내부 혹은 외부에서 경험한 일이 그 사람의 성격 형성에 어떤 영향을 미치는지, 유전자가 인간 발달에 어떤 영향을 미치는지, 인간이 성장하고 발달하는 데 얼마나 많은 것의 영향을 받는지 설명한다.

세특 예시

생명의 연속성과 다양성 속에서 유전적인 요소와 환경적인 요소가 인간 발달에 어떤 영향을 미치는지 탐구함. 심리학자들의 인간 발달 연구와 정량적, 종적 데이터를 근거로 한 인간 발달에 대해 탐구하면서 연계 도서로 '나는 어떻게 지금의 내가 되었는가(제이 벨스키 외 3명)'를 선정하여 읽음. 인간의 사회적 환경과 생물학적 유전 요소, 유전자가 인간 발달에 미치는 영향력에 대해 정량적, 종적 데이터를 찾아보며 발달심리학에 대해 지속적인 탐구를 진행함. 또한 생명윤리의 중요성과 유전자 조작에 대한 올바른 인식과 태도에 대해 발표함.

생물 진화의 원리를 이해하고, 생물 진화 연구의 다양한 사례를 조사하여 협력적으로 소통할 수 있다.

➡ 생물 진화의 원리에 대한 이해를 통해 진화 이론의 역사와 철학적 측면에 대한 탐구를 진행하자. 각 시대별 과학자들의 진화론에 대한 생각과 관점, 그리고 진화 이론이 어떻게 발전해 왔는지에 대해 토론해 보자. 추후 활동으로 인류의 문명 발전과 생물 진화 간의 상호작용에 대해 탐구하여 보고서를 작성해 보자.

관련 학과 고고학과, 국어국문학과, 문헌정보학과, 문화재학과, 사학과, 인류학과, 철학과

《다윈&페일리: 진화론도 진화한다》, 장대익, 김영사(2006)

국어 교과군

영어 교과군

수학 교과군

도덕 교과군

사회 교과군

과학 교과군

[12생과03-04]

● ● ●

생물의 분류 체계를 바탕으로 각 분류군의 차이를 이해하고 생물군을 분류 체계에 따라 설명할 수 있다.

➔ 생물의 계통과 종속을 특정 기준에 따라 정리하는 생물 분류 체계의 역사에 대해 조사하고, 시대와 문화에 따른 생물 분류 방식과 그 영향력에 대해 탐구해 보자. 예를 들어 고대 그리스의 생물 분류 체계, 오늘날 국제 학계에서 통일해서 쓰고 있는 스웨덴 식물학자 린네의 생물 분류법, 그리고 중국 전통 의학의 동물 및 식물 분류 방식 등을 비교하며 시대와 문화적 차이가 생물 분류에 어떤 영향을 미쳤는지 토의하고 보고서를 작성해 보자.

관련 학과 고고학과, 국어국문학과, 문헌정보학과, 사학과, 인류학과, 철학과

《생물학 이야기》, 김웅진, 행성B이오스(2020)

선택 과목	수능	지구과학	절대평가	상대평가
일반 선택	X		5단계	5등급

단원명 | 대기와 해양의 상호작용

🔍 해수의 성질, 염분, 용존 산소량, 심층 순환, 표층 순환, 태풍, 악기상, 용승, 침강, 엘니뇨, 남방진동

[12지구01-01] ● ● ●

해수의 물리적·화학적 성질을 이해하고, 실측 자료를 활용하여 해수의 온도, 염분, 밀도, 용존 산소량 등의 분포를 분석·해석할 수 있다.

➡️ 해수의 성질과 기후변화 간의 관련성을 조사하고, 그것이 해양 생태계에 미치는 영향을 탐구해 보자. 예를 들어 해수 온도 상승이 식물이나 동물 다양성에 어떤 영향을 미치는지에 관한 매체 자료를 조사하고 관련 도서를 읽은 후, 기후변화와 해양 보전 정책에 대한 캠페인 글이나 표어를 작성하여 발표해 보자.

　　관련 학과 국어국문학과, 문예창작학과, 심리학과, 언어학과, 인류학과
　　　　　　《**해양생물의 세계**》, 김웅서 외 1명, 한국해양과학기술원(2013)

[12지구01-02] ● ● ●

심층 순환의 발생 원리와 분포를 알고, 표층 순환 및 기후변화의 관련성을 추론할 수 있다.

➡️ 지구 온난화로 북극 지방의 빙하가 녹으면서 삶의 터전을 잃은 채 작은 빙하 조각을 타고 표류하는 북극곰의 애처로운 모습에서 지구의 위기를 느낄 수 있다. 또한 남태평양의 작은 섬나라 투발루는 해수면이 높아지면서 바닷물에 잠기고 있다고 한다. 지구촌 곳곳에서 이런 이상기후가 나타나는 원인에 대해 조사해 보자. 인류가 이상기후에 대처하는 방법에 대해 관심 있는 다국어로 글을 작성하고, 이상기후에 대한 경각심을 담은 표어를 작성하여 발표해 보자.

　　관련 학과 인문계열 전체
　　　　　　《**극지과학자가 들려주는 기후변화 이야기**》, 하호경 외 1명, 지식노마드(2014)

[12지구01-03] ● ● ●

중위도 저기압과 고기압이 통과할 때 날씨의 변화를 일기도, 위성 영상, 레이더 영상을 종합하여 예측할 수 있다.

➡️ 겸재 정선의 〈인왕제색도〉는 1751년 음력 5월 하순 비 온 뒤의 인왕산 모습을 그린 것이다. 《승정원일기》에 따르면, 이 해 음력 5월에 장맛비가 내렸음을 알 수 있다. 〈인왕제색도〉는 오랫동안 우정을 나누던 친구의 쾌유를 기원하면서 그린 작품으로 알려져 있다. 〈인왕제색도〉를 보며 당시의 날씨와 작품 속에 담긴 의미에 대해 토의해 보자.

　　관련 학과 고고학과, 국어국문학과, 문예창작학과, 문헌정보학과, 사학과, 심리학과, 철학과
　　　　　　《**승정원일기**》, 김종렬, 사계절(2017)

국어 교과군

영어 교과군

수학 교과군

도덕 교과군

사회 교과군

과학 교과군

[12지구01-04] ● ● ●

태풍의 발생, 이동, 소멸 과정 및 태풍 영향권에서 날씨를 예측하고, 뇌우·집중호우·폭설·강풍·황사 등 주요 악기상의 생성 메커니즘과 이에 대한 대처 방안을 제시할 수 있다.

➡ 문화재청이 밝힌 태풍 힌남노 피해 현황에 따르면, 국보 석굴암을 비롯해 천년고도 경주의 문화재 피해가 큰 것으로 나타났다. 태풍이 전통 건축물이나 문화재에 미치는 영향과 태풍 대비 방안에 대해 토의해 보자. 추후 활동으로 한옥이나 전통 주거 시설이 입은 피해 조사와 분석을 통해 문화재 보호와 복원을 위한 방법과 기술에 대해 탐구해 보자.

관련 학과 고고학과, 문화재학과, 사학과

《**문화재의 보존과 복원**》, 김주삼, 책세상(2022)

[12지구01-05] ● ● ●

대기와 해양의 상호작용의 사례로서 해수의 용승과 침강, 엘니뇨-남방진동(ENSO) 현상의 진행 과정 및 관련 현상을 설명할 수 있다.

➡ 세계 곳곳에서 기온이나 강수량 등이 정상적인 상태를 벗어난 이상기후 현상이 발생하고 있다. 이집트에서는 112년 만에 눈이 내려 피라미드와 스핑크스가 하얀 눈에 덮였으며, 남미 대륙에서는 겨울임에도 40도에 육박하는 이상고온 현상이 지속되기도 했다. 이러한 이상기후 현상에 대비하여 인종이나 대륙, 전 세계의 국가들이 함께해야 한다는 기고문을 세계의 언어에 맞게 작성해 보자.

관련 학과 국어국문학과, 노어노문학과, 독어독문학과, 북한학과, 불어불문학과, 아랍어과, 언어학과, 영어영문학과, 인류학과, 일어일문학과, 중어중문학과

《**2023 기후 전망과 전략**》, 녹색전환연구소 편, 착한책가게(2023)

[12지구01-06] ● ● ●

기후변화의 원인을 자연적 요인과 인위적 요인으로 구분하여 설명하고, 인간 활동에 의한 기후변화 문제를 과학적으로 해결하는 방법을 탐색할 수 있다.

➡ 밀란코비치는 세르비아의 천체 물리학자로, 일사량의 변화가 빙하의 생성 주기에 중요한 역할을 한다는 밀란코비치 이론을 발표하였으며, 새로운 학문 분야인 천문 기후학을 창설하였다. 그의 주요 저서인《일사와 빙하시대 문제》(1941)의 내용을 조사하고, 동양의 관련 문서나 기록, 도서를 선정하여 서양의 기후변화 관련 기록과 비교해 보자.

관련 학과 고고학과, 국어국문학과, 문헌정보학과, 사학과, 영어영문학과, 인류학과

《**기후, 문명의 지도를 바꾸다**》, 브라이언 M. 페이건, 남경태 역, 씨마스21(2021)

단원명 │ **지구의 역사와 한반도의 암석**

🔍 지층, 상대 연령, 절대 연령, 지질 시대, 화석, 변동대, 변성 작용, 지질 구조, 지질 단면도

지층 형성의 선후 관계를 결정짓는 법칙들을 활용하여 상대 연령을 비교하고, 방사성 동위 원소를 이용한 광물의 절대 연령 자료로 암석의 절대 연령을 구할 수 있다.

➜ 고대 시대의 유적이나 유물이 남아 있는 선사 유적지는 역사와 고고학적 연구에 중요한 자료를 제공한다. 고서의 연대는 내용, 언어, 문체, 역사적 배경을 통해 알 수 있으며, 방사성 탄소 연대 측정법을 통해 파악할 수도 있다. 방사성 탄소 연대 측정법과 같은 연대 측정법을 통해 고서의 제작 연대를 짐작할 수 있다. 과거의 문화와 역사를 연구하고 이해하기 위해 고대 유적지, 유물, 도구, 예술품 등의 연대를 측정하는 방법에 대해 탐구하자. 그리고 고서의 중요성과 가치에 대해 토의하고 발표해 보자.

관련 학과 고고학과, 문헌정보학과, 문화재학과, 사학과, 인류학과

《고전자료의 이해와 조직》, 권용인, 글로벌콘텐츠(2023)

지질 시대를 기(紀) 수준에서 구분하고, 지층과 화석을 통해 지질 시대의 생물과 환경 변화를 해석할 수 있다.

➜ 인류가 남긴 유적이나 유물을 연구하면 당시 사람들의 생활상이나 문화를 파악할 수 있다. 유적이나 유물이 없는 시기의 지구 역사는 어떻게 알 수 있을지 조사해 보자. 또 이러한 시기를 구분하는 기준에는 무엇이 있을지 토의해 보자. 지층과 화석을 통해 지질 시대의 환경을 해석하는 방법을 탐구하여 발표해 보자.

관련 학과 고고학과, 문헌정보학과, 문화재학과, 사학과, 인류학과

고고학의 역사
브라이언 M. 페이건, 성춘택 역,
소소의책(2019)

책 소개

이 책은 약 250년 전에 탄생한 고고학의 변천 과정을 출발점부터 전 세계적인 학문으로 자리 잡은 현재에 이르기까지 한눈에 조망하게 해 준다. 300만 년이 넘는 인류의 뿌리를 찾아 위험을 무릅쓰고 모험에 나선 사람들, 고고학사에서 중요한 발견과 발굴, 새로운 연대 측정법의 개발, 오랫동안 잊힌 과거 사회의 모습을 보존하려는 노력 등에 관한 내용이다.

세특 예시

지층이나 화석 연구를 통해 지질 시대의 생물과 환경에 대해 파악할 수 있음을 학습하고, 인류의 역사적 유적이나 유물 연구 방법에 대해 관심을 갖고 탐구함. 연계 도서로 '고고학의 역사(브라이언 M. 페이건)'를 선정하여 인류의 탄생부터 현재에 이르기까지 잃어버린 고리에 대한 호기심을 해결하는 고고학적 탐구활동을 진행함. DNA나 동위원소 분석 등을 통해 유적과 유물의 연구 및 보존 방법에 대해 파악하고, 그것이 과거의 문명과 삶을 재현하거나 생물학적·문화적 이해의 토대가 될 수 있음을 발표함.

변동대에서 마그마가 생성되고, 그 조성에 따라 다양한 화성암이 생성됨을 설명할 수 있다.

➡️ 마그마(Magma)는 '반죽'을 뜻하는 그리스어 mágma(녹은 것, 액체)에서 유래했으며, 지하에서 고온고압의 용융 상태로 존재하는 암석이다. 이 암석을 칭하는 한국어는 영어 발음 마그마, 일본어도 영어 발음 マグマ(마그마)이며, 중국어는 '돌즙'을 뜻하는 岩漿(암장), 조선어도 중국어와 같은 암장이다. 한국어 중에서 일본어와 발음이 비슷한 단어를 조사하고, 어원적 특성에 대해 탐구해 보자.

　　관련 학과 ┃ 고고학과, 국어국문학과, 일어일문학과

《**한글을 보면 일본어가 보인다**》. 김선재, 보고미디어(2021)

[12지구02-04] ● ● ●

변성 작용의 종류와 지각 변동에 따른 구조를 변동대와 관련지어 설명하고, 지구시스템에서 암석이 순환함을 추론할 수 있다.

➡️ 태평양 해구 부근의 일본이나 대서양 중앙 해령에 위치한 아이슬란드에서는 추운 겨울에도 야외에서 온천을 즐길 수 있는 곳이 많다. 이런 지역에 온천이 많은 이유는 무엇인지 탐구하고, 온천 이용과 인간 생활에 대한 글을 작성해 보자. 예를 들어 온천은 몸과 마음의 긴장을 완화하고 스트레스 해소에 도움을 주며, 가족과 함께 즐길 수 있는 활동으로 가족의 상호작용과 소통을 증진할 수 있다.

　　관련 학과 ┃ 국어국문학과, 문예창작학과, 상담심리학과, 심리학과

《**가족심리학**》, 장휘숙, 박영사(2008)

[12지구02-05] ● ● ●

우리나라의 대표적인 지질공원의 지질학적 형성 과정을 추론하고, 지역사회와 함께하는 지질공원의 지속 가능한 발전 방안을 제안할 수 있다.

➡️ 히말라야 산맥은 남반구에서 북쪽으로 이동하던 인도 대륙이 유라시아 대륙과 충돌하여 형성되었다. 고대 산스크리트어로 히마(hima)는 '눈'을 뜻하며, 알라야(alaya)는 '거처'라는 의미이다. 히말라야 정상부는 만년설로 덮여 있고, 히마(hima)와 알라야(alaya)를 합한 '눈의 거처'라는 뜻을 가지고 있다. 세계 지명의 역사와 어원의 연관성에 대해 관련 문헌을 조사하여 발표해 보자.

　　관련 학과 ┃ 고고학과, 국어국문학과, 문헌정보학과, 언어학과

《**한국지명유래집**》, 국토지리정보원 편, 진한엠앤비(2015)

단원명 ┃ 태양계 천체와 별과 우주의 진화

> 🔍 식 현상, 겉보기 운동, 분광형, 흑체 복사, H-R도, 허블의 은하 분류 체계, 외부 은하, 우주의 진화

[12지구03-01] ● ● ●

태양-지구-달 시스템에서의 식 현상을 이해하고 모형을 이용하여 태양계 행성의 겉보기 운동을 설명할 수 있다.

➡️ 예로부터 인간들은 천체의 위치와 운동과 같은 우주적 현상을 토대로 인간의 성격과 운명, 국가의 흥망성쇠를 점치는 점성술에 관심이 많았다. 과거에 왕권은 신성하고 신비로운 것으로 여겨졌고, 천체와 우주적 현상들도 신비롭고 예언적인 요소로 간주되었다. 이에 따라 점성술사를 통해 권력을 강화하거나 정당화하는 경우가 많

았으며, 일식 현상은 왕권과 연결되는 상징이기도 했다. 예를 들어 왕의 즉위식이나 중요한 정치적 사건들이 일식과 관련된 날짜나 시간에 진행되는 경우가 있었다. 이처럼 천체의 움직임이나 식 현상과 관련 있는 문학 작품, 문화재를 찾아보고 인문학과 연관 지어 탐구해 보자.

관련 학과 문헌정보학과, 문화재학과, 사학과, 심리학과, 인류학과, 종교학과, 철학과

《칠정산외편의 일식과 월식 계산방법 고찰》, 안영숙, 한국학술정보(2007)

[12지구03-02] ● ● ●

별의 분광형 결정 및 별의 분류 과정을 이해하고, 흑체복사 법칙을 이용하여 별의 물리량을 추론할 수 있다.

➡ 〈천상열차분야지도〉는 조선 태조 4년(1395년)에 만든 천문도로, 우리나라 온 하늘에서 볼 수 있는 1,467개의 별이 돌에 새겨져 있다. 중국의 천문도와 달리 별의 밝기에 따라 크기를 다르게 새겨 놓았는데, 별의 크기를 달리 표현한 것은 청동기 시대 별 그림에서 시작하여 고구려 무덤 벽화를 거쳐 전해 내려온 우리나라의 전통적인 별 그림 표현 방법이다. 이것은 당시 다른 나라의 별 그림에서는 찾아보기 힘든 과학적 표현 방식이다. 〈천상열차분야지도〉의 역사적, 과학적 가치에 대해 토론하고 발표해 보자.

관련 학과 고고학과, 문화재학과, 사학과, 철학과

《천상열차분야지도, 그 비밀을 밝히다》, 윤상철, 대유학당(2020)

[12지구03-03] ● ● ●

다양한 질량을 가진 별의 진화 과정을 H-R도에 나타내고 해석할 수 있다.

➡ 인간의 수명이 최대 100년인 것에 비해, 태양과 같은 별의 수명은 약 100억 년이다. 인간은 흙에서 태어나 흙으로 돌아간다고들 말하는데, 이는 인간의 일생은 유한하며 자연에서 시작해 자연으로 돌아간다는 의미일 것이다. 별의 진화와 일생을 인간의 탄생과 성장, 성숙 및 노화 그리고 죽음의 단계와 비교하고, 인간의 바람직한 인생에 대한 글을 작성하여 발표해 보자.

관련 학과 국어국문학과, 문예창작학과, 심리학과, 인류학과, 철학과

《우리는 모두 별에서 왔다》, 윤성철, 21세기북스(2020)

[12지구03-04] ● ● ●

허블의 은하 분류 체계에 따른 은하의 특징을 비교하고 외부 은하의 자료를 이용하여 특이 은하의 관측적 특징을 추론할 수 있다.

➡ 우주를 향한 인류의 관심은 밤하늘을 밝혀 주는 달로부터 태양계 행성, 우리 은하, 외부 은하와 우주까지 넓다. 드넓은 우주에는 또 다른 생명체가 존재할 가능성이 있으며, 태양계 밖의 지적 생명체와 우정을 나누거나 전쟁을 벌이는 것을 소재로 영화가 제작되기도 한다. 태양계 밖 또는 외부 은하의 지적 생명체의 문명이나 외계 생명체와의 만남을 그린 문학 작품을 다양한 언어로 소개해 보자.

관련 학과 국어국문학과, 노어노문학과, 독어독문학과, 문예창작학과, 불어불문학과, 아랍어과, 언어학과, 영어영문학과, 일어일문학과, 중어중문학과

《이티E.T.》, 멜리사 매티슨, 최지원 역, 미운오리새끼(2019)

국어 교과군

영어 교과군

수학 교과군

도덕 교과군

사회 교과군

과학 교과군

[12지구03-05]

• • •

허블-르메트르 법칙으로 우주의 팽창을 이해하고 우주의 진화에 대한 다양한 설명 체계의 의의를 현대 우주론의 관점에서 비교할 수 있다.

➔ 지구를 대신할 인류의 제2의 안식처가 될 행성에 대한 연구는 화성 탐사, 외계 행성 및 생명 가능 지대 탐사, 외계 생명체 탐사를 진행하는 원동력이 되었다. 테라포밍(Terraforming)은 대지를 만들어 낸다는 뜻으로, 지구가 아닌 다른 외계의 천체 환경을 인간이 살 수 있는 환경으로 변화시키는 것을 말한다. 현재 화성과 같은 행성에서 인간이 우주복이나 별도의 산소 공급 없이 살 수 있도록 현지의 대기와 기온을 바꿔 동식물 생태계를 일구는 행성 개조 프로젝트 연구가 진행 중이다. 외계 행성 탐사 또는 행성의 테라포밍에 찬성하거나 반대하는 입장의 글을 작성해 보자.

관련 학과 국어국문학과, 인류학과, 철학과

《인류의 미래—화성 개척, 성간여행, 불멸, 지구를 넘어선 인간에 대하여》,
미치오 카쿠, 박병철 역, 김영사(2019)

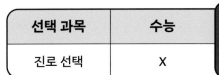

선택 과목	수능	역학과 에너지	절대평가	상대평가
진로 선택	X		5단계	5등급

단원명 | 시공간과 운동

> 🔍 물체, 힘, 합력, 운동, 정량적 예측, 뉴턴 운동 법칙, 포물선 운동, 역학적 에너지, 힘의 방향, 운동 방향, 원 운동, 케플러 법칙, 중력, 인공위성, 행성의 운동, 역학적 에너지 보존, 탈출 속도, 운동량 보존, 일반 상대성 이론, 우주선의 궤도, 등가 원리, 시공간, 블랙홀, 중력 시간 지연

[12역학01-01] ● ● ●

물체에 작용하는 여러 가지 힘의 합력을 구하여 물체의 운동을 정량적으로 예측할 수 있다.

➡️ 물체에 작용하는 다양한 힘들은 인류가 자연 세계를 이해하고 활용하는 데 중요한 기여를 해왔다. 아르키메데스가 발견한 부력은 물체가 액체나 기체에 떠오르거나 가라앉는 원리를 설명하여 선박과 비행기 설계 등에 활용되었다. 아이작 뉴턴의 만유인력 법칙은 모든 물체 사이에 작용하는 인력을 통해 천체의 움직임과 중력의 원리를 이해하는 데 기여했다. 이러한 역사적 발견들은 각각의 시대에 중요한 영향을 미쳤으며, 사회와 문화, 산업 전반에 걸쳐 큰 변화를 이끌어냈다. 역사적으로 중요한 힘의 발견이 사회에 미친 영향을 연도별로 정리하여 마인드맵으로 작성하고, 과학적 발견이 사회적 변화를 어떻게 촉진했는지 발표해 보자.

`관련 학과` 고고학과, 국어국문학과, 문예창작학과, 문헌정보학과, 문화재학과, 사학과, 언어학과, 인류학과, 철학과

《**법칙, 원리, 공식을 쉽게 정리한 물리·화학 사전**》, 와쿠이 사다미, 조민정 역, 그린북(2017)

단원명 | 열과 에너지

> 🔍 건축, 열 에너지, 단열, 열 팽창, 과학의 유용성, 상태 변화, 이상 기체, 온도, 압력, 부피, 계에 가해진 열, 계의 내부 에너지, 외부에 한 일, 열 기관, 순환 과정, 열 효율, 열의 이동, 기체의 확산, 가역 현상, 비가역 현상, 엔트로피

[12역학02-01] ● ● ●

건축을 포함한 다양한 열 에너지 관련 기술에 단열, 열 팽창 등이 활용된 예를 조사함으로써 과학의 유용성에 대한 가치를 인식할 수 있다.

➡️ 단열은 열이 외부로 전달되지 않고 내부에 유지되는 상태를 의미하며, 이는 에너지 효율과 자원 절약에 중요한 역할을 한다. 단열은 열 에너지가 외부로 빠져나가는 것을 막아 건축, 교통, 산업 등 다양한 분야에서 활용된다. 이와 같은 기술들은 에너지 소비를 줄이고 자원 효율성을 높임으로써 인류와 환경에 긍정적인 영향을 미친다. 건축 및 다양한 산업에서 단열과 열 팽창 기술이 어떻게 활용되고 있는지 조사하고, 이러한 기술을 통해 과학

이 현대 사회와 환경에 어떤 가치를 제공하는지 설명하는 글을 작성해 보자.

관련 학과 인문계열 전체

《**그림으로 배우는 열에너지 공학**》, 김동진 외 2명, 북스힐(2023)

단원명 | **탄성파와 소리**

> |🔍| 용수철 진자, 단진동, 가속도, 변위, 탄성파, 투과, 반사, 도플러 효과, 속도 측정, 음향 장치, 소음 제어, 악기의 소리, 정상파

[12역학03-05] • • •

현악기, 관악기 등에서 소리를 내는 원리를 정상파를 이용하여 설명할 수 있다.

➡ 정상파는 시간에 따라 파동의 진폭이 일정하게 반복되는 파동으로, 다양한 예술과 통신 기술에서 중요한 역할을 한다. 음악에서는 현악기나 관악기에서 발생하는 음이 정상파의 원리에 따라 생성되며, 이는 울림과 공명을 통해 풍부한 소리를 만들어낸다. 또한 라디오나 무선 통신에서는 신호가 정상파 형태로 전파되어 정보를 전달하는데, 이는 사람 간의 소통을 가능하게 하고 사회적 연결을 돕는다. 정상파는 단순하지만 아름다운 조화와 균형을 보여주며, 이는 예술적 창작에서도 비유적으로 많이 표현된다. 예를 들어 현악기의 떨림이 주는 공명은 사람의 감정과 마음의 진동을 닮아 있기도 하다. 현악기나 관악기에서 발생하는 정상파의 원리에 비유해 소리와 감정, 파동과 예술의 조화를 담은 시를 창작하여 발표해 보자. 이를 통해 과학적 원리가 예술에서 어떻게 표현될 수 있는지 탐구해 보자.

관련 학과 인문계열 전체

《**과학으로 풀어보는 음악의 비밀**》, 존 파웰, 장호연 역, 뮤진트리(2022)

국어 교과군

영어 교과군

수학 교과군

도덕 교과군

사회 교과군

과학 교과군

선택 과목	수능	**전자기와 양자**	절대평가	상대평가
진로 선택	X		5단계	5등급

단원명 | 전자기적 상호작용

> 🔍 전하, 전기장, 전기력선, 등전위면, 전기장의 세기와 방향, 정전기 유도, 유전분극, 자기력선, 로런츠 힘, 도선 주위의 자기장, 자기력선, 전자기 유도, 변압기, 인덕터, 축전기, 다이오드, 트랜지스터, 전자회로, 반도체, 저항

[12전자01-02]

• • •

정전기 유도와 유전분극을 설명하고, 일상생활에서 적용되는 예를 찾을 수 있다.

➡ 유전분극은 유전체 내부의 원자나 분자가 외부 전기장에 의해 영향을 받을 때 발생하는 현상이다. 외부 전기장이 가해지면 유전체 내의 양성자와 전자가 분리되어 양극과 음극이 형성된다. 이러한 분리로 인해 유전체 내부에 전기장이 형성되며, 물질이 전기적으로 극성을 띠게 된다. 이 과정은 여러 전자기적 장치나 재료에서 중요한 역할을 한다. 유전분극이 전자 부품이나 전자 기기에 어떻게 활용되는지 조사하고, 그 특징과 원리를 분석하여 설명하는 과학 기사를 제작해 보자.

[관련 학과] 인문계열 전체

《**전자기학의 개념원리**》, 홍희식 외 2명, 복두출판사(2024)

단원명 | 빛과 정보통신

> 🔍 빛, 간섭, 회절, 홀로그램, 정밀 기술, 렌즈, 거울, 광학 기기, 수차, 편광, 디지털 정보, 광전효과, 빛과 물질, 영상 정보, 광센서, 태양전지, 레이저, 빛의 증폭, 광통신

[12전자02-01]

• • •

빛의 간섭과 회절을 알고, 홀로그램 등 현대의 정밀 기술에 활용되는 예를 찾을 수 있다.

➡ 홀로그램은 빛의 간섭을 통해 3D 이미지를 생성하는 기술로, 신분증, 신용카드, 고급 포장재 등 일상에서 보안과 디자인에 활용되고 있다. 빛의 파동성에 기반한 홀로그램 기술은 시각적 정보를 새로운 방식으로 전달하며, 현대 사회에서 이미지의 신뢰성, 정체성 확인, 미적 가치에 중요한 역할을 한다. 일상에서 접할 수 있는 홀로그램과 같은 기술들이 빛의 원리를 어떻게 활용해 발전해 왔는지, 그리고 이러한 기술이 우리의 시각적 경험과 사회적 상호작용에 어떤 변화를 가져왔는지 조사하여 보고서를 작성해 보자.

[관련 학과] 인문계열 전체

《**홀로그래피 입문—원리와 실제, 구보타 토시히로**》, 이승현 역, 진샘미디어(2012)

단원명 | **양자와 미시 세계**

| 🔍 | 양자, 이중 슬릿, 입자, 파동, 이중성, 확률 파동의 간섭, 중첩, 측정, 상태 변화, 양자 컴퓨터, 양자암호 통신, 터널 효과, 원자 모형, 불확정성 원리, 보어, 별, 핵 융합, 스펙트럼

[12전자03-01]　　　　　　　　　　　　　　　　　　　　　　　　　　　　　● ● ●

단일 양자 수준의 이중 슬릿 실험을 통해서 입자-파동 이중성을 확인하고, 단일 양자의 분포에 대한 실험 결과를 확률 파동의 간섭을 토대로 해석할 수 있다.

➡ 양자역학에 따르면 입자는 때로는 입자처럼, 때로는 파동처럼 행동할 수 있으며, 이는 빛과 물질의 본질을 이해하는 데 중요한 개념이다. 이러한 이중성 개념은 과학뿐만 아니라 철학적 사고에도 깊은 영향을 미치며, 현실의 본질과 인식의 경계를 탐구하는 다양한 분야에서 논의되어 왔다. 빛의 입자성과 파동성을 설명하는 대표적 사건인 광전 효과와 이중 슬릿 실험은 물질의 본성에 대한 이해를 재고하게 만들었고, 이는 현대 과학과 기술의 기초를 이루는 중요한 발견으로 자리 잡았다. 특히 이러한 이중성은 인간이 세계를 바라보는 방식에 새로운 통찰을 제공하며, 불확정성과 복합성의 세계관을 가능하게 했다. 빛의 이중성이 인간의 사고와 세계관에 어떤 영향을 미쳤는지, 그리고 이러한 발견이 철학과 인문학에서 어떤 의미를 지니게 되었는지 조사하여 발표해 보자.

관련 학과 ▸ 인문계열 전체

《양자역학 쫌 아는 10대》, 고재현, 풀빛(2023)

선택 과목	수능	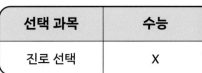	절대평가	상대평가
진로 선택	X	물질과 에너지	5단계	5등급

단원명 | 물질의 세 가지 상태

| 🔍 | 기체, 온도, 압력, 부피, 몰수, 이상 기체 방정식, 혼합 기체, 부분 압력, 몰 분율, 액체, 분자 간 상호작용, 끓는점, 고체, 결정, 비결정, 화학 결합

[12물에01-01]   ● ● ●

기체의 온도, 압력, 부피, 몰수 사이의 관계를 통합적으로 이해하고, 이상 기체 방정식을 근사적으로 활용하는 사례를 조사하여 화학의 유용함을 인식할 수 있다.

➡️ 이상 기체 방정식은 기체의 운동을 설명하는 중요한 물리학적 법칙 중 하나이다. 이 방정식은 실제 기체 분자 사이의 상호작용을 무시하고, 기체 분자가 이상적인 상태에서 동작한다고 가정하는 이상 기체에 대한 법칙을 나타낸다. 또 이 방정식은 기체의 상태를 설명하며 압력, 부피, 온도, 분자 수를 사용하여 이상 기체의 상태를 계산하게 해준다. 기체 분자 사이의 상호작용이 무시되기 때문에 이상 기체 방정식은 실제 기체의 동작과는 일치하지 않을 수 있지만, 대부분의 기체는 낮은 압력과 높은 온도에서 근사적으로 이상 기체로 취급된다. 이상 기체 방정식을 활용한 사례를 조사하고 화학의 유용함을 인식하게 하는 글을 작성하여 발표해 보자.

관련 학과) 인문계열 전체

《화학이란 무엇인가》, 피터 앳킨스, 전병옥 역, 사이언스북스(2019)

단원명 | 용액의 성질

| 🔍 | 액체, 물의 성질, 수소 결합, 실험 데이터, 용액, 농도, 증기압, 끓는점, 어는점, 삼투 현상

[12물에02-01]   ● ● ●

다른 액체와 구별되는 물의 성질을 수소 결합으로 설명하고, 경이로운 물의 성질에 흥미를 느낄 수 있다.

➡️ 일반적인 액체는 분자들이 일정한 거리를 유지하며 흐르는 특성을 가진다. 액체 중에서 물은 우리 인간의 생활에서 빼놓을 수 없다. 물은 0℃에서 고체가 되고 100℃에서 기체가 된다. 물은 다른 액체에 비해 높은 밀도와 높은 녹는점, 끓는점 등으로 인해 상대적으로 안정적이고 다양한 온도에서 액체 상태를 유지하는 독특한 특성을 갖고 있다. 물의 경이로운 성질에 흥미를 느끼게 하는 시를 창작하여 발표해 보자.

관련 학과) 인문계열 전체

《기적의 물질 물과 수소》, 아이뉴턴 편집부, 아이뉴턴(2017)

국어 교과군
영어 교과군
수학 교과군
도덕 교과군
사회 교과군
과학 교과군

단원명 | 화학 변화의 자발성

🔍 엔탈피, 열화학 반응식, 헤스 법칙, 화학 법칙, 엔트로피, 화학 변화의 자발성

[12물에03-01] •••

엔탈피의 의미를 알고, 엔탈피를 이용하여 열화학 반응식을 표현할 수 있다.

➡️ 엔탈피는 물질계의 안정성과 변화의 방향, 그리고 화학 평형의 위치와 이동을 결정하는 핵심적인 요소이다. 일정한 압력에서 변화가 일어날 때 반응 전후의 온도를 같게 하려고 계가 흡수하거나 방출하는 열 에너지를 의미한다. 열 변화는 열역학적 관점에서 화학적·물리적 변화를 이해하는 데 중요한 개념이다. 발열 반응에서는 엔탈피가 감소하고 흡열 반응에서는 엔탈피가 증가한다. 화학 반응이나 물리적 변화에서 발생하는 열 변화를 의미하는 반응열, 연소열, 용해열, 중화열, 증발열 등의 용어를 정리해 화학 용어 사전을 제작하여 학급에 전시해 보자.

(관련 학과) 인문계열 전체

《**전화기는 어떻게 세상을 바꾸는가**》, 한치환, 처음북스(2019)

단원명 | 반응 속도

🔍 화학 반응 속도, 자료 해석, 반응 속도식, 1차 반응, 반감기, 반응물의 농도, 유효 충돌, 활성화 에너지, 농도, 온도, 촉매

[12물에04-04] •••

농도, 온도, 촉매에 따라 반응 속도가 달라짐을 이해하고, 일상생활에서 각각의 예를 찾아 화학의 유용성을 인식할 수 있다.

➡️ 반응 속도는 농도, 온도, 촉매와 같은 요인에 따라 달라지며, 이러한 원리는 화학적 변화를 이해하는 중요한 단서를 제공한다. 농도가 높아지면 반응물 입자가 더 자주 충돌하여 반응 속도가 증가하고, 온도 상승은 분자 운동을 촉진하여 반응을 빠르게 진행시킨다. 또한 촉매는 활성화 에너지를 낮춤으로써 반응이 쉽게 일어나도록 도와준다. 이러한 반응 속도의 변화는 일상생활과 다양한 산업에서 중요한 역할을 하며, 음식 조리, 연료 사용, 약물 반응 등 다양한 상황에서 그 의미를 발견할 수 있다. 예를 들어 요리 과정에서 온도를 조절하면 조리 속도가 달라지며, 약물의 반응 속도는 체내 흡수 및 효과에 중요한 영향을 미친다. 농도, 온도, 촉매에 따른 반응 속도의 차이가 인간 생활에 미치는 영향을 조사하고, 이를 통해 화학적 원리가 사회와 일상생활에 어떤 의미를 가지는지 설명하는 글을 작성해 보자.

(관련 학과) 인문계열 전체

《**태어난 김에 화학 공부**》, 알리 세제르, 고호관 역, 윌북(2024)

선택 과목	수능	 화학 반응의 세계	절대평가	상대평가
진로 선택	X		5단계	5등급

단원명 | 산 염기 평형

> 🔍 브뢴스테드, 라우리, 산, 염기, 이온화 상수, 상대적 세기, 약산, 약염기, 수용액의 pH, 중화 적정 실험, 실험 데이터, 이온화 상수, 염의 가수 분해, 화학 평형, 완충 작용

[12반응01-01] •••

브뢴스테드-라우리 산과 염기의 정의를 이해하고, 이에 따라 산과 염기를 구별할 수 있다.

➡ 덴마크의 화학자 요하네스 니콜라우스 브뢴스테드와 영국의 화학자 토머스 마틴 라우리는 산은 양성자를 주는 물질이고 염기는 양성자를 받는 물질이라는 이론을 발표했다. 스웨덴의 화학자 스반테 아레니우스의 산과 염기의 정의가 이 개념의 기반이 되었다. 브뢴스테드-라우리 산과 염기의 정의가 나오기 전 과학자들 사이에서 통용되었던 산과 염기의 정의를 조사하고, 그 변천사를 연도별로 정리하여 보고서를 작성해 보자.

관련 학과 고고학과, 국어국문학과, 문예창작학과, 문헌정보학과, 문화재학과, 사학과, 철학과

《**주변의 모든 것을 화학식으로 써 봤다**》, 야마구치 사토루, 김정환 역, 더숲(2024)

단원명 | 산화·환원 반응

> 🔍 전자의 이동, 산화수 변화, 산화, 환원, 반쪽 반응식, 화학 전지, 실용 전지, 표준 환원 전위, 전위차, 전기 분해, 생명 현상, 물질의 역할

[12반응02-02] •••

화학 전지의 발전 과정을 조사하여 실용 전지의 구조적 공통점을 추론할 수 있다.

➡ 전지는 자발적인 산화·환원 반응을 이용하여 화학 에너지를 전기 에너지로 변화시키는 장치이고, 일반적으로 건전지 혹은 배터리를 의미한다. 이탈리아의 과학자 알렉산드로 볼타가 전극판 두 개를 전선으로 연결하여 전류를 공급할 수 있는 전지를 제작했다. 그 후에도 많은 과학자들의 연구를 통해 다양한 전지가 발전해 왔다. 화학 전지의 발전 과정을 조사한 후, 과학자와 그 과학자가 제작한 전지의 종류를 시대순의 인포그래픽으로 제작하여 전시해 보자.

관련 학과 고고학과, 국어국문학과, 문예창작학과, 문헌정보학과, 문화재학과, 사학과, 철학과

《**리튬이온전지 발명 이야기**》, 요시노 아키라, 한원철 역, 성안당(2020)

단원명 | 탄소 화합물과 반응

국어 교과군

영어 교과군

수학 교과군

도덕 교과군

사회 교과군

과학 교과군

| 🔍 | 탄소 화합물, 작용기, 화학 반응, 단위체, 중합 반응, 고분자, 과학, 기술, 사회

[12반응03-01] ● ● ●

일상생활에 유용한 탄소 화합물을 작용기에 따라 분류할 수 있다.

➡ 탄소 화합물은 탄소 원자가 산소, 수소, 질소 원자 등 다른 원자와 공유 결합하여 형성된 화합물을 말하며, 대부분이 유기 화합물로 분류된다. 다만 탄소와 수소 결합이 없는 간단한 탄소 화합물, 예를 들어 이산화탄소나 탄산염 등은 무기 화합물로 분류된다. 탄소 원자는 4개의 공유 결합을 형성할 수 있어서 다른 원자와 다양하게 결합하며, 이중 결합, 삼중 결합 등을 이루어 직선형, 고리형 등 다양한 구조를 형성할 수 있다. 이러한 탄소 화합물은 생명체의 기본 구성 요소일 뿐 아니라, 사회 전반에서 중요한 자원으로 활용된다. 예를 들어 플라스틱이나 섬유, 약물 같은 다양한 산업 제품의 기초가 되는 유기 화합물의 구조는 사회와 문화에 깊은 영향을 미쳤다. 탄소 화합물의 구조적 다양성과 그 사회적 의미를 조사하고, 화학이 인류 문명에 미친 영향을 중심으로 보고서를 작성하여 발표해 보자.

관련 학과 인문계열 전체

《하루 한 권, 탄소》, 사이토 가쓰히로, 일본콘텐츠전문번역팀 역, 드루(2023)

선택 과목	수능	세포와 물질대사	절대평가	상대평가
진로 선택	X		5단계	5등급

단원명 | 세포

| 🔍 | 탄수화물, 지질, 핵산, 단백질, 세포 소기관, 원핵세포, 진핵세포, 세포막, 물질 수송 과정, 삼투 현상

[12세포01-01]　　　　　　　　　　　　　　　　　　　　　　　　　　　　　　•••

탄수화물과 지질의 종류와 주요 기능을 이해하고 생물체에 들어 있는 탄수화물과 지질을 관찰할 수 있다.

➡ 특정 문화나 지역과 연관된 음식에 대해 조사해 보자. 탄수화물과 지질을 지역사회의 식문화와 연관 지어 탐구하고, 더 나아가 국가별 전통 문화와 음식, 식사 습관, 식품 선호도, 문화적 상징성에 대해 토의해 보자. 분석하고 토의한 내용을 바탕으로 각 국가별 음식 문화에 대한 기행문을 써서 발표해 보자.

（관련 학과） 인문계열 전체

《**세계 음식문화**》, 김의근 외 5명, 백산출판사(2020)

[12세포01-03]　　　　　　　　　　　　　　　　　　　　　　　　　　　　　　•••

동물세포와 식물세포를 구성하는 세포 소기관의 구조와 기능을 이해하고, 세포 소기관들의 유기적 관계를 추론하여 협력적으로 소통할 수 있다.

➡ 임상시험은 인간 대상의 시험으로, 환자들에게 실제로 약물을 투여하여 효과와 안전성을 평가한다. 비임상시험은 동물 모델이나 체외 실험 등 비인간을 대상으로 하며, 초기 개발 단계에서 약물의 기초적인 특성을 평가하는 데 중점을 둔다. 임상시험과 비임상시험의 장점과 단점에 대해 조사하고, 관련 문헌을 찾아 요약해 보자. 관련 문헌을 근거로 생명윤리와 연관 지어 규제 정책의 필요성에 대해 찬반 토론을 진행해 보자.

（관련 학과） 국어국문학과, 문헌정보학과, 심리학과, 인류학과, 철학과

《**제약회사 임상시험 담당자가 말하는 임상시험의 꿈**》, 유영실, 군자출판사(2017)

단원명 | 물질대사와 에너지

| 🔍 | 물질대사, 에너지 대사, 광합성, 세포호흡, ATP 역할, 효소, 효소 작용

[12세포02-01]　　　　　　　　　　　　　　　　　　　　　　　　　　　　　　•••

물질대사는 생명체에서 생명을 유지하기 위해 일어나는 화학 반응임을 이해하고 에너지의 출입이 동반됨을 추론할 수 있다.

국어 교과군

영어 교과군

수학 교과군

도덕 교과군

사회 교과군

과학 교과군

➡ 일반적으로 대사성 질환은 잘못된 생활 습관이나 과도한 영양 섭취, 에너지 소모량의 부족, 비만 등으로 발생한다. 서구화된 식습관과 다양한 환경적 요인으로 성인병을 앓게 되며, 복부 비만형과 하체 비만형일 때 대사성 질환이 발생할 가능성이 크다. 현대사회의 다양한 질환을 예방하기 위한 캠페인 문구를 작성하여 발표해 보자. 발표한 캠페인 문구 중 가장 큰 호응을 받은 문구를 각국의 언어로 번역해 보자.

　관련 학과　국어국문학과, 노어노문학과, 독어독문학과, 문예창작학과, 불어불문학과, 아랍어과, 언어학과, 영어영문학과, 일어일문학과, 중어중문학과

《**문예창작의 정석, 한만수》**, 한국문예창작진흥원(2023)

[12세포02-02]　　　　　　　　　　　　　　　　　　　　　　　　　　　　　● ● ●

생명 활동에 필요한 에너지를 공급하는 과정에서 광합성과 세포호흡 그리고 ATP의 역할을 설명할 수 있다.

➡ 호흡은 생명 활동에 필요한 에너지를 생성하는 과정이다. 생명 활동에 필요한 호흡과 에너지 대사의 관련성, 그리고 호흡이 생명체의 에너지 공급과 생존에 어떤 역할을 하는지를 알아보자. 호흡과 에너지 대사의 조절 과정이 질병이나 노화에 어떤 영향을 미치는지를 주제로 캠페인 글을 작성해 보자. 또한 인간의 삶에서의 호흡의 중요성, 건강과 질병 관리의 중요성에 대한 표어를 작성하여 발표해 보자.

　관련 학과　국어국문학과, 문예창작학과

《**건강과 커뮤니케이션―이론과 실제》**, 노기영 외 11명, 한울아카데미(2020)

[12세포02-03]　　　　　　　　　　　　　　　　　　　　　　　　　　　　　● ● ●

효소의 종류와 특성을 이해하고 효소의 활성에 영향을 미치는 요인에 대한 실험을 설계하여 수행할 수 있다.

➡ 효소의 발견이 과학의 발전에 어떤 영향을 미쳤는지 알아보자. 효소의 발견 과정에서 새로운 이론이 제시되었는지, 효소 연구가 다른 학문 분야에 어떤 영향을 미쳤는지 조사하고 분석해 보자. 의료, 환경, 식품 등 다양한 분야에서 효소 관련 기술이 어떻게 활용되고 있는지 탐구해 보자. 새로운 과학 이론이나 발견이 패러다임을 어떻게 변화시키는지에 관해 철학과 과학, 인문학을 연계하여 글을 작성해 보자.

　관련 학과　국어국문학과, 사학과, 철학과

《**과학, 인문으로 탐구하다》**, 박민아 외 2명, 한국문학사(2015)

단원명 | 세포호흡과 광합성

| 🔍 미토콘드리아, 세포호흡, 인산화, 발효, 엽록체 구조, 광합성, 광합성 색소 분리

[12세포03-02]　　　　　　　　　　　　　　　　　　　　　　　　　　　　　● ● ●

세포호흡 과정의 단계별 특징을 다양한 매체를 활용하여 협력적으로 소통할 수 있다.

➡ 강원도 인제군 원대리의 자작나무 숲은 겨울이면 더욱 이국적인 풍경을 연출한다. 인디언들은 자작나무를 '서 있는 키 큰 형제들'이라고 비유하기도 한다. 인디언들은 나무가 태양 에너지를 흡수하고 세포호흡을 통해 산소를 공급하는 데 중요한 역할을 한다고 인식하여 나무와 사람이 서로 형제 관계에 있다고 생각한다. 인디언들이 나무와 사람을 형제 관계로 생각한 이유를 세포호흡 및 광합성과 관련지어 조사하고 인디언들의 철학에 대해 토의해 보자.

관련 학과 국어국문학과, 문예창작학과, 철학과
《인디언 연설문집: 나는 왜 너가 아니고 나인가》, 류시화 편, 더숲(2017)

[12세포03-04] ● ● ●

산소호흡과 발효의 공통점과 차이점을 이해하고, 실생활에서 발효를 이용한 사례 조사 계획을 세워 조사할 수 있다.

● 정현종의 시 〈한 숟가락 흙 속에〉는 자연과 인간의 연결에 대한 깊은 의미를 담고 있다. 흙과 인간의 관계, 인간의 유한함에 대한 내용이 담겨 있다. 이 시는 작은 한 숟가락의 흙 속에 매우 작은 존재인 미생물이 살아 숨 쉬고 있으며 흙은 생태계와 생명의 연결고리에서 중요한 역할을 한다는 것을 말한다. 자연과의 조화와 연결을 중시하며 작은 것들에 경외심과 감사함을 느끼는 인간의 삶을 그렸다. 시를 통해 인간의 생활과 미생물, 발효는 어떤 관련이 있는지 탐구하여 발표해 보자.

관련 학과 국어국문학과, 문헌정보학과
《#생태_시》, 이혜원·우찬제 편, 문학과지성사(2021)

[12세포03-05] ● ● ●

엽록체의 구조를 이해하고 기능과 관련지어 설명할 수 있다.

● 햇빛이 인간의 심리적 건강에 어떤 영향을 미치는지 조사해 보자. 햇빛은 피부에서 비타민 D를 합성하며, 신경 전달물질인 세로토닌 생성에 영향을 준다. 충분한 햇빛 노출을 통해 생성된 세로토닌은 기분을 안정시키고 우울증 감소에 관여한다. 햇빛 노출과 우울감, 스트레스, 기분 전환, 수면의 질의 관련성을 조사하고, 햇빛이 심리적 건강에 미치는 효과에 대해 탐구해 보자.

관련 학과 상담심리학과, 심리학과, 인류학과
《햇빛을 쬐면 의사가 필요없다》, 우쓰노미야 미쓰아키, 성백희 역, 전나무숲(2022)

[12세포03-08] ● ● ●

광합성 관련 과학사적 연구 결과를 조사하여 시각화 자료를 창의적으로 제작하여 협력적으로 소통할 수 있다.

● 과학사학자인 토머스 쿤은 과학에 패러다임이라는 개념을 처음으로 도입했다. 과학 패러다임의 변화는 과학사의 발전에 중요한 역할을 하였으며, 새로운 과학적 지식과 이해의 확장을 가능하게 했다. 관련 문헌을 조사하여 광합성 연구자의 탐구 과정을 순차적으로 정리하고, 시대별 또는 연구 분야별 탐구 과정을 재구성하여 시각화 자료를 만들어 보자. 과학 패러다임의 변화는 광합성의 기초 이론과 메커니즘을 발전시키는 데 어떤 역할을 했는지 탐구하여 발표해 보자.

관련 학과 문헌정보학과, 사학과, 철학과
《과학혁명의 구조》, 토머스 S. 쿤, 김명자 외 1명 역, 까치(2013)

국어 교과군

영어 교과군

수학 교과군

도덕 교과군

사회 교과군

과학 교과군

선택 과목	수능	생물의 유전	절대평가	상대평가
진로 선택	X		5단계	5등급

단원명 | 유전자와 유전물질

| 🔍 | 유전 형질, 상염색체, 성염색체, 유전병, DNA 구조, 원핵세포, 진핵세포, DNA 복제

[12유전01-01] ●●●

유전 형질이 유전자를 통해 자손에게 유전됨을 이해하고, 상염색체 유전과 성염색체 유전 양상의 차이를 설명할 수 있다.

➡ 성염색체 유전 양상이 인종 간의 유전적 차이에 어떤 영향을 미치는지 조사해 보자. 인류학적 관점에서 다양한 인종의 성염색체 유전 양상을 비교하여 인종 간의 유전적 다양성을 이해하고, 이에 따른 인종 간 특성의 차이를 탐구해 보자. 그리고 심리적 질환이 상염색체와 성염색체의 유전적 요인과 어떤 관련이 있는지 조사해 보자. 심리적 질환과 성염색체 유전 양상 사이의 관계를 탐구하고, 유전적 요인이 심리적 질환의 발현에 어떤 역할을 하는지 분석하자.

[관련 학과] 심리학과, 인류학과
《**유전자는 우리를 어디까지 결정할 수 있나**》, 스티븐 하이네, 이가영 역, 시그마북스(2018)

[12유전01-03] ●●●

사람의 다유전자 유전에 대해 이해하고, 유전 현상의 다양성 사례를 조사하여 과학적 근거를 활용하여 협력적으로 소통할 수 있다.

➡ 인구의 대륙 간 이동의 역사와 유전적 다양성의 관계에 대해 분석해 보자. 인류의 이동에 따른 유전적 혼합과 유전적 다양성, 혈통의 추적 등을 조사하여 유전적 다양성이 인류 이동의 역사와 어떻게 연결되는지 탐구해 보자. 그리고 인류학적 연구를 통해 얻은 인종의 문화적·사회적 의미를 인종 개념, 인종 평등, 차별 등 인권 문제와 연계하여 탐구해 보자.

[관련 학과] 고고학과, 사학과, 인류학과, 종교학과, 철학과
《**유전자 오디세이**》, 에블린 에예르, 김희경 역, 사람in(2023)

[12유전01-04] ●●●

염색체와 유전자 이상에 대해 이해하고, 사람의 유전병을 발병 원인별 조사 계획을 세워 조사할 수 있다.

➡ 고고학적 연구를 통해 밝혀진 고대 인류의 유전적 변화와 그들이 겪은 유전 관련 질환에 대해 조사해 보자. 고대 인간의 뼈 화석에서 얻은 DNA 정보, 세계 각 지역에서의 과거 인구 이동과 관련된 염색체 및 유전자 이상, 그리고 역사적으로 기록된 유전병이 어떤 원인으로 발생했는지 등을 분석하고 탐구해 보자.

관련 학과 고고학과, 사학과, 인류학과
《호모 에렉투스의 유전자 여행》, 요하네스 크리우제 외 1명, 강영옥 역, 책밥(2020)

[12유전01-05] ● ● ● ●

DNA의 구조와 유전물질 규명 관련 과학사적 연구 결과를 설명하기 위한 발표 자료를 창의적으로 제작할 수 있다.

➡ 인간 게놈에 인종 정체성의 비밀이 숨겨져 있을지 궁금해하는 사람들이 있다. 정체성이 중요한 시대에 인종적 정체성은 특정한 권리를 부여할 수 있고, 특정 공간에 대한 접근권을 부여하기도 하며, 다른 공간에서는 배제 당할 수도 있다. 소수 집단에 속하면 차별이나 잔인함, 심지어 대량 학살에 직면할 가능성이 있다는 것이 역사적 사실로 나타나기도 했다. 인종 정체성을 밝히는 것이 또 다른 문제점을 야기한 사례를 분석하고, 인종 정체성 연구의 필요성에 대해 토의해 보자.

관련 학과 사학과, 인류학과, 종교학과, 철학과
《인종과 불평등》, 조영현 외 3명, 알렙(2020)

[12유전01-06] ● ● ● ●

원핵세포와 진핵세포의 유전자 구조와 유전체 구성을 이해하고, 공통점과 차이점을 비교하여 설명할 수 있다.

➡ 생명의 기원, 존재 이유, 개인적 정체성 형성 등과 관련해 심리학적·철학적 관점을 고려하여 생명 현상에 대한 심리학적 의미와 철학적 본질에 대해 탐구해 보자. 또한 생물들 간의 유전자 구조 및 유전체 구성 차이를 바탕으로 인간과 비인간의 생명에 대한 철학적 문제를 탐구하고, 인간 중심주의나 동물의 권리, 도덕적 책임 등과 관련된 논쟁에 대해 자신의 입장문을 작성하여 발표해 보자.

관련 학과 심리학과, 인류학과, 종교학과, 철학과
《생명철학—생명과학 시대의 생명 이해》, 신승환, 이학사(2023)

[12유전01-07] ● ● ● ●

반보존적 DNA 복제 과정을 이해하고 그 의미를 추론하여 협력적으로 소통할 수 있다.

➡ DNA 복제 과정에 대해 이해하고, 생명과 관련된 DNA를 복제하는 행위에 대한 윤리적 쟁점과 고려사항을 조사해 보자. 그리고 DNA 복제 기술이 인간의 정체성에 어떤 영향을 미칠 수 있는지 토론하자. 예를 들어 DNA 복제로 인간의 유전적 특성을 재현하거나 수정할 가능성이 제기됨에 따라, 인간의 정체성이 DNA 복제에 어떤 영향을 받으며 그 영향이 개인 또는 사회적 존재에 어떤 변화를 가져올 수 있는지 토론해 보자.

관련 학과 인류학과, 철학과
《생명의 윤리를 말하다》, 마이클 샌델, 강명신 외 1명 역, 동녘(2010)

단원명 | 유전자의 발현

🔍 유전자 발현 과정, 유전 정보, 세포 분화, 단백질 합성

국어 교과군

영어 교과군

수학 교과군

도덕 교과군

사회 교과군

과학 교과군

[12유전02-02] • • • •

유전 부호를 이해하고, 유전 부호 표를 사용하여 유전 정보를 해독할 수 있다.

➡ 유전 부호 표를 사용하여 유전 정보를 해독하는 과정과 언어 체계 사이의 유사성과 차이점을 비교, 분석해 보자.(유전 부호 표와 언어 체계는 기호 체계를 사용하는데, 언어는 자음과 모음이나 알파벳, 음절 등의 기호를 사용하고, 유전 부호 표는 염기 서열을 나타내는 A, T, C, G와 같은 기호를 사용하여 유전 정보를 표현한다. 언어는 문법적 규칙과 어휘를 사용하여 의미를 전달하고, 유전 부호 표는 특정 조합과 순서에 따라 유전 정보를 해석한다.)

관련 학과 국어국문학과, 노어노문학과, 독어독문학과, 불어불문학과, 아랍어과, 언어학과, 영어영문학과, 일어일문학과, 중어중문학과

《생명 설계도, 게놈》, 매트 리들리, 하영미 외 2명 역, 반니(2020)

[12유전02-03] • • • •

원핵생물과 진핵생물의 유전자 발현 조절 과정을 비교하기 위한 설명 자료를 다양한 매체를 활용하여 제작할 수 있다.

➡ 간결한 문장이나 문장 구조를 통해 정보를 전달하는 방법에 대해 관련 도서를 선정하여 읽어 보자. 원핵생물과 진핵생물의 복잡한 유전자 발현 과정에 대한 설명 자료를 쉽게 이해할 수 있도록 간결한 문장 구조로 제작해 보자. 설명 대상에게 내용이나 정보를 정확하게 전달할 수 있는 문장 구조에 대해 토의하여 발표해 보자.

관련 학과 문예창작학과, 문헌정보학과

《문예창작의 정석》, 한만수, 한국문예창작진흥원(2023)

[12유전02-05] • • • •

생물의 유전자 발현 조절 및 발생에 대한 연구가 인류 복지에 기여한 사례를 조사하여 협력적으로 소통할 수 있다.

➡ 유전자 발현과 인간 행동의 특성 사이의 연관성에 대해 조사해 보자. 특정 행동 특성과 관련된 유전자 발현을 조사하고, 유전자 발현과 행동 특성 간의 상호작용을 연구한 사례를 찾아보자. 인간의 개별적인 행동 특성이 유전자 발현과 관련이 있는지, 유전자 발현이 인간의 행동에 어떤 영향을 미치는지 탐구해 보자.

관련 학과 상담심리학과, 심리학과, 인류학과

《이기적 유전자》, 리처드 도킨스, 홍영남 외 1명 역, 을유문화사(2023)

단원명 | 생명공학 기술

🔍 단일클론항체, 줄기세포, 유전자 편집 기술, 난치병 치료, 생명윤리, 유전자 변형 생물체(LMO), 단백질 화합물

[12유전03-01] • • • •

생명공학 기술 발달 과정에서의 주요 사건을 조사하고 다양한 매체를 활용하여 발표할 수 있다.

➡ 선천성 면역 결핍증을 앓아 온 데이비드 베터(1971~1984)는 무균 상태로 유지되는 투명한 버블 공간(플라스틱 공

간)에서 살아야 했다. 치료법이 개발될 때까지 기다리고자 했으며 열두 살 때 골수 이식을 받았으나 바이러스에 감염되어 결국 세상을 떠나고 말았다. 베터의 이야기는 영화로 제작되기도 했다. 인간의 삶과 심리 그리고 생명공학 기술이 적용된 영화의 시나리오를 작성하여 발표해 보자.

관련 학과) 국어국문학과, 문예창작학과, 심리학과

《**시나리오란 무엇인가**》, 사이드 필드, 유지나 역, 민음사(2018)

[12유전03-02] ● ● ●

단일클론항체, 줄기세포, 유전자 편집 기술이 난치병 치료에 활용된 사례를 조사하고, 이러한 치료법의 전망에 대해 협력적으로 소통할 수 있다.

➡ 중국의 진시황은 불로불사, 불로장생을 이루어 준다는 전설의 풀인 불로초를 찾아 영원한 삶을 살고자 했지만 50세에 순행 도중 세상을 떠났다. 수명 연장을 통한 영원한 삶을 다룬 드라마나 영화 속 인물에 대해 심리학적 분석을 해 보자. 또한 나이가 듦에 따른 노화 현상이나 질병이 인간의 삶과 심리에 어떤 영향을 미치는지 관련 독서활동을 한 후 토의해 보자.

관련 학과) 상담심리학과, 심리학과

노화의 심리학
이언 스튜어트 해밀턴,
이동영 외 2명 역,
서울대학교출판문화원(2017)

책 소개 ⋯⋯⋯⋯⋯⋯⋯⋯⋯⋯⋯⋯⋯⋯⋯⋯⋯⋯⋯⋯⋯⋯⋯⋯⋯⋯⋯

이 책은 노인·노화 심리 연구 성과를 빈틈없이 정리하였으며, 노인으로 보내는 시기가 점점 길어지는 시대에 심리학적 접근을 통해 노인과 노화 과정에 대한 이해의 폭과 깊이를 더한 책이다. 노화 심리학 분야의 방대한 연구 결과들을 체계적으로 정리하였으며, 노화의 정의 문제에서 시작하여 노화에 따른 신체적 변화, 변화 측정 문제, 인지적 변화, 성격의 변화, 사회적 관계의 변화 등을 세밀하게 다루고 있다.

세특 예시 ⋯⋯⋯⋯⋯⋯⋯⋯⋯⋯⋯⋯⋯⋯⋯⋯⋯⋯⋯⋯⋯⋯⋯⋯⋯⋯⋯

난치병 치료에 활용된 기술의 사례를 학습하고 노인이나 노화에 대한 심리학에 관심을 갖고 '노화의 심리학(이언 스튜어트 해밀턴)'을 읽음. 노화에 따른 신체적 변화와 인지적 변화, 사회적 관계의 변화 등에 대해 파악하고, 치매나 노인 우울증 등 병적으로 나타나는 정신건강 문제들에 대해 탐구함. 또한 독서활동을 통해 성격 특질이 노년기 건강이나 활동에 중요하고 유의미한 관계가 있음을 분석하고, 노인 집단에서 나타나는 불안 증상에 대해 조사하여 노년기의 심리와 삶에 대해 발표함.

[12유전03-03] ● ● ●

생명공학 기술 관련 학문 분야를 이해하고 우리 생활과 산업에 활용 사례를 조사하여 창의적으로 설명 자료를 제작할 수 있다.

➡ 기원전 4세기경에 쓰인 것으로 추정되는 힌두교 경전 《바가바드 기타》에는 "집착을 떠나 행동하는 자는 죄에 물들지 않나니, 마치 연잎이 물에 젖지 않음 같으니라."라는 내용이 있다. '연잎은 물에 젖지 않는다'는 것이다. 물방울은 연잎 위에서 동그란 공 모양을 유지하며 표면의 먼지까지 없어서 연잎이 언제나 깨끗한 상태를 유지

하게 한다. 온라인 도서관이나 학술 데이터베이스, 전통 문헌 검색을 통해 생물의 기능이나 특성이 기록된 문명 관련 고서를 찾아보자.

관련 학과 고고학과, 국어국문학과, 문헌정보학과

《생물학의 쓸모》, 김응빈, 더퀘스트(2023)

[12유전03-05] ● ● ●

생명공학 기술의 활용 과정에서 나타나는 문제점과 이에 대한 사회적 책임을 인식하고 생명윤리 쟁점에 대해 의사결정할 수 있다.

➡ 생명윤리학은 유전자 조작, 세포융합, 장기이식 등 생명과학이 발전함에 따라 생긴 생명에 대한 윤리적 문제를 다루는 분야이다. 생명과학기술이 발달하는 과정, '생명을 어디까지 인위적으로 조작할 수 있는가?' 등의 문제들을 과학, 철학, 종교 등 다양한 관점에서 다루는 학문이다. 생명과 윤리의 중요성을 고려하여 인간의 존엄과 가치를 침해하거나 인체에 위해를 끼치는 일을 방지해야 한다. 인간의 도덕성과 윤리적 선택에 대한 독서활동과 탐구활동을 진행하고 생명에 대한 윤리적 고려사항에 관해 토의해 보자.

관련 학과 국어국문학과, 문헌정보학과, 종교학과, 철학과

《생명윤리》, 김재희 외 4명, 인문과교양(2022)

선택 과목	수능		절대평가	상대평가
진로 선택	X	지구시스템 과학	5단계	5등급

단원명 | 지구 탄생과 생동하는 지구

| 🔍 | 지구시스템, 탄소의 순환 과정, 판구조론, 플룸 구조 운동, 암석의 순환 과정, 화산 활동, 지진파

[12지시01-01] ●●●

지구의 탄생 이후 지구 대기, 원시 바다, 생명체 탄생 등의 과정을 통한 지구시스템 각 권역의 형성 과정을 추론할 수 있다.

➡ 지구의 기원과 관련된 다양한 신화와 종교적 이야기를 연구하여 인문학적 관점에서 분석해 보자. 제임스 러브록은 46억년 전 탄생한 지구를 그리스 신화 속 대지의 신의 이름인 '가이아'로 불렀다. 이처럼 그리스 신화에는 지구와 관련된 신들의 탄생에 대한 이야기가 담겨 있으며 자연 현상과 신화를 연결한 내용이 많다. 다양한 종교의 창조 신화와 철학의 발달, 과학적 진화 이론 간의 대립과 조화를 탐구하여 발표해 보자.

관련 학과 고고학과, 문헌정보학과, 사학과, 인류학과, 종교학과, 철학과

《그리스 자연철학과 현대과학》(1, 2), 송영진, 충남대학교출판문화원(2014)

[12지시01-02] ●●●

지구시스템이 진화해 온 역사에서 물, 탄소, 산소의 순환 과정을 통해 지권, 수권, 기권이 변화해 왔음을 추적할 수 있다.

➡ 지질 시대 동안 지구에서는 생물의 대량 멸종이 여러 번 있었던 것으로 분석된다. 과학자들은 생물의 대량 멸종의 원인으로 초대륙의 형성과 분리, 대규모의 화산 분출, 소행성의 충돌 등을 거론한다. 또한 과학자들은 앞으로 인류 문명을 멈출 수도 있는 최악의 재앙을 언급하고 있다. 예를 들어 혜성과의 충돌, 감마선 폭발, 초대형 화산 폭발 등 지구에 큰 재앙을 가져올 수 있는 사건들의 피해를 줄일 수 있는 방안에 대한 글을 작성해 보자.

관련 학과 고고학과, 국어국문학과, 사학과, 인류학과

《인류 문명과 함께 보는 과학의 역사》, 곽영직, 세창출판사(2020)

[12지시01-03] ●●●

판구조론의 발달사와 관련지어 판을 움직이는 맨틀의 상부 운동과 플룸에 의한 구조 운동을 구분할 수 있다.

➡ 대서양을 사이에 둔 남아메리카 대륙과 아프리카 대륙의 해안선 모양을 살펴보면 두 대륙의 해안선이 잘 들어 맞는 것을 알 수 있다. 베게너는 두 대륙의 해안선 모양을 보고 두 대륙이 분리되고 이동하여 현재의 수륙 분포를 이루었다는 대륙 이동설을 주장하였다. 그러나 당시에는 대륙 이동의 원동력을 명쾌하게 설명하지 못했기 때문에 대륙 이동설이 받아들여지지 않았다. 대륙 이동설이 받아들여지기까지는 오랫동안 사람들을 지배하던

고정관념에서 벗어나는 발상의 전환이 필요했다. 과학사에서 발상의 전환을 통해 과학적 난제를 해결한 사례를 찾아 발상 전환의 중요성에 대한 글을 작성해 보자.

관련 학과 국어국문학과, 문헌정보학과, 사학과, 철학과

《청소년을 위한 과학사 명장면》, 김연희, 열린어린이(2019)

[12지시01-04] • • •

암석의 순환 과정에서 화산 활동의 역할과 화산 활동으로 생성되는 암석의 특성을 추론할 수 있다.

➡ 인간 활동에 필요한 물질은 어떤 자원에서 공급되는지, 광물 자원의 가치와 환경 및 자원 정책에 대해 탐구해 보자. 또한 광물의 가치를 의미 있게 홍보하고 전시하기 위한 기획안을 작성하여 발표해 보자. 예를 들어 ○○○ 자연사박물관의 특별전시 기획안을 예시로 전시기획의 특징을 탐구한 후, 기획 의도와 관람객의 요구에 맞는 특별전시 기획안을 작성하여 전시 타당성에 대해 토의한 후 보완해 보자.

관련 학과 고고학과, 문예창작학과, 문화재학과, 사학과

《박물관 큐레이터로 살다》, 최선주, 주류성(2022)

[12지시01-05] • • •

지진파의 종류와 특성을 이해하고, 지진파를 이용하여 지구의 내부 구조를 알아내는 과정을 탐구할 수 있다.

➡ 2004년 인도네시아 수마트라 지진, 2010년 아이티 지진, 2011년 동일본 대지진, 2015년 네팔 지진, 2016년 우리나라 경주 지진 등 지구의 많은 지역에서 지진이 발생하고 있다. 지진학자들은 지진이 발생하기 전에 나타나는 전조 현상을 조사하여 지진을 예측하기 위한 노력을 하고 있다. 이러한 전조 현상 분석을 통해 지진이 발생할 확률이 50%로 추정될 경우 지진 예보를 해야 할지 말아야 할지 모둠원의 생각을 수렴한 글을 작성해 보자.

관련 학과 국어국문학과, 문예창작학과, 심리학과

《인간과 자연재해—전조현상과 대비책》, Donald Hyndman 외 1명, 윤성효 역, 북스힐(2013)

단원명 | 해수의 운동

|🔍| 에크만 수송, 지형류, 해파, 천해파, 심해파, 해일, 조석

[12지시02-01] • • •

에크만 수송과 관련지어 지형류의 발생 원리를 설명할 수 있다.

➡ 북태평양에 서식하는 알바트로스 새끼들은 오징어나 수면 위로 반짝이며 떠돌아다니는 물고기 알을 먹이로 먹는다. 최근 알바트로스가 바다 위에 반짝거리며 떠 있는 플라스틱을 먹잇감으로 착각해 새끼들에게 먹이고, 그 결과 새끼들이 위장에 플라스틱을 가득 채운 채로 죽어 간다는 뉴스가 보도되었다. 매년 전 세계적으로 100만 마리의 해양 조류와 10만 마리의 해양 포유류 및 바다거북이 플라스틱을 먹고 죽어 가는 것으로 추정된다. 인간이 버린 쓰레기에 의해 죽어 가는 해양 생물들을 구하기 위한 방안에 대해 토의하고, 토의한 내용에 대해 전 세계의 언어로 간결하고 호소력 있는 표어를 작성하여 발표해 보자.

관련 학과 국어국문학과, 노어노문학과, 독어독문학과, 문예창작학과, 불어불문학과, 아랍어과, 언어학과, 영어영문학과, 일어일문학과, 중어중문학과

《**슬로건 창작의 기술**》, 류진한, 한경사(2022)

[12지시02-02] ● ● ●

해파의 발생 과정을 이해하고, 천해파와 심해파의 차이점을 비교·설명할 수 있다.

➡ 바다와 파도를 소재로 한 헤밍웨이의 〈노인과 바다〉는 낚시꾼 산티아고의 성장과 용기를 통해 자연과 인간의 관계를 그린 작품이다. 바다와 파도가 지닌 아름다움 속에 나타나는 위험, 그리고 바다와 파도가 인간 생활에 미치는 영향 등을 그린 문학 작품을 읽어 보자. 또한 바다와 파도의 움직임에 대한 주인공의 심리를 해석하거나 그것을 인간의 삶과 연결한 문학적 요소를 해석하여 발표해 보자.

관련 학과 국어국문학과, 문예창작학과, 문헌정보학과, 심리학과

《**노인과 바다**》, 어니스트 헤밍웨이, 김욱동 역, 민음사(2012)

[12지시02-03] ● ● ●

해일이 발생하는 여러 가지 원인을 이해하고, 피해 사례와 대처 방안을 제안할 수 있다.

➡ 지진이나 해일, 태풍, 화산 폭발 같은 자연재해나 자동차 사고 등 인위적인 재해 발생 시 재해 발생에 대한 인간의 감정과 심리적 영향에 대해 탐구할 필요가 있다. 트라우마는 단편적인 이미지와 감각, 극심한 감정으로 이루어져 있으며, 이로 인해 공황 상태에 빠지거나 생존을 위해 현실과의 심리적 해리를 겪게 된다. 재해로 인해 입은 외상 후 스트레스 장애(PTSD)와 재해 전후의 심리 변화에 관하여 탐구해 보자.

관련 학과 상담심리학과, 심리학과

《**트라우마 상담 및 심리치료의 원칙**》, John N. Briere 외 1명, 이동훈 외 4명 역, 시그마프레스(2020)

[12지시02-04] ● ● ●

조석의 발생 과정을 이해하고 자료 해석을 통해 각 지역에서의 조석 양상을 설명할 수 있다.

➡ 전남 해남군 화원반도와 진도 사이에 있는 진도대교 아래에는 명량대첩으로 유명한 울돌목이 있다. 빠른 조류가 암초에 부딪혀 나는 소리가 매우 크고 마치 바위가 우는 것 같다는 의미에서 붙여진 명칭이다. 조선 후기에 편찬된 〈여지도서〉에는 명양(鳴洋)이라고 기록되어 있으며 명량(鳴梁)과 혼용되었다. 조선 후기 이후의 자료에서는 명량(鳴梁)으로 통일되어 사용하고 있다. 우리나라의 역사가 깃든 지명을 찾아 명칭의 유래와 역사에 대해 분석해 보자.

관련 학과 고고학과, 문헌정보학과, 문화재학과, 사학과

《**지명이 품은 한국사**》, 이은식, 타오름(2010)

단원명 | 강수 과정과 대기의 운동

🔍 단열선도, 대기의 안정도, 단열변화, 전향력, 정역학적 균형, 바람의 종류, 행성파, 편서풍 파동

[12지시03-01] ● ● ●

대기를 구성하는 기체들이 선택적 흡수체임을 이해하고, 온실효과 및 태양 자외선 차단 효과, 물의 존재 등으로 지구 생명체 존재 조건을 추론할 수 있다.

➜ 국립기상과학원의 북극 해빙 감시 시스템에 의하면 지구 온난화의 영향으로 북극해의 얼음 면적이 점차 감소하는 추세이다. 2015년 9월의 북극해 얼음 면적은 5년 전보다 약 7.7% 감소한 것으로 나타났다. 북극해의 얼음 면적 감소로 북극해의 막대한 석유와 천연가스의 개발이 추진되고 있으며 상업적인 북극 항로의 개설도 계획되고 있다. 지구 온난화의 긍정적인 측면과 부정적인 측면, 지구 온난화를 둘러싼 논쟁과 시사점에 대해 학교 신문 기고문을 작성해 보자.

관련 학과 국어국문학과, 문예창작학과
《청소년을 위한 지구 온난화 논쟁》, 이한음, 바오(2015)

[12지시03-03] ● ● ●

기온의 연직 분포와 대기의 안정도의 관계를 이해하고, 단열변화를 통해 안개나 구름이 생성되는 과정 및 강수 과정을 분석할 수 있다.

➜ 조선 전기의 문신 강희맹은 농업사 연구에 귀중한 문헌이며 오랜 농서 중 하나인 《금양잡록》을 저술하였다. 이 책을 살펴보면 "영서, 경기 사람들은 영동 지방 사람들과 달리 높새바람이 부는 것을 싫어하고 서풍이 불기를 바란다. 높새바람이 심하게 불 때는 논밭의 물고랑이 마르고 어린 벼가 오그라들어 자라지 않는다."라는 내용에서 높새바람의 성질을 알 수 있다. 고서에서 그 시대의 기후나 기상 현상에 대해 알 수 있는 내용을 찾아보자.

관련 학과 국어국문학과, 문헌정보학과, 사학과
《농업기술과 한국문명》, 염정섭 외 1명, 들녘(2021)

[12지시03-05] ● ● ●

지균풍, 경도풍, 지상풍의 발생 원리와 관련된 힘의 작용을 설명할 수 있다.

➜ 지상에서 부는 바람은 항해와 탐험에 중요한 역할을 했다. 바람이 선박의 운행과 대륙의 발견, 전쟁이나 군사 작전에서 전술적 요소로 어떻게 사용되어 왔으며 어떤 영향을 미쳤는지 조사해 보자. 예를 들어 고대 전투에서 활용된 방법이나 공격 및 방어 전술 등을 탐구하여 우리나라의 풍계에 따른 군사적 결정의 영향력을 탐구해 보자. 또한 역사에서 농업과 바람의 관련성에 대해 역사서를 조사하여 발표해 보자.

관련 학과 문헌정보학과, 사학과
《우리 농업의 역사 산책》, 구자옥, 이담북스(2011)

[12지시03-06] ● ● ●

행성파의 발달 과정을 이해하고, 지상 고·저기압 발달에서 편서풍 파동의 역할을 평가할 수 있다.

➜ 《삼국사기》와 《증보문헌비고》를 보면 황사 현상을 뜻하는 내용이 나온다. 서기 174년 신라에서 음력 1월에 "흙가루가 비처럼 떨어졌다."는 기록이 나오며, 서기 379년 백제 근구수왕 때는 "흙가루가 비처럼 하루 종일 내렸다."는 기록이 나온다. 서기 644년 고구려에서는 음력 10월에 "붉은 눈이 내렸다."는 기록이 있다. 또한 고려 시대에도 "눈비가 속리산에 내려 녹아서 물이 되었는데 그 색이 핏빛과 같았다."(서기 1186년, 명종 16년)고

했는데, 황사 때문에 붉게 보인 것으로 추정된다. 그리고 조선 시대에는 "한양에 흙이 비처럼 내렸다. 전라도 전주와 남원에는 비가 내린 뒤에 연기 같은 안개가 사방에 꽉 끼었으며, 쓸면 먼지가 되고 흔들면 날아 흩어졌다. 25일까지 쾌청하지 못하였다."(서기 1550년, 조선 명종 5년 3월 22일)는 기록이 있다. 편서풍 파동과 관련 있는 황사에 대한 과거의 기록을 조사해 보자.

`관련 학과` 문헌정보학과, 사학과

《**날씨가 바꾼 세계의 역사**》, 로날트 D. 게르슈테, 강희진 역, 미래의창(2022)

국어 교과군

영어 교과군

수학 교과군

도덕 교과군

사회 교과군

과학 교과군

선택 과목	수능	행성우주과학	절대평가	상대평가
진로 선택	X		5단계	5등급

단원명 | 우주 탐사와 행성계

| 🔎 | 태양계, 우주 탐사, 태양 활동 감시 시스템, 케플러 법칙, 소천체, 외계 행성계

[12행우01-01]　　　　　　　　　　　　　　　　　　　　　　　　　　　　● ● ●

태양계 탐사선의 활동을 통해 알아낸 성과를 이해하고, 인공위성을 활용한 우주 탐사의 필요성을 토론할 수 있다.

➡ 우주 탐사의 발전과 인류의 우주 활동이 미치는 영향을 이해하고 미래를 위해 대비할 필요가 있다. 인류가 다른 행성을 탐사하고 이동할 때의 생리적·심리적 영향을 조사해 보자. 이를 위해서는 천문학과 생물학, 심리학 등 다양한 학문을 통합한 연구가 필요하다. 우주에서의 생활과 인류의 역할에 대한 학문적 연구를 통해 생명 유지 시스템의 개발과 심리적 건강 유지, 우주 환경 적응 등에 영향을 줄 수 있다. 우주 여행의 장기화에 따른 인간의 감정과 심리적 변화에 대해 탐구해 보자.

　관련 학과 심리학과, 인류학과

《**우주인들이 인간관계로 스트레스받을 때 우주정거장에서 가장 많이 읽은 대화책**》,
더글러스 스톤 외 2명, 김영신 역, 21세기북스(2021)

[12행우01-02]　　　　　　　　　　　　　　　　　　　　　　　　　　　　● ● ●

태양 활동 감시 시스템과 지구 접근 천체를 비롯한 지구를 위협하는 우주 위험 감시 기술의 중요성을 우주 재난 측면에서 인식할 수 있다.

➡ 우주 전문 뉴스 웹사이트인 스페이스닷컴에서 '인류 최초의 우주 기지는 어디에 지어야 할까?'라는 질문으로 달, 화성, 우주 공간, 소행성, 4개 중 하나를 고르는 설문조사를 실시했다. 2,851명이 참여한 설문조사 결과 달이 1,829명(64.2%)으로 1위를 차지했으며, 화성은 635명(22.3%)으로 2위, 우주 공간과 소행성은 각각 3위와 4위를 기록했다. 교내 학생들을 대상으로 같은 질문에 대한 설문조사 결과를 분석하여 과학적, 심리학적 이유에 대한 글을 작성해 보자.

　관련 학과 국어국문학과, 심리학과, 인류학과

《**설문조사—처음에서 끝까지**》, 최종후 외 1명, 자유아카데미(2013)

[12행우01-03]　　　　　　　　　　　　　　　　　　　　　　　　　　　　● ● ●

태양계를 지배하는 힘이 태양의 중력임을 이해하고, 케플러의 3가지 법칙을 이용하여 태양계 구성 천체들의 운동을 설명할 수 있다.

➡ 앙부일구는 조선 세종 때 처음 만들어진 해시계의 일종으로, 조선 후기까지 다양한 형태로 제작되어 널리 사용

되었다. 앙부일구의 사전적 의미와 어원에 대해 조사, 분석하고 역사적 가치에 대해 탐구해 보자. 가마솥 모양의 오목한 시계판이 하늘을 우러르고 있다는 뜻에서 앙부일구(仰釜日晷)라고 하였다. 이를 직역하면 '하늘을 우러러보는(仰) 가마솥 모양의(釜) 비치는 해(日) 그림자(晷)'라는 뜻이 된다. 다시 말해 '가마솥 모양의 기구에 비친 해 그림자를 보고 시간을 알 수 있는 시계'라고 할 수 있다. *앙부(仰釜): 아래를 굽어보고 위를 우러러봄. *일구(日晷): 햇빛이 비쳐서 생기는 그림자.

> 관련 학과 고고학과, 국어국문학과, 문헌정보학과, 문화재학과, 사학과, 언어학과
> 《문화재 가치의 재발견》, 이광표, 이지출판(2019)

[12행우01-04] ● ● ●

행성과 소천체의 정의를 구분하여 이해하고, 소천체 탐사 자료를 통해 이들의 특징을 추론할 수 있다.

➲ 각국이 우주 개발 경쟁에 뛰어들면서, 지구의 중력에서 벗어나 다른 행성을 탐사하고 태양계보다 먼 우주로 나아가는 탐사선도 발사하였다. NASA에서는 우주 미션의 성공적 수행을 기원하고 팀워크를 높이기 위해 미션 패치를 제작해 사용하였다. 기존의 미션 패치들에 대해 조사하고, 그것들이 어떤 의미를 지니고 있으며 미션 패치에 숨은 지금까지의 우주 개발의 역사와 가치, 의미는 무엇인지에 대한 카피라이팅이나 신문 칼럼을 작성해 보자.

> 관련 학과 국어국문학과, 언어학과, 인류학과
> 《NASA, 지구와 우주를 기록하다》, 빌 나이 외 1명, 박성래 역, 영진닷컴(2019)

[12행우01-05] ● ● ●

외계 행성계 탐사의 원리를 이해하고, 외계 행성에 생명체가 존재할 수 있는 조건과 외계 생명체의 존재 가능성에 대해 논증할 수 있다.

➲ 보이저 1호는 '지구의 속삭임'이라는 이름의 타임캡슐을 지녔으며 55개 언어로 된 인사말과 자연 음향, 115장의 사진 정보를 담아 1972년 3월에 발사되었다. 이는 다른 항성계의 고등 외계인이 지구를 이해하도록 돕기 위한 것으로, 현재 보이저 1호는 교신이 끊긴 상태로 태양계 밖으로 나가 항해 중이다. 보이저 1호에 담고 싶은 내용의 인사말을 관심 있는 언어로 작성하여 발표해 보자.

> 관련 학과 국어국문학과, 노어노문학과, 독어독문학과, 문예창작학과, 불어불문학과, 아랍어과, 언어학과, 영어영문학과, 인류학과, 일어일문학과, 중어중문학과
> 《지구의 속삭임》, 칼 세이건 외 5명, 김명남 역, 사이언스북스(2016)

단원명 ┃ 태양과 별의 관측

> | 🔍 | 광구, 흑점, 태양의 자전주기, 시차, 시선속도, 접선속도, 질량-광도 관계, 맥동 변광성, 폭발 변광성

[12행우02-01] ● ● ●

태양의 광구와 대기에서 나타나는 현상을 설명하고, 이런 현상이 다양한 파장의 관측 자료에서 어떻게 나타나는지 비교·분석할 수 있다.

➲ 중국 신화를 살펴보면 삼황오제 중 제곡의 아들들로 열 마리의 삼족오가 등장하고, 그중 한 마리의 삼족오가

남아 태양의 역할을 하였다는 내용이 나온다. 다리가 셋 달린 삼족오는 태양의 흑점을 의미하는 것으로 보인다. 고서에 모래 먼지가 하늘을 뒤덮었을 때 중국인들이 흑점을 관측했다는 기록이 있으며, 중국인들은 태양에 다리가 셋 달린 까마귀 삼족오가 살고 있다고 상상했다고 한다. 태양과 연관된 고서나 과거의 기록을 조사하여 발표해 보자.

관련 학과 국어국문학과, 문헌정보학과, 사학과, 중어중문학과

한민족과 해 속의 삼족오
김주미, 학연문화사(2010)

책 소개

이 책은 태양을 상징화하고 이를 형상화한 일상문, 특히 일상문의 구성 요소 중 삼족오(三足烏)와 같은 현조(玄鳥)에 대해 연구한 책이다. 또한 한국의 일상문 연구를 통해 우리 문화의 전통성과 계통성을 알아보고, 시대상이 일상문에 어떻게 투영되었는가를 고찰함으로써 일상문에 관한 종합적인 검토를 시도했다. 이를 위해 일상문의 성립 배경, 중국과 한국의 일상문 형성과 전개, 일상문의 도상학적 고찰과 문화권에 따른 특징, 일상문에 나타난 삼족오의 변이, 일상문의 시대별 전개와 천하관의 추이, 일상문을 통해 본 복락과 재화의 의미 등을 고찰했다.

세특 예시

태양의 광구에 나타나는 흑점에 대해 학습하고, 중국 신화에 등장하고 고구려 문화재에 나타나는 삼족오의 기원이 태양의 흑점이라는 설에 관심을 가짐. 이와 관련하여 태양의 흑점이나 삼족오에 대한 기록이 있는 고서를 찾아보며 관련 도서인 '한민족과 해 속의 삼족오(김주미)'를 읽음. 한국과 일본에서 대통령과 총리의 문장으로 사용되는, 삼족오가 변이된 봉황과 고구려 고분 벽화에 나타난 닭과 물새를 연상시키는 현조 등 한민족의 문화 계통성과 문화 공동체 의식에 대해 탐구하여 발표함.

[12행우02-02] ● ● ●

별의 시차와 밝기를 이용하여 거리를 측정하는 다양한 방법을 비교·평가할 수 있다.

● 인간이 하늘의 해와 달, 별과 같은 천체를 바라보며 생각하는 의미와 특별한 경험에 대해 조사해 보자. 또한 소설이나 시에서 밤하늘의 별이나 달을 보며 위안을 받는 인간의 모습을 그린 내용을 찾아보자. 인간이 천체나 우주를 바라볼 때 과학이 아닌 느낌이나 감정을 언어로 표현하는 관점에 대해 토의해 보자. 또한 하늘의 해와 달, 별을 바라보는 종교학이나 철학에 대해 탐구해 보자.

관련 학과 국어국문학과, 문헌정보학과, 심리학과, 언어학과, 인류학과, 종교학과, 철학과
《철학자의 우주산책》, 유호종, 필로소픽(2021)

[12행우02-03] ● ● ●

별의 시선속도와 접선속도의 합으로 공간 운동이 나타남을 이해하고, 별자리를 구성하는 별들의 장시간에 걸친 형태 변화를 추론할 수 있다.

● 윌리엄 셰익스피어는 작품 중 하나인 〈한여름 밤의 꿈〉에서 천체의 움직임에 대해 언급한다. 등장인물 중 히

폴리타가 "하늘의 별들이 춤을 추고, 행성들이 춤을 추며, 땅의 모든 생물들이 춤을 추고 있다."고 말하며 별자리의 움직임이 자연의 순환과 조화를 상징한다는 것을 보여 준다. 또한 "하늘의 별들이 우리의 운명을 결정한다."고 말하는 장면에서 별들의 움직임이 인간의 삶에 영향을 미친다는 것을 보여 준다. 과거의 작품 속에서 별들의 움직임에 대한 내용을 찾아 등장인물의 심리, 시대적 배경과 의미에 대해 발표해 보자.

> **관련 학과** 국어국문학과, 문예창작학과, 문헌정보학과, 심리학과, 영어영문학과
>
> 《**한여름 밤의 꿈**》, 윌리엄 셰익스피어, 최종철 역, 민음사(2008)

[12행우02-04] ● ● ●

쌍성의 관측 자료를 이용하여 항성의 질량을 직접적으로 구할 수 있음을 이해하고, 질량-광도 관계를 이용하여 쌍성이 아닌 별의 질량을 구할 수 있다.

➜ 밤하늘의 별과 관련된 문학 작품 속 내용의 의미에 대해 조사해 보자. 예를 들어 폴 진델의 희극 〈감마선은 달무늬 얼룩진 금잔화에 어떤 영향을 주었는가〉, 윤동주의 시 〈별 헤는 밤〉, 이병기의 시조 〈별〉, 윤후명의 소설 〈모든 별들은 음악소리를 낸다〉 등 다양한 문학 작품에서 말하는 별의 시대적 의미와 철학, 그리고 작가의 감정 및 심리를 탐구해 보자. 이어서 자신이 생각하는 별의 의미를 글로 표현하고 발표해 보자.

> **관련 학과** 국어국문학과, 문헌정보학과, 심리학과, 철학과
>
> 《**별 옆에 별**》, 시나 윌킨슨, 곽명단 역, 돌베개(2018)

[12행우02-05] ● ● ●

광도곡선의 특징을 비교하여 맥동 변광성과 폭발 변광성을 구분하고, 폭발 변광성 중 초신성 관측 자료를 통해 알 수 있는 과학적 사실을 추론할 수 있다.

➜ 별의 내부에서 불안정한 핵융합 반응으로 별 자체의 밝기가 변하는 변광성을 통해 인간의 삶을 표현하는 문학적 사례에 대해 조사해 보자. 별이 생성되고 성장하는 과정을 인간의 출생과 성장에 비유하고, 별이 소멸하거나 사라지는 과정을 인간의 죽음과 연결 지어 철학적 관점에서 고찰하는 경우가 있다. 이처럼 별의 일생과 인간의 삶을 비교하는 인문학적, 종교학적, 철학적 관점에 대해 분석해 보자.

> **관련 학과** 국어국문학과, 문헌정보학과, 인류학과, 종교학과, 철학과
>
> 《**하늘과 바람과 별과 인간**》, 김상욱, 바다출판사(2023)

단원명 | 은하와 우주

> | 🔍 | 성단, 맥동 변광성, 성간 소광, 은하 회전 속도, 적색 편이, 분광 관측, 현대 우주론, 은하 장성, 보이드

[12행우03-01] ● ● ●

성단의 C-M도를 이용하여 성단의 나이와 거리를 비교하고, 맥동 변광성의 주기-광도 관계를 이용하여 우리 은하의 구조와 규모를 추론할 수 있다.

➜ 철학에서 우주론은 우주의 본질, 기원, 구조 등에 대해 탐구하는 분야이며, 역사적으로 우주론에 대한 논의는 종교적·과학적·철학적 시각에서 다양하게 이루어졌다. 우주와 우리 은하의 무한성과 한계에 대한 철학적 고찰은 우주학, 물리학, 그리고 종교적 관점에서 출발했다. 플라톤에서 아리스토텔레스에 이르기까지, 그리고 다

른 철학자들이 생각한 우주에 대해 탐구해 보자.

관련 학과 문헌정보학과, 인류학과, 종교학과, 철학과

《**철학자의 우주산책**》, 유호종, 필로소픽(2021)

[12행우03-02] ● ● ●

성간 소광 자료를 통해 성간 티끌의 존재를 추론하고, 성간 티끌의 특징을 설명할 수 있다.

➡️ 미국의 딥 임팩트 우주탐사선은 2005년 1월 12일에 발사되어, 2005년 7월 4일에 지구에서 1억 3,400만km 떨어진 곳을 지나는 혜성 템펠1에 구리로 만든 세탁기 크기의 임팩터를 충돌시키는 실험을 하였다. 미국 독립 기념일에 맞춰 진행된 임팩터와 템펠1의 충돌은 태양계 생성의 비밀을 향한 인류의 큰 발걸음인 동시에, 미국 인들에게는 아프가니스탄과 이라크 전쟁으로 상처 입은 자존심을 다시 세워 주는 우주 쇼이기도 했다. 미국이 딥 임팩트 프로젝트를 성공리에 마친 후 전 세계를 향해 연설하는 대통령의 연설문을 각 국가의 언어로 작성하여 발표해 보자.

관련 학과 국어국문학과, 노어노문학과, 독어독문학과, 북한학과, 불어불문학과, 아랍어과, 언어학과, 영어영문학과, 일어일문학과, 중어중문학과

《**위대한 명연설**》, 에드워드 험프리, 홍선영 역, 베이직북스(2020)

[12행우03-03] ● ● ●

은하의 회전 속도 곡선을 이용하여 질량 분포를 이해하고, 은하에 빛을 내지 않는 물질의 존재를 추론할 수 있다.

➡️ 앙투안 드 생텍쥐페리가 1943년에 발표한 소설 《어린 왕자》는 인간의 본질과 인간관계, 사회적 압박 등을 다루며 깊은 의미를 전달한다. 어린 왕자가 여러 행성을 여행하며 다양한 인물을 만나고 인간의 가치와 사회적 문제에 대해 생각하는 내용이 나온다. 인간의 상상력과 탐구 정신을 자극하는 독특한 경험이 될 수 있는 우주 여행을 하는 자신의 심리를 관심 있는 언어로 표현해 보자. 그리고 새로운 행성이나 은하 속에서 만날 수 있는 외계 생명체에게 자신을 소개하는 인사말이나 감정에 대해 작성해 보자. 또한 드넓은 우주 공간 속 자신의 존재를 생각해 보거나 우주의 불확실성에 대한 심리를 파악하여 현실 세계와 다르게 느낄 수 있는 감정에 대해 토의해 보자.

관련 학과 상담심리학과, 심리학과

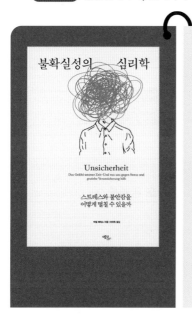

책 소개

이 책은 불확실한 상황에 놓였을 때 인간의 뇌와 신체에 어떤 변화가 일어나는 지에 대한 궁금증을 해소해 준다. 불확실성은 남녀노소 모두에게 해당되며, 의학에서도 이 감정의 심리적 상태에 더 많은 주의를 기울여야 한다고 말한다. 또한 불확실성이 우리의 무엇을 바꾸고 왜 우리를 병들게 하는지 의학적·심리학적·사회적 맥락을 설명하며 불확실성을 줄이는 방법에 대해 알려 준다.

세특 예시

은하의 회전 속도 곡선을 이용하여 질량 분포와 암흑물질의 존재를 추론함을 학습하고, 어둡고 드넓은 우주 공간에서 나타나는 우주의 불확실성에 대한 인간의 심리현상에 관심을 가짐. 이와 관련하여 '불확실성의 심

불확실성의 심리학

아힘 페터스, 이미옥 역,
에코리브르(2022)

리학(아힘 페터스)'을 읽고 불확실성에서 오는 스트레스와 불확실성을 줄일 방법에 대해 탐구함. 추후 활동으로 지속적인 연구 자료 조사와 독서활동을 통해 뇌과학의 관점과 심리적·사회적 관점에서 스트레스의 유형을 분석하여 발표함.

[12행우03-05] • • •

은하의 공간 분포 자료를 통해 은하의 집단을 이해하고, 은하 장성, 보이드 등 우주의 거시적인 구조를 현대 우주론과 관련지어 설명할 수 있다.

➡ 밤하늘이 어두운 이유는 무엇일까? 뉴턴을 비롯한 17세기의 과학자들에게는 우주가 무한하고 영원하며 정적이라는 생각이 지배적이었다. 올베르스가 말한 "낮과 밤 할 것 없이 하늘은 항상 빛으로 가득해야 한다."는 역설에 제대로 답변을 제시하지 못했다. 정적인 우주관의 한계를 지적한 올베르스의 역설은 우주관에 대한 새로운 접근을 요구하고 있다. 시대에 따른 과학적 패러다임의 변화에 대해 조사하여 보고서를 작성해 보자.

관련 학과 국어국문학과, 문헌정보학과, 사학과, 철학과

《과학사》, 김영식 외 2명, 전파과학사(2013)

선택 과목	수능		절대평가	상대평가
융합 선택	X	**과학의 역사와 문화**	5단계	X

단원명 | 과학과 문명의 탄생과 통합

🔍 인류 문명, 지혜, 그리스, 철학자, 중세 시대, 유럽, 중동 지역, 종교, 문화, 과학, 르네상스, 과학혁명, 사회문화적 배경, 예술, 신념, 세계관

[12과사01-01] ●●●

인류 문명의 탄생 과정에서 인류의 지혜가 담긴 과학적 사례를 발견하고, 이를 통해 과학이 인류 문명의 형성 과정에 기여하였음을 이해할 수 있다.

➡ 농업혁명은 인류 문명의 탄생 과정에서 인류의 지혜가 담긴 과학적 사례 중 하나이다. 농업혁명은 인류가 사냥·채집 생활에서 농업 기반의 생활로 전환하는 과정을 뜻하며, 인류의 생존과 발전에 중요한 역할을 했다. 이를 통해 인류의 지혜와 과학적 발견이 식량 생산과 경제 발전에 어떻게 기여했는지 이해할 수 있다. 이처럼 인류 문명의 탄생 과정에서 인류의 지혜가 담긴 과학적 사례를 조사하고, 이를 통해 과학이 인류 문명의 형성 과정에 어떻게 기여했는지 토론해 보자.

관련 학과 고고학과, 국어국문학과, 문예창작학과, 문헌정보학과, 문화재학과, 사학과, 영어영문학과, 철학과
《숨겨진 한국전통과학의 재발견》, 김현식, 평민사(2023)

[12과사01-02] ●●●

고대 그리스 철학자의 과학적 사고나 주장 등을 조사하고, 그리스 문명이 고대에서 현대에 이르기까지 인간의 삶에 미친 영향을 설명할 수 있다.

➡ 고대 그리스에는 탈레스, 피타고라스, 헤라클레이토스, 엠페도클레스, 데모크리토스 등 다양한 철학자들이 있었다. 탈레스는 최초의 과학철학자로 불리며, 자연 현상을 신화적 설명 대신 논리적이고 경험적인 방법으로 이해하려고 노력했다. 그는 만물이 물에서 비롯된다고 주장하며 물을 만물의 근원으로 보았으며, 이는 그리스 철학의 출발점이 되었다. 피타고라스는 수와 비율을 우주의 기본 원리로 보아, 음악과 수학, 우주론에 큰 영향을 미쳤다. 이처럼 고대 그리스 철학자들의 사상은 오늘날의 철학과 학문적 사고의 기초를 형성했다. 고대 그리스 철학자들의 주요 사상과 주장, 그리고 그들이 현대 사상과 인문학적 사고에 미친 영향을 분석하고, 이를 바탕으로 그리스 문명이 인류 역사에서 차지하는 중요성에 대해 발표해 보자.

관련 학과 고고학과, 국어국문학과, 문예창작학과, 문헌정보학과, 문화재학과, 사학과, 영어영문학과, 철학과
《세상에 존재하는 모든 물리학》, 곽영직, 세창출판사(2023)

단원명 | 변화하는 과학과 세계

[12과사02-01] ● ● ●

상대성 이론 등과 같은 현대 과학의 등장이 당시의 사회 문화에 끼친 영향을 이해함으로써 과학의 사회적 가치를 느낄 수 있다.

➡ 상대성 이론은 알베르트 아인슈타인이 제안하고 발전시켰다. 상대성 이론은 특수 상대성 이론과 일반 상대성 이론을 합친 것을 뜻한다. 상대성 이론은 시간·공간·물질·에너지의 통합이라고 할 수 있으며, 특수 상대성 이론은 광속에 가깝게 운동하는 물체의 운동을 다루고, 일반 상대성 이론은 아주 무거운 물체가 주위에 미치는 힘을 다룬다. 고전 물리학에서는 시간과 공간이 별개의 것으로 어떤 관찰자에게나 똑같이 적용되는 절대적인 시간 기준과 공간 기준이 있다고 생각했지만, 상대성 이론에 의해 상대적 시간이라는 패러다임의 변화가 생겼다. 상대성 이론처럼 과학이 당시의 사회 및 문화에 큰 영향을 끼친 사례를 조사한 후 과학의 사회적 가치를 주제로 글을 작성해 보자.

관련 학과 인문계열 전체

《조선이 만난 아인슈타인》, 민태기, 위즈덤하우스(2023)

단원명 | 과학과 인류의 미래

[12과사03-02] ● ● ●

일상생활이나 미디어에서 사용되는 과학 용어를 조사하고, 과학 용어가 우리 사회에 미치는 파급 효과를 설명할 수 있다.

➡ 과학 용어의 이해와 사용은 새로운 개념을 이해하고 문제를 해결하는 데 중요한 역할을 한다. 우리는 일상생활에서 다양한 과학 용어를 사용하며, 이는 생활과 사회 전반에 깊은 영향을 미친다. 물리학 용어로는 중력, 운동, 에너지, 전기 등이 있으며, 화학에서는 원소, 화합물, 반응, 산업 화학 등의 용어가 있다. 생물학에서는 세포, 유전자, 진화, 생태계 등의 용어가 널리 사용되고, 기술 분야에서는 디지털, 인공지능, 로봇 공학, 네트워크 등의 용어가 주로 쓰인다. 또한 환경 분야에서는 친환경, 지속 가능성, 온실가스 등의 용어가 자주 사용된다. 이와 같은 과학 용어들은 기술 발전과 새로운 상황에 대응하는 데 큰 도움이 되며, 현대 사회의 변화와 발전을 이끄는 핵심적인 도구로 작용한다. 일상생활이나 미디어에서 사용되는 과학 용어 중 관심 있는 용어를 선택하여 과학 용어 사전을 제작하고 전시해 보자.

관련 학과 인문계열 전체

《과학 용어 도감》, 미즈타니 준, 윤재 역, 초사흘달(2020)

국어 교과군

영어 교과군

수학 교과군

도덕 교과군

사회 교과군

과학 교과군

선택 과목	수능		절대평가	상대평가
융합 선택	X	**기후변화와 환경생태**	5단계	X

단원명 | 기후와 환경생태의 특성

> | 🔍 | 날씨, 기후, 기후 시스템, 되먹임 과정, 생태지도

[12기환01-01]   ● ● ●

날씨와 기후의 특성을 이해하고, 이를 비교하여 설명할 수 있다.

➡ 날씨와 기후의 변화가 인간의 정서와 감정에 어떤 영향을 미치는지 조사해 보자. 일기 예보 데이터와 연계하여 맑은 날이나 비 또는 눈이 오는 날, 구름이 낀 흐린 날 등 인간의 감정 변화를 분석하거나 계절에 따른 인간의 행동과 감정, 기후 스트레스 간의 관련성을 분석해 보자. 날씨 앱 사용자의 행동 패턴이나 반응에 대해 설문조사를 한 후 데이터를 분석할 수 있다. 날씨와 기후가 인간의 긍정적 또는 부정적 정서에 미치는 영향에 대해 토의해 보자.

관련 학과 상담심리학과, 심리학과

《**기후변화의 심리학**》, 조지 마셜, 이은경 역, 갈마바람(2018)

[12기환01-02]   ● ● ●

기후 시스템이 유지되는 되먹임 과정을 이해하고, 생물권과 다른 권역 간 상호작용을 설명할 수 있다.

➡ 기후 시스템의 유지, 기후변화와 관련된 문헌을 탐색하고 관련 문학 작품을 소개해 보자. 환경 문제, 기후변화, 생물권의 상호작용 등과 같은 관련 키워드를 활용하거나 삼림 벌채, 환경 오염 등 특정 주제를 사용해 검색 범위를 좁혀 문헌을 조사하자. 또한 관련 문헌과 함께 정부 및 비정부 기구(NGO) 환경 단체나 유엔환경계획(UNEP) 같은 환경 단체의 웹사이트를 방문해 환경 문제 관련 내용을 조사하여 발표해 보자.

관련 학과 문예창작학과, 문헌정보학과

《**공기 파는 사회에 반대한다**》, 장재연, 동아시아(2019)

[12기환01-03]   ● ● ●

기후변화가 생태계와 우리의 생활 환경에 영향을 미친 사례를 조사하여 발표할 수 있다.

➡ 기후변화가 문화적 요소에 어떤 영향을 미쳤는지 조사해 보자. 예를 들어 기후변화로 인해 식생 및 동식물의 다양성 변화가 나타나는데, 이러한 변화가 지역이나 국가의 식습관, 예술 등 문화적 측면에 어떤 영향을 미쳤는지 분석해 보자. 추후 활동으로 우리나라가 발전시켜야 할 문화적 대응 방안을 작성하여 발표해 보자.

관련 학과 국어국문학과, 문예창작학과, 인류학과

《**기후와 문화**》, 오성남 외 5명, 시그마프레스(2011)

단원명 | 기후위기와 환경생태 변화

|🔍| 기후 위기, 융해와 열 팽창, 미래 생태계 변화 예측 보고서, 꽃의 개화 시기, 생물 다양성

[12기환02-02]   •••

빙상의 융해와 열 팽창으로 인한 해수면 상승을 기후변화와 연계하여 설명할 수 있다.

➡ 폭우나 태풍 해일 없이 바닷물이 넘쳐 일어나는 침수 피해를 '마른하늘의 홍수(sunny day flooding)'라고 한다. 미국의 과학자들이 사례를 집계하여 분석한 결과, 미국 동부와 남부 연안에서 마른하늘의 홍수가 급격히 늘고 있다. 노퍽 시에서 대서양을 따라 남쪽으로 800km를 가면 조지아 주의 작은 마을 티비 아일랜드가 나오는데, 이곳은 육지와 도로로 연결되어 있다. 최근 해수면이 높아지면서 침수가 잦아짐에 따라 티비 아일랜드는 고립된 섬이 되고 있다. 심리학 관련 독서활동 후 마을이 침수되어 고립된 주민들의 심리에 대해 분석하고, 인간이 고립되었을 때 나타나는 심리에 적합한 상담 방법에 대해 토의해 보자.

⬤ 관련 학과 상담심리학과, 심리학과

《재난과 정신건강》, Juan Jose 외 4명, 이동훈 외 6명 역, 학지사(2019)

[12기환02-03]   •••

극한 기상 현상의 종류와 원인을 이해하고 극한 기상 현상이 환경생태에 미친 영향을 사례를 들어 설명할 수 있다.

➡ 극한 기상 현상은 인간에게 다양한 심리적 영향을 미칠 수 있다. 극한 기상 현상이 예측되거나 발생했을 때, 많은 사람이 불안감 속에서 자신과 가족의 안전을 걱정하며 긴장 상태에 놓일 수 있다. 때로는 생명과 안전의 위험 요소를 접하면서 두려움과 공포를 느낄 수 있으며, 정신 건강에 문제가 발생할 수 있다. 또한 고통과 어려움이 장기간 지속될 경우 정서적으로 충격을 받고 부정적인 심리적 영향을 받아서 자살 위기에 직면할 수도 있다. 위기 상황에 놓인 인간이 겪는 심리에 대한 도서를 읽은 후, 불안 심리를 해소할 수 있는 상담 방법에 대해 발표해 보자.

⬤ 관련 학과 상담심리학과, 심리학과

《위기상담》, 유옥, 정민사(2017)

[12기환02-04]   •••

기후변화 시나리오에 따른 미래 생태계 변화 예측 보고서를 찾아보고, 미래의 기후와 생태계의 변화 양상을 추론할 수 있다.

➡ 기후변화 시나리오는 기후변화로 인한 미래의 영향을 평가하고 피해를 최소화하는 데 선제적 정보로 활용된다. 기후변화 시나리오의 목표는 단순히 미래를 예측하는 것이 아니라, '광범위하게 발생할 수 있는 모든 미래'를 고려하여 신뢰할 수 있는 의사결정을 위해 불확실성을 이해하는 것이다. 기후변화에 관한 정부간 협의체(IPCC) 6차 평가 보고서에 나타난 5개의 시나리오를 정리하고, 모둠별로 특색 있는 주제를 설정해 미래 생태계 변화 예측 보고서를 작성하여 발표해 보자.

⬤ 관련 학과 국어국문학과, 문헌정보학과

《2050 거주불능 지구》, 데이비드 월러스 웰즈, 김재경 역, 추수밭(2020)

국어 교과군

영어 교과군

수학 교과군

도덕 교과군

사회 교과군

과학 교과군

[12기환02-05] •••

꽃의 개화 시기 변화 자료를 조사하고, 꽃의 개화 시기 변화가 우리 생활에 끼치는 영향을 추론할 수 있다.

➜ 꽃은 많은 사람에게 아름다움과 색다른 감성을 느끼게 해 준다. 꽃이 개화하는 시기가 오면 사람들은 그 색과 향을 통해 심리적으로 안정될 수 있다. 꽃은 문학 작품에 상징적인 요소로 자주 등장하는 소재로, 꽃이 시와 소설에서 어떻게 사용되고 표현되는지 분석할 수 있다. 꽃이 사랑이나 아름다움, 변화 등과 연결되는 방식을 탐구하고, 이를 통해 작가의 의도나 문학적 의미를 해석해 보자. 또한 다양한 문화와 종교에서 꽃에 부여되는 의미와 역할을 조사하고 비교, 분석해 보자.

관련 학과 국어국문학과, 문헌정보학과, 언어학과, 종교학과

《**나미 부부의 그리스신화 속 꽃 스토리텔링**》, 이광만 외 1명, 나무와문화연구소(2018)

[12기환02-07] •••

수생태계의 물꽃 현상을 이해하고, 기후변화가 수생태계의 생물 다양성에 끼치는 영향을 추론할 수 있다.

➜ 기후변화나 수생태계의 물꽃 현상 등 자연환경 변화가 주요 요소로 포함된 소설이나 시를 쓰는 창작 프로젝트를 진행해 보자. 자신만의 창작 공간에서 자유롭게 글을 쓰며 자연환경 변동이 인간의 심리나 사회 구조에 미치는 영향 등 다양한 주제로 글을 써 보자. 지역사회의 역사와 문화, 환경에 대한 가치관 등 문학과 예술, 철학, 문화의 맥락 안에서 기후와 수생태계의 변화와 관련한 글을 창작해 보자.

관련 학과 국어국문학과, 문예창작학과, 심리학과, 철학과

《**비판적 읽기와 논리적 글쓰기**》, 금동철, 연암사(2016)

단원명 | **기후위기에 대응하는 우리의 노력**

🔍 백화 현상, 해양 생태계, 바다 사막화, 탄소중립 사회, 탄소 저감 과학기술

[12기환03-01] •••

산호의 멸종으로 인한 백화 현상의 예를 통해 기후변화가 해양 생태계에 미치는 영향을 살펴보고, 바다 사막화를 예방하거나 복원할 수 있는 과학기술의 사례를 제시할 수 있다.

➜ 기후정보포털에서 기후변화 영향정보에 대한 내용 중 해양 온난화에 대한 항목은 다음과 같다. "해양 온난화는 해수면을 상승시킬 뿐만 아니라, 해양 산소 수치를 낮추고(온도가 낮을수록 기체가 물에 더 잘 용해되므로) 해양을 산성화(배출된 이산화탄소가 해양에 용해되므로)시킨다. 따라서 산호초는 1.5℃ 지구 온난화에서 70~90% 감소하고, 2℃에서는 99%가 감소한다. 이러한 해양 환경 변화에서 연안 자원(많은 어류가 치어 때 산호초에 서식) 손실과 어업 및 양식업(적합 수온 변화)의 생산량 감소(특히 저위도)가 예상된다. 예를 들어 지구 전체 수산 자원 모형에서는 1.5℃ 지구 온난화에서 연간 약 150만 톤의 어업 생산량이 감소되나, 2℃에서는 300만 톤 이상이 감소된다." 해양 온난화에 의해 나타나는 현상을 주제로 사람들의 인식 변화를 호소하는 자신만의 칼럼을 작성하여 발표해 보자.

관련 학과 국어국문학과, 문예창작학과

《**책 쓰는 책**》, 김경윤, 오도스(2020)

탄소중립 사회를 이루기 위한 탄소 저감 관련 과학기술 개발 현황을 알아보고, 이의 적용 사례를 제시할 수 있다.

➡ 기후변화에 따른 대응과 생태계 보전, 지속 가능한 지구촌을 위해 탄소중립 사회가 필요하다. 많은 국가에서 탄소 배출 저감을 위한 법과 정책을 도입하고 있으며, 화석연료에서 신재생 에너지로의 전환에 주력하고 있다. 기후위기와 탄소중립이라는 주제로 기후변화에 따른 인류 생존의 위험성을 알리며 국가와 시민들의 적극적인 참여를 바라는 호소문을 각국의 언어로 작성하여 발표해 보자.

관련 학과 국어국문학과, 노어노문학과, 독어독문학과, 문예창작학과, 불어불문학과, 아랍어과, 영어영문학과, 일어일문학과, 중어중문학과

《**대한민국 탄소중립 2050**》, KEI 한국환경연구원 편, 크레파스북(2021)

기후위기와 환경생태 변화에 대응하기 위한 국제 사회의 노력을 알아보고, 민주시민으로서 참여 방안을 제안할 수 있다.

➡ 1988년 세계기상기구(WMO)와 유엔환경계획(UNEP)이 인간의 활동이 기후변화에 미치는 영향을 평가하고 국제적인 대책을 마련하기 위해 기후변화에 관한 정부간 협의체(IPCC)를 설립하였다. 기후위기와 환경생태 변화에 대응하기 위해 국제 사회의 노력이 필요하고 민주시민으로서 참여가 절실히 요구된다는 국제 사회 대상의 호소문이나 표어를 각국의 언어로 작성하여 발표해 보자.

관련 학과 국어국문학과, 노어노문학과, 독어독문학과, 문예창작학과, 불어불문학과, 아랍어과, 언어학과, 영어영문학과, 일어일문학과, 중어중문학과

《**슬로건 창작의 기술**》, 류진한, 한경사(2022)

국어 교과군

영어 교과군

수학 교과군

도덕 교과군

사회 교과군

과학 교과군

선택 과목	수능	융합과학 탐구	절대평가	상대평가
융합 선택	X		5단계	X

단원명 | 융합과학 탐구의 이해

| 🔎 | 인류 사회, 문제 해결, 융합적 탐구, 예술 창작, 탐구 과정, 데이터의 종류와 가치, 지식의 창출

[12융탐01-01] • • •

과학이 다양한 분야와 연계하여 인류 사회의 문제 해결에 기여하였음을 이해하고, 융합적 탐구의 유용성을 느낄 수 있다.

➡ 현대사회는 4차 산업혁명으로 인해 인공지능, 빅데이터, 인터넷 등 다양한 기술이 빠른 속도로 발전하고 있다. 이러한 기술의 발전은 인간의 역할에 변화를 가져오고 인간의 생활 방식, 문화, 정치 등에 영향을 미치고 있다. 인공지능의 발전은 의료, 교육, 경제 등 다양한 분야에서 혁신을 일으켰지만, 동시에 인간의 직업과 관련된 영역을 침범하여 직업이 사라지는 문제를 일으키고 있다. 과학이 인류 사회의 발전에 기여한 사례를 조사하고, 과학기술의 긍정적인 면과 부정적인 면을 비교하여 논설문을 작성해 보자.

관련 학과 인문계열 전체

《발명과 발견의 과학사》, 최성우, 지노(2024)

단원명 | 융합과학 탐구의 과정

| 🔎 | 관찰, 경험, 데이터, 탐구 문제, 모형, 고안, 문제 해결, 탐구 도구, 타당성, 신뢰성, 시각 자료, 평균, 표준편차, 데이터 수집, 가설, 분석 결과, 결론 도출, 발표, 토론

[12융탐02-01] • • •

실생활에서 관찰이나 경험을 통해 직접 얻은 데이터나 공개된 데이터를 가공하여 융합적 탐구 문제를 스스로 발견할 수 있다.

➡ 인문학 분야에서 융합적 탐구 문제를 발견하는 방법 중 하나는 일상생활의 궁금증이나 사회적 현상을 조사하는 것이다. 지역 상점의 제품 가격과 소비 경향에 관심이 있다면 설문 조사를 통해 소비자들이 특정 브랜드를 선택하는 이유와 습관을 분석할 수 있다. 또한 정부의 공개 데이터를 활용해 지역별 문화 시설 및 공공 서비스 분포를 연구하고 주민들의 문화적 접근성을 탐구할 수도 있다. 실생활에서 관찰한 공개 데이터를 활용해 융합적 탐구 문제를 발견한 연구자들의 사례를 조사하고, 이를 인터뷰 기사 형식으로 작성해 보자.

관련 학과 인문계열 전체

《데이터 과학자의 일》, 박준석 외 10명, 휴머니스트(2021)

단원명 | 융합과학 탐구의 전망

| 🔍 | 과학기술, 미래사회, 융합과학기술, 인류의 난제, 탐구 윤리, 윤리적 쟁점, 사회문제 해결

[12융탐03-01] • • •

과학기술의 변화와 발전을 고려하여 미래사회에 등장할 새로운 융합과학기술을 예측할 수 있다.

➡ 디지털 전환이 모든 분야로 확산되면서 세상의 변화 속도는 더욱 빨라지고 있으며, 우리의 일상과 문화 또한 빠르게 변하고 있다. 이 변화는 대부분 혁신 기술에 의해 주도되고 있어서, 현대 사회에서는 기술을 이해하는 것이 세상의 변화를 이해하는 중요한 요소가 되었다. 특히 인공지능과 인간의 관계 변화, 스마트 도시가 가져올 새로운 사회적 관계와 생활 방식, 생명공학 기술이 개인의 정체성과 윤리에 미칠 영향 등을 탐구해 볼 수 있다. 이를 통해 기술의 진보가 인간의 사고방식과 사회적 가치에 어떤 변화를 일으킬지 논의하고, 바람직한 미래를 위한 인문적 대응 방안을 제안하여 보고서를 작성해 보자. 또한 이러한 기술이 미래 세대에 미칠 영향, 인간의 자율성과 주체성을 유지하기 위한 방안, 윤리적 가이드라인 설정의 필요성 등을 다루며, 기술과 인문학이 어떻게 조화롭게 발전할 수 있을지 토의해 보자.

관련 학과 고고학과, 국어국문학과, 문예창작학과, 문헌정보학과, 문화재학과, 사학과, 인류학과, 철학과

《디지털 전환을 넘어 초격차 AI 전환으로》, 조성민, 열린인공지능(2023)

[12융탐03-02] • • •

오늘날 인류가 겪고 있는 난제를 융합과학 기술을 활용하여 해결할 수 있는 방안에 대해 토의할 수 있다.

➡ 오늘날 인류가 직면한 가장 심각한 난제 중 하나는 지구 온난화로 인한 기후변화이다. 기후변화로 인해 해수면 상승, 극지방 생태계 변화, 자연재해 증가, 농작물 생산 감소 등의 문제가 발생하고 있으며, 전 세계적인 협력과 긴급한 대응이 필요한 상황이다. 이러한 기후위기 속에서 인문학적 접근을 통해 기후변화에 대응하는 방안을 모색해 볼 수 있다. 예를 들어 환경친화적인 생활 방식의 중요성을 알리는 캠페인을 기획하거나, 문학과 예술을 통해 기후변화의 심각성을 전달하는 프로젝트를 진행해 볼 수 있다. 또는 다양한 문화적, 사회적 관점을 반영해 기후변화 문제 해결을 위한 국제 협력의 중요성을 논의해도 좋다. 기후위기를 해결하기 위해 인문학이 기여할 수 있는 방법과 그 사회적, 문화적 가치를 분석하여 보고서로 작성하고 발표해 보자.

관련 학과 인문계열 전체

《기후변화 쫌 아는 10대》, 이지유, 풀빛(2020)

memo

memo

교과세특 탐구주제 바이블 _인문계열(2022 개정 교육과정 적용)

1판 1쇄 찍음　2025년 2월 3일

출판　(주)캠토
저자　한승배·김강석·서수환·유홍규·안병선·안준범·이남설·김래홍·허정욱·전소영·
　　　　고재현·은동현·강서희

총괄기획　이사라 (lsr@camtor.co.kr)
디자인　Gem
R&D　오승훈·민하늘·박민아·최미화·강덕우·송지원·국희진·양채림·윤혜원·송나래·황건주
미디어사업　이동준
교육사업　문태준·박흥수·정훈모·송정민·변민혜
브랜드사업　윤영재·박선경·이경태·신숙진·이동훈·김지수·조용근·김연정
경영지원　김동욱·지재우·임철규·최영혜·이석기·노경희
발행인　안광배

주소　서울시 서초구 강남대로 557(잠원동, 성한빌딩) 9F
출판등록　제 2012-000207
구입문의　(02) 333-5966
팩스　(02) 3785-0901
홈페이지　www.campusmentor.co.kr (교구몰)

ISBN 979-11-92382-42-5
ISBN 979-11-92382-41-8 (세트)